De Grandes Attentes

par Charles Dickens

Copyright © 2024 par Autri Books

Les publications d'Autri Books peuvent être achetées pour un usage éducatif, commercial ou promotionnel.

Pour plus d'informations, veuillez contacter

autribooks.com | support@autribooks.com

ISBN: 979-8-3305-8286-0

Première édition publiée par Autri Books en 2024.

Chapitre I.

Le nom de famille de mon père étant Pirrip, et mon nom de baptême Philippe, ma langue d'enfant ne pouvait faire de ces deux noms rien de plus long ni de plus explicite que Pip. Alors, je me suis appelé Pip, et on m'a appelé Pip.

Je donne Pirrip comme nom de famille de mon père, sur l'autorité de sa pierre tombale et de ma sœur, Mme Joe Gargery, qui a épousé le forgeron. Comme je n'ai jamais vu mon père ni ma mère, et que je n'ai jamais vu aucune ressemblance avec l'un ou l'autre (car leur époque était bien antérieure à l'époque des photographies), mes premières fantaisies sur ce qu'ils étaient étaient déraisonnables dérivées de leurs pierres tombales. La forme des lettres de mon père me donna l'étrange idée qu'il était un homme carré, corpulent, brun, aux cheveux noirs bouclés. D'après le caractère et la tournure de l'inscription : « *Aussi Georgiana épouse du supérieur* », j'ai tiré une conclusion enfantine que ma mère avait des taches de rousseur et était maladive. À cinq petits losanges de pierre, chacun d'environ un pied et demi de long, qui étaient disposés en une rangée ordonnée à côté de leur tombe, et qui étaient sacrés à la mémoire de cinq de mes petits frères, qui ont renoncé à essayer de gagner leur vie, extrêmement tôt dans cette lutte universelle, je suis redevable d'une croyance que j'avais religieusement entretenue qu'ils étaient tous nés sur le dos, les mains dans les poches de leur pantalon. et ne les avait jamais sortis dans cet état d'existence.

Notre pays était le pays des marais, au bord de la rivière, à l'intérieur, comme la rivière serpentait, à vingt milles de la mer. Ma première impression la plus vive et la plus large de l'identité des choses me semble avoir été acquise lors d'un après-midi mémorable et cru vers le soir. À ce moment-là, j'ai découvert avec certitude que cet endroit morne envahi par les orties était le cimetière de l'église ; et que Philip Pirrip, ancien de cette paroisse, et aussi Georgiana épouse du précédent, étaient morts et enterrés ; et qu'Alexandre, Barthélemy, Abraham, Tobie et Roger, enfants en bas âge des susdits, étaient également morts et enterrés ; et que le désert sombre et plat au-delà du cimetière, entrecoupé de digues, de monticules et de portes, avec du bétail éparpillé qui s'y nourrissait, était les marais ; et que la ligne basse de plomb au-delà était la rivière ; et que le repaire lointain et sauvage d'où le vent s'élançait était la mer ; et que le petit paquet de frissons, qui commençait à avoir peur de tout cela et à pleurer, c'était Pip.

« Arrêtez votre bruit ! » cria une voix terrible, tandis qu'un homme surgissait d'entre les tombes à côté du porche de l'église. « Reste tranquille, petit diable, ou je te tranche la gorge ! »

Un homme craintif, tout en gris grossier, avec un grand fer à repasser sur la jambe. Un homme sans chapeau, avec des souliers cassés, et avec un vieux chiffon noué autour de la tête. Un homme qui avait été trempé dans l'eau, et étouffé dans la boue, et boiteux par des pierres, et coupé par des silex, et piqué par des orties, et déchiré par des ronces ; qui boitaient, frissonnaient, regardaient fixement et grondaient ; et dont les dents claquaient dans sa tête lorsqu'il me saisit par le menton.

« Ah ! Ne me coupez pas la gorge, monsieur, suppliai-je avec terreur. « Je vous en prie, ne le faites pas, monsieur. »

« Dis-nous ton nom ! » dit l'homme. « Vite ! »

« Pip, monsieur. »

« Encore une fois », a dit l'homme en me regardant fixement. « Donnez-lui de la bouche ! »

« Pip. Pip, monsieur. »

« Montrez-nous où vous habitez, » dit l'homme. « Sortez l'endroit ! »

Je lui indiquai l'endroit où se trouvait notre village, sur la plaine de la côte, parmi les aulnes et les têtards, à un mille ou plus de l'église.

L'homme, après m'avoir regardé un instant, me retourna et vida mes poches. Il n'y avait rien d'autre qu'un morceau de pain. Quand l'église s'est refermée sur elle-même, car il était si soudain et si fort qu'il l'a fait basculer devant moi, et que j'ai vu le clocher sous mes pieds, quand l'église s'est revenue à elle-même, dis-je, j'étais assis sur une haute pierre tombale, tremblant pendant qu'il mangeait le pain avec avidité.

« Jeune chien, dit l'homme en se léchant les lèvres, comme tu as de grosses joues ! »

Je crois qu'ils étaient gros, bien que j'étais à cette époque trop petit pour mon âge, et pas fort.

« Maudit moi si je ne pouvais pas les manger, » dit l'homme en secouant la tête d'un air menaçant, « et si je n'y ai pas envie ! »

J'exprimai vivement l'espoir qu'il ne le ferait pas, et je me cramponnai à la pierre tombale sur laquelle il m'avait posée ; en partie, pour me maintenir dessus ; en partie, pour m'empêcher de pleurer.

« Regardez, ici ! » dit l'homme. « Où est votre mère ? »

– Voilà, monsieur, dis-je.

Il se mit en route, fit une courte course, s'arrêta et regarda par-dessus son épaule.

– Là, monsieur ! J'ai expliqué timidement. « Aussi Georgiana. C'est ma mère. »

« Oh ! dit-il en revenant. — Et c'est ton père qui est plus que ta mère ?

« Oui, monsieur, » dis-je ; « Lui aussi ; en fin de cette paroisse. »

« Ha ! » murmura-t-il alors, pensif. « Avec qui vivez-vous, en supposant qu'on vous laisse bien vivre et que je n'ai pas encore pris de décision ? »

– Ma sœur, monsieur, mistress Joe Gargery, la femme de Joe Gargery, le forgeron, monsieur.

« Forgeron, hein ? » dit-il. Et baissa les yeux vers sa jambe.

Après m'avoir regardé sombrement sa jambe et moi à plusieurs reprises, il s'est approché de ma pierre tombale, m'a pris par les deux bras et m'a incliné en arrière aussi loin qu'il pouvait me tenir ; de sorte que ses yeux regardaient puissamment les miens, et les miens regardaient le sien le plus désespérément.

« Maintenant, regardez, » dit-il, la question est de savoir si on doit vous laisser vivre. Vous savez ce qu'est un fichier ?

– Oui, monsieur.

« Et vous savez ce que c'est que les esprits ? »

– Oui, monsieur.

Après chaque question, il me renversait un peu plus, afin de me donner un plus grand sentiment d'impuissance et de danger.

« Tu me donnes un dossier. » Il m'a de nouveau incliné. « Et vous me faites des têtises. » Il m'a de nouveau incliné. « Tu me les apportes tous les deux. » Il m'a de nouveau incliné. « Ou je te ferai arracher ton cœur et ton foie. » Il m'a de nouveau incliné.

J'étais affreusement effrayé et si étourdi que je me cramponnai à lui des deux mains et lui dis : « Si vous vouliez bien me laisser me tenir debout, monsieur, peut-être ne serais-je pas malade, et peut-être pourrais-je m'occuper davantage. »

Il m'a donné un plongeon et un tonneau formidables, de sorte que l'église a sauté par-dessus sa propre girouette. Puis, il me tint par les bras, en position verticale sur le sommet de la pierre, et continua en ces termes effrayants :

« Vous m'apportez, demain matin de bonne heure, cette lime et ces bêtises. Vous m'apportez le tout, dans cette vieille batterie là-bas. Tu le fais, et tu n'oses jamais dire un mot ou n'ose faire un signe que tu as vu une personne telle que moi, ou n'importe quelle autre personne, et on te laissera vivre. Vous échouez, ou vous vous écartez de mes paroles dans n'importe quel partickler, aussi petit soit-il, et votre cœur et votre foie seront arrachés, rôtis et mangés. Maintenant, je ne suis pas seul, comme vous pouvez le penser. Il y a un jeune homme caché avec moi, en comparaison duquel je suis un ange. Ce jeune homme entend les paroles que je prononce. Ce jeune homme a un moyen secret pour lui-même d'atteindre un enfant, et son cœur, et son foie. Il est difficile pour un garçon d'essayer de se cacher de ce jeune homme. Un garçon peut verrouiller sa porte, avoir chaud dans son lit, se replier, tirer les vêtements sur sa tête, peut se croire à l'aise et en sécurité, mais ce jeune homme se frayera doucement un chemin jusqu'à lui et le déchirera. Je suis en train d'empêcher ce jeune homme de vous faire du mal en ce moment, avec beaucoup de difficulté. Je trouve qu'il est très difficile de tenir ce jeune homme hors de votre intérieur. Maintenant, qu'en dites-vous ?

Je lui ai dit que je lui apporterais la lime, que je lui apporterais les morceaux de nourriture cassés que je pourrais, et que je viendrais le voir à la batterie, tôt le matin.

« Dis que Seigneur, frappe à mort si tu ne le fais pas ! » dit l'homme.

Je l'ai dit, et il m'a fait descendre.

« Maintenant, poursuivit-il, vous vous souvenez de ce que vous avez entrepris, et vous vous souvenez de ce jeune homme, et vous rentrez chez vous ! »

« Bonne nuit, monsieur », balbutiai-je.

« Beaucoup de cela ! » dit-il en jetant un coup d'œil autour de lui sur l'appartement froid et humide. « J'aimerais être une grenouille. Ou une anguille ! »

En même temps, il serra dans ses deux bras son corps frissonnant, se serrant comme pour se retenir, et se dirigea en boitant vers le mur bas de l'église. Quand je le vis s'en aller, se frayant un chemin parmi les orties et parmi les ronces qui bordaient les monticules verts, il regarda dans mes jeunes yeux comme s'il échappait aux mains des morts, s'étendant prudemment hors de leurs tombes, pour se tordre la cheville et l'attirer à l'intérieur.

Quand il arriva au mur bas de l'église, il le franchit, comme un homme dont les jambes sont engourdies et raides, puis se retourna pour me chercher. Quand je l'ai vu se retourner, j'ai tourné mon visage vers la maison et j'ai fait le meilleur usage de mes jambes. Mais bientôt je regardai par-dessus mon épaule et je le vis repartir vers la rivière, se serrant toujours dans ses deux bras et se frayant un chemin avec ses pieds endoloris parmi les grosses pierres tombées çà et là dans les marais, pour faire escale quand les pluies étaient abondantes ou que la marée était haute.

Les marais n'étaient alors qu'une longue ligne horizontale noire, lorsque je m'arrêtai pour le surveiller ; et la rivière n'était qu'une autre ligne horizontale, pas aussi large ni aussi noire ; Et le ciel n'était plus qu'une rangée de longues lignes rouges en colère et de lignes noires denses entremêlées. Sur le bord de la rivière, je distinguais à peine les deux seules choses noires de toute la perspective qui semblaient se tenir debout ; L'un d'eux était le phare par lequel les matelots gouvernaient, comme un tonneau ouvert sur un poteau, une chose laide quand on était près de lui ; l'autre, un gibet, auquel pendaient des chaînes qui avaient autrefois retenu un pirate. L'homme boitait vers celui-ci, comme s'il était le pirate qui prend vie, qui descend et qui revient pour se relever. Cela m'a donné une tournure terrible quand je l'ai pensé ; et quand je voyais le bétail lever la tête pour le regarder, je me demandai s'ils pensaient aussi ainsi. J'ai regardé autour de moi à la recherche de l'horrible jeune homme, et je n'ai pu voir aucun signe de lui. Mais maintenant, j'étais de nouveau effrayé et je courais à la maison sans m'arrêter.

Chapitre II.

Ma sœur, Mme Joe Gargery, avait plus de vingt ans de plus que moi et s'était forgée une grande réputation auprès d'elle-même et des voisins parce qu'elle m'avait élevé « à la main ». Comme j'avais alors à découvrir par moi-même ce que signifiait cette expression, et qu'elle savait qu'elle avait la main dure et lourde, et qu'elle avait l'habitude de la mettre sur son mari aussi bien que sur moi, je supposai que Joe Gargery et moi avions tous deux été élevés de la main.

Ce n'était pas une belle femme, ma sœur ; et j'avais l'impression générale qu'elle avait dû faire épouser Joe Gargery de la main. Joe était un homme blond, avec des boucles de cheveux de lin de chaque côté de son visage lisse, et avec des yeux d'un bleu si indécis qu'ils semblaient s'être mêlés à leurs propres blancs. C'était un homme doux, bon, doux, facile à vivre, insensé, cher, une sorte d'Hercule en force et aussi en faiblesse.

Ma sœur, Mrs. Joe, aux cheveux et aux yeux noirs, avait une telle rougeur de peau que je me demandais parfois s'il était possible qu'elle se lave avec une râpe à noix de muscade au lieu de savon. Elle était grande et osseuse, et portait presque toujours un tablier grossier, attaché sur sa silhouette par derrière par deux boucles, et ayant une bavette carrée imprenable sur le devant, qui était plantée pleine d'épingles et d'aiguilles. Elle s'était fait un grand mérite, et un grand reproche contre Joe, de porter tant ce tablier. Bien que je ne vois vraiment aucune raison pour laquelle elle l'aurait porté ; ou pourquoi, si elle l'avait porté, elle n'aurait pas dû l'enlever tous les jours de sa vie.

La forge de Joe était attenante à notre maison, qui était une maison de bois, comme l'étaient beaucoup d'habitations de notre pays, la plupart d'entre elles à cette époque. Quand je courus du cimetière à la maison, la forge était fermée et Joe était assis seul dans la cuisine. Joe et moi, comme nous étions des compagnons d'infortune, et que nous avions des confidences comme telles, Joe me communiqua une confidence au moment où je levai le loquet de la porte et que je le regardai en face, assis dans le coin de la cheminée.

« Mrs. Joe est sortie une douzaine de fois à votre recherche, Pip. Et elle est sortie maintenant, ce qui en fait une douzaine de boulangers.

« L'est-elle ? »

— Oui, Pip, dit Joe. et ce qui est pire, c'est qu'elle a Tickler avec elle.

À cette triste nouvelle, je tournai en rond l'unique bouton de mon gilet, et je regardai le feu avec une grande dépression. Tickler était un morceau de canne à bout de cire, usé par la collision avec mon corps chatouillé.

« Elle s'est mise à terre, » dit Joe, et elle s'est levée, et elle a attrapé Tickler, et elle a téléphoné. C'est ce qu'elle a fait, dit Joe en nettoyant lentement le feu entre les barres inférieures avec le tisonnier et en le regardant ; « Elle s'est enfuie, Pip. »

« Est-ce qu'elle est partie depuis longtemps, Joe ? » Je l'ai toujours traité comme une espèce d'enfant plus grande, et comme rien de plus que mon égal.

- Eh bien, dit Joe en jetant un coup d'œil à l'horloge hollandaise, elle a été sur la page du Bélier, cette dernière période, environ cinq minutes, Pip. Elle arrive ! Mets-toi derrière la porte, mon vieux, et mets l'essuie-tout entre vous.

J'ai suivi le conseil. Ma sœur, Mrs. Joe, ouvrant toute grande la porte, et trouvant un obstacle derrière elle, devina immédiatement la cause et appliqua Tickler à l'enquête plus poussée. Elle termina en me lançant - je faisais souvent office de projectile familier - à Joe, qui, heureux de m'attraper à n'importe quelle condition, me passa dans la cheminée et m'y enleva tranquillement de sa grande jambe.

« Où étais-tu, jeune singe ? » demanda Mrs. Joe en frappant du pied. « Dis-moi tout de suite ce que tu as fait pour m'épuiser d'inquiétude, de peur et d'inquiétude, sinon je te ferais sortir de ce coin si tu avais cinquante Pips, et lui cinq cents Gargerys. »

« Je n'ai été qu'au cimetière », dis-je de mon tabouret en pleurant et en me frottant.

« Cimetière ! » répéta ma sœur. « S'il ne m'avait pas prévenu, il y a longtemps que tu serais allé au cimetière et que tu y serais resté. Qui t'a élevé à la main ? »

- Vous l'avez fait, dis-je.

— Et pourquoi l'ai-je fait, je voudrais bien le savoir ? s'écria ma sœur.

J'ai gémi : « Je ne sais pas. »

« *Je* ne veux pas ! » dit ma sœur. « Je ne le referais plus jamais ! Je sais que. Je peux vraiment dire que je n'ai jamais enlevé mon tablier depuis que tu es né. C'est déjà assez dur d'être la femme d'un forgeron (et lui d'être un Gargery) sans être votre mère. »

Mes pensées s'égarèrent de cette question tandis que je regardais le feu d'un air inconsolable. Car le fugitif dans les marais, la jambe de fer, le jeune homme mystérieux, la lime, la nourriture et l'affreux serment que j'avais de commettre un larcin dans ces lieux abritants, se dressaient devant moi dans les charbons vengeurs.

« Ah ! » dit Mrs. Joe en rétablissant Tickler à son poste. « Cimetière, en effet ! Vous pouvez bien dire cimetière, vous deux. L'un d'entre nous, soit dit en passant, ne l'avait pas dit du tout. « Tu me conduiras au cimetière entre vous, un de ces jours, et ô ! un couple précieux que vous seriez sans moi ! »

Tandis qu'elle s'appliquait à poser les thés, Joe me regarda par-dessus sa jambe, comme s'il me relevait mentalement, moi et lui-même, et calculait le genre de paire que nous ferions pratiquement, dans les circonstances pénibles qui l'annonçaient. Après cela, il s'assit, sentant ses boucles et ses moustaches de lin du côté droit, et suivant Mrs. Joe de ses yeux bleus, comme il avait toujours l'habitude de le faire dans les moments de cris.

Ma sœur avait une façon tranchante de couper notre pain et notre beurre pour nous, qui n'a jamais varié. D'abord, de sa main gauche, elle coinça le pain avec force et fermeté contre son bavoir, où il y enfonçait parfois une épingle, et parfois une aiguille, que nous mettions ensuite dans notre bouche. Ensuite, elle a pris un peu de beurre (pas trop) sur un couteau et l'a étalé sur le pain, comme si elle faisait un emplâtre, en utilisant les deux côtés du couteau avec une dextérité de claquement, et en taillant et en moulant le beurre autour de la croûte. Ensuite, elle essuya une dernière fois le couteau sur le bord du plâtre, puis scia un rond très épais sur le pain : qu'elle finit par couper, avant de se séparer du pain, en deux moitiés, dont Joe prit l'une, et moi l'autre.

Dans la présente occasion, bien que j'aie faim, je n'osais pas manger ma part. Je sentis que je devais avoir quelque chose en réserve pour ma terrible connaissance, et pour son allié, le jeune homme encore plus affreux. Je savais que le ménage de Mrs. Joe était de la plus stricte espèce, et que mes recherches de larcins pouvaient ne rien trouver de disponible dans le coffre-fort. Je résolus donc de mettre mon morceau de pain et de beurre dans la jambe de mon pantalon.

J'ai trouvé l'effort de résolution nécessaire pour atteindre ce but tout à fait affreux. C'était comme si je devais me décider à sauter du haut d'une haute maison ou à plonger dans une grande profondeur d'eau. Et cela fut rendu plus difficile par l'inconscience de Joe. Dans notre franc-maçonnerie dont nous avons déjà parlé en tant que compagnons d'infortune, et dans sa bonne compagnie avec moi, c'était notre habitude du soir de comparer la façon dont nous mordions nos tranches, en les tenant silencieusement à l'admiration l'un de l'autre de temps en temps, ce qui nous stimulait à de nouveaux efforts. Ce soir, Joe m'a invité plusieurs fois, par l'étalage de sa tranche décroissante rapide, à entrer dans notre compétition amicale habituelle ; Mais il me trouva, à chaque fois, avec ma tasse de thé jaune sur un genou, et mon pain et mon beurre intacts sur l'autre. À la fin, je considérai désespérément que la chose que j'envisageais devait être faite, et qu'il valait mieux la faire de la manière la moins improbable compatible avec les circonstances. Je profitai d'un moment où Joe venait de me regarder, et je mis mon pain et mon beurre le long de ma jambe.

Joe était manifestement mis mal à l'aise par ce qu'il supposait être ma perte d'appétit, et a pris une bouchée pensive de sa tranche, qu'il n'a pas semblé apprécier. Il le retourna dans sa bouche beaucoup plus longtemps que d'habitude, y réfléchissant beaucoup, et après tout l'avala comme une pilule. Il était sur le point de prendre une autre bouchée, et il venait de mettre sa tête de côté pour faire un bon achat, quand son œil tomba sur moi, et il vit que mon pain et mon beurre avaient disparu.

L'étonnement et la consternation avec lesquels Joe s'arrêta sur le seuil de sa morsure et me regarda étaient trop évidents pour échapper à l'observation de ma sœur.

« Qu'y a-t-il *maintenant* ? » dit-elle habilement en posant sa tasse.

— Je dis, vous savez ! murmura Joe en secouant la tête vers moi avec une remontrance très sérieuse. « Pip, mon vieux ! Vous vous ferez du mal. Ça collera quelque part. Tu n'as pas pu le chasser, Pip. »

« Qu'y a-t-il maintenant ? » répéta ma sœur plus brusquement qu'auparavant.

— Si vous pouvez cracher la moindre bagatelle, Pip, je vous recommande de le faire, dit Joe, tout consterné. « Les bonnes manières sont les manières, mais toujours ton élan est ton élan. »

À ce moment-là, ma sœur était tout à fait désespérée, alors elle se jeta sur Joe et, le prenant par les deux moustaches, lui frappa un moment la tête contre le mur derrière lui, tandis que je restais assis dans un coin, regardant coupable.

« Maintenant, peut-être allez-vous me dire ce qu'il y a, » dit ma sœur, hors d'haleine, « grand cochon coincé. »

Joe l'a regardée d'un air impuissant, puis a pris une morsure impuissante et m'a regardé de nouveau.

— Vous savez, Pip, dit Joe solennellement, avec sa dernière morsure dans la joue, et parlant d'une voix confidentielle, comme si nous étions tout à fait seuls, vous et moi sommes toujours amis, et je serais le dernier à vous le dire n'importe quand. Mais un... il bougea sa chaise et regarda autour de nous le sol entre nous, puis de nouveau vers moi, un Bolt aussi ordinaire que celui-là !

« Il a pêché sa nourriture, n'est-ce pas ? » s'écria ma sœur.

« Vous savez, mon vieux, » dit Joe en me regardant, et non pas Mrs. Joe, toujours mordue sur la joue, j'ai moi-même pris la fuite quand j'avais votre âge, je fréquentais, et, enfant, j'ai été parmi beaucoup de Bolters ; mais je ne vois pas encore votre Bolting égal, Pip, et c'est une chance que vous ne soyez pas mort.

Ma sœur a plongé vers moi et m'a attrapé par les cheveux, en ne disant rien de plus que ces mots affreux : « Viens et sois dosé. »

Une bête médicinale avait ranimé l'eau de goudron à cette époque, comme un bon remède, et Mrs. Joe en gardait toujours une provision dans l'armoire ; avoir une croyance en ses vertus correspond à sa méchanceté. Dans le meilleur des cas, une telle quantité de cet élixir m'a été administrée comme un réparateur de choix, que j'étais conscient de me promener, sentant comme une clôture neuve. Ce soir-là, l'urgence de mon cas exigeait une pinte de ce mélange, qu'on me versa dans la gorge, pour plus de confort, tandis que Mrs. Joe tenait ma tête sous son bras, comme on tiendrait une botte dans un bootjack. Joe s'en est tiré avec une demi-pinte ; mais on lui a fait avaler cela (à son grand dérangement, alors qu'il était assis lentement à grignoter et à méditer devant le feu), « parce qu'il avait eu un tour ». À en juger par moi-même, je dirais qu'il a certainement eu un tour par la suite, s'il n'en avait pas eu auparavant.

La conscience est une chose terrible quand elle accuse un homme ou un garçon ; mais quand, dans le cas d'un garçon, ce fardeau secret coopère avec un autre fardeau secret le long de la jambe de son pantalon, c'est (comme je peux en témoigner) une grande punition. Le fait de savoir coupablement que j'allais voler Mrs. Joe – je n'ai jamais pensé que j'allais voler Joe, car je n'ai jamais pensé qu'aucun des biens de la maison était le sien – uni à la nécessité de toujours garder une main sur mon pain et mon beurre pendant que j'étais assis, ou quand on me donnait l'ordre de faire une petite commission dans la cuisine, m'a presque fait perdre la tête. Puis, comme les vents des marais faisaient briller et flamber le feu, je crus entendre la voix dehors, celle de l'homme avec le fer à la jambe qui m'avait juré de garder le secret, déclarant qu'il ne pouvait pas et ne voulait pas mourir de faim jusqu'à demain, mais qu'il devait être nourri maintenant. D'autres fois, je pensais : Et si le jeune homme qui avait tant de peine à se retenir de m'enfoncer les mains en moi, cédait à une impatience constitutionnelle, ou se trompait de temps, et se croyait accrédité à mon cœur et à mon foie ce soir, au lieu de demain ! Si jamais les cheveux de quelqu'un se sont dressés sur la tête de terreur, les miens ont dû le faire à ce moment-là. Mais, peut-être, personne ne l'a jamais fait ?

C'était la veille de Noël, et je devais remuer le pudding pour le lendemain, avec un bâtonnet de cuivre, de sept à huit selon l'horloge hollandaise. Je l'ai essayé avec la charge sur ma jambe (et cela m'a fait repenser à l'homme avec la charge sur *sa* jambe), et j'ai trouvé la tendance de l'exercice à faire sortir le pain et le beurre à ma cheville, tout à fait ingérable. Heureusement, je m'éclipsai et déposai cette partie de ma conscience dans ma chambre mansardée.

« Écoutez ! » dis-je, quand j'eus fini de remuer et que je prenais un dernier réchaud dans le coin de la cheminée avant d'être envoyé au lit ; « C'était de gros canons, Joe ? »

— Ah ! dit Joe, il y a un autre conwict.

« Qu'est-ce que cela signifie, Joe ? » dis-je.

Mrs. Joe, qui prenait toujours des explications sur elle-même, dit sèchement : « S'est échappée. S'est échappé. Administrer la définition comme de l'eau de goudron. »

Tandis que Mrs. Joe était assise, la tête penchée sur ses coutures, je mettais ma bouche dans les formes de dire à Joe : « Qu'est-ce qu'un forçat ? » Joe mit *sa* bouche dans les formes de retour d'une réponse si élaborée, que je ne pus rien en distinguer que le seul mot « Pip ».

« Il y a eu une réunion hier soir, dit Joe à haute voix, après le coup de canon du coucher du soleil. Et ils ont tiré pour l'avertir. Et maintenant, il semble qu'ils tirent pour avertir d'un autre. »

« *Qui* tire ? » dis-je.

« Bon sang, ce garçon, interrompit ma sœur en fronçant les sourcils à cause de son travail, quel questionneur il est. Ne posez pas de questions, et on ne vous dira pas de mensonges. »

Il n'était pas très poli envers elle-même, pensai-je, de laisser entendre qu'elle me mentirait même si je posais des questions. Mais elle n'était jamais polie à moins qu'il n'y ait de la compagnie.

À ce moment, Joe augmenta beaucoup ma curiosité en prenant la plus grande peine d'ouvrir très grand sa bouche et de la mettre sous la forme d'un mot qui me parut être « bouder ». C'est donc naturellement que je lui montrai du doigt mistress Joe, et que je mis ma bouche en forme de dire : « Elle ? » Mais Joe ne voulut pas l'entendre du tout, et il ouvrit de nouveau la bouche tout grand et en écarta la forme d'un mot des plus emphatiques. Mais je ne pouvais rien comprendre à ce mot.

« Madame Joe, dis-je en dernier ressort, je voudrais savoir, si vous le voulez bien, d'où vient la fusillade ?

« Que Dieu bénisse l'enfant ! » s'exclama ma sœur, comme si elle ne voulait pas tout à fait dire cela, mais plutôt le contraire. « Des Hulks ! »

« Oh ! » dis-je en regardant Joe. « Hulks ! »

Joe toussa d'un air de reproche, comme pour dire : « Eh bien, je vous l'avais dit. »

« Et s'il vous plaît, qu'est-ce que c'est que Hulks ? » dis-je.

« C'est comme ça avec ce garçon ! » s'écria ma sœur en me montrant avec son aiguille et son fil, et en secouant la tête vers moi. « Répondez-lui à une question, et il vous en posera une douzaine directement. Les carcasses sont des navires-prisons, qui traversent les mailles. Nous avons toujours utilisé ce nom pour les marais, dans notre pays. »

« Je me demande qui est mis dans les vaisseaux-prisons, et pourquoi on les met là ? » dis-je d'une manière générale et avec un désespoir silencieux.

C'en était trop pour Mrs. Joe, qui se leva immédiatement. « Je vous le dis, jeune homme, » dit-elle, je ne vous ai pas élevé à la main pour harceler les gens. Ce serait un blâme pour moi et non un éloge, si je l'avais fait. Les gens sont mis dans les Hulks parce qu'ils tuent, et parce qu'ils volent, et forgent, et font toutes sortes de mal ; Et ils commencent toujours par poser des questions. Maintenant, tu vas te coucher !

Je n'avais jamais la permission d'avoir une bougie pour m'éclairer jusqu'au lit, et, comme je montais l'escalier dans l'obscurité, la tête picotante, à cause du dé à coudre de mistress Joe qui avait joué du tambourin dessus, pour accompagner ses dernières paroles, je me sentais terriblement sensible à la grande commodité que les coques me convenaient. J'étais clairement en route pour y arriver. J'avais commencé par poser des questions, et j'allais voler Mrs. Joe.

Depuis cette époque, qui est assez loin maintenant, j'ai souvent pensé que peu de gens savent ce qu'il y a de secret chez les jeunes terrorisés. Peu importe à quel point la terreur est déraisonnable, pour que ce soit de la terreur. J'étais dans une terreur mortelle à l'idée du jeune homme qui voulait mon cœur et mon foie ; J'étais dans une terreur mortelle de mon interlocuteur à la jambe de fer ; J'étais dans une terreur mortelle de moi-même, à qui on avait arraché une terrible promesse ; Je n'avais aucun espoir d'être délivré par ma sœur toute-puissante, qui me repoussait à chaque instant ; J'ai peur de penser à ce que j'aurais pu faire sur demande, dans le secret de ma terreur.

Si j'ai dormi cette nuit-là, c'est pour m'imaginer dériver sur la rivière par une forte marée de printemps, vers les Hulks ; un pirate fantomatique m'appelant à travers une trompette parlante, comme je passais devant la station de gibet, que je ferais mieux de descendre à terre et d'être pendu là-bas, et de ne pas le remettre. J'avais peur de dormir, même si j'en avais eu envie, car je savais qu'à la première lueur du matin, je devais dévaliser le garde-manger. Il n'était pas question de le faire la nuit, car il n'y avait pas moyen d'obtenir une lumière par friction facile à ce moment-là ; pour en avoir un j'aurais dû le frapper dans du silex et de l'acier, et faire un bruit comme le pirate lui-même faisant claquer ses chaînes.

Dès que le grand drap de velours noir qui était devant ma petite fenêtre fut teinté de gris, je me levai et descendis ; chaque planche sur le chemin, et chaque fissure dans chaque planche qui m'appelait : « Arrêtez le voleur ! » et « Lèvez-vous, madame Joe ! » Dans l'office, qui était beaucoup plus approvisionné que d'habitude, à cause de la saison, je fus très alarmé par un lièvre suspendu par les talons, que je crus plutôt attraper, quand j'avais le dos à demi tourné, en train de cligner de l'œil. Je n'avais pas le temps de vérifier, pas le temps de sélectionner, pas le temps de quoi que ce soit, car je n'avais pas de temps à perdre. J'ai volé du pain, de la croûte de fromage, environ la moitié d'un pot de viande hachée (que j'ai attaché dans mon mouchoir de poche avec ma tranche de la veille), de l'eau-de-vie dans une bouteille de pierre (que j'ai décantée dans une bouteille de verre que j'avais secrètement utilisée pour fabriquer ce liquide enivrant, l'eau de réglisse espagnole, dans ma chambre : en diluant la bouteille de pierre d'une cruche dans le placard de la cuisine), un os de viande avec très peu de choses dessus, et un beau pâté au porc rond et compact. J'allais presque m'en aller sans la tarte, mais j'ai été tenté de monter sur une étagère, de voir ce qu'il y avait qui était rangé si soigneusement dans un plat de faïence couvert dans un coin, et j'ai découvert que c'était la tarte, et je l'ai prise dans l'espoir qu'elle n'était pas destinée à un usage précoce. et ne nous manquerait pas pendant un certain temps.

Il y avait une porte dans la cuisine, communiquant avec la forge ; J'ouvris et déverrouillai cette porte, et pris une lime parmi les outils de Joe. Puis j'ai mis les fermetures telles que je les avais trouvées, j'ai ouvert la porte par laquelle j'étais entré quand j'étais rentré chez moi la nuit dernière, je l'ai fermée et j'ai couru vers les marais brumeux.

Chapitre III.

C'était une matinée glaciale et très humide. J'avais vu l'humidité couchée sur le dehors de ma petite fenêtre, comme si quelque lutin avait pleuré là toute la nuit, et qu'il se servît de la fenêtre comme d'un mouchoir de poche. Maintenant, je voyais l'humidité couchée sur les haies nues et l'herbe éparpillée, comme une sorte de toiles d'araignées plus grossières ; se suspendant de brindille en brindille et de lame en lame. Sur chaque balustrade et chaque porte, l'humidité était moite, et la brume des marais était si épaisse que le doigt de bois sur le poteau qui dirigeait les gens vers notre village – une direction qu'ils n'ont jamais acceptée, car ils n'y sont jamais venus – m'a été invisible jusqu'à ce que je sois tout près de lui. Puis, quand je levai les yeux vers lui, tandis qu'il dégoulinait, il sembla à ma conscience oppressée qu'un fantôme me consacrait aux Hulks.

Le brouillard était encore plus épais quand j'arrivai dans les marais, de sorte qu'au lieu de courir vers tout, tout semblait courir vers moi. C'était très désagréable à un esprit coupable. Les portes, les digues et les talus éclataient sur moi à travers la brume, comme s'ils criaient aussi clairement que possible : « Un garçon avec le pâté de porc de quelqu'un d'autre ! Arrêtez-le ! » Le bétail s'approcha de moi avec la même soudaineté, le regard et la fuite des dents : « Allô, jeune voleur ! » Un bœuf noir, avec une cravate blanche, qui avait même pour ma conscience éveillée quelque chose d'un air de clérical, me fixa si obstinément avec ses yeux, et remua sa tête émoussée d'une manière si accusatrice pendant que je me retournais, que je lui dis en baissant : « Je n'ai pas pu m'en empêcher, monsieur ! Ce n'est pas pour moi que je l'ai pris ! Sur quoi il baissa la tête, souffla un nuage de fumée par le nez et disparut d'un coup de pattes de derrière et d'un mouvement de queue. »

Pendant tout ce temps, je me dirigeais vers la rivière ; mais j'avais beau aller vite, je ne pouvais pas réchauffer mes pieds, auxquels le froid humide semblait rivé, comme le fer était rivé à la jambe de l'homme que je courais à la rencontre. Je connaissais mon chemin jusqu'à la batterie, assez droit, car j'y étais allé un dimanche avec Joe, et Joe, assis sur un vieux fusil, m'avait dit que lorsque je serais fier de lui, régulièrement lié, nous aurions de tels Alouettes là-bas ! Cependant, dans la confusion de la brume, je me trouvai enfin trop à

16

droite, et je dus donc essayer de revenir le long de la rivière, sur le banc de pierres détachées au-dessus de la vase et des pieux qui jalonnaient la marée. Me dirigeant jusqu'ici avec toute la diligence possible, je venais de traverser un fossé que je savais être très proche de la batterie, et je venais de grimper le monticule au-delà du fossé, lorsque j'aperçus l'homme assis devant moi. Il me tournait le dos, il avait les bras croisés et hochait la tête en avant, lourd de sommeil.

Je pensai qu'il serait plus content si je le rencontrais avec son déjeuner, de cette manière inattendue, alors je m'avançai doucement et lui touchai l'épaule. Il s'est immédiatement levé, et ce n'était pas le même homme, mais un autre homme !

Et pourtant, cet homme était aussi vêtu d'un gris grossier, et avait un grand fer à la jambe, et il était boiteux, et enroué, et froid, et il était tout ce que l'autre homme était ; sauf qu'il n'avait pas le même visage et qu'il portait un chapeau de feutre plat à larges bords et à couronne basse. Tout cela, je l'ai vu en un instant, car je n'avais qu'un instant pour le voir : il m'a juré, m'a frappé, — c'était un coup rond et faible qui m'a manqué et qui a failli s'écrouler, car il l'a fait trébucher, — et puis il a couru dans la brume, trébuchant deux fois en chemin. et je l'ai perdu.

« C'est le jeune homme ! » pensai-je, sentant mon cœur battre en l'identifiant. J'ose dire que j'aurais aussi ressenti une douleur au foie, si j'avais su où elle se trouvait.

Après cela, je fus bientôt à la batterie, et il y avait l'homme qu'il fallait, qui se serrait dans ses bras et boitait, comme s'il n'avait jamais cessé de toute la nuit de s'étreindre et de boiter, qui m'attendait. Il avait terriblement froid, c'est sûr. Je m'attendais à moitié à le voir tomber devant ma figure et mourir de froid mortel. Ses yeux avaient aussi une telle faim que, lorsque je lui tendis la lime et qu'il la posa sur l'herbe, il me vint à l'esprit qu'il aurait essayé de la manger, s'il n'avait pas vu mon paquet. Il ne m'a pas retourné cette fois pour obtenir ce que j'avais, mais m'a laissé à l'endroit pendant que j'ouvrais le paquet et vidais mes poches.

« Qu'y a-t-il dans la bouteille, mon garçon ? » dit-il.

« Brandy », dis-je.

Il était déjà en train de lui donner de la viande hachée dans la gorge de la manière la plus curieuse, plus comme un homme qui la range quelque part

17

dans une hâte violente qu'un homme qui en mange, mais il s'arrêta pour prendre un peu de liqueur. Il frissonnait si violemment qu'il ne pouvait faire que de garder le goulot de la bouteille entre ses dents sans la mordre.

« Je pense que vous avez la fièvre, » dis-je.

« Je suis beaucoup de ton avis, mon garçon, » dit-il.

« C'est mauvais ici », lui ai-je dit. « Vous vous êtes couché sur les mailles, et elles sont terriblement âpres. Rhumatismal aussi. »

« Je déjeunerai avant qu'on me tue, dit-il. « C'est ce que je ferais, si je devais être accroché à cette potence comme il y en a là-bas, directement après. Je vais vaincre les frissons jusqu'à présent, je vous parie. »

Il engloutissait à la fois de la viande hachée, des arêtes, du pain, du fromage et du pâté de porc, regardant avec méfiance la brume qui nous entourait, et s'arrêtant souvent, arrêtant même ses mâchoires pour écouter. Un bruit réel ou imaginaire, un tintement sur la rivière, une respiration de bête dans le marais, le firent sursauter, et il dit tout à coup :

« Tu n'es pas un diablotin trompeur ? Tu n'as amené personne avec toi ? »

– Non, monsieur ! Non !

— Ni donner à personne le bureau de vous suivre ?

« Non ! »

« Eh bien, » dit-il, je vous crois. Tu ne serais vraiment qu'un jeune chien féroce, si, à l'âge de ta vie, tu pouvais aider à chasser un misérable menthe de guerre chassé aussi près de la mort et du fumier que ce pauvre misérable menthe de guerre !

Quelque chose claqua dans sa gorge comme s'il avait en lui des œuvres comme une horloge et qu'il allait sonner. Et il étala ses yeux sur sa manche rugueuse en lambeaux.

Pitoyant sa désolation et le regardant s'installer peu à peu sur la tarte, j'osai dire : « Je suis content que vous en profitiez. »

« Avez-vous parlé ? »

« J'ai dit que j'étais content que tu l'aies apprécié. »

« Merci, mon garçon. Je le fais. »

J'avais souvent vu un de nos gros chiens manger sa nourriture ; et je remarquai alors une similitude nette entre la façon de manger du chien et celle de l'homme. L'homme a pris des morsures fortes, brusques et soudaines, tout comme le chien. Il avalait, ou plutôt prenait chaque bouchée, trop tôt et trop vite ; et il regardait de côté ici et là pendant qu'il mangeait, comme s'il croyait qu'il y avait un danger dans toutes les directions que quelqu'un vienne prendre la tarte. Il était tout à fait trop inquiet dans son esprit à ce sujet, pour l'apprécier confortablement, je pensais, ou pour avoir quelqu'un pour dîner avec lui, sans faire un coup de gueule au visiteur. Dans tous ces détails, il ressemblait beaucoup au chien.

— J'ai peur que vous ne lui en laissiez rien, dis-je timidement ; après un silence pendant lequel j'avais hésité sur la politesse de faire cette remarque. « Il n'y a plus rien à savoir d'où cela vient. » C'est la certitude de ce fait qui m'a poussé à donner cet indice.

« Lui en laisser ? Qui est-ce que c'est ? » dit mon ami en s'arrêtant dans son croquant de croûte à tarte.

« Le jeune homme. Dont vous avez parlé. C'était caché chez toi. »

« Oh ah ! » répondit-il avec quelque chose comme un rire bourru. « Lui ? Oui, oui! *Il* ne veut pas de chattes. »

— Je croyais qu'il en avait l'air, dis-je.

L'homme cessa de manger et me regarda avec la plus vive attention et la plus grande surprise.

« Vous avez regardé ? Quand ? »

« Tout à l'heure. »

« Où ? »

« Là-bas, dis-je en me montrant du doigt ; là-bas, où je l'ai trouvé endormi en hochant la tête, et j'ai cru que c'était toi. »

Il me tint par le col et me regarda si bien que je commençai à penser que sa première idée de me couper la gorge avait été ravivée.

« Habillé comme vous, vous savez, seulement avec un chapeau », expliquai-je en tremblant ; et... et... et... j'étais très impatient de le dire délicatement... et avec... la même raison de vouloir emprunter un dossier. N'avez-vous pas entendu le canon la nuit dernière ?

« Alors il y a *eu* des coups de feu ! » se dit-il.

— Je m'étonne que vous n'en ayez pas été sûr, répliquai-je, car nous l'avons appris chez nous, et c'est plus loin, et nous étions enfermés en plus.

« Voyons, voyez maintenant ! dit-il. Quand un homme est seul sur ces plaines, la tête et l'estomac légers, mourant de froid et de besoin, il n'entend rien de toute la nuit, que des coups de feu et des voix qui appellent. Entend? Il voit les soldats, avec leurs manteaux rouges éclairés par les torches portées devant lui, se refermer autour de lui. Il entend son numéro appelé, il se sent défié, il entend le cliquetis des mousquets, il entend les ordres : « Tenez-vous prêts ! Présent! Couvrez-le fermement, les hommes ! » et on lui impose les mains, et il n'y a rien ! Eh bien, si j'ai vu un groupe de poursuivants hier soir, arrivant en ordre, bon sang, avec leur piétinement, leur piétinement, j'en vois cent. Et quant à la cuisson ! Eh bien, je vois la brume trembler avec le canon, quand il faisait grand jour, mais cet homme-là... Il avait dit tout le reste, comme s'il avait oublié que j'étais là ; « As-tu remarqué quelque chose en lui?»

« Il avait le visage gravement meurtri », dis-je, me rappelant ce que je savais à peine.

— Pas ici ? s'écria l'homme en se frappant impitoyablement la joue gauche du plat de la main.

« Oui, là ! »

« Où est-il ? » Il fourra le peu de nourriture qui lui restait dans la poitrine de sa veste grise. « Montrez-moi le chemin qu'il a emprunté. Je le ferai tomber, comme un limier. Maudit soit ce fer sur ma jambe endolorie ! Donne-nous la lime, mon garçon. »

J'indiquai dans quelle direction la brume avait enveloppé l'autre homme, et il leva les yeux vers elle pendant un instant. Mais il était couché sur l'herbe humide, limant son fer comme un fou, et ne se souciant pas de moi ni de sa propre jambe, qui avait une vieille irritation et qui était ensanglantée, mais qu'il manipulait aussi rudement que si elle n'avait pas plus de sensation que la lime. J'avais de nouveau très peur de lui, maintenant qu'il s'était mis dans cette hâte féroce, et j'avais également très peur de rester plus longtemps loin de chez moi. Je lui ai dit que je devais partir, mais il n'y a pas prêté attention, alors j'ai pensé que la meilleure chose à faire était de m'éclipser. La dernière fois que je l'ai vu, sa tête était penchée sur son genou et il travaillait dur à ses fers, marmonnant des imprécations impatientes à celle-ci et à sa jambe. La dernière fois que j'ai entendu parler de lui, je me suis arrêté dans la brume pour écouter, et le dossier continuait à avancer.

Chapitre IV.

Je m'attendais à trouver un agent de police dans la cuisine, qui m'attendait pour me prendre. Mais non seulement il n'y avait pas de constable, mais on n'avait pas encore découvert le vol. Mrs. Joe était prodigieusement occupée à préparer la maison pour les festivités de la journée, et Joe avait été placé sur le seuil de la cuisine pour le tenir à l'abri de la pelle, article dans lequel sa destinée le conduisait toujours, tôt ou tard, lorsque ma sœur moissonnait vigoureusement les planchers de son établissement.

« Et où diable *étiez-vous ?* » fut la salutation de Noël de Mrs. Joe, quand moi et ma conscience nous montrâmes.

J'ai dit que j'étais descendu pour entendre les chants de Noël. — Ah ! eh bien ! observa mistress Joe, vous auriez pu faire pire. Il n'y a aucun doute là-dessus, pensai-je.

— Peut-être que si je n'avais pas averti la femme d'un forgeron, et (ce qui est la même chose) une esclave dont le tablier n'a jamais enlevé, *j'*aurais été pour entendre les chants de Noël, dit mistress Joe. J'ai moi-même un certain penchant pour les chants de Noël, et c'est la meilleure des raisons pour laquelle je n'en entends jamais.

Joe, qui s'était aventuré dans la cuisine après moi au moment où la pelle s'était retirée devant nous, passa le dos de sa main sur son nez d'un air conciliant, lorsque mistress Joe lui jeta un coup d'œil, et, quand ses yeux furent retirés, elle croisa secrètement ses deux index et me les montra comme un signe que mistress Joe était de mauvaise humeur. C'était tellement son état normal, que Joe et moi, pendant des semaines entières, nous étions souvent, comme des croisés monumentaux comme des croisés monumentaux quant à leurs jambes.

Nous devions avoir un superbe dîner, composé d'une cuisse de porc mariné et de verdure, et d'une paire de volailles farcies rôties. Un beau pâté avait été préparé hier matin (ce qui expliquait que la viande hachée n'avait pas été manquée), et le pudding était déjà en ébullition. Ces arrangements étendus nous occasionnèrent d'être coupés sans ménagement pour le déjeuner ; « car je ne le veux pas, » dit Mrs. Joe, « je ne vais pas avoir de bachotage, de casse-tête et de vaisselle formels maintenant, avec ce que j'ai devant moi, je vous le promets ! »

Alors, nous fîmes servir nos tranches, comme si nous étions deux mille soldats en marche forcée au lieu d'un homme et d'un garçon à la maison ; et nous prenions des gorgées de lait et d'eau, avec des visages désolés, dans une cruche posée sur la commode. Pendant ce temps, Mrs. Joe releva des rideaux blancs et propres, et cloua un nouveau volant fleuri sur la large cheminée pour remplacer l'ancien, et découvrit le petit salon d'apparat de l'autre côté du couloir, qui ne fut jamais découvert à aucun autre moment, mais passa le reste de l'année dans une brume fraîche de papier argenté. qui s'étendait même aux quatre petits caniches blancs de vaisselle sur l'étagère de la cheminée, chacun avec un nez noir et une corbeille de fleurs dans la bouche, et chacun étant la contrepartie de l'autre. Mrs. Joe était une femme de ménage très propre, mais elle avait un art exquis de rendre sa propreté plus inconfortable et plus inacceptable que la saleté elle-même. La propreté est à côté de la piété, et certaines personnes font de même par leur religion.

Ma sœur, ayant tant à faire, allait à l'église par procuration, c'est-à-dire que Joe et moi y allions. Dans ses vêtements de travail, Joe était un forgeron bien tricoté et caractéristique ; Dans ses vêtements de fête, il ressemblait plus à un épouvantail dans de bonnes circonstances qu'à toute autre chose. Rien de ce qu'il portait alors ne lui allait ou ne semblait lui appartenir ; et tout ce qu'il portait alors le frôlait. À l'occasion de la fête, il sortit de sa chambre, au moment où les cloches sonnaient, image de la misère, dans un costume complet de pénitentiels du dimanche. Quant à moi, je pense que ma sœur devait avoir une idée générale que j'étais un jeune délinquant qu'un agent de police accoucheur avait pris (le jour de mon anniversaire) et lui avait livré pour être traité selon la majesté outragée de la loi. J'ai toujours été traité comme si j'avais insisté pour naître en opposition aux préceptes de la raison, de la religion et de la morale, et contre les arguments dissuasifs de mes meilleurs amis. Même quand on me prenait pour avoir un habit neuf, le tailleur avait ordre de les faire comme une sorte de maison de correction, et en aucun cas de me laisser l'usage libre de mes membres.

Joe et moi, allant à l'église, nous avons donc dû être un spectacle émouvant pour des esprits compatissants. Pourtant, ce que j'ai souffert à l'extérieur n'était rien comparé à ce que j'ai subi à l'intérieur. Les terreurs qui m'avaient assailli chaque fois que mistress Joe s'était approchée de l'office ou était sortie de la chambre n'avaient d'égal que le remords avec lequel mon esprit s'arrêtait sur ce que mes mains avaient fait. Sous le poids de mon méchant secret, je me demandais si l'Église serait assez puissante pour me protéger de la vengeance du terrible jeune homme, si je divulguais à cet établissement. J'ai conçu l'idée que le moment où les bans seraient lus et où le clergé dirait :

« Vous devez maintenant le déclarer ! » serait le moment pour moi de me lever et de proposer une conférence privée dans la sacristie. Je suis loin d'être sûr que je n'aurais pas pu étonner notre petite congrégation en recourant à cette mesure extrême, si ce n'était le jour de Noël et non un dimanche.

M. Wopsle, le clerc de l'église, devait dîner avec nous ; et M. Hubble, le charron, et Mme Hubble ; et l'oncle Pumblechook (l'oncle de Joe, mais Mrs. Joe s'était approprié lui-même), qui était un marchand de maïs aisé de la ville la plus proche, et qui conduisait sa propre charrette. L'heure du dîner était une heure et demie. Quand Joe et moi rentrâmes à la maison, nous trouvâmes la table dressée, et Mrs. Joe habillée, et le dîner, et la porte d'entrée déverrouillée (elle ne l'a jamais été à aucun autre moment) pour que la compagnie puisse entrer, et tout ce qu'il y avait de plus splendide. Et pourtant, pas un mot du vol.

Le moment est venu, sans apporter aucun soulagement à mes sentiments, et la compagnie est venue. M. Wopsle, uni à un nez romain et à un grand front chauve et brillant, avait une voix grave dont il était exceptionnellement fier ; En effet, il était entendu parmi ses connaissances que si vous pouviez seulement lui donner sa tête, il interpréterait l'ecclésiastique en crises ; il confessa lui-même que si l'Église était « ouverte », c'est-à-dire à la concurrence, il ne désespérerait pas d'y laisser sa marque. L'église n'étant pas « ouverte », il était, comme je l'ai dit, notre clerc. Mais il punit terriblement les Amen ; et quand il distribuait le psaume, donnant toujours le verset entier, il regardait d'abord toute l'assemblée, comme pour dire : « Vous avez entendu mon ami au-dessus de votre tête ; Obligez-moi de votre opinion sur ce style ! »

J'ouvris la porte de la compagnie, faisant croire que c'était notre habitude d'ouvrir cette porte, et je l'ouvris d'abord à M. Wopsle, puis à M. et Mme Hubble, et enfin à l'oncle Pumblechook. N.B. *Je* n'avais pas le droit de l'appeler oncle, sous les peines les plus sévères.

« Mrs. Joe, » dit l'oncle Pumblechook, un grand homme d'âge moyen, à la respiration dure, avec une bouche de poisson, des yeux ternes et fixes, et des cheveux sableux dressés sur sa tête, de sorte qu'il avait l'air d'avoir été presque étouffé et d'avoir eu ce moment venu, je vous ai apporté comme compliments de la saison, je vous ai apporté, Maman, une bouteille de vin de Xérès, et je t'ai apporté, maman, une bouteille de porto.

Chaque jour de Noël, il se présentait, comme une nouveauté profonde, avec exactement les mêmes mots, et portant les deux bouteilles comme des haltères. Chaque jour de Noël, Mrs. Joe répondait, comme elle répondait maintenant : « Oh, Un—cle Pum-ble—chook ! C'*est* gentil ! Chaque jour de Noël, il rétorquait, comme il le rétorque maintenant : « Ce n'est rien de plus que vos mérites. Et maintenant, vous êtes tous bobbish, et comment va Sixpennorth d'un demi-pence ? »

Nous dînions à ces occasions dans la cuisine, et nous nous ajournions pour les noix, les oranges et les pommes au salon ; ce qui était un changement très semblable à celui de Joe, qui passa de ses vêtements de travail à sa robe du dimanche. Ma sœur était singulièrement vive dans cette occasion, et en effet elle était généralement plus gracieuse dans la société de Mrs. Hubble que dans les autres compagnies. Je me souviens de Mrs. Hubble comme d'une petite personne bouclée et tranchante, vêtue d'un bleu ciel, qui occupait une position juvénile conventionnelle, parce qu'elle avait épousé M. Hubble, je ne sais pas à quelle époque reculée, quand elle était beaucoup plus jeune que lui. Je me souviens de M. Hubble comme d'un vieil homme dur, aux épaules hautes, voûté, d'un parfum de scibrette, avec ses jambes extraordinairement écartées : de sorte que, dans mes courtes journées, je voyais toujours quelques kilomètres de campagne entre eux quand je le rencontrais en remontant le chemin.

Au milieu de cette bonne compagnie, je me serais senti, même si je n'avais pas dévalisé le garde-manger, dans une fausse position. Non pas parce que j'étais coincé à un angle aigu de la nappe, avec la table dans ma poitrine et le coude de Pumblechookien dans mon œil, ni parce qu'on ne me permettait pas de parler (je ne voulais pas parler), ni parce qu'on me régalait des pointes écailleuses des pilons des volailles, et de ces coins obscurs de porc dont le cochon, de son vivant, avait eu la moindre raison d'être vaniteux. Non; Cela ne m'aurait pas dérangé s'ils m'avaient laissé tranquille. Mais ils ne voulaient pas me laisser tranquille. Ils semblaient penser que l'occasion était perdue s'ils ne me pointaient pas la conversation de temps en temps et ne m'enfonçaient pas le clou. J'aurais pu être un malheureux petit taureau dans une arène espagnole, j'ai été si intelligemment touché par ces aiguillons moraux.

Cela a commencé au moment où nous nous sommes assis pour dîner. M. Wopsle a dit la grâce avec une déclamation théâtrale, — comme il me semble maintenant, quelque chose comme une croix religieuse du fantôme dans Hamlet avec Richard III, — et a terminé avec l'aspiration très juste que nous puissions être vraiment reconnaissants. Sur quoi ma sœur me fixa des yeux et me dit d'une voix basse et réprobatrice : « Entends-tu cela ? Soyez reconnaissants. »

« Surtout, dit M. Pumblechook, sois reconnaissant, mon garçon, envers ceux qui t'ont élevé par la main. »

Mrs. Hubble secoua la tête et, me contemplant avec le triste pressentiment que je n'arriverais à rien de bon, elle me demanda : « Comment se fait-il que les jeunes ne soient jamais reconnaissants ? » Ce mystère moral semblait trop grand pour l'entreprise jusqu'à ce que M. Hubble le résolve laconiquement en disant : « Intrinsèquement rusé ». Tout le monde murmura alors : « C'est vrai ! » et me regarda d'une manière particulièrement désagréable et personnelle.

La position et l'influence de Joe étaient quelque chose de plus faible (si possible) quand il y avait de la compagnie que quand il n'y en avait pas. Mais il m'aidait et me réconfortait toujours quand il le pouvait, d'une manière qui lui était propre, et il le faisait toujours à l'heure du dîner en me donnant de la sauce, s'il y en avait. Comme il y avait beaucoup de sauce aujourd'hui, Joe a mis dans mon assiette, à ce stade, environ une demi-pinte.

Un peu plus tard dans le dîner, M. Wopsle passa en revue le sermon avec une certaine sévérité, et indiqua – dans le cas hypothétique habituel où l'église serait « ouverte » – quel genre de sermon *il* leur aurait donné. Après les avoir favorisés de quelques têtes de ce discours, il remarqua qu'il considérait le sujet de l'homélie du jour comme mal choisi ; ce qui était d'autant moins excusable, ajouta-t-il, qu'il y avait tant de sujets « qui tournaient ».

— C'est encore vrai, dit l'oncle Pumblechook. « Vous l'avez touché, monsieur ! Beaucoup de sujets qui circulent, pour ceux qui savent mettre du sel sur leur queue. C'est ce que l'on veut. Un homme n'a pas besoin d'aller bien loin pour trouver un sujet, s'il est prêt avec sa boîte à sel. M.

Pumblechook ajouta, après un court intervalle de réflexion : « Regardez le porc seul. Il y a un sujet ! Si vous voulez un sujet, regardez Porc ! »

- C'est vrai, monsieur. Plus d'une morale pour les jeunes, répondit M. Wopsle, et je savais qu'il allait me traîner avant qu'il ne le dise ; « pourrait être déduit de ce texte. »

(« Vous écoutez cela », me dit ma sœur entre parenthèses sévères.)

Joe m'a donné un peu plus de sauce.

— Des porcs, poursuivit M. Wopsle de sa voix la plus grave, et en pointant sa fourchette sur mes rougeurs, comme s'il eût prononcé mon nom de baptême, les porcs étaient les compagnons du fils prodigue. La gourmandise des porcs est présentée à nous, comme un exemple pour les jeunes. (Je pensais assez bien cela chez lui qui avait fait l'éloge du porc pour être si dodu et juteux.) « Ce qu'il y a de détestable chez un cochon est encore plus détestable chez un garçon. »

« Ou une fille », suggéra M. Hubble.

- Bien sûr, ou une fille, monsieur Hubble, acquiesça M. Wopsle d'un ton un peu irrité, mais il n'y a pas de fille présente.

« D'ailleurs, » dit M. Pumblechook en se tournant brusquement vers moi, pensez de quoi vous avez à être reconnaissant. Si tu étais né Squeaker...

— Il *l'était*, s'il en est jamais un enfant, dit ma sœur avec la plus grande emphase.

Joe m'a donné un peu plus de sauce.

— Eh bien, mais je veux dire un couineur à quatre pattes, dit M. Pumblechook. « Si vous étiez né ainsi, seriez-vous ici maintenant ? Pas vous... »

— À moins que ce ne soit sous cette forme, dit M. Wopsle en hochant la tête en direction du plat.

- Mais je ne veux pas dire sous cette forme, monsieur, répondit M. Pumblechook, qui s'opposait à ce qu'on l'interrompît. — Je veux dire, s'amuser avec ses aînés et ses supérieurs, et s'améliorer dans leur conversation, et se rouler dans le luxe. Aurait-il fait cela ? Non, il ne le ferait pas. Et quelle aurait été ta destination ? « On vous aurait vendu pour tant de shillings d'après le prix du marché de l'article, et le boucher Dunstable serait venu à vous pendant que vous étiez couché dans votre paille, et il vous aurait fouetté sous son bras gauche, et de son bras droit, il aurait replié sa robe pour tirer un canif de la poche de son gilet. et il aurait versé ton sang et aurait eu ta vie. Pas d'éducation à la main donc. Pas du tout ! »

Joe m'a offert plus de sauce, que j'avais peur de prendre.

« Il était un monde d'ennuis pour vous, madame », dit Mrs. Hubble, compatissant avec ma sœur.

« Des ennuis ? » répéta ma sœur. « ennuis ? » et puis il entra dans une énumération effrayante de toutes les maladies dont j'avais été coupable, et de tous les actes d'insomnie que j'avais commis, et de tous les hauts lieux d'où j'étais tombé, et de tous les endroits bas dans lesquels j'étais tombé, et de toutes les injures que je m'étais faites à moi-même, et de toutes les fois où elle m'avait souhaité dans ma tombe. et j'avais refusé d'y aller.

Je pense que les Romains ont dû s'exaspérer beaucoup les uns les autres, avec leur nez. Peut-être sont-ils devenus les gens agités qu'ils étaient, en conséquence. Quoi qu'il en soit, le nez romain de M. Wopsle m'a tellement irrité, pendant le récit de mes méfaits, que j'aurais voulu le tirer jusqu'à ce qu'il hurle. Mais tout ce que j'avais enduré jusque-là n'était rien en comparaison des sentiments affreux qui s'emparèrent de moi lorsque la pause fut rompue et qui avait suivi le récital de ma sœur, et pendant laquelle tout le monde m'avait regardé (comme je m'en sentais douloureusement conscient) avec indignation et horreur.

« Pourtant, dit M. Pumblechook, ramenant doucement la compagnie au thème dont ils s'étaient écartés, le porc, considéré comme biled, est riche aussi ; n'est-ce pas ? »

« Prends un peu d'eau-de-vie, mon oncle », dit ma sœur.

Ô ciel, il était enfin venu ! Il trouvait que c'était faible, il dis-le que c'était faible, et j'étais perdu ! Je me cramponnai au pied de la table sous la nappe, des deux mains, et j'attendis mon sort.

Ma sœur est allée chercher la bouteille de pierre, est revenue avec la bouteille de pierre et a versé son eau-de-vie : personne d'autre n'en a pris. Le misérable joua avec sa lorgnette, la prit, la regarda à travers la lumière, la posa, prolongea ma misère. Pendant tout ce temps, Mrs. Joe et Joe débarrassaient vivement la table pour la tarte et le pudding.

Je ne pouvais pas le quitter des yeux. Me tenant toujours fermement par le pied de la table avec mes mains et mes pieds, je vis la misérable créature toucher son verre avec espièglerie, le prendre, sourire, rejeter la tête en arrière et boire l'eau-de-vie. Immédiatement après, la compagnie fut saisie d'une consternation indicible, à cause de ce qu'il se leva d'un bond, se retourna plusieurs fois dans une épouvantable danse spasmodique de coqueluche et se précipita vers la porte ; Il devint alors visible par la fenêtre, plongeant et expectorant violemment, faisant les grimaces les plus hideuses et semblant perdre la tête.

Je me cramponnai bien, tandis que Mrs. Joe et Joe couraient vers lui. Je ne savais pas comment j'avais fait, mais je n'avais aucun doute que je l'avais assassiné d'une manière ou d'une autre. Dans ma terrible situation, ce fut un soulagement quand il fut ramené, et, examinant toute la compagnie autour de lui comme si *elle* n'était pas d'accord avec lui, il s'affaissa sur sa chaise avec un seul halètement significatif : « Goudron ! »

J'avais rempli la bouteille de la cruche d'eau goudronnée. Je savais qu'il serait pire de temps en temps. Je déplaçai la table, comme un médium d'aujourd'hui, par la vigueur de ma prise invisible sur elle.

« Goudron ! » s'écria ma sœur stupéfaite. « Pourquoi, comment Tar a-t-il pu venir là ? »

Mais l'oncle Pumblechook, qui était omnipotent dans cette cuisine, ne voulut pas entendre le mot, ne voulut pas entendre parler du sujet, agita impérieusement tout cela de la main et demanda du gin chaud et de l'eau. Ma sœur, qui commençait à être d'une méditative alarmante, dut s'employer activement à prendre le gin, l'eau chaude, le sucre et le zeste de citron, et à les mélanger. Pour le moment du moins, j'étais sauvé. Je me cramponnais toujours au pied de la table, mais je le serrais maintenant avec la ferveur de la gratitude.

Peu à peu, je suis devenu assez calme pour relâcher mon emprise et prendre du pudding. M. Pumblechook a pris part au pudding. Tous ont pris part au pudding. Le cours prit fin, et M. Pumblechook avait commencé à rayonner sous l'influence géniale du gin et de l'eau. Je commençais à penser que je finirais ma journée, lorsque ma sœur dit à Joe : « Des assiettes propres, froides. »

Je saisis de nouveau le pied de la table et le pressai contre ma poitrine comme s'il eût été le compagnon de ma jeunesse et l'ami de mon âme. J'ai pressenti ce qui allait arriver, et j'ai senti que cette fois-ci, j'étais vraiment parti.

« Il faut que vous goûtiez, dit ma sœur en s'adressant aux invités de sa meilleure grâce, il faut que vous goûtiez, pour finir, un si délicieux et si délicieux cadeau de l'oncle Pumblechook ! »

Faut-il le faire ! Qu'ils n'espèrent pas y goûter !

« Il faut que vous sachiez, » dit ma sœur en se levant, que c'est une tarte ; un pâté au porc salé.

La compagnie murmura ses compliments. L'oncle Pumblechook, sentant qu'il avait bien mérité de ses semblables, lui dit, tout à fait vivement, tout bien considéré : « Eh bien, mistress Joe, nous ferons de notre mieux ; Prenons une part de ce même gâteau. »

Ma sœur est allée le chercher. J'entendis ses pas se diriger vers le garde-manger. J'ai vu M. Pumblechook tenir son couteau en équilibre. J'ai vu un appétit se réveiller dans les narines romaines de M. Wopsle. J'ai entendu M. Hubble faire remarquer qu'« un peu de pâté au porc savoureux se poserait sur tout ce que vous pourriez mentionner et ne ferait pas de mal », et j'ai entendu Joe dire : « Vous en prendrez, Pip. » Je n'ai jamais été absolument certain si j'avais poussé un cri aigu de terreur, simplement en esprit ou en ouïe corporelle de la compagnie. Je sentais que je n'en pouvais plus et que je devais m'enfuir. J'ai relâché le pied de la table et j'ai couru pour sauver ma vie.

Mais je n'ai pas couru plus loin que la porte de la maison, car là j'ai couru la tête la première sur un groupe de soldats avec leurs mousquets, dont l'un m'a tendu une paire de menottes en disant : « Voilà, ayez l'air vif, venez ! »

Chapitre V.

L'apparition d'une file de soldats faisant sonner les bouts de leurs mousquets chargés sur le seuil de notre porte fit que le dîner se leva de table en désordre, et fit que Mrs. Joe rentra dans la cuisine les mains vides, s'arrêta net et regarda, dans sa plainte étonnée : « Dieu gracieux, gracieuse, qu'est-ce qui est parti... avec le... tarte ! »

Le sergent et moi, nous étions dans la cuisine quand Mrs. Joe resta debout, les yeux fixes. dans cette crise, j'ai partiellement recouvré l'usage de mes sens. C'était le sergent qui m'avait parlé, et il regardait maintenant autour de lui la compagnie, avec ses menottes tendues vers eux dans sa main droite et sa gauche sur mon épaule.

« Excusez-moi, mesdames et messieurs, » dit le sergent, « mais comme je l'ai dit à la porte de ce jeune rasoir intelligent » (ce qu'il n'avait pas), « je suis à la poursuite au nom du roi, et je veux le forgeron. »

« Et je vous prie, que voudriez-vous de *lui* ? » répliqua ma sœur, prompte à s'indigner qu'on ait besoin de lui.

— Mademoiselle, répondit le galant sergent, parlant pour moi, je répondrais de l'honneur et du plaisir de la connaissance de sa belle femme ; parlant au nom du roi, je réponds, un peu de travail fait.

Cela fut reçu comme assez soigné de la part du sergent ; de sorte que M. Pumblechook s'écria d'une voix audible : « Encore bien ! »

« Voyez-vous, forgeron, dit le sergent, qui avait déjà distingué Joe de l'œil, nous avons eu un accident avec ceux-ci, et je trouve que la serrure de l'un d'eux tourne mal, et que l'accouplement n'est pas joli. Comme on les recherche pour un service immédiat, allez-vous jeter les yeux sur eux ? »

Joe jeta les yeux sur eux et déclara que le travail nécessiterait d'allumer le feu de sa forge et qu'il prendrait plus de deux heures qu'une. « Est-ce que ce sera le cas ? Alors, voulez-vous vous y mettre tout de suite, forgeron ? » dit le sergent désinvolte, car il est au service de Sa Majesté. Et si mes hommes peuvent porter la main quelque part, ils se rendront utiles. Sur ce, il appela ses hommes, qui entrèrent en masse dans la cuisine l'un après l'autre, et empila leurs bras dans un coin. Et puis ils restèrent là, comme le font les soldats ; maintenant, les mains lâchement jointes devant eux ; tantôt, en posant un genou ou une épaule ; tantôt soulageant une ceinture ou une poche ; Maintenant, ils ouvrent la porte pour cracher raide sur leurs hauts stocks, dans la cour.

Toutes ces choses, je les voyais sans savoir alors que je les voyais, car j'étais dans une agonie d'appréhension. Mais commençant à m'apercevoir que les menottes n'étaient pas pour moi, et que les militaires avaient jusqu'alors eu raison du gâteau au point de le mettre à l'arrière-plan, je rassemblai un peu plus de mes esprits éparpillés.

— Voudriez-vous me donner le temps ? dit le sergent en s'adressant à M. Pumblechook, comme à un homme dont les facultés d'appréciation justifiaient de conclure qu'il était à la hauteur du temps.

« Il vient de passer deux heures et demie. »

« Ce n'est pas si mal, dit le sergent en réfléchissant ; même si j'étais forcé de m'arrêter ici près de deux heures, cela suffirait. À quelle distance pourriez-vous vous dire des marais, d'ici ? Pas plus d'un mille, je crois ? »

« Juste un mille », dit Mrs. Joe.

« Ça ira. Nous commençons à nous rapprocher d'eux vers le crépuscule. Un peu avant le crépuscule, mes ordres sont. Ça ira. »

- Des forçats, sergent ? demanda M. Wopsle d'un ton naturel.

— Oui ! répondit le sergent, deux. Ils sont bien connus pour être encore dans les marais, et ils n'essaieront pas de s'en débarrasser avant le crépuscule. Quelqu'un ici a-t-il vu quelque chose d'un jeu pareil ?

Tout le monde, moi excepté, a dit non, avec confiance. Personne n'a pensé à moi.

— Eh bien ! dit le sergent, ils se trouveront pris en cercle, je pense, plus tôt qu'ils ne le comptent. Maintenant, forgeron ! Si vous êtes prêt, Sa Majesté le Roi l'est.

Joe avait enlevé son manteau, son gilet, sa cravate, son tablier de cuir, et il était entré dans la forge. L'un des soldats ouvrit les fenêtres de bois, un autre alluma le feu, un autre se tourna vers le soufflet, les autres se tinrent autour du brasier, qui ne tarda pas à rugir. Puis Joe a commencé à marteler et à trinquer, à marteler et à cliqueter, et nous avons tous regardé.

L'intérêt de la poursuite imminente non seulement absorbait l'attention générale, mais rendait même ma sœur libérale. Elle tira du tonneau une cruche de bière pour les soldats et invita le sergent à prendre un verre d'eau-de-vie. Mais M. Pumblechook dit sèchement : « Donnez-lui du vin, maman. Je m'engage à ce qu'il n'y ait pas de goudron là-dedans : alors, le sergent le remercia et lui dit que, comme il préférait sa boisson sans goudron, il prendrait du vin, si cela lui convenait également. Lorsqu'il le lui reçut, il but à la santé de Sa Majesté et aux compliments de la saison, et le prit d'un coup et se frotta les lèvres. »

« Du bien, hein, sergent ? » dit M. Pumblechook.

— Je vais vous dire quelque chose, répondit le sergent. « Je soupçonne que c'est de *votre* fait. »

M. Pumblechook, avec une sorte de gros rire, dit : « Oui, oui ? Pourquoi? »

— Parce que, répondit le sergent en lui tapant sur l'épaule, vous êtes un homme qui sait ce qu'est quoi.

- Pensez-vous ? dit M. Pumblechook avec son rire d'autrefois. « Prends un autre verre ! »

« Avec toi. » Hob et nob, répondit le sergent. « Le haut du mien jusqu'au pied du vôtre, le pied du vôtre jusqu'au haut du mien, — Sonnez une fois, sonnez deux fois, — le meilleur air des Lunettes Musicales ! Votre santé. Puissiez-vous vivre mille ans, et ne jamais être un pire juge de la bonne espèce que vous ne l'êtes au moment présent de votre vie ! »

Le sergent jeta de nouveau son verre et sembla tout à fait prêt pour un autre verre. Je remarquai que M. Pumblechook, dans son hospitalité, semblait oublier qu'il avait fait cadeau du vin, mais il prit la bouteille des mains de Mme Joe et eut tout le mérite de la distribuer dans un élan de jovialité. Même moi, j'en ai eu. Et il était si exempt de vin qu'il demanda même l'autre bouteille, et la distribua avec la même libéralité, quand la première fut partie.

Tandis que je les regardais tous se grouper autour de la forge, s'amusant tant, je pensais à quel mauvais goût pour un dîner mon ami fugitif dans les marais était terrible. Ils ne s'étaient pas autant amusés que le divertissement fut égayé par l'excitation qu'il fournissait. Et maintenant, alors qu'ils attendaient tous vivement que « les deux scélérats » soient pris, et que le beuglement semblait rugir pour les fugitifs, que le feu s'allumait pour eux, que la fumée se précipitait à leur poursuite, que Joe martelait et tintait pour eux, et que toutes les ombres sombres sur le mur les secouaient en signe de menace à mesure que le feu montait et descendait, et les étincelles brûlantes tombaient et s'éteignaient, l'après-midi pâle du dehors semblait presque dans ma jeune imagination compatissante pâlir à cause d'eux, pauvres misérables.

Enfin, le travail de Joe était terminé, et la sonnerie et le rugissement cessèrent. Quand Joe enfila son manteau, il rassembla son courage pour proposer que quelques-uns d'entre nous descendent avec les soldats et voient ce qui se passerait de la chasse. M. Pumblechook et M. Hubble refusèrent, sous l'appel d'une pipe et d'une société de dames ; mais M. Wopsle dit qu'il irait, si Joe le voulait. Joe a dit qu'il était d'accord et qu'il m'emmènerait si Mme Joe l'approuvait. Nous n'aurions jamais obtenu la permission de partir, j'en suis sûr, sans la curiosité de mistress Joe de tout savoir et comment cela s'est terminé. En fait, elle a simplement stipulé : « Si vous ramenez le garçon avec la tête brisée par un mousquet, ne comptez pas sur moi pour le reconstituer. »

Le sergent prit poliment congé des dames, et se sépara de M. Pumblechook comme d'un camarade ; mais je doute qu'il ait été aussi pleinement conscient des mérites de ce gentleman dans des conditions arides, que lorsque quelque chose d'humide se passait. Ses hommes reprirent leurs mousquets et tombèrent à l'eau. M. Wopsle, Joe et moi, nous avons reçu l'ordre strict de rester à l'arrière et de ne pas dire un mot après notre arrivée dans les marais. Quand nous fûmes tous à l'air libre et que nous avancions d'un pas ferme vers nos affaires, je chuchotai traîtreusement à Joe : « J'espère, Joe, que nous ne les trouverons pas. » et Joe me dit à l'oreille : « Je donnerais un shilling s'ils s'étaient enfuis, Pip. »

Nous n'avons pas été rejoints par des traînards du village, car le temps était froid et menaçant, le chemin morne, le pied mauvais, l'obscurité commençait, et les gens avaient de bons feux à l'intérieur et gardaient le jour. Quelques visages se précipitèrent vers les fenêtres rougeoyantes et nous regardèrent, mais aucun ne sortit. Nous passâmes le poteau et nous nous accrochâmes droit au cimetière. Là, nous fûmes arrêtés quelques minutes par un signal de la main du sergent, tandis que deux ou trois de ses hommes se dispersaient dans les fosses et examinaient aussi le porche. Ils sont rentrés sans rien trouver, puis nous avons pris la route dans les marais, par la porte du côté du cimetière. Un grésil glacial s'est abattu contre nous ici, dans le vent d'est, et Joe m'a pris sur son dos.

Maintenant que nous étions dans le désert lugubre où ils ne se doutaient guère que j'étais depuis huit ou neuf heures et que j'avais vu les deux hommes se cacher, je me demandai pour la première fois, avec une grande crainte, si nous les rencontrions, mon forçat particulier supposerait-il que c'était moi qui avais amené les soldats là-bas ? Il m'avait demandé si j'étais un diablotin trompeur, et il m'avait dit que je serais un jeune chien féroce si je me joignais à la chasse contre lui. Croirait-il que j'étais à la fois un diablotin et un chien de fer, et que je l'avais trahi ?

Il était inutile de me poser cette question maintenant. J'étais là, sur le dos de Joe, et il y avait Joe au-dessous de moi, chargeant dans les fossés comme un chasseur, et stimulant M. Wopsle à ne pas tomber sur son nez romain et à nous suivre. Les soldats étaient en face de nous, s'étendant en une ligne assez large avec un intervalle entre les hommes. Nous prenions la route par laquelle j'avais commencé et dont je m'étais écarté dans la brume. Ou bien la brume n'était pas encore sortie, ou bien le vent l'avait dissipée. Sous la faible lueur rouge du coucher du soleil, le phare, le gibet, le monticule de la batterie et la rive opposée de la rivière étaient simples, bien que tous d'une couleur de plomb aqueux.

Le cœur battant comme un forgeron sur la large épaule de Joe, je regardais autour de moi à la recherche du moindre signe des forçats. Je n'en voyais aucun, je n'en entendais aucun. M. Wopsle m'avait beaucoup alarmé plus d'une fois par ses souffles et sa respiration difficile ; mais je connaissais maintenant les bruits, et je pouvais les dissocier de l'objet de la poursuite. J'eus un sursaut affreux, quand je crus entendre le dossier continuer ; mais ce n'était qu'une cloche de mouton. Les moutons s'arrêtèrent dans leur repas et nous regardèrent timidement ; et le bétail, la tête tournée par le vent et le grésil, nous regardait avec colère comme s'il nous tenait responsables de ces deux ennuis ; Mais, à l'exception de ces choses et du frisson du jour mourant dans chaque brin d'herbe, il n'y avait pas de pause dans le calme morne des marais.

Les soldats avançaient dans la direction de la vieille batterie, et nous avancions un peu derrière eux, quand, tout à coup, nous nous sommes tous arrêtés. Car un long cri nous était parvenu sur les ailes du vent et de la pluie. Cela s'est répété. C'était à une certaine distance vers l'est, mais c'était long et bruyant. Non, il semblait y avoir deux ou plusieurs cris qui s'élevaient ensemble, si l'on en juge par une confusion dans le son.

À cet effet, le sergent et les hommes les plus proches parlaient à voix basse, lorsque Joe et moi arrivâmes. Après un autre moment d'écoute, Joe (qui était un bon juge) a accepté, et M. Wopsle (qui était un mauvais juge) a accepté. Le sergent, homme décidé, ordonna qu'on ne répondît pas au bruit, mais qu'on changeât de route, et que ses hommes se dirigeassent vers lui « au double ». Nous avons donc incliné vers la droite (là où se trouvait l'Est), et Joe a martelé si merveilleusement que j'ai dû me tenir fermement pour garder ma place.

C'était vraiment une course maintenant, et ce que Joe appelait, dans les deux seuls mots qu'il prononçait tout le temps, « un Winder ». Le long des berges, le haut des berges, par-dessus les portes, et s'éclaboussant dans les digues, et se brisant parmi les joncs grossiers : aucun homme ne se souciait de l'endroit où il allait. À mesure que nous nous rapprochions des cris, il devenait de plus en plus évident qu'ils étaient le fait de plus d'une voix. Parfois, cela semblait s'arrêter complètement, puis les soldats s'arrêtaient. Quand il éclata de nouveau, les soldats s'y rendirent avec une vitesse plus grande que jamais, et nous les poursuivions. Au bout d'un moment, nous l'avions tellement épuisé que nous pouvions entendre une voix crier « Meurtre ! » et une autre voix : « Condamnés ! Fugueurs! Garde! Par ici pour les forçats en fuite ! Alors les deux voix semblaient étouffées dans une lutte, puis elles éclataient de nouveau. Et quand on en fut arrivé là, les soldats coururent comme des cerfs, et Joe aussi. »

Le sergent est entré en courant le premier, quand nous avons tout à fait calmé le bruit, et deux de ses hommes ont couru près de lui. Leurs pièces étaient armées et nivelées quand nous avons tous couru à l'intérieur.

« Voici les deux hommes ! » haleta le sergent, se débattant au fond d'un fossé. « Rendez-vous, vous deux ! et vous confondre avec deux bêtes féroces ! Séparez-vous ! »

L'eau éclaboussait, la boue volait, les serments étaient prêtés et les coups étaient frappés, quand d'autres hommes sont descendus dans le fossé pour aider le sergent, et en ont sorti, séparément, mon forçat et l'autre. Tous deux saignaient et haletaient, exécraient et luttaient ; mais bien sûr, je les connaissais tous les deux directement.

« Attention ! » dit mon forçat en essuyant le sang de son visage avec ses manches en lambeaux, et en secouant les cheveux arrachés de ses doigts, « *je* l'ai pris ! *Je* vous le livre ! Fais attention à ça ! »

« Il n'y a pas grand-chose à dire, » dit le sergent ; « Cela ne vous fera pas grand bien, mon homme, d'être vous-même dans la même situation. Des menottes là-bas ! »

« Je ne m'attends pas à ce que cela me fasse du bien. Je ne veux pas qu'il me fasse plus de bien qu'il n'en fait maintenant, dit mon forçat avec un rire gourmand. Je l'ai pris. Il le sait. Cela me suffit. »

L'autre condamné était livide à regarder et, en plus de l'ancienne contusion du côté gauche de son visage, semblait être meurtri et déchiré de partout. Il ne put même pas reprendre haleine jusqu'à ce qu'ils soient tous deux menottés séparément, mais il s'appuya sur un soldat pour ne pas tomber.

« Garde, garde, il a essayé de m'assassiner », furent ses premières paroles.

— A essayé de l'assassiner ? dit mon forçat avec dédain. « Essayer, et ne pas le faire ? Je l'ai pris et je l'ai donné ; c'est ce que j'ai fait. Non seulement je l'ai empêché de sortir des marais, mais je l'ai traîné ici, je l'ai traîné jusqu'ici sur le chemin du retour. C'est un gentleman, s'il vous plaît, ce scélérat. Maintenant, Hulks a de nouveau son gentleman, à travers moi. L'assassiner ? Cela valait aussi la peine de l'assassiner, alors que je pourrais faire pire et le ramener en arrière ! »

L'autre haletait toujours : « Il a essayé, il a essayé... de m'assassiner. Supportez, rendez témoignage. »

« Regardez ! » dit mon forçat au sergent. « À moi seul, je me dégageai du navire-prison ; J'ai fait un sprint et je l'ai fait. J'aurais pu me dégager de ces plaines glaciales de la même manière – regardez ma jambe : vous n'y trouverez pas beaucoup de fer – si je n'avais pas découvert qu'*il* était ici. Le laisser partir librement ? Qu'*il* profite par les moyens que j'ai découverts ? Qu'*il* fasse de moi un outil encore et encore ? De nouveau? Non, non, non. Si j'étais mort au fond là-bas, et il frappa énergiquement le fossé de ses mains menottées, je l'aurais tenu avec cette poigne, de sorte que vous auriez pu le trouver en sécurité dans ma prise. »

L'autre fugitif, qui était évidemment dans une extrême horreur de son compagnon, répéta : « Il a essayé de m'assassiner. J'aurais été mort si vous n'étiez pas monté. »

— Il ment ! dit mon forçat avec une énergie farouche. « C'est un menteur né, et il mourra menteur. Regardez son visage ; N'est-ce pas écrit là-bas ? Qu'il tourne ses yeux vers moi. Je le défie de le faire. »

L'autre, avec un effort de sourire dédaigneux, qui ne pouvait cependant pas rassembler le mouvement nerveux de sa bouche dans une expression fixe, regardait les soldats, regardait autour de lui les marais et regardait le ciel, mais certainement pas l'orateur.

— Le voyez-vous ? poursuivit mon forçat. « Voyez-vous quel scélérat c'est? Voyez-vous ces yeux rampants et errants ? C'est à cela qu'il ressemblait quand nous avons été jugés ensemble. Il ne m'a jamais regardé. »

L'autre, toujours en train de travailler ses lèvres sèches, et de tourner sans cesse ses yeux autour de lui de loin en près, finit par les tourner un instant sur l'orateur, en disant : « Vous n'êtes pas grand chose à regarder », et en jetant un coup d'œil à demi moqueur aux mains liées. À ce moment-là, mon forçat devint si frénétiquement exaspéré qu'il se serait précipité sur lui sans l'intervention des soldats. « Ne vous ai-je pas dit, dit alors l'autre forçat, qu'il m'assassinerait, s'il le pouvait ? » Et tout le monde pouvait voir qu'il tremblait de peur, et qu'il éclatait sur ses lèvres de curieux flocons blancs, comme de la neige mince.

— Assez de ces pourparlers, dit le sergent. « Allumez ces torches. »

Comme l'un des soldats, qui portait un panier au lieu d'un fusil, se mettait à genoux pour l'ouvrir, mon forçat regarda pour la première fois autour de lui et me vit. J'étais descendu du dos de Joe sur le bord du fossé quand nous sommes montés, et je n'avais pas bougé depuis. Je l'ai regardé avec impatience quand il m'a regardé, et j'ai légèrement bougé mes mains et secoué la tête. J'attendais qu'il me voie pour essayer de l'assurer de mon innocence. On ne m'a pas du tout dit qu'il comprenait même mon intention, car il m'a jeté un regard que je n'ai pas compris, et tout cela a disparu en un instant. Mais s'il m'avait regardé pendant une heure ou un jour, je n'aurais pas pu me rappeler son visage par la suite, comme ayant été plus attentif.

Le soldat avec la corbeille prit bientôt une lumière, alluma trois ou quatre torches, en prit une lui-même et distribua les autres. Il avait fait presque nuit auparavant, mais maintenant il semblait tout à fait sombre, et bientôt après très sombre. Avant que nous ne quittions cet endroit, quatre soldats, debout en cercle, ont tiré deux fois en l'air. Bientôt nous vîmes d'autres torches allumées à quelque distance derrière nous, et d'autres dans les marais de la rive opposée de la rivière. — Très bien, dit le sergent. « Mars. »

Nous n'avions pas fait beaucoup de chemin que trois coups de canon ont été tirés devant nous avec un bruit qui a semblé faire éclater quelque chose dans mon oreille. « Vous êtes attendu à bord, » dit le sergent à mon forçat ; « Ils savent que tu arrives. Ne traîne pas, mon gars. Ferme-toi ici. »

Les deux hommes ont été tenus à l'écart et chacun a marché entouré d'un garde distinct. Je tenais maintenant la main de Joe, et Joe portait l'une des torches. M. Wopsle était d'avis de revenir, mais Joe était résolu à aller jusqu'au bout, et nous continuâmes la fête. Il y avait maintenant un assez bon chemin, principalement sur le bord de la rivière, avec une divergence ici et là où une digue arrivait, avec un moulin à vent miniature dessus et une écluse boueuse. Quand j'ai regardé autour de moi, j'ai pu voir les autres lumières qui venaient derrière nous. Les torches que nous portions laissaient tomber de grandes taches de feu sur la piste, et je pouvais les voir aussi, fumantes et flamboyantes. Je ne voyais rien d'autre que des ténèbres noires. Nos lumières réchauffaient l'air autour de nous de leur flamme aiguë, et les deux prisonniers semblaient aimer un peu cela, tandis qu'ils boitaient au milieu des mousquets. Nous ne pouvions pas aller vite, à cause de leur boiterie ; et ils étaient si épuisés, que deux ou trois fois nous dûmes nous arrêter pendant qu'ils se reposaient.

Après environ une heure de voyage, nous arrivâmes à une hutte en bois grossier et à un débarcadère. Il y avait un garde dans la hutte, et ils ont défié, et le sergent a répondu. Ensuite, nous entrâmes dans la hutte, où il y avait une odeur de tabac et de chaux, et un feu brillant, et une lampe, et un stand de mousquets, et un tambour, et un lit bas en bois, comme un mangle envahi par la végétation sans la machine, capable de contenir une douzaine de soldats à la fois. Trois ou quatre soldats qui étaient couchés dessus dans leurs manteaux ne s'intéressaient pas beaucoup à nous, mais ils levaient simplement la tête et regardaient d'un air endormi, puis se recouchaient. Le sergent a fait une sorte de rapport, et une inscription dans un livre, et puis le forçat, que j'appelle l'autre forçat, a été enrôlé avec sa garde, pour monter à bord le premier.

Mon forçat ne m'a jamais regardé, sauf une fois. Tandis que nous restions dans la cabane, il se tenait devant le feu, le regardant pensivement, ou levant tour à tour les pieds sur la plaque de cuisson, et les regardant pensivement comme s'il les plaignait de leurs récentes aventures. Tout à coup, il se tourna vers le sergent et lui dit :

« Je veux dire quelque chose au sujet de cette évasion. Cela peut empêcher certaines personnes de me soupçonner. »

— Vous pouvez dire ce que vous voudrez, répondit le sergent, qui le regardait froidement, les bras croisés, mais vous n'avez pas à le dis-le ici. Vous aurez assez d'occasion d'en parler et d'en entendre parler, avant que ce ne soit fini, vous savez.

« Je sais, mais c'est une autre pinte, une autre affaire. Un homme ne peut pas mourir de faim ; du moins *je* ne peux pas. J'ai pris quelques mots d'esprit, là-haut dans le willage là-bas, où l'église est tout à fait sur les marais. »

— Vous voulez dire étole », dit le sergent.

« Et je vais vous dire d'où. De chez le forgeron. »

« Allô ! » dit le sergent en regardant Joe.

« Allô, Pip ! » dit Joe en me regardant fixement.

« C'était des esprits cassés – c'était ça – et un verre de liqueur, et une tarte.»

— Vous est-il arrivé de manquer un article comme une tarte, forgeron ? demanda le sergent confidentiellement.

— Ma femme l'a fait, au moment même où vous êtes entré. Tu ne sais pas, Pip ?

« Alors, dit mon forçat, tournant les yeux sur Joe d'un air maussade et sans me jeter le moindre regard, vous êtes donc le forgeron, n'est-ce pas ? Que je suis désolé de le dire, j'ai mangé votre tarte. »

— Dieu sait que vous y êtes le bienvenu, dans la mesure où il m'a jamais appartenu, répondit Joe avec un souvenir salvateur de mistress Joe. Nous ne savons pas ce que vous avez fait, mais nous ne voudrions pas que vous mouriez de faim pour cela, pauvre misérable compagnon.

Le quelque chose que j'avais remarqué auparavant, a de nouveau cliqué dans la gorge de l'homme, et il a tourné le dos. La chaloupe était revenue, et ses gardes étaient prêts, de sorte que nous le suivîmes jusqu'au débarcadère fait de pieux grossiers et de pierres, et nous le vîmes mis dans la chaloupe, qui était conduite à la rame par un équipage de forçats comme lui. Personne ne semblait surpris de le voir, ni intéressé à le voir, ni heureux de le voir, ni désolé de le voir, ni ne prononça un mot, sauf que quelqu'un dans la barque grogna comme s'il s'adressait à des chiens : « Cédez le passage, vous ! » ce qui fut le signal du plongeon des rames. À la lueur des torches, nous vîmes le Hulk noir étendu un peu loin de la boue du rivage, comme une méchante arche de Noé. Couvert de caissons, barré et amarré par d'énormes chaînes rouillées, le navire-prison semblait à mes jeunes yeux être repassé comme les prisonniers. Nous avons vu le bateau s'amarrer, et nous l'avons vu pris sur le côté et disparaître. Puis, les extrémités des torches furent jetées dans l'eau en sifflant et s'éteignirent, comme si c'en était fini avec lui.

Chapitre VI.

Mon état d'esprit à l'égard du chapardage dont j'avais été si inopinément disculpé ne me poussait pas à une franche révélation ; mais j'espère qu'il y avait un peu de bonne chose au fond.

Je ne me souviens pas d'avoir éprouvé une tendresse de conscience à l'égard de Mrs. Joe, lorsque la crainte d'être découvert m'a enlevé. Mais j'aimais Joe, peut-être pour la seule raison que j'avais l'occasion de l'aimer, et, quant à lui, mon moi intérieur n'était pas si facile à comprendre. J'avais beaucoup à l'esprit (surtout quand je l'ai vu pour la première fois chercher son dossier) que je devais dire toute la vérité à Joe. Pourtant, je ne l'ai pas fait, et pour la raison que je me doutais que si je le faisais, il me trouverait pire que je ne l'étais. La peur de perdre la confiance de Joe et de m'asseoir désormais la nuit dans le coin de la cheminée à regarder tristement mon compagnon et mon ami perdu à jamais, me liait la langue. Je me représentai morbidement que si Joe le savait, je ne le verrais jamais au coin du feu sentir sa belle moustache sans penser qu'il y méditait. Que, si Joe le savait, je ne l'aurais jamais vu par la suite, même avec désinvolture, jeter un coup d'œil sur la viande ou le pudding d'hier lorsqu'ils sont arrivés sur la table d'aujourd'hui, sans penser qu'il se demandait si j'avais été dans le garde-manger. Que, si Joe le savait, et qu'à n'importe quelle époque ultérieure de notre vie domestique commune ait remarqué que sa bière était plate ou épaisse, la conviction qu'il soupçonnait la présence de goudron dans celle-ci me ferait monter au visage un flot de sang. En un mot, j'étais trop lâche pour faire ce que je savais être juste, comme j'avais été trop lâche pour éviter de faire ce que je savais être mal. Je n'avais eu aucun rapport avec le monde à cette époque, et je n'imitais aucun de ses nombreux habitants qui agissent de cette manière. Génie inculte, j'ai fait la découverte de la ligne d'action par moi-même.

Comme j'avais sommeil avant que nous soyons loin du navire-prison, Joe me prit de nouveau sur son dos et me ramena chez lui. Il avait dû faire un voyage fatigant, car M. Wopsle, ayant été renversé, était de si mauvaise humeur que si l'église avait été ouverte, il aurait probablement excommunié toute l'expédition, à commencer par Joe et moi. En sa qualité de laïc, il persistait à s'asseoir dans l'humidité à un point si insensé, que lorsque son manteau a été enlevé pour être séché au feu de la cuisine, les preuves circonstancielles sur son pantalon l'auraient pendu, s'il s'était agi d'un crime capital.

À ce moment-là, je titubais sur le sol de la cuisine comme un petit ivrogne, parce que je venais de me remettre sur mes pieds, que j'avais dormi profondément et que je me réveillais dans la chaleur, les lumières et le bruit des langues. Comme je revenais à moi-même (à l'aide d'un lourd bruit sourd entre les épaules et de l'exclamation réparatrice « Yah ! Y a-t-il jamais eu un garçon comme celui-ci ? » de ma sœur, je trouvai Joe leur racontant les aveux du forçat, et tous les visiteurs suggérant différents moyens par lesquels il était entré dans le garde-manger. M. Pumblechook reconnut, après avoir soigneusement inspecté les lieux, qu'il était d'abord monté sur le toit de la forge, puis sur le toit de la maison, et qu'il s'était ensuite laissé descendre par la cheminée de la cuisine à l'aide d'une corde faite de sa literie coupée en lanières ; et comme M. Pumblechook était très positif et conduisait sa propre charrette sur tout le monde, il fut convenu qu'il devait en être ainsi. M. Wopsle, en effet, s'écria sauvagement : « Non ! » avec la faible malice d'un homme fatigué ; mais, comme il n'avait pas de théorie et qu'il n'avait pas de manteau, il fut unanimement mis à néant, sans parler de sa fumée par derrière, tandis qu'il tournait le dos au feu de la cuisine pour évacuer l'humidité, ce qui n'était pas fait pour inspirer confiance.

Ce fut tout ce que j'entendis cette nuit-là avant que ma sœur ne me saisisse comme une offense somnolente à la vue de la compagnie, et m'aida à me mettre au lit d'une main si forte que j'avais l'impression d'avoir cinquante bottes et de les balancer toutes contre les bords de l'escalier. Mon état d'esprit, tel que je l'ai décrit, commençait avant que je sois debout le matin, et dura longtemps après que le sujet eut disparu et qu'il avait cessé d'être mentionné, sauf dans des occasions exceptionnelles.

Chapitre VII.

À l'époque où je me tenais dans le cimetière en train de lire les pierres tombales de la famille, j'avais juste assez d'apprentissage pour être capable de les épeler. Ma construction, même de leur sens simple, n'était pas très correcte, car je lisais « épouse du supérieur » comme une référence complémentaire à l'exaltation de mon père vers un monde meilleur ; et si l'un de mes parents décédés avait été appelé « en bas », je ne doute pas que j'aurais eu la pire opinion de ce membre de la famille. Mes notions sur les positions théologiques auxquelles mon catéchisme me rattachait n'étaient pas du tout exactes non plus ; car j'ai un vif souvenir que j'ai supposé que ma déclaration que je devais « marcher dans le même courant tous les jours de ma vie » me mettait dans l'obligation de toujours traverser le village de notre maison dans une direction particulière, et de ne jamais la modifier en tournant vers le bas par le charron ou vers le haut par le moulin. »

Quand je serais assez âgé, je devais être mis en apprentissage chez Joe, et jusqu'à ce que je puisse assumer cette dignité, je ne devais pas être ce que Mrs. Joe appelait « Pompeye », ou (comme je le décris) choyé. Par conséquent, non seulement j'étais bizarre à propos de la forge, mais si un voisin voulait un garçon supplémentaire pour effrayer les oiseaux, ou ramasser des pierres, ou faire un travail de ce genre, j'étais favorisé par cet emploi. Cependant, afin que notre position supérieure ne soit pas compromise par là, une tirelire fut conservée sur l'étagère de la cheminée de la cuisine, où l'on fit savoir publiquement que tous mes gains avaient été jetés. J'ai l'impression qu'ils devaient finalement contribuer à la liquidation de la dette nationale, mais je sais que je n'avais aucun espoir de participation personnelle au trésor.

La grand-tante de M. Wopsle tenait une école du soir dans le village ; C'est-à-dire qu'elle était une vieille femme ridicule, aux moyens limités et à l'infirmité illimitée, qui avait l'habitude de se coucher de six à sept heures tous les soirs, dans la société de la jeunesse qui payait deux pence par semaine chacune, pour avoir une meilleure occasion de la voir le faire. Elle loua une petite chaumière, et M. Wopsle avait la chambre à l'étage, où nous, étudiants, avions l'habitude de l'entendre lire à haute voix de la manière la plus digne et la plus terrifiante, et de temps en temps se cogner au plafond. Il y avait une fiction selon laquelle M. Wopsle « examinait » les érudits une fois par trimestre. Ce qu'il faisait à ces occasions, c'était de retrousser ses menottes, de relever ses cheveux et de nous donner le discours de Marc Antoine sur le corps de César. Suivait toujours l'Ode de Collins sur les Passions, dans laquelle je vénérirais particulièrement M. Wopsle comme Vengeance, jetant son épée ensanglantée dans le tonnerre et prenant la trompette de dénonciation de la guerre d'un air cinglant. Ce n'était pas avec moi alors, comme ce fut plus tard dans ma vie, quand je tombai dans la société des Passions, et que je les comparai à Collins et à Wopsle, au désavantage des deux messieurs.

La grand-tante de M. Wopsle, en plus de tenir cet établissement d'enseignement, tenait dans la même pièce un petit magasin général. Elle n'avait aucune idée de ce qu'elle possédait d'actions, ni du prix de quoi que ce soit ; mais il y avait dans un tiroir un petit carnet de notes graisseux qui servait de catalogue des prix, et c'est par cet oracle que Biddy organisait toutes les transactions de la boutique. Biddy était la petite-fille de la grand-tante de M. Wopsle ; J'avoue que je ne comprends pas du tout la solution du problème, de la relation qu'elle avait avec M. Wopsle. Elle était orpheline comme moi ; comme moi aussi, j'avais été élevé à la main. Elle était très remarquable, je pensais, en ce qui concerne ses extrémités ; Car ses cheveux avaient toujours besoin d'être brossés, ses mains avaient toujours besoin d'être lavées, et ses souliers avaient toujours besoin d'être raccommodés et remontés au talon. Cette description doit être reçue avec une limite de jours de semaine. Le dimanche, elle allait à l'église en détail.

Une grande partie de mon moi seul, et plus avec l'aide de Biddy que de la grand-tante de M. Wopsle, j'ai lutté avec l'alphabet comme s'il eût été un buisson de ronces ; s'inquiéter considérablement et être égratigné par chaque lettre. Après cela, je tombai parmi ces voleurs, les neuf personnages, qui semblaient chaque soir faire quelque chose de nouveau pour se déguiser et déjouer la reconnaissance. Mais, à la fin, je commençai, d'une manière à tâtons aveugles, à lire, à écrire et à chiffrer, sur la plus petite échelle.

Un soir, j'étais assis dans le coin de la cheminée avec mon ardoise, et je consacrais beaucoup d'efforts à la production d'une lettre à Joe. Je pense que ce devait être une année entière après notre chasse dans les marais, car c'était longtemps après, et c'était l'hiver et une forte gelée. Avec un alphabet sur l'âtre à mes pieds pour référence, j'ai réussi en une heure ou deux à imprimer et à salir cette épître :

« MI DEER JO i OPE U R KRWITE
WELL i OPE i SHALSON B HABELL 4 2
TEEDGE U JO AN THEN WE SHORL
BSO GLODD AN WEN i M PRENGTD 2
U JO WOT LARX ANBLEVE ME INF
XN PIP. »

Il n'était pas indispensable que je communiquai avec Joe par lettre, puisqu'il était assis à côté de moi et que nous étions seuls. Mais j'ai remis cette communication écrite (ardoise et tout) de ma propre main, et Joe l'a reçue comme un miracle d'érudition.

— Je dis, Pip, mon vieux, s'écria Joe en écarquillant ses yeux bleus, quel savant vous êtes ! N'est-ce pas vous ?

« Je voudrais bien l'être, » dis-je en jetant un coup d'œil sur l'ardoise qu'il tenait ; avec le doute que l'écriture était plutôt vallonnée.

« Eh bien, voici un J, : dit Joe ; « et un O égal à n'importe quelle pensée ! Voici un J et un O, Pip, et un J-O, Joe. »

Je n'avais jamais entendu Joe lire à haute voix sur une plus grande étendue que ce monosyllabe, et j'avais remarqué à l'église dimanche dernier, quand j'ai accidentellement tenu notre livre de prières à l'envers, qu'il semblait lui convenir tout aussi bien que s'il avait été bien. Voulant saisir l'occasion qui s'offre à nous de savoir si, en enseignant à Joe, je devrais commencer tout à fait par le commencement, je dis : « Ah ! Mais lis le reste, Jo. »

— Le reste, hein, Pip ? dit Joe en le regardant d'un œil lent et scrutateur, un, deux, trois. Eh bien, il y a trois J, et trois O, et trois J-O, des Joe dedans, Pip !

Je me penchai sur Joe, et, à l'aide de mon index, je lui lus toute la lettre.

— Étonnant ! dit Joe, quand j'eus fini. « Vous ÊTES un érudit. »

« Comment épelez-vous Gargery, Joe ? » lui demandai-je, avec un modeste mécénat.

— Je ne l'orthographie pas du tout, dit Joe.

— Mais supposons que vous l'ayez fait ?

— On *ne peut pas* le supposer, dit Joe, quoique j'aie aussi un goût peu commun pour la lecture.

« L'êtes-vous, Joe ? »

On-common. Donnez-moi, dit Joe, un bon livre ou un bon journal, et asseyez-moi devant un bon feu, et je ne demanderai pas mieux. Seigneur, continua-t-il après s'être frotté un peu les genoux, quand vous *arrivez* à un J et un O, et que vous dites : « Voilà, enfin, un J-O, Joe », comme la lecture est intéressante !

J'en déduisis que l'éducation de Joe, comme celle de la vapeur, n'en était encore qu'à ses balbutiements. Poursuivant sur ce sujet, je demandai :

« N'es-tu jamais allé à l'école, Joe, quand tu étais aussi petit que moi ? »

« Non, Pip. »

« Pourquoi n'es-tu jamais allé à l'école, Joe, quand tu étais aussi petit que moi ? »

« Eh bien, Pip, » dit Joe en prenant le tisonnier et en s'installant à son occupation habituelle quand il était pensif, de ratisser lentement le feu entre les barres inférieures ; « Je vais vous le dire. Mon père, Pip, on l'a donné à boire, et quand il a été rattrapé par la boisson, il a martelé ma mère, très miséricordieuse. C'était presque le seul coup de marteau qu'il fît, en effet, à l'exception de moi-même. Et il m'a frappé avec un wigor qui n'a d'égal que le wigor avec lequel il n'a pas frappé son anwil. »

« Oui, Joe. »

« En conséquence, ma mère et moi, nous nous sommes enfuis de mon père à plusieurs reprises ; et puis ma mère allait travailler, et elle disait : « Joe », elle disait : « Maintenant, s'il plaît à Dieu, tu vas avoir une certaine instruction, mon enfant », et elle me mettait à l'école. Mais mon père était si bon dans son cœur qu'il ne pouvait pas supporter de se passer de nous. Alors, il venait avec une foule des plus folles et faisait un tel tapage aux portes des maisons où nous étions, qu'ils étaient obligés de ne plus avoir affaire à nous et de nous livrer à lui. Et puis il nous a ramenés à la maison et nous a frappés. Ce qui, voyez-vous, Pip, dit Joe en s'arrêtant dans son ratissage méditatif du feu et en me regardant, était un inconvénient à mon érudition. »

— Certainement, pauvre Joe !

— Quoique, remarquez, Pip, dit Joe avec une ou deux touches de tisonnier sur la barre supérieure, rendant à tous leur doo, et maintenant une justice égale entre les hommes, mon père était si bon dans son cœur, ne voyez-vous pas ?

Je n'ai pas vu ; mais je ne l'ai pas dit.

« Eh bien ! » Joe poursuivit : « Quelqu'un doit garder le pot en marche, Pip, ou le pot ne bilisera pas, tu ne sais pas ? »

J'ai vu cela, et je l'ai dit.

« En conséquence, mon père n'a pas fait d'objection à ce que j'aille travailler ; je me mis donc à travailler à ma vocation actuelle, qui était aussi la sienne, s'il l'avait suivie, et j'ai travaillé assez dur, je vous l'assure, Pip. Avec le temps, j'ai pu le garder, et je l'ai gardé jusqu'à ce qu'il parte dans une crise de lepsie violette. Et c'était mon intention de faire mettre sur sa pierre tombale que, quels que soient les manquements de sa part, rappelez-vous, lecteur, qu'il était si bon dans son cœur. »

Joe récita ce couplet avec une fierté si manifeste et une telle perspicacité que je lui demandai s'il l'avait fait lui-même.

« Je l'ai fait, dit Joe, moi-même. Je l'ai fait en un instant. C'était comme frapper un fer à cheval complet, d'un seul coup. Je n'ai jamais été aussi surpris de toute ma vie, je n'ai pas pu faire foi à ma propre éducation, pour vous dire la vérité, j'ai eu du mal à croire que c'*était* la mienne. Comme je le disais, Pip, j'avais l'intention de le faire trancher sur lui ; Mais la poésie coûte de l'argent, coupez-la comme vous voulez, petite ou grande, et elle n'a pas été faite. Sans parler des porteurs, tout l'argent qui pouvait être épargné était voulu pour ma mère. Il était dans un pauvre élan et tout à fait fauché. Elle n'a pas tardé à me suivre, pauvre âme, et sa part de paix est enfin revenue.

Les yeux bleus de Joe devinrent un peu larmoyants ; Il frotta d'abord l'un d'eux, puis l'autre, d'une manière des plus désagréables et des plus inconfortables, avec le pommeau rond situé sur le dessus du tisonnier.

« Je n'étais plus seul à ce moment-là, dit Joe, de vivre seul ici, et j'ai fait la connaissance de votre sœur. Maintenant, Pip, — Joe me regarda fixement comme s'il savait que je n'allais pas être d'accord avec lui, — votre sœur est une belle femme. »

Je ne pus m'empêcher de regarder le feu, dans un état de doute évident.

« Quelles que soient les opinions de famille, ou quelles que soient les opinions du monde sur ce sujet, Pip, ta sœur est, » Joe tapa sur la barre supérieure avec le tisonnier après chaque mot suivant, « une-belle silhouette... de... une... femme ! »

Je ne pouvais penser à rien de mieux à dire que « Je suis heureux que vous le pensiez, Joe. »

– Moi aussi, répondit Joe en me rattrapant. — *Je* suis content de le penser, Pip. Une petite rougeur ou une petite affaire d'os, ici ou là, qu'est-ce que cela signifie pour Moi ?

J'observai avec sagacité que si cela ne signifiait pas pour lui, à qui cela signifiait-il ?

— Certainement, acquiesça Joe. Tu as raison, mon vieux ! Quand j'ai fait la connaissance de votre sœur, on m'a dit qu'elle vous élevait à la main. C'est très gentil de sa part aussi, tous les gens l'ont dit, et j'ai dit, avec tous les gens. Quant à vous, poursuivit Joe avec un visage qui exprimait qu'il voyait quelque chose de très vilain, si vous aviez pu savoir combien vous étiez petit, flasque et mesquin, mon cher moi, vous vous seriez fait l'opinion la plus méprisable de vous-même !

N'appréciant pas vraiment cela, j'ai dit : « Ne fais pas attention à moi, Joe. »

— Mais je t'ai fait attention, Pip, répondit-il avec une tendre simplicité.

« Quand j'ai proposé à ta sœur de tenir compagnie et d'être invitée à l'église aux moments où elle serait disposée et prête à venir à la forge, je lui ai dit : « Et amène le pauvre petit enfant. Que Dieu bénisse le pauvre petit enfant, dis-je à ta sœur, il y a de la place pour *lui* à la forge ! »

J'éclatai en pleurant et en demandant pardon, et je serrai dans mes bras Joe : qui laissa tomber le tisonnier pour me serrer dans ses bras et me dire : « Toujours le meilleur des amis ; et pas nous, Pip ? Ne pleure pas, mon vieux ! »

Quand cette petite interruption fut terminée, Joe reprit :

— Eh bien, tu vois, Pip, et nous y voilà ! C'est à peu près là qu'il s'allume ; Et voilà ! Maintenant, quand vous me prenez en main dans mon apprentissage, Pip (et je vous l'ai dit d'avance je suis affreusement ennuyeux, très affreusement ennuyeux), mistress Joe ne doit pas trop voir ce que nous

48

faisons. Il faut le faire, si je puis dire, en cachette. Et pourquoi en cachette ? Je vais te dire pourquoi, Pip.

Il s'était remis au tisonnier ; sans quoi, je doute qu'il eût pu procéder à sa démonstration.

« Ta sœur est donnée au gouvernement. »

— Donné au gouvernement, Joe ? Je fus surpris, car j'avais quelque idée vague (et je crains de devoir ajouter, l'espoir) que Joe avait répudié d'elle en faveur des lords de l'Amirauté ou du Trésor.

— Donné au gouvernement, dit Joe, c'est-à-dire le gouvernement de vous et de moi.

« Ah ! »

— Et elle n'est pas très favorable à ce qu'il y ait des érudits sur les lieux, continua Joe, et elle ne serait pas trop partisane de ce que je sois un érudit, de peur que je ne m'élève. Comme une sorte de rebelle, vous ne voyez pas ?

J'allais répliquer par une question, et j'étais arrivé jusqu'à « Pourquoi... » quand Joe m'arrêta.

« Restez un peu. Je sais ce que vous allez dire, Pip ; Restez un peu ! Je ne nie pas que votre sœur ne vienne nous écraser de temps en temps. Je ne nie pas qu'elle ne nous jette des derrières, et qu'elle ne se jette lourdement sur nous. Dans les moments où votre sœur est sur le Ram-page, Pip, Joe baissa la voix jusqu'à un murmure et jeta un coup d'œil à la porte, la candeur oblige Fur à admettre qu'elle est une Buster. »

Joe prononça ce mot, comme s'il commençait par au moins douze B majuscules.

« Pourquoi ne me lève-je pas ? C'est ce que vous avez observé quand j'ai interrompu, Pip ? »

« Oui, Joe. »

— Eh bien, dit Joe en passant le tisonnier dans sa main gauche, afin qu'il pût sentir sa moustache ; et je n'avais aucun espoir de lui chaque fois qu'il se livrait à cette occupation placide ; « Votre sœur est un maître d'esprit. Un cerveau. »

« Qu'est-ce que c'est ? » demandai-je, dans l'espoir de le faire se tenir debout. Mais Joe était plus prompt à sa définition que je ne l'avais prévu, et il m'arrêta complètement en discutant circulairement et en répondant d'un regard fixe : « Elle ».

– Et je ne suis pas un imbécile, reprit Joe, quand il eut détaché son regard et qu'il fut revenu à ses moustaches. « Et enfin, Pip, et je veux vous le dire très sérieusement, mon vieux, je vois tant de choses chez ma pauvre mère, d'une femme qui traîne et travaille comme une esclave et qui brise son honnête cœur et qui n'a jamais obtenu la paix dans ses jours mortels, que je suis mort de peur de me tromper en ne faisant pas ce qui est juste pour une femme. et j'aimerais mieux que les deux tournent mal dans l'autre sens, et que je sois moi-même un peu mal compris. Je voudrais que ce soit seulement moi qui sois mis à la porte, Pip ; Je voudrais qu'il n'y ait pas de Tickler pour toi, mon vieux ; J'aimerais pouvoir tout prendre sur moi-même ; mais c'est là le haut et le bas et le droit, Pip, et j'espère que vous passerez outre les défauts. »

Tout jeune que j'étais, je crois que je suis sorti d'une nouvelle admiration pour Joe de cette nuit-là. Nous fûmes égaux par la suite, comme nous l'avions été auparavant ; mais, plus tard, dans les moments calmes, quand je m'asseyais à regarder Joe et à penser à lui, j'avais une nouvelle sensation de conscience que je regardais Joe dans mon cœur.

— Cependant, dit Joe en se levant pour rallumer le feu ; voilà l'horloge hollandaise qui s'efforce d'être en mesure de sonner huit d'entre eux, et elle n'est pas encore rentrée à la maison ! J'espère que la jument de l'oncle Pumblecrochet n'a pas posé un pied de devant sur un morceau de glace et n'est pas descendue.

Mrs. Joe faisait de temps en temps des voyages avec l'oncle Pumblechook les jours de marché, pour l'aider à acheter les articles de ménage et les objets qui nécessitaient le jugement d'une femme ; L'oncle Pumblechook était célibataire et ne faisait aucune confidence à son domestique. C'était un jour de marché, et mistress Joe était partie pour une de ces expéditions.

Joe fit le feu et balaya l'âtre, puis nous allâmes à la porte pour écouter la charrette. C'était une nuit sèche et froide, et le vent soufflait fort, et le givre était blanc et dur. Je pensais qu'un homme mourrait ce soir d'être couché dans les marais. Et puis j'ai regardé les étoiles, et j'ai pensé combien il serait affreux pour un homme de tourner son visage vers elles alors qu'il meurt de froid, et de ne voir ni aide ni pitié dans toute cette multitude scintillante.

« Voici la jument, dit Joe, qui sonne comme un carillon de cloches ! »

Le bruit de ses fers sur la route difficile était tout à fait musical, car elle arrivait au trot beaucoup plus vif que d'habitude. Nous sortîmes une chaise prête pour que Mrs. Joe descendît, et nous attisâmes le feu pour qu'ils pussent voir une fenêtre brillante, et nous fîmes un dernier tour d'horizon de la cuisine pour que rien ne soit à sa place. Quand nous eûmes terminé ces préparatifs, ils arrivèrent, enveloppés jusqu'aux yeux. Mrs. Joe fut bientôt débarquée, et l'oncle Pumblechook fut bientôt à terre aussi, couvrant la jument d'un linge, et nous fûmes bientôt tous dans la cuisine, emportant avec nous tant d'air froid qu'il semblait chasser toute la chaleur du feu.

« Maintenant, dit Mrs. Joe en se déballant avec hâte et excitation, et en remettant son bonnet sur ses épaules où il pendait par les cordons, si ce garçon n'est pas reconnaissant cette nuit, il ne le sera jamais ! »

J'avais l'air aussi reconnaissant qu'un garçon pouvait le faire, qui ignorait du tout pourquoi il devait prendre cette expression.

« Il n'y a qu'à espérer, » dit ma sœur, qu'il ne sera pas pompé. Mais j'ai mes peurs.

— Elle n'est pas dans cette ligne, maman, dit M. Pumblechook. « Elle sait mieux. »

Elle ? J'ai regardé Joe, faisant le mouvement avec mes lèvres et mes sourcils, « Elle ? » Joe m'a regardé, faisant le mouvement avec *ses* lèvres et ses sourcils, « Elle ? » Ma sœur le surprit en flagrant délit, il passa le dos de sa main sur son nez avec son air conciliant habituel en pareille occasion, et la regarda.

« Eh bien ? » dit ma sœur, de sa manière vive. « Qu'est-ce que tu regardes ? La maison est-elle en feu ? »

« ... Que quelqu'un, suggéra poliment Joe, a mentionné : elle. »

« Et c'est une femme, je suppose ? » dit ma sœur. — À moins que vous n'appeliez miss Havisham un il. Et je doute que même toi tu ailles jusque-là.

— Miss Havisham, en haut de la ville ? dit Joe.

« Y a-t-il une miss Havisham dans le centre-ville ? » répondit ma sœur.

« Elle veut que ce garçon aille jouer là-bas. Et bien sûr qu'il y va. Et il ferait mieux de jouer là-bas, » dit ma sœur en secouant la tête vers moi pour m'encourager à être extrêmement léger et sportif, « ou je le travaillerai. »

J'avais entendu parler de miss Havisham en ville, — tout le monde à des kilomètres à la ronde avait entendu parler de miss Havisham en haut de la ville — comme une dame immensément riche et sinistre qui vivait dans une grande et lugubre maison barricadée contre les voleurs, et qui menait une vie de réclusion.

— Eh bien, c'est sûr ! dit Joe, stupéfait. « Je me demande comment elle a fait pour connaître Pip ! »

« Nouilles ! » s'écria ma sœur. « Qui a dit qu'elle le connaissait ? »

« ... Que quelqu'un, » suggéra poliment Joe, « a mentionné qu'elle voulait qu'il aille jouer là-bas. »

« Et ne pourrait-elle pas demander à l'oncle Pumblechook s'il connaissait un garçon pour aller jouer là-bas ? N'est-il pas à peine possible que l'oncle Pumblechook soit l'un de ses locataires, et qu'il puisse parfois, nous ne dirons pas tous les trimestres ni tous les six mois, car cela vous demanderait trop de vous, mais quelquefois pour y aller pour payer son loyer ? Et ne pourrait-elle pas alors demander à l'oncle Pumblechook s'il connaissait un garçon pour aller jouer là-bas ? Et l'oncle Pumblechook, toujours prévenant et prévenant pour nous, quoique vous ne le pensiez pas, Joseph, d'un ton de reproche le plus profond, comme s'il eût été le plus insensible des neveux, ne pourrait-il pas parler de ce garçon qui se tient ici en train de caracoler, ce que je déclare solennellement que je ne faisais pas, dont j'ai toujours été l'esclave volontaire? »

« Encore bien ! » s'écria l'oncle Pumblechook. « Bien dit ! Joliment pointu! C'est bien ! Maintenant, Joseph, tu sais l'affaire. »

— Non, Joseph, dit ma sœur, toujours d'un ton de reproche, tandis que Joe s'excusait en passant le dos de sa main sur son nez, vous ne savez pas encore, quoique vous ne le pensiez pas, l'affaire. Tu peux penser que tu le fais, mais tu ne le fais *pas*, Joseph. Car vous ne savez pas que l'oncle Pumblechook, sentant que, pour tout ce que nous pouvons dire, la fortune de ce garçon peut être faite en allant chez miss Havisham, a offert de l'emmener en ville ce soir dans sa propre voiture, de le garder ce soir, et de l'emmener de ses propres mains chez miss Havisham demain matin. Et Lor-a-mussy moi, s'écria ma sœur en jetant son bonnet dans un désespoir soudain, me voici à causer à de simples veaux de lune, avec l'oncle Pumblechook qui attend, et la jument qui attrape froid à la porte, et le garçon souillé de pot et de saleté depuis les cheveux de sa tête jusqu'à la plante de son pied !

Sur ce, elle s'est jetée sur moi, comme un aigle sur un agneau, et mon visage a été serré dans des bols en bois dans des éviers, et ma tête a été mise sous des robinets de réservoirs d'eau, et j'ai été savonné, et pétri, et servi, et j'ai battu, et j'ai été déchiré, et râpé, jusqu'à ce que je sois vraiment hors de moi. (Je puis remarquer ici que je crois être mieux au courant qu'aucune autorité vivante de l'effet ridicule d'une alliance, passant sans sympathie sur le visage humain.)

Quand mes ablutions furent terminées, on me mit dans un linge propre du caractère le plus raide, comme un jeune pénitent dans un sac, et on me ligota dans mon costume le plus serré et le plus redoutable. Je fus alors remis à M. Pumblechook, qui me reçut formellement comme s'il était le shérif, et qui lâcha sur moi le discours que je savais qu'il mourait d'envie de prononcer depuis le début : « Mon garçon, sois éternellement reconnaissant envers tous les amis, mais surtout envers ceux qui t'ont élevé par la main ! »

« Au revoir, Joe ! »

« Que Dieu te bénisse, Pip, mon vieux ! »

Je ne m'étais jamais séparé de lui auparavant, et, avec mes sentiments et avec la mousse de savon, je ne pouvais d'abord voir aucune étoile de la charrette. Mais ils scintillaient l'un après l'autre, sans jeter la moindre lumière sur les questions de savoir pourquoi j'allais jouer chez Miss Havisham, et à quoi diable on attendait de moi.

Chapitre VIII.

Les locaux de M. Pumblechook, dans la grande rue du bourg, étaient d'un caractère poivré et farineux, comme devraient l'être les locaux d'un marchand de maïs et d'un semencier. Il me semblait qu'il devait être un homme très heureux, en effet, d'avoir tant de petits tiroirs dans sa boutique ; et je me demandais, quand j'en jetais un coup d'œil dans un ou deux étages inférieurs et que je voyais les paquets de papier brun attachés à l'intérieur, si les graines de fleurs et les bulbes avaient jamais besoin d'un beau jour pour sortir de ces prisons et fleurir.

Ce fut de bon matin, après mon arrivée, que j'entretins cette spéculation. La nuit précédente, on m'avait envoyé directement au lit dans un grenier avec un toit en pente, qui était si bas dans le coin où se trouvait le lit, que je calculai que les tuiles étaient à un pied de mes sourcils. Le même matin, j'ai découvert une affinité singulière entre les graines et les velours côtelés. M. Pumblechook portait du velours côtelé, ainsi que son marchand ; et d'une manière ou d'une autre, il y avait un air et une saveur généraux autour des velours côtelés, tellement de la nature des graines, et un air et une saveur généraux autour des graines, tellement de la nature des velours côtelés, que je savais à peine lequel était lequel. La même occasion me fut de remarquer que M. Pumblechook semblait mener ses affaires en regardant de l'autre côté de la rue le sellier, qui semblait faire *ses* affaires en gardant les yeux sur le carrossier, qui semblait s'avancer dans la vie en mettant les mains dans ses poches et en contemplant le boulanger, qui à son tour croisait les bras et regardait l'épicier. qui se tenait à sa porte et bâillait à la pharmacie. L'horloger, toujours penché sur un petit bureau avec une loupe à l'œil, et toujours inspecté par un groupe de robes en blouse qui le regardaient à travers la vitre de sa vitrine, semblait être à peu près la seule personne de la grande rue dont le commerce retenait son attention.

M. Pumblechook et moi, nous déjeunâmes à huit heures dans le salon situé derrière la boutique, tandis que le commerçant prenait sa tasse de thé et son morceau de pain et de beurre sur un sac de pois dans les locaux de devant. Je considérais M. Pumblechook comme une misérable compagnie. Outre que j'étais possédé par l'idée de ma sœur qu'il fallait donner à mon régime un caractère mortifiant et pénitentiel, outre que je me donnais autant de mie que possible en combinaison avec le moins de beurre possible, et que je mettais dans mon lait une telle quantité d'eau chaude qu'il eût été plus candide de laisser le lait de côté, Sa conversation ne consistait qu'en arithmétique. Comme je lui disais poliment bonjour, il me dit pompeusement : « Sept fois neuf, mon garçon ? » Et comment pourrais-je répondre, esquivé de cette façon, dans un endroit étrange, le ventre vide ! J'avais faim, mais avant que j'aie avalé un morceau, il a commencé une somme courante qui a duré tout au long du déjeuner. « Sept ? » « Et quatre ? » — Et huit ? — Et six ? « Et deux ? » — Et dix ? Et ainsi de suite. Et après que chaque figure était éliminée, c'était tout ce que je pouvais faire pour prendre une bouchée ou un souper, avant que la suivante n'arrive ; tandis qu'il était assis à son aise, ne devinant rien, et mangeant du bacon et des petits pains chauds, d'une manière (si je puis me permettre cette expression) d'une manière gorgée et gormandisante.

Pour ces raisons, j'étais très heureux quand dix heures sonnèrent et que nous partîmes pour chez miss Havisham ; mais je n'étais pas du tout à mon aise sur la manière dont je m'acquitterais sous le toit de cette dame. Au bout d'un quart d'heure, nous arrivâmes à la maison de miss Havisham, qui était de vieilles briques et lugubre, et qui avait beaucoup de barreaux de fer. Certaines fenêtres avaient été murées ; de ceux qui restaient, tous les inférieurs étaient barrés de rouille. Il y avait une cour en face, et elle était barrée ; il nous fallut donc attendre, après avoir sonné, que quelqu'un vienne l'ouvrir. Pendant que nous attendions à la porte, j'ai jeté un coup d'œil à l'intérieur (même à ce moment-là, M. Pumblechook a dit : « Et quatorze ? » mais j'ai fait semblant de ne pas l'entendre), et j'ai vu qu'à côté de la maison il y avait une grande brasserie. Il n'y avait pas de brassage à l'intérieur, et aucun ne semblait avoir duré longtemps, très longtemps.

Une fenêtre fut levée, et une voix claire demanda : « Quel nom ? » Ce à quoi mon conducteur a répondu : « Pumblechook ». La voix revint : « Tout à fait », et la fenêtre se referma, et une jeune dame traversa la cour, les clefs à la main.

« Ceci, dit M. Pumblechook, c'est Pip. »

— C'est Pip, n'est-ce pas ? répondit la jeune dame, qui était très jolie et paraissait très fière. entrez, Pip.

M. Pumblechook entrait aussi, quand elle l'arrêta par la porte.

« Oh ! » dit-elle. — Désiriez-vous voir miss Havisham ?

– Si miss Havisham désirait me voir, répondit M. Pumblechook, déconcerté.

« Ah ! » dit la jeune fille ; mais vous voyez qu'elle ne le fait pas.

Elle le dit si finement, et d'une manière si indiscutable, que M. Pumblechook, bien que dans un état de dignité ébouriffée, ne put protester. Mais il me regarda sévèrement, comme si *je* lui avais fait quelque chose ! et s'en alla avec ces paroles prononcées avec reproche : « Mon garçon ! Que votre conduite ici fasse honneur à ceux qui vous ont élevé à la main ! » Je n'étais pas exempt de crainte qu'il ne revienne pour proposer à travers la porte : « Et seize ? » Mais il ne l'a pas fait.

Ma jeune conductrice ferma la porte à clef, et nous traversâmes la cour. C'était pavé et propre, mais de l'herbe poussait dans chaque crevasse. Les bâtiments de la brasserie avaient une petite voie de communication avec elle, et les portes en bois de cette allée étaient ouvertes, et toute la brasserie au-delà était ouverte, jusqu'au haut mur d'enceinte ; et tout était vide et désaffecté. Le vent froid semblait y souffler plus froid qu'à l'extérieur de la porte ; et il faisait un bruit aigu en hurlant à l'intérieur et à l'extérieur des côtés ouverts de la brasserie, comme le bruit du vent dans le gréement d'un navire en mer.

Elle m'a vu la regarder, et elle a dit : « Tu pourrais boire sans mal toute la bière forte qui est brassée là maintenant, mon garçon. »

– Je croirais que je le pourrais, mademoiselle, dis-je d'un ton timide.

« Mieux vaut ne pas essayer d'y brasser de la bière maintenant, sinon ça tournerait amer, mon garçon ; Vous ne le pensez pas ? »

« On dirait que c'est le cas, mademoiselle. »

« Ce n'est pas que personne n'ait l'intention d'essayer, ajouta-t-elle, car c'est fini, et l'endroit restera aussi inactif qu'il l'est jusqu'à ce qu'il tombe. Quant à la bière forte, il y en a déjà assez dans les caves pour noyer le manoir. »

« C'est le nom de cette maison, mademoiselle ? »

« Un de ses noms, mon garçon. »

— Il y en a donc plus d'un, mademoiselle ?

« Un de plus. Son autre nom était Satis ; c'est-à-dire le grec, le latin ou l'hébreu, ou les trois, ou tous un pour moi, c'en est assez. »

« Assez de maison, » dis-je ; « C'est un nom curieux, mademoiselle. »

« Oui, » répondit-elle ; « Mais cela signifiait plus que ce que cela disait. Cela signifiait, lorsqu'elle était donnée, que celui qui avait cette maison ne pouvait rien vouloir d'autre. Ils devaient être facilement satisfaits à cette époque, je pense. Mais ne traîne pas, mon garçon. »

Bien qu'elle m'appelât si souvent « garçon », et avec une insouciance qui était loin d'être flatteuse, elle était à peu près de mon âge. Elle semblait beaucoup plus âgée que moi, bien sûr, étant une fille, belle et maîtresse d'elle-même ; et elle était aussi méprisante pour moi que si elle eût eu vingt-un an et une reine.

Nous entrâmes dans la maison par une porte latérale, dont la grande entrée était traversée par deux chaînes, et la première chose que je remarquai, c'est que les couloirs étaient tous sombres et qu'elle y avait laissé une bougie allumée. Elle l'a prise, et nous avons traversé d'autres couloirs et monté un escalier, et pourtant il faisait tout noir, et seule la bougie nous éclairait.

Enfin, nous arrivâmes à la porte d'une chambre, et elle dit : « Entrez. »

Je répondis, plus par timidité que par politesse : « Après vous, mademoiselle. »

À cela, elle répondit : « Ne sois pas ridicule, mon garçon ; Je n'y vais pas. Et elle s'éloigna avec dédain, et, ce qui était pire, emporta la bougie avec elle. »

C'était très inconfortable, et j'avais à moitié peur. Cependant, la seule chose à faire étant de frapper à la porte, j'ai frappé, et on m'a dit de l'intérieur d'entrer. J'entrai donc, et je me trouvai dans une assez grande pièce, bien éclairée par des bougies de cire. On n'y voyait pas la lumière du jour. C'était un cabinet de toilette, comme je le supposais d'après les meubles, bien qu'une grande partie fût de formes et d'usages qui m'étaient alors tout à fait inconnus. Mais il y avait une table drapée avec un miroir doré, et que j'ai distinguée au premier coup d'œil pour la coiffeuse d'une belle dame.

Je ne saurais pas dire si j'aurais compris cet objet si tôt, s'il n'y avait pas eu de belle dame assise. Dans un fauteuil, le coude appuyé sur la table et la tête appuyée sur cette main, était assise la dame la plus étrange que j'aie jamais vue ou que je verrai jamais.

Elle était vêtue de riches étoffes, de satins, de dentelles, de soieries, toutes blanches. Ses chaussures étaient blanches. Et elle avait un long voile blanc qui dépendait de ses cheveux, et elle avait des fleurs de mariée dans ses cheveux, mais ses cheveux étaient blancs. Des joyaux brillants scintillaient sur son cou et sur ses mains, et d'autres bijoux étincelaient sur la table. Des robes, moins splendides que celle qu'elle portait, et des malles à moitié emballées étaient éparpillées. Elle n'avait pas tout à fait fini de s'habiller, car elle n'avait qu'un soulier, l'autre était sur la table près de sa main, son voile n'était qu'à moitié arrangé, sa montre et sa chaîne n'étaient pas mises, et il y avait de la dentelle pour sa poitrine avec ces bibelots, et avec son mouchoir, et des gants, et des fleurs, et un livre de prières, le tout confusément entassé autour du miroir.

Ce n'est pas dans les premiers instants que j'ai vu toutes ces choses, bien que j'en aie vu plus dans les premiers instants qu'on ne pourrait le supposer. Mais je vis que tout ce qui devait être blanc à ma vue, l'était depuis longtemps, avait perdu son éclat et était fané et jaune. Je vis que la mariée dans la robe de mariée s'était fanée comme la robe et comme les fleurs, et qu'elle n'avait plus d'autre éclat que l'éclat de ses yeux enfoncés. Je vis que la robe avait été mise sur la silhouette arrondie d'une jeune femme, et que la figure sur laquelle elle pendait maintenant s'était rétrécie jusqu'à la peau et aux os. Une fois, on m'avait emmené voir à la Foire d'horribles ouvrages de cire, représentant je ne sais quel personnage impossible couché en état. Une fois, on m'avait emmené dans l'une de nos vieilles églises marécageuses pour voir un squelette dans les cendres d'une riche robe qui avait été exhumée d'un caveau sous le pavement de l'église. Maintenant, la cire et le squelette semblaient avoir des yeux sombres qui bougeaient et me regardaient. J'aurais crié, si j'avais pu.

« Qui est-ce ? » demanda la dame à table.

« Pip, madame. »

« Pip ? »

– Le garçon de M. Pumblechook, madame. Venez... pour jouer.

« Approchez ; Permettez-moi de vous regarder. Approchez-vous. »

C'est quand je me trouvai devant elle, évitant son regard, que je remarquai en détail les objets environnants et que je vis que sa montre s'était arrêtée à neuf heures moins vingt, et qu'une horloge dans la chambre s'était arrêtée à neuf heures moins vingt.

« Regardez-moi, » dit miss Havisham. « Vous n'avez pas peur d'une femme qui n'a jamais vu le soleil depuis votre naissance ? »

J'ai le regret de dire que je n'avais pas peur de dire l'énorme mensonge compris dans la réponse : « Non ».

« Savez-vous ce que je touche ici ? » dit-elle en posant ses mains, l'une sur l'autre, sur son côté gauche.

« Oui, madame. » (Cela m'a fait penser au jeune homme.)

« Qu'est-ce que je touche ? »

« Votre cœur. »

« Brisé ! »

Elle prononça ce mot avec un regard avide, avec une forte emphase et un sourire bizarre qui avait une sorte de vantardise. Ensuite, elle garda ses mains là pendant un petit moment, et les retira lentement comme si elles étaient lourdes.

« Je suis fatiguée, » dit Mlle Havisham. « Je veux me distraire, et j'en ai fini avec les hommes et les femmes. Jouer. »

Je pense que mon lecteur le plus contestataire conviendra qu'elle aurait difficilement pu ordonner à un malheureux garçon de faire quelque chose de plus difficile à faire dans le vaste monde dans les circonstances.

« J'ai quelquefois des fantaisies malsaines, continua-t-elle, et j'ai une folle fantaisie que je veux voir jouer un jeu. Là, là ! » avec un mouvement impatient des doigts de sa main droite ; « Jouez, jouez, jouez ! »

Pendant un instant, avec la crainte que ma sœur ne me travaille devant les yeux, j'eus l'idée désespérée de faire le tour de la pièce dans le personnage pris de la charrette de M. Pumblechook. Mais je me sentis si indigne de la performance que j'y renonçai, et je restai à regarder miss Havisham d'une manière que je suppose qu'elle prit pour une manière obstinée, dans la mesure où elle disait, quand nous nous eûmes bien regardés :

« Êtes-vous maussade et obstiné ? »

– Non, madame, je suis bien fâché pour vous, et bien fâché de ne pas pouvoir jouer en ce moment. Si vous vous plaignez de moi, j'aurai des ennuis avec ma sœur, alors je le ferais si je le pouvais ; mais c'est si nouveau ici, et si étrange, et si beau, et mélancolique... Je m'arrêtai, craignant d'en dire trop, ou de l'avoir déjà dit, et nous nous regardâmes de nouveau.

Avant de reprendre la parole, elle détourna les yeux de moi et regarda la robe qu'elle portait, et la table de toilette, et enfin elle-même dans le miroir.

« Si nouveau pour lui, murmura-t-elle, si vieux pour moi ; si étrange pour lui, si familier pour moi ; Tant de mélancolie pour nous deux ! Appelez Estella.

Comme elle regardait toujours le reflet d'elle-même, je pensai qu'elle se parlait encore à elle-même, et je me taisais.

« Appelez Estella », répéta-t-elle en me jetant un regard. Vous pouvez le faire. Appelez Estella. À la porte.

Se tenir dans l'obscurité dans un passage mystérieux d'une maison inconnue, brailler Estelle à une jeune dame dédaigneuse qui n'était ni visible ni réceptive, et ressentir comme une terrible liberté de crier son nom, c'était presque aussi mauvais que de jouer à l'ordre. Mais elle finit par répondre, et sa lumière vint le long du couloir sombre comme une étoile.

Miss Havisham lui fit signe de s'approcher, prit un joyau sur la table et essaya son effet sur sa jeune poitrine blonde et sur ses jolis cheveux bruns. « Le tien, un jour, ma chère, et tu en feras bon usage. Laisse-moi te voir jouer aux cartes avec ce garçon.

« Avec ce garçon ? C'est un vulgaire garçon de main ! »

Il me sembla que j'avais entendu miss Havisham répondre, mais cela me semblait si improbable : « Eh bien ? Vous pouvez lui briser le cœur. »

« À quoi joues-tu, mon garçon ? » me demanda Estella avec le plus grand dédain.

– Rien que mendier ma voisine, mademoiselle.

« Mendiez-le, » dit miss Havisham à Estelle. Alors nous nous sommes mis à table ronde.

C'est alors que j'ai commencé à comprendre que tout dans la pièce s'était arrêté, comme la montre et l'horloge, depuis longtemps. Je remarquai que miss Havisham posa le bijou exactement à l'endroit où elle l'avait pris. Tandis qu'Estelle distribuait les cartes, je jetai de nouveau un coup d'œil à la coiffeuse et je vis que le soulier qui y était dessus, autrefois blanc, maintenant jaune, n'avait jamais été porté. Je baissai les yeux vers le pied d'où le soulier était absent, et je vis que le bas de soie qui y était dessus, autrefois blanc, maintenant jaune, avait été foulé en lambeaux. Sans cet arrêt de tout, cet immobilité de tous les objets pâles et pourris, pas même la robe de mariée flétrie sur la forme effondrée n'aurait pu ressembler à des vêtements funéraires, ni le long voile à un linceul.

Elle resta donc assise, comme un cadavre, pendant que nous jouions aux cartes ; les volants et les passementeries de sa robe de mariée ressemblaient à du papier terreux. Je ne savais rien alors des découvertes qu'on fait quelquefois sur les corps enterrés dans les temps anciens, qui tombent en poudre au moment où ils sont vus distinctement ; mais, j'ai souvent pensé depuis, qu'elle devait avoir l'air que l'admission de la lumière naturelle du jour l'aurait jetée en poussière.

« Il appelle les coquins Jacks, ce garçon ! » dit Estella avec dédain, avant la fin de notre première partie. « Et quelles mains grossières il a ! Et quelles bottes épaisses ! »

Je n'avais jamais pensé à avoir honte de mes mains auparavant ; mais je commençai à les considérer comme un couple très indifférent. Son mépris pour moi était si fort qu'il est devenu contagieux, et je l'ai attrapé.

Elle a gagné la partie, et j'ai distribué. Je me suis trompé, comme il était tout naturel, quand j'ai su qu'elle était à l'affût de mon méchanceté ; et elle me dénonça comme un garçon d'ouvriers stupide et maladroit.

« Vous ne dites rien d'elle, » me dit miss Havisham en me regardant. Elle dit beaucoup de choses dures de vous, mais vous ne dites rien d'elle. Que pensez-vous d'elle ?

« Je n'aime pas à le dire », balbutiai-je.

– Dites-le-moi à mon oreille, dit miss Havisham en se baissant.

— Je la trouve très fière, répondis-je à voix basse.

« Autre chose ? »

« Je la trouve très jolie. »

« Autre chose ? »

« Je pense qu'elle est très insultante. » (Elle me regardait alors avec un regard d'aversion suprême.)

« Autre chose ? »

— Je crois que j'aimerais rentrer chez moi.

— Et ne la reverra jamais, bien qu'elle soit si jolie ?

61

Je ne suis pas sûr que je n'aimerais pas la revoir, mais je voudrais rentrer chez moi maintenant.

— Vous partirez bientôt, dit miss Havisham à haute voix. « Jouez le jeu. »

À l'exception d'un sourire bizarre au début, j'aurais été presque sûr que le visage de Mlle Havisham ne pouvait pas sourire. Il avait pris une expression vigilante et sombre, probablement quand tout ce qui l'entourait était devenu figé, et il semblait que rien ne pourrait jamais le relever. Sa poitrine s'était affaissée, de sorte qu'elle se baissait ; et sa voix avait baissé, de sorte qu'elle parlait bas, et avec une accalmie morte sur elle ; En somme, elle avait l'air d'avoir perdu corps et âme, en dedans et en dehors, sous le poids d'un coup écrasant.

J'ai joué le jeu jusqu'à la fin avec Estella, et elle m'a supplié. Elle jeta les cartes sur la table quand elle les eut toutes gagnées, comme si elle les méprisait parce qu'elles m'avaient été gagnées.

« Quand vous recevrai-je ici ? » demanda miss Havisham. « Laissez-moi réfléchir. »

Je commençais à lui rappeler que c'était aujourd'hui un mercredi, quand elle m'arrêta avec son ancien mouvement impatient des doigts de sa main droite.

« Là, là ! Je ne sais rien des jours de la semaine ; Je ne sais rien des semaines de l'année. Revenez après six jours. Tu entends ? »

« Oui, madame. »

Estella, fais-le tomber. Qu'il ait quelque chose à manger, et qu'il vagabonde et regarde autour de lui pendant qu'il mange. Va, Pip.

Je suivis la bougie vers le bas, comme j'avais suivi la bougie vers le haut, et elle la plaça à l'endroit où nous l'avions trouvée. Jusqu'à ce qu'elle m'ouvrît l'entrée latérale, j'avais cru, sans y penser, que ce devait nécessairement être la nuit. L'éclaircissement de la lumière du jour me confondit tout à fait et me donna l'impression d'avoir été plusieurs heures à la lueur des bougies de cette chambre étrange.

« Tu dois attendre ici, mon garçon, » dit Estelle ; et disparut et ferma la porte.

J'en profitai pour être seul dans la cour pour regarder mes mains grossières et mes bottes ordinaires. Mon opinion sur ces accessoires n'était pas favorable. Ils ne m'avaient jamais dérangé auparavant, mais ils me dérangent maintenant, comme de vulgaires appendices. Je résolus de demander à Joe pourquoi il m'avait appris à appeler ces cartes illustrées Valets, qu'on devrait appeler fripons. J'aurais voulu que Joe fût élevé un peu plus gentiment, et alors je l'aurais été aussi.

Elle est revenue, avec du pain et de la viande et une petite chope de bière. Elle posa la tasse sur les pierres de la cour, et me donna le pain et la viande sans me regarder, aussi insolemment que si j'étais un chien en disgrâce. J'étais si humilié, blessé, rejeté, offensé, en colère, désolé, je ne peux pas trouver le bon nom pour les intelligents... Dieu sait quel était son nom, que les larmes me sont montées aux yeux. Au moment où ils s'y élancèrent, la jeune fille me regarda avec un vif plaisir d'en avoir été la cause. Cela me donna le pouvoir de les retenir et de la regarder : elle me lança donc un coup de tête méprisant, mais avec le sentiment, pensai-je, d'avoir été trop sûr que j'étais si blessé, et me quitta.

Mais quand elle fut partie, je cherchai autour de moi un endroit où cacher mon visage, et je me mis derrière l'une des portes de la ruelle de la brasserie, et j'appuyai ma manche contre le mur là-bas, et j'appuyai mon front dessus et pleurai. Comme je pleurais, j'ai donné un coup de pied dans le mur et j'ai pris une forte torsion de mes cheveux ; Mes sentiments étaient si amers, et l'intelligent sans nom si aiguisé, qu'il fallait le contrer.

L'éducation de ma sœur m'avait rendu sensible. Dans le petit monde où les enfants existent, quel que soit celui qui les élève, il n'y a rien de si finement perçu et de si finement senti que l'injustice. Il se peut que l'enfant ne soit exposé qu'à une petite injustice ; mais l'enfant est petit, et son monde est petit, et son cheval à bascule a autant de mains de haut, selon l'échelle, qu'un chasseur irlandais à grosse ossature. En moi-même, j'avais nourri, dès mon enfance, un conflit perpétuel avec l'injustice. J'avais su, dès le moment où j'ai pu parler, que ma sœur, dans sa coercition capricieuse et violente, était injuste envers moi. J'avais gardé la profonde conviction que le fait de m'élever à la main ne lui donnait pas le droit de m'élever par des secousses. À travers tous mes châtiments, mes disgrâces, mes jeûnes, mes veillées et mes autres actes de pénitence, j'avais nourri cette assurance ; et c'est à ma communion tant avec elle, d'une manière solitaire et sans protection, que je me réfère en grande partie au fait que j'étais moralement timide et très sensible.

Je me débarrassai de mes sentiments blessés pour le moment en les enfonçant dans le mur de la brasserie et en les tordant de mes cheveux, puis je me lismai le visage avec ma manche et je jouis de derrière la porte. Le pain et la viande étaient acceptables, et la bière se réchauffait et picotait, et je fus bientôt d'humeur à regarder autour de moi.

Certes, c'était un endroit désert, jusqu'au pigeonnier de la cour de la brasserie, qui avait été emporté de travers sur son poteau par un grand vent, et qui aurait fait croire aux pigeons qu'ils étaient en mer, s'il y avait eu là des pigeons pour être bercés par lui. Mais il n'y avait pas de pigeons dans le pigeonnier, pas de chevaux dans l'écurie, pas de cochons dans l'étable, pas de malt dans le magasin, pas d'odeurs de grains et de bière dans le cuivre ou la cuve. Toutes les utilisations et les parfums de la brasserie auraient pu s'évaporer avec sa dernière odeur de fumée. Dans une cour secondaire, il y avait un désert de tonneaux vides, qui avaient un certain souvenir amer de jours meilleurs qui s'attardaient autour d'eux ; mais elle était trop aigre pour être acceptée comme un échantillon de la bière qui avait disparu, et à cet égard, je me souviens de ces reclus comme étant comme la plupart des autres.

Derrière l'extrémité la plus éloignée de la brasserie, il y avait un jardin de rang avec un vieux mur ; pas si haut que je pouvais lutter et tenir assez longtemps pour le regarder, et voir que le jardin de rang était le jardin de la maison, et qu'il était envahi par les mauvaises herbes enchevêtrées, mais qu'il y avait une piste sur les allées vertes et jaunes.   comme si quelqu'un s'y promenait quelquefois, et qu'Estelle s'éloignait déjà de moi. Mais elle semblait être partout. En effet, lorsque j'ai cédé à la tentation que présentaient les tonneaux, et que j'ai commencé à marcher dessus, je *l'ai vue* marcher dessus au bout de la cour des tonneaux. Elle me tournait le dos, tenait ses jolis cheveux bruns étalés dans ses deux mains, ne regardait jamais autour d'elle et disparaissait directement de ma vue. Donc, dans la brasserie elle-même, c'est-à-dire dans le grand endroit pavé et élevé où l'on fabriquait la bière, et où se trouvaient encore les ustensiles de brassage. Quand j'y entrai pour la première fois, et, un peu oppressé par ses ténèbres, je me tins près de la porte et regardai autour de moi, je la vis passer parmi les feux éteints, monter un léger escalier de fer, et sortir par une galerie au-dessus de ma tête, comme si elle allait s'élever dans le ciel.

C'est en ce lieu, et en ce moment, qu'une chose étrange est arrivée à mon imagination. J'ai trouvé cela étrange à l'époque, et j'ai pensé que c'était une chose étrange longtemps après. Je tournai mes yeux, un peu obscurcis par la lumière glaciale, vers une grande poutre de bois dans un coin bas de l'immeuble près de moi, à ma droite, et je vis une silhouette suspendue là par le cou. Une figure toute en jaune blanc, avec une seule chaussure aux pieds ; et il pendait de telle sorte que je pouvais voir que les garnitures fanées de la robe étaient comme du papier terreux, et que le visage était celui de miss Havisham, avec un mouvement parcourant toute la physionomie comme si elle essayait de m'appeler. Dans la terreur de voir la figure, et dans la terreur d'être certain qu'elle n'était pas là un instant auparavant, je m'enfuis d'abord, puis je courus vers elle. Et ma terreur était plus grande que toutes quand je n'y trouvais aucune figure.

Il n'y avait rien de moins que la lumière glaciale du ciel joyeux, la vue des gens qui passaient au-delà des barreaux de la porte de la cour, et l'influence vivifiante du reste du pain, de la viande et de la bière, m'auraient fait revenir. Même avec ces aides, je n'aurais peut-être pas repris mes esprits aussi tôt que je l'ai fait, si j'avais vu Estella s'approcher avec les clefs pour me laisser sortir. Elle aurait quelque bonne raison de me regarder, pensai-je, si elle me voyait effrayé ; et elle n'aurait aucune raison valable.

Elle me jeta un regard triomphant en passant devant moi, comme si elle se réjouissait de ce que mes mains étaient si grossières et mes bottes si épaisses, et elle ouvrit la porte et se tint debout. J'étais en train de m'évanouir sans la regarder, quand elle m'a touché d'une main moqueuse.

« Pourquoi ne pleures-tu pas ? »

« Parce que je ne veux pas. »

« Oui, » dit-elle. « Tu as pleuré jusqu'à ce que tu sois à moitié aveugle, et tu failles pleurer à nouveau maintenant. »

Elle rit avec mépris, me poussa dehors et ferma la porte sur moi. Je me rendis directement chez M. Pumblechook, et je fus immensément soulagé de le trouver absent de la maison. Alors, laissant savoir au marchand le jour où j'étais de nouveau recherché chez miss Havisham, je me mis en route pour la promenade de quatre milles jusqu'à notre forge ; réfléchissant, en marchant, à tout ce que j'avais vu, et tournant profondément sur le fait que j'étais un vulgaire garçon d'ouvrage ; que mes mains étaient grossières ; que mes bottes étaient épaisses ; que j'étais tombé dans une fâcheuse habitude d'appeler les coquins des coquins ; que j'étais beaucoup plus ignorant que je ne l'avais cru la nuit dernière, et généralement que j'étais dans une mauvaise voie.

Chapitre IX.

Quand je suis rentré à la maison, ma sœur était très curieuse de tout savoir sur Mlle Havisham et m'a posé un certain nombre de questions. Et je me suis vite retrouvé à être lourdement heurté par derrière à la nuque et au bas du dos, et à avoir le visage ignominieusement poussé contre le mur de la cuisine, parce que je n'avais pas répondu à ces questions assez longuement.

Si la crainte de ne pas être compris est cachée dans le cœur d'autres jeunes gens à peu près comme elle l'était autrefois dans la mienne, ce que je considère comme probable, car je n'ai aucune raison particulière de me soupçonner d'avoir été une monstruosité, c'est la clé de bien des réserves. J'étais persuadé que si je décrivais celui de miss Havisham comme mes yeux l'avaient vu, je ne serais pas compris. Non seulement cela, mais j'étais convaincu que Mlle Havisham non plus ne serait pas comprise ; et bien qu'elle fût parfaitement incompréhensible pour moi, j'avais l'impression qu'il y aurait quelque chose de grossier et de perfide à ce que je la traîne telle qu'elle était réellement (sans parler de miss Estella) devant la contemplation de mistress Joe. Par conséquent, j'en ai dit le moins que j'ai pu, et j'ai eu le visage poussé contre le mur de la cuisine.

Le pire, c'est que ce vieux Pumblechook, en proie à une curiosité dévorante d'être informé de tout ce que j'avais vu et entendu, vint béant dans sa charrette à l'heure du thé, pour qu'on lui divulgue les détails. Et la seule vue du tourment, avec ses yeux de poisson et sa bouche ouverte, ses cheveux sablonneux dressés avec curiosité et son gilet soulevé par une arithmétique venteuse, me rendit vicieux dans ma réticence.

« Eh bien, mon garçon », commença l'oncle Pumblechook, dès qu'il fut assis dans le fauteuil d'honneur près du feu. « Comment avez-vous fait pour monter en ville ? »

Je répondis : « Assez bien, monsieur », et ma sœur agita le poing vers moi.

« Assez bien ? » répéta M. Pumblechook. « Plutôt bien, ce n'est pas une réponse. Dis-nous ce que tu veux dire par assez bien, mon garçon ? »

Le badigeon sur le front durcit le cerveau jusqu'à un état d'obstination peut-être. Quoi qu'il en soit, avec le badigeon du mur sur mon front, mon obstination était inébranlable. J'ai réfléchi pendant un certain temps, puis j'ai répondu comme si j'avais découvert une nouvelle idée : « Je veux dire assez bien. »

Ma sœur, avec une exclamation d'impatience, allait s'élancer vers moi, — je n'avais pas l'ombre d'une défense, car Joe était occupé dans la forge, — lorsque M. Pumblechook intervint en disant : « Non ! Ne perdez pas votre sang-froid. Laissez-moi ce garçon, madame ; laissez-moi ce garçon. » M. Pumblechook me tourna alors vers lui, comme s'il allait me couper les cheveux, et me dit :

« D'abord (pour mettre de l'ordre dans nos pensées) : quarante-trois pence ? »

J'ai calculé les conséquences d'une réponse de quatre cents livres sterling et, les trouvant contre moi, je me suis approché le plus près possible de la réponse, qui était à environ huit pence. M. Pumblechook m'a alors fait passer ma table de pence de « douze pence font un shilling », jusqu'à « quarante pence font trois et quatre pence », puis il a demandé triomphalement, comme s'il l'avait fait pour moi : « *Maintenant !* Combien coûtent quarante-trois pence ? Ce à quoi j'ai répondu, après un long intervalle de réflexion : « Je ne sais pas. » Et j'étais tellement énervé que je doute presque de le savoir.

M. Pumblechook a tourné sa tête comme une vis pour me l'arracher, et a dit : « Est-ce que quarante-trois pence sept et six pence sont trois fardens, par exemple ? »

— Oui ! dis-je. Et bien que ma sœur m'ait immédiatement bouché les oreilles, j'ai été très satisfait de voir que la réponse gâtait sa plaisanterie et l'arrêtait net.

« Mon garçon ! À quoi ressemble miss Havisham ? » reprit M. Pumblechook quand il fut rétabli ; croisant ses bras sur sa poitrine et appliquant la vis.

« Très grand et brun », lui ai-je dit.

« Est-ce vraie, mon oncle ? » demanda ma sœur.

M. Pumblechook fit un clin d'œil en signe d'assentiment ; d'où j'en déduisis immédiatement qu'il n'avait jamais vu miss Havisham, car elle n'était rien de tel.

« Bien ! » dit M. Pumblechook avec vanité. (« C'est comme ça qu'on l'aura ! Nous commençons à nous débrouiller, je pense, maman ? »

– Je suis sûre, mon oncle, répondit mistress Joe, que je voudrais que vous l'ayez toujours ; Vous savez si bien comment vous comporter avec lui.

« Maintenant, mon garçon ! Que faisait-elle quand vous êtes entré aujourd'hui ? » demanda M. Pumblechook.

« Elle était assise, répondis-je, dans un carrosse de velours noir. »

M. Pumblechook et Mrs. Joe se regardèrent l'un l'autre, comme ils le feraient bien, et tous deux répétèrent : « Dans un carrosse de velours noir ? »

— Oui, dis-je, et miss Estella, c'est sa nièce, je crois, lui tendit du gâteau et du vin à la fenêtre de la voiture, sur un plat d'or. Et nous avons tous mangé du gâteau et du vin sur des plaques d'or. Et je me suis levé derrière le carrosse pour manger le mien, parce qu'elle me l'a dit.

« Y avait-il quelqu'un d'autre ? » demanda M. Pumblechook.

« Quatre chiens, » dis-je.

« Grand ou petit ? »

« Immense, dis-je, et ils se sont battus pour des côtelettes de veau dans un panier d'argent. »

M. Pumblechook et Mrs. Joe se regardèrent de nouveau, avec un étonnement total. J'étais parfaitement frénétique, — un témoin téméraire sous la torture, — et je leur aurais dit n'importe quoi.

« Où *était* ce carrosse, au nom de la grâce ? » demanda ma sœur.

— Dans la chambre de miss Havisham. Ils regardèrent de nouveau. « Mais il n'y avait pas de chevaux. » J'ai ajouté cette clause salvatrice, au moment de rejeter quatre coursiers richement caparaçonnés que j'avais eu la folle pensée d'atteler.

— Est-ce possible, mon oncle ? demanda Mrs. Joe. Qu'est-ce que ce garçon peut vouloir dire ?

« Je vais vous le dire, maman », dit M. Pumblechook. « Mon opinion est que c'est une chaise à porteurs. Elle est volage, vous savez, très volage, assez volage pour passer ses journées dans une chaise à porteurs. »

« L'avez-vous jamais vue dedans, mon oncle ? » demanda Mrs. Joe.

— Comment le pourrais-je, reprit-il, forcé de l'avouer, alors que je ne l'ai jamais vue de ma vie ? Je ne l'ai jamais regardée !

« Mon Dieu, mon oncle ! Et pourtant vous lui avez parlé ? »

« Ne savez-vous pas, dit M. Pumblechook d'un ton irrité, que pendant que j'ai été là, on m'a emmené à l'extérieur de sa porte, et que la porte est restée entrouverte, et qu'elle m'a parlé de cette façon. Ne dis pas que tu ne le sais pas, maman. Quoi qu'il en soit, le garçon y est allé pour jouer. À quoi as-tu joué, mon garçon ? »

« Nous avons joué avec des drapeaux », ai-je dit. (Je prie de remarquer que je pense à moi-même avec étonnement quand je me rappelle les mensonges que j'ai racontés à cette occasion.)

« Des drapeaux ! » répéta ma sœur.

– Oui, dis-je, Estelle a agité un drapeau bleu, et j'ai agité un drapeau rouge, et Mlle Havisham en a agité un parsemé de petites étoiles dorées, à la fenêtre de la voiture. Et puis nous avons tous agité nos épées et hurrah.

« Des épées ! » répéta ma sœur. « D'où avez-vous trouvé des épées ? »

« Dans une armoire, » dis-je, et j'y ai vu des pistolets, de la confiture et des pilules. Et il n'y avait pas de lumière du jour dans la pièce, mais tout était éclairé par des bougies.

– C'est vrai, maman, dit M. Pumblechook avec un signe de tête grave. « C'est l'état du cas, car je me suis vu moi-même. » Et puis ils me regardèrent tous les deux, et moi, avec une apparence envahissante d'innaïveté sur mon visage, je les regardai fixement, et je tressai la jambe droite de mon pantalon de la main droite.

S'ils m'avaient posé d'autres questions, je me serais sans doute trahi, car j'étais déjà sur le point de mentionner qu'il y avait un ballon dans la cour, et j'aurais risqué cette déclaration si mon invention n'avait pas été partagée entre ce phénomène et un ours dans la brasserie. Cependant, ils étaient si occupés à discuter les merveilles que j'avais déjà présentées à leur considération, que je m'échappai. Le sujet les retenait encore quand Joe revint de son travail pour prendre une tasse de thé. À qui ma sœur, plus pour le soulagement de son esprit que pour la satisfaction du sien, raconta mes prétendues expériences.

Or, quand je vis Joe ouvrir ses yeux bleus et les faire rouler tout autour de la cuisine avec un étonnement impuissant, je fus pris de pénitence ; mais seulement en ce qui le concernait, pas le moins du monde en ce qui concernait les deux autres. À l'égard de Joe, et de Joe seulement, je me considérais comme un jeune monstre, tandis qu'ils discutaient des résultats qui me viendraient de la connaissance et de la faveur de miss Havisham. Ils ne doutaient pas que miss Havisham ne « ferait quelque chose » pour moi ; Leurs doutes portaient sur la forme que prendrait quelque chose. M. Pumblechook était en faveur d'une belle prime pour m'obliger en apprentissage à un commerce distingué, par exemple le commerce du blé et des graines. Joe tomba dans la plus profonde disgrâce contre l'un et l'autre, pour avoir suggéré avec la brillante suggestion qu'on ne pourrait me présenter qu'un seul des chiens qui s'étaient battus pour les côtelettes de veau. « Si une tête d'imbécile ne peut pas exprimer de meilleures opinions que celle-là, dit ma sœur, et que tu aies du travail à faire, tu ferais mieux d'y aller. » Alors il y est allé.

Après que M. Pumblechook fut parti, et quand ma sœur fut en train de faire la vaisselle, je me glissai dans la forge chez Joe, et je restai près de lui jusqu'à ce qu'il eût fini de passer la nuit. Puis j'ai dit : « Avant que le feu ne s'éteigne, Joe, je voudrais te dire quelque chose. »

— Le ferais-tu, Pip ? dit Joe en approchant son tabouret près de la forge. « Alors dites-le-nous. Qu'y a-t-il, Pip ? »

« Joe, dis-je en saisissant la manche retroussée de sa chemise et en la tournant entre mon doigt et mon pouce, vous vous souvenez de tout cela chez miss Havisham ? »

— Rappelez-vous ? dit Joe. — Je vous crois ! Merveilleux !

— C'est une chose terrible, Joe ; Ce n'est pas vrai.

— De quoi parlez-vous, Pip ? s'écria Joe en retombant dans le plus grand étonnement. — Tu ne veux pas dire que dis-le'est...

— Oui, je le crois ; ce sont des mensonges, Joe. »

Mais pas tout ? Pourquoi ne voulez-vous pas dire, Pip, qu'il n'y avait pas de noir welwet co... hein ? Car je restai debout en secouant la tête. — Mais au moins, il y avait des chiens, Pip ? Allons, Pip, dit Joe d'un ton persuasif, s'il n'y a pas d'escalopes, au moins il y avait des chiens ?

— Non, Joe.

« Un chien ? » dit Joe. « Un chiot ? Viens ? »

— Non, Joe, il n'y avait rien de tout cela.

Tandis que je fixais désespérément mes yeux sur Joe, celui-ci me contemplait avec consternation. « Pip, mon vieux ! Cela ne suffira pas, mon vieux ! Je dis ! Où comptez-vous aller ? »

« C'est terrible, Joe ; n'est-ce pas ? »

— Terrible ? s'écria Joe. — Affreux ! Qu'est-ce qui t'a possédé ?

« Je ne sais pas ce qui m'a possédé, Joe », répondis-je en lâchant la manche de sa chemise et en m'asseyant dans la cendre à ses pieds, baissant la tête ; mais je voudrais que vous ne m'eussiez pas appris à appeler les Valets aux cartes ; et je voudrais que mes bottes ne soient pas si épaisses ni mes mains si grossières.

Et puis j'ai dit à Joe que je me sentais très malheureux, et que je n'avais pas pu m'expliquer à Mrs. Joe et à Pumblechook, qui étaient si impolis avec moi, et qu'il y avait eu une belle jeune dame chez miss Havisham qui était terriblement fière, et qu'elle avait dit que j'étais commun, et que je savais que j'étais commun. et que je souhaitais ne pas être vulgaire, et que les mensonges en étaient sortis d'une manière ou d'une autre, bien que je ne sache pas comment.

C'était un cas de métaphysique, au moins aussi difficile à gérer pour Joe que pour moi. Mais Joe sortit complètement l'affaire du domaine de la métaphysique, et par ce moyen la vainquit.

— Il y a une chose dont vous pouvez être sûr, Pip, dit Joe après quelques réflexions, c'est que le mensonge est le mensonge. Quoi qu'il en soit, ils ne devaient pas venir, et ils viennent du père du mensonge, et ils travaillent de même. N'en parle plus d'eux, Pip. *Ce* n'est pas comme ça qu'on peut sortir de la banalité, mon vieux. Et pour ce qui est d'être commun, je ne le comprends pas du tout. Vous êtes surcommun dans certaines choses. Vous êtes surcommun petit. De même, vous êtes un érudit ordinaire.

— Non, je suis ignorant et arriéré, Joe.

— Voyez la lettre que vous avez écrite hier soir ! Écrit même en version imprimée ! J'ai vu des lettres... Ah ! et de la part de messieurs !... que je jure qu'elles n'ont pas été écrites en caractères d'imprimerie, dit Joe.

« Je n'ai presque rien appris, Joe. Vous pensez beaucoup à moi. C'est seulement cela. »

- Eh bien, Pip, dit Joe, qu'il en soit ainsi ou non, il faut que vous soyez un vulgaire érudit avant de pouvoir l'être, je l'espère ! Le roi sur son trône, avec sa couronne sur son ed, ne peut pas s'asseoir et écrire ses actes du Parlement en caractères imprimés, sans avoir commencé, lorsqu'il était un prince non promu, avec l'alphabet. Et *je* sais ce que c'est que de faire, même si je ne peux pas dire que je l'ai fait exactement.

Il y avait de l'espoir dans cette sagesse, et cela m'a plutôt encouragé.

— Ne serait-il pas préférable que les gens ordinaires en ce qui concerne les vocations et les gains, poursuivit Joe d'un air pensif, ne soient pas mieux que de continuer à tenir compagnie aux vulgaires, au lieu d'aller jouer avec les ordinaires, ce qui me rappelle d'espérer qu'il y avait peut-être un drapeau ?

— Non, Joe.

« (Je suis désolé qu'il n'y ait pas eu de drapeau, Pip). Que cela puisse être ou ne pas être, c'est une chose qu'on ne peut pas examiner maintenant, sans mettre votre sœur dans le saccage ; Et c'est une chose qui ne doit pas être considérée comme étant intentionnelle. Regardez, Pip, ce qui vous est dit par un véritable ami. Ce que c'est à toi, le véritable ami, dis-toi. Si vous ne pouvez pas être commun en allant tout droit, vous ne pourrez jamais le faire en allant de travers. Ne parle donc plus d'eux, Pip, et vis bien et meurs heureux. »

— Vous n'êtes pas fâché contre moi, Joe ?

— Non, mon vieux. Mais si l'on se souvient qu'il s'agissait, je veux dire, d'une espèce étonnante et extravagante, — faisant allusion à celles qui frisaient les côtelettes et les combats de chiens, — un sincère bienfaiteur voudrait, Pip, qu'ils soient plongés dans vos méditations, quand vous montez au lit. C'est tout, mon vieux, et ne le faites plus jamais.

Quand je me levai dans ma petite chambre et que je fis mes prières, je n'oubliai pas la recommandation de Joe, et cependant mon jeune esprit était dans cet état de trouble et d'ingratitude, que je pensai, longtemps après m'être couché, combien il était commun qu'Estelle considérerait Joe comme un simple forgeron ; comme ses bottes étaient épaisses et comme ses mains étaient grossières. Je pensais que Joe et ma sœur étaient alors assis dans la cuisine, et que j'étais sorti de la cuisine pour me coucher, et que miss Havisham et Estelle ne s'étaient jamais assises dans une cuisine, mais qu'elles étaient bien au-dessus du niveau de ces actions ordinaires. Je m'endormis en me rappelant ce que je faisais quand j'étais chez miss Havisham ; comme si j'y étais resté des semaines ou des mois, au lieu de quelques heures ; et comme s'il s'agissait d'un sujet de souvenir tout à fait ancien, au lieu d'un sujet qui n'avait surgi que ce jour-là.

Ce fut une journée mémorable pour moi, car elle a fait de grands changements en moi. Mais c'est la même chose pour n'importe quelle vie. Imaginez qu'un jour choisi en soit sorti, et imaginez combien son cours aurait été différent. Arrêtez-vous vous qui lisez ceci, et pensez un instant à la longue chaîne de fer ou d'or, d'épines ou de fleurs, qui ne vous aurait jamais liés, sans la formation du premier maillon en un jour mémorable.

Chapitre X.

L'heureuse idée me vint un matin ou deux plus tard, quand je me réveillai, que le meilleur pas que je pouvais faire pour me rendre rare était de retirer de Biddy tout ce qu'elle savait. Conformément à cette conception lumineuse, je dis à Biddy, quand j'allais le soir chez la grand-tante de M. Wopsle, que j'avais une raison particulière de vouloir avancer dans la vie, et que je lui serais très obligé si elle voulait me communiquer tout son savoir. Biddy, qui était la plus obligeante des filles, dit immédiatement qu'elle le ferait, et commença effectivement à tenir sa promesse en cinq minutes.

Le plan ou le cours d'éducation établi par la grand-tante de M. Wopsle peut être résumé dans le résumé suivant. Les élèves mangeaient des pommes et se mettaient de la paille dans le dos, jusqu'à ce que la grand-tante de M. Wopsle rassemble ses forces et les frappe sans discernement avec une tige de bouleau. Après avoir reçu la charge avec toutes les marques de dérision, les élèves se formèrent en ligne et passèrent en bourdonnant un livre en lambeaux de main en main. Le livre contenait un alphabet, des chiffres et des tableaux, et un peu d'orthographe, c'est-à-dire qu'il en avait eu une fois. Dès que ce volume commença à circuler, la grand-tante de M. Wopsle tomba dans un état coma, résultant soit du sommeil, soit d'un paroxysme rhumatismal. Les élèves se présentèrent alors entre eux à un concours au sujet des bottes, dans le but de déterminer qui pouvait marcher le plus fort sur les orteils de qui. Cet exercice mental dura jusqu'à ce que Biddy se précipite sur eux et distribue trois Bibles défigurées (en forme de si elles avaient été maladroitement coupées du bout de quelque chose), imprimées de manière plus illisible que toutes les curiosités de la littérature que j'ai rencontrées depuis, parsemées de moule de fer, et ayant divers spécimens du monde des insectes écrasés entre leurs feuilles. Cette partie du cours était généralement allégée par plusieurs combats singuliers entre Biddy et les étudiants réfractaires. Quand les combats étaient terminés, Biddy donnait le numéro d'une page, et alors nous lisions tous à haute voix ce que nous pouvions, ou ce que nous ne pouvions pas, dans un chœur effrayant ; Biddy dirigeait d'une voix aiguë, aiguë et monotone, et aucun de nous n'avait la moindre notion ou respect pour ce que nous lisions. Quand cet horrible vacarme eut duré un certain temps, il réveilla machinalement la grand-tante de M. Wopsle, qui tituba devant un garçon par hasard et lui tira les oreilles. Cela fut compris comme mettant fin au cours de la soirée, et nous émergeâmes dans les airs avec des cris de victoire intellectuelle. Il est juste de remarquer qu'il n'était pas interdit à un élève de se divertir avec une ardoise ou même avec de l'encre (quand il y en avait), mais qu'il n'était pas facile de poursuivre cette branche d'étude pendant la saison d'hiver, à cause de la petite boutique générale dans laquelle se donnaient les cours – et qui était aussi le salon et la chambre à coucher de la grand-tante de M. Wopsle – qui n'était que faiblement éclairée par l'intermédiaire d'un bougie à trempette basse et pas d'éteignoirs.

Il me sembla qu'il lui faudrait du temps pour devenir rare, dans ces circonstances : néanmoins, je résolus de l'essayer, et le soir même, Biddy entra dans notre accord spécial, en me communiquant quelques renseignements de son petit catalogue de prix, sous la rubrique de sucre humide, et en me prêtant, pour copier chez moi, un grand vieux D anglais qu'elle avait imité de la tête d'un journal. et que je supposai, jusqu'à ce qu'elle me dise ce que c'était, que c'était un dessin de boucle.

Bien sûr, il y avait un pub dans le village, et naturellement Joe aimait parfois à y fumer sa pipe. J'avais reçu de ma sœur l'ordre strict d'aller le chercher aux Trois Joyeuses Marinières, ce soir-là, en revenant de l'école, et de le ramener à la maison à mes risques et périls. C'est donc vers les Trois Joyeux Mariniers que je dirigeai mes pas.

Il y avait un bar au Jolly Bargemen, avec des gravures à la craie d'une longueur alarmante sur le mur sur le côté de la porte, qui me semblaient ne jamais être payées. Ils étaient là depuis aussi longtemps que je me souvienne, et avaient grandi plus que moi. Mais il y avait une quantité de craie dans notre pays, et peut-être le peuple ne manquait-il aucune occasion d'en tirer parti.

Comme c'était un samedi soir, je trouvai l'aubergiste qui regardait ces disques d'un air plutôt sombre ; mais comme j'avais affaire à Joe et non à lui, je me contentai de lui souhaiter le bonsoir, et je passai dans la salle commune au bout du couloir, où il y avait un grand feu de cuisine et où Joe fumait sa pipe en compagnie de M. Wopsle et d'un étranger. Joe m'a salué comme d'habitude en disant : « Halloa, Pip, mon vieux ! » et au moment où il a dit cela, l'étranger a tourné la tête et m'a regardé.

C'était un homme à l'air secret que je n'avais jamais vu auparavant. Sa tête était toute penchée d'un côté, et l'un de ses yeux était à moitié fermé, comme s'il visait quelque chose avec un pistolet invisible. Il avait une pipe à la bouche, il l'en sortit, et, après avoir lentement chassé toute sa fumée et m'avoir regardé fixement, il hocha la tête. Alors, j'ai hoché la tête, puis il a hoché la tête de nouveau, et a fait place sur le banc à côté de lui pour que je puisse m'asseoir là.

Mais comme j'avais l'habitude de m'asseoir à côté de Joe chaque fois que j'entrais dans ce lieu de villégiature, je dis : « Non, merci, monsieur », et je tombai dans l'espace que Joe m'avait réservé sur le banc opposé. L'homme étrange, après avoir jeté un coup d'œil à Joe et s'être aperçu que son attention était occupée autrement, me fit de nouveau un signe de tête quand je fus assis, puis il lui frotta la jambe, d'une manière très étrange, comme elle me frappait.

— Vous disiez, dit l'étrange homme en se tournant vers Joe, que vous étiez forgeron.

« Oui. Je l'ai dit, vous savez, » dit Joe.

« Qu'allez-vous boire, monsieur ? Vous n'avez pas mentionné votre nom, soit dit en passant. »

Joe en parlait maintenant, et l'homme étrange l'appelait par là. « Qu'allez-vous boire, monsieur Gargery ? À mes dépens ? Pour faire le plein ? »

— Eh bien, dit Joe, pour vous dire la vérité, je n'ai pas beaucoup l'habitude de boire aux dépens de qui que ce soit d'autre qu'aux miens.

« L'habitude ? Non, » répondit l'étranger ; « mais une fois et à l'extérieur, et un samedi soir aussi. Venir! Mettez-y un nom, monsieur Gargery. »

— Je ne voudrais pas être de mauvaise compagnie, dit Joe.

— Du rhum, répéta l'étranger. — Et l'autre gentleman sera-t-il à l'origine d'un sentiment.

- Du rhum, dit M. Wopsle.

« Trois rhums ! » s'écria l'étranger en appelant l'aubergiste. « Verres ronds!»

« Cet autre gentleman, observa Joe en guise de présentation de M. Wopsle, est un gentleman que vous aimeriez entendre le dire. Notre clerc à l'église. »

« Ah ! » dit vivement l'étranger en me regardant des yeux. « L'église solitaire, directement sur les marais, avec des tombes autour d'elle ! »

— C'est cela, dit Joe.

L'étranger, avec une sorte de grognement confortable au-dessus de sa pipe, posa ses jambes sur le banc qu'il avait pour lui. Il portait un chapeau de voyageur à larges bords, et au-dessous un mouchoir noué sur sa tête à la manière d'un bonnet, de sorte qu'il ne montrait pas de cheveux. Comme il regardait le feu, il me sembla voir une expression rusée, suivie d'un demi-rire, se dessiner sur son visage.

—Je ne connais pas ce pays, messieurs, mais il me semble que c'est un pays solitaire vers le fleuve.

« La plupart des marais sont solitaires », dit Joe.

— Sans doute, sans doute. Y trouvez-vous des bohémiens, des vagabonds, des vagabonds de toute sorte ?

— Non, dit Joe. « De temps en temps, il n'y avait qu'un forçat en fuite. Et nous ne les trouvons pas, facile. N'est-ce pas, monsieur Wopsle ? »

M. Wopsle, avec un souvenir majestueux de l'ancienne déconfiture, acquiesça ; mais pas chaleureusement.

« On dirait que vous êtes sorti après cela ? » demanda l'étranger.

— Une fois, répondit Joe, ce n'est pas que nous ayons voulu les prendre, vous comprenez ; Nous sommes sortis comme des spectateurs ; moi, et M. Wopsle, et Pip. N'est-ce pas nous, Pip ?

« Oui, Joe. »

L'étranger me regarda de nouveau, toujours en penchant les yeux, comme s'il me visait expressément avec son fusil invisible, et me dit : « C'est probablement un jeune paquet d'os. Comment l'appelez-vous ? »

— Pip, dit Joe.

« Baptisé Pip ? »

« Non, pas baptisé Pip. »

« Nom de famille Pip ? »

— Non, dit Joe, c'est une sorte de nom de famille qu'il s'est donné quand il était enfant, et par lequel on l'appelle.

« Ton fils ? »

— Eh bien, dit Joe d'un air méditatif, non pas, bien sûr, qu'il fût nécessaire d'y réfléchir, mais parce que c'était le moyen de paraître chez les joyeux mariniers de réfléchir profondément à tout ce qui se discutait autour des pipes... Non, il ne l'est pas.

« Nevvy ? » dit l'étrange homme.

— Eh bien, dit Joe avec la même apparence de profonde réflexion, il n'est pas... non, il ne veut pas vous tromper, il n'est *pas*... mon nevvé.

« Qu'est-ce que c'est que ce Blue Blazes ? » demanda l'étranger. Ce qui m'a semblé être une enquête de force inutile.

M. Wopsle s'en mêla ; comme quelqu'un qui savait tout sur les relations, ayant l'occasion professionnelle de garder à l'esprit les relations féminines qu'un homme ne pouvait pas épouser ; et il exposa les liens qui existaient entre Joe et moi. Ayant la main dedans, M. Wopsle termina par un passage de Richard III, terriblement hargneux, et sembla penser qu'il en avait fait assez pour s'en rendre compte lorsqu'il ajouta : « ... comme le dit le poète. »

Et ici, je peux remarquer que lorsque M. Wopsle a parlé de moi, il a considéré qu'il était nécessaire de froisser mes cheveux et de les enfoncer dans mes yeux. Je ne peux pas concevoir pourquoi tous les gens de son rang qui sont venus chez nous m'auraient toujours fait subir le même processus inflammatoire dans des circonstances similaires. Pourtant, je ne me souviens pas que j'ai jamais été dans ma jeunesse un sujet de remarque dans notre cercle social familial, mais qu'une personne aux grandes mains a pris de telles mesures ophtalmiques pour me traiter avec condescendance.

Pendant tout ce temps, l'homme étrange ne regardait que moi, et me regardait comme s'il était déterminé à me tirer enfin dessus et à me faire tomber. Mais il ne dit rien après avoir fait son observation des Blue Blazes, jusqu'à ce qu'on lui apporte les verres de rhum et d'eau ; Et puis il a tiré son coup, et c'était un coup des plus extraordinaires.

Ce n'était pas une remarque verbale, mais une procédure de muet, et elle m'était adressée avec insistance. Il a remué son rhum et son eau vers moi, et il a goûté son rhum et son eau vers moi. Et il le remua et le goûta ; non pas avec une cuillère qu'on lui apportait, mais *avec une lime.*

Il a fait cela pour que personne d'autre que moi ne voie le fichier ; et quand il l'eut fait, il essuya le dossier et le mit dans une poche de poitrine. Je savais que c'était le dossier de Joe, et je savais qu'il connaissait mon condamné, au moment où j'ai vu l'instrument. Je restai assis à le regarder, envoûté. Mais il s'étendait maintenant sur son banc, faisant très peu attention à moi et parlant principalement de navets.

Il y avait un délicieux sentiment de nettoyage et de faire une pause tranquille avant de reprendre la vie de nouveau, dans notre village le samedi soir, ce qui stimulait Joe à oser rester dehors une demi-heure de plus le samedi qu'à d'autres moments. Au bout d'une demi-heure, le rhum et l'eau s'écoulant ensemble, Joe se leva pour partir et me prit par la main.

– Arrêtez-vous un instant, monsieur Gargery, dit l'étrange homme, je crois que j'ai un shilling neuf et brillant quelque part dans ma poche, et si j'en ai, le garçon l'aura.

Il l'a regardé avec une poignée de petite monnaie, l'a plié dans du papier froissé et me l'a donné. « À toi ! » dit-il. « Attention ! Le vôtre. »

Je le remerciai, le fixant bien au-delà des limites des bonnes manières, et me serrant contre Joe. Il a donné le bonsoir à Joe, et il a donné le bonsoir à M. Wopsle (qui est sorti avec nous), et il ne m'a jeté qu'un regard de son œil fixe, non, pas un regard, car il l'a fermé, mais on peut faire des merveilles avec un œil en le cachant.

Sur le chemin du retour, si j'avais été d'humeur à parler, la conversation devait être de mon côté, car M. Wopsle nous quitta à la porte du Jolly Bargemen, et Joe rentra chez lui, la bouche grande ouverte, pour rincer le rhum avec le plus d'air possible. Mais j'étais en quelque sorte stupéfait par cette révélation de mon ancien méfait et de ma vieille connaissance, et je ne pouvais penser à autre chose.

Ma sœur n'était pas de très mauvaise humeur quand nous nous présentâmes dans la cuisine, et Joe fut encouragé par cette circonstance inhabituelle à lui parler du shilling brillant. « Un mauvais garçon, je serai liée, » dit mistress Joe triomphalement, « sinon il ne l'aurait pas donné au garçon! » Regardons-le.

Je l'ai sorti du journal, et il s'est avéré que c'était un bon article. « Mais qu'est-ce que c'est que cela ? » demanda Mrs. Joe en jetant le shilling et en rattrapant le journal. « Deux billets d'une livre ? »

Rien de moins que deux gros billets étouffants d'une livre qui semblaient avoir été dans les termes de la plus chaleureuse intimité avec tous les marchés aux bestiaux du comté. Joe attrapa de nouveau son chapeau et courut avec eux chez les Jolly Bargemen pour les rendre à leur propriétaire. Pendant qu'il était parti, je me suis assis sur mon tabouret habituel et j'ai regardé ma sœur d'un air vide, persuadée que cet homme ne serait pas là.

Bientôt, Joe revint en disant que l'homme était parti, mais que lui, Joe, avait laissé un mot aux Trois Jolly Bargemen au sujet des billets. Puis ma sœur les enferma dans un morceau de papier et les mit sous des feuilles de rose séchées dans une théière ornementale posée sur une presse dans le salon d'apparat. Ils sont restés là, un cauchemar pour moi, bien des nuits et des jours.

J'avais tristement interrompu le sommeil en me couchant, en pensant à l'homme étrange qui me visait avec son fusil invisible, et à la grossièreté coupable et commune que c'était, d'être en termes secrets de conspiration avec des forçats, un trait de ma basse carrière que j'avais oublié auparavant. J'étais aussi hanté par le dossier. Une crainte m'envahit qu'au moment où je m'y attendrais le moins, la lime réapparaîtrait. Je me persuadai de m'endormir en pensant à celui de miss Havisham, mercredi prochain ; et dans mon sommeil, j'ai vu la lime venir à moi par une porte, sans voir qui la tenait, et je me suis réveillé en criant.

Chapitre XI.

À l'heure dite, je retournai chez miss Havisham, et ma sonnerie hésitante à la porte fit sortir Estelle. Elle la ferma à clé après m'avoir fait entrer, comme elle l'avait fait auparavant, et me précéda de nouveau dans le couloir sombre où se trouvait sa bougie. Elle ne fit pas attention à moi jusqu'à ce qu'elle eût la bougie à la main, puis elle regarda par-dessus son épaule en disant avec mépris : « Vous devez venir par ici aujourd'hui », et elle m'emmena dans une toute autre partie de la maison.

Le couloir était long et semblait envahir tout le sous-sol carré du manoir. Nous ne traversâmes cependant qu'un côté de la place, et au bout de celle-ci, elle s'arrêta, posa sa bougie et ouvrit une porte. Là, le jour reparut, et je me trouvai dans une petite cour pavée, dont le côté opposé était formé par une maison d'habitation isolée, qui semblait avoir appartenu autrefois au directeur ou au commis en chef de la brasserie disparue. Il y avait une horloge dans le mur extérieur de cette maison. Comme l'horloge de la chambre de miss Havisham, et comme la montre de miss Havisham, elle s'était arrêtée à neuf heures moins vingt.

Nous entrâmes par la porte, qui était ouverte, et nous entrâmes dans une pièce sombre avec un plafond bas, au rez-de-chaussée à l'arrière. Il y avait de la compagnie dans la salle, et Estelle me dit en la rejoignant : « Tu dois aller et rester là, mon garçon, jusqu'à ce qu'on ait besoin de toi. » « Là, » étant la fenêtre, je m'y rendis et restai là, dans un état d'esprit très inconfortable, regardant dehors.

Il s'ouvrit sur le sol et regarda dans un coin des plus misérables du jardin négligé, sur une ruine de tiges de choux et un buis qui avait été coupé il y a longtemps, comme un pudding, et qui avait une nouvelle croissance au sommet, déformée et d'une couleur différente, comme si cette partie du pudding s'était collée à la casserole et avait brûlé. C'était ma pensée familière, tandis que je contemplais le buis. Il y avait eu de la neige légère, pendant la nuit, et il n'y en avait nulle part ailleurs à ma connaissance ; mais il n'avait pas tout à fait fondu dans l'ombre froide de ce coin de jardin, et le vent l'emporta en petits remous et le jeta à la fenêtre, comme s'il me frappait d'y être venu.

Je devinai que mon arrivée avait interrompu la conversation dans la chambre et que ses autres occupants me regardaient. Je ne pouvais rien voir de la pièce, si ce n'est l'éclat du feu dans la vitre, mais je me raidissais dans toutes mes articulations avec la conscience que j'étais sous un examen attentif.

Il y avait trois dames dans la pièce et un monsieur. Avant que je ne sois resté à la fenêtre pendant cinq minutes, ils m'ont fait comprendre qu'ils étaient tous des crapauds et des charlatans, mais que chacun d'eux faisait semblant de ne pas savoir que les autres étaient des crapauds et des charlatans, parce que l'aveu qu'il ou elle le savait aurait fait passer pour un crapaud et un charlatan.

Elles avaient toutes l'air apathique et morne d'attendre le bon plaisir de quelqu'un, et les plus bavardes des dames devaient parler assez rigidement pour réprimer un bâillement. Cette dame, qui s'appelait Camilla, me rappelait beaucoup ma sœur, avec la différence qu'elle était plus âgée, et (comme je l'ai découvert en l'apercevant) d'un trait plus émoussé. En effet, quand je l'ai mieux connue, j'ai commencé à penser que c'était une Miséricorde qu'elle avait le moindre trait, tant le mur mort de son visage était très vide et haut.

« Pauvre chère âme ! » dit cette dame avec une brusquerie de manières tout à fait celle de ma sœur. « Il n'y a d'autre ennemi que le sien ! »

« Il serait bien plus louable d'être l'ennemi de quelqu'un d'autre, dit le gentleman ; « Beaucoup plus naturel. »

« Cousin Raymond, observa une autre dame, nous devons aimer notre prochain. »

— Sarah Pocket, répondit le cousin Raymond, si un homme n'est pas son propre prochain, qui l'est ?

Mlle Pocket se mit à rire, et Camilla se mit à rire et dit (réprimant un bâillement) : « L'idée ! » Mais je pensais qu'ils semblaient penser que c'était aussi une bonne idée. L'autre dame, qui n'avait pas encore parlé, dit gravement et avec emphase : « C'est vrai ! »

« Pauvre âme ! » Camilla continua bientôt (je savais qu'ils m'avaient tous regardé pendant ce temps) : « Il est si étrange ! Quelqu'un croirait-il qu'à la mort de la femme de Tom, il n'a pas pu être amené à voir l'importance pour les enfants d'avoir les garnitures les plus profondes dans leur deuil ? « Bon Dieu ! dit-il, Camille, qu'est-ce que cela peut signifier tant que les pauvres

83

petites choses endeuillées sont en noir ? » Tellement comme Matthieu ! L'idée !

— De bons points en lui, de bons points en lui, dit le cousin Raymond. « Dieu me garde de lui refuser les bons points ; mais il n'a jamais eu, et il n'aura jamais, le sens des convenances.

— Vous savez que j'étais obligée, dit Camille, j'étais obligée d'être ferme. J'ai dit : « Cela ne marchera pas, pour le crédit de la famille. » Je lui dis que, sans garnitures profondes, la famille était déshonorée. J'en ai pleuré du petit-déjeuner au dîner. J'ai blessé ma digestion. Et enfin il s'élança à sa manière violente, et dit, avec un D : « Alors, fais ce que tu veux. » Dieu merci, ce sera toujours une consolation pour moi de savoir que je suis immédiatement sorti sous une pluie battante et que j'ai acheté les choses.

— *Il* les a payés, n'est-ce pas ? demanda Estella.

— Ce n'est pas la question, ma chère enfant, qui les a payés, répondit Camille. « *Je les ai* achetés. Et j'y penserai souvent avec tranquillité, quand je me réveillerai la nuit. »

Le tintement d'une cloche lointaine, combiné avec l'écho de quelque cri ou de quelque appel le long du couloir par lequel j'étais venu, interrompit la conversation et fit dire à Estelle : « Maintenant, mon garçon ! » Quand je me retournai, ils me regardèrent tous avec le plus grand mépris, et, comme je sortais, j'entendis Sarah Pocket dire : « Eh bien, j'en suis sûre ! Et ensuite ? » et Camilla ajouta avec indignation : « Y a-t-il jamais eu une telle fantaisie ! Le i-de-a ! »

Comme nous allions avec notre bougie dans le couloir sombre, Estelle s'arrêta tout à coup, et, se tournant vers elle, elle dit de son air railleur, le visage tout près du mien :

« Eh bien ? »

« Eh bien, mademoiselle ? » J'ai répondu, tombant presque sur elle et me retenant.

Elle me regardait et, bien sûr, je la regardais.

« Suis-je jolie ? »

— Oui ; Je vous trouve très jolie.

« Est-ce que je suis insultant ? »

– Pas autant que vous l'avez été la dernière fois, dis-je.

« Pas tant que ça ? »

« Non. »

Elle a tiré quand elle a posé la dernière question, et elle m'a giflé le visage avec la même force qu'elle l'avait fait quand j'y ai répondu.

« Maintenant ? » dit-elle. « Petit monstre grossier, que penses-tu de moi maintenant ? »

— Je ne vous le dirai pas.

« Parce que tu vas raconter là-haut. C'est tout ? »

« Non, dis-je, ce n'est pas cela. »

« Pourquoi ne pleures-tu pas encore, petit misérable ? »

« Parce que je ne pleurerai plus jamais pour toi », dis-je. Ce qui était, je suppose, la déclaration la plus fausse qui ait jamais été faite ; car je pleurais intérieurement pour elle alors, et je sais ce que je sais de la douleur qu'elle m'a coûtée par la suite.

Nous sommes montés à l'étage après cet épisode ; et, comme nous montions, nous rencontrâmes un monsieur qui descendait à tâtons.

« Qui avons-nous ici ? » demanda le gentleman en s'arrêtant et en me regardant.

« Un garçon », dit Estella.

C'était un homme costaud, d'un teint excessivement foncé, avec une tête excessivement grosse et une grande main correspondante. Il prit mon menton dans sa grande main et leva mon visage pour me regarder à la lueur de la bougie. Il était prématurément chauve sur le dessus de la tête et avait des sourcils noirs touffus qui ne voulaient pas se coucher mais se dressaient hérissés. Ses yeux étaient très enfoncés dans sa tête, et étaient désagréablement perçants et soupçonneux. Il avait une grande chaîne de montre, et de forts points noirs à l'endroit où se trouvaient sa barbe et ses moustaches s'il les avait laissés faire. Il n'était rien pour moi, et je n'aurais pu avoir aucune prévoyance qu'il serait jamais quelque chose pour moi, mais il se trouve que j'ai eu cette occasion de bien l'observer.

« Garçon du voisinage ? Hein ? » dit-il.

– Oui, monsieur, dis-je.

« Comment venez-vous ici ? »

– Miss Havisham m'a fait appeler, monsieur, expliquai-je.

— Eh bien ! Sage. J'ai une assez grande expérience des garçons, et vous êtes un mauvais garçon. Attention, dit-il en se mordant le côté de son gros index en fronçant les sourcils, tu te conduis bien !

Sur ces mots, il me relâcha – ce dont j'étais heureux, car sa main sentait le savon parfumé – et descendit. Je me demandais s'il pouvait être médecin ; mais non, pensai-je ; Il ne pourrait pas être médecin, ou il aurait des manières plus calmes et plus persuasives. Nous n'eûmes pas beaucoup de temps pour réfléchir à ce sujet, car nous fûmes bientôt dans la chambre de miss Havisham, où elle et tout le reste étaient exactement comme je les avais laissés. Estelle me laissa debout près de la porte, et je restai là jusqu'à ce que miss Havisham jetât les yeux sur moi de la table de toilette.

— Alors, dit-elle sans être surprise ni surprise, les jours se sont écoulés, n'est-ce pas ?

« Oui, madame. Aujourd'hui, c'est... »

« Là, là, là ! » avec le mouvement impatient de ses doigts. « Je ne veux pas savoir. Es-tu prêt à jouer ? »

Je fus obligé de répondre avec une certaine confusion : « Je ne le crois pas, madame. »

« Vous n'avez plus joué aux cartes ? » demanda-t-elle avec un regard scrutateur.

– Oui, madame ; Je pouvais le faire, si on me voulait.

« Puisque cette maison vous frappe vieille et grave, mon garçon, dit miss Havisham avec impatience, et que vous ne voulez pas jouer, voulez-vous travailler ? »

Je pouvais répondre à cette question avec un meilleur cœur que je n'avais pu en trouver pour l'autre question, et j'ai dit que j'étais tout à fait disposé.

« Alors, va dans la pièce d'en face, dit-elle en montrant de sa main desséchée la porte derrière moi, et attends là jusqu'à ce que j'arrive. »

Je traversai le palier de l'escalier et entrai dans la pièce qu'elle m'indiquait. De cette pièce aussi, la lumière du jour était complètement exclue, et il y avait une odeur sans air qui était oppressante. Un feu s'était allumé récemment dans la vieille grille humide, et il était plus disposé à s'éteindre qu'à brûler, et la fumée réticente qui flottait dans la pièce semblait plus froide que l'air plus pur, comme notre propre brume de marais. Des branches de bougies hivernales sur la haute cheminée éclairaient faiblement la chambre ; ou il serait plus expressif de dire, troublé à peine ses ténèbres. C'était spacieux, et j'ose dire qu'il avait été beau autrefois, mais tout ce qu'on pouvait y voir était couvert de poussière et de moisissure, et tombait en morceaux. L'objet le plus important était une longue table sur laquelle était étalée une nappe, comme si un festin avait été préparé lorsque la maison et les horloges se sont arrêtées ensemble. Une sorte d'épergne ou de centre de table se trouvait au milieu de ce tissu ; Il était si lourdement surplombé de toiles d'araignées que sa forme était tout à fait indiscernable ; et, comme je regardais le long de l'étendue jaune d'où je me souviens qu'elle semblait croître comme un champignon noir, j'ai vu des araignées à pattes mouchetées avec des corps tachetés qui couraient à la maison et s'en échappaient en courant, comme si des circonstances de la plus haute importance publique venaient de se produire dans la communauté des araignées.

J'entendis aussi les souris cliqueter derrière les panneaux, comme si le même événement était important pour leurs intérêts. Mais les scarabées noirs ne firent pas attention à l'agitation et tâtonnaient autour de l'âtre d'une manière lourde, comme s'ils étaient myopes et durs d'oreille, et qu'ils n'étaient pas en bons termes les uns avec les autres.

Ces choses rampantes avaient fasciné mon attention, et je les observais de loin, lorsque miss Havisham posa une main sur mon épaule. Dans son autre main, elle avait un bâton à tête de béquille sur lequel elle s'appuyait, et elle ressemblait à la sorcière de l'endroit.

« C'est ici, » dit-elle en montrant la longue table avec son bâton, que je serai couchée quand je serai morte. Ils viendront me voir ici.

Avec une vague appréhension qu'elle pourrait monter sur la table sur-le-champ et mourir sur-le-champ, la réalisation complète de l'horrible statue de cire de la Foire, je reculai sous son toucher.

« Qu'est-ce que vous pensez que c'est ? » me demanda-t-elle en me montrant de nouveau avec son bâton ; « Où, où sont ces toiles d'araignée ? »

« Je ne peux pas deviner ce que c'est, madame. »

« C'est un super gâteau. Un gâteau de mariée. Le mien ! »

Elle regarda autour de la pièce d'un air éblouissant, puis elle me dit, en s'appuyant sur moi tandis que sa main caressait mon épaule : « Allons, venez, venez ! Promenez-moi, promenez-moi !

Je compris que le travail que j'avais à faire était de promener miss Havisham dans la chambre. En conséquence, je me mis en route aussitôt, et elle s'appuya sur mon épaule, et nous nous éloignâmes à une allure qui eût pu être une imitation (fondée sur mon premier mouvement sous ce toit) de la chaise longue de M. Pumblechook.

Elle n'était pas forte physiquement, et après un peu de temps, elle a dit :

« Plus lentement ! » Cependant, nous avancions d'un pas impatient et intermittent, et comme nous avancions, elle secoua la main sur mon épaule, agita sa bouche, et me fit croire que nous allions vite parce que ses pensées allaient vite. Au bout d'un moment, elle a dit : « Appelez Estella ! » alors je suis sorti sur le palier et j'ai rugi ce nom comme je l'avais fait la fois précédente. Quand sa lumière parut, je retournai auprès de miss Havisham, et nous nous remîmes en route autour de la chambre.

Si seulement Estelle avait été spectatrice de nos délibérations, j'aurais été assez mécontent ; mais comme elle amenait avec elle les trois dames et le monsieur que j'avais vu en bas, je ne savais que faire. Dans ma politesse, j'aurais arrêté ; mais miss Havisham me secoua l'épaule, et nous nous mîmes en route, avec une honte de ma part qu'ils croiraient que tout cela était de ma faute.

– Chère miss Havisham, dit miss Sarah Pocket. « Comme tu as l'air bien »

– Je ne le crois pas, répondit miss Havisham. « J'ai la peau et les os jaunes.»

Camilla s'éclaira quand miss Pocket rencontra cette rebuffade ; et elle murmura, en contemplant miss Havisham d'un air plaintif : « Pauvre chère âme ! Certainement pas à attendre d'une bonne mine, la pauvre. L'idée !

« Et comment allez-vous ? » demanda miss Havisham à Camilla. Comme nous étions près de Camilla à ce moment-là, je me serais arrêté comme une évidence, seulement Mlle Havisham ne s'arrêterait pas. Nous avons continué, et j'ai senti que j'étais très odieux à Camilla.

— Merci, miss Havisham, répondit-elle, je vais aussi bien qu'on peut l'espérer.

« Qu'avez-vous ? » demanda miss Havisham avec une extrême netteté.

— Rien qui vaille la peine d'être mentionné, répondit Camilla. Je ne veux pas faire étalage de mes sentiments, mais j'ai l'habitude de penser à vous plus la nuit que je ne suis tout à fait à la hauteur.

— Alors, ne pensez pas à moi, répliqua miss Havisham.

— C'est très facile à dire ! remarqua Camilla en réprimant aimablement un sanglot, tandis qu'un accroc lui montait à la lèvre supérieure et que ses larmes débordaient. « Raymond est témoin de quel gingembre et sel volatil je suis obligé de prendre dans la nuit. Raymond est témoin des secousses nerveuses que j'ai dans les jambes. Les étouffements et les secousses nerveuses, cependant, ne sont pas nouveaux pour moi quand je pense avec anxiété à ceux que j'aime. Si je pouvais être moins affectueux et sensible, j'aurais une meilleure digestion et des nerfs de fer. Je suis sûr que j'aimerais qu'il en soit ainsi. Mais pour ce qui est de ne pas penser à vous la nuit... L'idée ! Ici, une explosion de larmes. »

Je compris que le Raymond dont il s'agissait était le monsieur présent, et que je compris que c'était M. Camilla. Il vint à la rescousse à ce moment-là et dit d'une voix consolatrice et élogieuse : « Camilla, ma chère, il est bien connu que tes sentiments familiaux te minent peu à peu au point de rendre l'une de tes jambes plus courte que l'autre. »

— Je ne sache pas, observa la grave dame dont je n'avais entendu la voix qu'une fois, que penser à quelqu'un soit un grand droit à cette personne, ma chère.

Mlle Sarah Pocket, que je vis alors être une petite vieille femme sèche, brune, ondulée, avec un petit visage qui aurait pu être fait de coquilles de noix, et une grande bouche comme celle d'un chat sans moustaches, appuya cette position en disant : « Non, en effet, ma chère. Hem ! »

« Il est assez facile de penser, » dit la dame grave.

« Qu'est-ce qui est plus facile, vous savez ? » acquiesça Mlle Sarah Pocket.

— Oh ! oui, oui ! s'écria Camille, dont les sentiments fermentatoires semblaient monter de ses jambes à sa poitrine. « C'est très vrai ! C'est une faiblesse d'être si affectueux, mais je ne peux pas m'en empêcher. Sans doute ma santé serait bien meilleure s'il en était autrement, cependant je ne changerais pas mon caractère si je le pouvais. C'est la cause de beaucoup de souffrances, mais c'est une consolation de savoir que je la possède, quand je me réveille la nuit. Voici une autre explosion de sentiments. »

Miss Havisham et moi ne nous étions jamais arrêtées pendant tout ce temps, mais nous faisions le tour de la pièce ; tantôt frôlant les jupes des visiteurs, tantôt leur donnant toute la longueur de la chambre lugubre.

« Voilà Matthew ! » dit Camilla. — Ne jamais se mêler à des liens naturels, ne jamais venir ici pour voir comment va miss Havisham ! Je me suis installée sur le canapé avec ma coupe de lacets, et j'y suis restée des heures inconsciente, la tête sur le côté, les cheveux tout détachés, et les pieds je ne sais où...

(« Beaucoup plus haut que votre tête, mon amour », a dit M. Camilla.)

« Je suis entré dans cet état, des heures et des heures, à cause de la conduite étrange et inexplicable de Matthieu, et personne ne m'a remercié. »

— Vraiment, je dois dire que je ne le crois pas, interrompit la grave dame.

« Voyez-vous, ma chère, ajouta miss Sarah Pocket (un personnage fade et vicieux), la question à vous poser est la suivante : qui attendiez-vous pour vous remercier, mon amour ? »

— Sans attendre de remerciements, ni rien de ce genre, reprit Camille, je suis restée dans cet état, des heures et des heures, et Raymond est témoin de combien j'ai étouffé, et de ce qu'a été l'inefficacité totale du gingembre, et on m'a entendue à l'accordeur de piano-forte de l'autre côté de la rue, où les pauvres enfants trompés ont même cru que c'étaient des pigeons qui roucoulaient de loin... Ici Camilla porta la main à sa gorge et commença à être tout à fait chimique quant à la formation de nouvelles combinaisons là-bas.

Quand il fut question de ce même Matthieu, miss Havisham s'arrêta chez moi et s'arrêta, et resta debout à regarder l'orateur. Ce changement a eu une grande influence sur la fin soudaine de l'alchimie de Camilla.

« Matthew viendra enfin me voir, dit miss Havisham d'un ton sévère, quand je serai mise sur cette table. Ce sera sa place, là-bas, dit en frappant la table de son bâton, à ma tête ! Et le vôtre sera là ! Et votre mari est là ! Et Sarah Pocket est là ! Et Georgiana est là ! Maintenant, vous savez tous où prendre vos postes lorsque vous venez me régaler. Et maintenant, allez-y ! »

À l'évocation de chaque nom, elle avait frappé la table avec son bâton à un nouvel endroit. Elle a dit : « Promenez-moi, promenez-moi ! » et nous avons recommencé.

90

— Je suppose qu'il n'y a rien à faire, s'écria Camille, que d'obéir et de partir. C'est quelque chose que d'avoir vu l'objet de son amour et de son devoir pendant un temps aussi court. J'y penserai avec une satisfaction mélancolique quand je me réveillerai la nuit. J'aimerais que Matthew puisse avoir ce réconfort, mais il le met au défi. Je suis déterminé à ne pas faire étalage de mes sentiments, mais il est très difficile de se faire dire que l'on veut se régaler de ses parents, comme si l'on était un géant, et qu'on lui dise de partir. La simple idée !

M. Camilla s'interposant, tandis que mistress Camilla posait sa main sur sa poitrine soulevée, cette dame prit une force d'âme surnaturelle que je supposai exprimer l'intention de se laisser tomber et de s'étouffer à l'abri des regards, et, baisant la main à miss Havisham, elle fut escortée en avant. Sarah Pocket et Georgiana se disputaient pour savoir qui devait rester le dernier ; mais Sarah était trop savante pour être en reste, et elle se promenait autour de Georgiana avec cette glissade astucieuse que celle-ci était obligée de prévaloir. Sarah Pocket fit alors son effet séparé de partir en disant :

« Bénissez-vous, chère miss Havisham ! » et avec un sourire de pitié indulgente sur son visage de coquille de noix pour les faiblesses des autres.

Pendant qu'Estelle était absente pour les allumer, Mlle Havisham marchait toujours, la main sur mon épaule, mais de plus en plus lentement. Enfin elle s'arrêta devant le feu, et dit, après avoir murmuré et l'avoir regardé quelques secondes :

« C'est mon anniversaire, Pip. »

J'allais lui souhaiter beaucoup de bons retours, quand elle leva son bâton.

« Je ne souffre pas qu'on en parle. Je ne permets pas à ceux qui étaient ici tout à l'heure, ni à qui que ce soit d'en parler. Ils viennent ici le jour même, mais ils n'osent pas s'y référer. »

Bien sûr, *je* n'ai pas fait d'autre effort pour m'y référer.

« En ce jour de l'année, bien avant votre naissance, ce tas de décomposition, poignardant de son bâton avec sa béquille la pile de toiles d'araignée sur la table, mais sans la toucher, a été apporté ici. Lui et moi nous sommes usés ensemble. Les souris l'ont rongé, et des dents plus acérées que des dents de souris ne m'ont rongé. »

Elle tenait la tête de son bâton contre son cœur tout en regardant la table ; elle dans sa robe jadis blanche, toute jaune et flétrie ; le drap autrefois blanc, tout jaune et flétri ; tout autour dans un état à s'effondrer sous un toucher.

« Quand la ruine sera complète, dit-elle avec un regard épouvantable, et quand on me déposera morte, dans la robe de ma fiancée sur la table de la mariée, ce qui sera fait, et qui sera la malédiction finie sur lui, tant mieux si cela se fait ce jour-là ! »

Elle regardait la table comme si elle regardait sa propre silhouette allongée là. Je suis resté silencieux. Estelle revint, et elle aussi resta silencieuse. Il me sembla que nous continuâmes ainsi pendant longtemps. Dans l'air lourd de la pièce et dans les ténèbres épaisses qui couvaient dans ses coins les plus reculés, j'avais même l'idée alarmante qu'Estelle et moi pourrions bientôt commencer à pourrir.

À la fin, ne sortant pas peu à peu de son état d'égarement, mais en un instant, miss Havisham dit : « Laissez-moi vous voir jouer aux cartes tous les deux ; Pourquoi n'avez-vous pas commencé ? Sur ce, nous retournâmes dans sa chambre, et nous nous assîmes comme auparavant ; J'étais mendiant, comme auparavant ; et de nouveau, comme auparavant, miss Havisham nous observait tout le temps, dirigeait mon attention sur la beauté d'Estelle, et me la faisait remarquer davantage en essayant ses bijoux sur la poitrine et les cheveux d'Estelle. »

Estelle, de son côté, me traita aussi comme auparavant, sauf qu'elle ne daigna pas parler. Quand nous eûmes joué une demi-douzaine de parties, un jour fut fixé pour mon retour, et on me descendit dans la cour pour être nourri à la manière d'un chien. Là aussi, on me laissa de nouveau errer à ma guise.

Il n'importe pas grand-chose qu'une porte dans le mur de ce jardin que j'avais grimpée pour jeter un coup d'œil la dernière fois ait été, cette dernière fois, ouverte ou fermée. Assez pour que je n'aie vu aucune porte à l'époque, et que j'en aie vu une maintenant. Comme il était ouvert, et que je savais qu'Estelle avait laissé sortir les visiteurs, car elle était revenue avec les clefs à la main, je me promenai dans le jardin et me promenai partout. C'était tout à fait un désert, et il y avait là de vieux cadres de melons et de concombres, qui semblaient avoir produit dans leur déclin une croissance spontanée de faibles tentatives de morceaux de vieux chapeaux et de vieilles bottes, avec de temps en temps une ramification herbeuse à l'image d'une casserole cabossée.

Quand j'eus épuisé le jardin et une serre où il n'y avait rien d'autre qu'une vigne tombée et quelques bouteilles, je me trouvai dans le coin lugubre que j'avais regardé par la fenêtre. Sans me poser un seul instant la question que la maison était maintenant vide, je regardai par une autre fenêtre et je me trouvai, à ma grande surprise, en train d'échanger un large regard avec un jeune homme pâle aux paupières rouges et aux cheveux clairs.

Ce jeune homme pâle disparut bientôt et reparut à côté de moi. Il était à ses livres quand je m'étais retrouvée à le regarder, et je voyais maintenant qu'il était d'encre.

« Allô ! dit-il, jeune homme ! »

Halloa étant une observation générale à laquelle j'avais généralement observé qu'il était préférable de répondre par elle-même, j'ai dit : « Halloa ! » en omettant poliment le jeune homme.

« Qui vous a laissé entrer ? » dit-il.

« Mademoiselle Estella. »

« Qui t'a donné la permission de rôder ? »

« Mademoiselle Estella. »

« Venez vous battre », dit le jeune homme pâle.

Que pouvais-je faire d'autre que de le suivre ? Je me suis souvent posé la question depuis ; mais que pouvais-je faire d'autre ? Ses manières étaient si définitives, et j'en fus si étonné, que je le suivis comme si j'eusse été sous l'emprise d'un sortilège.

« Arrêtez-vous une minute, cependant, » dit-il en tournant sur lui-même avant que nous eussions fait plusieurs pas. « Je devrais aussi te donner une raison de te battre. C'est là ! De la manière la plus irritante, il a instantanément frappé ses mains l'une contre l'autre, a délicatement jeté une de ses jambes derrière lui, m'a tiré les cheveux, a giflé à nouveau ses mains, a plongé sa tête et l'a enfoncée dans mon ventre. »

Le procédé taureau dont nous venons de parler, outre qu'il devait sans aucun doute être considéré à la lumière d'une liberté, était particulièrement désagréable juste après le pain et la viande. Je l'ai donc frappé et j'allais le frapper à nouveau, quand il a dit : « Ah ! Voulez-vous ? » et j'ai commencé à danser d'avant en arrière d'une manière tout à fait inégalée dans mon expérience limitée.

« Lois du jeu ! » dit-il. Ici, il a sauté de sa jambe gauche à sa jambe droite. « Règles régulières ! » Ici, il a sauté de sa jambe droite à sa gauche. « Venez à terre, et passez les préliminaires ! » Ici, il esquivait d'avant en arrière, et faisait toutes sortes de choses pendant que je le regardais impuissant.

J'avais secrètement peur de lui quand je le voyais si adroit ; mais j'étais moralement et physiquement convaincu que ses cheveux légers n'avaient rien à faire au creux de mon estomac, et que j'avais le droit de les considérer comme hors de propos lorsqu'ils étaient ainsi gênés par mon attention. Je le suivis donc, sans dire un mot, dans un coin retiré du jardin, formé par la jonction de deux murs et caché par quelques détritus. Comme il me demandait si j'étais satisfait du terrain, et que je lui répondais que oui, il me demanda la permission de s'absenter un instant, et revint promptement avec une bouteille d'eau et une éponge trempée dans du vinaigre. « Disponible pour les deux », dit-il en les plaçant contre le mur. Et puis il se mit à enlever, non seulement sa veste et son gilet, mais aussi sa chemise, d'une manière à la fois légère, professionnelle et sanguinaire.

Quoiqu'il n'eût pas l'air en très bonne santé, qu'il eût des boutons sur le visage et une éruption à la bouche, ces affreux préparatifs m'épouvantèrent. Je le jugeai à peu près de mon âge, mais il était beaucoup plus grand, et il avait une façon de se présenter qui était pleine d'apparence. Pour le reste, c'était un jeune gentleman en costume gris (quand il n'était pas dénudé pour la bataille), avec ses coudes, ses genoux, ses poignets et ses talons considérablement en avance sur le reste de lui quant à son développement.

Mon cœur me manqua quand je le vis se dresser contre moi avec toutes les démonstrations de finesse mécanique, et regarder mon anatomie comme s'il choisissait minutieusement son os. Je n'ai jamais été aussi surpris de ma vie que lorsque j'ai porté le premier coup et que je l'ai vu étendu sur le dos, me regardant avec le nez ensanglanté et le visage excessivement raccourci.

Mais, il était directement sur ses pieds, et après s'être essuyé avec une grande démonstration de dextérité, il a recommencé à se querre. La deuxième plus grande surprise que j'aie jamais eue dans ma vie a été de le voir à nouveau sur le dos, me regardant d'un œil au beurre noir.

Son esprit m'inspirait un grand respect. Il semblait n'avoir aucune force, et il ne m'a jamais frappé durement, et il était toujours renversé ; mais il se relevait au bout d'un instant, s'épongeant ou buvant dans la bouteille d'eau, avec la plus grande satisfaction à se seconder selon la forme, et alors il venait à moi avec un air et un spectacle qui me faisaient croire qu'il allait vraiment faire pour moi enfin. Il a eu de graves contusions, car je suis désolé de noter que plus je le frappais, plus je le frappais fort ; Mais il s'est relevé encore et encore et encore, jusqu'à ce qu'enfin il fasse une mauvaise chute avec l'arrière de la tête contre le mur. Même après cette crise dans nos affaires, il s'est levé et s'est retourné plusieurs fois confusément, ne sachant pas où j'étais ; mais finalement, il s'agenouilla jusqu'à son éponge et la vomit, en même temps qu'il haletait : « Cela signifie que vous avez gagné. »

Il me parut si brave et si innocent, que, bien que je n'eusse pas proposé le concours, je n'éprouvais qu'une sombre satisfaction de ma victoire. En effet, je vais jusqu'à espérer que je me considérais moi-même en m'habillant comme une espèce de jeune loup sauvage ou d'autre bête sauvage. Cependant, je me suis habillé, essuyant sombrement mon visage sanguinaire par intervalles, et j'ai dit : « Puis-je vous aider ? » et il a dit « Non merci », et j'ai dit « Bonjour », et *il* a dit : « Pareil pour vous ».

Quand je suis arrivé dans la cour, j'ai trouvé Estella qui attendait avec les clés. Mais elle ne me demanda ni où j'étais, ni pourquoi je l'avais fait attendre ; et il y avait une rougeur brillante sur son visage, comme si quelque chose s'était passé pour la ravir. Au lieu d'aller droit à la porte, elle retourna dans le couloir et me fit signe.

« Venez ici ! Vous pouvez m'embrasser, si vous voulez. »

J'ai embrassé sa joue alors qu'elle me la tournait. Je pense que j'aurais traversé beaucoup de choses pour lui embrasser la joue. Mais je sentis que le baiser avait été donné au garçon grossier comme une pièce d'argent aurait pu l'être, et qu'il ne valait rien.

Avec les visiteurs d'anniversaire, et avec les cartes, et avec la bagarre, mon séjour avait duré si longtemps, que, lorsque j'approchai de la maison, la lumière sur la langue de sable au large de la pointe des marais brillait sur un ciel nocturne noir, et la fournaise de Joe lançait un chemin de feu sur la route.

Chapitre XII.

Mon esprit devint très inquiet au sujet du jeune homme pâle. Plus je pensais à la bagarre, et plus je me rappelais le jeune homme pâle sur son dos, à divers stades de visage bouffi et cramoisi, plus il me semblait certain qu'on allait me faire quelque chose. Je sentis que le sang du jeune homme pâle était sur ma tête, et que la loi allait le venger. Sans avoir la moindre idée précise des peines que j'avais encourues, il était clair pour moi que les garçons du village ne pouvaient pas aller rôder dans la campagne, ravager les maisons des gentilshommes et se jeter sur la jeunesse studieuse de l'Angleterre, sans s'exposer à un châtiment sévère. Pendant quelques jours, je suis même resté près de chez moi et j'ai regardé la porte de la cuisine avec la plus grande prudence et la plus grande appréhension avant de faire une commission, de peur que les officiers de la prison du comté ne se jettent sur moi. Le nez pâle du jeune homme avait taché mon pantalon, et j'essayai de laver cette preuve de culpabilité au milieu de la nuit. J'avais coupé mes jointures contre les dents du jeune homme pâle, et j'avais tordu mon imagination en mille enchevêtrements, en imaginant des moyens incroyables d'expliquer cette circonstance damnatoire où je serais traîné devant les juges.

Quand vint le jour de mon retour sur le théâtre de l'acte de violence, mes terreurs atteignirent leur comble. Si les myrmidons de la justice, spécialement envoyés de Londres, seraient en embuscade derrière la porte, si miss Havisham, préférant se venger personnellement d'un outrage fait à sa maison, pourrait se lever avec ses vêtements funéraires, dégainer un pistolet et m'abattre, si des garçons subornés, une bande nombreuse de mercenaires, pourraient être engagés pour tomber sur moi dans la brasserie. C'était un grand témoignage de ma confiance dans l'esprit du jeune homme pâle, que je ne l'avais jamais imaginé complice de ces représailles ; elles me venaient toujours à l'esprit comme les actes de ses parents peu judicieux, aiguillonnés par l'état de son visage et une sympathie indignée pour les traits de la famille.

Cependant, il faut aller chez miss Havisham, et j'y suis allé. Et voilà ! Rien n'est sorti de la lutte tardive. Il n'y fut fait aucune allusion, et on ne découvrit pas de jeune homme pâle sur les lieux. Je trouvai la même porte ouverte, et j'explorai le jardin, et je regardai même par les fenêtres de la maison individuelle ; mais ma vue fut soudain arrêtée par les volets fermés à l'intérieur, et tout fut sans vie. Ce n'est que dans le coin où le combat avait eu lieu que je pus apercevoir la moindre trace de l'existence du jeune gentleman. Il y avait des traces de son sang à cet endroit, et je les couvris de moisissure de jardin provenant de l'œil de l'homme.

Sur le large palier qui sépare la chambre de miss Havisham de l'autre pièce où était dressée la longue table, j'aperçus une chaise de jardin, une chaise légère à roulettes, que l'on poussait par derrière. Il y était placé depuis ma dernière visite, et j'y entrai le même jour, avec l'occupation habituelle de pousser miss Havisham dans ce fauteuil (quand elle était fatiguée de marcher la main sur mon épaule) autour de sa propre chambre, et à travers le palier, et autour de l'autre pièce. Encore et encore, nous faisions ces voyages, et parfois ils duraient jusqu'à trois heures d'affilée. Je tombe insensiblement dans une mention générale de ces voyages comme nombreux, parce qu'il a été convenu tout de suite que je reviendrais un jour sur deux à midi dans ces buts, et parce que je vais maintenant résumer une période d'au moins huit ou dix mois.

À mesure que nous commencions à nous habituer l'un à l'autre, Mlle Havisham me parlait davantage et me posait des questions telles que : qu'avais-je appris et qu'allais-je devenir. Je lui ai dit que j'allais être l'apprenti de Joe, je le croyais ; et je m'étendis sur le fait que je ne savais rien et que je voulais tout savoir, dans l'espoir qu'elle pourrait m'aider à cette fin désirable. Mais elle ne l'a pas fait ; Au contraire, elle semblait préférer que je sois ignorant. Elle ne m'a jamais donné d'argent, ni rien d'autre que mon dîner quotidien, ni jamais stipulé que je serais payé pour mes services.

Estella était toujours là, et me laissait toujours entrer et sortir, mais ne m'a jamais dit que je pourrais l'embrasser à nouveau. Parfois, elle me tolérait froidement ; parfois, elle condescendait à moi ; Parfois, elle me connaissait très bien ; Parfois, elle me disait énergiquement qu'elle me haïssait. Miss Havisham me demandait souvent à voix basse, ou quand nous étions seuls : « Est-ce qu'elle devient de plus en plus jolie, Pip ? » Et quand j'ai dit oui (car en effet elle l'a fait), j'aurais l'impression d'en profiter avidement. Aussi, quand nous jouions aux cartes, miss Havisham regardait, avec un goût avare des humeurs d'Estella, quelles qu'elles fussent. Et parfois, quand ses humeurs étaient si nombreuses et si contradictoires l'une envers l'autre que je ne savais que dire ou faire, miss Havisham l'embrassait avec une tendresse somptueuse, lui murmurant à l'oreille quelque chose qui ressemblait à : « Brisez leur cœur mon orgueil et mon espoir, brisez leur cœur et n'ayez aucune pitié ! »

Il y avait une chanson dont Joe avait l'habitude de fredonner des fragments à la forge, dont le fardeau était le vieux Clem. Ce n'était pas une façon très cérémonieuse de rendre hommage à un saint patron, mais je crois que le vieux Clem était dans cette relation envers les forgerons. C'était une chanson qui imitait la mesure de battre sur le fer, et qui n'était qu'une excuse lyrique pour l'introduction du nom respecté du vieux Clem. Ainsi, vous deviez marteler les garçons, vieux Clem ! Avec un bruit sourd et un bruit... Vieux Clem ! Battez-le, battez-le, vieux Clem ! Avec un tintement pour le gros... Vieux Clem ! Soufflez le feu, soufflez le feu, vieux Clem ! Un séchoir rugissant, s'élevant plus haut, le vieux Clem ! Un jour, peu de temps après l'apparition de la chaise, miss Havisham me dit tout à coup, avec le mouvement impatient de ses doigts : « Là, là, là ! Chantez ! J'ai été surpris de chantonner cette chansonnette alors que je la poussais sur le sol. Il arriva qu'il lui plaisait tellement qu'elle le reprit d'une voix basse et sombre, comme si elle chantait dans son sommeil. Après cela, il est devenu habituel chez nous de l'avoir en nous déplaçant, et Estelle se joignait souvent à nous ; mais toute la tension était si contenue, même quand nous étions trois, qu'elle faisait moins de bruit dans la vieille maison sinistre que le moindre souffle de vent.

Que pourrais-je devenir avec cet environnement ? Comment mon personnage pourrait-il ne pas être influencé par eux ? Faut-il s'étonner si mes pensées n'étaient pas étourdies, comme l'étaient mes yeux, lorsque je suis sorti dans la lumière naturelle des chambres jaunes et brumeuses ?

Peut-être aurais-je pu parler à Joe du jeune homme pâle, si je n'avais pas été trompé auparavant dans ces énormes inventions que j'avais avouées. Dans ces circonstances, je sentis que Joe ne pouvait guère manquer de discerner dans le jeune homme pâle un passager convenable à mettre dans le carrosse de velours noir ; je n'ai donc rien dit de lui. D'ailleurs, cette répugnance à l'idée de discuter de miss Havisham et d'Estelle, qui m'était venue au début, devenait beaucoup plus puissante avec le temps. Je n'avais une confiance totale en personne d'autre qu'en Biddy ; mais j'ai tout dit à la pauvre Biddy. Pourquoi il m'était naturel de le faire, et pourquoi Biddy se préoccupait profondément de tout ce que je lui disais, je ne le savais pas alors, bien que je pense le savoir maintenant.

Pendant ce temps, les conseils se poursuivaient dans la cuisine de la maison, avec une aggravation presque insupportable pour mon esprit exaspéré. Cet âne, Pumblechook, avait l'habitude de venir souvent la nuit dans le but de discuter de mes perspectives avec ma sœur ; et je crois vraiment (jusqu'à cette heure avec moins de pénitence que je ne devrais en ressentir), que si ces mains avaient pu retirer une cheville de sa charrette, elles l'auraient fait. Le misérable homme était un homme d'une telle immobilité d'esprit qu'il ne pouvait discuter de mes perspectives sans m'avoir devant lui, pour ainsi dire, pour m'opérer, et il me tirait de mon tabouret (généralement par le col) où j'étais tranquille dans un coin, et, me mettant devant le feu comme si j'allais être cuit : commençait par dire : « Maintenant, maman, voici ce garçon ! Voici ce garçon que vous avez élevé à la main. Lève la tête, mon garçon, et sois éternellement reconnaissant envers ceux qui l'ont fait. Maintenant, maman, avec tout le respect que je dois à ce garçon ! Et puis il me froissait les cheveux dans le mauvais sens, ce que, depuis mon premier souvenir, comme je l'ai déjà indiqué, j'ai nié dans mon âme le droit de tout autre être le droit de faire, et me tenait devant lui par la manche, spectacle d'imbécillité qui n'avait d'égal que lui-même. »

Puis, ma sœur et lui se livraient à des spéculations si absurdes sur miss Havisham et sur ce qu'elle ferait de moi et pour moi, que j'avais envie, très douloureusement, de fondre en larmes de rancune, de voler sur Pumblechook et de le frapper partout. Dans ces dialogues, ma sœur me parlait comme si elle m'arrachait moralement une dent à chaque référence ; tandis que Pumblechook lui-même, qui se constituait moi-même mon patron, me surveillait d'un œil dépréciateur, comme l'architecte de ma fortune qui se croyait engagé dans un travail très peu rémunérateur.

Dans ces discussions, Joe n'a joué aucun rôle. Mais on se moquait souvent de lui, pendant qu'ils étaient en cours, parce que mistress Joe s'apercevait qu'il n'était pas favorable à ce que je sois retiré de la forge. J'étais maintenant assez vieux pour être l'apprenti de Joe ; et quand Joe s'asseyait, le tisonnier sur ses genoux, ratissant pensivement les cendres entre les barreaux inférieurs, ma sœur interprétait si distinctement cette action innocente comme une opposition de sa part, qu'elle se jetait sur lui, lui enlevait le tisonnier des mains, le secouait et le rangeait. Il y a eu une fin des plus irritantes à chacun de ces débats. Tout d'un coup, sans rien pour y arriver, ma sœur s'arrêtait dans un bâillement, et, m'apercevant comme par hasard, fondait sur moi en disant : «

Venez ! Vous êtes assez nombreux ! *Vous* vous entendez bien pour vous coucher ; *vous* avez donné assez de peine pour une nuit, j'espère ! Comme si je les avais suppliés comme une faveur pour déranger ma vie.

Nous continuâmes ainsi pendant longtemps, et il semblait probable que nous continuerions longtemps dans cette voie, lorsqu'un jour miss Havisham s'arrêta net pendant qu'elle et moi marchions, elle s'appuya sur mon épaule ; et il dit avec un peu de mécontentement :

« Tu grandis, Pip ! »

J'ai pensé qu'il valait mieux suggérer, par le moyen d'un regard méditatif, que cela pouvait être occasionné par des circonstances sur lesquelles je n'avais aucun contrôle.

Elle n'en dit pas plus sur le moment ; mais elle s'arrêta bientôt et me regarda de nouveau ; et bientôt de nouveau ; et après cela, il avait l'air fronçent les sourcils et de mauvaise humeur. Le lendemain de mon arrivée, quand notre exercice habituel fut terminé, et que je l'eus débarquée à sa table de toilette, elle m'arrêta d'un mouvement de ses doigts impatients :

« Dis-moi encore le nom de ton forgeron. »

« Joe Gargery, madame. »

« C'est-à-dire le maître chez qui tu devais être apprenti ? »

– Oui, miss Havisham.

« Vous feriez mieux d'être apprenti tout de suite. Gargery viendrait-il ici avec vous, et apporterait-il vos contrats, pensez-vous ? »

Je lui signifiai que je ne doutais pas qu'il ne prendrait cela comme un honneur d'être invité.

« Alors, qu'il vienne. »

— À un moment donné, miss Havisham ?

« Là, là ! Je ne connais rien au temps. Qu'il vienne bientôt, et qu'il vienne avec vous. »

Quand je rentrais à la maison le soir et que je donnais ce message à Joe, ma sœur « se déchaîna », à un degré plus alarmant qu'à aucune autre période précédente. Elle nous demanda, à Joe et à moi, si nous supposions qu'elle était sous nos pieds, et comment nous osions l'utiliser ainsi, et à quelle compagnie nous pensions gracieusement qu'elle *était* apte. Quand elle eut épuisé un torrent de questions de ce genre, elle jeta un chandelier à Joe, éclata en sanglots, sortit la pelle, ce qui était toujours un très mauvais signe, mit son tablier grossier et se mit à nettoyer à fond. Non satisfaite d'un nettoyage à sec, elle a pris un seau et une brosse à récurer, et nous a nettoyés de la maison et de la maison, de sorte que nous sommes restés grelottant dans la cour arrière. Il était dix heures du soir quand nous nous aventurâmes à nous glisser de nouveau, puis elle demanda à Joe pourquoi il n'avait pas épousé une esclave négresse tout de suite. Joe ne répondit pas, le pauvre garçon, mais il resta debout, tâtant sa moustache et me regardant d'un air abattu, comme s'il eût pensé que c'eût été une meilleure spéculation.

Chapitre XIII.

Ce fut une épreuve pour moi, l'avant-dernier jour, de voir Joe s'habiller de ses habits du dimanche pour m'accompagner chez miss Havisham. Cependant, comme il croyait son costume de cour nécessaire à la circonstance, ce n'était pas à moi de lui dire qu'il avait l'air beaucoup mieux dans son habit de travail ; d'autant plus que je savais qu'il se mettait si terriblement mal à l'aise, tout seul à cause de moi, et que c'était pour moi qu'il relevait le col de sa chemise si haut en arrière, qu'il faisait dresser les cheveux sur le sommet de sa tête comme une touffe de plumes.

À l'heure du déjeuner, ma sœur déclara son intention d'aller en ville avec nous, et, laissée chez l'oncle Pumblechook, on lui demanda « quand nous en aurions fini avec nos belles dames », façon de présenter l'affaire, dont Joe semblait enclin à présager le pire. La forge fut fermée pour la journée, et Joe inscrivit à la craie sur la porte (comme il avait coutume de le faire dans les très rares occasions où il n'était pas au travail) le monosyllabe HOUT, accompagné d'un croquis d'une flèche censée voler dans la direction qu'il avait prise. »

Nous marchâmes jusqu'à la ville, ma sœur ouvrant la voie avec un très grand bonnet de castor, et portant un panier comme le grand sceau d'Angleterre en paille tressée, une paire de pattes, un châle de rechange et un parapluie, bien que ce fût une belle journée lumineuse. Je ne sais pas très bien si ces articles ont été portés à titre pénitentiel ou ostentatoire ; mais je pense plutôt qu'ils étaient exposés comme des objets de propriété, à peu près comme Cléopâtre ou toute autre dame souveraine du Carnage pourrait montrer sa richesse dans un spectacle ou une procession.

Quand nous sommes arrivés chez Pumblechook, ma sœur est arrivée et nous a quittés. Comme il était presque midi, Joe et moi nous nous accrochâmes directement à la maison de miss Havisham. Estelle ouvrit la porte comme d'habitude, et, au moment où elle parut, Joe ôta son chapeau et se tint debout, le pesant par le bord dans ses deux mains. comme s'il avait quelque raison urgente dans son esprit d'être particulier à un demi-quart d'once.

Estella ne fit attention à aucun de nous, mais nous conduisit par le chemin que je connaissais si bien. Je l'ai suivie à côté d'elle, et Joe est arrivé le dernier. Quand je regardai Joe dans le long couloir, il pesait encore son chapeau avec le plus grand soin et nous suivait à grandes enjambées sur la pointe des pieds.

Estelle me dit que nous devions entrer tous les deux, et je pris Joe par la manchette de mon habit et le conduisis en présence de miss Havisham. Elle était assise à sa table de toilette et nous regarda immédiatement autour d'elle.

— Oh ! dit-elle à Joe, vous êtes le mari de la sœur de cet enfant ?

J'aurais eu peine à imaginer que le cher vieux Joe eût l'air si différent de lui-même ou si semblable à un oiseau extraordinaire ; debout, sans voix, avec sa touffe de plumes ébouriffée et la bouche ouverte comme s'il voulait un ver.

- Vous êtes le mari, répéta miss Havisham, de la sœur de cet enfant ?

C'était très aggravant ; mais, pendant toute l'entrevue, Joe persista à s'adresser à moi au lieu de m'adresser à miss Havisham.

— C'est ce que je veux dire, Pip, observa Joe d'une manière qui exprimait à la fois une argumentation énergique, une stricte confidentialité et une grande politesse, car j'ai épousé votre sœur, et j'étais alors ce que vous pourriez appeler (si vous le vouliez bien) un homme célibataire.

- Eh bien ! dit miss Havisham. — Et vous avez élevé l'enfant, avec l'intention de le prendre pour votre apprenti ; est-ce vrai, monsieur Gargery ?

- Vous savez, Pip, répondit Joe, que vous et moi avons toujours été amis, et qu'on s'attendait à ce qu'ils nous séparent, comme étant calculés pour conduire à des alouettes. Non, Pip, qu'est-ce qui ne s'était pas passé si vous aviez jamais fait des objections à l'affaire, comme le fait qu'elle soit ouverte aux noirs et aux noirs, ou à d'autres choses semblables, non pas qu'on ne s'en serait occupé, ne voyez-vous pas ?

« L'enfant, » dit miss Havisham ; « a-t-il jamais fait d'objection ? Est-ce qu'il aime le métier ? »

— Ce que vous savez bien, Pip, répondit Joe, renforçant son ancien mélange d'argumentation, de confiance et de politesse, que c'était le vœu de votre propre cœur. (J'ai vu l'idée soudain lui venir qu'il adapterait son épitaphe à l'occasion, avant qu'il ne poursuive en disant) — Et il n'y a pas eu d'objection de votre part, et Pip, c'était le grand vœu de votre cœur !

Ce fut en vain que j'essayai de lui faire comprendre qu'il devait parler à miss Havisham. Plus je lui faisais des grimaces et des gestes pour qu'il le fasse, plus il persistait à être confidentiel, argumentatif et poli envers moi.

« Avez-vous emporté ses contrats avec vous ? » demanda miss Havisham.

— Eh bien, Pip, vous savez, répondit Joe, comme si c'était un peu déraisonnable, vous me voyez vous-même les mettre dans mon at, et par conséquent vous savez ce qu'ils sont ici. Sur quoi il les sortit et les donna, non pas à miss Havisham, mais à moi. J'ai bien peur d'avoir eu honte de ce cher brave garçon, je *sais que* j'ai eu honte de lui, quand j'ai vu qu'Estelle se tenait debout au fond de la chaise de miss Havisham, et que ses yeux riaient malicieusement. J'ai pris les contrats de sa main et les ai donnés à Mlle Havisham.

« Vous vous attendiez, dit miss Havisham en les examinant, à ce qu'il n'y ait pas de prime avec le garçon ? »

« Joe ! » Je lui fis des remontrances, car il ne répondit rien. « Pourquoi ne répondez-vous pas... »

— Pip, répondit Joe en m'interrompant comme s'il eût été blessé, ce que je veux dire, ce n'était pas une question qui nécessitait une réponse entre vous et moi, et dont vous savez parfaitement que la réponse est non. Tu sais que c'est non, Pip, et pourquoi devrais-je le dis-le ?

Miss Havisham le regarda comme si elle comprenait ce qu'il était réellement mieux que je ne l'aurais cru possible, en voyant ce qu'il était là ; et elle prit un petit sac sur la table à côté d'elle.

« Pip a gagné une prime ici, » dit-elle, et la voici. Il y a vingt-cinq guinées dans ce sac. Donne-le à ton maître, Pip.

Comme s'il eût été complètement perdu par l'étonnement éveillé en lui par sa figure étrange et par l'étrange chambre, Joe, même à ce passage, persistait à m'adresser la parole.

— C'est très libéral de votre part, Pip, dit Joe, et c'est comme tel un accueil reçu et reconnaissant, bien qu'on ne l'ait jamais cherché, ni loin, ni près, ni nulle part. Et maintenant, mon vieux, dit Joe en me faisant part d'une sensation de brûlure, puis de gel, car il me semblait que cette expression familière s'appliquait à miss Havisham, et maintenant, mon vieux, puissions-nous faire notre devoir ! Puissions-nous nous acquitter, vous et moi, notre devoir, tant sur nous, que sur l'un et l'autre, et par ceux que votre libéral présent a décidé d'être, pour la satisfaction de l'esprit, comme jamais... ici Joe montra qu'il sentait qu'il était tombé dans d'affreuses difficultés, jusqu'à ce qu'il se sauvît triomphalement par ces mots : « Loin de moi ! » Ces paroles avaient pour lui une sonorité si ronde et si convaincante qu'il les prononça deux fois.

« Au revoir, Pip ! » dit miss Havisham. « Laisse-les sortir, Estella. »

« Dois-je revenir, miss Havisham ? » J'ai demandé.

« Non. Gargery est votre maître maintenant. Gargary ! Un mot ! »

C'est ainsi que je le rappelai au moment où je sortais, et je l'entendis dire à Joe d'une voix distincte et emphatique : « Le garçon a été un bon garçon ici, et c'est sa récompense. Bien sûr, en tant qu'honnête homme, vous n'en attendrez pas d'autre et pas plus.

Comment Joe est sorti de la chambre, je n'ai jamais pu le déterminer, mais je sais que, lorsqu'il est sorti, il montait régulièrement l'escalier au lieu de descendre, et qu'il était sourd à toutes les remontrances jusqu'à ce que je le suive et que je le saisisse. Au bout d'une minute, nous étions devant la porte, elle était fermée à clé et Estelle avait disparu. Quand nous fûmes de nouveau seuls à la lumière du jour, Joe s'adossa à un mur et me dit : « Étonnant ! » Et il resta là si longtemps à dire : « Étonnant » par intervalles, si souvent, que je commençai à croire que ses sens ne reviendraient jamais. À la fin, il prolongea sa remarque en « Pip, je vous assure que c'est comme un tonneau ! » et ainsi, peu à peu, il devint conversationnel et capable de s'éloigner.

J'ai des raisons de penser que l'intellect de Joe a été égayé par la rencontre qu'ils avaient faite, et qu'en allant chez Pumblechook, il a inventé un dessin subtil et profond. Ma raison se trouve dans ce qui s'est passé dans le salon de M. Pumblechook : où, lorsque nous nous sommes présentés, ma sœur s'est assise en conférence avec ce semencier détesté.

« Eh bien ? » s'écria ma sœur en s'adressant à nous deux à la fois. « Et qu'est-ce qui vous est arrivé ? Je m'étonne que vous daigniez revenir dans une société aussi pauvre que celle-ci, j'en suis sûr ! »

« Miss Havisham, dit Joe en me regardant fixement comme un effort de souvenir, a fait en sorte que nous lui fassions un clin d'œil... était-ce des compliments ou des respects, Pip ? »

« Compliments », ai-je dit.

— C'est ce que je crois, répondit Joe. ses compliments à Mme J. Gargery...

« Ils me feront beaucoup de bien ! » observa ma sœur ; mais plutôt satisfait aussi.

– Et souhaiter, poursuivit Joe, en me regardant de nouveau fixement, comme un autre effort de souvenir, que l'état des onze ans de miss Havisham fût dans l'état où se trouvait l'eût permis, n'est-ce pas, Pip ?

— Qu'elle ait le plaisir, ajoutai-je.

— De la compagnie des dames, dit Joe. Et il prit une longue inspiration.

« Eh bien ! » s'écria ma sœur en jetant un regard apaisé à M. Pumblechook. « Elle a peut-être eu la politesse d'envoyer ce message au début, mais mieux vaut tard que jamais. Et qu'a-t-elle donné au jeune Rantipole ici ? »

« Elle ne lui a rien donné, dit Joe. »

Mrs. Joe allait s'échapper, mais Joe continua.

« Ce qu'elle a donné, » dit Joe, elle l'a donné à ses amis. Et par ses amis, expliqua-t-elle, je veux dire entre les mains de sa sœur, Mme J. Gargery. C'étaient ses paroles ; « Mme J. Gargery. » Elle ne savait peut-être pas, ajouta Joe avec une apparence de réflexion, si c'était Joe ou Jorge.

Ma sœur regarda Pumblechook, qui lissa les coudes de son fauteuil de bois et lui fit un signe de tête, ainsi qu'au feu, comme s'il eût tout su d'avance.

« Et combien avez-vous ? » demanda ma sœur en riant. Sourire aux éclats!

« Que dirait la compagnie actuelle à dix livres ? » demanda Joe.

— Ils diraient, répliqua ma sœur sèchement, qu'ils se portent assez bien. Pas trop, mais plutôt bien.

— C'est donc plus que cela, dit Joe.

Cet imposteur craintif, Pumblechook, hocha immédiatement la tête et dit, en se frottant les bras de sa chaise : « C'est plus que cela, maman. »

— Mais vous ne voulez pas dire... commença ma sœur.

« Oui, maman, » dit Pumblechook ; « Mais attendez un peu. Continue, Joseph. C'est bien en vous ! Allez-y ! »

— Que dirait la compagnie actuelle, continua Joe, à vingt livres sterling ?

« Beau serait le mot », répondit ma sœur.

— Eh bien, alors, dit Joe, c'est plus de vingt livres.

Cet hypocrite abject, Pumblechook, hocha de nouveau la tête et dit, avec un rire condescendant : « C'est plus que cela, maman. Encore une fois ! Suivez-la, Joseph ! »

— Alors, pour en finir, dit Joe en tendant le sac à ma sœur avec joie. « C'est vingt-cinq livres. »

« C'est vingt-cinq livres, maman », répéta le plus vil des escrocs, Pumblechook, en se levant pour lui serrer la main ; et ce n'est rien de plus que vos mérites (comme je l'ai dit quand on m'a demandé mon avis), et je vous souhaite la joie de l'argent !

Si le scélérat s'était arrêté ici, son cas aurait été assez affreux, mais il a noirci sa culpabilité en me mettant en détention, avec un droit de patronage qui laissait loin derrière lui toute sa criminalité passée.

« Maintenant, voyez-vous, Joseph et ma femme, dit Pumblechook en me prenant par le bras au-dessus du coude, je suis de ceux qui vont toujours jusqu'au bout de ce qu'ils ont commencé. Ce garçon doit être ligoté, hors de contrôle. C'est *ma* façon. Lié hors de contrôle. »

« Dieu sait que l'oncle Pumblechook, dit ma sœur (saisissant l'argent), nous vous sommes profondément redevables. »

— Ne faites pas attention à moi, maman, répondit ce diabolique marchand de maïs. « Un plaisir est un plaisir dans le monde entier. Mais ce garçon, vous savez ; Nous devons le faire lier. J'ai dit que j'y verrais quelque chose, pour vous dire la vérité. »

Les juges étaient assis dans l'hôtel de ville tout près, et nous sommes immédiatement allés me faire lier comme apprenti à Joe en présence du magistral. Je dis que nous sommes allés au-delà, mais j'ai été poussé par Pumblechook, exactement comme si j'avais à ce moment-là pioché une poche ou tiré une pique ; en effet, c'était l'impression générale au tribunal que j'avais été pris en flagrant délit ; car, comme Pumblechook me poussait devant lui à travers la foule, j'entendis certaines personnes dire : « Qu'est-ce qu'il a fait ? » et d'autres : « C'est un jeune homme, lui aussi, mais il a l'air mauvais, n'est-ce pas ? » Une personne d'aspect doux et bienveillant m'a même donné un tract orné d'une gravure sur bois d'un jeune homme malveillant équipé d'une parfaite boucherie de fers, et intitulé À LIRE DANS MA CELLULE.

La salle était un endroit étrange, pensai-je, avec des bancs plus hauts qu'une église, et avec des gens suspendus au-dessus des bancs qui regardaient, et avec de puissants juges (l'un avec une tête poudrée) penchés en arrière dans des chaises, les bras croisés, ou prenant du tabac, ou s'endormant, ou écrivant, ou lisant les journaux, et avec quelques portraits noirs brillants sur les murs. que mon œil non artistique considérait comme une composition de pâte dure et de plâtre. Là, dans un coin, mes contrats étaient dûment signés et attestés, et je fus « lié » ; M. Pumblechook me tenait tout le temps comme si nous eussions regardé en allant à l'échafaud pour régler ces petits préliminaires.

Quand nous fûmes de retour et que nous nous fûmes débarrassés des garçons qui avaient été mis de bonne humeur par l'attente de me voir publiquement torturé, et qui étaient très déçus de voir que mes amis ne faisaient que se rallier autour de moi, nous retournâmes chez Pumblechook. Et là, ma sœur fut si excitée par les vingt-cinq guinées, que rien ne pouvait lui servir que de devoir dîner avec cette aubaine au Sanglier Bleu, et que Pumblechook devait aller dans sa charrette et apporter les Hubble et M. Wopsle.

Il fut convenu que ce serait fait, et je passai un jour des plus tristes. Car, impénétrablement, il semblait aller de soi, dans l'esprit de toute la compagnie, que j'étais une excroissance du divertissement. Et pour ne rien arranger, ils me demandaient tous de temps en temps, bref, chaque fois qu'ils n'avaient rien d'autre à faire, pourquoi je ne m'amusais pas. Et que pouvais-je faire alors, sinon dire que je m'amusais, alors que je ne l'étais pas !

Cependant, ils étaient adultes et avaient leur propre chemin, et ils en ont tiré le meilleur parti. Cet escroc Pumblechook, exalté au rang de serviteur bienfaisant de toute l'occasion, prit effectivement le haut de la table ; et, lorsqu'il leur parla au sujet de mon liaison, et qu'il les eut diaboliquement félicités de ce que je serais passible de prison si je jouais aux cartes, buvais des liqueurs fortes, me livrais tard ou de mauvaise compagnie, ou me livrais à d'autres caprices que la forme de mes contrats semblait envisager comme presque inévitables, il me plaça debout sur une chaise à côté de lui pour illustrer ses remarques.

Mes seuls autres souvenirs de la grande fête sont qu'ils ne me laissaient pas dormir, mais chaque fois qu'ils me voyaient tomber, ils me réveillaient et me disaient de m'amuser. Que, assez tard dans la soirée, M. Wopsle nous a donné l'ode de Collins et a jeté son épée ensanglantée dans le tonnerre, avec un tel effet qu'un garçon est entré et a dit : « Les commerciaux d'en bas ont envoyé leurs compliments, et ce n'était pas les bras des gobelets. » Qu'ils étaient tous d'excellente humeur sur le chemin du retour, et qu'ils chantaient : Ô Dame Belle ! M. Wopsle prenant la basse et affirmant d'une voix extrêmement forte (en réponse à l'ennuyeux curieux qui dirige ce morceau de musique de la manière la plus impertinente, en voulant tout savoir sur les affaires privées de tout le monde) qu'*il* était l'homme aux cheveux blancs flottants, et qu'il était, en somme, le pèlerin le plus faible.

Enfin, je me souviens que, lorsque je suis entré dans ma petite chambre, j'étais vraiment misérable et que j'avais la ferme conviction que je n'aimerais jamais le métier de Joe. Je l'avais aimé une fois, mais une fois ce n'est plus le cas maintenant.

Chapitre XIV.

C'est une chose des plus misérables que d'avoir honte de chez soi. Il peut y avoir une ingratitude noire dans la chose, et le châtiment peut être rétributif et bien mérité ; mais que c'est une chose misérable, je peux en témoigner.

La maison n'avait jamais été un endroit très agréable pour moi, à cause du caractère de ma sœur. Mais Joe l'avait sanctifié, et j'y avais cru. J'avais cru que le meilleur salon était un salon des plus élégants ; J'avais cru à la porte d'entrée, comme à un portail mystérieux du Temple de l'État dont l'ouverture solennelle était accompagnée d'un sacrifice de volailles rôties ; J'avais cru que la cuisine était un appartement chaste, mais pas magnifique ; J'avais cru en la forge comme la voie lumineuse vers la virilité et l'indépendance. En l'espace d'un an, tout cela a changé. Or, tout cela était grossier et commun, et je n'aurais pas voulu que miss Havisham et Estelle le voient sous aucun prétexte.

Combien ma mauvaise condition d'esprit a pu être de ma faute, combien celle de miss Havisham, combien celle de ma sœur, n'a plus d'importance ni pour moi ni pour personne. Le changement s'est opéré en moi ; La chose était faite. Bien ou mal fait, excusable ou inexcusable, c'était fait.

Autrefois, il m'avait semblé que, quand je retrouvais enfin mes manches de chemise et que j'entrerais dans la forge, comme Joe, je serais distingué et heureux. Maintenant, la réalité était dans mon étreinte, je sentais seulement que j'étais poussiéreux de la poussière du petit charbon, et que j'avais un poids sur mon souvenir quotidien dont l'enclume était une plume. Il y a eu des occasions dans ma vie ultérieure (je suppose comme dans la plupart des vies) où j'ai eu l'impression pendant un certain temps qu'un rideau épais était tombé sur tout son intérêt et son romantisme, pour me fermer à tout sauf à l'endurance terne. Jamais ce rideau n'est tombé si lourd et si vide que lorsque mon chemin dans la vie s'étendait droit devant moi par la nouvelle route de l'apprentissage de Joe.

Je me souviens qu'à une époque ultérieure de mon « temps », j'avais l'habitude de me tenir autour du cimetière le dimanche soir, à la tombée de la nuit, comparant ma propre perspective avec la vue venteuse du marais, et faisant une certaine ressemblance entre les deux en pensant à quel point les deux étaient plats et bas, et comment, sur les deux, il y avait un chemin inconnu et un brouillard sombre, puis la mer. J'étais tout aussi abattu le premier jour de travail de mon apprentissage que pendant la période suivante ; mais je suis heureux de savoir que je n'ai jamais soufflé un murmure à Joe tant que mes contrats ont duré. C'est à peu près la seule chose que je *sois* heureux de savoir de moi-même à cet égard.

Car, bien qu'il contienne ce que je vais ajouter, tout le mérite de ce que je vais ajouter était de Joe. Ce n'est pas parce que j'étais fidèle, mais parce que Joe était fidèle, que je ne me suis jamais enfui et que je suis allé chercher un soldat ou un marin. Ce n'est pas parce que j'avais un sens aigu de la vertu de l'industrie, mais parce que Joe avait un sens aigu de la vertu de l'industrie, que j'ai travaillé avec un zèle passable à contre-courant. Il n'est pas possible de savoir jusqu'à quel point l'influence d'un homme aimable, honnête et docile s'envole dans le monde ; mais il est très possible de savoir combien cela s'est touché soi-même en passant, et je sais très bien que tout le bien qui s'est mêlé à mon apprentissage est venu de Joe simplement satisfait, et non d'un aspirant inquiet à moi.

Ce que je voulais, qui peut le dire ? Comment pourrais-je le dire, alors que je n'ai jamais su ? Ce que je redoutais, c'est qu'à une heure malheureuse, étant au plus bas de ma crasse et de mon plus ordinaire, je lève les yeux et que je voie Estelle regarder par l'une des fenêtres de bois de la forge. J'étais hanté par la crainte qu'elle ne me découvrît tôt ou tard, le visage et les mains noirs, en train de faire la partie la plus grossière de mon travail, et qu'elle exultât sur moi et me méprisât. Souvent, après la tombée de la nuit, quand je tirais le soufflet pour Joe, et que nous chantions le vieux Clem, et quand la pensée de la façon dont nous le chantions chez miss Havisham semblait me montrer le visage d'Estelle dans le feu, avec ses jolis cheveux flottant au vent et ses yeux me méprisant, souvent à ce moment-là je regardais vers ces panneaux de nuit noire dans le mur que les fenêtres en bois et ils s'imaginaient que je la voyais détourner le visage, et ils croiraient qu'elle est enfin venue.

Après cela, quand nous allions souper, l'endroit et le repas auraient un aspect plus familier que jamais, et je me sentirais plus honteux que jamais de chez moi, dans mon propre cœur disgracieux.

Chapitre XV.

Comme je devenais trop grand pour la chambre de la grand-tante de M. Wopsle, mon éducation sous cette femme ridicule a pris fin. Mais pas avant que Biddy ne m'eût communiqué tout ce qu'elle savait, depuis le petit catalogue des prix jusqu'à une chanson comique qu'elle avait achetée autrefois pour un demi-penny. Bien que la seule partie cohérente de cette dernière œuvre littéraire ait été les premières lignes,

Quand je suis allé à la ville de Lunnon messieurs,Trop rul loo rulTrop rul loo rulN'étais-je pas fini très brun messieurs ? Too rul loo rulToo rul loo rul

— cependant, dans mon désir d'être plus sage, j'ai pris cette composition par cœur avec la plus grande gravité ; je ne me souviens pas non plus d'avoir mis en doute son mérite, si ce n'est que je pensais (comme je le pense encore) que la quantité de Too rul dépassait un peu la poésie. Dans ma soif d'informations, j'ai fait des propositions à M. Wopsle pour qu'il me donne quelques miettes d'intelligence, ce qu'il a aimablement fait. Comme il s'avérait, cependant, qu'il ne voulait que moi comme un personnage profane dramatique, pour être contredit, étreint, pleuré, intimidé, serré, poignardé et renversé de diverses manières, j'ai rapidement refusé cette ligne de conduite ; mais pas avant que M. Wopsle, dans sa fureur poétique, ne m'eût sévèrement malmené.

Tout ce que j'acquérais, j'essayais de le transmettre à Joe. Cette déclaration sonne si bien que je ne peux pas, dans ma conscience, la laisser passer inexpliquée. Je voulais rendre Joe moins ignorant et moins vulgaire, afin qu'il soit plus digne de ma société et moins exposé aux reproches d'Estelle.

La vieille batterie sur les marais était notre lieu d'étude, et une ardoise cassée et un petit morceau de crayon d'ardoise étaient nos instruments d'éducation, auxquels Joe ajoutait toujours une pipe de tabac. Je n'ai jamais connu Joe qui se souvienne de quoi que ce soit d'un dimanche à l'autre, ou qui puisse acquérir, sous ma tutelle, la moindre information. Cependant il fumait sa pipe à la batterie d'un air beaucoup plus sagace que partout ailleurs, même d'un air savant, comme s'il se croyait en train de progresser énormément. Cher ami, j'espère qu'il l'a fait.

C'était agréable et calme, là-bas, avec les voiles de la rivière qui passaient au-delà du remblai, et parfois, quand la marée était basse, on aurait dit qu'elles appartenaient à des navires coulés qui naviguaient encore au fond de l'eau. Chaque fois que je regardais les navires se tenir au large, leurs voiles blanches déployées, je pensais en quelque sorte à miss Havisham et à Estella ; et chaque fois que la lumière frappait de biais, de loin, sur un nuage, une voile, une colline verdoyante ou une ligne de flottaison, elle était exactement la même.— Miss Havisham et Estella, et la maison étrange et la vie étrange semblaient avoir quelque chose à voir avec tout ce qui était pittoresque.

Un dimanche, alors que Joe, qui jouissait beaucoup de sa pipe, s'était tellement vanté d'être « affreusement ennuyeux » que je l'avais abandonné pour la journée, je restai quelque temps sur le terrassement, le menton sur la main, regardant des traces de miss Havisham et d'Estelle partout dans la perspective, dans le ciel et dans l'eau. jusqu'à ce qu'enfin je me décidai à parler d'une pensée à leur sujet qui m'était restée dans la tête.

« Joe, » dis-je ; ne pensez-vous pas que je devrais faire une visite à miss Havisham ?

- Eh bien, Pip, répondit Joe en réfléchissant lentement. « Pourquoi ? »

— Pourquoi, Joe ? À quoi sert une visite ?

— Il y a quelques sages, dit Joe, et la question reste toujours ouverte, Pip. Mais en ce qui concerne le wisiting de Mlle Havisham. Elle pourrait penser que vous vouliez quelque chose, que vous attendiez quelque chose d'elle.

— Ne pensez-vous pas que je pourrais dire que je ne l'ai pas fait, Joe ?

— C'est possible, mon vieux, dit Joe, et elle pourrait l'ajouter. De même, elle pourrait ne pas le faire.

Joe sentit, comme moi, qu'il avait fait valoir son point d'orgue, et il tira vivement sur sa pipe pour ne pas l'affaiblir par la répétition.

- Voyez-vous, Pip, poursuivit Joe dès qu'il eut dépassé ce danger, miss Havisham a fait la belle chose avec vous. Quand miss Havisham a fait la belle chose pour vous, elle m'a rappelé pour me dire que c'était tout.

« Oui, Joe. Je l'ai entendue. »

— TOUS, répéta Joe avec beaucoup d'emphase.

« Oui, Joe. Je vous le dis, je l'ai entendue. »

— Ce que je veux dire, Pip, c'est peut-être qu'elle voulait dire : — Finis-en ! — Comme tu étais !... Moi au nord, et toi au sud !... Séparez-vous !

J'y avais pensé aussi, et il était bien loin de me consoler de découvrir qu'il y avait pensé ; car cela semblait le rendre plus probable.

« Mais, Joe. »

« Oui, mon vieux. »

Me voici, j'avance dans la première année de mon temps, et, depuis le jour où j'ai été lié, je n'ai jamais remercié miss Havisham, je n'ai jamais demandé de ses nouvelles, je n'ai jamais montré que je me souvenais d'elle.

— C'est vrai, Pip ; et à moins que vous ne lui donniez une paire de chaussures tout autour, ce que je veux dire, car même une paire de chaussures à quatre tours pourrait ne pas être acceptable comme cadeau, dans un vacarme total de sabots...

— Je ne veux pas dire ce genre de souvenir, Joe ; Je ne parle pas d'un cadeau.

Mais Joe avait eu l'idée d'un cadeau dans sa tête et devait la rabâcher. — Ou même, dit-il, si on vous a aidé à lui faire tomber une nouvelle chaîne pour la porte d'entrée, ou disons une ou deux grosses vis à tête de requin pour un usage général, ou quelque article de fantaisie léger, comme une fourchette à griller quand elle a pris ses muffins, ou un gril quand elle a pris un sprat ou quelque chose de semblable...

- Je ne veux pas dire de cadeau du tout, Joe, interrompis-je.

— Eh bien, dit Joe, en le rabâchant toujours comme si j'avais particulièrement insisté, si j'étais vous-même, Pip, je ne le ferais pas. Non, je ne le ferais *pas*. Car qu'est-ce qu'une chaîne de porte quand elle en a une toujours en place ? Et shark-headers est ouvert aux fausses déclarations. Et si c'était une fourchette à griller, vous iriez dans l'airain et ne vous feriez pas honneur. Et l'ouvrier le plus ordinaire ne peut pas se montrer comme un peu dans un gril, car un gril est un gril », dit Joe, me l'inculquant fermement, comme s'il essayait de me tirer d'une illusion fixe, « et vous pouvez vous moquer de ce que vous voudrez, mais il en sortira un gril, soit par votre permission, soit encore par votre permission. et tu ne peux pas t'en empêcher... »

« Mon cher Joe, m'écriai-je en désespoir de cause en saisissant son manteau, ne continuez pas ainsi. Je n'ai jamais pensé à faire un présent à Mlle Havisham. »

— Non, Pip, acquiesça Joe, comme s'il eût toujours lutté pour cela. et ce que je te dis, c'est que tu as raison, Pip.

— Oui, Joe ; mais ce que je voulais vous dire, c'est que, comme nous sommes un peu relâchés en ce moment, si vous vouliez me donner une demi-vacances demain, je pense que j'irais en ville et que je ferais une visite à miss Est... Havisham.

— Ce qu'elle s'appelle, dit gravement Joe, ce n'est pas Estavisham, Pip, à moins qu'elle n'ait été rechrissée.

— Je sais, Joe, je sais. C'était un lapsus de ma part. Qu'en pensez-vous, Joe ?

En bref, Joe pensait que si j'avais une bonne opinion de cela, il en avait une bonne idée. Mais il a tenu à préciser que si je n'étais pas reçu avec cordialité, ou si je n'étais pas encouragé à répéter ma visite comme une visite qui n'avait pas d'objet ultérieur mais qui était simplement une reconnaissance pour une faveur reçue, alors ce voyage expérimental ne devrait pas avoir de successeur. Je promis de respecter ces conditions.

Maintenant, Joe avait un compagnon à salaire hebdomadaire qui s'appelait Orlick. Il prétendait que son nom de baptême était Dolge, ce qui était évidemment impossible, mais c'était un homme de ce caractère obstiné que je crois qu'il n'a pas été la proie d'une illusion sur ce point, mais qu'il a volontairement imposé ce nom au village comme un affront à son intelligence. C'était un homme basané, large d'épaules, lâche, d'une grande force, jamais pressé et toujours avachi. Il ne semblait même pas venir à son travail exprès, mais il s'y affalait comme par simple accident ; et quand il allait chez les Joyeux Mariniers pour dîner, ou qu'il s'en allait le soir, il s'affalait, comme Caïn ou le Juif Errant, comme s'il n'avait aucune idée d'où il allait et n'avait pas l'intention de revenir un jour. Il logeait chez un gardien d'écluse dans les marais, et les jours de travail, il sortait de son ermitage avachi, les mains dans les poches et son dîner lâchement noué en un paquet autour de son cou et suspendu sur son dos. Le dimanche, la plupart du temps, il restait couché toute la journée sur les écluses ou se tenait debout contre des gerbes et des granges. Il était toujours avachi, locomotive, les yeux rivés sur le sol ;

et, lorsqu'on l'abordait ou qu'on lui demandait de les lever, il levait les yeux d'un air mi-rancunier, mi-perplexe, comme si la seule pensée qu'il eût jamais eue était que c'était un fait plutôt étrange et nuisible qu'il ne devrait jamais penser.

Ce compagnon morose n'avait aucune sympathie pour moi. Quand j'étais tout petit et très timide, il m'a fait comprendre que le diable habitait dans un coin noir de la forge, et qu'il connaissait très bien le démon, qu'il fallait aussi rattraper le feu, une fois tous les sept ans, avec un garçon vivant, et que je pouvais me considérer comme du combustible. Quand je suis devenu le prentice de Joe, Orlick a peut-être été confirmé dans le soupçon que je devais le supplanter ; Cependant, il m'aimait encore moins. Non pas qu'il ait jamais rien dit, ni fait quoi que ce soit, en introduisant ouvertement l'hostilité ; Je remarquai seulement qu'il battait toujours ses étincelles dans ma direction, et que chaque fois que je chantais Old Clem, il venait hors du temps.

Dolge Orlick était au travail et présent, le lendemain, quand je rappelai à Joe mes demi-vacances. Il ne dit rien pour le moment, car Joe et lui venaient de prendre un morceau de fer chaud entre eux, et j'étais au soufflet ; mais peu à peu, il dit, s'appuyant sur son marteau :

« Maintenant, maître ! Bien sûr, vous n'allez pas favoriser l'un d'entre nous. Si le jeune Pip a une demi-fête, faites-en autant pour le vieux Orlick. Je suppose qu'il avait vingt-cinq ans, mais il parlait généralement de lui-même comme d'une personne ancienne.

— Que ferez-vous d'un demi-congé, si vous l'obtenez ? dit Joe.

« Qu'est-ce que *je vais* en faire ! Qu'en fera-t-il ? J'en ferai autant que *lui*», a déclaré Orlick.

— Quant à Pip, il va en ville, dit Joe.

— Eh bien, quant au vieux Orlick, *il* monte en ville, répliqua ce digne. « Deux peuvent aller en ville. Il n'y a pas qu'une seule femme qui puisse monter en ville.

« Ne perdez pas votre sang-froid, dit Joe.

— Je le ferai si je veux, grogna Orlick. « Certains et leur uptown ! Maintenant, maître ! Venir. Pas de favoritisme dans ce magasin. Sois un homme !

Le maître refusant d'entretenir le sujet jusqu'à ce que le compagnon fût de meilleure humeur, Orlick plongea dans la fournaise, en tira une barre chauffée au rouge, me la frappa comme s'il allait me la passer dans le corps, la fouetta autour de ma tête, la posa sur l'enclume, la martela, comme si c'était moi, Je pensai, et les étincelles étaient mon sang jaillissant, et enfin je dis quand il se fut enfoncé lui-même à chaud et le fer froid, et qu'il s'appuya de nouveau sur son marteau :

« Maintenant, maître ! »

« Vous allez bien maintenant ? » demanda Joe.

— Ah ! Je vais bien, dit le bourru Old Orlick.

— Alors, comme en général vous vous en tenez à votre travail aussi bien que la plupart des hommes, dit Joe, que ce soit une demi-fête pour tous.

Ma sœur était restée silencieuse dans la cour, à portée d'entendre – elle était une espionne et une auditrice sans scrupules – et elle regarda instantanément par l'une des fenêtres.

« Comme toi, imbécile, dit-elle à Joe, en donnant des vacances à de grands coquins paresseux comme ça. Vous êtes un homme riche, sur ma vie, pour gaspiller votre salaire de cette façon. Je voudrais être son maître ! »

— Vous seriez le maître de tout le monde, si vous l'osiez, répliqua Orlick avec un sourire malheureux.

(« Laissez-la tranquille », dit Joe.)

— Je serais de taille à rivaliser avec toutes les nouilles et tous les coquins, répondit ma sœur, qui commençait à se mettre en colère. « Et je ne pourrais pas être à la hauteur des nouilles, sans être à la hauteur de votre maître, qui est le roi des nouilles. Et je ne pourrais pas faire le poids face aux coquins, sans être à la hauteur de vous, qui êtes les plus noirs et les pires coquins entre ici et la France. Maintenant ! »

— Vous êtes une méchante musaraigne, mère Gargery, grogna le compagnon. « Si cela fait un juge des coquins, vous devriez être un bon garçon. »

(« Laisse-la tranquille, veux-tu ? » dit Joe.)

« Qu'avez-vous dit ? » s'écria ma sœur en se mettant à crier. « Qu'avez-vous dit ? Qu'est-ce que ce gars d'Orlick m'a dit, Pip ? Comment m'appelait-il, avec mon mari à côté ? Oh! oh! Ah ! Chacune de ces exclamations était un cri ; et je dois remarquer de ma sœur, ce qui est également vrai de toutes les femmes violentes que j'ai jamais vues, que la passion n'était pas une excuse pour elle, parce qu'il est indéniable qu'au lieu de tomber dans la passion, elle a consciemment et délibérément pris des peines extraordinaires pour s'y forcer, et est devenue aveuglément furieuse par étapes régulières ; Quel est le nom qu'il m'a donné devant le vil homme qui a juré de me défendre ? Oh! Tenez-moi dans vos bras ! Ah !

« Ah-h-h ! grommela le compagnon entre ses dents, je te tiendrais dans mes bras, si tu étais ma femme. Je te tiendrais sous la pompe et je te l'étoufferais.

(« Je vous le dis, laissez-la tranquille », dit Joe.)

« Ah ! Pour l'entendre ! s'écria ma sœur en battant des mains et en criant à la fois, ce qui était sa prochaine étape. « D'entendre les noms qu'il me donne ! Cet Orlick ! Dans ma propre maison ! Moi, une femme mariée ! Avec mon mari à côté ! Oh! Ah ! Là, ma sœur, après une crise d'applaudissements et de cris, frappa ses mains sur sa poitrine et sur ses genoux, jeta son chapeau et tira ses cheveux vers le bas, qui furent les dernières étapes de sa route vers la frénésie. Étant à ce moment-là une fureur parfaite et un succès complet, elle se précipita à la porte que j'avais heureusement verrouillée.

Que pouvait faire le misérable Joe maintenant, après ses interruptions entre parenthèses inconsidérées, sinon tenir tête à son compagnon et lui demander ce qu'il voulait dire en s'immisçant entre lui et mistress Joe ; Et en outre, était-il assez homme pour venir ? Le vieux Orlick sentit que la situation n'admettait rien de moins que de s'imposer, et il se mit immédiatement sur sa défense ; Alors, sans même enlever leurs tabliers brûlés et brûlés, ils se jetèrent l'un sur l'autre, comme deux géants. Mais, si un homme de ce voisinage a pu tenir tête à Joe, je ne l'ai jamais vu. Orlick, comme s'il n'eût pas été plus important que le pâle jeune gentleman, se trouva bientôt au milieu de la poussière de charbon et n'était pas pressé d'en sortir. Alors Joe ouvrit la porte et prit ma sœur, qui était tombée inconsciente à la fenêtre (mais qui avait vu le combat la première, je crois), et qui avait été portée dans la maison et couchée, et à qui on avait recommandé de se ranimer, et qui ne voulait rien faire d'autre que de lutter et de serrer les mains dans les cheveux de Joe. Puis vinrent ce calme et ce silence singuliers qui succèdent à tous les tumultes ; puis, avec la sensation vague que j'ai toujours jointe à une telle accalmie, c'est-à-dire que c'était un dimanche et que quelqu'un était mort, je montai m'habiller.

Quand je redescendis, je trouvai Joe et Orlick en train de balayer, sans autre trace de désarroi qu'une fente dans l'une des narines d'Orlick, qui n'était ni expressive ni ornementale. Un pot de bière était apparu des Jolly Bargemen, et ils le partageaient tour à tour d'une manière paisible. L'accalmie eut une influence sédative et philosophique sur Joe, qui me suivit sur la route pour me dire, comme une observation d'adieu qui pourrait me faire du bien : « Sur le déchaînement, Pip, et hors du déchaînement, Pip : telle est la vie !»

Avec quelles émotions absurdes (car nous pensons que les sentiments sont très graves chez un homme, tout à fait comiques chez un enfant) je me suis retrouvé à aller chez miss Havisham, peu importe ici. Ni comment j'ai passé et repassé la porte plusieurs fois avant de pouvoir me décider à sonner. Ni comment je me demandais si je devais m'en aller sans sonner ; ni comment je serais sans doute allé, si mon temps avait été le mien, pour revenir.

Mlle Sarah Pocket se présenta à la porte. Pas d'Estella.

— Comment donc ? Vous êtes encore ici ? dit Mlle Pocket. « Que veux-tu? »

Quand je dis que je n'étais venu que pour voir comment allait miss Havisham, Sarah se demanda évidemment si elle devait ou non m'envoyer m'occuper de mes affaires. Mais ne voulant pas risquer cette responsabilité, elle me laissa entrer et me fit bientôt passer le message tranchant que je devais « monter ».

Tout n'avait pas changé, et miss Havisham était seule.

— Eh bien ? dit-elle en fixant ses yeux sur moi. « J'espère que tu ne veux rien ? Vous n'aurez rien. »

– Non, en effet, miss Havisham. Je voulais seulement que vous sachiez que je réussis très bien dans mon apprentissage, et que je vous suis toujours très obligé.

« Là, là ! » avec les vieux doigts inquiets. « Venez de temps en temps ; venez le jour de votre anniversaire... Oui ! s'écria-t-elle tout à coup en se tournant vers moi avec sa chaise, vous cherchez Estelle autour de vous ? Hein ? »

J'avais regardé autour de moi, en fait, à la recherche d'Estelle, et j'ai balbutié que j'espérais qu'elle se portait bien.

« À l'étranger, » dit miss Havisham ; « éduquer pour une dame ; loin de portée ; plus jolie que jamais ; admirée par tous ceux qui la voient. Avez-vous l'impression de l'avoir perdue ? »

Il y avait une telle joie maligne dans ses derniers mots, et elle éclata d'un rire si désagréable que je ne savais que dire. Elle m'a épargné la peine de réfléchir, en me congédiant. Quand la porte fut refermée sur moi par Sarah, j'éprouvai plus que jamais d'insatisfaction de ma maison, de mon commerce et de tout ; et c'est tout ce que j'ai compris par *cette* motion.

Tandis que je flânais le long de la grande rue, regardant inconsolablement les vitrines des boutiques, et pensant à ce que j'achèterais si j'étais un gentleman qui sortirait de la librairie si ce n'est M. Wopsle. M. Wopsle avait à la main l'émouvante tragédie de George Barnwell, dans laquelle il avait investi en ce moment six pence, dans le but d'en verser chaque mot sur la tête de Pumblechook, avec qui il allait prendre le thé. À peine m'a-t-il vu, qu'il a semblé considérer qu'une Providence spéciale avait mis un « prentice sur son chemin pour qu'on le lise ; et il me saisit, et insista pour que je l'accompagnasse au salon de Pumblechook. Comme je savais que ce serait misérable à la maison, et comme les nuits étaient sombres et que le chemin était morne, et que presque toute compagnie sur la route valait mieux que rien, je n'ai pas fait de grande résistance ; par conséquent, nous avons tourné chez Pumblechook juste au moment où la rue et les magasins s'illuminaient.

Comme je n'ai jamais assisté à aucune autre représentation de George Barnwell, je ne sais pas combien de temps cela peut prendre d'ordinaire ; mais je sais très bien qu'il a fallu attendre neuf heures et demie ce soir-là, et que lorsque M. Wopsle est entré à Newgate, j'ai pensé qu'il n'irait jamais à l'échafaud, il est devenu beaucoup plus lent qu'à aucune période antérieure de sa honteuse carrière. Je pensais que c'était un peu trop qu'il se plaignît d'être coupé court dans sa fleur, comme s'il n'avait pas couru pour semer, feuille après feuille, depuis le début de sa course. Mais ce n'était là qu'une question de longueur et de fatigue. Ce qui m'a piqué, c'est l'identification de toute l'affaire avec mon moi inoffensif. Quand Barnwell a commencé à mal tourner, je déclare que je me suis senti positivement désolé, le regard indigné de Pumblechook m'a tellement mis à rude épreuve. Wopsle, lui aussi, s'est donné la peine de me présenter sous le pire jour. À la fois féroce et larmoyant, on me fit assassiner mon oncle sans aucune circonstance atténuante ; Millwood m'a mis à l'épreuve dans une discussion, à chaque occasion ; C'était devenu une pure monomanie chez la fille de mon maître de prendre soin de moi ; et tout ce que je puis dire de ma conduite haletante et tergiversante ce matin-là, c'est qu'elle était digne de la faiblesse générale de mon caractère. Même après que j'ai été heureusement pendu et que Wopsle a fermé le livre, Pumblechook est resté assis, me regardant fixement, secouant la tête et disant : « Prends garde, mon garçon, prends garde ! » comme s'il était bien connu que j'envisageais d'assassiner un proche parent, pourvu que je puisse seulement en persuader un à avoir la faiblesse de devenir mon bienfaiteur.

C'était une nuit très sombre quand tout fut fini, et quand je me mis en route avec M. Wopsle pour rentrer chez moi. Au-delà de la ville, nous avons trouvé une brume épaisse, et elle est tombée humide et épaisse. Le feu de péage était flou, tout à fait hors de sa place habituelle apparemment, et ses rayons semblaient une substance solide sur le brouillard. Nous le remarquions et disions que le brouillard se levait avec un changement de vent d'un certain quartier de nos marais, lorsque nous rencontrâmes un homme qui était avachi sous le vent de la maison à péage.

« Allô ! » disions-nous en nous arrêtant. « Orlick là-bas ? »

« Ah ! » répondit-il en s'affalant. « J'étais resté une minute à côté, dans l'espoir d'avoir de la compagnie. »

« Vous êtes en retard », remarquai-je.

Orlick répondit non sans raison : « Eh bien ? Et *vous* êtes en retard. »

« Nous avons été, dit M. Wopsle, exalté par sa performance tardive, nous nous sommes livrés, monsieur Orlick, à une soirée intellectuelle. »

Le vieux Orlick grogna, comme s'il n'avait rien à dire à ce sujet, et nous continuâmes tous notre route ensemble. Je lui demandai tout de suite s'il avait passé ses demi-vacances en ville.

« Oui, » dit-il, tout cela. Je me situe derrière vous. Je ne t'ai pas vu, mais j'ai dû être assez proche derrière toi. Soit dit en passant, les armes repartent.

« Aux Hulks ? » dis-je.

— Oui ! Il y a quelques oiseaux qui s'envolent des cages. Les canons ont été allumés depuis la tombée de la nuit, environ. Vous en entendrez un tout à l'heure.

En effet, nous n'avions pas fait beaucoup de mètres plus loin, que la bôme dont nous nous souvenions arriva, amortie par la brume, et roula lourdement le long des basses terres de la rivière, comme si elle poursuivait et menaçait les fugitifs.

« Une bonne nuit pour couper la croûte », a déclaré Orlick. Nous serions perplexes quant à la manière d'abattre un oiseau de prison en plein vol, ce soir.

Le sujet était suggestif pour moi, et j'y réfléchis en silence. M. Wopsle, en tant qu'oncle malheureux de la tragédie de la soirée, se mit à méditer à haute voix dans son jardin de Camberwell. Orlick, les mains dans les poches, s'affaissait lourdement à mes côtés. Il faisait très sombre, très humide, très boueux, et nous avons donc barboté. De temps en temps, le bruit du canon de signal se brisait de nouveau sur nous, et roulait de nouveau d'un air boudeur le long du cours de la rivière. Je me suis gardé pour moi et mes pensées. M. Wopsle mourut aimablement à Camberwell, et extrêmement gibier à Bosworth Field, et dans les plus grandes agonies à Glastonbury. Orlick grognait parfois : « Battez-le, battez-le, vieux Clem ! Avec un tintement pour le gros, le vieux Clem ! J'ai cru qu'il avait bu, mais il n'était pas ivre. »

C'est ainsi que nous arrivâmes au village. Le chemin par lequel nous nous en approchâmes nous fit passer devant les Trois Jolly Bargemen, que nous fûmes surpris de trouver, il était onze heures, dans un état d'agitation, avec la porte grande ouverte et des lumières inaccoutumées qui avaient été prises et posées à la hâte éparpillées. M. Wopsle est venu demander ce qui se passait (supposant qu'un forçat avait été pris), mais il est sorti en toute hâte.

« Il y a quelque chose qui ne va pas, dit-il sans s'arrêter, chez vous, Pip. Courez tout ! »

« Qu'est-ce qu'il y a ? » demandai-je en le suivant. Orlick aussi, à mes côtés.

« Je ne comprends pas très bien. La maison semble avoir été violemment pénétrée lorsque Joe Gargery était sorti. Supposé par les condamnés. Quelqu'un a été attaqué et blessé. »

Nous courions trop vite pour admettre qu'on en dise davantage, et nous ne nous arrêtâmes pas jusqu'à ce que nous arrivions dans notre cuisine. Il y avait beaucoup de monde ; tout le village était là, ou dans la cour ; et il y avait un chirurgien, et il y avait Joe, et il y avait un groupe de femmes, toutes sur le sol au milieu de la cuisine. Les passants au chômage reculèrent quand ils me virent, et ainsi je pris conscience de ma sœur, étendue sans sens ni mouvement sur les planches nues où elle avait été renversée par un coup terrible à l'arrière de la tête, donné par une main inconnue quand son visage était tourné vers le feu, destinée à ne plus jamais être sur le Carnage. alors qu'elle était l'épouse de Joe.

Chapitre XVI.

La tête pleine de George Barnwell, j'étais d'abord disposé à croire que *je* devais avoir joué un rôle dans l'attaque contre ma sœur, ou du moins qu'en tant que son proche parent, dont on savait qu'il avait des obligations envers elle, j'étais un objet de soupçon plus légitime que quiconque. Mais quand, à la lumière plus claire du lendemain matin, je commençai à reconsidérer l'affaire et à l'entendre discuter autour de moi de tous côtés, j'adoptai une autre conception de l'affaire, qui était plus raisonnable.

Joe avait été aux Trois Joyeux Mariniers, fumant sa pipe, de huit heures et quart à dix heures moins le quart. Pendant qu'il était là, ma sœur avait été vue debout à la porte de la cuisine et avait échangé une bonne nuit avec un ouvrier agricole qui rentrait chez lui. L'homme ne pouvait pas être plus précis quant à l'heure à laquelle il l'avait vue (il entra dans une confusion épaisse quand il essaya de l'être) que sur le fait qu'il devait être avant neuf heures. Quand Joe rentra chez lui à dix heures moins cinq, il la trouva abattue sur le sol et appela immédiatement du secours. Le feu n'avait pas alors brûlé exceptionnellement bas, et le tabac à priser de la bougie n'avait pas été très long ; La bougie, cependant, avait été soufflée.

Rien n'avait été enlevé d'aucune partie de la maison. Et puis, à part le souffle de la bougie, qui se trouvait sur une table entre la porte et ma sœur, et qui était derrière elle lorsqu'elle se trouva face au feu et qu'elle fut frappée, il n'y eut aucun désordre dans la cuisine, à l'exception de ceux qu'elle avait elle-même faits en tombant et en saignant. Mais, il y avait une preuve remarquable sur place. Elle avait été frappée par quelque chose de contondant et de lourd, à la tête et à la colonne vertébrale ; Après que les coups avaient été portés, quelque chose de lourd avait été jeté sur elle avec une violence considérable, alors qu'elle était couchée sur le ventre. Et sur le sol à côté d'elle, quand Joe la souleva, il y avait un fer de fer-de-bagnard qui avait été limé en deux.

Or, Joe, examinant ce fer avec l'œil d'un forgeron, déclara qu'il avait été limé il y a quelque temps. Le bruit et les cris qui s'élevaient aux Hulks, et les gens qui venaient de là pour examiner le fer, l'opinion de Joe fut corroborée.

Ils n'entreprirent pas de dire quand il avait quitté les navires-prisons auxquels il avait sans doute appartenu ; Mais ils prétendaient savoir avec certitude que cette menotte particulière n'avait été portée par aucun des deux condamnés qui s'étaient évadés la nuit dernière. De plus, l'un d'eux était déjà repris et ne s'était pas libéré de son fer.

Sachant ce que je savais, j'ai établi ma propre inférence ici. Je croyais que c'était le fer de mon forçat, le fer que j'avais vu et entendu limer dans les marais, mais mon esprit ne l'accusait pas de l'avoir utilisé à son dernier usage. Car je croyais que l'une des deux autres personnes s'en était emparée et qu'elle en avait fait ce cruel compte. Soit Orlick, soit l'homme étrange qui m'avait montré le dossier.

Maintenant, en ce qui concerne Orlick ; il était allé à la ville exactement comme il nous l'avait dit quand nous l'avions pris à la route, on l'avait vu toute la soirée en ville, il avait été dans diverses compagnies dans plusieurs pubs, et il était revenu avec moi et M. Wopsle. Il n'y avait rien contre lui, si ce n'est la querelle ; et ma sœur s'était querellée dix mille fois avec lui, et avec tous ceux qui l'entouraient. Quant à l'homme étrange ; S'il était revenu chercher ses deux billets de banque, il n'y aurait pas eu de discussion à leur sujet, car ma sœur était tout disposée à les restituer. D'ailleurs, il n'y avait pas eu d'altercation ; L'assaillant était entré si silencieusement et si soudainement, qu'elle avait été abattue avant qu'elle puisse regarder autour d'elle.

C'était horrible de penser que j'avais fourni l'arme, même si c'était sans le vouloir, mais je pouvais difficilement penser autrement. J'éprouvai des ennuis indicibles pendant que je réfléchissais et reconsidérais si je devais enfin dissoudre ce sort de mon enfance et raconter toute l'histoire à Joe. Pendant des mois, chaque jour, j'ai finalement résolu la question par la négative, et je l'ai rouverte et débattue le lendemain matin. Après tout, la dispute en revenait à ceci : le secret était si vieux maintenant, il avait tellement grandi en moi et était devenu une partie de moi-même, que je ne pouvais pas l'arracher. Outre la crainte qu'après avoir conduit à tant de méfaits, il serait maintenant plus probable que jamais de m'éloigner Joe s'il le croyait, j'avais une crainte encore plus contenue qu'il ne le croirait pas, mais qu'il l'assortirait avec les fabuleux chiens et les côtelettes de veau comme une invention monstrueuse. Cependant, je temporisai avec moi-même, bien sûr, car n'étais-je pas en train d'osciller entre le bien et le mal, quand la chose est toujours faite ? – et je résolus de faire une divulgation complète si je voyais une nouvelle occasion comme une nouvelle occasion d'aider à la découverte de l'assaillant.

Les constables et les hommes de Bow Street de Londres – car cela s'est passé à l'époque de l'extinction de la police en gilet rouge – ont fait le tour de la maison pendant une semaine ou deux, et ont fait à peu près ce que j'ai entendu et lu comme les autorités le font dans d'autres cas semblables. Ils ont pris plusieurs personnes manifestement mauvaises, et ils se sont heurtés très durement aux idées fausses, et ont persisté à essayer d'adapter les circonstances aux idées, au lieu d'essayer d'extraire des idées des circonstances. De plus, ils se tenaient près de la porte des joyeux mariniers, avec des regards entendus et réservés qui remplissaient tout le voisinage d'admiration ; et ils avaient une manière mystérieuse de prendre leur boisson, qui était presque aussi bonne que de prendre le coupable. Mais pas tout à fait, car ils ne l'ont jamais fait.

Longtemps après que ces pouvoirs constitutionnels se furent dispersés, ma sœur resta très malade au lit. Sa vue était troublée, de sorte qu'elle voyait les objets se multiplier, et s'accrochait aux tasses à thé et aux verres à vin visionnaires au lieu des réalités ; son ouïe était grandement altérée ; sa mémoire aussi ; et son discours était inintelligible. Quand, enfin, elle arriva jusqu'à être aidée à descendre, il fallait encore garder toujours mon ardoise près d'elle, afin qu'elle pût indiquer par écrit ce qu'elle ne pouvait pas indiquer en parole. Comme elle était (très mauvaise écriture à part) une orthographe plus qu'indifférente, et que Joe était un lecteur plus qu'indifférent, des complications extraordinaires s'élevaient entre eux que j'étais toujours appelé à résoudre. L'administration du mouton au lieu du médicament, la substitution du thé à Joe, et le boulanger au lard, ont été parmi les plus bénignes de mes propres erreurs.

Cependant, son caractère s'est grandement amélioré et elle a été patiente. Une incertitude tremblante dans l'action de tous ses membres devint bientôt une partie de son état régulier, et ensuite, à des intervalles de deux ou trois mois, elle mettait souvent ses mains sur sa tête, et restait ensuite environ une semaine à la fois dans une sombre aberration d'esprit. Nous ne parvenions pas à lui trouver une servante convenable, jusqu'à ce qu'une circonstance se présentât pour nous soulager. La grand-tante de M. Wopsle a vaincu une habitude de vie confirmée dans laquelle elle était tombée, et Biddy est devenue une partie de notre établissement.

Il se peut qu'il se soit écoulé environ un mois après la réapparition de ma sœur dans la cuisine, lorsque Biddy est venue à nous avec une petite boîte mouchetée contenant tous ses effets matériels, et est devenue une bénédiction pour la maison. Par-dessus tout, elle était une bénédiction pour Joe, car le cher vieillard était tristement terrassé par la contemplation continuelle du naufrage de sa femme, et avait l'habitude, en la soignant un soir, de se tourner vers moi de temps en temps et de me dire, les yeux bleus humectés : « Une si belle figure de femme qu'elle l'était autrefois, Pip ! Biddy la chargea aussitôt avec la plus grande intelligence, comme si elle l'eût étudiée dès son enfance ; Joe devint en quelque sorte capable d'apprécier la plus grande tranquillité de sa vie, et de se rendre de temps en temps chez les joyeuses marinières pour un changement qui lui faisait du bien. Ce qui caractérisait les policiers, c'était qu'ils avaient tous plus ou moins soupçonné le pauvre Joe (bien qu'il ne l'ait jamais su), et qu'ils aient dû le considérer comme l'un des esprits les plus profonds qu'ils aient jamais rencontrés.

Le premier triomphe de Biddy dans son nouveau bureau fut de résoudre une difficulté qui m'avait complètement vaincue. J'avais fait de mes efforts, mais je n'avais rien fait. Voici ce qui se passa :

Maintes et maintes fois, ma sœur avait tracé sur l'ardoise un caractère qui ressemblait à un curieux T, puis avec le plus grand empressement, elle avait attiré notre attention sur ce caractère qu'elle désirait particulièrement. J'avais essayé en vain tout ce qui pouvait être produit en commençant par un T, du goudron au pain grillé et à la baignoire. À la fin, il m'était venu à l'esprit que le signe ressemblait à un marteau, et lorsque j'avais appelé ce mot à l'oreille de ma sœur, elle avait commencé à marteler sur la table et avait exprimé un assentiment nuancé. Là-dessus, j'avais apporté tous nos marteaux, l'un après l'autre, mais en vain. Alors je pensai à une béquille, dont la forme était à peu près la même, et j'en empruntai une au village, et je la montrai à ma sœur avec une grande confiance. Mais elle secoua la tête à un point tel qu'on le lui montrait, que nous eûmes peur que, dans son état de faiblesse et d'éclatement, elle ne se disloquât le cou.

Quand ma sœur s'aperçut que Biddy la comprenait très vite, ce signe mystérieux reparut sur l'ardoise. Biddy la regarda pensivement, entendit mon explication, regarda ma sœur d'un air pensif, regarda pensivement Joe (qui était toujours représenté sur l'ardoise par sa lettre initiale) et courut dans la forge, suivie de Joe et moi.

- Naturellement, s'écria Biddy avec un visage exultant. « Tu ne vois pas ? C'est *lui* ! »

Orlick, sans aucun doute ! Elle avait perdu son nom et ne pouvait le désigner qu'à l'aide de son marteau. Nous lui expliquâmes pourquoi nous voulions qu'il vînt dans la cuisine, et il posa lentement son marteau, s'essuya le front avec son bras, s'essuya de nouveau avec son tablier, et sortit avachi, avec une curieuse flexion de vagabond dans les genoux qui le distinguait fortement.

J'avoue que je m'attendais à voir ma sœur le dénoncer, et que j'ai été déçu du résultat différent. Elle manifesta le plus grand désir d'être en bons termes avec lui, fut évidemment très contente qu'il fût enfin produit, et lui fit signe de lui donner à boire. Elle observait sa physionomie comme si elle eût particulièrement désiré être assurée qu'il l'accueillait avec bienveillance, elle montrait tous les désirs possibles de le concilier, et il y avait dans tout ce qu'elle faisait un air d'humble propitiation, tel que j'en ai vu imprégner l'attitude d'un enfant envers un maître dur. Après ce jour, il se passait rarement un jour sans qu'elle ne tire le marteau sur son ardoise, et sans qu'Orlick ne s'affaisse et ne se tienne obstinément devant elle, comme s'il ne savait pas plus que moi ce qu'il fallait en penser.

Chapitre XVII.

Je tombai alors dans une routine régulière de vie d'apprentissage, qui était variée au-delà des limites du village et des marais, sans circonstances plus remarquables que l'arrivée de mon anniversaire et ma nouvelle visite à miss Havisham. Je trouvai Mlle Sarah Pocket toujours de service à la porte ; Je trouvai miss Havisham telle que je l'avais laissée, et elle parla d'Estelle de la même manière, sinon en même termes. L'entrevue n'a duré que quelques minutes, et elle m'a donné une guinée quand j'y allais, et m'a dit de revenir le jour de mon prochain anniversaire. Je dois mentionner tout de suite que c'est devenu une coutume annuelle. J'ai essayé de refuser de prendre la guinée la première fois, mais sans meilleur effet que de l'amener à me demander très en colère si je m'attendais à plus. Puis, et après cela, je l'ai pris.

La vieille maison terne était si immuable, la lumière jaune dans la pièce sombre, le spectre fané dans le fauteuil près de la vitre de la coiffeuse, que j'avais l'impression que l'arrêt des horloges avait arrêté le Temps dans ce lieu mystérieux, et, tandis que moi et tout ce qui était à l'extérieur vieillissions, il s'arrêtait. La lumière du jour n'entrait jamais dans la maison quant à mes pensées et à mes souvenirs, pas plus qu'à ce qui s'en faisait réellement. Il m'a déconcerté et, sous son influence, j'ai continué au fond de mon cœur à haïr mon métier et à avoir honte de chez moi.

Cependant, imperceptiblement, je me rendis compte d'un changement à Biddy. Ses souliers remontaient au talon, ses cheveux devenaient brillants et soignés, ses mains étaient toujours propres. Elle n'était pas belle, elle était ordinaire et ne pouvait pas être comme Estelle, mais elle était agréable, saine et douce. Elle n'était pas avec nous depuis plus d'un an (je me souviens qu'elle était tout juste sortie de deuil au moment où cela m'a frappé), quand je me suis aperçu un soir qu'elle avait des yeux curieusement pensifs et attentifs ; Des yeux très jolis et très bons.

C'est parce que j'ai levé les yeux d'une tâche à laquelle je m'étais penché : écrire quelques passages d'un livre, pour m'améliorer de deux manières à la fois par une sorte de stratagème, et avoir vu Biddy observer ce que j'étais. Je posai ma plume, et Biddy s'arrêta dans son travail d'aiguille sans la poser.

« Biddy, dis-je, comment vous y prenez-vous ? Ou je suis bien bête, ou vous êtes très intelligent.

« Qu'est-ce que je gère ? Je ne sais pas, répondit Biddy en souriant. »

Elle dirigeait toute notre vie domestique, et merveilleusement aussi ; mais ce n'était pas ce que je voulais dire, bien que cela rendît ce que je voulais dire plus surprenant.

« Comment faites-vous, Biddy, dis-je, pour apprendre tout ce que j'apprends, et pour me suivre toujours ? » Je commençais à être assez vaniteux de mes connaissances, car j'y ai dépensé mes guinées d'anniversaire, et j'ai mis de côté la plus grande partie de mon argent de poche pour un placement semblable ; bien que je ne doute pas, maintenant, que le peu que je savais était extrêmement cher à ce prix.

— Je pourrais aussi bien vous demander, dit Biddy, comment *vous* vous y prenez ?

— Non ; parce que, quand je rentre de la forge d'une nuit, n'importe qui peut me voir me tourner vers elle. Mais vous ne vous tournez jamais vers lui, Biddy.

— Je suppose que je dois l'attraper comme une toux, dit Biddy tranquillement. et continua à coudre.

Poursuivant mon idée, tandis que je me penchais en arrière dans ma chaise de bois et que je regardais Biddy coudre la tête de côté, je commençai à la trouver une fille assez extraordinaire. Car je me rappelai maintenant qu'elle était également accomplie dans les termes de notre commerce, et dans les noms de nos différentes sortes de travaux, et de nos divers outils. Bref, tout ce que je savais, Biddy le savait. Théoriquement, elle était déjà aussi bonne forgeron que moi, voire mieux.

– Vous êtes de ceux, Biddy, dis-je, qui profitent de toutes les occasions. Tu n'as jamais eu la moindre chance avant de venir ici, et vois comme tu t'es amélioré !

Biddy me regarda un instant et continua à coudre. « J'ai été votre premier professeur ; n'est-ce pas ? » dit-elle en cousant.

« Biddy ! » m'écriai-je avec stupéfaction. « Mais tu pleures ! »

– Non, je ne le suis pas, dit Biddy en levant les yeux et en riant. « Qu'est-ce qui t'a mis ça dans la tête ? »

Qu'est-ce qui aurait pu me le mettre dans la tête, sinon le scintillement d'une larme qui tombait sur son œuvre ? Je restai silencieux, me rappelant quelle corvée elle avait été jusqu'à ce que la grand-tante de M. Wopsle réussisse à vaincre cette mauvaise habitude de vivre, si désirable pour être débarrassée par certaines personnes. Je me rappelai les circonstances désespérées dans lesquelles elle avait été entourée dans la misérable petite boutique et dans la misérable petite école du soir bruyante, avec ce misérable vieux paquet d'incompétence qu'il fallait toujours traîner et épauler. Je pensai que, même en ces temps fâcheux, il devait y avoir chez Biddy ce qui se développait maintenant, car, dans mon premier malaise et mon premier mécontentement, je m'étais tourné vers elle pour obtenir de l'aide, comme une évidence. Biddy était assise tranquillement à coudre, sans verser d'autres larmes, et tandis que je la regardais et que je réfléchissais à tout cela, il me vint à l'esprit que je n'avais peut-être pas été assez reconnaissante envers Biddy. J'aurais pu être trop réservé, et je l'aurais traitée avec plus de condescendance (bien que je n'aie pas utilisé ce mot précis dans mes méditations) avec ma confiance.

« Oui, Biddy, observai-je quand j'eus fini de le retourner, vous avez été mon premier professeur, et cela à une époque où nous ne pensions guère être ensemble comme ça, dans cette cuisine. »

– Ah, la pauvre ! répondit Biddy. C'était comme si elle avait oublié d'elle-même de transférer la remarque à ma sœur, de se lever et de s'occuper d'elle, de la mettre plus à l'aise ; « C'est tristement vrai ! »

— Eh bien ! dis-je, il faut que nous parlions encore un peu ensemble, comme nous le faisions autrefois. Et il faut que je vous consulte un peu plus, comme je le faisais autrefois. Faisons une promenade tranquille dans les marais dimanche prochain, Biddy, et causons longuement.

Ma sœur n'était plus jamais laissée seule ; mais Joe se chargea plus que volontiers d'elle ce dimanche après-midi, et Biddy et moi sortîmes ensemble. C'était l'été et le temps était beau. Quand nous eûmes dépassé le village, l'église et le cimetière, et que nous fûmes dans les marais et que nous commençâmes à voir les voiles des navires qui naviguaient, je commençai à combiner miss Havisham et Estella avec la perspective, à ma manière habituelle. Quand nous arrivâmes au bord de la rivière et que nous nous assimes sur la berge, l'eau ondulant à nos pieds, rendant tout plus calme qu'il ne l'aurait été sans ce bruit, je résolus que c'était le bon moment et le bon endroit pour admettre Biddy dans ma confidence intérieure.

« Biddy, dis-je, après l'avoir obligée à garder le secret, je veux être un gentleman. »

« Oh, je ne le ferais pas, si j'étais vous ! » répliqua-t-elle. « Je ne pense pas que cela répondrait. »

– Biddy, dis-je avec une certaine sévérité, j'ai des raisons particulières de vouloir être un gentleman.

— Vous savez mieux, Pip ; mais ne pensez-vous pas que vous êtes plus heureux que vous l'êtes ?

« Biddy, m'écriai-je avec impatience, je ne suis pas du tout heureux comme je le suis. Je suis dégoûté de mon appel et de ma vie. Je n'ai jamais adhéré à l'un ou l'autre, depuis que j'étais lié. Ne soyez pas absurde. »

« Étais-je absurde ? » dit Biddy en haussant tranquillement les sourcils.

« J'en suis désolé ; Je n'avais pas l'intention de l'être. Je veux seulement que tu ailles bien et que tu sois à l'aise. »

— Eh bien, comprenez une fois pour toutes que je ne serai jamais ni ne pourrai jamais être à l'aise, ni rien d'autre que misérable, là-bas, Biddy, à moins que je ne puisse mener une vie bien différente de celle que je mène maintenant.

— C'est dommage ! dit Biddy en secouant la tête d'un air triste.

Or, moi aussi, j'avais si souvent trouvé dommage que, dans le genre singulier de querelle que j'avais toujours avec moi-même, j'étais à moitié enclin à verser des larmes de vexation et de détresse quand Biddy exprimait ses sentiments et les miens. Je lui dis qu'elle avait raison, et je savais qu'il y avait beaucoup à regretter, mais qu'il ne fallait pas l'aider.

« Si j'avais pu m'installer, dis-je à Biddy en arrachant l'herbe courte à portée de main, comme j'avais autrefois arraché mes sentiments de mes cheveux et les avais jetés contre le mur de la brasserie, si j'avais pu m'installer et être à moitié aussi friand de la forge que je l'étais quand j'étais petit, Je sais que cela aurait été beaucoup mieux pour moi. Vous, moi et Joe, nous n'aurions plus voulu à ce moment-là, et Joe et moi, nous serions peut-être devenus associés quand j'aurais dépassé mon temps, et j'aurais peut-être même grandi pour vous tenir compagnie, et nous aurions pu nous asseoir sur cette même banque, un beau dimanche, des gens tout à fait différents. J'aurais été assez bien pour *vous*, n'est-ce pas, Biddy ?

Biddy soupira en regardant les navires qui naviguaient, et revint pour répondre : « Oui ; Je ne suis pas trop pointilleux. Cela n'avait guère l'air flatteur, mais je savais qu'elle était bien intentionnée. »

« Au lieu de cela, » dis-je en arrachant encore de l'herbe et en mâchant un brin ou deux, voyez comment je me porte. Insatisfait, incommode, et... qu'est-ce que cela signifierait pour moi, étant grossier et vulgaire, si personne ne me l'avait dit !

Biddy tourna brusquement son visage vers le mien et me regarda beaucoup plus attentivement qu'elle n'avait regardé les voiliers.

« Ce n'était ni très vrai ni très poli à dire », remarqua-t-elle en dirigeant de nouveau ses yeux vers les navires. « Qui l'a dit ? »

J'étais déconcerté, car je m'étais échappé sans trop voir où j'allais. Cependant, il ne fallait pas s'en écarter maintenant, et je répondis : « La belle demoiselle de miss Havisham, et elle est plus belle que personne ne l'a jamais été, et je l'admire affreusement, et je veux être un gentleman à cause d'elle. » Ayant fait cet aveu fou, je commençai à jeter mon herbe déchirée dans la rivière, comme si j'avais l'idée de la suivre.

« Voulez-vous être un gentleman, la contrarier ou la conquérir ? » Biddy me demanda doucement, après une pause.

« Je ne sais pas, » répondis-je d'un ton maussade.

— Parce que, si c'est pour la contrarier, poursuivit Biddy, je penserais, mais c'est vous qui le savez mieux, qu'il vaudrait mieux et plus indépendamment de cela qu'on ne se soucierait pas de ses paroles. Et si c'est pour la gagner, je penserais, mais vous le savez mieux, qu'elle ne valait pas la peine d'être gagnée.

Exactement ce que j'avais moi-même pensé, à maintes reprises. Exactement ce qui m'était parfaitement manifesté à ce moment-là. Mais comment pourrais-je, pauvre garçon de village hébété, éviter cette merveilleuse inconséquence dans laquelle tombent chaque jour les meilleurs et les plus sages des hommes ?

« Tout cela peut être tout à fait vrai, dis-je à Biddy, mais je l'admire affreusement. »

Bref, je me retournai sur mon visage quand j'y arrivai, et je saisis bien les cheveux de chaque côté de ma tête, et je les essorai bien. Tout en sachant que la folie de mon cœur était si folle et si déplacée, que je savais bien qu'elle aurait bien servi à mon visage, si je l'avais soulevé par mes cheveux et l'avais frappé contre les cailloux en guise de punition pour appartenir à un tel idiot.

Biddy était la plus sage des filles, et elle n'essayait plus de raisonner avec moi. Elle posa sa main, qui était une main confortable, bien que rugueuse par le travail, sur mes mains, l'une après l'autre, et les retira doucement de mes cheveux. Puis elle me tapota doucement l'épaule d'une manière apaisante, tandis que, le visage sur ma manche, je pleurais un peu, exactement comme je l'avais fait dans la cour de la brasserie, et je me sentais vaguement convaincu que j'étais bien maltraité par quelqu'un, ou par tout le monde ; Je ne peux pas dire lequel.

– Je suis content d'une chose, dit Biddy, c'est que vous avez senti que vous pouviez me donner votre confiance, Pip. Et je suis heureux d'une autre chose, c'est que, bien sûr, vous savez que vous pouvez compter sur le fait que je le garde et que je le mérite toujours. Si votre première maîtresse (ma chère, si pauvre et qui avait tant besoin d'être instruite elle-même !) avait été votre maîtresse à l'heure actuelle, elle croit savoir quelle leçon elle lui donnerait. Mais ce serait difficile à apprendre, et vous l'avez dépassée, et cela ne sert à rien maintenant. Alors, avec un soupir silencieux pour moi, Biddy se leva de la berge et dit, avec un changement de voix frais et agréable : « Allons-nous marcher un peu plus loin, ou rentrer chez nous ? »

« Biddy, m'écriai-je en me levant, en passant mon bras autour de son cou et en lui donnant un baiser, je te dirai toujours tout. »

— Jusqu'à ce que vous soyez un gentleman, dit Biddy.

« Vous savez que je ne le serai jamais, donc c'est toujours. Ce n'est pas que j'aie l'occasion de vous dire quoi que ce soit, car vous savez tout ce que je sais, comme je vous l'ai dit chez moi l'autre soir.

« Ah ! » dit Biddy tout à fait à voix basse, en regardant les navires. Et puis elle répéta, avec son agréable changement d'habitude : « Allons-nous marcher un peu plus loin, ou rentrer à la maison ? »

J'ai dit à Biddy que nous allions marcher un peu plus loin, et nous l'avons fait, et l'après-midi d'été s'est atténué pour laisser place à la soirée d'été, et c'était très beau. Je commençai à me demander si je n'étais pas plus

134

naturellement et plus sainement situé, après tout, dans ces circonstances, que de jouer à mendier mon voisin à la lueur des bougies dans la pièce où les horloges sont arrêtées, et d'être méprisé par Estelle. J'ai pensé qu'il serait très bon pour moi de pouvoir l'ôter de ma tête, avec tous ces autres souvenirs et fantaisies, et de pouvoir me mettre au travail déterminé à savourer ce que j'avais à faire, à m'y tenir et à en tirer le meilleur parti. Je me demandai si je ne savais pas que si Estelle était à côté de moi en ce moment-là à la place de Biddy, elle me rendrait malheureux. J'ai été obligé d'avouer que je le savais avec certitude, et je me suis dit : « Pip, quel imbécile tu es ! »

Nous causâmes beaucoup en marchant, et tout ce que Biddy disait semblait juste. Biddy n'a jamais été insultante, ni capricieuse, ni Biddy aujourd'hui et quelqu'un d'autre demain ; Elle n'aurait tiré que de la douleur, et aucun plaisir, de me donner de la peine ; elle aurait préféré se blesser à sa propre poitrine plutôt qu'à la mienne. Comment se faisait-il alors que je ne l'aimais pas beaucoup plus que les deux ?

« Biddy, » dis-je ; « quand nous rentrions chez nous, je voudrais que vous puissiez me remettre dans le droit chemin. »

« Je voudrais pouvoir le faire ! » dit Biddy.

— Si seulement je pouvais me faire aimer de vous, vous ne voyez pas d'inconvénient à ce que je parle si ouvertement à une si vieille connaissance ?

— Oh mon Dieu, pas du tout ! dit Biddy. « Ne fais pas attention à moi. »

« Si seulement je pouvais me forcer à le faire, *ce* serait le truc pour moi. »

— Mais vous ne le ferez jamais, voyez-vous, dit Biddy.

Ce n'était pas tout à fait aussi improbable ce soir-là, qu'il l'aurait été si nous en avions discuté quelques heures auparavant. Je remarquai donc que je n'en étais pas tout à fait sûr. Mais Biddy a dit qu'elle *l'était,* et elle l'a dit d'un ton décidé. Au fond de mon cœur, je croyais qu'elle avait raison ; et pourtant je prenais assez mal qu'elle fût si positive sur ce point.

Lorsque nous arrivâmes près du cimetière, nous dûmes traverser un talus et franchir un montant près d'une écluse. De la porte, ou des joncs, ou de la vase (qui était tout à fait dans sa manière stagnante), le vieux Orlick s'éleva.

« Allô ! » gronda-t-il, « où allez-vous tous les deux ? »

« Où devrions-nous aller, si ce n'est à la maison ? »

135

« Eh bien, dit-il, je suis ébranlé si je ne vous vois pas à la maison ! »

Cette punition d'être secoué était l'un de ses cas supposés préférés. Il n'a attaché aucune signification précise au mot que je connaisse, mais l'a utilisé, comme son propre prétendu nom chrétien, pour insulter l'humanité et transmettre l'idée de quelque chose de sauvagement dommageable. Quand j'étais plus jeune, j'avais la croyance générale que s'il m'avait secoué personnellement, il l'aurait fait avec un hameçon tranchant et tordu.

Biddy était très opposée à ce qu'il parte avec nous, et me dit à voix basse : « Ne le laissez pas venir ; Je ne l'aime pas. Comme je ne l'aimais pas non plus, j'ai pris la liberté de dire que nous le remerciions, mais que nous ne voulions pas voir la maison. Il reçut cette information avec un éclat de rire, et se laissa tomber, mais il vint nous suivre à une petite distance. »

Curieux de savoir si Biddy le soupçonnait d'avoir joué un rôle dans cet attentat meurtrier dont ma sœur n'avait jamais pu rendre compte, je lui demandai pourquoi elle ne l'aimait pas.

« Oh ! » répondit-elle en jetant un coup d'œil par-dessus son épaule tandis qu'il nous suivait, « parce que je... j'ai peur qu'il ne m'aime. »

« T'a-t-il jamais dit qu'il t'aimait ? » demandai-je avec indignation.

« Non, » dit Biddy en jetant de nouveau un coup d'œil par-dessus son épaule, il ne me l'a jamais dit ; Mais il danse sur moi, chaque fois qu'il peut attirer mon regard.

Quelque nouveau et particulier que fût ce témoignage d'attachement, je ne doutais pas de l'exactitude de l'interprétation. J'étais vraiment très chaud à l'audace du vieux Orlick de l'admirer ; aussi chaud que si c'était un outrage à moi-même.

— Mais cela ne fait aucune différence pour vous, vous savez, dit Biddy avec calme.

- Non, Biddy, cela ne fait aucune différence pour moi ; seulement je ne l'aime pas ; Je ne l'approuve pas.

— Ni moi non plus, dit Biddy. « Bien que *cela* ne fasse aucune différence pour toi. »

— Exactement, dis-je. mais je dois vous dire que je n'aurais pas d'opinion sur vous, Biddy, s'il dansait contre vous de votre propre consentement.

Après cette nuit-là, je gardai un œil sur Orlick, et, chaque fois que les circonstances étaient favorables à sa danse à Biddy, je me précédai devant lui pour obscurcir cette démonstration. Il s'était enraciné dans l'établissement de Joe, à cause de l'affection soudaine de ma sœur pour lui, sans quoi j'aurais essayé de le faire renvoyer. Il comprenait parfaitement et me rendait mes bonnes intentions, comme j'avais raison de le savoir par la suite.

Et maintenant, parce que mon esprit n'était pas assez confus auparavant, j'ai compliqué sa confusion cinquante mille fois, en ayant des états et des saisons où j'étais clair que Biddy était incommensurablement meilleure qu'Estelle, et que la vie de travail simple et honnête à laquelle j'étais né n'avait rien à rougir, mais m'offrait des moyens suffisants pour me respecter et être heureux. Dans ces moments-là, je décidais définitivement que ma désaffection pour le cher vieux Joe et la forge avait disparu, et que je grandissais de manière équitable pour être l'associé de Joe et pour tenir compagnie à Biddy, alors que tout d'un coup un souvenir confondant de l'époque de Havisham tombait sur moi comme un projectile destructeur. et disperser de nouveau mes esprits. Les esprits éparpillés mettent beaucoup de temps à se ramasser ; et souvent, avant que je les eusse bien réunis, ils étaient dispersés dans toutes les directions par une pensée égarée, que peut-être après tout miss Havisham allait faire ma fortune quand mon temps serait écoulé.

Si mon temps était écoulé, il m'aurait laissé encore au plus fort de mes perplexités, j'ose le dire. Il ne s'est jamais épuisé, cependant, mais a pris fin prématurément, comme je vais le raconter.

Chapitre XVIII.

C'était dans la quatrième année de mon apprentissage chez Joe, et c'était un samedi soir. Il y avait un groupe assemblé autour du feu aux Trois Jolly Bargemen, attentif à M. Wopsle pendant qu'il lisait le journal à haute voix. Je faisais partie de ce groupe.

Un meurtre très populaire avait été commis, et M. Wopsle était ensanglanté jusqu'aux sourcils. Il se réjouissait de chaque adjectif odieux de la description, et s'identifiait à tous les témoins de l'enquête. Il gémit faiblement : « Je suis fini », en tant que victime, et il beugla barbarement : « Je te servirai », en tant que meurtrier. Il a donné le témoignage médical, en imitation pointue de notre praticien local ; et il sifflait et tremblait, comme le vieux gardien de péage qui avait entendu des coups, à un point tel qu'il suggérait un doute sur la capacité mentale de ce témoin. Le coroner, entre les mains de M. Wopsle, devint Timon d'Athènes ; le bedeau, Coriolanus. Il s'est amusé à fond, et nous nous sommes tous amusés, et nous étions délicieusement à l'aise. C'est dans cet état d'esprit douillet que nous sommes arrivés au verdict de meurtre volontaire.

Alors, et pas plus tôt, je m'aperçus d'un étrange monsieur penché à l'arrière de la banquette en face de moi, qui me regardait. Il y avait une expression de mépris sur son visage, et il se mordit le côté d'un grand index en regardant le groupe de visages.

« Eh bien ! » dit l'étranger à M. Wopsle ; « quand la lecture fut terminée, vous avez tout réglé à votre satisfaction, je n'en doute pas ? »

Tout le monde tressaillit et leva les yeux, comme si c'était l'assassin. Il regarda tout le monde froidement et sarcastiquement.

— Coupable, bien sûr ? dit-il. Allez-y. Venez !

- Monsieur, répondit M. Wopsle, sans avoir l'honneur de vous connaître, je dis bien coupable. Là-dessus, nous prîmes tous le courage de nous unir dans un murmure de confirmation.

« Je le sais, dit l'étranger ; Je savais que tu le ferais. Je vous l'avais dit. Mais maintenant, je vais vous poser une question. Savez-vous ou ne savez-vous pas que la loi d'Angleterre suppose que tout homme est innocent jusqu'à ce qu'il soit prouvé, prouvé coupable ? »

« Monsieur, commença à répondre M. Wopsle, en tant qu'Anglais moi-même, je... »

— Venez ! dit l'étranger en se mordant l'index. « N'éludez pas la question. Soit vous le savez, soit vous ne le savez pas. Lequel est-ce que c'est ? »

Il se tint debout, la tête d'un côté et lui-même de l'autre, d'un air intimidant et interrogatif, et il lança son index sur M. Wopsle, comme pour le distinguer, avant de le mordre de nouveau.

« Maintenant ! » dit-il. « Le savez-vous, ou ne le savez-vous pas ? »

— Certainement, je le sais, répondit M. Wopsle.

— Vous le savez certainement. Alors pourquoi ne l'avez-vous pas dit au début ? Maintenant, je vais vous poser une autre question, — en prenant possession de M. Wopsle, comme s'il avait droit à lui, — *savez-vous* qu'aucun de ces témoins n'a encore été contre-interrogé ?

M. Wopsle commençait : « Je ne peux que dire... » lorsque l'étranger l'arrêta.

« Quoi ? Vous ne répondrez pas à la question, oui ou non ? Maintenant, je vais t'essayer de nouveau. Jetant à nouveau son doigt vers lui. Occupez-vous de moi. Savez-vous, ou ne savez-vous pas, qu'aucun de ces témoins n'a encore été contre-interrogé ? Venez, je ne veux qu'un mot de vous. Oui ou non ? »

M. Wopsle hésita, et nous commençâmes tous à concevoir une assez mauvaise opinion de lui.

« Venez ! » dit l'étranger, « je vais vous aider. Vous ne méritez pas d'aide, mais je vais vous aider. Regardez ce papier que vous tenez dans votre main. Qu'est-ce que c'est ? »

« Qu'est-ce que c'est ? » répéta M. Wopsle en le regardant avec beaucoup de perplexité.

— Est-ce le papier imprimé que vous venez de lire, poursuivit l'étranger de sa manière la plus sarcastique et la plus suspecte ?

— Sans aucun doute.

— Sans aucun doute. Maintenant, tournez-vous vers ce document et dites-moi s'il dit clairement que le prisonnier a expressément dit que ses conseillers juridiques lui avaient donné l'ordre de réserver sa défense ?

— Je viens de lire cela, plaida M. Wopsle.

— Peu importe ce que vous venez de lire, monsieur ; Je ne vous demande pas ce que vous venez de lire. Vous pouvez lire le Notre Père à l'envers, si vous le souhaitez, et peut-être l'avez-vous fait avant aujourd'hui. Tournez-vous vers le papier. Non, non, non mon ami ; pas au sommet de la colonne ; Vous savez mieux que cela ; vers le bas, vers le bas. (Nous avons tous commencé à penser que M. Wopsle était plein de subterfuges.) « Eh bien ? L'avez-vous trouvé ? »

« Le voici, » dit M. Wopsle.

Maintenant, suivez ce passage de vos yeux, et dites-moi s'il dit clairement que le prisonnier a expressément dit qu'il avait reçu l'ordre de ses conseillers juridiques de réserver entièrement sa défense ? Venir! C'est ce que tu en fais?

M. Wopsle a répondu : « Ce ne sont pas les mots exacts. »

— Ce ne sont pas les mots exacts ! répéta le gentleman avec amertume.

« Est-ce là la substance exacte ? »

- Oui, dit M. Wopsle.

— Oui, répéta l'étranger en regardant le reste de la compagnie, la main droite tendue vers le témoin, Wopsle. — Et maintenant, je vous demande ce que vous dites à la conscience de cet homme qui, avec ce passage sous les yeux, peut poser sa tête sur son oreiller après avoir déclaré coupable un semblable, sans être entendu ?

Nous commençâmes tous à soupçonner que M. Wopsle n'était pas l'homme que nous avions cru et qu'il commençait à être découvert.

- Et ce même homme, souvenez-vous, poursuivit le gentleman en jetant lourdement son doigt sur M. Wopsle, que ce même homme pourrait être appelé comme juré dans ce même procès, et, s'étant ainsi profondément engagé, il pourrait retourner au sein de sa famille et reposer sa tête sur son oreiller, après avoir juré délibérément qu'il jugerait bien et véritablement l'issue entre Notre Souverain Seigneur le Roi et le prisonnier à la barre. et si un verdict vrai serait rendu selon les preuves, que Dieu lui soit en aide !

Nous étions tous profondément persuadés que le malheureux Wopsle était allé trop loin et qu'il valait mieux s'arrêter dans sa carrière téméraire pendant qu'il en était encore temps.

L'étrange gentleman, avec un air d'autorité qui ne peut être contesté, et avec une manière qui exprime le fait de savoir quelque chose de secret sur chacun de nous qui ferait effectivement l'affaire de chacun s'il choisissait de le révéler, quitta l'arrière de la colonie et entra dans l'espace entre les deux colonies, devant le feu. où il resta debout, la main gauche dans sa poche, et il se mordit l'index de la main droite.

« D'après les renseignements que j'ai reçus, » dit-il en regardant autour de nous pendant que nous nous débattions tous devant lui, j'ai des raisons de croire qu'il y a parmi vous un forgeron nommé Joseph ou Joe Gargery. Quel est l'homme ?

« Voici l'homme », dit Joe.

L'étrange gentleman lui fit signe de sortir de sa place, et Joe s'en alla.

— Vous avez un apprenti, poursuivit l'étranger, communément appelé Pip ? Est-il ici ?

« Je suis là ! » J'ai pleuré.

L'étranger ne me reconnut pas, mais je le reconnus pour le monsieur que j'avais rencontré dans l'escalier, à l'occasion de ma seconde visite à miss Havisham. Je l'avais reconnu au moment où je l'avais vu regarder par-dessus la colonie, et maintenant que je me tenais en face de lui, la main sur mon épaule, je reproduisais en détail sa grosse tête, son teint sombre, ses yeux enfoncés, ses sourcils noirs touffus, sa grande chaîne de montre, ses forts points noirs de barbe et de moustaches. et même l'odeur du savon parfumé sur sa grande main.

« Je désire avoir une conférence particulière avec vous deux, » dit-il, quand il m'eut regardé à loisir. Cela prendra un peu de temps. Peut-être ferions-nous mieux d'aller à votre lieu de résidence. Je préfère ne pas anticiper ma communication ici ; vous en donnerez ensuite autant ou aussi peu qu'il vous plaira à vos amis ; Je n'ai rien à voir avec ça. »

Au milieu d'un silence étonné, nous sortîmes tous les trois du Jolly Bargemen et, dans un silence étonné, nous rentrâmes chez nous. Tout en marchant, l'étrange monsieur me regardait de temps en temps, et de temps en temps se mordait le côté du doigt. Comme nous approchions de la maison, Joe, reconnaissant vaguement que l'occasion était impressionnante et cérémonieuse, alla ouvrir la porte d'entrée. Notre conférence eut lieu dans le salon d'apparat, qui était faiblement éclairé par une bougie.

141

Tout commença lorsque l'étrange monsieur s'assit à la table, tira la bougie vers lui et regarda quelques inscriptions dans son portefeuille. Il posa alors le portefeuille et posa la bougie un peu de côté, après avoir regardé autour d'elle dans l'obscurité sur Joe et moi, pour s'assurer laquelle était laquelle.

« Je m'appelle, » dit-il, Jaggers, et je suis avocat à Londres. Je suis assez connu. J'ai des affaires inhabituelles à traiter avec vous, et je commence par vous expliquer qu'elles ne sont pas de moi. Si on m'avait demandé mon avis, je ne serais pas ici. On ne l'a pas posée, et vous me voyez ici. Ce que j'ai à faire en tant qu'agent de confiance d'un autre, je le fais. Ni moins, ni plus.

Voyant qu'il ne nous voyait pas très bien de l'endroit où il était assis, il se leva, jeta une jambe par-dessus le dossier d'une chaise et s'appuya dessus ; ayant ainsi un pied sur l'assise de la chaise, et un pied sur le sol.

« Maintenant, Joseph Gargery, je suis porteur d'une offre pour vous soulager de ce jeune homme votre apprenti. Vous ne vous opposeriez pas à l'annulation de ses contrats à sa demande et pour son bien ? Vous ne voudriez rien pour cela ? »

— À Dieu ne plaise que je manque de quoi que ce soit pour ne pas me mettre en travers du chemin de Pip, dit Joe en le regardant fixement.

— Dieu nous en préserve est pieux, mais ce n'est pas à propos, répondit M. Jaggers. « La question est : voudriez-vous quelque chose ? Tu veux quelque chose ? »

— La réponse est, répondit Joe sévèrement, non.

Je crus que M. Jaggers jetait un coup d'œil à Joe, comme s'il le considérait comme un imbécile à cause de son désintéressement. Mais j'étais trop confus entre la curiosité haletante et la surprise pour en être sûr.

- Très bien, dit M. Jaggers. « Souvenez-vous de l'aveu que vous avez fait, et n'essayez pas de vous en écarter tout de suite. »

— Qui va essayer ? répliqua Joe.

Je ne dis pas que quelqu'un l'est. Avez-vous un chien ?

« Oui, j'ai un chien. »

« N'oubliez donc pas que Brag est un bon chien, mais que Holdfast est un meilleur. N'oubliez-vous pas cela, n'est-ce pas ? » répéta M. Jaggers en fermant les yeux et en hochant la tête vers Joe, comme s'il lui pardonnait quelque chose. « Maintenant, je reviens à ce jeune homme. Et la communication que je dois faire, c'est qu'il a de grandes attentes. »

Joe et moi avons haleté et nous nous sommes regardés.

« Je suis chargé de lui dire, » dit M. Jaggers en me jetant un doigt de côté, qu'il entrera dans une belle propriété. De plus, c'est le désir du possesseur actuel de cette propriété qu'il soit immédiatement retiré de sa sphère de vie actuelle et de ce lieu, et qu'il soit élevé comme un gentleman, en un mot, comme un jeune homme de grandes espérances.

Mon rêve était sorti ; Ma folle imagination était surpassée par la sobre réalité ; Miss Havisham allait faire ma fortune sur une grande échelle.

— Maintenant, monsieur Pip, poursuivit l'avocat, je m'adresse à vous le reste de ce que j'ai à dire. Vous devez comprendre, tout d'abord, que c'est la demande de la personne de qui je tire mes instructions que vous portiez toujours le nom de Pip. Vous n'aurez aucune objection, j'ose le dire, à ce que vos grandes espérances soient grevées de cette condition facile. Mais si vous avez une objection, c'est le moment de le mentionner.

Mon cœur battait si vite, et il y avait un tel chant dans mes oreilles, que je pouvais à peine balbutier, je n'avais aucune objection.

— Je ne le crois pas ! Maintenant, vous devez comprendre, en second lieu, M. Pip, que le nom de la personne qui est votre bienfaiteur libéral reste un secret profond, jusqu'à ce que la personne choisisse de le révéler. J'ai le pouvoir de mentionner que c'est l'intention de la personne de le révéler de première main par le bouche à oreille. Je ne peux pas dire quand ni où cette intention pourra être mise à exécution ; Personne ne peut le dire. Cela peut prendre des années. Maintenant, vous devez clairement comprendre qu'il vous est formellement interdit de faire toute enquête sur ce chef, ou toute allusion ou référence, si éloignée soit-elle, à quelque individu que ce soit, quel qu'il soit , dans toutes les communications que vous pourriez avoir avec moi. Si vous avez un soupçon dans votre propre cœur, gardez ce soupçon dans votre propre cœur. Ce n'est pas le moins important de savoir quelles sont les raisons de cette interdiction ; Il peut s'agir des raisons les plus fortes et les plus graves, ou de simples caprices. Ce n'est pas à vous de vous renseigner. La condition est posée. Votre acceptation de cette condition, et votre observation de celle-ci comme obligatoire, est la seule condition qui me reste à être accusée par la personne de qui je reçois mes instructions, et dont je ne suis pas autrement responsable. Cette personne est la personne dont vous tirez vos attentes, et le secret est uniquement détenu par cette personne et par moi. Encore une fois, ce n'était pas une condition très difficile pour grever une telle augmentation de fortune ; Mais si vous avez une objection à ce sujet, c'est le moment de le mentionner. Parlez-en.

Une fois de plus, je balbutia avec peine que je n'avais pas d'objection.

— Je ne le crois pas ! Maintenant, monsieur Pip, j'en ai fini avec les stipulations. Bien qu'il m'appelât M. Pip et qu'il commença plutôt à se réconcilier avec moi, il ne pouvait toujours pas se débarrasser d'un certain air de suspicion intimidante ; et même maintenant, il fermait parfois les yeux et me jetait le doigt pendant qu'il parlait, comme pour exprimer qu'il savait toutes sortes de choses à mon dédaignement, s'il voulait seulement les mentionner. « Nous arrivons ensuite aux détails de l'arrangement. Vous devez savoir que, bien que j'aie utilisé le terme « attentes » plus d'une fois, vous n'êtes pas seulement doués d'attentes. Il y a déjà entre mes mains une somme d'argent amplement suffisante pour votre éducation et votre entretien. Vous voudrez bien me considérer comme votre tuteur. Oh ! car j'allais le remercier, je vous le dis tout de suite, je suis payé pour mes services, ou je ne les rendrais pas. On considère que vous devez être mieux éduqué, conformément à votre nouvelle position, et que vous serez conscient de l'importance et de la nécessité de profiter immédiatement de cet avantage.

J'ai dit que j'en avais toujours rêvé.

« Peu importe ce que vous avez toujours désiré, monsieur Pip, répliqua-t-il ; Tenez-vous-en au compte rendu. Si vous en avez envie maintenant, c'est suffisant. On me répond que vous êtes prêt à être placé immédiatement sous un tuteur convenable ? C'est tout ? »

J'ai balbutié oui, c'était tout.

« Bien. Maintenant, il faut consulter vos inclinations. Je ne pense pas que ce soit sage, mais c'est ma confiance. Avez-vous jamais entendu parler d'un précepteur que vous préféreriez à un autre ? »

Je n'avais jamais entendu parler d'un autre précepteur que Biddy et la grand-tante de M. Wopsle ; alors, j'ai répondu par la négative.

— Il y a un certain précepteur, dont j'ai quelque connaissance, et qui, je pense, pourrait convenir à ce but, dit M. Jaggers. — Je ne le recommande pas, observez ; parce que je ne recommande jamais personne. Le gentleman dont je parle est un certain M. Matthew Pocket.

Ah! J'ai saisi le nom directement. Relation de Mlle Havisham. Le Matthew dont M. et Mme Camilla avaient parlé. Le Matthew qui devait être à la tête de miss Havisham, quand elle serait morte, dans sa robe de fiancée sur la table de la mariée.

« Vous savez le nom ? » dit M. Jaggers en me regardant d'un air perspicace, puis en fermant les yeux en attendant ma réponse.

Ma réponse fut que j'avais entendu parler de ce nom.

« Oh ! » dit-il. « Vous avez entendu parler de ce nom. Mais la question est de savoir ce qu'on en dit ? »

J'ai dit, ou j'ai essayé de dire, que je lui étais très reconnaissant de sa recommandation...

— Non, mon jeune ami ! interrompit-il en secouant très lentement sa grosse tête. « Ressaisis-toi ! »

Sans me recueillir, je recommençai que je lui étais très obligé de sa recommandation...

— Non, mon jeune ami, interrompit-il en secouant la tête, en fronçant les sourcils et en souriant à la fois, non, non, non ; C'est très bien fait, mais ça ne fera pas l'affaire ; Tu es trop jeune pour m'en fixer. La recommandation n'est pas le mot, monsieur Pip. Essayez-en un autre.

En me corrigeant, je lui dis que je lui étais très reconnaissant d'avoir parlé de M. Matthew Pocket...

— C'est plus comme ça ! s'écria M. Jaggers.—Et, ajoutai-je, je mettrais volontiers ce monsieur à l'épreuve.

« Bien. Vous feriez mieux de l'essayer dans sa propre maison. Le chemin sera préparé pour vous, et vous pourrez voir d'abord son fils, qui est à Londres. Quand viendrez-vous à Londres ? »

Je dis (jetant un coup d'œil à Joe, qui regardait fixement), que je croyais pouvoir venir tout de suite.

« D'abord, » dit M. Jaggers, vous devriez avoir des vêtements neufs à venir, et ce ne devraient pas être des vêtements de travail. Disons ce jour semaine. Vous aurez besoin d'argent. Vous laisserai-je vingt guinées ?

Il sortit une longue bourse, avec le plus grand sang-froid, les compta sur la table et me les poussa. C'était la première fois qu'il relevait sa jambe de sa chaise. Il s'assit à califourchon sur la chaise quand il eut poussé l'argent, et s'assit, balançant sa bourse et regardant Joe.

— Eh bien, Joseph Gargery ? Tu as l'air abasourdi ?

— Je *le suis* ! dit Joe d'un ton décidé.

« Il était entendu que vous ne vouliez rien pour vous-même, vous vous souvenez ? »

— C'était compris, dit Joe, et c'est compris. Et il en sera toujours de même en conséquence.

— Mais quoi, dit M. Jaggers en balançant sa bourse, et si c'était dans mes instructions de vous faire un présent en guise de compensation ?

« En guise de compensation ? » demanda Joe.

« Pour la perte de ses services. »

Joe posa sa main sur mon épaule avec le toucher d'une femme. Je l'ai souvent pensé depuis, comme le marteau à vapeur qui peut écraser un homme ou caresser une coquille d'œuf, dans son alliance de force et de douceur. « Pip est cet accueil chaleureux, dit Joe, de partir gratuitement avec ses services, pour l'honorer et le fortuner, comme aucune parole ne peut le lui dire. Mais si vous pensez que l'argent peut me dédommager de la perte de la petite enfant, qu'est-ce qui est arrivé à la forge, et toujours le meilleur des amis !... »

Ô cher bon Joe, à qui j'étais si prêt à quitter et à qui j'étais si ingrat, je vous revois, avec votre bras de forgeron musclé devant vos yeux, et votre large poitrine qui se soulève, et votre voix qui s'éteint. Ô cher bon, fidèle, tendre Joe, je sens le tremblement affectueux de ta main sur mon bras, aussi solennellement ce jour-là que si c'eût été le bruissement d'une aile d'ange !

Mais j'ai encouragé Joe à l'époque. J'étais perdu dans les dédales de mes fortunes futures, et je ne pouvais pas retracer les chemins de traverse que nous avions empruntés ensemble. Je suppliai Joe d'être consolé, car (comme il l'a dit) nous avions toujours été les meilleurs amis du monde, et (comme je l'ai dit) nous le serions toujours. Joe se fixa les yeux avec son poignet débrayé, comme s'il eût voulu se creuser lui-même, mais il ne dit pas un mot de plus.

M. Jaggers l'avait regardé, comme quelqu'un qui reconnaissait en Joe l'idiot du village, et en moi son gardien. Quand ce fut fini, il dit, en pesant dans sa main la bourse qu'il avait cessé de balancer :

« Maintenant, Joseph Gargery, je vous préviens que c'est votre dernière chance. Pas de demi-mesure avec moi. Si vous avez l'intention de prendre un présent que j'ai chargé de vous faire, parlez, et vous l'aurez. Si, au contraire, vous voulez dire... Là, à son grand étonnement, il fut arrêté par Joe qui travaillait soudain autour de lui avec toutes les démonstrations d'un dessein pugilistique déchu. »

– Ce que je veux dire, s'écria Joe, c'est que si vous venez chez moi en me harcelant et en me harcelant, sortez ! Ce que je veux dire, c'est dire si vous êtes un homme, allez ! Ce que je veux dire, c'est que ce que je dis, je le pense et je le tiens ou je tombe !

J'ai éloigné Joe, et il est immédiatement devenu placiforme ; se contentant de me dire, d'une manière obligeante et comme un avis poli d'excuse à quiconque pourrait s'en préoccuper, qu'il n'allait pas se laisser harceler et harceler à sa place. M. Jaggers s'était levé quand Joe avait manifesté, et s'était reculé près de la porte. Sans manifester aucune envie de revenir, il y prononça son discours d'adieu. C'étaient ceux-ci.

– Eh bien, monsieur Pip, je pense que plus tôt vous partirez d'ici, comme vous devez être un gentleman, mieux ce sera. Laissez-le pour cette semaine, et vous recevrez mon adresse imprimée dans l'intervalle. Vous pouvez prendre un fiacre au bureau des diligences à Londres, et venir directement chez moi. Comprenez que je n'exprime aucune opinion, d'une manière ou d'une autre, sur la confiance que j'entreprends. Je suis payé pour l'entreprendre, et je le fais. Maintenant, comprenez cela, enfin. Comprenez cela !

Il nous a montré du doigt à tous les deux, et je pense qu'il aurait continué, s'il n'avait pas semblé penser Joe dangereux et s'il n'était pas parti.

Quelque chose me vint à l'esprit qui me poussa à courir après lui, comme il descendait chez les Joyeux Mariniers, où il avait laissé une voiture de location.

– Je vous demande pardon, monsieur Jaggers.

« Allô ! dit-il en se retournant, qu'y a-t-il ? »

« Je veux avoir tout à fait raison, monsieur Jaggers, et m'en tenir à vos instructions ; alors j'ai pensé que je ferais mieux de demander. Y aurait-il quelque objection à ce que je prenne congé de quelqu'un que je connais par ici avant de partir ? »

— Non, dit-il, comme s'il me comprenait à peine.

« Je ne veux pas dire seulement dans le village, mais en haut de la ville ? »

« Non, » dit-il. — Pas d'objection.

Je le remerciai et courus à la maison, et là je trouvai que Joe avait déjà fermé la porte d'entrée et quitté le salon d'apparat, et qu'il était assis près du feu de la cuisine, une main sur chaque genou, regardant fixement les charbons ardents. Moi aussi, je me suis assis devant le feu et j'ai regardé les braises, et rien n'a été dit pendant un long moment.

Ma sœur était dans son fauteuil rembourré dans son coin, et Biddy était assise à son ouvrage d'aiguille devant le feu, et Joe était assis à côté de Biddy, et je me suis assis à côté de Joe dans le coin en face de ma sœur. Plus je regardais dans les charbons ardents, plus je devenais incapable de regarder Joe ; plus le silence durait, plus je me sentais incapable de parler.

À la fin, je sortis : « Joe, l'avez-vous dit à Biddy ? »

– Non, Pip, répondit Joe, regardant toujours le feu et se tenant les genoux, comme s'il eût eu des renseignements privés qu'ils avaient l'intention de prendre quelque part, et que je vous ai laissés, Pip.

— J'aimerais mieux que tu le dises, Joe.

« Pip est un gentleman fortuné alors, » dit Joe, « et Dieu le bénisse ! »

Biddy laissa tomber son ouvrage et me regarda. Joe s'est mis à genoux et m'a regardé. Je les ai regardés tous les deux. Après une pause, ils me félicitèrent tous les deux de tout cœur ; mais il y avait dans leurs félicitations une certaine tristesse que je n'aimais pas.

J'ai pris sur moi d'impressionner Biddy (et par l'intermédiaire de Biddy, Joe) avec la grave obligation que je considérais comme mes amis, de ne rien savoir et de ne rien dire sur le créateur de ma fortune. Tout cela sortirait en temps voulu, remarquai-je, et en attendant il n'y avait rien à dire, sinon que j'avais de grandes attentes de la part d'un mystérieux protecteur. Biddy hocha la tête pensivement vers le feu en reprenant son travail, et dit qu'elle serait très particulière ; et Joe, retenant toujours ses genoux, dit : « Oui, oui, je serai très gentil, Pip ! » et alors ils me félicitèrent de nouveau, et continuèrent à exprimer tant d'étonnement à l'idée que j'étais un gentleman que je n'en aimais pas la moitié.

Biddy prit alors des peines infinies pour donner à ma sœur une idée de ce qui s'était passé. À mon avis, ces efforts ont complètement échoué. Elle riait et hochait la tête bien des fois, et répétait même, après Biddy, les mots « Pip » et « Propriété ». Mais je doute qu'ils aient eu plus de sens qu'un cri d'élection, et je ne peux pas suggérer une image plus sombre de son état d'esprit.

Je n'aurais jamais pu le croire sans expérience, mais à mesure que Joe et Biddy redevenaient plus à leur aise gaie, je devins tout à fait sombre. Insatisfait de ma fortune, je ne pouvais naturellement pas l'être ; mais il est possible que j'aie été, sans le savoir tout à fait, insatisfait de moi-même.

Quoi qu'il en soit, je restai assis, le coude sur mon genou et le visage sur ma main, regardant dans le feu, tandis que ces deux-là parlaient de mon départ, de ce qu'ils feraient sans moi, et de tout cela. Et chaque fois que je surprenais l'un d'eux qui me regardait, bien que jamais aussi agréablement (et ils me regardaient souvent, surtout Biddy), je me sentais offensé, comme s'ils exprimaient une certaine méfiance à mon égard. Bien que Dieu sache qu'ils ne l'ont jamais fait par la parole ou par un signe.

À ces moments-là, je me levais et regardais par la porte ; car la porte de notre cuisine s'ouvrait immédiatement la nuit, et restait ouverte les soirs d'été pour aérer la pièce. Les étoiles mêmes vers lesquelles je levai alors les yeux, je crains de les prendre pour de pauvres et humbles étoiles qui brillaient sur les objets rustiques au milieu desquels j'avais passé ma vie.

« Samedi soir », dis-je, quand nous nous sommes assis à notre souper de pain, de fromage et de bière. « Encore cinq jours, et puis la veille *du* jour ! Ils vont bientôt partir. »

— Oui, Pip, observa Joe, dont la voix sonnait creux dans sa chope de bière. « Ils vont bientôt partir. »

— Bientôt, bientôt, partez, dit Biddy.

« J'ai pensé, Joe, que quand j'irai en ville lundi et que je commanderai mes nouveaux habits, je dirai au tailleur que je viendrai les mettre là-bas, ou que je les ferai envoyer chez M. Pumblechook. Ce serait très désagréable d'être regardé par tous les gens ici. »

« M. et Mme Hubble aimeraient peut-être aussi à vous voir dans votre nouvelle figurine, Pip », dit Joe en coupant assidûment son pain, avec son fromage dessus, dans la paume de sa main gauche, et en jetant un coup d'œil à mon souper non goûté, comme s'il songeait au temps où nous comparions les tranches. « Wopsle aussi. Et les joyeux mariniers pourraient le prendre comme un compliment. »

« C'est juste ce que je ne veux pas, Joe. Ils en feraient une telle affaire, une affaire si grossière et si commune, que je ne pourrais pas me supporter. »

— Ah ! c'est vrai, Pip ! dit Joe, si tu ne pouvais pas te supporter...

Biddy m'a demandé ici, alors qu'elle tenait l'assiette de ma sœur : « Avez-vous pensé au moment où vous vous montrerez à M. Gargery, à votre sœur et à moi ? Vous vous montrerez à nous ; n'est-ce pas ? »

« Biddy, répondis-je avec un peu de ressentiment, vous êtes si rapide qu'il est difficile de vous suivre. »

(« Elle était toujours rapide », observa Joe.)

- Si vous aviez attendu un instant de plus, Biddy, vous m'auriez entendu dire que j'apporterai un soir mes vêtements ici en paquet, probablement la veille de mon départ.

Biddy n'en dit pas davantage. Lui pardonnant généreusement, j'échangeai bientôt une nuit affectueuse avec elle et Joe, et je montai me coucher. Quand je fus entré dans ma petite chambre, je m'assis et je la regardai longuement, comme une petite chambre mesquine dont je serais bientôt séparé et élevé pour toujours. Elle était aussi meublée de jeunes souvenirs frais, et même au même moment je tombai dans la même division d'esprit confuse entre elle et les meilleures pièces où j'allais, que j'avais été si souvent entre la forge et celle de miss Havisham, et de Biddy et d'Estelle.

Le soleil avait brillé toute la journée sur le toit de mon grenier, et la chambre était chaude. Comme j'ouvrais la fenêtre et que je regardais dehors, je vis Joe sortir lentement par la porte sombre, en bas, et faire un tour ou deux en l'air ; et alors je vis Biddy venir, lui apporter une pipe et l'allumer pour lui. Il ne fumait jamais si tard, et cela semblait me suggérer qu'il voulait être réconforté, pour une raison ou une autre.

Il se tint bientôt à la porte juste au-dessous de moi, fumant sa pipe, et Biddy se tenait là aussi, lui parlant tranquillement, et je savais qu'ils parlaient de moi, car j'ai entendu mon nom prononcé d'un ton affectueux par tous les deux plus d'une fois. Je n'aurais pas écouté davantage, si j'avais pu en entendre davantage ; Je m'éloignai donc de la fenêtre et m'assis dans mon unique fauteuil à côté du lit, sentant très triste et étrange que cette première nuit de ma brillante fortune fût la plus solitaire que j'aie jamais connue.

En regardant vers la fenêtre ouverte, je vis flotter là des couronnes légères de la pipe de Joe, et je crus que c'était comme une bénédiction de Joe, qui ne m'importunait pas et ne paradait pas devant moi, mais qui imprégnait l'air que nous partagions ensemble. J'éteignis ma lumière et me glissai dans mon lit ; et c'était un lit inconfortable maintenant, et je n'y dormais plus jamais avec l'ancien sommeil profond.

Chapitre XIX.

Le matin a fait une différence considérable dans ma perspective générale de la vie, et l'a tellement égayée qu'elle semblait à peine la même. Ce qui pesait le plus sur mon esprit, c'était la considération que six jours s'étaient écoulés entre moi et le jour du départ ; car je ne pouvais me défaire de la crainte qu'il puisse arriver quelque chose à Londres dans l'intervalle, et que, quand j'y arriverais, elle serait ou bien détériorée ou complètement disparue.

Joe et Biddy étaient très sympathiques et agréables quand je parlai de notre séparation prochaine ; mais ils n'y ont fait allusion que lorsque je l'ai fait. Après le déjeuner, Joe sortit mes contrats de la presse dans le meilleur salon, et nous les mîmes dans le feu, et je me sentis libre. Avec toute la nouveauté de mon émancipation sur moi, je suis allé à l'église avec Joe, et j'ai pensé que peut-être l'ecclésiastique n'aurait pas lu cela sur l'homme riche et le royaume des cieux, s'il avait tout su.

Après notre dîner matinal, je me promenai seul, avec l'intention d'achever les marais tout de suite et d'en finir avec eux. En passant devant l'église, j'éprouvai (comme j'avais ressenti pendant l'office du matin) une compassion sublime pour les pauvres créatures qui étaient destinées à y aller, dimanche après dimanche, toute leur vie, et à rester obscurément enfin parmi les monticules verts et bas. Je me promis de faire quelque chose pour eux un de ces jours, et je formai un plan dans les grandes lignes pour offrir un dîner de rosbif et de plum-pudding, une pinte de bière et un gallon de condescendance à tous les habitants du village.

Si j'avais souvent pensé auparavant, avec quelque chose qui tenait à la honte, à ma compagnie avec le fugitif que j'avais vu une fois boiter parmi ces tombes, qu'étais-je pensé en ce dimanche, où l'endroit me rappelait le misérable, haillonné et grelottant, avec son fer et son insigne de criminel ! Ma consolation était que cela s'était passé il y a longtemps, et qu'il avait sans doute été transporté bien loin, et qu'il était mort pour moi, et qu'il pouvait être vraiment mort en plus.

Plus de terres basses et humides, plus de digues et d'écluses, plus de ces bestiaux en train de paître, bien qu'ils semblaient, à leur manière terne, prendre maintenant un air plus respectueux, et faire face autour d'eux, afin de pouvoir regarder le plus longtemps possible celui qui avait de si grandes espérances, adieu, connaissances monotones de mon enfance, dès lors, j'étais pour Londres et la grandeur ; Pas pour le travail de Smith en général, et pour vous ! Je me dirigeai avec exultation vers la vieille batterie, et, m'y étendant pour réfléchir à la question de savoir si miss Havisham me destinait à Estelle, je m'endormis.

Quand je me réveillai, je fus très surpris de trouver Joe assis à côté de moi, fumant sa pipe. Il me salua avec un sourire joyeux en ouvrant les yeux, et me dit :

— Comme si c'était la dernière fois, Pip, j'ai cru que j'allais devenir fou.

« Et Joe, je suis très content que tu l'aies fait. »

« Merci, Pip. »

« Vous pouvez être sûr, mon cher Joe, continuai-je après que nous nous eûmes serré la main, que je ne vous oublierai jamais. »

— Non, non, Pip, dit Joe d'un ton tranquille, *j*'en suis sûr. Oui, oui, mon vieux ! Dieu vous bénisse, il suffirait de bien le faire comprendre à l'esprit d'un homme, d'en être certain. Mais il a fallu un peu de temps pour bien le faire, le changement est venu si bien dodu ; n'est-ce pas ?

D'une manière ou d'une autre, je n'étais pas très content que Joe soit si puissamment en sécurité envers moi. J'aurais voulu qu'il trahisse l'émotion, ou qu'il dise : « Cela te fait honneur, Pip », ou quelque chose de ce genre. Je ne fis donc aucune remarque sur la première tête de Joe ; disant simplement, à propos de son second, que la nouvelle était effectivement arrivée soudainement, mais que j'avais toujours voulu être un gentleman, et que j'avais souvent et souvent spéculé sur ce que je ferais si j'en étais un.

— Mais vous ? dit Joe. — Étonnant !

« C'est dommage, Joe, dis-je, que vous ne vous soyez pas un peu mieux entendu, quand nous avons eu nos leçons ici ; n'est-ce pas ? »

- Eh bien, je ne sais pas, répondit Joe, je suis si affreusement ennuyeux. Je ne suis maître que de mon propre métier. C'était toujours dommage car j'étais si affreusement ennuyeux ; Mais ce n'est pas plus dommage maintenant qu'il ne l'était, ce jour-là, douze mois, ne voyez-vous pas ?

Ce que j'avais voulu dire, c'est que, lorsque je serais entré dans ma propriété et que j'aurais pu faire quelque chose pour Joe, il aurait été

153

beaucoup plus agréable qu'il eût été mieux qualifié pour s'élever au rang. Il était si parfaitement innocent de ce que je voulais dire, cependant, que j'ai pensé que j'en parlerais à Biddy de préférence.

Aussi, quand nous fûmes rentrés à pied et que nous eûmes pris le thé, j'emmenai Biddy dans notre petit jardin au bord de la ruelle, et, après m'être jeté d'une manière générale pour lui remonter le moral, afin de ne jamais l'oublier, je lui dis que j'avais une faveur à lui demander.

- Et c'est ainsi, Biddy, dis-je, que vous ne manquerez aucune occasion d'aider un peu Joe.

« Comment l'aider ? » demanda Biddy avec un regard fixe.

— Eh bien ! Joe est un brave garçon, — en fait, je crois que c'est le plus cher garçon qui ait jamais vécu, — mais il est un peu arriéré en certaines choses. Par exemple, Biddy, dans son érudition et ses manières.

Bien que je regardasse Biddy pendant que je parlais, et bien qu'elle ait ouvert de grands yeux quand j'ai parlé, elle ne m'a pas regardé.

« Oh, ses manières ! ses manières ne feront-elles pas l'affaire alors ? demanda Biddy en cueillant une feuille de cassis. »

— Ma chère Biddy, ils se débrouillent très bien ici...

« Ah ! ils *se débrouillent* très bien ici ? » interrompit Biddy en regardant attentivement la feuille qu'elle tenait à la main.

— Écoutez-moi, mais si je devais faire passer Joe dans une sphère plus élevée, comme j'espère l'enlever quand je serai pleinement dans ma propriété, on ne lui rendrait guère justice.

— Et vous ne croyez pas qu'il le sache ? demanda Biddy.

C'était une question si provocante (car elle ne m'était jamais venue à l'esprit de la manière la plus lointaine), que je dis sèchement :

« Biddy, qu'est-ce que tu veux dire ? »

Biddy, après avoir frotté la feuille entre ses mains, et l'odeur d'un cassis m'est revenue depuis ce soir-là dans le petit jardin au bord de la ruelle, me dit : « N'avez-vous jamais pensé qu'il puisse être fier ? »

« Fier ? » répétai-je avec une emphase dédaigneuse.

« Ah ! il y a bien des sortes d'orgueil, » dit Biddy en me regardant fixement et en secouant la tête. « L'orgueil n'est pas tout d'une seule espèce... »

154

« Eh bien ? Pourquoi vous arrêtez-vous ? » dis-je.

— Pas toutes d'une seule espèce, reprit Biddy. Il est peut-être trop orgueilleux pour laisser quelqu'un le faire sortir d'une place qu'il est capable de remplir, et qu'il remplit bien et avec respect. Pour vous dire la vérité, je pense qu'il l'est ; bien que cela me paraisse audacieux de le dire, car vous devez le connaître bien mieux que moi.

« Maintenant, Biddy, » dis-je, je suis bien fâché de voir cela en vous. Je ne m'attendais pas à voir cela en vous. Vous êtes envieux, Biddy, et vous êtes rancunier. Vous êtes mécontent de ma fortune, et vous ne pouvez pas ne pas le montrer.

- Si vous avez le cœur de le penser, répondit Biddy, dites-le. Répétez-le encore et encore, si vous avez le cœur de le penser.

— Si vous avez le cœur de l'être, vous voulez dire, Biddy, dis-je d'un ton vertueux et supérieur. « Ne m'en remettez pas rigueur. Je suis vraiment désolé de le voir, et c'est un... c'est un mauvais côté de la nature humaine. J'avais l'intention de vous demander d'utiliser toutes les petites occasions que vous pourriez avoir après mon départ pour améliorer mon cher Joe. Mais après cela, je ne vous demande rien. Je suis extrêmement désolé de voir cela en vous, Biddy, répétai-je. « C'est un... c'est un mauvais côté de la nature humaine. »

— Que vous me grondiez ou que vous m'approuviez, répondit le pauvre Biddy, vous pouvez également compter sur moi pour faire tout ce qui est en mon pouvoir, ici, en tout temps. Et quelle que soit l'opinion que vous prendrez de moi, cela ne changera rien à mon souvenir de vous. Pourtant, un gentleman ne doit pas non plus être injuste, dit Biddy en détournant la tête.

Je répétai de nouveau avec chaleur que c'était un mauvais côté de la nature humaine (en quoi sentiment, renonçant à son application, j'ai depuis vu des raisons de penser que j'avais raison), et je descendis le petit sentier en s'éloignant de Biddy, et Biddy entra dans la maison, et je sortis par la porte du jardin et fis une promenade découragée jusqu'à l'heure du souper ; de nouveau, je me sentais très triste et étrange que cette nuit, la seconde de ma brillante fortune, fût aussi solitaire et aussi insatisfaisante que la première.

Mais, une fois de plus, le matin éclaira ma vue, et j'étendis ma clémence à Biddy, et nous laissâmes tomber le sujet. J'ai pris les plus beaux vêtements que j'avais, j'allai en ville le plus tôt que je pus espérer de trouver les boutiques ouvertes, et je me présentai devant M. Trabb, le tailleur, qui déjeunait dans le salon derrière sa boutique, et qui ne jugeait pas utile de venir me voir, mais qui m'appelait à lui.

– Eh bien ! dit M. Trabb d'un ton de camarade de selle. « Comment allez-vous, et que puis-je faire pour vous ? »

M. Trabb avait coupé son petit pain chaud en trois lits de plumes, et il glissait du beurre entre les couvertures et le couvrait. C'était un vieux célibataire prospère, et sa fenêtre ouverte donnait sur un petit jardin et un verger prospères, et il y avait un coffre-fort en fer prospère encastré dans le mur à côté de sa cheminée, et je ne doutais pas que des tas de sa prospérité n'y fussent rangés dans des sacs.

« Monsieur Trabb, » dis-je, c'est une chose désagréable à mentionner, parce que cela ressemble à de la vantardise ; mais je suis entré dans une belle propriété.

Un changement passa sur M. Trabb. Il oublia le beurre dans son lit, se leva du chevet et s'essuya les doigts sur la nappe en s'écriant : « Que Dieu bénisse mon âme ! »

« Je vais chez mon tuteur à Londres, dis-je en tirant nonchalamment quelques guinées de ma poche et en les regardant ; et j'ai besoin d'un costume à la mode. Je veux les payer, ajoutai-je, sans quoi je pensais qu'il ne ferait que faire semblant de les faire, « avec de l'argent comptant. »

« Mon cher monsieur, dit M. Trabb en inclinant respectueusement son corps, en ouvrant les bras et en prenant la liberté de me toucher sur l'extérieur de chaque coude, ne me faites pas de mal en me parlant de cela. Puis-je me permettre de vous féliciter ? Voudriez-vous me faire la faveur d'entrer dans la boutique ? »

Le garçon de M. Trabb était le garçon le plus audacieux de toute cette campagne. Quand j'étais entré, il balayait la boutique, et il avait adouci son travail en me balayant. Il balayait encore quand je suis sorti dans la boutique avec M. Trabb, et il a frappé le balai contre tous les coins et tous les obstacles possibles, pour exprimer (comme je l'ai compris) l'égalité avec n'importe quel forgeron, vivant ou mort.

— Arrêtez de faire ce bruit, dit M. Trabb avec la plus grande sévérité, ou je vous ferai tomber la tête !... Faites-moi la grâce de m'asseoir, monsieur. Or, dit M. Trabb en prenant un rouleau de tissu et en le rangeant d'une manière fluide sur le comptoir, se préparant à passer sa main sous le dessus pour montrer le lustre, c'est un article très doux. Je peux le recommander pour votre objectif, monsieur, parce qu'il est vraiment super super. Mais vous en verrez d'autres. Donnez-moi le numéro quatre, vous ! (Au garçon, et avec un regard terriblement sévère, prévoyant le danger que ce mécréant ne me frôle avec ou me fasse quelque autre signe de familiarité.)

M. Trabb ne quitta pas son œil sévère du garçon avant qu'il n'eût déposé le numéro quatre sur le comptoir et qu'il ne se soit de nouveau à une distance de sécurité. Puis il lui ordonna d'amener le numéro cinq et le numéro huit. – Et ne me laissez pas avoir ici un de vos tours, dit M. Trabb, ou vous vous en repentirez, jeune scélérat, du jour le plus long que vous ayez à vivre.

M. Trabb se pencha alors sur le numéro quatre, et, avec une sorte de confiance déférente, me le recommanda comme un article léger pour les vêtements d'été, un article très en vogue parmi la noblesse et la noblesse, un article que ce serait toujours un honneur pour lui de réfléchir sur le fait qu'un compatriote distingué (s'il pouvait me prendre pour un compatriote) qu'il aurait porté. « Est-ce que tu apportes les numéros cinq et huit, vagabond, dit M. Trabb au garçon, ou est-ce que je te mets à la porte de la boutique et que je les apporte moi-même ? »

J'ai choisi les matériaux pour un costume, avec l'aide du jugement de M. Trabb, et je suis rentré dans le salon pour être mesuré. Car, bien que M. Trabb eût déjà pris ma mesure, et qu'il en eût été jusque-là très satisfait, il dit en s'excusant qu'elle « ne ferait pas l'affaire dans les circonstances actuelles, monsieur, qu'elle ne ferait pas l'affaire du tout ». Aussi, M. Trabb me mesura-t-il et me calcula-t-il dans le salon, comme si j'étais un domaine et lui la meilleure espèce d'arpenteur, et il s'accorda un tel monde de peine que je sentis qu'aucun habit ne pourrait le dédommager de ses peines. Lorsqu'il eut enfin terminé et qu'il eut pris rendez-vous pour envoyer les articles chez M. Pumblechook le jeudi soir, il dit, la main sur la serrure du salon : « Je sais, monsieur, qu'on ne peut pas s'attendre à ce que les gentlemen de Londres fréquentent le travail local, en règle générale ; mais si vous vouliez me donner de temps en temps un tour en qualité de citadin, je l'estimerais beaucoup. Bonjour, monsieur, je vous en suis bien obligé. »

Le dernier mot fut lancé au garçon, qui n'avait pas la moindre idée de ce que cela signifiait. Mais je l'ai vu s'effondrer lorsque son maître m'a essuyé avec ses mains, et ma première expérience décisive du pouvoir prodigieux de l'argent a été qu'il avait moralement posé sur son dos le fils de Trabb.

Après cet événement mémorable, je suis allé chez le chapelier, chez le bottier et chez le bonnetier, et je me suis senti un peu comme le chien de Mère Hubbard dont l'habit nécessitait les services de tant de métiers. Je suis aussi allé au bureau de la diligence et j'ai pris place pour sept heures le samedi matin. Il n'était pas nécessaire d'expliquer partout que j'étais entré dans une belle propriété ; mais chaque fois que je disais quelque chose à cet effet, il s'ensuivait que le marchand officiant cessait de détourner son attention par la fenêtre de la grande rue, et concentrait son attention sur moi. Quand j'eus commandé tout ce que je voulais, je dirigeai mes pas vers celui de Pumblechook, et, comme j'approchais de l'établissement de ce monsieur, je le vis debout à sa porte.

Il m'attendait avec une grande impatience. Il était sorti de bonne heure avec la charrette, était allé à la forge et avait appris la nouvelle. Il avait préparé une collation pour moi dans le salon de Barnwell, et lui aussi ordonna à son marchand de « sortir de la passerelle » au passage de ma personne sacrée.

« Mon cher ami, dit M. Pumblechook en me prenant par les deux mains, quand lui, moi et le collation, nous fûmes seuls, je vous donne la joie de votre bonne fortune. Bien mérité, bien mérité ! »

On en venait au fait, et j'ai pensé que c'était une façon sensée de s'exprimer.

« Penser, dit M. Pumblechook, après m'avoir éprouvé un instant d'admiration, que j'aurais été l'humble instrument qui m'a conduit à cela, c'est une fière récompense. »

Je priai M. Pumblechook de se rappeler qu'il n'y avait jamais rien à dire ou à insinuer sur ce point.

« Mon cher jeune ami, » dit M. Pumblechook ; — Si vous me permettez de vous appeler ainsi...

Je murmurai : « Certainement, » et M. Pumblechook me prit de nouveau par les deux mains, et communiqua un mouvement à son gilet, qui avait une apparence émue, quoiqu'un peu basse : « Mon cher jeune ami, comptez sur moi pour faire ma part en votre absence, en gardant le fait à l'esprit de Joseph. à la manière d'une adjuration compatissante. « Joseph !! Joseph !! » Là-dessus, il secoua la tête et la tapota, exprimant ainsi son sentiment de déficience chez Joseph.

« Mais, mon cher jeune ami, dit M. Pumblechook, vous devez avoir faim, vous devez être épuisé. Être assis. Voici un poulet rond du sanglier, voici une langue ronde du sanglier, voici une ou deux petites choses rondes du sanglier, que j'espère que vous ne mépriserez pas. Mais est-ce que moi, dit M. Pumblechook en se levant au moment où il s'était assis, je vois devant moi celui avec qui j'ai jamais joué dans ses moments d'enfance heureuse ? Et puis-je... puis-je... ? »

Ce mai, je voulais dire qu'il pourrait serrer la main ? J'y consentis, et il fut fervent, puis il se rassit.

« Voici du vin, dit M. Pumblechook. Buvons, grâce à la fortune, et puisse-t-elle toujours choisir ses favoris avec un jugement égal ! Et pourtant, je ne peux pas, dit M. Pumblechook en se relevant, voir devant moi l'un, et boire de même à l'un, sans exprimer de nouveau : Puis-je... puis-je... ? »

Je lui dis que oui, et il me serra de nouveau la main, vida son verre et le retourna. J'ai fait de même ; et si je m'étais retourné avant de boire, le vin n'aurait pas pu me monter plus directement à la tête.

M. Pumblechook m'aida à prendre l'aile du foie et la meilleure tranche de langue (aucune de ces Pas de Porc à l'écart), et ne prit aucun soin de lui-même. — Ah ! Volaille, volaille ! Vous ne pensiez guère, dit M. Pumblechook en apostrophant la volaille dans le plat, quand vous étiez un jeune oisillon, à ce qui vous attendait. Vous ne pensiez pas que vous alliez être un rafraîchissement sous cet humble toit pour quelqu'un... Appelez cela une faiblesse, si vous voulez, dit M. Pumblechook en se relevant, mais puis-je le faire ? *puis-je...* ?

Il commençait à être inutile de répéter la manière de dire qu'il le pouvait, alors il le fit immédiatement. Comment a-t-il pu le faire si souvent sans se blesser avec mon couteau, je ne sais pas.

— Et votre sœur, reprit-il après avoir mangé un peu régulièrement, qui a eu l'honneur de vous élever à la main ! C'est une triste image, de penser qu'elle n'est plus en mesure de comprendre pleinement l'honneur. Mai...

J'ai vu qu'il était sur le point de revenir vers moi, et je l'ai arrêté.

« Nous boirons à sa santé, » dis-je.

« Ah ! s'écria M. Pumblechook en se renversant dans son fauteuil, tout flasque d'admiration, c'est ainsi que vous les connaissez, monsieur ! » (Je ne sais pas qui était Monsieur, mais il n'était certainement pas moi, et il n'y avait pas de troisième personne présente) ; — C'est ainsi que vous connaissez les nobles d'esprit, monsieur ! Toujours indulgent et toujours affable. Il se pourrait, dit le servile Pumblechook, posant précipitamment son verre ingoûté et se relevant, pour un vulgaire, avoir l'air de répéter...

Quand il l'eut fait, il reprit sa place et but à ma sœur. « Ne nous attirant jamais l'aveuglement, dit M. Pumblechook, à ses fautes de caractère, mais il faut espérer qu'elle avait de bonnes intentions. »

À peu près à ce moment-là, j'ai commencé à remarquer qu'il commençait à rougir au visage ; quant à moi, je sentais tout le visage, trempé de vin et de piquant.

J'ai dit à M. Pumblechook que je désirais qu'on lui envoyât mes nouveaux vêtements, et il était ravi que je le distinguasse ainsi. J'ai mentionné la raison pour laquelle je désirais éviter d'être observé dans le village, et il l'a loué jusqu'aux cieux. Il n'y avait personne d'autre que lui, me dit-il, digne de ma confiance, et, en un mot, le pourrait-il ? Puis il me demanda tendrement si je me souvenais de nos jeux d'enfant aux sommes, et comment nous étions allés ensemble pour me faire lier apprenti, et, en effet, comment il avait pu être ma fantaisie préférée et mon ami choisi. Si j'avais pris dix fois plus de verres de vin que je n'en ai pris, j'aurais su qu'il n'avait jamais eu cette relation avec moi, et j'aurais répudié cette idée au fond de mon cœur. Pourtant, malgré cela, je me souviens d'avoir été convaincu que je m'étais beaucoup trompé sur lui, et qu'il était un homme de premier ordre, sensé, pratique et de bon cœur.

Peu à peu, il en vint à avoir une si grande confiance en moi, qu'il me demanda conseil sur ses propres affaires. Il a mentionné qu'il y avait une occasion de grande fusion et de monopole du commerce du maïs et des semences sur ces lieux, s'ils s'élargissaient, comme cela ne s'était jamais produit auparavant dans ce quartier ou dans tout autre. Ce qui seul manquait à la réalisation d'une vaste fortune, il le considérait comme plus de capital. C'étaient les deux petits mots, plus de majuscules. Maintenant, il lui sembla (Pumblechook) que si ce capital était injecté dans l'entreprise, par l'intermédiaire d'un associé dormant, monsieur, cet associé endormi n'aurait rien d'autre à faire que d'entrer, seul ou suppléant, quand bon lui semble, et d'examiner les livres, et d'y entrer deux fois par an et d'emporter ses bénéfices dans sa poche. à hauteur de cinquante pour cent, il lui sembla que ce pouvait être une ouverture pour un jeune gentleman d'esprit combinée à une propriété digne de son attention. Mais qu'est-ce que j'en ai pensé ? Il avait une grande confiance en mon opinion, et qu'est-ce que j'en pensais ? Je l'ai donné comme mon avis. « Attendez un peu ! » L'immensité et la netteté de cette vue le frappèrent tellement, qu'il ne me demanda plus s'il pouvait me serrer la main, mais qu'il le devait réellement, et il le fit.

Nous avons bu tout le vin, et M. Pumblechook s'est engagé à maintes reprises à maintenir Joseph à la hauteur (je ne sais pas quelle marque) et à me rendre un service efficace et constant (je ne sais quel service). Il m'a aussi fait savoir pour la première fois de ma vie, et certainement après avoir merveilleusement bien gardé son secret, qu'il avait toujours dit de moi : « Ce garçon n'est pas un garçon ordinaire, et remarquez-moi, sa chance ne sera pas une chance commune. » Il a dit avec un sourire en larmes que c'était une chose singulière à laquelle penser maintenant, et je l'ai dit aussi. Finalement, je sortis dans les airs, avec la vague perception qu'il y avait quelque chose d'inhabituel dans la conduite du soleil, et je découvris que j'étais arrivé lentement à l'autoroute sans avoir tenu compte de la route.

Là, je fus réveillé par M. Pumblecrochet qui me hélait. Il était loin dans la rue ensoleillée et faisait des gestes expressifs pour que je m'arrête. Je me suis arrêté, et il est arrivé hors d'haleine.

« Non, mon cher ami, » dit-il, quand il eut repris le souffle pour parler. — Pas si je peux m'en empêcher. Cette occasion ne passera pas entièrement sans cette affabilité de votre part. *Puis-je* ? »

Nous nous serrâmes la main pour la centième fois au moins, et il ordonna à un jeune charretier de s'éloigner de mon chemin avec la plus grande indignation. Puis, il me bénit et resta debout à me faire signe de la main jusqu'à ce que j'aie dépassé le voleur sur la route ; puis j'ai tourné dans un champ et j'ai fait une longue sieste sous une haie avant de poursuivre mon chemin vers la maison.

J'avais peu de bagages à emporter avec moi à Londres, car peu du peu que je possédais était adapté à ma nouvelle station. Mais j'ai commencé à faire mes bagages l'après-midi même, et j'ai emballé sauvagement des choses que je savais que je voudrais le lendemain matin, dans une fiction qu'il n'y avait pas un instant à perdre.

Ainsi, mardi, mercredi et jeudi se sont écoulés ; et le vendredi matin, j'allai chez M. Pumblechook, pour mettre mes nouveaux vêtements et rendre visite à miss Havisham. La chambre de M. Pumblechook m'a été donnée pour que je m'y habille, et elle a été décorée de serviettes propres spécialement pour l'événement. Mes vêtements étaient plutôt décevants, bien sûr. Il est probable que tous les vêtements neufs et attendus avec impatience qui ont été portés depuis l'arrivée des vêtements étaient un peu en deçà de l'attente de celui qui les portait. Mais après que j'eus enfilé mon nouveau costume pendant une demi-heure environ, et que j'eus passé par une immensité de postures avec le très petit verre de toilette de M. Pumblechook, dans l'effort inutile de voir mes jambes, il me sembla qu'il m'allait mieux. Comme c'était le matin du marché dans une ville voisine à une dizaine de milles de là, M. Pumblechook n'était pas chez lui. Je ne lui avais pas dit exactement quand j'avais l'intention de partir, et il était peu probable que je lui serrais de nouveau la main avant de partir. Tout cela était comme il se devait, et je sortis dans ma nouvelle équipe, affreusement honteux d'avoir à dépasser le marchand, et soupçonnant après tout que j'étais dans une situation personnelle, quelque chose comme celle de Joe dans son costume du dimanche.

J'allai par tous les chemins de derrière chez miss Havisham, et je sonnai à la sonnette avec contrainte, à cause des longs doigts raides de mes gants. Sarah Pocket arriva à la porte et recula positivement en me voyant si changé ; son visage de coquille de noix passa également du brun au vert et au jaune.

« Vous ? » dit-elle. « Toi ? De grâce ! Que veux-tu ? »

« Je vais à Londres, miss Pocket, dis-je, et je veux dire adieu à miss Havisham. »

Je n'étais pas attendu, car elle me laissa enfermé dans la cour, tandis qu'elle allait me demander si je devais être admis. Après un très court délai, elle est revenue et m'a pris dans les bras, me fixant tout le long.

Miss Havisham faisait de l'exercice dans la chambre à la longue table, appuyée sur sa béquille. La pièce était éclairée comme autrefois, et au bruit de notre entrée, elle s'arrêta et se retourna. Elle était alors juste à la hauteur du gâteau de la mariée pourri.

« N'y va pas, Sarah, » dit-elle. « Eh bien, Pip ? »

« Je pars demain pour Londres, miss Havisham, et j'ai pensé que vous ne seriez pas fâchée que je prenne congé de vous. »

« C'est une figure gaie, Pip », dit-elle en faisant jouer sa béquille autour de moi, comme si elle, la fée marraine qui m'avait changée, m'offrait le dernier cadeau.

« J'ai eu une si bonne fortune depuis la dernière fois que je vous ai vue, miss Havisham, murmurai-je. « Et j'en suis si reconnaissante, Miss Havisham!»

« Oui, oui ! » dit-elle en regardant avec délices Sarah, déconcertée et envieuse. « J'ai vu M. Jaggers. J'en ai entendu parler, Pip. Vous partez donc demain ? »

- Oui, miss Havisham.

« Et vous êtes adopté par une personne riche ? »

- Oui, miss Havisham.

« Pas nommé ? »

- Non, miss Havisham.

— Et M. Jaggers est devenu votre tuteur ?

- Oui, miss Havisham.

Elle se réjouissait de ces questions et de ces réponses, tant elle prenait plaisir à la consternation jalouse de Sarah Pocket. « Eh bien ! » reprit-elle ; « Vous avez une carrière prometteuse devant vous. Soyez bons, méritez-le, et respectez les instructions de M. Jaggers. Elle me regarda, elle regarda Sarah, et le visage de Sarah s'arracha de son visage vigilant un sourire cruel. »

— Adieu, Pip, vous garderez toujours le nom de Pip, vous savez.

- Oui, miss Havisham.

« Au revoir, Pip ! »

Elle m'a tendu la main, et je me suis agenouillé et l'ai portée à mes lèvres. Je n'avais pas réfléchi à la manière dont je prendrais congé d'elle ; C'est venu naturellement à moi à ce moment-là de le faire. Elle regarda Sarah Pocket avec un triomphe dans ses yeux bizarres, et je laissai ma fée marraine, les deux mains sur sa béquille, debout au milieu de la pièce faiblement éclairée, à côté du gâteau de mariée pourri qui était caché dans des toiles d'araignées.

Sarah Pocket m'a fait descendre, comme si j'étais un fantôme qu'il faut voir dehors. Elle ne pouvait se remettre de mon apparence, et elle était au dernier degré confondue. Je lui dis : « Au revoir, miss Pocket », mais elle se contenta de me regarder fixement et ne parut pas assez sereine pour savoir que j'avais parlé. Hors de la maison, je fis de mon mieux pour retourner chez Pumblechook, j'enlevai mes nouveaux vêtements, j'en fis un paquet, et je rentrai chez moi dans ma vieille robe, la portant, à vrai dire, beaucoup plus à mon aise aussi, bien que j'eusse le paquet à porter.

Et maintenant, ces six jours qui auraient dû s'écouler si lentement, s'étaient écoulés rapidement et s'en étaient allés, et demain je me regardais en face plus fixement que je ne pouvais le regarder. À mesure que les six soirées s'étaient réduites, à cinq, à quatre, à trois, à deux, j'avais appris à apprécier de plus en plus la société de Joe et de Biddy. Ce dernier soir, je me suis habillé de mes nouveaux vêtements pour leur plus grand plaisir, et je suis resté assis dans ma splendeur jusqu'à l'heure du coucher. Nous avons eu un souper chaud à cette occasion, agrémenté de l'inévitable volaille rôtie, et nous avons eu un peu de retournement pour finir. Nous étions tous très déprimés, et aucun n'était plus élevé pour avoir fait semblant d'être de bonne humeur.

Je devais quitter notre village à cinq heures du matin, portant ma petite valise, et j'avais dit à Joe que je voulais m'en aller toute seule. J'ai bien peur, j'ai bien peur, que ce dessein n'ait pris naissance dans mon sentiment du contraste qu'il y aurait entre moi et Joe, si nous allions ensemble à la voiture. J'avais prétendu en moi-même qu'il n'y avait rien de cette souillure dans l'arrangement ; mais quand je suis monté dans ma petite chambre cette nuit-là, je me suis senti obligé d'admettre qu'il pouvait en être ainsi, et j'ai eu l'impulsion de redescendre et de prier Joe de marcher avec moi le matin. Je ne l'ai pas fait.

Toute la nuit, il y avait des carrosses dans mon sommeil entrecoupé, allant aux mauvais endroits au lieu d'aller à Londres, et ayant dans les traces, tantôt des chiens, tantôt des chats, tantôt des cochons, tantôt des hommes, jamais des chevaux. Des échecs fantastiques de voyages m'occupèrent jusqu'au lever du jour et au chant des oiseaux. Puis, je me levai et m'habillai à moitié, et je m'assis à la fenêtre pour jeter un dernier coup d'œil dehors, et en le prenant je m'endormis.

Biddy s'est levé si tôt pour prendre mon déjeuner, que, bien que je n'aie pas dormi à la fenêtre une heure, j'ai senti la fumée du feu de la cuisine quand j'ai commencé avec l'idée terrible qu'il devait être tard dans l'après-midi. Mais longtemps après cela, et longtemps après que j'eus entendu le tintement des tasses de thé et que j'étais tout à fait prêt, je voulus prendre la résolution de descendre. Après tout, je restai là-haut, déverrouillant et détachant à plusieurs reprises ma petite valise, la verrouillant et la refermant, jusqu'à ce que Biddy m'appelle pour me dire que j'étais en retard.

164

C'était un petit déjeuner précipité sans goût. Je me levai du repas en disant avec une sorte de vivacité, comme si cela venait juste de me venir à l'esprit : « Eh bien ! Je suppose que je dois m'en aller ! » et alors j'embrassai ma sœur qui riait, hochait la tête et tremblait dans son fauteuil habituel, et j'embrassai Biddy, et je jetai mes bras autour du cou de Joe. Puis j'ai pris ma petite valise et je suis sorti. La dernière fois que je les ai vus, c'est quand j'ai entendu une bagarre derrière moi, et en regardant en arrière, j'ai vu Joe jeter un vieux soulier derrière moi et Biddy jeter un autre vieux soulier. Je m'arrêtai alors pour agiter mon chapeau, et le cher vieux Joe agita son bras droit vigoureux au-dessus de sa tête, en criant d'une voix rauque : « Hooroar ! » et Biddy porta son tablier à son visage.

Je m'éloignai d'un bon pas, pensant qu'il était plus facile d'y aller que je ne l'avais supposé, et réfléchissant qu'il n'aurait jamais été convenable d'avoir un vieux soulier jeté après la voiture, en vue de toute la grande rue. J'ai sifflé et n'ai pas fait semblant d'y aller. Mais le village était très paisible et très calme, et les brumes légères s'élevaient solennellement, comme pour me montrer le monde, et j'avais été si innocent et si petit là-bas, et tout ce qui était au-delà était si inconnu et si grand, qu'en un instant avec un fort soulèvement et un sanglot, j'ai fondu en larmes. C'était près du poteau au bout du village, et j'ai posé ma main dessus, et j'ai dit : « Au revoir, ô mon cher, cher ami ! »

Dieu sait que nous n'avons jamais à avoir honte de nos larmes, car elles sont une pluie sur la poussière aveuglante de la terre, recouvrant nos cœurs endurcis. J'étais mieux après avoir pleuré qu'avant, plus désolé, plus conscient de ma propre ingratitude, plus doux. Si j'avais pleuré avant, j'aurais eu Joe avec moi à ce moment-là.

J'étais si subjugué par ces larmes, et par elles qui éclataient de nouveau au cours de la promenade tranquille, que lorsque je fus dans la voiture, et qu'il fut dégagé de la ville, je délibérai le cœur douloureux si je ne descendrais pas quand nous changerions de chevaux, et si je ne reviendrais pas, et passerais une autre soirée à la maison. et une meilleure séparation. Nous avons changé, et je n'avais pas encore pris ma décision, et je pensais encore, pour me consoler, qu'il serait tout à fait possible de descendre et de revenir à pied, quand nous changerions de nouveau. Et pendant que j'étais occupé à ces délibérations, j'imaginais qu'il y avait une ressemblance exacte avec Joe chez quelque homme venant le long de la route vers nous, et mon cœur battait fort.

Nous avons changé encore, encore et encore, et il était maintenant trop tard et trop loin pour revenir en arrière, et j'ai continué. Et les brumes s'étaient toutes solennellement levées maintenant, et le monde s'étendait devant moi.

C'est la fin de la première étape des attentes de Pip.

Chapitre XX.

Le voyage de notre ville à la métropole était d'environ cinq heures. Il était un peu plus de midi lorsque la diligence à quatre chevaux dans laquelle je voyageais entra dans le tourbillon de la circulation qui s'effilochait autour de Cross Keys, Wood Street, Cheapside, Londres.

Nous, les Britanniques, nous avions particulièrement décidé à cette époque qu'il était traître de douter que nous ayons et que nous soyons le meilleur de tout : autrement, tandis que j'étais effrayé par l'immensité de Londres, je pense que j'aurais pu avoir quelques doutes sur le fait qu'elle n'était pas plutôt laide, tordue, étroite et sale.

M. Jaggers m'avait dûment envoyé son adresse ; c'était la Petite Bretagne, et il avait écrit après cela sur sa carte : « Juste à la sortie de Smithfield, et tout près du bureau de la diligence. » Néanmoins, un cocher de fiacre, qui semblait avoir autant de capes à son manteau gras qu'il en avait d'années, m'embarqua dans son carrosse et m'enferma d'une barrière de marches plissées et tintantes, comme s'il allait m'emmener cinquante milles. Le fait qu'il soit monté sur sa boîte, dont je me souviens qu'elle était décorée d'un vieux drap martelé vert pois taché par le temps et rongé par les mites en haillons, était tout un travail de temps. C'était un équipage merveilleux, avec six grandes couronnes à l'extérieur, et des objets en lambeaux derrière car je ne sais pas combien de valets de pied tenir et une herse au-dessous d'eux, pour empêcher les fantassins amateurs de céder à la tentation.

J'avais à peine eu le temps de jouir de la voiture et de penser combien elle ressemblait à une cour de paille, et pourtant à un magasin de chiffons, et à me demander pourquoi les museaux des chevaux étaient gardés à l'intérieur, que j'aperçus le cocher qui commençait à descendre, comme si nous allions nous arrêter tout à l'heure. Et nous nous arrêtâmes bientôt, dans une rue sombre, dans certains bureaux à porte ouverte, sur lesquels était peint M. Jaggers.

« Combien ? » demandai-je au cocher.

Le cocher répondit : « Un shilling, à moins que vous ne vouliez en faire plus. »

J'ai naturellement dit que je n'avais aucune envie d'en faire plus.

— Alors ce doit être un shilling, observa le cocher. « Je ne veux pas avoir d'ennuis. *Je le connais* ! Il ferma sombrement un œil au nom de M. Jaggers et secoua la tête. »

Quand il eut pris son shilling, qu'il eut fini de monter jusqu'à sa loge et qu'il se fut enfui (ce qui parut le soulager), j'entrai dans le bureau avec ma petite valise à la main et lui demandai : M. Jaggers était-il à la maison ?

— Il ne l'est pas, répondit le greffier. Il est actuellement au tribunal. Est-ce que je m'adresse à M. Pip ?

Je signifiai qu'il s'adressait à M. Pip.

« M. Jaggers a laissé un mot, voudriez-vous attendre dans sa chambre. Il ne pouvait pas dire combien de temps il pourrait rester, ayant une affaire. Mais il va de soi, son temps étant précieux, qu'il ne sera pas plus long qu'il ne peut aider. »

Sur ces mots, le commis ouvrit une porte et me fit entrer dans une chambre intérieure à l'arrière. Ici, nous avons trouvé un monsieur avec un œil, en costume de velours et en culottes courtes, qui s'essuyait le nez avec sa manche lorsqu'on l'interrompait dans la lecture du journal.

« Va attendre dehors, Mike », dit le commis.

Je commençai à dire que j'espérais ne pas interrompre, lorsque le commis poussa ce monsieur dehors avec le moins de cérémonie que j'aie jamais vu d'usage, et jetant son bonnet de fourrure derrière lui, me laissa seul.

La chambre de M. Jaggers n'était éclairée que par une lucarne, et c'était un endroit des plus lugubres ; la lucarne, excentriquement inclinée comme une tête brisée, et les maisons voisines déformées semblaient s'être tordues pour me regarder à travers elle. Il n'y avait pas autant de journaux que je m'y serais attendu ; et il y avait autour de moi quelques objets bizarres que je ne m'attendais pas à voir, tels qu'un vieux pistolet rouillé, une épée dans un fourreau, plusieurs boîtes et paquets d'aspect étrange, et deux moulages affreux sur une étagère, de visages singulièrement enflés et nerveux autour du nez. La chaise à haut dossier de M. Jaggers était en crin de cheval d'un noir mortel, entourée de rangées de clous de cuivre, comme un cercueil ; et je crus voir comment il se penchait dedans et se mordait l'index vers les clients. La pièce n'était que petite, et les clients semblaient avoir l'habitude de s'adosser au mur ; le mur, surtout en face de la chaise de M. Jaggers, était gras d'épaules.

Je me rappelai aussi que le monsieur borgne s'était traîné contre le mur quand j'étais la cause innocente de son expulsion.

Je m'assis dans le fauteuil du client placé contre le fauteuil de M. Jaggers, et je fus fasciné par l'atmosphère lugubre de l'endroit. Je me rappelai que le commis avait le même air de savoir quelque chose au désavantage de tout le monde que son maître. Je me demandais combien il y avait d'autres employés à l'étage, et s'ils prétendaient tous avoir la même maîtrise préjudiciable de leurs semblables. Je me demandais quelle était l'histoire de tous ces détritus étranges dans la pièce, et comment ils étaient arrivés là. Je me demandais si les deux visages enflés étaient de la famille de M. Jaggers, et, s'il avait le malheur d'avoir eu deux parents aussi mal faits, pourquoi il les avait collés sur ce perchoir poussiéreux pour que les Noirs et les mouches s'y installent, au lieu de leur donner une place chez eux. Bien sûr, je n'avais pas l'expérience d'une journée d'été à Londres, et mon esprit a pu être oppressé par l'air chaud et épuisé, et par la poussière et le gravier qui recouvraient tout. Mais je restai assis, étonné et attendri, dans la chambre voisine de M. Jaggers, jusqu'à ce que je ne puisse vraiment plus supporter les deux moulages sur l'étagère au-dessus de la chaise de M. Jaggers, et je me levai et sortis.

Quand j'ai dit au commis que j'allais faire un tour dans les airs pendant que j'attendais, il m'a conseillé de tourner le coin et d'entrer à Smithfield. Je suis donc venu à Smithfield ; et l'endroit honteux, tout maculé de saleté, de graisse, de sang et d'écume, semblait me coller. Alors, je l'ai effacé à toute la vitesse possible en tournant dans une rue où j'ai vu le grand dôme noir de Saint-Paul se dresser devant moi derrière un sinistre bâtiment de pierre qu'un passant a dit être la prison de Newgate. En suivant le mur de la prison, j'ai trouvé la chaussée recouverte de paille pour amortir le bruit des véhicules qui passaient ; et de cela, et de la quantité de gens qui se tenaient là et qui sentaient fortement l'eau-de-vie et la bière, j'en déduisis que les essais étaient en cours.

Tandis que je regardais autour de moi, un ministre de la Justice excessivement sale et à moitié ivre me demanda si je voulais intervenir et entendre un procès ou quelque chose comme ça, m'informant qu'il pouvait me donner une place de choix pour une demi-couronne, d'où j'ordonnerais une vue complète du Lord Chief Justice dans sa perruque et ses robes. il parlait de cet affreux personnage comme de la cire, et lui offrait bientôt au prix réduit de dix-huit pence. Comme je refusais la proposition sous prétexte d'une nomination, il eut la bonté de m'emmener dans une cour et de me montrer où se trouvait la potence, et aussi où les gens étaient fouettés publiquement, puis il me montra la porte des débiteurs, d'où sortaient les coupables pour être pendus ; augmentant l'intérêt de ce terrible portail en me faisant comprendre que « quatre sur eux » sortiraient par cette porte après-demain à huit heures du matin, pour être tués à la suite. C'était horrible et cela m'a donné une idée répugnante de Londres ; d'autant plus que le propriétaire du lord juge en chef portait (depuis son chapeau jusqu'à ses bottes et jusqu'à son mouchoir de poche inclus) des vêtements moisis qui ne lui avaient évidemment pas appartenu à l'origine, et que je me mis dans la tête qu'il avait achetés à bas prix au bourreau. Dans ces circonstances, je me croyais bien débarrassé de lui pour un shilling.

Je suis allé dans le bureau pour demander si M. Jaggers était déjà entré, et j'ai découvert qu'il ne l'était pas fait, et je suis ressorti. Cette fois, j'ai fait le tour de la Petite Bretagne, et j'ai tourné à Bartholomew Close ; et maintenant je m'aperçus que d'autres personnes attendaient M. Jaggers, aussi bien que moi. Il y avait deux hommes d'apparence secrète qui se prélassaient dans le proche de Bartholomew et enfonçaient pensivement leurs pieds dans les fentes du pavé pendant qu'ils causaient ensemble, dont l'un a dit à l'autre, quand ils m'ont croisé pour la première fois, que « Jaggers le ferait s'il fallait le faire. » Il y avait un groupe de trois hommes et deux femmes debout dans un coin, et l'une des femmes pleurait sur son châle sale, et l'autre la réconfortait en disant, tandis qu'elle tirait son propre châle sur ses épaules : « Jaggers est pour lui, Melia, et que *pourrais-tu avoir de plus* ? » Il y avait un petit Juif aux yeux rouges qui entra dans le Close pendant que j'y flânais, en compagnie d'un second petit Juif qu'il envoya faire une commission ; et pendant que le messager était parti, je remarquai ce Juif, qui était d'un tempérament très excité, qui faisait une gigue d'anxiété sous un lampadaire et s'accompagnait, dans une sorte de frénésie, de ces mots : « Ô Jaggerth, Jaggerth, Jaggerth ! tout le reste avec Cag-Maggerth, donnez-moi Jaggerth ! Ces témoignages de la popularité de mon tuteur m'ont profondément impressionné, et j'ai admiré et émerveillé plus que jamais. »

Enfin, comme je regardais la porte de fer de Bartholomew Close dans la Petite-Bretagne, je vis M. Jaggers qui traversait la route vers moi. Tous les autres qui attendaient l'aperçurent en même temps, et il y eut toute une ruée vers lui. M. Jaggers, posant une main sur mon épaule et me promenant à ses côtés sans rien me dire, s'adressa à ses partisans.

Tout d'abord, il a pris les deux hommes secrets.

— Maintenant, je n'ai rien à *vous dire*, dit M. Jaggers en leur jetant le doigt. « Je ne veux pas en savoir plus que ce que je sais. Quant au résultat, c'est un tirage au sort. Je vous l'ai dit dès le début que c'était un tirage au sort. Avez-vous payé Wemmick ?

- Nous avons rattrapé l'argent ce matin, monsieur, dit l'un des hommes avec soumission, tandis que l'autre examinait le visage de M. Jaggers.

« Je ne vous demande pas quand vous l'avez inventé, ni où, ni si vous l'avez inventé du tout. Wemmick l'a-t-il eu ? »

« Oui, monsieur, » dirent les deux hommes ensemble.

— Très bien ; Ensuite, vous pouvez partir. Maintenant, je ne l'aurai pas ! dit M. Jaggers en leur faisant signe de la main pour les mettre derrière lui. « Si vous me dites un mot, je vais jeter l'affaire. »

— Nous avons pensé, monsieur Jaggers... commença l'un des hommes en ôtant son chapeau.

« C'est ce que je vous ai dit de ne pas faire », a déclaré M. Jaggers. « *Tu* pensais ! Je pense que pour vous ; Cela vous suffit. Si je te veux, je sais où te trouver ; Je ne veux pas que vous me trouviez. Maintenant, je ne l'aurai plus. Je n'entendrai pas un mot. »

Les deux hommes se regardèrent tandis que M. Jaggers leur faisait de nouveau signe de la main, et tombèrent humblement en arrière et ne furent plus entendus.

— Et maintenant, dit M. Jaggers en s'arrêtant brusquement et en se tournant vers les deux femmes aux châles, dont les trois hommes s'étaient docilement séparés, oh ! Amelia, n'est-ce pas ?

- Oui, monsieur Jaggers.

— Et vous souvenez-vous, répliqua M. Jaggers, que, sans moi, vous ne seriez pas ici et que vous ne pourriez pas être ici ?

« Oh oui, monsieur ! » s'écrièrent les deux femmes ensemble. « Que Dieu vous bénisse, monsieur, eh bien, nous le savons ! »

« Alors pourquoi, dit M. Jaggers, venez-vous ici ? »

« Mon Bill, monsieur ! » supplia la femme en pleurs.

« Maintenant, je vous dis quoi ! » dit M. Jaggers. « Une fois pour toutes. Si vous ne savez pas que votre projet de loi est entre de bonnes mains, je le sais. Et si vous venez ici pour vous soucier de votre Bill, je ferai un exemple de votre Bill et de vous, et je le laisserai me glisser entre les doigts. Avez-vous payé Wemmick ? »

« Oh oui, monsieur ! Chaque farden. »

— Très bien. Alors vous avez fait tout ce que vous aviez à faire. Dis encore un mot, un seul mot, et Wemmick te rendra ton argent.

Cette terrible menace fit tomber les deux femmes immédiatement. Il ne restait plus que le Juif excité, qui avait déjà porté plusieurs fois à ses lèvres les pans de l'habit de M. Jaggers.

« Je ne connais pas cet homme ! » dit M. Jaggers, avec le même accent dévastateur : « Que veut cet homme ? »

« Ma thear Mithter Jaggerth. Le frère de Habraham Latharuth ? »

« Qui est-ce ? » demanda M. Jaggers. « Lâche mon manteau. »

Le prétendant, baisant de nouveau l'ourlet du vêtement avant de l'abandonner, répondit : « Habraham Latharuth, sur le thuthpithion de la plaque. »

« Vous êtes trop tard », a dit M. Jaggers. « Je suis fini. »

« Saint-père, monsieur Jaggerth ! s'écria ma connaissance excitée en pâlissant, ne redevenez pas Habraham Latharuth ! »

« Je le suis, » dit M. Jaggers, et c'est fini. Écarte-toi.

« Mithter Jaggerth ! Une demi-minute ! Mon ami est allé voir Mithter Wemmick à la dernière minute, pour lui offrir n'importe quel terme. Mithter Jaggerth ! Un demi-quart de moment ! Si vous vouliez que le condethenthun soit racheté à l'autre thide... à hany thuperior prithe !... l'argent n'a rien à voir !... Mithter Jaggerth... Mithter... »

Mon tuteur rejeta son suppliant avec une suprême indifférence, et le laissa danser sur le pavé comme s'il eût été chauffé au rouge. Sans autre interruption, nous atteignîmes le bureau de réception, où nous trouvâmes l'employé et l'homme en velours avec un bonnet de fourrure.

« Voici Mike », dit le commis en descendant de son tabouret et en s'approchant confidentiellement de M. Jaggers.

172

« Oh ! » dit M. Jaggers en se tournant vers l'homme qui tirait une mèche de cheveux au milieu de son front, comme le taureau du coq-Robin tirant sur la corde de la sonnette ; « Votre homme vient cet après-midi. Eh bien ? »

– Eh bien, monsieur Jaggers, répondit Mike de la voix d'un malade d'un rhume constitutionnel ; « Après avoir eu beaucoup d'ennuis, j'en ai trouvé un, monsieur, comme je pourrais le faire. »

— Qu'est-il prêt à jurer ?

« Eh bien, monsieur Jaggers, » dit Mike, s'essuyant le nez sur son bonnet de fourrure cette fois ; « D'une manière générale, n'importe quoi. »

M. Jaggers devint soudain très furieux. « Maintenant, je vous ai déjà prévenu, dit-il en jetant son index sur le client terrifié, que si jamais vous aviez la prétention de parler de cette façon ici, je ferais de vous un exemple. Infernal scélérat, comment oses-tu me dire cela ? »

Le client avait l'air effrayé, mais aussi déconcerté, comme s'il était inconscient de ce qu'il avait fait.

— Spooney ! dit le commis à voix basse en lui donnant un coup de coude. « Tête molle ! Faut-il que tu le dis-les face à face ? »

— Maintenant, je te le demande, imbécile, dit mon tuteur très sévèrement, encore une fois et pour la dernière fois, qu'est-ce que l'homme que tu as amené ici est prêt à jurer ?

Mike regarda fixement mon tuteur, comme s'il essayait d'apprendre une leçon de son visage, et répondit lentement : « En ce qui concerne le caractère, ou le fait d'avoir été en sa compagnie et de ne pas l'avoir quitté de toute la nuit en question. »

« Maintenant, soyez prudents. Dans quelle situation de vie cet homme est-il ?

Mike regarda sa casquette, regarda le plancher, regarda le plafond, regarda le greffier, et même me regarda, avant de commencer à répondre d'une manière nerveuse : « Nous l'avons habillé comme... » quand mon tuteur s'écria en fanfaronnant :

« Quoi ? Vous le ferez, n'est-ce pas ?

(« Spooney ! » ajouta de nouveau le commis en remuant.)

Après quelques regards désespérés, Mike s'éclaircit et recommença :

« Il est habillé comme un 'piéman spectable'. Une sorte de pâtissier.

« Est-il ici ? » demanda mon tuteur.

« Je l'ai laissé, dit Mike, assis sur le seuil d'une porte au coin de la rue. »

« Emmenez-le au-delà de cette fenêtre, et laissez-moi le voir. »

La fenêtre indiquée était la fenêtre du bureau. Nous nous y rendîmes tous les trois, derrière le grillage, et bientôt nous vîmes passer le client d'une manière accidentelle, avec un grand individu à l'air meurtrier, vêtu d'un court costume de lin blanc et d'une casquette de papier. Ce confiseur naïf n'était nullement sobre et avait un œil au beurre noir dans la phase verte de guérison, qui était repeinte.

— Dites-lui d'emmener tout de suite son témoin, dit mon tuteur au greffier avec un dégoût extrême, et demandez-lui ce qu'il veut dire en amenant un pareil homme.

Mon tuteur m'emmena alors dans sa propre chambre, et, tandis qu'il déjeunait, debout, dans une boîte à sandwich et une fiole de sherry (il semblait intimider son sandwich en le mangeant), il m'informa des dispositions qu'il avait prises pour moi. Je devais aller à l'auberge Barnard, dans les chambres du jeune M. Pocket, où un lit avait été envoyé pour mon logement ; Je devais rester avec le jeune M. Pocket jusqu'au lundi ; lundi, je devais aller avec lui chez son père pour une visite, afin que je puisse essayer comme je l'aimerais. De plus, on m'avait dit de quelle serait ma pension, — elle était très libérale — et on m'avait remis, d'un des tiroirs de mon tuteur, les cartes de certains commerçants avec lesquels je devais traiter pour toutes sortes de vêtements, et toutes autres choses dont je pouvais raisonnablement avoir besoin. « Vous trouverez votre crédit bon, monsieur Pip, dit mon tuteur, dont la fiole de xérès sentait comme un tonneau entier, en se rafraîchissant précipitamment, mais je pourrai par ce moyen vérifier vos billets et vous tirer vers le haut si je vous trouve en train de courir devant le constable. Bien sûr que tu te tromperas d'une manière ou d'une autre, mais ce n'est pas de ma faute.

Après avoir réfléchi un peu à ce sentiment encourageant, j'ai demandé à M. Jaggers si je pouvais envoyer chercher une diligence. Il a dit que cela n'en valait pas la peine, que j'étais si près de ma destination ; Wemmick ferait le tour de moi, si je le voulais.

Je découvris alors que Wemmick était le commis dans la pièce voisine. Un autre employé fut appelé d'en haut pour prendre sa place pendant son absence, et je l'accompagnai dans la rue, après avoir serré la main de mon tuteur. Nous trouvâmes un nouveau groupe de personnes qui s'attardaient à l'extérieur, mais Wemmick se fraya un chemin parmi eux en disant froidement mais résolument : « Je vous dis que cela ne sert à rien ; il n'aura pas un mot à dire à l'un de vous, » et nous nous éloignâmes bientôt d'eux, et nous allâmes côte à côte.

Chapitre XXI.

En jetant les yeux sur M. Wemmick pendant que nous avancions, pour voir comment il était à la lumière du jour, je le trouvai un homme sec, d'une taille assez petite, avec un visage carré de bois, dont l'expression semblait avoir été imparfaitement ébréchée par un ciseau à tranchant émoussé. Il y avait des marques qui auraient pu être des fossettes, si le matériau avait été plus mou et l'instrument plus fin, mais qui, comme c'était le cas, n'étaient que des bosses. Le ciseau avait fait trois ou quatre de ces tentatives d'embellissement sur son nez, mais il y avait renoncé sans faire d'effort pour les adoucir. Je le jugeai célibataire d'après l'état effiloché de son linge, et il paraissait avoir subi bien des deuils ; car il portait au moins quatre anneaux de deuil, en plus d'une broche représentant une dame et d'un saule pleureur sur un tombeau avec une urne dessus. Je remarquai aussi que plusieurs bagues et sceaux pendaient à la chaîne de sa montre, comme s'il eût été tout chargé de souvenirs d'amis disparus. Il avait des yeux brillants, petits, vifs et noirs, et de larges lèvres minces et tachetées. Il les avait, autant que je sache, depuis quarante à cinquante ans.

« Vous n'avez donc jamais été à Londres ? » m'a dit M. Wemmick.

– Non, dis-je.

« *J'étais* nouveau ici une fois », a déclaré M. Wemmick. « Du rhum à penser maintenant ! »

— Vous le connaissez bien maintenant ?

– Mais oui, dit M. Wemmick. « Je connais les mouvements de celui-ci. »

« Est-ce un endroit très méchant ? » demandai-je, plus pour dire quelque chose que pour obtenir des informations.

« Vous pouvez être trompé, volé et assassiné à Londres. Mais il y a beaucoup de gens n'importe où qui le feront pour vous. »

« S'il y a du mauvais sang entre vous et eux », dis-je, pour l'adoucir un peu. »

« Ah ! Je ne sais pas ce qu'il en est de la mauvaise sang, répondit M. Wemmick ; « Il n'y a pas beaucoup de mauvais sang. Ils le feront, s'il y a quelque chose à en tirer. »

« Cela ne fait qu'empirer les choses. »

– Vous le croyez ? répondit M. Wemmick. – À peu près la même chose, je dirais.

Il portait son chapeau sur l'arrière de la tête et regardait droit devant lui, marchant d'une manière contenue comme s'il n'y avait rien dans les rues qui réclamât son attention. Sa bouche était tellement un bureau de poste qu'il avait l'air machinalement souriant. Nous étions arrivés au sommet de Holborn Hill avant que je sache que ce n'était qu'une apparence mécanique et qu'il ne souriait pas du tout.

« Savez-vous où habite M. Matthew Pocket ? » J'ai demandé à M. Wemmick.

« Oui », dit-il en hochant la tête dans la direction. « À Hammersmith, à l'ouest de Londres. »

« C'est loin ? »

— Eh bien ! Disons cinq milles.

« Le connaissez-vous ? »

« Mais vous êtes un contre-interrogatoire régulier ! » dit M. Wemmick en me regardant d'un air approbateur. — Oui, je le connais. *Je* le connais !

Il y avait dans ses paroles un air de tolérance ou de dépréciation qui me déprimait un peu ; et je regardais toujours de côté son bloc de visage, à la recherche d'une note encourageante pour le texte, quand il a dit que nous étions ici à l'auberge Barnard. Mon abattement ne fut pas atténué par l'annonce, car j'avais supposé que cet établissement était un hôtel tenu par M. Barnard, pour lequel le Sanglier Bleu de notre ville n'était qu'un cabaret. Tandis que je trouvais maintenant que Barnard était un esprit désincarné, ou une fiction, et que son auberge était la collection la plus lugubre de bâtiments minables jamais entassés dans un coin de rang comme un club pour les chats.

Nous entrâmes dans ce havre par un portillon, et nous fûmes dégorgés par un passage introductif dans une petite place mélancolique qui me parut un cimetière plat. Je pensais qu'il y avait là les arbres les plus lugubres, et les moineaux les plus lugubres, et les chats les plus lugubres, et les maisons les plus lugubres (au nombre d'une demi-douzaine environ) que j'aie jamais vues. Je pensais que les fenêtres des chambres dans lesquelles ces maisons étaient divisées étaient à tous les étages de stores et de rideaux délabrés, de pots de fleurs estropiés, de verre fissuré, de pourriture poussiéreuse et de misérables objets de fortune ; tandis que To Let, To Let, To Let me regardaient depuis des pièces vides, comme si jamais de nouveaux misérables n'y étaient jamais venus, et que la vengeance de l'âme de Barnard s'apaisait lentement par le suicide progressif des occupants actuels et leur enterrement impie sous le gravier. Un deuil somnolent de suie et de fumée habillait cette triste création de Barnard, et elle avait répandu des cendres sur sa tête, et subissait la pénitence et l'humiliation comme un simple trou de poussière. Jusqu'à présent, mon sens de la vue ; tandis que la pourriture sèche et la pourriture humide et toutes les pourritures silencieuses qui pourrissent dans les toits et les caves négligés, la pourriture des rats et des souris, des insectes et des écuries à portée de main en plus, s'adressaient faiblement à mon odorat et gémissaient : « Essayez le mélange de Barnard. »

Cette réalisation de la première de mes grandes espérances était si imparfaite, que je regardai M. Wemmick avec consternation. « Ah ! » dit-il en se trompant sur moi ; « La retraite vous rappelle le pays. C'est ce que c'est moi. »

Il me conduisit dans un coin et me conduisit dans un escalier qui me semblait s'effondrer lentement en sciure de bois, de sorte qu'un de ces jours-là, les locataires du haut regarderaient par leurs portes et se trouveraient sans moyen de descendre, jusqu'à un ensemble de chambres au dernier étage. M. Pocket, fils, était peint sur la porte, et il y avait une étiquette sur la boîte aux lettres : « Revenez sous peu. »

« Il ne pensait pas que vous viendriez si tôt », expliqua M. Wemmick. « Tu ne veux plus de moi ? »

— Non, merci, dis-je.

« Comme je garde l'argent, observa M. Wemmick, nous nous rencontrerons probablement assez souvent. Bonne journée. »

« Bonne journée. »

Je tendis la main, et M. Wemmick la regarda d'abord comme s'il pensait que je voulais quelque chose. Puis il me regarda et me dit, en se corrigeant :

— Certainement ! Oui. Vous avez l'habitude de vous serrer la main ?

J'étais un peu confus, pensant que cela devait être hors de la mode londonienne, mais j'ai dit oui.

« J'en suis tiré ! dit M. Wemmick, sauf à la fin. Je suis très heureux, j'en suis sûr, de faire votre connaissance. Bonne journée ! »

Quand nous nous sommes serrés la main et qu'il était parti, j'ai ouvert la fenêtre de l'escalier et j'ai failli me décapiter, car les lignes avaient pourri et elle est tombée comme la guillotine. Heureusement, c'était si rapide que je n'avais pas sorti la tête. Après cette évasion, je me contentai de jeter une vue brumeuse de l'auberge à travers la terre incrustante de la fenêtre, et de rester lugubrement à regarder dehors, me disant que Londres était décidément surestimée.

L'idée de M. Pocket junior n'était pas la mienne, car j'avais failli m'affoler en regardant dehors pendant une demi-heure, et j'avais écrit mon nom avec mon doigt plusieurs fois dans la poussière de toutes les vitres de la fenêtre, avant d'entendre des pas dans l'escalier. Peu à peu, le chapeau, la tête, la cravate, le gilet, le pantalon, les bottes d'un membre de la société à peu près de ma propre rangée. Il avait un sac de papier sous chaque bras et un pot de fraises dans une main, et il était hors d'haleine.

« M. Pip ? » dit-il.

– Monsieur Pocket ? dis-je.

« Mon Dieu ! » s'exclama-t-il. « Je suis extrêmement désolé ; mais je savais qu'il y avait une diligence de votre coin de pays à midi, et je pensais que vous viendriez par celle-là. Le fait est que je suis sorti pour vous, ce n'est pas une excuse, car j'ai pensé, en venant de la campagne, que vous pourriez vouloir un peu de fruit après le dîner, et je suis allé au marché de Covent-Garden pour le prendre bon. »

Pour une raison que j'avais, j'avais l'impression que mes yeux allaient sortir de ma tête. J'ai reconnu son attention de manière incohérente et j'ai commencé à penser que c'était un rêve.

« Mon Dieu ! » dit M. Pocket, Junior. « Cette porte colle tellement ! »

Comme il faisait vite de la confiture de ses fruits en luttant contre la porte pendant que les sacs de papier étaient sous ses bras, je le suppliai de me permettre de les tenir. Il les abandonna avec un sourire aimable, et lutta avec la porte comme si c'eût été une bête sauvage. Il finit par céder si brusquement qu'il recula sur moi en titubant, et je retombai en titubant sur la porte opposée, et nous rîmes tous les deux. Mais j'avais toujours l'impression que mes yeux devaient sortir de ma tête, et comme si ce devait être un rêve.

« Entrez, je vous en prie, » dit M. Pocket fils. « Permettez-moi de montrer la voie. Je suis un peu nu ici, mais j'espère que vous pourrez vous en sortir assez bien jusqu'à lundi. Mon père a pensé que vous vous entendriez mieux demain avec moi qu'avec lui, et que vous aimeriez peut-être faire une promenade dans Londres. Je suis sûr que je serai très heureux de vous montrer Londres. Quant à notre table, vous ne la trouverez pas mauvaise, j'espère, car elle sera fournie par notre café d'ici, et (il est juste d'ajouter) à vos frais, telles sont les instructions de M. Jaggers. Quant à notre logement, il n'est nullement splendide, parce que j'ai mon propre pain à gagner, et mon père n'a rien à me donner, et je ne serais pas disposé à le prendre, s'il l'avait. C'est notre salon, les chaises, les tables, les tapis, etc., voyez-vous, qu'ils pourraient épargner de chez eux. Vous ne devez pas me faire crédit pour la nappe, les cuillères et les roulettes, parce qu'elles viennent pour vous du café. C'est ma petite chambre ; plutôt moisi, mais Barnard's *est* moisi. C'est votre chambre ; les meubles sont loués pour la circonstance, mais j'espère qu'ils répondront à l'objectif ; si tu veux quelque chose, j'irai le chercher. Les chambres sont retirées, et nous serons seuls ensemble, mais nous ne nous battrons pas, j'ose le dire. Mais cher moi, je vous demande pardon, vous tenez le fruit tout ce temps. Je vous en prie, laissez-moi vous prendre ces sacs. J'ai bien honte. »

Comme je me tenais en face de M. Pocket junior qui lui remettait les sacs Un, Deux, j'ai vu apparaître dans ses propres yeux l'apparition naissante que je savais être dans les miens, et il a dit, en reculant :

« Que Dieu me bénisse, tu es le garçon qui rôde ! »

« Et vous, dis-je, vous êtes le pâle jeune homme ! »

180

Chapitre XXII.

Le jeune homme pâle et moi restâmes à nous contempler l'un l'autre dans l'auberge de Barnard, jusqu'à ce que nous éclations tous les deux de rire. « L'idée que c'est vous ! » dit-il. « L'idée que c'est *vous* ! » dis-je. Et puis nous nous contemplâmes de nouveau, et nous rîmes de nouveau. — Eh bien ! dit le jeune homme pâle en lui tendant la main avec bonne humeur, tout est fini maintenant, j'espère, et vous serez magnanime si vous me pardonnez de vous avoir ainsi frappé.

J'en déduis que M. Herbert Pocket (car Herbert était le nom du jeune gentleman pâle) confondait encore un peu son intention avec son exécution. Mais je fis une réponse modeste, et nous nous serrâmes la main chaleureusement.

— Vous n'aviez pas eu de chance à ce moment-là ? dit Herbert Pocket.

- Non, dis-je.

— Non, acquiesça-t-il, j'ai entendu dire que c'était arrivé très récemment. J'étais plutôt à l'affût de la bonne fortune à ce moment-là.

— Vraiment ?

« Oui. Miss Havisham m'avait fait venir pour voir si elle pouvait me prendre en affection. Mais elle ne le pouvait pas, en tout cas, elle ne l'a pas fait. »

J'ai pensé qu'il était poli de faire remarquer que j'étais surpris d'entendre cela.

— Mauvais goût, dit Harbert en riant, mais c'est un fait. Oui, elle m'avait fait venir pour une visite d'essai, et si j'en étais sorti avec succès, je suppose qu'on aurait pris soin de moi ; peut-être aurais-je été ce que vous pouvez appeler cela pour Estelle.

« Qu'est-ce que c'est ? » demandai-je avec une gravité soudaine.

Pendant que nous causions, il rangeait ses fruits dans des assiettes, ce qui divisait son attention et était la cause de ce qu'il avait fait cette omission de dire. « Fiancé », expliqua-t-il, toujours occupé par les fruits. « Fiancé. Fiancé. Quoi-sonne-s'appelle-t-il. N'importe quel mot de ce genre. »

« Comment avez-vous supporté votre déception ? » J'ai demandé.

« Ourson ! » dit-il, je ne m'en souciais guère. *C'est* une Tartare.

— Miss Havisham ?

« Je ne dis pas non à cela, mais je voulais dire Estella. Cette fille est dure, hautaine et capricieuse au dernier degré, et elle a été élevée par miss Havisham pour se venger de tout le sexe masculin. »

— Quel rapport a-t-elle avec miss Havisham ?

« Aucun, dit-il. « Seulement adopté. »

« Pourquoi devrait-elle se venger de tout le sexe masculin ? Quelle vengeance ? »

« Seigneur, monsieur Pip ! » dit-il. « Tu ne sais pas ? »

- Non, dis-je.

« Mon Dieu ! C'est toute une histoire, et nous la garderons jusqu'à l'heure du dîner. Et maintenant, permettez-moi de prendre la liberté de vous poser une question. Comment êtes-vous venu là, ce jour-là ? »

Je le lui ai dit, et il a été attentif jusqu'à ce que j'aie fini, puis il a éclaté de rire de nouveau et m'a demandé si j'avais mal après. Je ne lui demandai pas s'*il* l'était, car ma conviction sur ce point était parfaitement établie.

« M. Jaggers est votre tuteur, je comprends ? » reprit-il.

« Oui. »

— Vous savez qu'il est l'homme d'affaires et l'avoué de miss Havisham, et qu'il a sa confiance quand personne d'autre n'en a ?

Cela m'amenait (je le sentais) vers un terrain dangereux. Je répondis avec une contrainte que je n'essayai pas de dissimuler, que j'avais vu M. Jaggers dans la maison de miss Havisham le jour même de notre combat, mais jamais à aucun autre moment, et que je croyais qu'il n'avait aucun souvenir de m'y avoir jamais vu.

Il a eu l'obligeance de vous proposer mon père, et il a appelé mon père pour le lui proposer. Bien sûr, il connaissait mon père grâce à ses relations avec Mlle Havisham. Mon père est le cousin de miss Havisham ; Ce n'est pas que cela implique des relations familières entre eux, car c'est un mauvais courtisan et il ne la rendra pas propice.

Herbert Pocket avait avec lui une manière franche et facile qui était très prenante. Je n'avais jamais vu personne alors, et je n'en ai jamais vu depuis, qui m'exprimât plus fortement, dans tous les regards et dans tous les tons, une incapacité naturelle à faire quoi que ce soit de secret et de méchant. Il y avait quelque chose de merveilleusement optimiste dans son air général, et quelque chose qui, en même temps, me chuchotait qu'il ne réussirait jamais beaucoup et ne serait jamais très riche. Je ne sais pas comment c'était. Je me suis imprégné de cette idée la première fois avant que nous nous mettions à table, mais je ne peux pas définir par quels moyens.

C'était encore un jeune gentleman pâle, et il avait une certaine langueur conquise au milieu de son esprit et de sa vivacité, qui ne semblait pas indiquer une force naturelle. Il n'avait pas un beau visage, mais c'était mieux que beau : il était extrêmement aimable et joyeux. Sa taille était un peu disgracieuse, comme au temps où mes jointures avaient pris tant de libertés avec elle, mais il semblait qu'elle serait toujours légère et jeune. Est peut-être une question de savoir si l'œuvre locale de M. Trabb aurait été plus gracieuse sur lui que sur moi ; mais je sais qu'il a emporté ses vêtements assez vieux beaucoup mieux que moi n'ai enlevé mon nouveau costume.

Comme il était si communicatif, j'ai senti que la réserve de ma part serait un mauvais retour inadapté à notre âge. Je lui racontai donc ma petite histoire, et insistai sur le fait qu'il m'était défendu de m'enquérir de qui était mon bienfaiteur. Je lui dis en outre que, comme j'avais été élevé comme forgeron dans une maison de campagne, et que je connaissais très peu les manières de la politesse, je prendrais comme une grande bonté de sa part s'il me donnait un indice chaque fois qu'il me voyait perdu ou en train de mal tourner.

« Avec plaisir, dit-il, bien que j'ose prophétiser que vous n'aurez besoin que de très peu d'indices. J'ose dire que nous serons souvent ensemble, et je voudrais bannir toute contrainte inutile entre nous. Voulez-vous me faire la grâce de commencer tout de suite à m'appeler par mon nom de baptême, Herbert ?

Je l'ai remercié et lui ai dit que je le ferais. Je l'ai informé en échange que mon nom de baptême était Philippe.

« Je n'aime pas Philippe, dit-il en souriant, car on dirait un garçon de morale sorti d'un livre d'orthographe, qui était si paresseux qu'il est tombé dans un étang, ou si gras qu'il ne pouvait pas voir de ses yeux, ou si avare qu'il a enfermé son gâteau jusqu'à ce que les souris l'aient mangé, ou si déterminé à faire un nid d'oiseau qu'il s'est fait manger par des ours qui vivaient dans le voisinage. Je vous dis ce que je voudrais. Nous sommes si harmonieux, et vous avez été forgeron, cela vous dérangerait-il ? »

— Je ne m'opposerais à rien de ce que vous me proposez, répondis-je, mais je ne vous comprends pas.

« Cela vous dérangerait-il que Handel porte un nom familier ? Il y a un charmant morceau de musique de Haendel, appelé le Forgeron harmonieux. »

— Je l'aimerais beaucoup.

— Alors, mon cher Haendel, dit-il en se retournant au moment où la porte s'ouvrait, voici le dîner, et je dois vous prier de prendre le dessus de la table, parce que le dîner est de votre faute.

Je ne voulais pas en entendre parler, alors il a pris le haut et je lui ai fait face. C'était un bon petit dîner, qui me semblait alors un festin de lord-maire, et il acquit un goût supplémentaire d'être mangé dans ces circonstances indépendantes, sans vieillards et avec Londres tout autour de nous. Cela était encore renforcé par un certain caractère bohémien qui déclenchait le banquet ; car, tandis que la table était, comme aurait pu le dire M. Pumblechook, le tour du luxe, étant entièrement meublée depuis le café, la région environnante du salon était d'un caractère comparativement sans pâturages et changeant ; imposant au garçon l'habitude vagabonde de mettre les couvertures sur le sol (où il tombait dessus), le beurre fondu dans le fauteuil, le pain sur les étagères, le fromage dans l'écoutillon à charbon, et la volaille bouillie dans mon lit dans la pièce voisine, où je trouvais une grande partie de son persil et de son beurre dans un état de congélation lorsque je me retirai pour la nuit. Tout cela rendait le festin délicieux, et quand le garçon n'était pas là pour me regarder, mon plaisir était sans alliage.

Nous avions fait quelques progrès dans le dîner, lorsque je rappelai à Harbert sa promesse de me parler de miss Havisham.

« C'est vrai », a-t-il répondu. — Je vais le racheter tout de suite. Permettez-moi d'introduire le sujet, Haendel, en mentionnant qu'à Londres, il n'est pas d'usage de mettre le couteau dans la bouche, de peur d'avoir des accidents, et que, bien que la fourchette soit réservée à cet usage, elle n'est pas mise plus loin que nécessaire. Cela vaut à peine la peine d'être mentionné, seulement c'est aussi bien de faire que les autres. De plus, la cuillère n'est généralement pas utilisée par-dessus, mais en dessous. Cela présente deux avantages. Vous atteignez mieux votre bouche (ce qui est après tout le but), et vous économisez une bonne partie de l'attitude d'ouvrir les huîtres, de la part du coude droit.

Il me fit ces suggestions amicales d'une manière si vive, que nous rîmes tous les deux et que je rougis à peine.

« Maintenant, continua-t-il, concernant miss Havisham. Miss Havisham, vous devez le savoir, était une enfant gâtée. Sa mère est morte quand elle était bébé, et son père ne lui a rien refusé. Son père était un gentilhomme campagnard dans votre partie du monde, et il était brasseur. Je ne sais pas pourquoi ce serait une chose de crack d'être brasseur ; Mais il est indiscutable que, bien que vous ne puissiez pas être distingué et cuisiner, vous pouvez être aussi distingué que jamais et brasser. Vous le voyez tous les jours.

Cependant un gentleman ne peut pas tenir un cabaret ; qu'il le fasse ? dis-je.

— Pas du tout, répondit Harbert. mais un cabaret peut garder un gentleman. Puits! M. Havisham était très riche et très fier. Sa fille aussi.

— Miss Havisham était fille unique ? Je me suis risqué.

« Arrêtez-vous un instant, j'y arrive. Non, elle n'était pas enfant unique ; Elle avait un demi-frère. Son père s'est remarié en privé, son cuisinier, je pense. »

« Je pensais qu'il était fier, » dis-je.

« C'était mon bon Haendel, c'est ce qu'il était. Il épousa sa seconde femme en privé, parce qu'il était orgueilleux, et elle mourut avec le temps . Quand elle fut morte, je crains qu'il n'ait d'abord raconté à sa fille ce qu'il avait fait, puis le fils est devenu un membre de la famille, résidant dans la maison que vous connaissez. À mesure que le fils grandissait en tant que jeune homme, il se révéla turbulent, extravagant, inconsciencieux, tout à fait mauvais. Finalement, son père le déshérita ; mais il s'est adouci quand il était mourant, et l'a laissé aisé, bien qu'il ne soit pas aussi riche que miss Havisham.—Prenez un autre verre de vin, et excusez-moi de vous dire que la société en tant que corps ne s'attend pas à ce qu'on soit si consciencieux dans le vide de son verre, qu'on le tourne de bas en haut avec le bord sur le nez.

C'était ce que j'avais fait, dans un excès d'attention à son récit. Je l'ai remercié et je me suis excusé. Il répondit : « Pas du tout », et reprit sa route.

185

« Mlle Havisham était maintenant une héritière, et vous pouvez supposer qu'elle était considérée comme un grand parti. Son demi-frère avait maintenant de nouveaux moyens, mais avec les dettes et avec une nouvelle folie, il les gaspillait de nouveau de la manière la plus effrayante. Il y avait entre elle et lui des différends plus forts qu'il n'y en avait eu entre lui et son père, et on soupçonne qu'il nourrissait une rancune profonde et mortelle contre elle comme ayant influencé la colère du père. J'en viens maintenant à la partie cruelle de l'histoire, c'est-à-dire que je m'interromps simplement, mon cher Haendel, pour faire remarquer qu'une serviette de table ne va pas dans un gobelet.

Pourquoi j'essayais de mettre le mien dans mon gobelet, je suis tout à fait incapable de le dire. Je sais seulement que je me suis trouvé, avec une persévérance digne d'une bien meilleure cause, à faire les efforts les plus acharnés pour la comprimer dans ces limites. Je le remerciai de nouveau et m'excusai, et de nouveau il dit de la manière la plus gaie : « Pas du tout, j'en suis sûr ! » et il reprit.

« Il est apparu sur la scène, disons aux courses, ou aux bals publics, ou partout ailleurs que vous voudrez, un certain homme qui a fait l'amour à miss Havisham. Je ne l'ai jamais vu (car cela s'est passé il y a vingt-cinq ans, avant que vous et moi ne le soyons, Haendel), mais j'ai entendu dire à mon père qu'il était un homme ostentatoire et qu'il était le genre d'homme qu'il fallait pour cela. Mais qu'il ne devait pas, sans ignorance ni préjugé, être pris pour un gentilhomme, mon père l'affirme le plus fortement ; Parce que c'est un de ses principes qu'aucun homme qui n'était pas un vrai gentleman dans l'âme n'a jamais été, depuis le commencement du monde, un vrai gentleman dans ses manières. Il dit qu'aucun vernis ne peut cacher le grain du bois ; Et que plus on met de vernis, plus le grain va s'exprimer. Puits! Cet homme poursuivait de près miss Havisham et se déclarait dévoué à elle. Je crois qu'elle n'avait pas montré beaucoup de susceptibilité jusqu'à ce moment-là ; Mais toute la susceptibilité qu'elle possédait se manifestait certainement alors, et elle l'aimait passionnément. Il ne fait aucun doute qu'elle l'idolâtrait parfaitement. Il s'exerça sur son affection d'une manière si systématique qu'il obtint d'elle de grosses sommes d'argent, et il l'incita à acheter à son frère une part de la brasserie (qui lui avait été faiblement laissée par son père) à un prix immense, sous prétexte que lorsqu'il serait son mari, il devait tout posséder et tout gérer. Votre tuteur n'était pas à ce moment-là dans les conseils de miss

Havisham, et elle était trop hautaine et trop amoureuse pour être conseillée par qui que ce soit. Ses parents étaient pauvres et intrigants, à l'exception de mon père ; Il était assez pauvre, mais il n'était ni jaloux. Seul indépendant d'entre eux, il l'avertit qu'elle en faisait trop pour cet homme et qu'elle se mettait trop sans réserve en son pouvoir. Elle a saisi la première occasion d'ordonner avec colère à mon père de sortir de la maison, en sa présence, et mon père ne l'a jamais revue depuis.

Je pensais qu'elle avait dit : « Matthew viendra enfin me voir quand je serai couchée morte sur cette table », et je demandai à Harbert si son père était si invétéré contre elle.

— Ce n'est pas cela, dit-il, mais elle l'a accusé, en présence de son futur mari, d'être déçue dans l'espoir de la flatter pour son propre avancement, et que, s'il allait la voir maintenant, cela paraîtrait vrai, même à lui, et même à elle. Revenir à l'homme et en finir avec lui. Le jour du mariage a été fixé, les robes de mariée ont été achetées, la visite du mariage a été planifiée, les invités du mariage ont été invités. Le jour est venu, mais pas l'époux. Il lui a écrit une lettre...

« Ce qu'elle a reçu, interrompis-je, quand elle s'habillait pour son mariage ? À neuf heures moins vingt ?

— À l'heure et à la minute, dit Harbert en hochant la tête, où elle a ensuite arrêté toutes les horloges. Ce qu'il y avait dedans, au-delà de cela, a brisé le mariage sans pitié, je ne peux pas vous le dire, parce que je ne le sais pas. Lorsqu'elle s'est remise d'une mauvaise maladie qu'elle avait, elle a dévasté tout l'endroit, comme vous l'avez vu, et elle n'a jamais regardé la lumière du jour depuis.

« C'est toute l'histoire ? » demandai-je, après y avoir réfléchi.

« Tout ce que j'en sais ; et en vérité, je ne sais pas grand-chose, en le reconstituant moi-même ; car mon père l'évite toujours, et, même quand miss Havisham m'a invité à y aller, elle ne m'en a pas dit plus qu'il n'était absolument nécessaire que je comprenne. Mais j'ai oublié une chose. On a supposé que l'homme à qui elle avait donné sa confiance mal placée avait agi tout au long de concert avec son demi-frère ; qu'il s'agissait d'une conspiration entre eux ; et qu'ils partageaient les bénéfices.

« Je m'étonne qu'il ne l'ait pas épousée et qu'il n'ait pas pris toute la propriété, » dis-je.

187

— Il se peut qu'il soit déjà marié, et que sa cruelle mortification ait pu faire partie du plan de son demi-frère, dit Herbert. « Attention ! Je ne le sais pas. »

— Que sont devenus les deux hommes ? demandai-je, après avoir de nouveau examiné le sujet.

« Ils sont tombés dans une honte et une dégradation plus profondes – s'il peut y en avoir plus profondément – et la ruine. »

« Sont-ils en vie maintenant ? »

« Je ne sais pas. »

— Vous avez dit tout à l'heure qu'Estelle n'était pas apparentée à miss Havisham, mais adoptée. Quand il sera adopté ?

Herbert haussa les épaules. Il y a toujours eu une Estelle, depuis que j'ai entendu parler d'une miss Havisham. Je n'en sais pas plus. Et maintenant, Haendel, dit-il en se débarrassant enfin de l'histoire, il y a entre nous une entente parfaitement ouverte. Tout ce que je sais de miss Havisham, vous le savez.

« Et tout ce que je sais, répliquai-je, vous le savez. »

« J'y crois pleinement. Il ne peut donc y avoir de compétition ou de perplexité entre vous et moi. Et quant à la condition à laquelle vous tenez votre avancement dans la vie, c'est-à-dire que vous ne devez pas vous enquérir ou discuter à qui vous le devez, vous pouvez être bien sûr qu'il ne sera jamais empiété, ni même approché, par moi, ou par quelqu'un qui m'appartient. »

En vérité, il l'a dit avec tant de délicatesse, que j'ai cru que le sujet était terminé, même si je devais être sous le toit de son père pendant des années et des années à venir. Cependant il l'a dit avec tant de sens, que j'ai senti qu'il comprenait aussi parfaitement que miss Havisham était ma bienfaitrice, que je le comprenais moi-même.

Il ne m'était pas venu à l'esprit auparavant qu'il avait conduit le sujet dans le but de l'écarter de notre chemin ; mais nous étions d'autant plus légers et plus faciles de l'avoir abordée, que je m'aperçus maintenant que c'était le cas. Nous étions très gais et sociables, et je lui demandai, au cours de la conversation, ce qu'il était. Il répondit : « Un capitaliste, un assureur de navires. » Je suppose qu'il m'a vu jeter un coup d'œil autour de la chambre à la recherche de quelques marques de navigation ou de capital, car il a ajouté : « Dans la ville. »

J'avais de grandes idées sur la richesse et l'importance des assureurs de navires dans la ville, et je commençai à penser avec crainte à avoir couché un jeune assureur sur son dos, noirci son œil entreprenant et ouvert sa tête responsable. Mais de nouveau, pour mon soulagement, j'ai eu l'étrange impression que Herbert Pocket ne serait jamais très prospère ou riche.

« Je ne me contenterai pas d'employer mon capital à assurer des navires. Je vais acheter de bonnes actions d'assurance-vie, et je vais couper dans la direction. Je ferai aussi un peu dans le domaine de l'exploitation minière. Rien de tout cela n'interférera avec l'affrètement de quelques milliers de tonnes pour mon propre compte. Je crois que je ferai le commerce, dit-il en se renversant dans son fauteuil, aux Indes orientales, de soieries, de châles, d'épices, de teintures, de drogues et de bois précieux. C'est un métier intéressant.

— Et les profits sont grands ? dis-je.

« Énorme ! » dit-il.

J'hésitai de nouveau, et je commençai à penser qu'il y avait là des attentes plus grandes que les miennes.

« Je crois que je ferai aussi le commerce, dit-il en mettant ses pouces dans les poches de son gilet, aux Indes occidentales, contre du sucre, du tabac et du rhum. Aussi à Ceylan, surtout pour les défenses d'éléphants. »

« Vous aurez besoin d'un bon nombre de navires, » dis-je.

« Une flotte parfaite, » dit-il.

Accablé par la magnificence de ces transactions, je lui demandai où les navires qu'il assurait commerçaient le plus souvent à présent.

« Je n'ai pas encore commencé à assurer », a-t-il répondu. « Je regarde autour de moi. »

D'une certaine manière, cette poursuite semblait plus conforme à Barnard's Inn. J'ai dit (d'un ton de conviction) : « Ah-h ! »

« Oui. Je suis dans un bureau de comptage et je regarde autour de moi. »

— Un bureau de comptabilité est-il rentable ? J'ai demandé.

— Voulez-vous dire au jeune homme qui est dedans ? demanda-t-il en réponse.

— Oui ; à vous.

« Pourquoi, n-non ; pas à moi. Il a dit cela avec l'air de quelqu'un qui calcule soigneusement et trouve un équilibre. « Pas directement rentable. C'est-à-dire qu'il ne me rapporte rien, et je dois... me garder. »

Cela n'avait certainement pas l'air d'être rentable, et je secouai la tête comme si je voulais insinuer qu'il serait difficile de tirer beaucoup de capital accumulé d'une telle source de revenus.

— Mais le truc, dit Herbert Pocket, c'est que vous regardez autour de vous. *C'est* la grande chose. Vous êtes dans un bureau de comptage, vous savez, et vous regardez autour de vous.

Cela m'a frappé comme une singulière implication que vous ne pouviez pas sortir d'un bureau de comptabilité, vous savez, et regarder autour de vous ; mais je m'en remettais silencieusement à son expérience.

— Alors vient le moment, dit Harbert, où vous voyez votre ouverture. Et vous entrez, et vous plongez dessus et vous faites votre capital, et puis vous voilà ! Une fois que vous avez fait votre capital, vous n'avez plus qu'à l'employer.

C'était très semblable à sa façon de mener cette rencontre dans le jardin ; très comme. Sa manière de supporter sa pauvreté correspondait aussi exactement à sa manière de supporter cette défaite. Il me semblait qu'il prenait maintenant tous les coups et toutes les secousses avec le même air qu'il avait pris le mien alors. Il était évident qu'il n'avait autour de lui que le strict nécessaire, car tout ce que je remarquai se trouva avoir été envoyé pour mon compte du café ou d'ailleurs.

Pourtant, ayant déjà fait fortune dans son esprit, il était si modeste que je lui étais très reconnaissant de ne pas être gonflé d'orgueil. C'était un ajout agréable à ses manières naturellement agréables, et nous nous entendions bien. Le soir, nous allâmes nous promener dans les rues, et nous allâmes à moitié prix au théâtre ; et le lendemain nous allâmes à l'église à l'abbaye de Westminster, et dans l'après-midi nous nous promenâmes dans les parcs ; et je me demandais qui ferrait tous les chevaux là-bas, et je souhaitais que Joe le fasse.

D'après un calcul modéré, il y avait bien des mois, ce dimanche-là, que j'avais quitté Joe et Biddy. L'espace qui s'interposait entre eux et moi participait à cette expansion, et nos marais étaient à quelque distance l'un de l'autre. Le fait que j'aie pu être à notre ancienne église dans mes vieux vêtements d'église, le tout dernier dimanche de ma vie, semblait une combinaison d'impossibilités, géographiques et sociales, solaires et lunaires. Pourtant, dans les rues de Londres si bondées de monde et si brillamment éclairées au crépuscule du soir, il y avait des reproches déprimants pour avoir placé la pauvre vieille cuisine de chez moi si loin ; et, au milieu de la nuit, les pas d'un imposteur incapable d'un portier qui se promenait autour de l'auberge Barnard, sous prétexte de l'observer, tombèrent creux dans mon cœur.

Le lundi matin, à neuf heures moins le quart, Harbert se rendit au bureau des comptes pour se présenter, pour regarder autour de lui aussi, je suppose, et je lui tins compagnie. Il devait partir dans une heure ou deux pour m'accompagner à Hammersmith, et je devais l'attendre. Il m'a semblé que les œufs d'où étaient sortis les jeunes assureurs étaient incubés dans la poussière et la chaleur, comme les œufs d'autruches, à en juger par les lieux où ces géants naissants se rendaient le lundi matin. Le bureau de comptabilité, où assistait Harbert, ne me montrait pas non plus comme un bon observatoire ; être un deuxième étage arrière plus haut d'une cour, d'une présence crasseuse dans tous les détails, et avec un regard dans un autre deuxième étage arrière, plutôt qu'un regard vers l'extérieur.

J'ai attendu jusqu'à ce qu'il soit midi, et je suis allé sur Change, et j'ai vu des hommes flueys assis là sous les factures de navigation, que j'ai pris pour de grands marchands, bien que je ne comprenais pas pourquoi ils étaient tous de mauvaise humeur. Quand Harbert vint, nous allâmes déjeuner dans une maison célèbre que je vénérimais alors, mais que je crois maintenant avoir été la superstition la plus abjecte de l'Europe, et où je ne pus m'empêcher de remarquer, même alors, qu'il y avait beaucoup plus de sauce sur les nappes, les couteaux et les vêtements des garçons que dans les biftecks. Cette collation expédiée à un prix modéré (compte tenu de la graisse, qui n'était pas facturée), nous retournâmes à l'auberge de Barnard et récupérâmes ma petite valise, puis nous prîmes la diligence pour Hammersmith. Nous y arrivâmes à deux ou trois heures de l'après-midi, et nous n'avions guère de chemin pour nous rendre à pied à la maison de M. Pocket. Soulevant le loquet d'une barrière, nous passâmes directement dans un petit jardin surplombant la rivière, où les enfants de M. Pocket jouaient. Et à moins que je ne me trompe sur un point où mes intérêts ou mes préjugés ne sont certainement pas en jeu, j'ai vu que les enfants de M. et Mme Pocket ne grandissaient pas ou n'étaient pas élevés, mais qu'ils dégringolaient.

Mrs. Pocket était assise sur une chaise de jardin sous un arbre, en train de lire, les jambes sur une autre chaise de jardin ; et les deux nourrices de mistress Pocket regardaient autour d'eux pendant que les enfants jouaient. « Maman, dit Harbert, c'est le jeune M. Pip. » Sur quoi mistress Pocket me reçut avec une apparence d'aimable dignité.

« Maître Alick et miss Jane, cria l'une des nourrices à deux des enfants, si vous vous heurtez à ces buissons, vous tomberez dans la rivière et vous vous noyerez, et que dira alors votre père ? »

En même temps, cette infirmière ramassa le mouchoir de Mme Pocket et dit : « Si ce n'est pas le cas, vous l'avez laissé tomber six fois, maman ! » Sur quoi Mrs. Pocket se mit à rire et dit : « Merci, Flopson », et, s'installant dans une seule chaise, elle reprit son livre. Son visage prit immédiatement une expression tendue et attentive, comme si elle lisait depuis une semaine, mais avant d'avoir pu lire une demi-douzaine de lignes, elle fixa ses yeux sur moi et me dit : « J'espère que votre maman va bien ? » Cette enquête inattendue me mit dans une telle difficulté que je commençai à dire de la manière la plus absurde que s'il y avait eu une telle personne, je ne doutais pas qu'elle ne se porte très bien, qu'elle ne lui en soit très reconnaissante et qu'elle ne lui aurait envoyé des compliments, lorsque l'infirmière est venue à mon secours.

« Eh bien ! s'écria-t-elle en ramassant le mouchoir de poche, si cela ne fait pas sept fois ! Qu'est-ce que tu fais cet après-midi, maman ? Mrs. Pocket reçut son bien, d'abord avec un air de surprise indicible, comme si elle ne l'avait jamais vu auparavant, puis avec un rire de reconnaissance, et dit : « Merci, Flopson », et m'oublia, et continua à lire.

Je découvris, maintenant que j'avais le loisir de les compter, qu'il n'y avait pas moins de six petites poches présentes, à divers stades de culbute. À peine étais-je arrivé au total, qu'on entendit un septième, comme dans la région de l'air, gémir lugubrement.

« S'il n'y a pas Baby ! » dit Flopson, semblant trouver cela très surprenant. « Dépêchez-vous, Millers. »

Millers, qui était l'autre nourrice, se retira dans la maison, et peu à peu les gémissements de l'enfant se turent et cessèrent, comme s'il eût été un jeune ventriloque ayant quelque chose dans la gueule. Mme Pocket lisait tout le temps, et j'étais curieuse de savoir ce que pouvait être le livre.

Nous attendions, je suppose, que M. Pocket vienne à nous ; en tout cas, nous attendîmes là, et j'eus donc l'occasion d'observer le remarquable phénomène de famille que chaque fois que l'un des enfants s'égarait près de Mme Pocket dans leur jeu, ils se levaient toujours et tombaient sur elle, toujours à son grand étonnement momentané et à leur propre lamentation plus persistante. J'étais incapable d'expliquer cette circonstance surprenante, et je ne pouvais m'empêcher de me livrer à des spéculations à ce sujet, jusqu'à ce que peu à peu Millers descendît avec le bébé, lequel bébé fut remis à Flopson, lequel Flopson le remettait à Mme Pocket, quand elle aussi passa la tête la première sur Mme Pocket. bébé et tout, et a été attrapé par Herbert et moi.

« Grâce, Flopson ! » dit Mrs. Pocket en regardant un instant son livre, « tout le monde est en train de culbuter ! »

— Grâce, en vérité, maman ! répondit Flopson, le visage très rouge ; « Qu'avez-vous là ? »

- *Je suis* arrivée ici, Flopson ? demanda Mrs. Pocket.

« Voyons, si ce n'est pas ton marchepied ! » s'écria Flopson. « Et si vous le gardez sous vos jupes comme ça, qui peut vous empêcher de tomber ? Ici! Prends le bébé, maman, et donne-moi ton livre. »

Mrs. Pocket suivit le conseil et fit danser un peu l'enfant sur ses genoux, tandis que les autres enfants jouaient autour de lui. Cela n'avait duré que très peu de temps, lorsque Mme Pocket donna des ordres sommaires pour qu'ils soient tous emmenés dans la maison pour une sieste. C'est ainsi que j'ai fait la seconde découverte à cette première occasion, que l'éducation des petites poches consistait à culbuter et à se coucher alternativement.

Dans ces circonstances, lorsque Flopson et Millers eurent fait entrer les enfants dans la maison, comme un petit troupeau de moutons, et que M. Pocket en sortit pour faire ma connaissance, je ne fus pas très surpris de constater que M. Pocket était un gentleman avec une expression de visage plutôt perplexe, et avec ses cheveux très gris en désordre sur la tête. Comme s'il ne voyait pas trop comment mettre les choses en ordre.

Chapitre XXIII.

M. Pocket a dit qu'il était heureux de me voir et qu'il espérait que je n'étais pas fâché de le voir. — Car je ne suis pas, ajouta-t-il avec le sourire de son fils, un personnage alarmant. C'était un homme d'apparence jeune, malgré ses perplexités et ses cheveux très gris, et ses manières semblaient tout à fait naturelles. J'emploie le mot naturel, dans le sens qu'il n'est pas affecté ; Il y avait quelque chose de comique dans sa manière désemparée, comme si elle aurait été carrément ridicule si elle n'avait pas eu l'impression qu'elle était très proche de l'être. Quand il eut causé un peu avec moi, il dit à mistress Pocket, avec une contraction un peu anxieuse de ses sourcils, qui étaient noirs et beaux : « Belinda, j'espère que vous avez accueilli M. Pip ? » Et elle a levé les yeux de son livre et a dit : « Oui. » Elle me sourit alors d'un air distrait, et me demanda si j'aimais le goût de l'eau de fleur d'oranger. Comme la question n'avait aucun rapport, de près ou de loin, sur une transaction perdue ou ultérieure, je considère qu'elle a été rejetée, comme ses approches précédentes, par condescendance générale de conversation.

J'ai découvert en quelques heures, et je peux le mentionner tout de suite, que Mme Pocket était la fille unique d'un certain chevalier décédé tout à fait par hasard, qui s'était inventé la conviction que son père défunt aurait été fait baronnet sans l'opposition résolue de quelqu'un née de motifs entièrement personnels, je ne sais plus qui, si j'avais jamais su, celui du souverain, celui du premier ministre, celui du lord chancelier, celui de l'archevêque de Cantorbéry, celui de n'importe qui, et si je m'étais rangé parmi les nobles de la terre en vertu de ce fait tout à fait supposé. Je crois qu'il avait été anobli lui-même pour avoir pris d'assaut la grammaire anglaise à la pointe de la plume, dans une adresse désespérée absorbée sur vélin, à l'occasion de la pose de la première pierre d'un édifice ou d'un autre, et pour avoir remis à quelque personnage royal la truelle ou le mortier. Quoi qu'il en soit, il avait ordonné à Mrs. Pocket d'être élevée dès son berceau comme quelqu'un qui, dans la nature des choses, doit épouser un titre, et qui devait être préservé de l'acquisition de connaissances domestiques plébéiennes.

Une surveillance et une protection si réussies avaient été établies sur la jeune dame par ce parent judicieux, qu'elle avait grandi avec beaucoup d'ornement, mais parfaitement impuissante et inutile. Avec son caractère ainsi heureusement formé, dans la première fleur de sa jeunesse, elle avait rencontré M. Pocket, qui était aussi dans la première fleur de sa jeunesse, et qui n'était pas tout à fait décidé s'il devait monter au Woolsack ou s'y couvrir d'une mitre. Comme le fait qu'il ait fait l'un ou l'autre n'était qu'une question de temps, lui et Mme Pocket avaient pris le Temps par la mèche (alors que, à en juger par sa longueur, il semblerait qu'il eût fallu la couper), et s'étaient mariés à l'insu du parent judicieux. Le père judicieux, n'ayant rien d'autre à donner ou à refuser que sa bénédiction, avait généreusement fixé ce douaire sur eux après une courte lutte, et avait informé M. Pocket que sa femme était « un trésor pour un prince. » M. Pocket avait investi le trésor du prince dans les voies du monde depuis lors, et on supposait qu'il ne lui avait apporté qu'un intérêt indifférent. Cependant, Mrs. Pocket était en général l'objet d'une étrange sorte de pitié respectueuse, parce qu'elle n'avait pas épousé de titre ; tandis que M. Pocket était l'objet d'une sorte de reproche étrange et indulgent, parce qu'il n'en avait jamais eu.

M. Pocket m'emmena dans la maison et me montra ma chambre, qui était agréable et meublée de manière à ce que je puisse m'en servir avec confort pour mon propre salon privé. Il frappa ensuite à la porte de deux autres pièces semblables et me présenta à leurs occupants, nommés Drummle et Startop. Drummle, un jeune homme d'apparence âgée, d'un lourd ordre d'architecture, sifflait. Startop, plus jeune en âge et en apparence, lisait et tenait sa tête, comme s'il se croyait en danger de la faire exploser avec une trop forte charge de connaissance.

M. et Mme Pocket avaient tous deux l'air si remarquable d'être entre les mains de quelqu'un d'autre, que je me demandai qui était réellement en possession de la maison et les laissa y vivre, jusqu'à ce que je découvre que cette puissance inconnue était celle des domestiques. C'était une manière douce de procéder, peut-être, en ce qui concerne l'économie des ennuis ; Mais il avait l'air d'être cher, car les domestiques sentaient qu'il était de leur devoir d'être gentils dans leur repas et dans leur boisson, et de tenir beaucoup de compagnie en bas. Ils accordaient une table très libérale à M. et Mme Pocket, mais il m'a toujours semblé que la meilleure partie de la maison où l'on aurait pu loger aurait été la cuisine, en supposant toujours que la pensionnaire fût capable de se défendre, car, avant que j'y sois allé une semaine, une dame voisine que la famille ne connaissait pas personnellement.

a écrit pour dire qu'elle avait vu Millers gifler le bébé. Cela affligea beaucoup Mrs. Pocket, qui fondit en larmes en recevant le billet, et dit que c'était une chose extraordinaire que les voisins ne puissent pas s'occuper de leurs propres affaires.

Peu à peu, j'appris, et surtout d'Herbert, que M. Pocket avait fait ses études à Harrow et à Cambridge, où il s'était distingué ; mais que, lorsqu'il avait eu le bonheur d'épouser Mme Pocket très tôt dans sa vie, il avait compromis ses perspectives et pris la profession de Grinder. Après avoir affûté un certain nombre de lames émoussées, dont il était remarquable que leurs pères, lorsqu'ils étaient influents, allaient toujours l'aider à se faire mieux, mais oubliaient toujours de le faire quand les lames avaient quitté la meule, il s'était lassé de ce pauvre travail et était venu à Londres. Là, après avoir peu à peu échoué dans de plus grandes espérances, il avait « lu » avec des plongeurs qui avaient manqué d'occasions ou les avaient négligées, et en avait rénové d'autres pour des occasions spéciales, et avait tourné ses acquisitions vers le compte de la compilation et de la correction littéraires, et par ces moyens, ajoutés à quelques ressources privées très modérées, il entretenait encore la maison que j'ai vue.

M. et Mme Pocket avaient un voisin crapaud ; une veuve d'une nature si compatissante qu'elle était d'accord avec tout le monde, bénissait tout le monde et versait des sourires et des larmes sur tout le monde, selon les circonstances. Cette dame s'appelait mistress Coiler, et j'eus l'honneur de l'emmener dîner le jour de mon installation. Elle me fit entendre dans l'escalier que c'était un coup dur pour la chère Mme Pocket que ce cher M. Pocket fût dans la nécessité de recevoir des messieurs pour lire avec lui. Cela ne s'étendait pas à moi, m'a-t-elle dit dans un élan d'amour et de confiance (à ce moment-là, je la connaissais depuis moins de cinq minutes) ; s'ils étaient tous comme moi, ce serait tout autre chose.

— Mais la chère mistress Pocket, dit mistress Coiler, après sa première déception (ce n'est pas la faute de ce cher M. Pocket), a besoin de tant de luxe et d'élégance...

« Oui, madame », dis-je pour l'arrêter, car je craignais qu'elle ne pleurât.

— Et elle est d'un caractère si aristocratique...

« Oui, madame », dis-je de nouveau, avec le même objectif qu'auparavant.

« ... Qu'il *est* difficile, dit mistress Coiler, de détourner le temps et l'attention de mon cher mistress Pocket de sa chère mistress Pocket. »

Je ne pouvais m'empêcher de penser que ce serait peut-être plus difficile si le temps et l'attention du boucher étaient détournés de la chère mistress Pocket ; mais je ne dis rien, et j'avais bien assez à faire pour surveiller timidement mes manières de compagnie.

Il m'est venu à la connaissance, grâce à ce qui s'est passé entre Mme Pocket et Drummle pendant que j'étais attentif à mon couteau et à ma fourchette, à ma cuillère, à mes verres et à d'autres instruments d'autodestruction, que Drummle, dont le nom de baptême était Bentley, était en fait l'avant-dernier héritier d'une baronnie. Il semblait en outre que le livre que j'avais vu Mme Pocket lire dans le jardin n'était qu'une question de titres, et qu'elle savait exactement à quelle date son grand-père serait entré dans le livre, s'il y était jamais venu. Drummle ne dit pas grand-chose, mais à sa manière limitée (il me parut être un garçon boudeur) il parla comme l'un des élus, et reconnut Mrs. Pocket comme une femme et une sœur. Personne d'autre qu'eux et mistress Coiler, la voisine crapaud, ne montrait d'intérêt pour cette partie de la conversation, et il me sembla que c'était pénible pour Harbert ; Mais elle promettait de durer longtemps, lorsque la page arriva avec l'annonce d'une affliction domestique. C'était, en effet, que le cuisinier avait égaré le bœuf. À mon indicible stupéficieux, je voyais maintenant, pour la première fois, M. Pocket soulager son esprit en faisant une performance qui me parut très extraordinaire, mais qui ne fit d'impression sur personne d'autre, et avec laquelle je devins bientôt aussi familier que les autres. Il posa le couteau à découper et la fourchette, étant en train de sculpter, mit ses deux mains dans ses cheveux troublés, et parut faire un effort extraordinaire pour se relever par eux. Quand il eut fait cela, et qu'il ne s'était pas du tout relevé, il continua tranquillement ce qu'il était en train de faire.

Mme Coiler changea alors de sujet et commença à me flatter. Je l'ai aimé pendant quelques instants, mais elle m'a flatté si grossièrement que le plaisir a vite cessé. Elle avait une façon sinueuse de s'approcher de moi quand elle faisait semblant de s'intéresser vivement aux amis et aux localités que j'avais quittés, ce qui était tout à fait sinueux et fourchu ; et quand elle faisait de temps en temps un bond sur Startop (qui lui parlait très peu), ou sur Drummle (qui en disait moins), je les enviais plutôt d'être de l'autre côté de la table.

Après le dîner, on présenta les enfants, et mistress Coiler fit des commentaires admiratifs sur leurs yeux, leur nez et leurs jambes, moyen sagace d'améliorer leur esprit. Il y avait quatre petites filles et deux petits garçons, sans compter le bébé qui aurait pu être l'un ou l'autre, et le successeur suivant du bébé qui n'était encore ni l'un ni l'autre. Ils furent amenés par Flopson et Millers, comme si ces deux sous-officiers avaient recruté quelque part pour les enfants et les avaient enrôlés, tandis que Mrs. Pocket regardait les jeunes nobles qui auraient dû être comme si elle croyait avoir eu le plaisir de les inspecter auparavant, mais ne savait pas trop quoi en penser.

« Ici ! Donnez-moi votre fourchette, maman, et prenez le bébé, dit Flopson. « Ne le prenez pas de cette façon, ou vous lui mettrez la tête sous la table. »

Ainsi conseillée, Mrs. Pocket prit l'autre côté et posa sa tête sur la table ; ce qui fut annoncé à tous les assistants par une prodigieuse commotion.

« Cher, cher ! Rends-le-moi, maman, dit Flopson. « Et Miss Jane, venez danser sur bébé, faites ! »

L'une des petites filles, qui n'était qu'une petite mite qui semblait avoir prématurément pris sur elle la charge des autres, sortit de sa place à côté de moi et dansa avec l'enfant jusqu'à ce qu'il cessât de pleurer et de rire. Alors, tous les enfants se mirent à rire, et M. Pocket (qui, entre-temps, avait essayé deux fois de se soulever par les cheveux) se mit à rire, et nous rîmes tous et nous fûmes heureux.

Flopson, à force de doubler le bébé aux articulations comme une poupée hollandaise, le mit alors en sûreté sur les genoux de Mrs. Pocket, et lui donna les casse-noix pour jouer avec ; en même temps, il recommanda à Mrs. Pocket de faire attention que les poignées de cet instrument n'étaient pas susceptibles de s'accorder avec ses yeux, et chargea vivement miss Jane d'en prendre soin. Puis, les deux nourrices sortirent de la chambre et eurent une vive bagarre dans l'escalier avec un page dissipé qui avait servi à dîner et qui avait visiblement perdu la moitié de ses boutons à la table de jeu.

Je fus très mal à l'aise lorsque mistress Pocket s'engagea dans une discussion avec Drummle au sujet de deux baronnets, tandis qu'elle mangeait une orange tranchée trempée dans du sucre et du vin, et qu'elle oubliait tout de l'enfant sur ses genoux, qui faisait les choses les plus épouvantables avec les casse-noix. À la fin, la petite Jane, voyant que sa jeune cervelle était en danger, quitta doucement sa place et, avec beaucoup de petits artifices, emporta l'arme dangereuse. Mrs. Pocket acheva son orange à peu près en même temps, et, n'approuvant pas cela, dit à Jane :

« Méchant enfant, comment oses-tu ? Allez vous asseoir à l'instant !

« Maman chérie, » balbutia la petite fille, « bébé a mis ses yeux par la tête.»

— Comment osez-vous me le dire ? répliqua Mrs. Pocket. « Va t'asseoir dans ton fauteuil à l'instant ! »

La dignité de Mrs. Pocket était si écrasante que je me sentis tout à fait honteux, comme si j'avais moi-même fait quelque chose pour la réveiller.

– Belinda, répliqua M. Pocket de l'autre bout de la table, comment pouvez-vous être si déraisonnable ? Jane n'est intervenue que pour la protection de bébé.

— Je ne permettrai à personne d'intervenir, dit Mme Pocket. — Je suis surpris, Matthieu, que vous m'exposiez à l'affront de l'ingérence.

« Bon Dieu ! » s'écria M. Pocket, dans un accès de désespoir désolé. « Les enfants doivent-ils être jetés dans leurs tombes, et personne ne doit les sauver?»

— Je ne me laisserai pas gêner par Jane, dit mistress Pocket en jetant un regard majestueux sur cet innocent petit délinquant. «J'espère que je connais la position de mon pauvre grand-père. Jane, en effet ! »

M. Pocket remit les mains dans ses cheveux et, cette fois, il se souleva réellement de quelques centimètres de sa chaise. « Écoutez ceci ! » s'exclama-t-il, impuissant, aux éléments. « Les bébés doivent être brûlés morts, pour la position des pauvres grands-pères des gens ! » Puis il se laissa tomber de nouveau et se tut.

Nous avons tous regardé maladroitement la nappe pendant que cela se passait. Il s'ensuivit une pause, pendant laquelle l'honnête et irrépressible bébé fit une série de sauts et de corbeaux à la petite Jane, qui me parut être le seul membre de la famille (sans compter les domestiques) avec lequel il eût une connaissance certaine.

« Monsieur Drummle, dit Mrs. Pocket, voulez-vous sonner pour Flopson? Jane, petite créature inconsciencieuse, va te coucher. Maintenant, bébé chéri, viens avec maman ! »

L'enfant était l'âme de l'honneur, et il protesta de toutes ses forces. Il se replia dans le mauvais sens sur le bras de Mme Pocket, montra à la compagnie une paire de souliers tricotés et des chevilles à fossettes au lieu de son visage doux, et fut exécuté dans le plus grand état de mutinerie. Et il finit par gagner son but, car je l'ai vu par la fenêtre en quelques minutes, allaité par la petite Jane.

Il arriva que les cinq autres enfants furent laissés à table, parce que Flopson avait des engagements privés et qu'ils n'étaient l'affaire de personne d'autre. C'est ainsi que je me rendis compte des relations mutuelles entre eux et M. Pocket, qui étaient illustrées de la manière suivante. M. Pocket, avec la perplexité habituelle de son visage exacerbé et de ses cheveux froissés, les regarda pendant quelques minutes, comme s'il ne pouvait pas comprendre comment ils se trouvaient en pension et en logement dans cet établissement, et pourquoi ils n'avaient pas été logés par la nature chez quelqu'un d'autre. Puis, à la manière d'un missionnaire distant, il leur posa certaines questions, comme pourquoi le petit Joe avait ce trou dans sa collerette, qui disait : « Papa, Flopson allait le réparer quand elle en aurait le temps », et comment la petite Fanny passait par ce petit Whitlow, qui disait : « Papa, Millers allait le cataplasmer quand elle n'oublierait pas. » Puis, il fondit dans la tendresse paternelle, leur donna un shilling chacun et leur dit d'aller jouer ; puis, comme ils sortaient, avec un très grand effort pour se relever par les cheveux, il écarta le sujet désespéré.

Le soir, il y avait des rames sur la rivière. Comme Drummle et Startop avaient chacun un bateau, je résolus de monter le mien et de les couper tous les deux. J'étais assez bon dans la plupart des exercices où les garçons de la campagne sont adeptes, mais comme je sentais que je manquais d'élégance de style pour la Tamise, pour ne pas dire pour d'autres eaux, je m'engageai immédiatement à me mettre sous la tutelle du gagnant d'un bateau de prix qui se promenait à notre escalier, et à qui je fus présenté par mes nouveaux alliés. Cette autorité pratique m'a beaucoup dérouté en disant que j'avais le bras d'un forgeron. S'il avait pu savoir à quel point le compliment lui avait fait perdre son élève, je doute qu'il l'eût payé.

Il y avait un plateau à souper après notre retour à la maison le soir, et je pense que nous aurions tous dû nous amuser, n'eût été un événement domestique assez désagréable. M. Pocket était de bonne humeur, lorsqu'une femme de chambre entra et lui dit : « S'il vous plaît, monsieur, je désirerais vous parler. »

« Parlez à votre maître ? » dit Mrs. Pocket, dont la dignité se réveilla de nouveau. « Comment peux-tu penser à une telle chose ? Allez parler à Flopson. Ou bien parlez-moi, à un autre moment. »

— Je vous demande pardon, madame, répondit la servante, je voudrais parler tout de suite, et parler au maître.

Là-dessus, M. Pocket sortit de la chambre, et nous fîmes de notre mieux jusqu'à ce qu'il revienne.

« C'est une jolie chose, Belinda ! » dit M. Pocket en revenant avec un visage exprimant la douleur et le désespoir. « Voici le cuisinier allongé insensiblement ivre sur le sol de la cuisine, avec un gros paquet de beurre frais préparé dans l'armoire, prêt à être vendu pour de la graisse ! »

Mrs. Pocket montra tout de suite beaucoup d'émotion aimable, et dit : « C'est là l'œuvre de cette odieuse Sophie ! »

– Que voulez-vous dire, Belinda ? demanda M. Pocket.

— Sophia vous l'a dit, dit Mrs. Pocket. « Ne l'ai-je pas vue de mes propres yeux et ne l'ai-je pas entendue de mes propres oreilles, ne suis-je pas entré dans la chambre tout à l'heure et n'ai-je pas demandé à vous parler ? »

– Mais ne m'a-t-elle pas fait descendre, Belinda, répondit M. Pocket, et ne m'a-t-elle pas montré la femme, ainsi que le paquet ?

– Et la défendez-vous, Matthew, dit Mrs. Pocket, pour avoir fait des bêtises?

M. Pocket poussa un gémissement lugubre.

« Dois-je, moi, la petite-fille de grand-papa, n'être rien dans la maison ? » demanda Mrs. Pocket. D'ailleurs, la cuisinière a toujours été une femme très gentille et respectueuse, et elle a dit de la manière la plus naturelle, quand elle est venue s'occuper de la situation, qu'elle sentait que j'étais née pour être duchesse.

Il y avait un canapé à l'endroit où se tenait M. Pocket, et il se laissa tomber dessus dans l'attitude du gladiateur mourant. Toujours dans cette attitude, il me dit d'une voix sourde : « Bonne nuit, monsieur Pip », quand je jugeai à propos d'aller me coucher et de le quitter.

Chapitre XXIV.

Au bout de deux ou trois jours, quand je me fus installé dans ma chambre, que j'eus fait plusieurs allers-retours à Londres et que j'eus commandé tout ce que je voulais à mes commerçants, M. Pocket et moi eûmes une longue conversation ensemble. Il en savait plus sur ma carrière que je ne le savais moi-même, car il a dit que M. Jaggers lui avait dit que je n'étais fait pour aucune profession et que je serais assez instruit pour ma destinée si je pouvais « tenir tête » à la moyenne des jeunes hommes dans des circonstances prospères. J'acquiesçai, bien sûr, ne sachant rien du contraire.

Il me conseilla de me rendre à certains endroits de Londres, afin d'acquérir les simples rudiments dont je désirais, et de le charger des fonctions d'explicateur et de directeur de toutes mes études. Il espérait qu'avec une aide intelligente, je rencontrerais peu de choses qui pût me décourager, et que je serais bientôt en mesure de me passer d'une aide autre que la sienne. Par sa façon de dire cela, et bien plus encore dans un but semblable, il s'est mis en termes confidentiels avec moi d'une manière admirable ; et je puis dire tout de suite qu'il a toujours été si zélé et si honorable dans l'accomplissement de son pacte avec moi, qu'il m'a rendu zélé et honorable dans l'accomplissement du mien avec lui. S'il avait montré de l'indifférence en tant que maître, je ne doute pas que je ne lui aurais rendu le compliment en tant qu'élève ; Il ne m'a pas donné une telle excuse, et chacun de nous a rendu justice à l'autre. Je n'ai jamais non plus considéré qu'il avait quelque chose de ridicule en lui – ou rien d'autre que ce qui était sérieux, honnête et bon – dans la communication de son tuteur avec moi.

Lorsque ces points furent réglés et menés à bien au point que j'avais commencé à travailler sérieusement, il me vint à l'esprit que si je pouvais conserver ma chambre à coucher à l'auberge Barnard, ma vie serait agréablement variée, tandis que mes manières n'en seraient pas plus mauvaises pour la société d'Herbert. M. Pocket ne s'opposa pas à cet arrangement, mais insista pour qu'avant de pouvoir prendre aucune mesure à cet égard, il soit soumis à mon tuteur. J'ai senti que cette délicatesse provenait de la considération que le plan permettrait à Herbert d'économiser quelques dépenses, aussi je suis allé à Little Britain et j'ai fait part de mon souhait à M. Jaggers.

« Si je pouvais acheter les meubles que j'ai loués pour moi, dis-je, et une ou deux autres petites choses, je serais tout à fait chez moi là-bas. »

« Allez-y ! » dit M. Jaggers avec un petit rire. « Je t'avais dit que tu t'en sortirais. Puits! Combien voulez-vous ?

J'ai dit que je ne savais pas combien.

— Venez ! répliqua M. Jaggers. Combien ? Cinquante livres ?

« Oh, pas tant que ça. »

« Cinq livres ? » dit M. Jaggers.

C'était une si grande chute que j'ai dit avec déception : « Oh, plus que cela.»

— Plus que cela, hein ! répliqua M. Jaggers, qui m'attendait, les mains dans les poches, la tête de côté, les yeux fixés sur le mur derrière moi ; « Combien de plus ? »

— Il est si difficile de fixer une somme, dis-je en hésitant.

« Venez ! » dit M. Jaggers. « Allons-y. Deux fois cinq ; Cela suffira-t-il ? Trois fois cinq ; Cela suffira-t-il ? Quatre fois cinq ; Est-ce que ça va faire l'affaire ? »

J'ai dit que je pensais que cela ferait l'affaire.

— Quatre fois cinq, c'est bien, n'est-ce pas ? dit M. Jaggers en fronçant les sourcils. « Maintenant, que pensez-vous de quatre fois cinq ? »

« Qu'est-ce que j'en pense ? »

« Ah ! dit M. Jaggers ; « Combien ? »

— Je suppose que vous lui faites vingt livres, dis-je en souriant.

- Peu importe ce que *j*en fais, mon ami, observa M. Jaggers avec un mouvement de tête entendu et contradictoire. « Je veux savoir ce que *tu* en fais. »

« Vingt livres, bien sûr. »

« Wemmick ! » dit M. Jaggers en ouvrant la porte de son bureau. — Prenez l'ordre écrit de M. Pip, et payez-lui vingt livres.

Cette manière très marquée de faire les affaires me fit une forte impression, et elle n'était pas d'un genre agréable. M. Jaggers ne riait jamais, mais il portait de grandes bottes brillantes et grinçantes, et, en se tenant debout sur ces bottes, la grosse tête penchée et les sourcils joints, dans l'attente d'une réponse, il faisait parfois grincer les bottes. comme s'*ils* riaient d'une manière sèche et méfiante. Comme il sortait maintenant, et que Wemmick était vif et bavard, je dis à Wemmick que je ne savais que penser des manières de M. Jaggers.

— Dites-lui cela, et il le prendra comme un compliment, répondit Wemmick. il ne veut pas dire que vous *devez* savoir quoi en penser.—Oh ! car j'avais l'air surpris, ce n'est pas personnel ; C'est professionnel, seulement professionnel.

Wemmick était à son bureau, déjeunant – et croquant – un biscuit dur et sec ; dont il jetait de temps en temps des morceaux dans sa fente de la bouche, comme s'il les postait.

« Il me semble toujours, dit Wemmick, qu'il a tendu un piège à hommes et qu'il le guette. Soudain, clic, vous êtes pris ! »

Sans remarquer que les pièges à hommes ne faisaient pas partie des commodités de la vie, j'ai dit que je supposais qu'il était très habile.

« Profondément, » a dit Wemmick, « comme l'Australie. » Pointant avec sa plume le sol du bureau, pour exprimer que l'Australie était comprise, pour les besoins de la figure, comme étant symétriquement à l'endroit opposé du globe. « S'il y avait quelque chose de plus profond, ajouta Wemmick en portant sa plume sur le papier, ce serait bien lui. »

Ensuite, j'ai dit que je supposais qu'il avait de bonnes affaires, et Wemmick a dit : « Ca-pi-tal ! » Puis j'ai demandé s'il y avait beaucoup de greffiers. à quoi il répondit :

« Nous n'avons pas beaucoup de gens qui ont des employés, parce qu'il n'y a qu'un seul Jaggers, et les gens ne l'auront pas de seconde main. Nous ne sommes que quatre. Voulez-vous les voir ? Vous êtes l'un des nôtres, si je puis dire. »

J'ai accepté l'offre. Quand M. Wemmick eut mis tout le biscuit à la poste, et qu'il m'eut payé mon argent dans une caisse dans un coffre-fort, dont il gardait la clé quelque part sur son dos et qu'il sortait du col de son manteau comme une natte de fer, nous montâmes. La maison était sombre et délabrée, et les épaules grasses qui avaient laissé leur marque dans la chambre de M. Jaggers semblaient avoir monté et descendu l'escalier pendant des années. Au premier étage, un employé qui avait l'air d'un publicain ou d'un chasseur de rats, un grand homme pâle, bouffi et enflé, s'occupait attentivement de trois ou quatre personnes d'apparence misérable, qu'il traitait aussi sans ménagement que tous ceux qui contribuaient aux coffres de M. Jaggers semblaient être traités. « Rassembler des preuves, dit M. Wemmick en sortant, pour le Bailey. » Dans la pièce d'à côté, un petit terrier flasque d'un employé au poil pendant, (sa coupe semblait avoir été oubliée quand il était chiot) était également aux prises avec un homme aux yeux faibles, que M. Wemmick me présenta comme un fondeur qui gardait sa marmite toujours en ébullition et qui me ferait fondre tout ce que je voulais. et qui était dans une transpiration excessive à blanc, comme s'il eût essayé son art sur lui-même. Dans une arrière-salle, un homme aux épaules hautes, au visage endolgé, attaché dans de la flanelle sale, vêtu de vieux vêtements noirs qui avaient l'air d'avoir été cirés, se penchait sur son travail de faire des copies conformes des notes des deux autres messieurs, pour l'usage personnel de M. Jaggers.

C'était tout l'establishment. Quand nous fûmes redescendus, Wemmick me conduisit dans la chambre de mon tuteur et me dit : « Vous l'avez déjà vu.»

« Je vous en prie, dis-je, comme les deux odieux moulages au regard nerveux revenaient à ma vue, à qui appartiennent ces ressemblances ? »

— Ceux-là ? dit Wemmick en s'asseyant sur une chaise et en soufflant la poussière sur les horribles têtes avant de les abattre. « Ce sont deux célébrations. Des clients célèbres qui nous ont permis d'obtenir un monde de crédit. Ce gars-là (pourquoi tu as dû descendre dans la nuit et jeter un coup d'œil dans l'encrier pour avoir cette tache sur le sourcil, vieux coquin !) a assassiné son maître, et, considérant qu'il n'a pas été amené à témoigner, il ne l'a pas mal planifié. »

« Est-ce que c'est comme lui ? » demandai-je, reculant devant la brute, tandis que Wemmick crachait sur son sourcil et le frottait avec sa manche.

« Comme lui ? C'est lui-même, vous savez. Le casting a été fait à Newgate, juste après qu'il ait été démonté. Vous aviez une affection particulière pour moi, n'est-ce pas, le vieux Artful ? dit Wemmick. Il expliqua ensuite cette apostrophe affectueuse, en touchant sa broche représentant la dame et le saule pleureur au tombeau avec l'urne dessus, et en disant : « L'a fait pour moi, express ! »

« Est-ce que c'est quelqu'un ? » dis-je.

— Non, répondit Wemmick. « Seulement son jeu. (Vous avez aimé votre partie du jeu, n'est-ce pas ?) Non; il y a une petite dame dans le cas, monsieur Pip, sauf une, et elle n'était pas de cette espèce de dame mince, et vous ne l'auriez pas surprise en train de s'occuper de cette urne, à moins qu'il n'y eût quelque chose à boire dedans. L'attention de Wemmick étant ainsi dirigée vers sa broche, il posa le plâtre et polissa la broche avec son mouchoir de poche. »

« Cette autre créature a-t-elle connu la même fin ? » J'ai demandé. « Il a le même look. »

— Vous avez raison, dit Wemmick. « C'est l'aspect authentique. Un peu comme si une narine était prise par un crin de cheval et un petit hameçon. Oui, il est arrivé à la même fin ; c'est tout à fait naturel ici, je vous assure. Il falsifiait des testaments, cette lame le faisait, s'il n'endormait pas aussi les soi-disant testateurs. Vous étiez cependant un gentleman de la Crique (M. Wemmick apostrophait de nouveau), et vous avez dit que vous saviez écrire en grec. Ouais, rebondissable ! Quel menteur vous étiez ! Je n'ai jamais rencontré un menteur aussi grand que toi ! Avant de remettre son défunt ami sur son étagère, Wemmick toucha le plus grand de ses anneaux de deuil et dit : « Je l'ai envoyé me l'acheter, seulement la veille. »

Tandis qu'il montait l'autre plâtre et descendait de sa chaise, la pensée m'a traversé l'esprit que tous ses bijoux personnels provenaient de sources similaires. Comme il n'avait montré aucune méfiance à ce sujet, je me hasardai à lui poser la question, lorsqu'il se tint devant moi, s'époussetant les mains.

« Oh oui, reprit-il, ce sont tous des cadeaux de ce genre. L'un en apporte l'autre, voyez-vous ; C'est comme ça. Je les prends toujours. Ce sont des curiosités. Et ils sont des biens. Ils ne valent peut-être pas grand-chose, mais, après tout, ils sont biens et portables. Cela ne signifie pas pour vous avec votre brillant guetteur, mais pour moi, mon étoile directrice est toujours : « Emparez-vous d'une propriété portable ».

Quand j'eus rendu hommage à cette lumière, il me dit d'un ton amical :

Si, à un moment donné, alors que vous n'avez rien de mieux à faire, vous ne vouliez pas venir me voir à Walworth, je pourrais vous offrir un lit, et je considérerais cela comme un honneur. Je n'ai pas grand-chose à vous montrer

; mais les deux ou trois curiosités que j'ai pourraient vous plaire ; et j'aime un peu de jardin et une maison d'été.

Je lui dis que je serais ravi d'accepter son hospitalité.

« Merci, dit-il ; alors nous considérerons qu'il doit s'en détacher, quand cela vous conviendra. Avez-vous déjà dîné avec M. Jaggers ? »

« Pas encore. »

« Eh bien, » dit Wemmick, « il vous donnera du vin, et du bon vin. Je vais vous donner du punch, et pas du mauvais punch. Et maintenant, je vais vous dire quelque chose. Quand vous irez dîner avec M. Jaggers, regardez sa gouvernante. »

« Vais-je voir quelque chose de très inhabituel ? »

« Eh bien, dit Wemmick, vous verrez une bête sauvage apprivoisée. Pas si rare, me direz-vous. Je réponds que cela dépend de la sauvagerie originelle de la bête et de la quantité d'apprivoisement. Cela ne réduira pas votre opinion sur les pouvoirs de M. Jaggers. Gardez un œil dessus. »

Je lui ai dit que je le ferais, avec tout l'intérêt et la curiosité que sa préparation a éveillés. Comme je m'apprêtais à partir, il me demanda si je voulais consacrer cinq minutes à voir M. Jaggers « à l'œuvre ? »

Pour plusieurs raisons, et non des moindres parce que je ne savais pas clairement à quoi M. Jaggers se trouverait « à l'endroit », j'ai répondu par l'affirmative. Nous nous enfonçâmes dans la ville, et nous arrivâmes dans un tribunal de police bondé, où un parent par le sang (au sens meurtrier) du défunt, avec le goût fantaisiste des broches, se tenait debout au comptoir, mâchant quelque chose d'inconfortable ; tandis que mon tuteur avait une femme en interrogatoire ou en contre-interrogatoire, je ne sais laquelle, et la frappait, ainsi que le banc, et tous ceux qui étaient présents, avec crainte. Si quelqu'un, de quelque degré que ce soit, disait un mot qu'il n'approuvait pas, il exigeait immédiatement qu'il soit « noté ». Si quelqu'un ne voulait pas faire d'aveu, il disait : « Je vais te l'enlever ! » et si quelqu'un faisait un aveu, il disait : « Maintenant, je t'ai ! » Les magistrats frissonnaient sous une seule morsure de son doigt. Les voleurs et les voleurs s'accrochaient à ses paroles avec un ravissement effrayé, et se rétrécissaient quand un cheveu de ses sourcils se tournait dans leur direction. De quel côté il se trouvait, je ne pouvais pas le deviner, car il me semblait moudre tout l'endroit dans un moulin ; Je sais seulement que lorsque je me suis glissé sur la pointe des pieds, il n'était pas du côté du banc ; car il rendait les jambes du vieux monsieur qui présidait tout à fait convulsives sous la table, en dénonçant sa conduite en tant que représentant de la loi et de la justice britanniques dans ce fauteuil ce jour-là.

Chapitre XXV.

Bentley Drummle, qui était un garçon si boudeur qu'il prenait même un livre comme si son auteur lui avait fait du mal, ne faisait pas connaissance dans un esprit plus agréable. Lourd de figure, de mouvement et d'intelligence, dans le teint paresseux de son visage et dans la grande langue maladroite qui semblait se prélasser dans sa bouche comme lui-même se prélassait dans une chambre, il était oisif, orgueilleux, mesquin, réservé et soupçonneux. Il était issu de gens riches du Somersetshire, qui avaient nourri cette combinaison de qualités jusqu'à ce qu'ils découvrent qu'il s'agissait simplement d'un âge et d'un imbécile. C'est ainsi que Bentley Drummle était venu chez M. Pocket alors qu'il avait une tête de plus que ce gentleman, et une demi-douzaine de têtes plus épaisses que la plupart des gentlemen.

Startop avait été gâté par une mère faible et gardé à la maison alors qu'il aurait dû être à l'école, mais il lui était dévoué et l'admirait au-delà de toute mesure. Il avait la délicatesse d'une femme, et il était, comme vous pouvez le voir, bien que vous ne l'ayez jamais vue, me dit Harbert, exactement comme sa mère. Il était tout naturel que je l'aimasse beaucoup plus aimablement qu'à Drummle, et que, même dans les premières soirées de notre navigation, lui et moi nous rentrions à la maison à la hauteur l'un de l'autre, causant de bateau en bateau, tandis que Bentley Drummle arrivait seul dans notre sillage, sous les berges en surplomb et parmi les joncs. Il se glissait toujours vers le rivage comme une créature amphibie inconfortable, même lorsque la marée l'aurait envoyé rapidement sur sa route ; et je pense toujours à lui comme venant après nous dans l'obscurité ou au bord du marigot, lorsque nos deux propres bateaux se levaient au coucher du soleil ou au clair de lune au milieu du courant.

Herbert était mon compagnon et mon ami intime. Je lui offris une demi-part dans mon bateau, qui était l'occasion de sa venue fréquente à Hammersmith ; et la possession d'une demi-part dans ses appartements me conduisait souvent à Londres. Nous avions l'habitude de marcher entre les deux endroits à toute heure. J'ai encore une affection pour la route (bien qu'elle ne soit pas aussi agréable qu'elle l'était alors), formée dans l'impressionnabilité de la jeunesse inexpérimentée et de l'espoir.

Quand j'étais dans la famille de M. Pocket un mois ou deux, M. et Mme Camilla sont venus. Camilla était la sœur de M. Pocket. Georgiana, que j'avais vue chez miss Havisham à la même occasion, se présenta aussi. C'était une cousine, une femme célibataire indigeste, qui appelait sa rigidité religion et son foie amour. Ces gens me haïssaient de la haine de la cupidité et de la déception. Naturellement, ils m'ont flatté dans ma prospérité avec la plus basse mesquinerie. À l'égard de M. Pocket, comme un enfant adulte sans aucune notion de ses propres intérêts, ils montrèrent la patience complaisante que je leur avais entendue exprimer. Ils méprisaient Mrs. Pocket ; mais ils ont permis à la pauvre âme d'avoir été fortement déçue dans la vie, parce que cela jetait sur elle une faible lumière réfléchie.

C'est dans ce milieu que je me suis installé et que j'ai appliqué à mon éducation. J'ai rapidement contracté des habitudes coûteuses et j'ai commencé à dépenser une somme d'argent qu'en quelques mois j'aurais trouvée presque fabuleuse ; mais à travers le bien et le mal, je me suis accroché à mes livres. Il n'y avait pas d'autre mérite à cela que d'avoir assez de bon sens pour sentir mes défauts. Entre M. Pocket et Herbert, je m'entendis vite ; et, avec l'un ou l'autre toujours à mon coude pour me donner le départ que je voulais, et dégager les obstacles de ma route, j'aurais dû être un aussi grand idiot que Drummle si j'en avais fait moins.

Je n'avais pas vu M. Wemmick depuis quelques semaines, quand j'ai pensé que j'allais lui écrire un mot et lui proposer de rentrer chez lui un certain soir. Il me répondit que cela lui ferait beaucoup de plaisir et qu'il m'attendrait au bureau à six heures. J'y allai, et je le trouvai là, mettant la clé de son coffre-fort dans son dos au moment où l'horloge sonnait.

« Avez-vous pensé à descendre à Walworth ? » dit-il.

— Certainement, dis-je, si vous approuvez.

« Beaucoup, » fut la réponse de Wemmick, « car j'ai eu mes jambes sous le bureau toute la journée, et je serai heureux de les étirer. Maintenant, je vais vous dire ce que j'ai à souper, monsieur Pip. J'ai un bifteck cuit à l'étouffée, qui est fait maison, et une volaille rôtie froide, qui vient de la boutique du cuisinier. Je pense que c'est tendre, parce que le maître de la boutique était un juré dans certains cas de la nôtre l'autre jour, et nous l'avons laissé tomber facilement. Je le lui ai rappelé quand j'ai acheté la volaille, et je lui ai dit : « Choisissez-en un bon, vieux Britannique, car si nous avions choisi de vous garder dans la boîte un jour ou deux, nous aurions pu facilement le faire. » Il lui dit : « Permettez-moi de vous faire cadeau de la meilleure volaille de la boutique. » Je l'ai laissé faire, bien sûr. En ce qui concerne cela, c'est une propriété et portable. Vous n'avez pas d'objection à ce qu'un parent âgé, j'espère ?

J'ai vraiment cru qu'il parlait encore de la volaille, jusqu'à ce qu'il ajoute : « Parce que j'ai un parent âgé chez moi. » J'ai alors dit ce que la politesse exigeait.

« Alors, vous n'avez pas encore dîné avec M. Jaggers ? » poursuivit-il pendant que nous marchions.

« Pas encore. »

Il me l'a dit cet après-midi quand il a appris que vous veniez. Je pense que vous aurez une invitation demain. Il va aussi demander à vos amis. Trois d'entre eux ; N'y est-il pas ?

Bien que je n'aie pas l'habitude de compter Drummle parmi mes associés intimes, j'ai répondu : « Oui ».

« Eh bien, il va demander à toute la bande, » – je me sentais à peine complimenté par ce mot, – « et tout ce qu'il vous donnera, il vous le donnera de bien. N'attendez pas de la variété, mais vous aurez l'excellence. Et il y a un autre truc de rhum dans sa maison, continua Wemmick, après un moment de silence, comme si la remarque eût suivi que la gouvernante avait compris ; « Il ne laisse jamais une porte ou une fenêtre être fermée la nuit. »

« N'est-il jamais volé ? »

— C'est cela ! répondit Wemmick. « Il dit, et il le dit publiquement : « Je veux voir l'homme qui *va me voler.* » Que Dieu vous bénisse, je l'ai entendu, cent fois, si je l'ai entendu une fois, dire à des cinglés réguliers de notre bureau : « Vous savez où j'habite ; Or, on n'y tire jamais un carreau ; Pourquoi ne faites-vous pas une affaire avec moi ? Venir; ne puis-je pas vous tenter ? Pas un seul d'entre eux, monsieur, n'aurait l'audace de l'essayer, par amour ou pour de l'argent. »

— Ils le redoutent tant ? dis-je.

— C'est ce qu'il faut redouter, dit Wemmick. « Je vous crois, ils le redoutent. Pas mais c'est ce qu'il est astucieux, même dans son défi à leur égard. Pas d'argent, monsieur. Du métal Britannia, chaque cuillère. »

« Ils n'auraient donc pas grand-chose, observai-je, même s'ils... »

— Ah ! Mais *il* en aurait beaucoup, dit Wemmick en m'interrompant, et ils le savent. Il aurait leur vie, et la vie de dizaines d'entre eux. Il aurait tout ce qu'il pourrait obtenir. Et il est impossible de dire ce qu'il n'aurait pas pu obtenir, s'il s'y était consacré.

Je tombais dans la méditation sur la grandeur de mon tuteur, lorsque Wemmick remarqua :

Quant à l'absence de plaque, c'est seulement sa profondeur naturelle, vous savez. Une rivière est sa profondeur naturelle, et il est sa profondeur naturelle. Regardez sa chaîne de montre. C'est assez réel.

« C'est très énorme, dis-je. »

« Énorme ? » répéta Wemmick. « Je pense que oui. Et sa montre est une répétition en or, et vaut cent livres si elle vaut un sou. Monsieur Pip, il y a environ sept cents voleurs dans cette ville qui savent tout de cette montre ; Il n'y a pas un homme, une femme ou un enfant, parmi eux, qui n'identifierait pas le plus petit maillon de cette chaîne, et ne la laisserait tomber comme si elle était chauffée au rouge, si on l'invitait à la toucher. »

C'est d'abord par ce discours, et ensuite par une conversation d'une nature plus générale, que M. Wemmick et moi nous fâchâmes le temps et la route, jusqu'à ce qu'il me fît comprendre que nous étions arrivés dans le district de Walworth.

Il semblait que c'était un ensemble de ruelles, de fossés et de petits jardins, et qu'il présentait l'aspect d'une retraite plutôt ennuyeuse. La maison de Wemmick était une petite chaumière en bois au milieu de parcelles de jardin, et le haut de celle-ci était découpé et peint comme une batterie montée avec des canons.

— De ma faute, dit Wemmick. « C'est joli ; n'est-ce pas ? »

Je l'ai vivement recommandée, je pense que c'était la plus petite maison que j'aie jamais vue ; avec les fenêtres gothiques les plus bizarres (de loin la plupart d'entre elles sont factices), et une porte gothique presque trop petite pour y entrer.

« C'est un vrai mât, voyez-vous, dit Wemmick, et le dimanche, je monte un vrai drapeau. Alors regardez ici. Après avoir traversé ce pont, je le hache... ainsi... et je coupe la communication. »

Le pont était une planche, et il traversait un gouffre d'environ quatre pieds de large et deux de profondeur. Mais c'était très agréable de voir la fierté avec laquelle il la hissait et l'attachait ; Il souriait en le faisant, avec une délectation et pas seulement machinalement.

« À neuf heures du soir, à l'heure de Greenwich, dit Wemmick, le canon tire. Le voilà, vous voyez ! Et quand vous l'entendrez partir, je pense que vous direz que c'est un Stinger. »

La pièce d'artillerie dont il est question était montée dans une forteresse séparée, construite en treillis. Il était protégé des intempéries par un ingénieux petit dispositif de bâche en forme de parapluie.

— Alors, à l'arrière, dit Wemmick, à l'abri des regards, pour ne pas entraver l'idée des fortifications, — car c'est un principe pour moi, si vous avez une idée, mettez-la à exécution et maintenez-la, — je ne sais pas si c'est votre opinion...

J'ai dit, décidément.

« ... À l'arrière, il y a un cochon, et il y a des volailles et des lapins ; ensuite, j'assemble mon propre petit corps, voyez-vous, et je cultive des concombres ; et vous jugerez au souper quelle sorte de salade je peux préparer. Ainsi, monsieur, dit Wemmick en souriant de nouveau, mais aussi sérieusement en secouant la tête, si vous pouvez supposer que la petite place est assiégée, elle vous offrirait un diable de temps en ce qui concerne les vivres. »

Ensuite, il me conduisit à une tonnelle située à une douzaine de mètres de là, mais à laquelle on s'approchait par des détours si ingénieux qu'il fallut beaucoup de temps pour y arriver ; et dans cette retraite, nos verres étaient déjà sortis. Notre poinçon se rafraîchissait dans un lac d'ornement, sur le bord duquel la tonnelle était élevée. Cette pièce d'eau (avec une île au milieu qui aurait pu être la salade du souper) était de forme circulaire, et il y avait construit une fontaine qui, lorsque vous mettiez en marche un petit moulin et que vous preniez un bouchon dans un tuyau, jouait si fort qu'il vous mouillait le dos de la main.

— Je suis mon propre ingénieur, mon propre charpentier, mon propre plombier, mon propre jardinier et mon propre homme à tout faire, dit Wemmick en répondant à mes compliments. — Eh bien ; C'est une bonne chose, vous savez. Il balaie les toiles d'araignée de Newgate et plaît aux personnes âgées. Cela ne vous dérangerait pas d'être présenté immédiatement aux personnes âgées, n'est-ce pas ? Ça ne te mettrait pas dehors ?

Je lui exprimai toute ma volonté, et nous entrâmes dans le château. Là, nous trouvâmes, assis près d'un feu, un très vieil homme en manteau de flanelle : propre, gai, à l'aise et bien soigné, mais intensément sourd.

« Parent bien âgé, dit Wemmick en lui serrant la main d'une manière cordiale et joviale, comment allez-vous ? »

— Très bien, John ; D'accord ! répondit le vieil homme.

« Voici M. Pip, vieux parent, dit Wemmick, et je voudrais que vous entendiez son nom. Hochez la tête vers lui, monsieur Pip ; C'est ce qu'il aime. Hoche la tête, s'il te plaît, comme un clin d'œil !

« C'est un bel endroit de mon fils, monsieur, » s'écria le vieil homme, tandis que je hochais la tête aussi fort que je le pouvais. – C'est un joli terrain de plaisir, monsieur. Cet endroit et ces beaux travaux qui s'y trouvent devraient être maintenus ensemble par la nation, après l'époque de mon fils, pour le plaisir du peuple.

« Tu en es aussi fier que Punch ; n'est-ce pas, Vieux ? dit Wemmick en contemplant le vieillard dont le visage dur s'adoucit réellement. « *Il y* a un signe de tête pour vous », lui en donnant un énorme ; « *Il y en a* un autre pour vous », lui en donnant un plus terrible encore ; « Tu aimes ça, n'est-ce pas ? Si vous n'êtes pas fatigué, monsieur Pip, bien que je sache que c'est fatigant pour les étrangers, lui donnerez-vous un pourboire de plus ? Vous ne pouvez pas imaginer comment cela lui plaît. »

Je lui ai donné plusieurs autres pourboires, et il était de bonne humeur. Nous le laissâmes s'agiter pour nourrir les volailles, et nous nous mîmes à table pour prendre notre punch sous la tonnelle ; où Wemmick m'a dit, en fumant une pipe, qu'il lui avait fallu bien des années pour amener la propriété à son degré actuel de perfection.

— Est-ce le vôtre, monsieur Wemmick ?

— Oh oui, dit Wemmick, je l'ai saisi petit à petit. C'est une propriété franche, par George !

— Est-ce bien le cas ? J'espère que M. Jaggers l'admire ?

— Je ne l'ai jamais vu, dit Wemmick. Je n'en ai jamais entendu parler. Je n'ai jamais vu les Vieillards. Je n'ai jamais entendu parler de lui. Non; Le

214

bureau est une chose, la vie privée en est une autre. Quand je vais au bureau, je laisse le château derrière moi, et quand j'entre dans le château, je laisse le bureau derrière moi. Si ce n'est pas du tout désagréable pour vous, vous m'obligerez en faisant de même. Je ne souhaite pas qu'on en parle professionnellement. »

Bien sûr, j'ai senti ma bonne foi impliquée dans l'observation de sa demande. Le punch étant très bon, nous nous sommes assis là à le boire et à parler, jusqu'à ce qu'il soit presque neuf heures. « S'approcher d'un coup de feu », dit alors Wemmick en posant sa pipe ; c'est le régal des personnes âgées.

En revenant dans le château, nous trouvâmes les Vieux en train de chauffer le tisonnier, avec des yeux dans l'expectative, comme préliminaire à l'exécution de cette grande cérémonie nocturne. Wemmick resta debout, sa montre à la main, jusqu'à ce que le moment fût venu pour lui de prendre le tisonnier chauffé au rouge des mains de l'Aged et de le réparer à la pile. Il le prit et sortit, et bientôt le dard partit avec un fracas qui secoua la folle petite boîte d'une chaumière comme si elle allait tomber en morceaux, et fit sonner tous les verres et toutes les tasses de thé qu'elle contenait. Là-dessus, le Vieillard, qui, je crois, aurait été projeté hors de son fauteuil s'il ne s'était pas tenu par les coudes, s'écria avec exultation : « Il est viré ! Je l'ai écouté ! » et j'ai fait un signe de tête au vieux monsieur jusqu'à ce qu'il ne soit plus de style de déclarer que je ne pouvais absolument pas le voir.

L'intervalle entre ce moment et le souper, Wemmick le consacra à me montrer sa collection de curiosités. Ils étaient pour la plupart de caractère criminel ; comprenant la plume avec laquelle un faux célèbre avait été commis, un rasoir ou deux distingués, quelques mèches de cheveux et plusieurs confessions manuscrites écrites sous le coup d'une condamnation, auxquelles M. Wemmick attachait une valeur particulière comme étant, pour employer ses propres termes, « chacun d'eux ment, monsieur ». Ceux-ci étaient agréablement dispersés parmi de petits spécimens de porcelaine et de verre, diverses bagatelles soignées faites par le propriétaire du musée, et quelques bouchons de tabac sculptés par les Vieillards. Ils étaient tous exposés dans la chambre du château où j'avais été intronisé pour la première fois, et qui servait, non seulement de salon général, mais aussi de cuisine, si j'en juge par une casserole sur la plaque de cuisson, et un bijou d'airain au-dessus de la cheminée conçu pour suspendre un rôtissoir.

215

Il y avait une petite fille soignée dans l'assistance, qui s'occupait des personnes âgées pendant la journée. Quand elle eut déposé la nappe du souper, le pont fut abaissé pour lui donner un moyen de sortie, et elle se retira pour la nuit. Le souper fut excellent ; et bien que le château fût assez sujet à la pourriture sèche au point qu'il avait le goût d'une mauvaise noix, et bien que le cochon eût pu être plus éloigné, je fus vivement satisfait de tout mon divertissement. Il n'y avait pas non plus d'inconvénient dans ma petite chambre à tourelle, si ce n'est qu'il y avait un plafond si mince entre moi et le mât du drapeau, que lorsque je me couchais sur le dos, il me semblait que je devais tenir cette perche en équilibre sur mon front toute la nuit.

Wemmick était debout de bon matin, et j'ai bien peur de l'avoir entendu nettoyer mes bottes. Après cela, il s'est mis au jardinage, et je l'ai vu de ma fenêtre gothique faire semblant d'employer des vieillards et lui faire un signe de tête de la manière la plus dévouée. Notre déjeuner fut aussi bon que le souper, et à huit heures et demie précises, nous partîmes pour la Petite-Bretagne. Peu à peu, Wemmick devenait de plus en plus sec au fur et à mesure que nous avancions, et sa bouche se resserrait à nouveau dans un bureau de poste. Enfin, quand nous arrivâmes à son lieu de travail et qu'il retira sa clef du col de son manteau, il avait l'air aussi inconscient de sa propriété de Walworth que si le château, le pont-levis, la tonnelle, le lac, la fontaine et le vieillard avaient tous été emportés dans l'espace par la dernière décharge du Stinger.

Chapitre XXVI.

Il se trouva, comme Wemmick me l'avait dit, que j'eus de bonne heure l'occasion de comparer l'établissement de mon tuteur avec celui de son caissier et de son commis. Mon tuteur était dans sa chambre, se lavant les mains avec son savon parfumé, lorsque j'entrai dans le bureau de Walworth ; et il m'appela à lui, et me donna l'invitation pour moi et pour mes amis que Wemmick m'avait préparée à recevoir. « Pas de cérémonie, stipula-t-il, et pas de robe de soirée, et disons demain. » Je lui demandai où nous devions venir (car je n'avais aucune idée de l'endroit où il habitait), et je crois que c'était dans son objection générale à faire quelque chose qui ressemblât à un aveu, qu'il a répondu : « Venez ici, et je vous ramènerai chez moi avec moi. » Je saisis l'occasion pour remarquer qu'il lavait ses clients, comme s'il était un chirurgien ou un dentiste. Il avait dans sa chambre un placard aménagé à cet effet, qui sentait le savon parfumé comme une boutique de parfumeur. Il avait une serviette exceptionnellement grande sur un rouleau à l'intérieur de la porte, et il se lavait les mains, les essuyait et les séchait partout sur cette serviette, chaque fois qu'il revenait d'un tribunal de police ou qu'il renvoyait un client de sa chambre. Quand mes amis et moi nous rendîmes chez lui à six heures le lendemain, il semblait avoir le teint plus foncé que d'habitude, car nous le trouvâmes, la tête enfoncée dans ce placard, non seulement en train de se laver les mains, mais aussi de se laver le visage et de se gargariser la gorge. Et même quand il eut fait tout cela, et qu'il eut fait le tour de l'essuie-tout, il sortit son canif et gratta l'étui de ses ongles avant de mettre son manteau.

Il y avait des gens qui se faufilaient comme d'habitude quand nous sortions dans la rue, qui étaient évidemment impatients de lui parler ; Mais il y avait quelque chose de si concluant dans l'auréole de savon parfumé qui entourait sa présence, qu'ils l'abandonnèrent pour ce jour-là. Tandis que nous marchions vers l'ouest, il était reconnu à maintes reprises par quelque visage dans la foule des rues, et chaque fois que cela se produisait, il me parlait plus fort ; mais il n'a jamais reconnu personne autrement, ni remarqué que personne ne le reconnaissait.

Il nous conduisit à Gerrard Street, à Soho, dans une maison du côté sud de cette rue. C'était plutôt une maison majestueuse du genre, mais qui manquait cruellement de peinture, et dont les fenêtres étaient sales. Il sortit sa clef et ouvrit la porte, et nous entrâmes tous dans une salle de pierre, nue, lugubre et peu fréquentée. Alors, en haut d'un escalier brun foncé, on accède à une série de trois pièces brun foncé au premier étage. Il y avait des guirlandes sculptées sur les murs lambrissés, et alors qu'il se tenait parmi eux pour nous accueillir, je sais à quel genre de boucles je pensais qu'elles ressemblaient.

Le dîner fut servi dans la meilleure de ces chambres ; le second était sa loge ; la troisième, sa chambre. Il nous a dit qu'il tenait toute la maison, mais qu'il en utilisait rarement plus que ce que nous voyions. La table était confortablement dressée – pas d'argent dans le service, bien sûr – et à côté de sa chaise se trouvait un grand monte-plat, avec une variété de bouteilles et de carafes dessus, et quatre plats de fruits pour le dessert. J'ai remarqué tout au long de l'œuvre qu'il gardait tout de sa main et qu'il distribuait tout lui-même.

Il y avait une bibliothèque dans la pièce ; J'ai vu au dos des livres qu'il s'agissait de preuves, de droit criminel, de biographie criminelle, de procès, de lois du Parlement, et d'autres choses du genre. Les meubles étaient tous très solides et très bons, comme sa chaîne de montre. Il avait cependant un aspect officiel, et il n'y avait rien de simplement ornemental à voir. Dans un coin, il y avait une petite table de papiers avec une lampe à abat-jour, de sorte qu'il semblait emporter le bureau chez lui à cet égard aussi, et le sortir du soir pour se mettre au travail.

Comme il avait à peine vu mes trois compagnons jusqu'à présent, car lui et moi nous nous étions promenés ensemble, il se tint debout sur le tapis de l'âtre, après avoir sonné, et les regarda d'un œil scrutateur. À ma grande surprise, il a semblé tout de suite s'intéresser principalement, sinon exclusivement, à Drummle.

« Pip, dit-il en posant sa grosse main sur mon épaule et en me poussant vers la fenêtre, je ne sais pas distinguer l'un de l'autre. Qui est l'araignée ? »

« L'araignée ? » dis-je.

« Le gars tacheté, tentaculaire et boudeur. »

« C'est Bentley Drummle », ai-je répondu. « celui qui a le visage délicat est Startop. »

Sans faire le moindre cas de « celui au visage délicat », il reprit : « Bentley Drummle est son nom, n'est-ce pas ? J'aime bien l'air de ce gars-là. »

Il commença immédiatement à parler à Drummle : il ne se laissa pas décourager par sa réponse de sa manière lourde et réticente, mais il sembla qu'il fut amené à lui faire perdre le discours. Je les regardais tous les deux, quand la gouvernante s'interposa entre moi et eux, avec le premier plat pour la table.

C'était une femme d'une quarantaine d'années, je suppose, mais je l'ai peut-être crue plus jeune qu'elle ne l'était. Plutôt grand, d'une taille agile et agile, extrêmement pâle, avec de grands yeux décolorés et une quantité de cheveux ruisselants. Je ne saurais dire si une affection maladive du cœur a fait que ses lèvres se sont entrouvertes comme si elle eût été haletante, et que son visage ait une expression curieuse de soudaineté et de battement ; mais je sais que j'étais allé voir Macbeth au théâtre, une nuit ou deux auparavant, et que son visage me semblait tout troublé par un air ardent, comme les visages que j'avais vus sortir du chaudron des sorcières.

Elle posa le plat, toucha doucement le bras de mon tuteur avec un doigt pour l'informer que le dîner était prêt, et disparut. Nous prîmes place à la table ronde, et mon tuteur garda Drummle d'un côté de lui, tandis que Startop était assis de l'autre. C'était un noble plat de poisson que la gouvernante avait mis sur la table, et nous avons ensuite eu un rôti de mouton tout aussi choisi, puis un oiseau tout aussi choisi. Les sauces, les vins, tous les accessoires que nous voulions, et tout ce qu'il y avait de meilleur, furent distribués par notre hôte de la part de son monte-plat ; et quand ils avaient fait le tour de la table, il les remettait toujours en place. De même, il nous distribuait des assiettes, des couteaux et des fourchettes propres, pour chaque plat, et déposait ceux qui venaient d'être abandonnés dans deux paniers sur le sol près de sa chaise. Il n'y eut pas d'autre domestique que la gouvernante. Elle mettait sur chaque plat ; et je voyais toujours sur son visage, un visage qui sortait du chaudron. Des années plus tard, j'ai fait une ressemblance épouvantable de cette femme, en faisant passer derrière un bol d'esprits enflammés un visage qui n'avait d'autre ressemblance naturelle qu'il ne dérivent d'une chevelure flottante.

Amené à faire particulièrement attention à la gouvernante, tant par son apparence frappante que par la préparation de Wemmick, je remarquai que chaque fois qu'elle était dans la chambre, elle gardait les yeux sur mon gardien et qu'elle retirait ses mains de tout plat qu'elle lui présentait, hésitante, comme si elle craignait qu'il ne la rappelât. et il voulait qu'il parle quand elle serait proche, s'il avait quelque chose à dire. Je crus voir dans ses manières une conscience de cela, et le dessein de la tenir toujours en haleine.

Le dîner se passa gaiement, et bien que mon tuteur parût suivre plutôt qu'initier des sujets, je savais qu'il nous arrachait la partie la plus faible de nos dispositions. Pour moi-même, je trouvai que j'exprimais ma tendance à prodiguer des dépenses, à traiter Herbert avec condescendance et à me vanter de mes grandes perspectives, avant de savoir que j'avais ouvert les lèvres. Il en était ainsi pour nous tous, mais pour personne d'autre que Drummle : dont le développement de l'inclination à se ceindre à contrecœur et méfiant au reste, lui a été arraché avant que le poisson ne soit enlevé.

Ce ne fut pas à ce moment-là, mais quand nous fûmes arrivés au fromage, que notre conversation roula sur nos exploits d'aviron, et que Drummle fut rallié pour être arrivé en arrière d'une nuit de cette manière lente et amphibié qui était la sienne. Drummle apprit alors à notre hôte qu'il préférait de beaucoup notre chambre à notre compagnie, et qu'il était plus que notre maître pour l'habileté, et qu'en force il pouvait nous disperser comme de la paille. Par un agent invisible, mon tuteur l'a poussé à un point qui n'était pas assez féroce à propos de cette bagatelle ; et il se mit à mettre son bras à nu et à l'étendre pour montrer combien il était musclé, et nous tombâmes tous à mettre nos bras à nu et à étendre nos bras d'une manière ridicule.

Or, la gouvernante était en train de débarrasser la table ; mon tuteur, ne faisant pas attention à elle, mais le côté de son visage détourné d'elle, se penchait en arrière sur sa chaise, se mordait le côté de l'index et montrait un intérêt pour Drummle qui, pour moi, était tout à fait inexplicable. Tout à coup, il frappa de sa grande main sur celle de la gouvernante, comme un piège, tandis qu'elle l'étendait sur la table. Il l'a fait si soudainement et si intelligemment, que nous nous sommes tous arrêtés dans notre folle querelle.

« Si vous parlez de force, dit M. Jaggers, *je* vais vous montrer un poignet. Molly, qu'ils voient ton poignet.

Sa main coincée était sur la table, mais elle avait déjà mis son autre main derrière sa taille. — Maître, dit-elle à voix basse, les yeux fixés sur lui avec attention et supplication. « Ne le faites pas. »

— *Je* vais vous montrer un poignet, répéta M. Jaggers, avec une détermination inébranlable à le montrer. « Molly, laisse-leur voir ton poignet.»

« Maître », murmura-t-elle de nouveau. « S'il vous plaît ! »

« Molly, dit M. Jaggers, sans la regarder, mais en regardant obstinément de l'autre côté de la pièce, qu'on voie vos *deux* poignets. Montrez-leur. Venez! »

Il prit sa main de la sienne et tourna son poignet sur la table. Elle apporta son autre main derrière elle et les tint côte à côte. Le dernier poignet était très défiguré, profondément cicatrisé et balafré de part en part. Quand elle étendit les mains, elle quitta les yeux de M. Jaggers et les tourna avec vigilance sur chacun de nous à la suite.

« Il y a du pouvoir ici », dit M. Jaggers en traçant froidement les tendons avec son index. « Très peu d'hommes ont le pouvoir du poignet que cette femme a. Il est remarquable de voir à quel point il y a une simple force de préhension dans ces mains. J'ai eu l'occasion de remarquer beaucoup de mains ; mais je n'ai jamais vu à cet égard de plus fort que ceux-ci, homme ou femme. »

Tandis qu'il prononçait ces mots d'un ton tranquille et critique, elle continuait à nous regarder chacun d'entre nous en succession régulière pendant que nous étions assis. Au moment où il s'arrêta, elle le regarda de nouveau. « Cela suffira, Molly, dit M. Jaggers en lui faisant un léger signe de tête ; « On vous a admiré, et vous pouvez partir. » Elle retira ses mains et sortit de la chambre, et M. Jaggers, mettant les carafes de son monte-plat, remplit son verre et fit circuler le vin.

— À neuf heures et demie, messieurs, dit-il, il faut se séparer. Je vous en prie, faites le meilleur usage de votre temps. Je suis heureux de vous voir tous. Monsieur Drummle, je bois à vous.

Si son but en désignant Drummle était de le faire ressortir encore davantage, il réussit parfaitement. Dans un triomphe boudeur, Drummle a montré sa dépréciation morose du reste d'entre nous, à un degré de plus en plus offensant, jusqu'à ce qu'il devienne carrément intolérable. À travers toutes ses étapes, M. Jaggers le suivait avec le même étrange intérêt. Il semblait en fait servir de zeste au vin de M. Jaggers.

Dans notre manque de discrétion enfantine, j'ose dire que nous avons trop bu et je sais que nous avons trop parlé. Nous devenions particulièrement chauds à cause d'un ricanement grossier de Drummle, à l'effet que nous étions trop libres avec notre argent. Cela m'amena à remarquer, avec plus de zèle que de discrétion, que cela venait de mauvaise grâce de sa part, à qui Startop avait prêté de l'argent en ma présence une semaine auparavant.

— Eh bien, répliqua Drummle ; « Il sera payé. »

— Je ne veux pas dire qu'il ne le fera pas, dis-je, mais cela pourrait vous faire taire sur nous et sur notre argent, je pense.

— *Vous* devriez réfléchir ! répliqua Drummle. « Oh Seigneur ! »

« J'ose dire, continuai-je avec l'intention d'être très sévère, que vous ne prêteriez d'argent à aucun de nous si nous en avions besoin. »

— Vous avez raison, dit Drummle. Je ne prêterais pas six pence à l'un de vous. Je ne prêterais six pence à personne.

— C'est plutôt un moyen d'emprunter dans ces circonstances, je dirais.

— *Vous* devriez le dire, répéta Drummle. « Oh Seigneur ! »

C'était si exaspérant, d'autant plus que je me trouvais incapable de lutter contre son obtus hargneux, que je dis, sans tenir compte des efforts d'Harbert pour me retenir :

— Allons, monsieur Drummle, puisque nous sommes à ce sujet, je vais vous raconter ce qui s'est passé entre Herbert et moi, quand vous avez emprunté cet argent.

— *Je* ne veux pas savoir ce qui s'est passé entre Herbert et vous, grommela Drummle. Et je pense qu'il ajouta dans un grognement plus bas, que nous pourrions tous les deux aller au diable et nous secouer.

— Je vais vous dire cependant, dis-je, si vous voulez savoir ou non. Nous avons dit qu'en le mettant dans votre poche, très heureux de l'avoir, vous sembliez être immensément amusé de ce qu'il soit assez faible pour le prêter.

Drummle éclata de rire et s'assit en riant au nez, les mains dans les poches et les épaules rondes relevées ; signifiant clairement que c'était tout à fait vrai, et qu'il nous méprisait comme des ânes.

Là-dessus, Startop le prit en main, mais avec une bien meilleure grâce que je ne l'avais montré, et l'exhorta à être un peu plus agréable. Startop, étant un jeune homme vif et brillant, et Drummle étant tout le contraire, ce dernier était toujours disposé à lui en vouloir comme un affront personnel direct. Il répliqua alors d'une manière grossière et grossière, et Startop essaya de détourner la discussion avec une petite plaisanterie qui nous fit tous rire. S'irritant plus que tout de ce petit succès, Drummle, sans aucune menace ni avertissement, tira ses mains de ses poches, baissa ses épaules rondes, jura, prit un grand verre et l'aurait jeté à la tête de son adversaire, si notre amuseur ne l'avait saisi avec dextérité à l'instant où il avait été levé à cet effet.

« Messieurs, dit M. Jaggers en posant délibérément le verre et en tirant sa répétition d'or par sa chaîne massive, je suis extrêmement désolé d'annoncer qu'il est neuf heures et demie. »

Sur cette indication, nous nous levâmes tous pour partir. Avant que nous n'arrivions à la porte de la rue, Startop appelait joyeusement Drummle « vieux garçon », comme si de rien n'était. Mais le vieux garçon était si loin de répondre, qu'il ne voulait même pas marcher jusqu'à Hammersmith du même côté de la route ; alors Herbert et moi, qui restions en ville, nous les avons vus descendre la rue de part et d'autre ; Startop en tête, et Drummle à la traîne dans l'ombre des maisons, comme il avait coutume de le suivre dans sa barque.

Comme la porte n'était pas encore fermée, je pensai que j'allais laisser un instant Harbert là, et courir de nouveau à l'escalier pour dire un mot à mon tuteur. Je le trouvai dans sa loge, entouré de son stock de bottes, déjà dur, se lavant les mains de nous.

Je lui dis que j'étais revenue pour lui dire combien j'étais désolée qu'il se soit passé quelque chose de désagréable, et que j'espérais qu'il ne me blâmerait pas beaucoup.

« Ourson ! » dit-il en se cachant le visage et en parlant à travers les gouttes d'eau ; ce n'est rien, Pip. Mais j'aime bien cette araignée.

Il s'était tourné vers moi maintenant, et secouait la tête, soufflait et s'essuyait.

– Je suis content qu'il vous plaise, monsieur, dis-je, mais ce n'est pas mon cas.

— Non, non, acquiesça mon tuteur. «Je n'ai pas grand-chose à faire avec lui. Restez aussi loin de lui que possible. Mais j'aime bien ce bonhomme, Pip ; Il est de la vraie espèce. Pourquoi, si j'étais une diseuse de bonne aventure... »

En regardant hors de la serviette, il a attiré mon attention.

« Mais je ne suis pas un diseur de bonne aventure », dit-il en laissant tomber sa tête dans un feston de serviette et en s'essuyant les deux oreilles. « Vous savez ce que je suis, n'est-ce pas ? Bonne nuit, Pip. »

« Bonne nuit, monsieur. »

Environ un mois plus tard, le temps de l'Araignée avec M. Pocket était terminé pour de bon, et, au grand soulagement de toute la maison, sauf de Mme Pocket, il rentra chez lui dans le trou familial.

Chapitre XXVII.

« MON CHER MONSIEUR PIP,

Je vous écris à la demande de M. Gargery, pour vous faire savoir qu'il va à Londres en compagnie de M. Wopsle et qu'il serait heureux, s'il vous convient, d'être autorisé à vous voir. Il se rendait à l'hôtel Barnard le mardi matin à neuf heures, et s'il n'était pas d'accord, il lui plaisait de laisser un mot. Ta pauvre sœur est à peu près la même que lorsque tu es parti. Nous parlons de vous dans la cuisine tous les soirs, et nous nous demandons ce que vous dites et faites. Si l'on considère maintenant à la lumière d'une liberté, excusez-la pour l'amour du mauvais vieux temps. Pas plus, cher M. Pip, de

Votre serviteur toujours obligé et affectueux, BIDDY ».

P.S. Il souhaite que je sois très particulier pour écrire *ce qui est ridicule.* Il dit que vous comprendrez. J'espère et je ne doute pas qu'il ne soit agréable de le voir, même s'il est un gentleman, car vous avez toujours eu bon cœur, et c'est un homme digne, digne. Je l'ai lu en entier, excepté la dernière petite phrase, et il désire que je sois très attentif à écrire de nouveau *ce qui m'attend.*

J'ai reçu cette lettre par la poste le lundi matin, et son rendez-vous était donc fixé au lendemain. Permettez-moi d'avouer exactement avec quels sentiments j'attendais avec impatience l'arrivée de Joe.

Non pas avec plaisir, bien que je fusse liée à lui par tant de liens ; Non; avec beaucoup de troubles, quelques mortifications et un vif sentiment d'incongruité. Si j'avais pu l'éloigner en payant de l'argent, j'aurais certainement payé de l'argent. Ce qui m'a le plus rassuré, c'est qu'il venait à Barnard's Inn, et non à Hammersmith, et qu'il ne se mettrait donc pas en travers du chemin de Bentley Drummle. Je n'avais guère d'objection à ce qu'il fût vu par Herbert ou son père, pour lesquels j'avais du respect ; mais j'avais la plus vive sensibilité quant à ce qu'il fût vu par Drummle, que je méprisais. Ainsi, tout au long de la vie, nos pires faiblesses et mesquineries sont généralement commises pour le bien des gens que nous méprisons le plus.

J'avais commencé à toujours décorer les chambres d'une manière tout à fait inutile et inappropriée, et ces luttes avec Barnard se sont avérées très coûteuses. À ce moment-là, les chambres étaient bien différentes de ce que j'avais trouvées, et j'avais l'honneur d'occuper quelques pages importantes des livres d'un tapissier voisin. J'étais allé si vite ces derniers temps, que j'avais même commencé un garçon en bottes, en bottes de haut niveau, en servitude et en esclavage, à qui on aurait pu dire que je passais mes journées. Car, après avoir fabriqué le monstre (avec les déchets de ma famille de blanchisseuse), et l'avoir revêtu d'un habit bleu, d'un gilet canari, d'une cravate blanche, d'une culotte crème et des bottes dont j'ai déjà parlé, il me fallait lui trouver un peu à faire et beaucoup à manger ; Et avec ces deux horribles exigences, il hantait mon existence.

Ce fantôme vengeur reçut l'ordre d'être de service à huit heures du matin dans le vestibule (il faisait deux pieds carrés, comme pour la serpillière), et Herbert suggéra certaines choses pour le déjeuner qu'il pensait que Joe aimerait. Tandis que je lui étais sincèrement reconnaissant d'être si intéressé et si prévenant, j'avais un étrange sentiment de suspicion à demi provoqué sur moi, que si Joe était venu le voir, il n'aurait pas été tout à fait aussi vif à ce sujet.

Cependant, je suis venu en ville le lundi soir pour être prêt pour Joe, et je me suis levé de bon matin, et j'ai fait prendre au salon et à la table du déjeuner leur aspect le plus splendide. Malheureusement, la matinée était pluvieuse, et un ange n'aurait pas pu cacher le fait que Barnard versait des larmes de suie à l'extérieur de la fenêtre, comme un faible géant d'un balayeur.

Comme le moment approchait, j'aurais voulu m'enfuir, mais le Vengeur, conformément aux ordres, était dans le vestibule, et bientôt j'entendis Joe dans l'escalier. Je savais que c'était Joe, à sa manière maladroite de monter l'escalier, ses bottes d'apparat étant toujours trop grandes pour lui, et au temps qu'il lui fallait pour lire les noms des autres étages au cours de son ascension. Quand enfin il s'arrêta devant notre porte, je vis son doigt tracer les lettres peintes de mon nom, et je l'entendis distinctement respirer par le trou de la serrure. Finalement, il frappa d'un seul coup, et Pepper – tel était le nom compromettant du garçon vengeur – annonça : « M. Gargery ! » Je pensais qu'il n'aurait jamais fini de s'essuyer les pieds, et que j'aurais dû sortir pour le soulever du tapis, mais enfin il est entré.

« Joe, comment vas-tu, Joe ? »

« Pip, comment as-tu l'air, Pip ? »

Avec son bon visage honnête tout rayonnant et tout brillant, et son chapeau posé sur le sol entre nous, il attrapa mes deux mains et les fit tourner tout droit de haut en bas, comme si j'eusse été la dernière pompe brevetée.

— Je suis content de vous voir, Joe. Donnez-moi votre chapeau.

Mais Joe, le prenant soigneusement à deux mains, comme un nid d'oiseau où il y a des œufs, ne voulut pas entendre parler de se séparer de ce bien, et s'obstina à en parler de la manière la plus inconfortable.

« Que vous avez qui a grandi, dit Joe, et qui s'est enflé, et qui a fait vibrer les gens ; Joe réfléchit un peu avant de découvrir ce mot ; « Pour être sûr que vous êtes un honneur pour votre roi et pour votre pays. »

— Et vous, Joe, vous avez l'air merveilleusement bien.

« Dieu merci, » dit Joe, je suis précieux pour la plupart. Et votre sœur, elle n'est pas pire qu'elle ne l'était. Et Biddy, elle a toujours raison et elle est prête. Et tous les amis ne sont pas des bailleurs de fonds, si ce n'est pas des forarders. 'Ceptin Wopsle ; Il a eu une goutte.

Pendant tout ce temps, toujours les deux mains en prenant grand soin du nid d'oiseau, Joe roulait des yeux autour de la chambre, et tournait et tournait autour du motif fleuri de ma robe de chambre.

« Tu as bu une goutte, Joe ? »

— Mais oui, dit Joe en baissant la voix, il a quitté l'église et s'est mis à jouer la comédie. Ce que le théâtre a également amené à Londres avec moi. Et c'était son vœu, dit Joe, prenant un instant le nid d'oiseau sous son bras gauche, et cherchant à tâtons un œuf avec sa main droite. si je ne vous offense pas, comme je le ferais, et vous cela.

J'ai pris ce que Joe m'a donné, et j'ai découvert que c'était l'affiche froissée d'un petit théâtre métropolitain, annonçant la première apparition, dans la même semaine, du « célèbre amateur provincial de renommée roscienne, dont l'interprétation unique dans la plus haute promenade tragique de notre barde national a récemment causé une si grande sensation dans les cercles dramatiques locaux ».

« Étiez-vous à sa performance, Joe ? » demandai-je.

— Je l'*étais*, dit Joe avec emphase et solennité.

« Y a-t-il eu une grande sensation ? »

227

— Eh bien, dit Joe, oui, il y avait certainement un soupçon de peau d'orange. Partickler quand il voit le fantôme. Bien que je vous le demande, monsieur, s'il était conçu pour maintenir un homme à son travail avec un bon cœur, pour être continuellement coupé entre lui et le fantôme avec « Amen ! » Un homme peut avoir eu un malheur et avoir été dans l'église, dit Joe en baissant la voix sur un ton argumentatif et émouvant, mais ce n'est pas une raison pour que vous le mettiez dehors à un tel moment. Ce que je veux dire, c'est que si l'on ne peut pas permettre au fantôme du propre père d'un homme de réclamer son attention, qu'est-ce qui le peut, Monsieur ? Bien plus encore, lorsque son deuil est malheureusement si petit que le poids des plumes noires l'emporte, essayez de le garder comme vous le pouvez.

Un effet de fantôme sur le visage de Joe m'apprit qu'Herbert était entré dans la chambre. Je présentai donc Joe à Herbert, qui me tendit la main ; mais Joe recula et se cramponna au nid d'oiseau.

– Votre serviteur, monsieur, dit Joe, ce que j'espère comme vous et Pip... – ici son regard tomba sur le vengeur, qui mettait des toasts sur la table, et indiquait si clairement l'intention de faire de ce jeune gentleman un membre de la famille, que je fronçai les sourcils et le confondis davantage... – Je veux dire, vous deux messieurs, ce que j'espère lorsque vous aurez vos écluses dans cet endroit étroit ? Car pour le moment, c'est peut-être une très bonne auberge, selon les opinions de Londres, dit Joe confidentiellement, et je crois que son caractère lui résiste ; mais je n'y garderais pas moi-même un cochon, non pas dans le cas où je voudrais qu'il s'engraisse sainement et qu'il mange avec une saveur plus moelleuse.

Ayant rendu ce témoignage flatteur des mérites de notre demeure, et ayant montré incidemment cette tendance à m'appeler « monsieur », Joe, invité à se mettre à table, chercha autour de la pièce un endroit convenable pour déposer son chapeau, comme si c'était seulement sur quelques substances rares de la nature qu'il pouvait trouver un lieu de repos. et finalement il se plaça sur un coin extrême de la cheminée, d'où il tombait toujours par intervalles.

– Prenez-vous du thé ou du café, monsieur Gargery ? demanda Harbert, qui présidait toujours une matinée.

– Merci, monsieur, dit Joe, raide de la tête aux pieds, je prendrai celui qui vous sera le plus agréable.

« Que dites-vous du café ? »

– Merci, monsieur, répondit Joe, évidemment découragé par la proposition, puisque vous *avez* la bonté de faire du café, je ne vais pas aller à l'encontre de vos propres opinions. Mais ne trouvez-vous jamais qu'il est un peu « mangeant » ?

— Dites thé alors, dit Harbert en le versant.

Là, le chapeau de Joe tomba de la cheminée, et il sauta de sa chaise, le ramassa et l'ajusta exactement à la même place. Comme si c'était un point absolu de bonne reproduction qu'il devrait bientôt retomber.

« Quand êtes-vous venu en ville, monsieur Gargery ? »

« Était-ce hier après-midi ? » demanda Joe, après avoir toussé derrière sa main, comme s'il avait eu le temps d'attraper la coqueluche depuis son arrivée. « Non, ce n'était pas le cas. Oui, c'était le cas. Oui. C'était hier après-midi » (avec une apparence mêlée de sagesse, de soulagement et de stricte impartialité).

« Avez-vous déjà vu quelque chose de Londres ? »

– Eh bien, oui, monsieur, dit Joe, Wopsle et moi sommes allés tout de suite regarder le Blacking Ware'us. Mais nous n'avons pas trouvé qu'il était à la hauteur de sa ressemblance dans les becs rouges aux portes des magasins ; ce que je veux dire, ajouta Joe d'une manière explicative, car il y est dessiné trop architecto-oral.

Je crois vraiment que Joe aurait prolongé ce mot (puissamment expressif à mon esprit d'une architecture que je connais) en un chœur parfait, si son attention n'avait pas été providentiellement attirée par son chapeau qui était en train de tomber. En effet, cela exigeait de lui une attention constante, une vivacité d'œil et de main, très semblable à celle qu'exige la tenue de guichet. Il en joua un jeu extraordinaire, et montra la plus grande habileté ; tantôt se précipitant sur lui et l'attrapant proprement au moment où il tombait ; tantôt il se contentait de l'arrêter à mi-chemin, de le frapper et de l'amuser dans diverses parties de la pièce et contre une bonne partie du motif du papier sur le mur, avant de se sentir en sécurité pour le fermer ; enfin je l'ai éclaboussé dans le bassin d'eau, où j'ai pris la liberté de mettre la main dessus.

Quant au col de sa chemise et au col de son habit, ils étaient embarrassants à méditer, mystères insolubles l'un et l'autre. Pourquoi un homme devrait-il se gratter à ce point, avant de pouvoir se considérer comme tout habillé ?

Pourquoi supposerait-il qu'il est nécessaire d'être purifié par la souffrance pour ses vêtements de fête ? Puis il tomba dans de tels accès de méditation inexplicables, sa fourchette à mi-chemin entre son assiette et sa bouche ; ses yeux étaient attirés dans des directions si étranges ; il était affligé d'une toux si remarquable ; il s'est assis si loin de la table, et a laissé tomber beaucoup plus qu'il n'en a mangé, et a fait semblant de ne pas l'avoir laissé tomber ; que j'étais de tout cœur heureux quand Herbert nous a quittés pour la ville.

Je n'avais ni le bon sens ni le bon pressentiment de savoir que tout cela était de ma faute, et que si j'avais été plus facile avec Joe, Joe aurait été plus facile avec moi. Je me sentais impatient de lui et de mauvaise humeur contre lui ; dans cet état, il m'a jeté des charbons ardents sur la tête.

– Nous sommes seuls tous les deux, monsieur, commença Joe.

– Joe, interrompis-je d'un ton mesquin, comment pouvez-vous m'appeler, monsieur ?

Joe me regarda un instant avec quelque chose qui ressemblait vaguement à un reproche. Aussi ridicule que fût sa cravate et ses cols, j'étais conscient d'une sorte de dignité dans son regard.

— Nous étant seuls tous les deux, reprit Joe, et ayant l'intention et la capacité de ne pas rester quelques minutes de plus, je vais maintenant conclure, du moins commencer, pour parler de ce qui m'a fait avoir l'honneur actuel. Car si mon seul désir n'était pas de vous être utile, dit Joe avec son vieux air d'exposition lucide, je n'aurais pas eu l'honneur de rompre les râles dans la société et la demeure des gentilshommes.

J'étais si peu disposé à revoir ce regard, que je ne fis aucune remontrance contre ce ton.

– Eh bien, monsieur, continua Joe, c'est ainsi que cela se fait. J'étais chez les mariniers l'autre soir, Pip. ... chaque fois qu'il tombait dans l'affection, il m'appelait Pip, et chaque fois qu'il retombait dans la politesse, il m'appelait monsieur ; quand il arriva dans sa charrette à hay, Pumblechook. Et ce même identique, dit Joe en s'engageant dans une nouvelle voie, peigne mon air dans le mauvais sens quelquefois, c'est affreux, en donnant de haut en bas de la ville comme si c'était lui qui avait jamais eu votre compagnie d'enfant et qui était considéré comme un compagnon de jeu par vous-même.

« C'est absurde. C'était toi, Joe. »

- Ce que je croyais bien, Pip, dit Joe en secouant légèrement la tête, bien que cela ne signifie pas grand-chose maintenant, monsieur. Eh bien, Pip ; ce même identique, dont ses manières sont portées à la fanfaronnade, est venu à moi aux mariniers (une pipe et une pinte de bière donnent du rafraîchissement à l'ouvrier, monsieur, et n'en font pas trop), et il m'a dit : « Joseph, miss Havisham, elle veut vous parler. »

— Miss Havisham, Joe ?

« Elle souhaite, dit Pumblechook, vous parler. » Joe s'assit et leva les yeux au ciel.

« Oui, Joe ? Continuez, s'il vous plaît. »

- Le lendemain, monsieur, dit Joe en me regardant comme si j'étais loin, m'étant nettoyé, je vais voir Mlle A.

« Mlle A., Joe ? Miss Havisham ?"

- Ce que je dis, monsieur, répondit Joe avec un air de formalité légale, comme s'il eût fait son testament, miss A., ou autrement Havisham. Son expression avait alors l'air folle : « Monsieur Gargery. Vous êtes en correspondance avec M. Pip ? Ayant reçu une lettre de votre part, j'ai pu dire « je le suis ». (Quand j'ai épousé votre sœur, monsieur, j'ai dit : « Je le ferai », et quand j'ai répondu à votre ami, Pip, j'ai dit : « Je le suis. » « Voulez-vous donc lui dire, dit-elle, que Estelle est rentrée à la maison et qu'elle serait heureuse de le voir. »

J'ai senti mon visage s'enflammer en regardant Joe. J'espère qu'une cause lointaine de son incendie a pu être ma conscience que si j'avais su sa mission, je l'aurais encouragé davantage.

- Biddy, poursuivit Joe, quand je suis rentré à la maison et que j'ai demandé à sa fourrure de t'écrire le message, un peu en retrait. Biddy dit : « Je sais qu'il sera très heureux de l'avoir par le bouche à oreille, c'est la période des vacances, vous voulez le voir, allez-y ! » J'ai fini, monsieur, dit Joe en se levant de sa chaise, et, Pip, je vous souhaite toujours bien et toujours prospérer à une hauteur de plus en plus grande.

— Mais vous n'y allez pas maintenant, Joe ?

— Oui, dit Joe.

— Mais vous revenez dîner, Joe ?

— Non, je ne le suis pas, dit Joe.

Nos yeux se rencontrèrent, et tout le « Monsieur » fondit de ce cœur viril lorsqu'il me tendit la main.

« Pip, mon cher vieux, la vie est faite de tant de séparations soudées, si je puis dire, et l'un est forgeron, l'autre est forgeron, l'autre est orfèvre et l'autre est chaudronnier. Les dissions entre ceux-là doivent venir, et doivent être affrontées au fur et à mesure. S'il y a eu une faute aujourd'hui, c'est la mienne. Vous et moi ne sommes pas deux personnages à être ensemble à Londres ; ni nulle part ailleurs que ce qui est privé, connu et compris entre amis. Ce n'est pas que je sois orgueilleuse, mais je veux avoir raison, car vous ne me verrez plus jamais dans ces vêtements. Je me trompe avec ces vêtements. Je me trompe en dehors de la forge, de la cuisine ou des mailles. Vous ne trouverez pas la moitié de ce défaut en moi si vous pensez à moi dans ma robe de forge, avec mon marteau à la main, ou même ma pipe. Vous ne me trouverez pas la moitié de ce reproche si, supposant que vous vouliez jamais me voir, vous veniez mettre la tête à la fenêtre de la forge et voir Joe le forgeron, là, à la vieille enclume, dans le vieux tablier brûlé, s'accrochant à l'ancien ouvrage. Je suis affreusement ennuyeux, mais j'espère que j'ai enfin réussi à battre quelque chose de près des droits de celui-ci. Et ainsi que Dieu te bénisse, cher vieux Pip, mon vieux, que Dieu te bénisse !

Je ne m'étais pas trompé dans mon imagination qu'il y avait en lui une dignité simple. La mode de son vêtement ne pouvait pas plus se mettre en travers de son chemin lorsqu'il prononçait ces paroles qu'elle ne pouvait se mettre en travers de son chemin au ciel. Il me toucha doucement le front et sortit. Dès que je pus me remettre suffisamment, je me hâtai de le suivre et de le chercher dans les rues voisines ; Mais il était parti.

Chapitre XXVIII.

Il était clair que je devais retourner dans notre ville le lendemain, et dans le premier élan de mon repentir, il était tout aussi clair que je devais rester chez Joe. Mais, quand j'eus obtenu ma place dans la loge par la diligence du lendemain, et que je fus descendu chez M. Pocket et retour, je n'étais nullement convaincu sur le dernier point, et je commençai à inventer des raisons et à trouver des excuses pour loger au Sanglier-Bleu. Je serais un inconvénient chez Joe ; Je n'étais pas attendu, et mon lit n'était pas prêt ; Je serais trop loin de chez miss Havisham, et elle était exigeante et pouvait ne pas aimer cela. Tous les autres escrocs de la terre ne sont rien pour les escrocs eux-mêmes, et c'est avec de tels prétextes que je me suis trompé. Sûrement une chose curieuse. Que je prenne innocemment une mauvaise demi-couronne de la fabrication de quelqu'un d'autre, c'est assez raisonnable ; mais que je consciemment consciemment compter la fausse pièce de monnaie que j'ai gagnée comme de l'argent ! Un étranger obligeant, sous prétexte de plier mes billets de banque pour des raisons de sécurité, extrait les billets et me donne des coquilles de noix ; mais quel tour de passe-passe pour la mienne, quand je plie mes propres coquilles de noix et que je me les passe à moi-même comme des notes !

Ayant décidé que je devais aller voir le Sanglier Bleu, mon esprit était très troublé par l'indécision de prendre ou non le Vengeur. Il était tentant de penser à ce mercenaire coûteux qui exhibait publiquement ses bottes sous l'arcade de la cour de poste du Sanglier Bleu ; il était presque solennel de l'imaginer produit par hasard dans la boutique du tailleur, et confondant les sens irrespectueux du garçon de Trabb. D'un autre côté, le fils de Trabb pouvait s'immiscer dans son intimité et lui dire des choses ; ou, misérable aussi téméraire et désespéré que je savais qu'il pouvait l'être, il pourrait le huer dans la rue principale. Ma patronne aussi pourrait entendre parler de lui et ne pas l'approuver. Dans l'ensemble, j'ai résolu de laisser l'Avenger derrière moi.

C'était la diligence de l'après-midi par laquelle j'avais pris place, et, comme l'hiver était arrivé, je n'arriverais à destination que deux ou trois heures après la tombée de la nuit. Notre heure de départ des Cross Keys était deux heures.

Je suis arrivé sur le sol avec un quart d'heure d'avance, assisté par le Vengeur, si je puis joindre cette expression à quelqu'un qui ne s'est jamais occupé de moi s'il pouvait l'empêcher.

À cette époque, il était d'usage de transporter les forçats jusqu'aux chantiers navals en diligence. Comme j'avais souvent entendu parler d'eux en qualité de passagers extérieurs, et que je les avais vus plus d'une fois sur la grande route, balançant leurs jambes de fer sur le toit de la voiture, je n'avais pas à m'étonner quand Harbert, me rencontrant dans la cour, vint me dire qu'il y avait deux forçats qui descendaient avec moi. Mais j'avais une raison qui était maintenant une vieille raison pour laquelle la Constitution vacillait chaque fois que j'entendais le mot « condamné ».

— Vous ne vous en souciez pas, Haendel ? dit Harbert.

« Oh non ! »

« Je croyais que tu n'avais pas l'air de ne pas les aimer ? »

Je ne peux pas prétendre que je les aime, et je suppose que vous ne les aimez pas particulièrement. Mais ça ne me dérange pas.

« Voyez ! Les voilà, dit Harbert, qui sortent du robinet. Quel spectacle dégradé et vil ! »

Ils avaient soigné leur garde, je suppose, car ils avaient un geôlier avec eux, et tous les trois sont sortis en s'essuyant la bouche sur les mains. Les deux forçats étaient menottés l'un à l'autre, et avaient des fers aux jambes, des fers d'un modèle que je connaissais bien. Elles portaient la robe que je connaissais aussi bien. Leur gardien avait une paire de pistolets et portait sous son bras un gourdin à gros pommeaux ; mais il était en bons termes avec eux, et il se tenait avec eux à côté de lui, regardant la mise à pied des chevaux, un peu comme si les forçats étaient une exposition intéressante qui n'était pas officiellement ouverte pour le moment, et lui le conservateur. L'un était plus grand et plus robuste que l'autre, et paraissait naturellement, selon les voies mystérieuses du monde, à la fois forçat et libre, qu'on lui avait attribué le plus petit costume. Ses bras et ses jambes étaient comme de grandes pelotes d'épingles de ces formes, et son costume le déguisait absurdement ; mais je reconnus d'un coup d'œil son œil mi-clos. Là se tenait l'homme que j'avais vu sur le banc des Trois Jolly Bargemen un samedi soir, et qui m'avait abattu avec son fusil invisible !

Il était facile de s'assurer qu'il ne me connaissait pas plus que s'il ne m'avait jamais vu de sa vie. Il me regarda, et son œil examina ma chaîne de montre, puis il cracha incidemment et dit quelque chose à l'autre forçat, et ils rirent et se balancèrent en faisant tinter leur menotte d'accouplement, et regardèrent autre chose. Le grand nombre sur leur dos, comme s'il s'agissait de portes de rue ; leur surface extérieure grossière et galeuse, disgracieuse, comme s'ils étaient des animaux inférieurs ; leurs jambes repassées, ornées d'excuses de mouchoirs de poche ; et la manière dont tous les assistants les regardaient et s'en détournaient ; en faisaient (comme l'avait dit Harbert) un spectacle des plus désagréables et des plus dégradés.

Mais ce n'était pas le pire. Il s'avéra que tout l'arrière de la voiture avait été pris par une famille qui se retirait de Londres, et qu'il n'y avait de place pour les deux prisonniers que sur le siège de devant, derrière le cocher. Là-dessus, un gentilhomme colérique, qui avait pris la quatrième place sur ce siège, entra dans une colère des plus violentes et dit que c'était une rupture de contrat que de le mêler à une si vilaine compagnie, et que c'était empoisonné, et pernicieux, et infâme, et honteux, et je ne sais quoi d'autre. À ce moment-là, la voiture était prête et le cocher impatient, et nous nous préparions tous à nous lever, et les prisonniers étaient venus avec leur gardien, apportant avec eux cette curieuse saveur de cataplasme de pain, de feuille, de fil de corde et de pierre de foyer, qui accompagne la présence du forçat.

« Ne le prenez pas trop mal, monsieur, supplia le gardien au passager en colère ; Je vais m'asseoir à côté de toi moi-même. Je vais les mettre à l'extérieur de la rangée. Ils ne vous gêneront pas, monsieur. Vous n'avez pas besoin de savoir qu'ils sont là. »

— Et ne m'en voulez pas, grommela le forçat que j'avais reconnu. « *Je* ne veux pas y aller. *Je* suis tout à fait prêt à rester en arrière. Aussi furieux que je sois, tout le monde est le bienvenu chez *moi*. »

— Ou la mienne, dit l'autre d'un ton bourru. Je n'aurais incommodé aucun de vous, si j'avais pu faire *ce que je* voulais. Puis ils rirent tous les deux, et se mirent à casser des noix et à cracher les coquilles... Comme je crois vraiment que j'aurais aimé le faire moi-même, si j'avais été à leur place et si méprisé.

Finalement, il fut voté qu'il n'y avait pas d'aide pour le gentleman en colère, et qu'il devait ou aller en compagnie de sa chance ou rester en arrière. Il se mit donc à sa place, toujours en se plaignant, et le gardien entra dans la place voisine de lui, et les forçats se hissèrent du mieux qu'ils purent, et le forçat que j'avais reconnu s'assit derrière moi, le souffle sur les cheveux de ma tête.

« Au revoir, Haendel ! » Herbert nous a appelés pendant que nous commencions. Je pensais que c'était une chance bénie qu'il m'ait trouvé un autre nom que Pip.

Il est impossible d'exprimer avec quelle acuité j'ai senti la respiration du forçat, non seulement à l'arrière de ma tête, mais tout le long de ma colonne vertébrale. La sensation était comme si on me touchait la moelle avec un acide piquant et pénétrant, cela m'a mis les dents sur les nerfs. Il semblait avoir plus d'affaires à respirer qu'un autre homme, et faire plus de bruit en le faisant ; et j'avais conscience de grandir les épaules hautes d'un côté, dans mes efforts de plus en plus réticents pour le repousser.

Le temps était misérablement rude, et les deux maudissaient le froid. Cela nous rendait tous léthargiques avant d'être allés loin, et quand nous avions quitté la maison de transition, nous avions l'habitude de somnoler, de frissonner et de nous taire. Je m'assoupis moi-même en réfléchissant à la question de savoir si je devais rendre quelques livres sterling à cette créature avant de le perdre de vue, et comment cela pourrait être le mieux fait. En me penchant en avant comme si j'allais me baigner parmi les chevaux, je me réveillai effrayé et je repris la question.

Mais il fallait que je la perde plus longtemps que je ne l'avais cru, car, bien que je ne pusse rien reconnaître dans l'obscurité et les lumières et les ombres intermittentes de nos lampes, je traçais un pays marécageux dans le vent froid et humide qui soufflait sur nous. Recroquevillés en avant pour se réchauffer et me faire un écran contre le vent, les forçats étaient plus près de moi qu'auparavant. Les tout premiers mots que j'ai entendus échanger lorsque j'ai repris conscience, étaient les mots de ma propre pensée : « Deux billets d'une livre ».

« Comment les a-t-il attrapés ? » a dit le forçat que je n'avais jamais vu.

— Comment le saurais-je ? répondit l'autre. « Il les avait rangés d'une manière ou d'une autre. Donnez-le par des amis, je suppose. »

— Je voudrais, dit l'autre, avec une malédiction amère sur le froid, que je les aie ici.

« Deux billets d'une livre, ou des amis ? »

« Deux billets d'une livre. Je vendrais tous les amis que j'ai jamais eus pour un seul, et je trouverais cela une bonne affaire. Puits? Alors il dit... ? »

— C'est ce qu'il dit, reprit le forçat que j'avais reconnu, tout cela s'est dit et fait en une demi-minute, derrière un tas de bois dans l'arsenal : « Vous allez être démobilisé ? » Oui, je l'étais. Est-ce que j'allais découvrir ce garçon qui l'avait nourri et qui avait découvert son secret, et lui donnerais-je deux billets d'une livre sterling ? Oui, je le ferais. Et c'est ce que j'ai fait. »

— C'est encore plus stupide, grommela l'autre. « Je les aurais dépensés pour un homme, en bêtises et en boisson. Il devait être vert. Vous voulez dire qu'il ne savait rien de vous ? »

— Pas un ha'porth. Différents gangs et différents navires. Il a été jugé à nouveau pour évasion de prison et a été condamné à perpétuité.

— Et était-ce la seule fois où vous vous êtes entraîné, dans cette partie du pays ?

« La seule fois. »

« Quelle aurait pu être votre opinion sur l'endroit ? »

« Un endroit des plus bestiaux. Banc de boue, brume, marécage et travail ; le travail, le marécage, la brume et le banc de boue. »

Tous deux exécèrent l'endroit dans un langage très fort, et se mirent peu à peu à gronder et n'eurent plus rien à dire.

Après avoir entendu ce dialogue, je serais certainement descendu et j'aurais été laissé dans la solitude et l'obscurité de la route, si je n'avais pas été certain que cet homme n'avait aucun soupçon sur mon identité. En effet, non seulement j'étais si changé dans le cours de la nature, mais j'étais si différemment habillé et si différent dans les circonstances, qu'il n'était pas du tout probable qu'il eût pu me reconnaître sans aide accidentelle. Cependant, la coïncidence que nous étions ensemble dans la voiture était assez étrange pour me remplir de crainte qu'une autre coïncidence ne puisse à tout moment me rattacher, à ses oreilles, à mon nom. Pour cette raison, je résolus de descendre dès que nous toucherions à la ville, et de me mettre hors de son oreille. J'ai exécuté cet appareil avec succès. Ma petite valise était dans le coffre sous mes pieds ; Je n'avais qu'à tourner une charnière pour la faire sortir ; Je l'ai jeté devant moi, je suis descendu après lui, et j'ai été laissé à la première lampe sur les premières pierres du pavé de la ville. Quant aux forçats, ils sont allés avec la voiture, et je savais à quel moment ils seraient emmenés à la rivière. Dans mon imagination, j'ai vu le bateau avec son équipage de forçats qui les attendait à l'escalier lavé de boue, j'ai entendu de nouveau le bourru « Cédez le passage, vous ! » comme un ordre aux chiens, j'ai de nouveau vu la méchante arche de Noé étendue sur l'eau noire.

Je n'aurais pas pu dire de quoi j'avais peur, car ma peur était tout à fait indéfinie et vague, mais il y avait une grande peur en moi. En entrant à l'hôtel, je sentis qu'une crainte, bien supérieure à la simple appréhension d'une reconnaissance douloureuse ou désagréable, me faisait trembler. Je suis sûr qu'il n'a pas pris de forme distincte, et que c'était le réveil pour quelques minutes de la terreur de l'enfance.

Le café du Sanglier Bleu était vide, et non seulement j'y avais commandé mon dîner, mais je m'y étais assis avant que le garçon ne me reconnaisse. Dès qu'il se fut excusé de la négligence de sa mémoire, il me demanda s'il devait envoyer Boots chercher M. Pumblechook.

— Non, dis-je, certainement pas.

Le garçon (c'était lui qui avait rapporté la Grande Remontrance des Commerciaux, le jour où je devais être lié) parut surpris et saisit la première occasion de mettre un vieux exemplaire sale d'un journal local si directement sur mon chemin, que je le pris et lus ce paragraphe :

Nos lecteurs apprendront, non sans intérêt, à propos de la récente ascension romantique d'un jeune artisan en fer de ce quartier (quel thème, soit dit en passant, pour la plume magique de notre citadin TOOBY, le poète de nos colonnes, qui n'est pas encore universellement reconnu !) que le premier protecteur de la jeunesse, son compagnon, et ami, était un individu très respecté, qui n'était pas tout à fait étranger au commerce du blé et des semences, et dont les locaux commerciaux éminemment commodes et spacieux sont situés à moins de cent milles de High Street. Ce n'est pas tout à fait indépendamment de nos sentiments personnels que nous l'enregistrons comme le mentor de notre jeune Télémaque, car il est bon de savoir que notre ville a produit le fondateur de la fortune de ce dernier. Le front contracté par la pensée du Sage du pays ou l'œil brillant de la Beauté du pays demandent-ils à qui appartient la fortune ? Nous croyons que Quintin Matsys était le FORGERON d'Anvers. VERBE. SÈVE.

J'ai la conviction, basée sur une grande expérience, que si, aux jours de ma prospérité, j'étais allé au pôle Nord, j'y aurais rencontré quelqu'un, Esquimaux errants ou homme civilisé, qui m'aurait dit que Pumblechook était mon premier protecteur et le fondateur de ma fortune.

Chapitre XXIX.

De bonne heure, le matin, j'étais debout et dehors. Il était encore trop tôt pour aller chez miss Havisham, aussi je flânai dans la campagne du côté de miss Havisham, qui n'était pas du côté de Joe ; Je pourrais y aller demain, en pensant à ma patronne et en peignant des tableaux brillants de ses projets pour moi.

Elle avait adopté Estelle, elle m'avait presque adopté, et son intention était de nous réunir. Elle me réserva pour restaurer la maison désolée, faire entrer le soleil dans les chambres sombres, mettre en marche les horloges et allumer les foyers froids, abattre les toiles d'araignée, détruire la vermine, enfin faire tous les exploits éclatants du jeune chevalier du roman, et épouser la princesse. Je m'étais arrêté pour regarder la maison en passant ; et ses murs de briques rouges brûlées, ses fenêtres bouchées et son lierre vert et vigoureux qui étreignait même les piles de cheminées avec ses brindilles et ses tendons, comme s'il eût été armé de vieux bras nerveux, avaient constitué un riche mystère attrayant, dont j'étais le héros. Estella en a été l'inspiration, et le cœur, bien sûr. Mais, bien qu'elle eût pris une si forte possession de moi, bien que mon imagination et mon espoir fussent fixés sur elle, bien que son influence sur ma vie et mon caractère d'enfant eût été toute-puissante, je ne l'ai pas investie, même ce matin romantique, d'autres attributs que ceux qu'elle possédait. Je le dis ici, dans un but déterminé, parce que c'est l'indice par lequel je dois être suivi dans mon pauvre labyrinthe. D'après mon expérience, la notion conventionnelle d'un amant ne peut pas toujours être vraie. La vérité absolue est que lorsque j'aimais Estelle de l'amour d'un homme, je l'aimais simplement parce que je la trouvais irrésistible. Une fois pour toutes ; Je savais à mon grand chagrin, souvent et souvent, si ce n'est toujours, que je l'aimais contre la raison, contre la promesse, contre la paix, contre l'espoir, contre le bonheur, contre tout découragement qui pouvait être. Une fois pour toutes ; Je ne l'aimais pas moins parce que je le savais, et qu'il n'avait pas plus d'influence pour me retenir que si je l'avais crue pieusement la perfection humaine.

J'ai façonné ma marche de manière à arriver à la porte à mon ancien temps. Quand j'eus sonné à la sonnette d'une main chancelante, je tournai le dos à la porte, tandis que je tâchais de reprendre haleine et de garder les battements de mon cœur modérément silencieux. J'entendis la porte latérale s'ouvrir et des pas traverser la cour ; mais je fis semblant de ne pas entendre, même quand la porte se balança sur ses gonds rouillés.

Enfin touché à l'épaule, je tressaillis et me retournai. J'ai alors commencé beaucoup plus naturellement, pour me retrouver face à un homme en robe grise sobre. Le dernier homme que je m'attendais à voir à la place du portier à la porte de miss Havisham.

« Orlick ! »

« Ah, jeune maître, il y a plus de changements que les vôtres. Mais entrez, entrez. C'est contraire à mes ordres de garder la porte ouverte. »

Je suis entré et il l'a balancée, l'a verrouillée et a sorti la clé. — Oui ! dit-il en se retournant, après m'avoir obstinément précédé de quelques pas vers la maison. « Me voici ! »

« Comment êtes-vous venu ici ? »

« Je viens ici, répliqua-t-il, sur mes jambes. On m'a apporté ma boîte avec moi dans une brouette. »

« Êtes-vous ici pour de bon ? »

— Je ne suis pas ici pour faire du mal, jeune maître, je suppose ?

Je n'en étais pas si sûr. J'eus le loisir de caresser cette réplique dans mon esprit, tandis qu'il levait lentement son regard lourd du pavé, le long de mes jambes et de mes bras, jusqu'à mon visage.

— Alors, vous avez quitté la forge ? J'ai dit.

— Cela ressemble-t-il à une forge ? répondit Orlick en jetant un coup d'œil autour de lui d'un air blessé. « Maintenant, est-ce que ça y ressemble ? »

Je lui demandai depuis combien de temps il avait quitté la forge de Gargery.

« Un jour ressemble tellement à un autre ici, répondit-il, que je ne sais pas sans l'avoir jeté. Cependant, je suis venu ici depuis quelque temps que vous êtes parti. »

« J'aurais pu te le dire, Orlick. »

— Ah ! dit-il sèchement. « Mais alors, vous devez être un érudit. »

À ce moment-là, nous étions arrivés à la maison, où je trouvai que sa chambre était juste à l'intérieur de la porte latérale, avec une petite fenêtre donnant sur la cour. Dans ses petites proportions, il n'était pas sans rappeler le genre de place habituellement attribuée à un portier à Paris. Des clefs étaient accrochées au mur, auxquelles il ajoutait maintenant la clef du portail ; et son lit recouvert de patchwork était dans une petite division intérieure ou un renfoncement. L'ensemble avait l'air négligé, confiné et endormi, comme une cage pour un loir humain ; tandis que lui, sombre et lourd dans l'ombre d'un coin près de la fenêtre, ressemblait au loir humain pour lequel elle était dressée, comme il l'était en effet.

« Je n'ai jamais vu cette pièce auparavant, remarquai-je ; mais il n'y avait pas de Porter ici. »

« Non, » dit-il ; « Ce n'est que lorsqu'il s'est rendu compte qu'il n'y avait aucune protection sur les lieux, et qu'il a été considéré comme dangereux, avec des condamnés, des Tag, des Rag et des Bobtail qui montaient et descendaient. Et puis on m'a recommandé à l'endroit comme un homme qui pouvait donner à un autre homme aussi bien qu'il en avait apporté, et je l'ai pris. C'est plus facile que de beugler et de marteler. »

Mon œil avait été attiré par un canon avec une crosse de laiton au-dessus de la cheminée, et son œil avait suivi le mien.

« Eh bien, dis-je, ne désirant pas causer davantage, dois-je aller chez miss Havisham ? »

« Brûlez-moi, si je sais ! » répliqua-t-il en s'étirant d'abord, puis en se secouant ; « Mes ordres s'arrêtent ici, jeune maître. Je donne un coup de marteau à cette cloche, et vous continuez le long du passage jusqu'à ce que vous rencontriez quelqu'un. »

— Je suis attendu, je crois ?

« Brûlez-moi deux fois, si je puis dire ! » dit-il.

Là-dessus, je tournai le long couloir que j'avais d'abord foulé avec mes épaisses bottes, et il fit sonner sa cloche. À la fin du passage, alors que la cloche résonnait encore, je trouvai Sarah Pocket, qui semblait être devenue constitutionnellement verte et jaune à cause de moi.

« Oh ! » dit-elle.

— C'est vous, monsieur Pip ?

– C'est vrai, miss Pocket. Je suis heureux de vous dire que M. Pocket et sa famille vont bien.

« Sont-ils plus sages ? » dit Sarah, avec un triste hochement de tête ; « Ils feraient mieux d'être plus sages que de bien. Ah, Matthieu, Matthieu ! Vous connaissez votre chemin, monsieur ?

Assez bien, car j'avais monté l'escalier dans l'obscurité, bien des fois. Je l'escaladai maintenant, avec des bottes plus légères qu'autrefois, et je frappai à la porte de la chambre de miss Havisham. « Le rap de Pip », l'entendis-je dire immédiatement ; entrez, Pip.

Elle était dans son fauteuil, près de la vieille table, dans la vieille robe, les deux mains croisées sur son bâton, le menton appuyé dessus, les yeux fixés sur le feu. Assise près d'elle, avec à la main le soulier blanc qu'elle n'avait jamais porté, et la tête penchée en le regardant, se trouvait une dame élégante que je n'avais jamais vue.

« Entrez, Pip, continua miss Havisham à marmonner, sans regarder autour d'elle ni en haut ; entrez, Pip, comment allez-vous, Pip ? alors vous me baisez la main comme si j'étais une reine, hein ? »

Elle leva brusquement les yeux vers moi, ne bougeant que les yeux, et répéta d'un air sinistrement enjoué :

« Eh bien ? »

– J'ai appris, miss Havisham, dis-je un peu perdu, que vous avez eu la bonté de vouloir que je vienne vous voir, et je suis venu tout de suite.

« Eh bien ? »

La dame, que je n'avais jamais vue auparavant, leva les yeux et me regarda fixement, et alors je vis que c'étaient les yeux d'Estelle. Mais elle était tellement changée, elle était tellement plus belle, elle était tellement plus féminine, elle gagnait en toutes choses l'admiration, elle avait fait des avances si merveilleuses, qu'il me semblait n'en avoir fait aucune. Il me semblait, en la regardant, que je retombais désespérément dans le garçon grossier et vulgaire. Ô le sentiment de distance et de disparité qui m'a envahi, et l'inaccessibilité qui l'a envahie !

Elle m'a donné la main. Je balbutiais quelque chose sur le plaisir que j'éprouvais à la revoir, et sur le fait que je l'avais attendu avec impatience pendant longtemps, longtemps.

- La trouvez-vous bien changée, Pip ? demanda miss Havisham avec son air avide, et frappant son bâton sur une chaise qui se trouvait entre eux, comme pour me faire signe de m'asseoir là.

« Quand je suis entrée, miss Havisham, j'ai pensé qu'il n'y avait rien d'Estelle dans le visage ou dans la figure ; mais maintenant tout s'installe si curieusement dans l'ancien... »

« Quoi ? Vous n'allez pas dire dans la vieille Estelle ? Miss Havisham l'interrompit. Elle était fière et insultante, et vous vouliez vous éloigner d'elle. Tu ne te souviens pas ? »

J'ai dit confusément que c'était il y a longtemps, et que je ne savais pas mieux alors, et ainsi de suite. Estelle sourit avec un sang-froid parfait, et me dit qu'elle ne doutait pas que j'eusse bien raison et qu'elle n'ait été très désagréable.

« *Est-il* changé ? » lui demanda miss Havisham.

— Beaucoup, dit Estelle en me regardant.

« Moins grossier et moins commun ? » dit miss Havisham en jouant avec les cheveux d'Estelle.

Estelle se mit à rire, regarda la chaussure qu'elle tenait à la main, et rit encore, et me regarda, et posa la chaussure. Elle me traitait toujours comme un garçon, mais elle m'attirait.

Nous nous assîmes dans la chambre rêveuse, au milieu des anciennes influences étranges qui m'avaient tant influencé, et j'appris qu'elle venait de rentrer de France et qu'elle allait à Londres. Orgueilleuse et obstinée comme autrefois, elle avait tellement assujetti ces qualités à sa beauté qu'il était impossible et hors de la nature, du moins je le pensais, de les séparer de sa beauté. En vérité, il était impossible de dissocier sa présence de tous ces misérables désirs d'argent et de gentillesse qui avaient troublé mon enfance, de toutes ces aspirations mal réglées qui m'avaient d'abord fait honte de la maison et de Joe, de toutes ces visions qui avaient levé son visage dans le feu ardent, l'avaient frappé du fer sur l'enclume. il l'arracha à l'obscurité de la nuit pour regarder par la fenêtre en bois de la forge, et s'enfuit. En un mot, il m'était impossible de la séparer, dans le passé ou dans le présent, de la vie la plus intime de ma vie.

Il fut convenu que j'y resterais tout le reste de la journée, que je retournerais à l'hôtel le soir, et à Londres le lendemain. Quand nous eûmes causé un moment, miss Havisham nous envoya tous les deux nous promener dans le jardin négligé : quand nous serions rentrés, disait-elle, je la ferais tourner un peu, comme autrefois.

Estelle et moi sortîmes donc dans le jardin par la porte par laquelle je m'étais égaré pour aller à ma rencontre avec le jeune homme pâle, devenu Herbert ; Moi, tremblant d'esprit et adorant l'ourlet même de sa robe ; Elle, tout à fait calme et décidément n'adorant pas l'ourlet du mien. Comme nous approchions du lieu de la rencontre, elle s'arrêta et dit :

« Il fallait que je sois une petite créature singulière pour me cacher et voir ce combat ce jour-là ; mais je l'ai fait, et j'ai beaucoup apprécié. »

« Vous m'avez beaucoup récompensé. »

« Moi ? » répondit-elle, d'un ton incident, oublieux.

— Je me souviens que j'ai fait une grande objection à votre adversaire, parce que j'ai mal pris qu'on l'amenât ici pour me harceler avec sa compagnie.

« Lui et moi sommes de grands amis maintenant. »

« Et vous ? Je crois me rappeler cependant que vous avez lu avec son père ? »

« Oui. »

J'ai fait cet aveu à contrecœur, car il semblait avoir un air enfantin, et elle me traitait déjà plus qu'assez comme un garçon.

— Depuis votre changement de fortune et d'avenir, vous avez changé de compagnons, dit Estelle.

- Naturellement, dis-je.

— Et nécessairement, ajouta-t-elle d'un ton hautain ; « Ce qui était une bonne compagnie pour vous autrefois, le serait tout à fait pour vous maintenant. »

En conscience, je doute fort que j'aie eu l'intention d'aller voir Joe ; mais si je l'avais fait, cette observation l'aurait mis en fuite.

— Vous n'aviez aucune idée de votre bonne fortune imminente, à cette époque-là ? dit Estelle avec un léger geste de la main, signifiant dans les temps de combat.

« Pas le moindre. »

L'air de plénitude et de supériorité avec lequel elle marchait à mes côtés, et l'air de jeunesse et de soumission avec lequel je marchais chez les siens, faisaient un contraste que je sentais vivement. Il m'aurait irrité plus qu'il ne l'a fait, si je ne m'étais pas considéré comme le suscitant en étant ainsi mis à part pour elle et assigné à elle.

Le jardin était trop envahi par la végétation et trop sale pour y entrer facilement, et après en avoir fait le tour deux ou trois fois, nous sommes ressortis dans la cour de la brasserie. Je lui montrai une gentillesse où je l'avais vue marcher sur les tonneaux, ce premier jour, et elle dit, avec un regard froid et insouciant dans cette direction : « Est-ce que je l'ai fait ? » Je lui ai rappelé où elle était sortie de la maison et m'ai donné ma viande et ma boisson, et elle a dit : « Je ne me souviens pas. » « Vous ne vous souvenez pas que vous m'avez fait pleurer ? » dis-je. « Non », dit-elle, et elle secoua la tête et regarda autour d'elle. Je crois vraiment qu'elle ne se souvenait pas et qu'elle ne s'en souciait pas le moins du monde, me fit pleurer de nouveau, intérieurement, et c'est le plus aigu de tous les cris.

— Il faut que vous sachiez, dit Estelle, condescendante pour moi comme une femme brillante et belle pourrait le faire, que je n'ai pas de cœur, si cela a quelque chose à voir avec ma mémoire.

J'ai lu un jargon tel que j'ai pris la liberté d'en douter. Que je savais mieux. Qu'il ne pourrait y avoir une telle beauté sans elle.

« Ah ! J'ai un cœur à poignarder ou à abattre, je n'en doute pas, dit Estelle, et bien sûr, s'il cessait de battre, je cesserais de l'être. Mais vous voyez ce que je veux dire. Je n'ai là aucune douceur, aucune sympathie, aucun sentiment, aucune bêtise. »

Qu'est-ce qui m'est venu à l'esprit quand elle s'est arrêtée et m'a regardé attentivement ? Quelque chose que j'aie vu chez Miss Havisham ? Non. Dans quelques-uns de ses regards et de ses gestes, il y avait cette ressemblance avec miss Havisham qu'on peut souvent remarquer comme ayant été acquise par les enfants, de personnes adultes avec lesquelles ils ont été très associés et isolés, et qui, une fois l'enfance passée, produira une remarquable ressemblance occasionnelle d'expression entre des visages qui sont autrement tout à fait différents. Et pourtant, je n'ai pas pu remonter à Mlle Havisham. Je regardai de nouveau, et bien qu'elle me regardât toujours, la suggestion avait disparu.

Qu'est-ce que *c*'était ?

— Je suis sérieuse, dit Estelle, non pas tant avec un froncement de sourcils (car son front était lisse) qu'avec un assombrissement de son visage ; Si nous devons être beaucoup mis ensemble, vous feriez mieux de le croire tout de suite. Non ! m'arrêtant impérieusement en ouvrant les lèvres. «Je n'ai répandu ma tendresse nulle part. Je n'ai jamais rien eu de tel. »

Un instant après, nous étions dans la brasserie, si longtemps désaffectée, et elle me montra la haute galerie où je l'avais vue sortir le premier jour, et me dit qu'elle se souvenait d'avoir été là-haut et de m'avoir vu debout en bas, effrayé. Tandis que mes yeux suivaient sa main blanche, la même vague suggestion que je ne pouvais pas saisir me traversa de nouveau. Mon sursaut involontaire l'obligea à poser sa main sur mon bras. Instantanément, le fantôme passa une fois de plus et disparut.

Qu'est-ce que *c*'était ?

— Qu'y a-t-il ? demanda Estelle. « As-tu encore peur ? »

— Je le serais si je croyais ce que vous venez de dire, répondis-je pour l'éteindre.

— Alors vous ne le savez pas ? Très bien. C'est dit, en tout cas. Miss Havisham vous attendra bientôt à votre ancien poste, bien que je pense qu'il pourrait être mis de côté maintenant, avec d'autres vieux objets. Faisons encore un tour du jardin, puis entrons. Venir! Vous ne verserez pas de larmes sur ma cruauté aujourd'hui ; tu seras mon page, et tu me donneras ton épaule.

Sa belle robe avait traîné sur le sol. Elle le tenait maintenant d'une main et, de l'autre, touchait légèrement mon épaule pendant que nous marchions. Nous fîmes deux ou trois fois le tour du jardin en ruines, et tout était en fleurs pour moi. Si les pousses vertes et jaunes de l'herbe dans les fentes de la vieille muraille avaient été les fleurs les plus précieuses qui aient jamais soufflé, elles n'auraient pas pu être plus chéries dans mon souvenir.

Il n'y avait pas d'écart d'années entre nous pour l'éloigner de moi ; Nous étions à peu près du même âge, bien que naturellement cet âge en disait plus dans son cas que dans le mien ; mais l'air d'inaccessibilité que lui donnaient sa beauté et ses manières me tourmentait au milieu de ma joie, et au comble de l'assurance que notre patronne nous avait choisis l'un pour l'autre. Misérable garçon !

Enfin nous rentrâmes dans la maison, et là j'appris avec surprise que mon tuteur était descendu pour voir miss Havisham pour affaires, et qu'il reviendrait dîner. Les vieilles branches de lustres d'hiver de la pièce où était déployée la table moisie avaient été allumées pendant que nous étions sortis, et miss Havisham était dans son fauteuil et m'attendait.

C'était comme si nous repoussions la chaise elle-même dans le passé, lorsque nous commencions le vieux circuit lent autour des cendres du festin nuptial. Mais, dans la salle funèbre, avec cette figure de la tombe retombée dans le fauteuil fixant ses yeux sur elle, Estelle avait l'air plus brillante et plus belle qu'auparavant, et j'étais sous un enchantement plus fort.

Le temps s'écoulait si bien que l'heure du dîner approchait, et Estelle nous laissa se préparer. Nous nous étions arrêtés près du centre de la longue table, et miss Havisham, l'un de ses bras desséchés étendus hors de la chaise, posa cette main crispée sur le drap jaune. Comme Estelle regardait par-dessus son épaule avant de sortir par la porte, miss Havisham lui baisa cette main avec une intensité vorace qui était tout à fait effrayante.

Puis, Estelle étant partie et nous étant restés seuls, elle se tourna vers moi et me dit à voix basse :

« Est-elle belle, gracieuse, bien élevée ? L'admirez-vous ? »

— Il faut que tous ceux qui la voient, miss Havisham.

Elle passa un bras autour de mon cou et approcha ma tête de la sienne pendant qu'elle s'asseyait sur la chaise. « Aimez-la, aimez-la, aimez-la ! Comment t'utilise-t-elle ? »

Avant que j'aie pu répondre (si j'aurais pu répondre à une question aussi difficile), elle a répété : « Aimez-la, aimez-la, aimez-la ! Si elle vous favorise, aimez-la. Si elle vous blesse, aimez-la. Si elle vous déchire le cœur, et à mesure qu'il vieillit et se fortifie, il se déchirera plus profondément, aimez-la, aimez-la, aimez-la ! »

Jamais je n'avais vu un empressement aussi passionné que celui qu'elle prononçait à ces paroles. Je sentais les muscles du bras mince autour de mon cou se gonfler de la véhémence qui la possédait.

« Écoute-moi, Pip ! Je l'ai adoptée, pour être aimée. Je l'ai élevée et éduquée, pour qu'elle soit aimée. Je l'ai développée pour qu'elle devienne ce qu'elle est, pour qu'elle puisse être aimée. Je l'adore ! »

Elle prononçait ce mot assez souvent, et il ne pouvait y avoir de doute qu'elle ne dis-le ; Mais si le mot souvent répété avait été haine au lieu d'amour, désespoir, vengeance, mort funeste, il n'aurait pas pu sonner de ses lèvres comme une malédiction.

« Je vais vous dire, dit-elle dans le même murmure passionné et précipité, ce que c'est que le véritable amour. C'est la dévotion aveugle, l'auto-humiliation inconditionnelle, la soumission totale, la confiance et la croyance contre soi-même et contre le monde entier, abandonnant tout son cœur et toute son âme à celui qui le frappe – comme je l'ai fait ! »

Quand elle en fut arrivée, et à un cri sauvage qui s'ensuivit, je l'attrapai par la taille. Car elle se leva sur le fauteuil, dans son linceul de robe, et frappa l'air comme si elle eût voulu se cogner contre le mur et tomber morte.

Tout cela s'est passé en quelques secondes. Comme je l'attirais dans son fauteuil, je sentis une odeur que je connaissais, et, me retournant, je vis mon tuteur dans la pièce.

Il portait toujours (je ne l'ai pas encore dit, je crois) un mouchoir de poche de soie riche et de proportions imposantes, qui était d'une grande valeur pour lui dans sa profession. Je l'ai vu si terrifier un client ou un témoin en dépliant cérémonieusement ce mouchoir de poche comme s'il allait immédiatement se moucher, puis en s'arrêtant, comme s'il savait qu'il n'aurait pas le temps de le faire avant que ce client ou témoin ne se soit engagé, que l'engagement de lui-même a suivi directement, tout à fait naturellement. Quand je l'ai vu dans la chambre, il avait ce mouchoir de poche expressif à deux mains et nous regardait. En rencontrant mon regard, il me dit franchement, par une pause momentanée et silencieuse dans cette attitude : « Vraiment ? Singulier ! » et puis il fit un usage merveilleux du mouchoir.

Miss Havisham l'avait vu dès que moi, et avait peur de lui (comme tout le monde). Elle fit un grand effort pour se calmer et balbutia qu'il était aussi ponctuel que jamais.

« Toujours aussi ponctuel », répéta-t-il en s'approchant de nous. « (Comment vas-tu, Pip ? Voulez-vous que je vous conduise, miss Havisham ? Une fois tour ?) Et vous êtes donc ici, Pip ? »

Je lui dis quand j'étais arrivé, et comment miss Havisham avait désiré que je vienne voir Estelle. Ce à quoi il a répondu : « Ah ! Très belle jeune femme ! Puis il poussa miss Havisham dans son fauteuil devant lui, avec une de ses grandes mains, et mit l'autre dans la poche de son pantalon, comme si la poche eût été pleine de secrets. »

« Eh bien, Pip ! Combien de fois avez-vous vu miss Estelle ? dit-il quand il s'arrêta. »

« Combien de fois ? »

— Ah ! Combien de fois ? Dix mille fois ?

« Ah ! Certainement pas tant que ça. »

« Deux fois ? »

- Jaggers, interrompit miss Havisham, à mon grand soulagement, laissez mon Pip tranquille et allez avec lui à votre dîner.

Il s'est exécuté, et nous avons descendu ensemble les escaliers sombres à tâtons. Tandis que nous étions encore en route vers ces appartements isolés de l'autre côté de la cour pavée à l'arrière, il me demanda combien de fois j'avais vu miss Havisham manger et boire ; m'offrant un large choix, comme d'habitude, entre cent fois et une fois.

J'ai réfléchi et j'ai dit : « Jamais. »

— Et je ne le ferai jamais, Pip, répliqua-t-il avec un sourire froncé. « Elle ne s'est jamais laissée voir faire l'un ou l'autre, depuis qu'elle a vécu cette vie actuelle. Elle erre dans la nuit, puis met la main sur la nourriture qu'elle prend. »

« Je vous prie, monsieur, dis-je, puis-je vous poser une question ? »

« Vous le pouvez, dit-il, et je peux refuser d'y répondre. Pose ta question. »

« Le nom d'Estella. Est-ce Havisham ou... ? Je n'avais rien à ajouter. »

« Ou quoi ? » dit-il.

« Est-ce Havisham ? »

« C'est Havisham. »

Cela nous amena à table, où elle et Sarah Pocket nous attendaient. M. Jaggers présidait, Estelle était assise en face de lui, je faisais face à mon amie verte et jaune. Nous dînâmes fort bien, et nous fûmes servis par une servante que je n'avais jamais vue dans toutes mes allées et venues, mais qui, pour autant que je sache, avait été dans cette mystérieuse maison tout ce temps. Après le dîner, une bouteille de vieux porto de choix fut placée devant mon tuteur (il connaissait évidemment bien le millésime), et les deux dames nous quittèrent.

Je n'ai jamais vu ailleurs que la réticence déterminée de M. Jaggers sous ce toit, même chez lui. Il garda son propre regard pour lui-même, et à peine dirigea-t-il ses yeux vers le visage d'Estelle une fois pendant le dîner. Quand elle lui parlait, il écoutait et répondait en temps voulu, mais ne la regardait pas, à ce que je puisse voir. D'un autre côté, elle le regardait souvent avec intérêt et curiosité, sinon avec méfiance, mais son visage ne montrait jamais la moindre conscience. Tout au long du dîner, il prit un malin plaisir à rendre Sarah Pocket plus verte et plus jaune, en parlant souvent de mes attentes dans la conversation avec moi ; mais là encore, il n'a montré aucune conscience, et a même fait croire qu'il extorquait – et même extorquait, bien que je ne sache pas comment – ces références à mon moi innocent.

Et quand lui et moi fûmes seuls ensemble, il resta assis avec un air de général allongé à la suite des informations qu'il possédait, c'était vraiment trop pour moi. Il contre-interrogeait son vin alors qu'il n'avait rien d'autre en main. Il le tint entre lui et la bougie, goûta le porto, le roula dans sa bouche, l'avala de nouveau, regarda de nouveau son verre, sentit le porto, le goûta, le but, le remplit de nouveau, et contre-interrogea de nouveau le verre, jusqu'à ce que je sois aussi nerveux que si j'eusse su que le vin lui disait quelque chose à mon désavantage. Trois ou quatre fois, j'ai faiblement pensé que j'allais engager la conversation ; Mais chaque fois qu'il me voyait vouloir lui demander quelque chose, il me regardait, son verre à la main, et roulait son vin dans sa bouche, comme s'il me demandait de faire remarquer que cela ne servait à rien, car il ne pouvait pas répondre.

Je crois que miss Pocket s'apercevait que ma vue l'exposait au danger d'être poussée à la folie, et peut-être d'arracher son bonnet, qui était très hideux, de la nature d'une serpillière de mousseline, et de joncher le sol de ses cheveux, qui n'avaient certainement jamais poussé sur *sa* tête. Elle ne parut pas quand nous montâmes ensuite dans la chambre de miss Havisham, et nous jouâmes tous les quatre au whist. Dans l'intervalle, miss Havisham, d'une manière fantastique, avait mis quelques-uns des plus beaux bijoux de sa table de toilette dans les cheveux d'Estelle, autour de sa poitrine et de ses bras ; et je vis même mon tuteur la regarder sous ses épais sourcils, et les relever un peu, quand sa beauté était devant lui, avec ces riches rougeurs d'éclats et de couleurs.

Je ne dis rien de la manière dont il a pris nos atouts en garde à vue, et en est sorti avec de mesquines petites cartes au bout des mains, devant lesquelles la gloire de nos rois et de nos reines était complètement abaissée, ni du sentiment que j'avais qu'il avait de le considérer personnellement à la lumière de trois énigmes très évidentes et pauvres qu'il avait découvertes il y a longtemps. Ce dont je souffrais, c'était de l'incompatibilité entre sa présence froide et mes sentiments envers Estella. Ce n'est pas que je savais que je ne pourrais jamais supporter de lui parler d'elle, je savais que je ne pourrais jamais supporter de l'entendre grincer ses bottes contre elle, je savais que je ne supporterais jamais de le voir se laver les mains d'elle ; C'était que mon admiration fût à un pied ou deux de lui, c'était que mes sentiments fussent à la même place que lui, *telle était* la circonstance angoissante.

Nous jouâmes jusqu'à neuf heures, puis il fut convenu que, lorsqu'Estelle viendrait à Londres, je serais prévenu de sa venue et que je l'attendrais à la voiture ; puis j'ai pris congé d'elle, je l'ai touchée et je l'ai laissée.

Mon tuteur était couché près du sanglier dans la pièce voisine de la mienne. Tard dans la nuit, les mots de Mlle Havisham : « Aimez-la, aimez-la, aimez-la ! » ont résonné à mes oreilles. Je les ai adaptés à ma propre répétition et j'ai dit à mon oreiller : « Je l'aime, je l'aime, je l'aime ! » des centaines de fois. Alors, un élan de gratitude m'envahit, qu'elle serait destinée à moi, jadis garçon forgeron. Alors je pensai que si elle n'était, comme je le craignais, nullement reconnaissante de ce destin, quand commencerait-elle à s'intéresser à moi ? Quand devrais-je réveiller le cœur en elle qui était muet et qui dormait maintenant ?

Ah moi ! J'ai pensé que c'était des émotions fortes et grandes. Mais je n'ai jamais pensé qu'il y avait quelque chose de bas et de petit à ce que je me tienne à l'écart de Joe, parce que je savais qu'elle le mépriserait. Il n'y avait qu'un jour écoulé, et Joe m'avait fait monter les larmes aux yeux ; ils avaient bientôt séché, Dieu me pardonne ! rapidement séché.

Chapitre XXX.

Après avoir bien réfléchi à la question pendant que je m'habillais au Sanglier Bleu le matin, je résolus de dire à mon tuteur que je doutais qu'Orlick fût le bon genre d'homme pour remplir un poste de confiance chez miss Havisham. — Mais bien sûr qu'il n'est pas de la bonne espèce d'homme, Pip, dit mon tuteur, satisfait d'avance sur la tête générale, parce que l'homme qui remplit le poste de confiance n'est jamais la bonne sorte d'homme. Il sembla tout à fait le mettre de bonne humeur de constater que ce poste particulier n'était pas exceptionnellement occupé par le bon type d'homme, et il écouta d'une manière satisfaite pendant que je lui racontais ce que je savais d'Orlick. « Très bien, Pip, dit-il quand j'eus fini, je vais faire le tour tout à l'heure et payer notre ami. » Plutôt alarmé par cette action sommaire, j'étais pour un peu de retard, et j'ai même laissé entendre que notre ami lui-même pourrait être difficile à traiter. — Oh non, il ne le fera pas, dit mon tuteur en faisant la pointe de son mouchoir de poche avec une confiance parfaite ; — Je voudrais le voir discuter la question avec *moi*.

Comme nous retournions ensemble à Londres par la diligence de midi, et que je déjeunais sous la terreur de Pumblechook au point que je pouvais à peine tenir ma tasse, cela me donna l'occasion de dire que je voulais me promener et que je continuerais le long de la route de Londres pendant que M. Jaggers serait occupé, s'il voulait faire savoir au cocher que je me mettrais à ma place quand je serais rattrapé. Je pus ainsi m'envoler du Sanglier Bleu immédiatement après le déjeuner. Après avoir fait une boucle d'environ deux milles dans la campagne à l'arrière des locaux de Pumblechook, j'ai de nouveau fait le tour de la rue principale, un peu au-delà de cet embûche, et je me suis senti dans une sécurité relative.

C'était intéressant d'être de nouveau dans la vieille ville tranquille, et il n'était pas désagréable d'être ici et là soudainement reconnu et regardé. Un ou deux des commerçants s'élancèrent même hors de leurs boutiques et descendirent un peu la rue avant moi, afin de se retourner, comme s'ils avaient oublié quelque chose, et de me croiser face à face, où je ne sais si c'est eux ou moi qui fîmes le pire semblant ; ils de ne pas le faire, ou moi de ne pas le voir. Cependant ma position était distinguée, et je n'en étais pas du tout mécontent, jusqu'à ce que le destin me jette sur le chemin de ce mécréant illimité, le garçon de Trabb.

Jetant les yeux le long de la rue à un certain point de ma progression, je vis le garçon de Trabb s'approcher, se fouettant avec un sac bleu vide. Jugeant qu'une contemplation sereine et inconsciente de lui me conviendrait le mieux, et serait le plus susceptible d'apaiser son mauvais esprit, je m'avançai avec cette expression de contenance, et je me félicitais plutôt de mon succès, quand soudain les genoux du garçon de Trabb se heurtèrent, ses cheveux se relevèrent, son bonnet tomba, il trembla violemment de tous ses membres. s'élança sur la route, et cria à la populace : « Tenez-moi ! J'ai si peur ! » feignais d'être dans un paroxysme de terreur et de contrition, occasionné par la dignité de mon apparence. Quand je l'ai croisé, ses dents claquaient bruyamment dans sa tête et, avec toutes les marques d'une humiliation extrême, il s'est prosterné dans la poussière.

C'était une chose difficile à supporter, mais ce n'était rien. Je n'avais pas fait encore deux cents mètres qu'à ma terreur, à mon étonnement et à mon indignation inexprimables, je vis de nouveau le garçon de Trabb s'approcher. Il arrivait dans un coin étroit. Son sac bleu était en bandoulière sur son épaule, une honnête industrie rayonnait dans ses yeux, une détermination à se rendre chez Trabb avec une vivacité joyeuse se manifestait dans sa démarche. Avec un choc, il s'aperçut de moi, et fut sévèrement visité comme auparavant ; mais cette fois, son mouvement était rotatoire, et il titubait autour de moi, les genoux plus affligés, et les mains levées comme s'il implorait la miséricorde. Ses souffrances furent saluées avec la plus grande joie par un groupe de spectateurs, et je me sentis complètement confondu.

Je n'étais pas allé beaucoup plus loin dans la rue que le bureau de poste, lorsque je vis de nouveau le garçon de Trabb qui filait par un chemin de traverse. Cette fois, il était complètement changé. Il portait le sac bleu à la manière de mon grand manteau, et se pavanait sur le trottoir vers moi, de l'autre côté de la rue, accompagné d'une compagnie de jeunes amis ravis à qui il s'écriait de temps en temps, d'un geste de la main : « Je ne sais pas ! » Il n'y a pas de mots pour exprimer l'ampleur de l'aggravation et de la blessure que m'a infligée le garçon de Trabb, lorsque, passant à côté de moi, il a relevé le col de sa chemise, a enroulé ses cheveux latéraux, a planté un bras akimbo et a souri extravagant, se tortillant les coudes et le corps, et tirant vers ses serviteurs : « Je ne sais pas, je ne sais pas, mon âme ne sait pas ! » La honte qui accompagna le fait qu'il se mit immédiatement après à chanter et à me poursuivre à travers le pont avec des corbeaux, comme de la part d'une volaille extrêmement abattue qui m'avait connu quand j'étais forgeron, atteignit son paroxysme avec la honte avec laquelle je quittai la ville, et fut, pour ainsi dire, expulsé par elle dans la campagne.

Mais à moins d'avoir ôté la vie au fils de Trabb à cette occasion, je ne vois vraiment pas ce que j'aurais pu faire d'autre que d'endurer. Se battre avec lui dans la rue, ou exiger de lui une récompense inférieure à celle de son meilleur sang, aurait été futile et dégradant. De plus, c'était un garçon à qui aucun homme ne pouvait faire de mal ; Un serpent invulnérable et esquivant qui, lorsqu'il fut poursuivi dans un coin, s'envola de nouveau entre les jambes de son ravisseur en glapissant. J'écrivis cependant à M. Trabb, par la poste du lendemain, pour lui dire que M. Pip devait refuser de traiter avec quelqu'un qui pouvait oublier ce qu'il devait à l'intérêt supérieur de la société, au point d'employer un garçon qui exciterait la répugnance dans tous les esprits respectables.

La voiture, avec M. Jaggers à l'intérieur, arriva à temps, et je repris ma place dans ma loge, et j'arrivai à Londres sain et sauf, mais pas sain, car mon cœur avait perdu. Dès mon arrivée, j'envoyai une morue pénitentielle et un baril d'huîtres à Joe (en réparation de ne pas y être allé moi-même), puis je me rendis à Barnard's Inn.

J'ai trouvé Herbert en train de manger de la viande froide et ravi de m'accueillir à nouveau. Ayant envoyé le Vengeur au café pour l'ajouter au dîner, je sentis que je devais ouvrir ma poitrine le soir même à mon ami et à mon ami. Comme il n'était plus question de confiance avec le Vengeur dans le hall, qui ne pouvait être considéré qu'à la lumière d'une antichambre au trou de la serrure, je l'envoyai à la pièce. Une meilleure preuve de la sévérité de mon esclavage envers ce chef de corvée ne pouvait guère être fournie que les changements dégradants auxquels j'étais constamment contraint de lui trouver un emploi. L'extrémité est si méchante que je l'envoyais quelquefois dans le coin de Hyde-Park pour voir quelle heure il était.

Le dîner terminé, et nous nous assit, les pieds sur l'aile, je dis à Harbert : « Mon cher Herbert, j'ai quelque chose de bien particulier à vous dire. »

— Mon cher Haendel, reprit-il, j'estimerai et respecterai votre confiance.

— Cela me regarde, Herbert, dis-je, et une autre personne.

255

Harbert croisa les pieds, regarda le feu la tête de côté, et, après l'avoir regardé en vain pendant quelque temps, il me regarda parce que je n'avançais pas.

— Herbert, dis-je en posant ma main sur son genou, j'aime, j'adore... Estelle.

Au lieu d'être fasciné, Herbert a répondu d'une manière facile et naturelle : « Exactement. Eh bien ? »

— Eh bien, Herbert ? C'est tout ce que vous dites ? Eh bien ?

— Et maintenant, je veux dire ? dit Harbert. « Bien sûr que je le sais. »

« Comment le savez-vous ? » dis-je.

« Comment est-ce que je le sais, Haendel ? Pourquoi, de votre part. »

« Je ne te l'ai jamais dit. »

« Ça me l'a dit ! Vous ne m'avez jamais dit quand vous vous êtes fait couper les cheveux, mais j'ai eu des sens pour le percevoir. Tu l'as toujours adorée, depuis que je te connais. Vous avez réuni ici votre adoration et votre valise. Dit-il ! Pourquoi, tu me l'as toujours dit toute la journée. Quand tu m'as raconté ta propre histoire, tu m'as dit clairement que tu avais commencé à l'adorer la première fois que tu l'as vue, alors que tu étais très jeune.

— Eh bien, alors, dis-je, pour qui c'était une lumière nouvelle et non fâcheuse, je n'ai jamais cessé de l'adorer. Et elle est revenue, une créature des plus belles et des plus élégantes. Et je l'ai vue hier. Et si je l'adorais avant, je l'adore deux fois aujourd'hui.

— Heureusement pour vous, Haendel, dit Harbert, qu'on vous a choisi pour elle et que vous lui avez été attribué. Sans empiéter sur un terrain défendu, nous pouvons nous risquer à dire qu'il ne peut y avoir aucun doute entre nous sur ce fait. Avez-vous déjà une idée de l'opinion d'Estelle sur la question de l'adoration ?

Je secouai la tête d'un air sombre. « Ah ! Elle est à des milliers de lieues de moi », dis-je.

« Patience, mon cher Haendel : assez de temps, assez de temps. Mais vous avez encore quelque chose à dire ? »

— J'ai honte de le dis-le, répondis-je, et pourtant ce n'est pas pire de le dis-le que d'y penser. Vous me traitez de chanceux. Bien sûr, je le suis. J'étais garçon de forgeron hier encore ; Je suis... que dirai-je que je suis... aujourd'hui ?

— Dites un brave garçon, si vous voulez une phrase, répondit Harbert en souriant et en frappant de la main sur le dos de la mienne, un brave garçon, avec de l'impétuosité et de l'hésitation, de l'audace et de la méfiance, de l'action et de la rêverie, curieusement mêlé en lui.

Je m'arrêtai un instant pour me demander s'il y avait vraiment ce mélange dans mon caractère. Dans l'ensemble, je n'ai nullement reconnu l'analyse, mais j'ai pensé qu'elle ne valait pas la peine d'être contestée.

— Quand je demande comment je dois m'appeler aujourd'hui, Herbert, continuai-je, je vous dis ce que j'ai dans la pensée. Vous dites que j'ai de la chance. Je sais que je n'ai rien fait pour m'élever dans la vie, et que la fortune seule m'a élevé ; C'est être très chanceux. Et pourtant, quand je pense à Estella...

(« Et quand tu ne le feras pas, tu sais ? » Harbert se jeta à l'eau, les yeux fixés sur le feu ; ce que j'ai trouvé gentil et sympathique de sa part.)

Alors, mon cher Herbert, je ne puis vous dire combien je me sens dépendant et incertain, et combien je suis exposé à des centaines de hasards. En évitant le terrain défendu, comme vous l'avez fait tout à l'heure, je peux encore dire que de la constance d'une personne (sans nommer personne) dépendent toutes mes attentes. Et au mieux, combien indéfinis et insatisfaisants, pour savoir si vaguement ce qu'ils sont ! En disant cela, j'ai soulagé mon esprit de ce qui avait toujours été là, plus ou moins, mais sans doute le plus depuis hier.

— Maintenant, Haendel, répondit Harbert de sa manière gaie et pleine d'espoir, il me semble que, dans le découragement de la tendre passion, nous regardons à la loupe la gueule de notre cheval cadeau. De même, il me semble qu'en concentrant notre attention sur l'examen, nous négligeons complètement l'un des meilleurs points de l'animal. Ne m'avez-vous pas dit que votre tuteur, M. Jaggers, vous a dit au début que vous n'étiez pas doué uniquement d'attentes ? Et même s'il ne vous l'avait pas dit, bien que ce soit un très grand Si, je vous l'accorde, pourriez-vous croire que, de tous les hommes de Londres, M. Jaggers est l'homme qui entretient ses relations actuelles avec vous, à moins qu'il ne soit sûr de son terrain ?

J'ai dit que je ne pouvais pas nier que c'était un point fort. Je l'ai dit (on le fait souvent, en pareil cas) comme une concession un peu réticente à la vérité et à la justice, comme si je voulais la nier !

—Je croirais que c'*est* un point fort, dit Harbert, et je pense que vous seriez embarrassé d'imaginer un point fort ; Pour le reste, vous devez attendre l'heure de votre tuteur, et il doit attendre l'heure de son client. Vous aurez vingt-un an avant de savoir où vous êtes, et alors peut-être aurez-vous d'autres éclaircissements. En tout cas, vous serez plus près de l'obtenir, car il faut qu'il vienne enfin.

« Quel tempérament plein d'espoir vous avez ! » dis-je, admirant avec reconnaissance ses manières gaies.

— J'aurais dû, dit Harbert, car je n'ai pas grand-chose d'autre. Je dois reconnaître, soit dit en passant, que le bon sens de ce que je viens de dire n'est pas le mien, mais celui de mon père. La seule remarque que je l'aie jamais entendu faire sur votre histoire a été la dernière : « La chose est réglée et faite, sinon M. Jaggers n'y serait pas. » Et maintenant, avant de parler davantage de mon père ou du fils de mon père, et de vous rendre la confidence par la confidence, je veux vous rendre un instant très désagréable, positivement repoussant.

« Vous ne réussirez pas, » dis-je.

« Oh oui, je le ferai ! » dit-il. « Un, deux, trois, et maintenant je suis dans le coup. Haendel, mon brave garçon ; — Quoiqu'il parlât de ce ton léger, il était très sérieux : — Depuis que nous parlons les pieds sur cette aile, je pense qu'Estelle ne peut certainement pas être une condition de votre héritage, si elle n'a jamais été mentionnée par votre tuteur. Ai-je raison de comprendre ce que vous m'avez dit, au point qu'il ne s'est jamais référé à elle, directement ou indirectement, de quelque manière que ce soit ? Vous n'avez même pas laissé entendre, par exemple, que votre patron pourrait avoir des opinions sur votre mariage en fin de compte ? »

« Jamais. »

« Maintenant, Haendel, je suis tout à fait libéré de la saveur des raisins aigres, sur mon âme et sur mon honneur ! N'étant pas lié à elle, ne pouvez-vous pas vous détacher d'elle ?... Je vous ai dit que je serais désagréable. »

Je détournai la tête, car, avec une précipitation et un balayage, comme les vieux vents des marais qui remontent de la mer, un sentiment semblable à

258

celui qui m'avait subjugué le matin où j'étais sorti de la forge, quand les brumes se levaient solennellement, et quand j'avais posé la main sur le poteau du village, avait de nouveau frappé mon cœur. Il y eut un silence entre nous pendant un moment.

— Oui ; mais, mon cher Haendel, continua Harbert, comme si nous eussions parlé au lieu de nous taire, le fait d'avoir été si fortement enraciné dans le cœur d'un garçon que la nature et les circonstances ont rendu si romantique le rend très sérieux. Pensez à son éducation, et pensez à miss Havisham. Pensez à ce qu'elle est elle-même (maintenant je suis répugnant et vous m'abominez). Cela peut conduire à des choses misérables.

— Je le sais, Herbert, dis-je, la tête toujours détournée, mais je n'y peux rien.

« Tu ne peux pas te détacher ? »

« Non. C'est impossible ! »

« Tu ne peux pas essayer, Haendel ? »

« Non. C'est impossible ! »

— Eh bien ! dit Harbert en se levant en secouant vivement comme s'il eût dormi et en remuant le feu, maintenant je vais essayer de me rendre de nouveau agréable !

Il fit donc le tour de la chambre, secoua les rideaux, remit les chaises à leur place, rangea les livres et ainsi de suite qui traînaient, regarda dans le vestibule, jeta un coup d'œil dans la boîte aux lettres, ferma la porte et revint à sa chaise près du feu, où il s'assit, allaitant sa jambe gauche dans ses deux bras.

« J'allais dire un mot ou deux, Haendel, sur mon père et le fils de mon père. Je crains qu'il ne soit guère nécessaire que le fils de mon père remarque que l'établissement de mon père n'est pas particulièrement brillant dans l'entretien de son ménage.

— Il y en a toujours beaucoup, Herbert, dis-je, pour dire quelque chose d'encourageant.

« Oh oui ! et c'est ce que dit l'éboueur, je crois, avec la plus forte approbation, et il en est de même pour la boutique du magasin de marine dans la rue de derrière. Gravement, Haendel, car le sujet est assez grave, vous savez aussi bien que moi ce que c'est. Je suppose qu'il y a eu un temps où mon père n'avait pas abandonné les choses ; Mais s'il y en a jamais eu, le temps est révolu. Puis-je vous demander si vous avez jamais eu l'occasion de remarquer, dans votre coin de pays, que les enfants de mariages qui ne conviennent pas exactement sont toujours particulièrement désireux de se marier ?

C'était une question si singulière que je lui demandai en retour : « Est-ce vrai ? »

— Je ne sais pas, dit Herbert, c'est ce que je veux savoir. Parce que c'est décidément le cas chez nous. Ma pauvre sœur Charlotte, qui était à côté de moi et qui est morte avant d'avoir quatorze ans, en était un exemple frappant. La petite Jane est pareille. Dans son désir d'être établie matrimonialement, on pourrait supposer qu'elle a passé sa courte existence dans la contemplation perpétuelle de la félicité domestique. Le petit Alick en robe a déjà pris des dispositions pour son union avec une jeune personne convenable à Kew. Et en effet, je pense que nous sommes tous fiancés, sauf le bébé.

— Alors vous l'êtes ? dis-je.

— Je le suis, dit Harbert. « Mais c'est un secret. »

Je l'assurai que je gardais le secret, et le priai d'être favorisé par d'autres détails. Il m'avait parlé de ma faiblesse avec tant de sensibilité et d'émotion que je voulais savoir quelque chose de sa force.

« Puis-je vous demander le nom ? » J'ai dit.

— Nom de Clara, dit Harbert.

« Habite à Londres ? »

— Oui, peut-être devrais-je mentionner, dit Harbert, qui était devenu curieusement abattu et doux, depuis que nous étions entrés dans ce thème intéressant, qu'elle est un peu au-dessous des idées de famille absurdes de ma mère. Son père s'occupait de l'avitaillement des navires à passagers. Je pense que c'était une sorte de commissaire de bord.

« Qu'est-ce qu'il est maintenant ? » dis-je.

— Il est invalide maintenant, répondit Harbert.

« Vivre sur... ? »

— Au premier étage, dit Herbert. Ce n'était pas du tout ce que je voulais dire, car j'avais voulu que ma question s'appliquât à ses moyens. Je ne l'ai jamais vu, car il a toujours gardé sa chambre au-dessus de ma tête, depuis que je connais Clara. Mais je l'ai entendu constamment. Il fait des rangées

260

formidables, des rugissements, et des piquets sur le sol avec un instrument affreux. En me regardant et en riant de bon cœur, Harbert retrouva pour le moment sa vivacité habituelle.

« N'espérez-vous pas le voir ? » dis-je.

— Oh oui, je m'attends toujours à le voir, répondit Harbert, parce que je ne l'entends jamais, sans m'attendre à ce qu'il tombe à travers le plafond. Mais je ne sais pas combien de temps les chevrons peuvent tenir.

Quand il eut de nouveau ri de bon cœur, il redevint doux et me dit qu'au moment où il commençait à comprendre le Capital, il avait l'intention d'épouser cette jeune fille. Il ajouta, comme une proposition évidente qui engendra la déprime : « Mais vous *ne pouvez pas* vous marier, vous savez, pendant que vous regardez autour de vous. »

Tandis que nous contemplions le feu, et que je pensais combien il était difficile de réaliser cette même capitale, je mettais les mains dans mes poches. Un morceau de papier plié dans l'un d'eux attirant mon attention, je l'ouvris et découvris que c'était l'affiche que j'avais reçue de Joe, relative au célèbre amateur provincial de renommée roscienne. « Et béni soit mon cœur, ajoutai-je involontairement à haute voix, c'est ce soir ! »

Cela changea de sujet en un instant, et nous décidâmes vivement d'aller à la pièce. Aussi, quand je me fus engagé à consoler et à encourager Harbert dans l'affaire de son cœur par tous les moyens praticables et impraticables, et quand Harbert m'eut dit que sa fiancée me connaissait déjà de réputation et que je serais présenté à elle, et quand nous nous serions chaleureusement serrés la main sur notre confiance mutuelle, nous soufflâmes nos bougies, allumâmes notre feu, fermâmes notre porte à clé et partîmes à la recherche de M. Wopsle et du Danemark.

Chapitre XXXI.

À notre arrivée en Danemark, nous trouvâmes le roi et la reine de ce pays élevés dans deux fauteuils sur une table de cuisine, tenant une cour. Toute la noblesse danoise était présente ; composée d'un noble garçon aux bottes de cuir lavé d'un ancêtre gigantesque, d'un vénérable pair à la figure sale qui semblait s'être levé du peuple tard dans la vie, et de la chevalerie danoise avec un peigne dans les cheveux et une paire de jambes de soie blanche, et présentant dans l'ensemble une apparence féminine. Mon citadin doué se tenait sombrement à l'écart, les bras croisés, et j'aurais souhaité que ses boucles et son front eussent été plus probables.

Plusieurs petites circonstances curieuses se sont produites au cours de l'action. Le feu roi du pays non seulement paraissait avoir été troublé par une toux au moment de sa mort, mais il l'avait emportée avec lui au tombeau et l'avait rapportée. Le fantôme royal portait aussi autour de sa matraque un manuscrit fantomatique, auquel il avait l'air de se référer de temps en temps, et cela aussi avec un air d'anxiété et une tendance à perdre le repère qui suggéraient un état de mortalité. C'est cela, je le pense, qui a conduit la galerie à conseiller à l'Ombre de « se retourner ! » ... une recommandation qu'il a prise très mal. Il était également à noter de cet esprit majestueux, que, tandis qu'il apparaissait toujours avec l'air d'avoir été longtemps sorti et d'avoir parcouru une distance immense, il provenait sensiblement d'un mur étroitement contigu. Cela lui valut d'être accueilli avec dérision. La reine du Danemark, une dame très plantureuse, bien qu'elle soit sans doute historiquement effrontée, était considérée par le public comme ayant trop de cuivres autour d'elle ; son menton était attaché à son diadème par une large bande de ce métal (comme si elle avait un mal de dents magnifique), sa taille était entourée d'un autre, et chacun de ses bras d'un autre, de sorte qu'on l'appelait ouvertement « la timbale ». Le noble garçon aux bottes ancestrales était inconséquent, se représentant, pour ainsi dire, d'un seul souffle, comme un marin habile, un comédien ambulant, un fossoyeur, un ecclésiastique et une personne de la plus haute importance dans un match d'escrime de cour, sur l'autorité de l'œil exercé et de l'aimable discernement de laquelle les plus beaux coups étaient jugés. Cela conduisit peu à peu à un manque de tolérance à son égard, et même, lorsqu'il fut découvert dans les ordres et refusa de célébrer le service funèbre, à l'indignation générale qui prit la forme de noix. Enfin, Ophélie était en proie à une folie musicale si lente, qu'au moment où elle eut enlevé son écharpe de mousseline blanche, l'eut pliée et l'eut enterrée, un boudeur qui avait longtemps rafraîchi son nez impatient contre une barre de fer au premier rang de la galerie, grommela : « Maintenant que l'enfant est mis au lit, soupons ! » Ce qui, c'est le moins qu'on puisse dire, était hors de propos.

Sur mon malheureux connain, tous ces incidents s'accumulaient avec un effet ludique. Chaque fois que ce prince indécis devait poser une question ou exprimer un doute, le public l'aidait. Comme par exemple ; À la question de savoir s'il était plus noble dans l'esprit de souffrir, certains ont rugi oui, et d'autres non, et d'autres, inclinant aux deux opinions, ont dit : « Lancez-vous », et toute une société de débats s'est levée. Lorsqu'il demanda ce que devaient faire des hommes comme lui qui rampent entre la terre et le ciel, il fut encouragé par de grands cris : « Écoutez, écoutez ! » Lorsqu'il parut avec son bas en désordre (ce désordre s'exprime, selon l'usage, par un pli très net dans le haut, que je suppose être toujours relevé avec un fer plat), une conversation s'engagea dans la galerie sur la pâleur de sa jambe, et sur la question de savoir si elle était occasionnée par la tournure que le fantôme lui avait donnée. Lorsqu'il prit les flûtes à bec, — tout à fait comme une petite flûte noire qui vient d'être jouée dans l'orchestre et distribuée à la porte, — il fut appelé à l'unanimité pour Rule Britannia. Lorsqu'il recommanda au joueur de ne pas scier l'air ainsi, l'homme boudeur lui dit : « Et ne le faites pas non plus ; Tu es bien pire que *lui* ! Et j'ai le chagrin d'ajouter que des éclats de rire ont accueilli M. Wopsle à chacune de ces occasions. »

Mais ses plus grandes épreuves se trouvaient dans le cimetière de l'église, qui avait l'apparence d'une forêt vierge, avec une sorte de petit lavoir ecclésiastique d'un côté, et une porte à péage de l'autre. M. Wopsle, vêtu d'un manteau noir complet, fut aperçu entrant par l'autoroute, et le fossoyeur fut réprimandé d'une manière amicale : « Attention ! Voici l'entrepreneur de pompes funèbres qui arrive, pour voir comment vous avancez dans votre travail ! Je crois qu'il est bien connu dans un pays constitutionnel que M. Wopsle n'aurait pas pu rendre le crâne, après s'être moralisé à ce sujet, sans se frotter les doigts sur une serviette blanche prise sur sa poitrine ; mais même cette action innocente et indispensable ne passait pas sans le commentaire : «

Wai-ter ! » L'arrivée du corps pour l'inhumation (dans une boîte noire vide dont le couvercle s'ouvrait) fut le signal d'une joie générale, qui fut beaucoup renforcée par la découverte, parmi les porteurs, d'un individu odieux à l'identification. La joie accompagna M. Wopsle tout au long de sa lutte avec Laërte au bord de l'orchestre et de la tombe, et ne se relâcha plus jusqu'à ce qu'il eût fait tomber le roi de la table de la cuisine et qu'il soit mort à quelques centimètres des chevilles vers le haut.

Nous avions fait quelques pâles efforts au début pour applaudir M. Wopsle ; mais ils étaient trop désespérés pour qu'on y persiste. C'est pourquoi nous étions restés assis, éprouvant des sentiments vifs pour lui, mais riant néanmoins d'une oreille à l'autre. Je riais tout le temps malgré moi, tout cela était si drôle ; et pourtant j'avais l'impression latente qu'il y avait quelque chose de décidément beau dans l'élocution de M. Wopsle, non pas pour les vieilles associations, j'en ai peur, mais parce qu'elle était très lente, très morne, très montée et descendante, et très différente de toute manière dont un homme, dans des circonstances naturelles de vie ou de mort, s'exprimait jamais sur quoi que ce soit. Quand la tragédie fut finie, et qu'on l'eut appelé et hué, je dis à Harbert : « Partons tout de suite, ou peut-être le rencontrerons-nous. »

Nous nous hâtâmes de descendre, mais nous n'étions pas assez rapides non plus. Debout à la porte, il y avait un homme juif avec une épaisse tache de sourcil anormale, qui attira mon regard pendant que nous avancions, et dit, quand nous l'eûmes rejoint :

— M. Pip et son ami ?

L'identité de M. Pip et de son ami a été avouée.

« M. Waldengarver, dit l'homme, serait heureux d'avoir cet honneur. »

« Waldengarver ? » répétai-je, quand Herbert me murmura à l'oreille : « Probablement Wopsle. »

« Oh ! dis-je, oui. On te suit ? »

« Quelques pas, s'il vous plaît. » Quand nous fûmes dans une ruelle, il se retourna et demanda : « Comment pensiez-vous qu'il avait l'air ? »

Je ne sais pas à quoi il ressemblait, sauf à un enterrement ; avec l'ajout d'un grand soleil ou d'une étoile danoise suspendue à son cou par un ruban bleu, qui lui avait donné l'apparence d'être assuré dans quelque bureau de pompiers extraordinaire. Mais j'ai dit qu'il avait l'air très gentil.

264

« Quand il est venu dans la tombe, dit notre conducteur, il a montré son manteau magnifique. Mais, à en juger par l'aile, il m'a semblé que lorsqu'il a vu le fantôme dans l'appartement de la reine, il aurait pu faire plus de ses bas. »

J'acquiesçai modestement, et nous tombâmes tous par une petite porte battante sale, dans une sorte de caisse chaude juste derrière elle. Ici, M. Wopsle se dépouillait de ses vêtements danois, et ici il n'y avait plus que de place pour que nous puissions le regarder par-dessus les épaules l'un de l'autre, en gardant la porte ou le couvercle de la caisse grande ouverte.

« Messieurs, dit M. Wopsle, je suis fier de vous voir. J'espère, monsieur Pip, que vous m'excuserez de m'envoyer. J'ai eu le bonheur de vous connaître autrefois, et le Drame a toujours eu un droit qui a toujours été reconnu sur les nobles et les riches. »

Cependant M. Waldengarver, dans une transpiration affreuse, essayait de se sortir de ses sables princiers.

« Écorchez les bas de M. Waldengarver, dit le propriétaire de cette propriété, ou vous les ferez éclater. Cassez-les, et vous vous ferez sauter trente-cinq shillings. Shakspeare n'a jamais été complimenté par une paire plus fine. Restez tranquille dans votre fauteuil maintenant, et laissez-les-moi.

Là-dessus, il se mit à genoux et commença à écorcher sa victime ; qui, au premier bas qui s'était détaché, serait certainement tombé à la renverse avec sa chaise, s'il n'y avait pas eu de place pour tomber de toute façon.

J'avais eu peur jusque-là de dire un mot de la pièce. Mais alors, M. Waldengarver leva les yeux vers nous avec complaisance et dit :

— Messieurs, comment vous êtes-vous senti d'aller en avant ?

Herbert a dit par derrière (en même temps qu'il me poussait) : « Capitalement. » Alors j'ai dit : « Capitalement. »

« Comment avez-vous aimé ma lecture du personnage, messieurs ? » demanda M. Waldengarver, presque, sinon tout à fait, avec mécénait.

Herbert a dit par derrière (en me poussant de nouveau) : « Massif et bétonné. » Alors j'ai dit hardiment, comme si j'en étais l'origine, et que je devais supplier d'insister dessus : « Massif et concret. »

— Je suis heureux d'avoir votre approbation, messieurs, dit M. Waldengarver d'un air digne, bien qu'il fût alors adossé au mur et qu'il se cramponnât à l'assise de la chaise.

— Mais je vais vous dire une chose, monsieur Waldengarver, dit l'homme qui était à genoux, c'est que vous êtes en train de lire. Maintenant, attention ! Peu m'importe qui dit contraire ; Je vous le dis. Vous êtes en train de lire Hamlet lorsque vous vous mettez les jambes de profil. Le dernier Hamlet, comme je l'ai habillé, a fait les mêmes erreurs dans sa lecture à la répétition, jusqu'à ce que je lui ai fait mettre une grande hostie rouge sur chacun de ses tibias, et puis à cette répétition (qui était la dernière) j'allais devant, monsieur, au fond de la fosse, et chaque fois que sa lecture le mettait de profil, J'ai crié : « Je ne vois pas de hosties ! » Et le soir, sa lecture était charmante.

M. Waldengarver me sourit, comme pour me dire : « Un dépendant fidèle, je ne tiens pas compte de sa folie », puis il dit à haute voix : « Ma vue est un peu classique et réfléchie pour eux ici ; Mais ils vont s'améliorer, ils vont s'améliorer.

Herbert et moi avons dit ensemble : Oh, sans doute qu'ils s'amélioreraient.

— Avez-vous remarqué, messieurs, dit M. Waldengarver, qu'il y avait dans la galerie un homme qui s'efforçait de tourner en dérision le service, je veux dire la représentation ?

Nous répondîmes lâchement que nous croyions plutôt avoir remarqué un tel homme. J'ai ajouté : « Il était ivre, sans doute. »

- Oh mon Dieu, non, monsieur, dit M. Wopsle, pas ivre. Son employeur y veillerait, monsieur. Son employeur n'a pas permis qu'il soit ivre.

— Vous connaissez son patron ? dis-je.

M. Wopsle ferma les yeux et les rouvrit ; accomplissant les deux cérémonies très lentement. « Vous avez dû remarquer, messieurs, dit-il, un âne ignorant et flagrant, avec une gorge rauque et une physionomie qui exprimait une basse malignité, qui a joué, je ne dirai pas soutenu, le rôle (si je puis employer une expression française) de Claude, roi de Danemark. C'est son employeur, messieurs. Telle est la profession ! »

Sans savoir distinctement si j'aurais été plus désolé pour M. Wopsle s'il avait été désespéré, j'étais si désolé pour lui, que je saisis l'occasion de ce qu'il se retourna pour se faire mettre ses bretelles, ce qui nous bouscula sur le seuil de la porte, pour demander à Harbert ce qu'il pensait de le faire souper à la maison. Herbert dit qu'il pensait qu'il serait gentil de le faire ; c'est pourquoi je l'ai invité, et il est allé chez Barnard avec nous, emmitouflé jusqu'aux yeux, et nous avons fait de notre mieux pour lui, et il est resté assis jusqu'à deux heures du matin, examinant son succès et élaborant ses plans. J'oublie en détail ce que c'était, mais j'ai un souvenir général qu'il devait commencer par faire revivre le Drame et finir par l'écraser ; dans la mesure où sa mort la laisserait complètement démunie et sans chance ni espoir.

Misérablement, je me couchai enfin, et je pensai misérablement à Estelle, et je rêvai misérablement que toutes mes espérances étaient annulées et que je devais donner ma main en mariage à Clara d'Herbert, ou jouer Hamlet au fantôme de miss Havisham, devant vingt mille personnes, sans en savoir vingt mots.

Chapitre XXXII.

Un jour que j'étais occupé avec mes livres et M. Pocket, je reçus par la poste un billet dont le seul extérieur me jeta dans un grand battement d'ailes ; car, bien que je n'eusse jamais vu l'écriture dont il était question, je devinais de quelle main il s'agissait. Il n'avait pas de début fixe, comme Cher M. Pip, ou Cher Pip, ou Cher Monsieur, ou Cher Tout, mais se lisait ainsi :

> Je dois venir à Londres après-demain par la diligence de midi. Je crois qu'il a été décidé que vous devriez me rencontrer ? En tout cas, Mlle Havisham a cette impression, et je vous écris pour lui obéir. Elle vous envoie ses salutations.

> « À toi, ESTELLA. »

Si j'avais eu le temps, j'aurais probablement commandé plusieurs costumes pour cette occasion ; mais comme il n'y en avait pas, j'étais prêt à me contenter de ceux que j'avais. Mon appétit disparut instantanément, et je ne connus ni paix ni repos jusqu'à ce que le jour arrive. Non pas que son arrivée m'ait apporté non plus ; car, alors j'étais plus mal que jamais, et je commençai à hanter le bureau de la diligence de Wood Street, à Cheapside, avant que la diligence n'ait quitté le Sanglier Bleu de notre ville. Bien que je sache parfaitement cela, il me semblait toujours qu'il n'était pas prudent de laisser le bureau de la diligence hors de ma vue plus de cinq minutes à la fois ; et dans cet état de déraison, j'avais fait la première demi-heure d'une veille de quatre ou cinq heures, lorsque Wemmick se précipita contre moi.

« Allons, monsieur Pip, dit-il ; « Comment allez-vous ? Je n'aurais pas cru que c'était *votre* rythme. »

Je lui expliquai que j'attendais de rencontrer quelqu'un qui venait en diligence, et je m'informai des nouvelles du Château et des Vieillards.

« Les deux sont florissants, merci, dit Wemmick, et particulièrement les vieillards. Il est en plumes merveilleuses. Il aura quatre-vingt-deux ans le jour de son prochain anniversaire. J'ai l'idée de tirer quatre-vingt-deux fois, si le voisinage ne se plaint pas, et que mon canon soit à la hauteur de la pression. Cependant, il ne s'agit pas d'un discours londonien. Où pensez-vous que je vais ?

« Au bureau ? » dis-je, car il tendait dans cette direction.

– Ensuite, répondit Wemmick, je vais à Newgate. Nous sommes en ce moment dans une affaire de colis de banquier, et j'ai été en bas de la route à plisser les yeux sur le théâtre de l'action, et là-dessus il faut que j'aie un mot ou deux avec notre client.

« Votre client a-t-il commis le vol ? » J'ai demandé.

— Bénissez votre âme et votre corps, non, répondit Wemmick très sèchement. Mais il est accusé de cela. C'est ce que vous ou moi pourrions être. L'un ou l'autre de nous pourrait être accusé de cela, vous savez.

« Seulement, ni l'un ni l'autre ne l'est, » remarquai-je.

« Yah ! » dit Wemmick en me touchant la poitrine de son index ; vous êtes un homme profond, monsieur Pip ! Vous souhaitez jeter un coup d'œil à Newgate ? Avez-vous du temps à perdre ?

J'avais tant de temps à perdre, que la proposition me vint comme un soulagement, malgré son inconciliabilité avec mon désir latent de garder l'œil sur le bureau des diligences. Marmonnant que j'allais demander si j'avais le temps de marcher avec lui, j'entrai dans le bureau et je m'assurai auprès du commis avec la plus grande précision et au grand effet de son caractère, le premier moment où l'on pouvait attendre la voiture, que je savais d'avance aussi bien que lui. Je rejoignis alors M. Wemmick, et, feignant de consulter ma montre, et d'être surpris des renseignements que j'avais reçus, j'acceptai son offre.

Nous étions à Newgate en quelques minutes, et nous passâmes par la loge où des fers étaient accrochés aux murs nus parmi les règles de la prison, à l'intérieur de la prison. À cette époque, les prisons étaient très négligées, et la période de réaction exagérée consécutive à tous les actes répréhensibles publics – et qui est toujours la punition la plus lourde et la plus longue – était encore loin. Ainsi, les criminels n'étaient pas logés et nourris mieux que les soldats (sans parler des indigents), et mettaient rarement le feu à leurs prisons dans le but excusable d'améliorer le goût de leur soupe. C'était l'heure de la visite quand Wemmick m'a fait entrer, et un potier faisait sa tournée avec de la bière ; et les prisonniers, derrière les barreaux dans les cours, achetaient de la bière et causaient avec des amis ; Et c'était une scène somnolente, laide, désordonnée, déprimante.

Ce qui m'a frappé, c'est que Wemmick se promenait parmi les prisonniers comme un jardinier se promènerait parmi ses plantes. Cela m'est d'abord venu à l'esprit lorsqu'il a vu une pousse qui s'était levée dans la nuit, et qu'il a dit : « Quoi, capitaine Tom ? *Êtes-vous* là ? Ah ! en effet ! » et aussi : « Est-ce que ce Black Bill est derrière la citerne ? Pourquoi ne t'ai-je pas cherché pendant ces deux mois ; Comment vous trouvez-vous ? De même, lorsqu'il s'arrêtait aux bars et qu'il s'occupait des chuchotements anxieux, toujours seul, Wemmick, avec son bureau de poste dans un état immobile, les regardait pendant la conférence, comme s'il eût pris une note particulière des progrès qu'ils avaient faits, depuis la dernière fois observés, pour sortir en force de leur procès. »

Il était très populaire, et j'ai découvert qu'il prenait le département familier des affaires de M. Jaggers ; bien que quelque chose de l'état de M. Jaggers planât aussi autour de lui, interdisant toute approche au-delà de certaines limites. Sa reconnaissance personnelle de chaque client successif se composait d'un signe de tête, et il posait son chapeau un peu plus facilement sur sa tête avec les deux mains, puis resserrait le bureau de poste et mettait ses mains dans ses poches. Dans un ou deux cas, il y a eu une difficulté à respecter la perception des honoraires, et alors M. Wemmick, s'appuyant autant que possible sur l'argent insuffisant produit, a dit : « C'est inutile, mon garçon. Je ne suis qu'un subordonné. Je ne peux pas le supporter. Ne continuez pas de cette façon avec un subordonné. Si vous n'arrivez pas à rattraper votre montant, mon garçon, vous feriez mieux de vous adresser à un directeur ; Il y a beaucoup de directeurs dans la profession, vous savez, et ce qui ne vaut pas la peine d'être payé par l'un peut valoir la peine d'être accordé à un autre ; C'est la recommandation que je vous recommande, en tant que subordonné. N'essayez pas de mesures inutiles. Pourquoi devriez-vous le faire ? Maintenant, qui est le prochain ? »

Nous traversâmes donc la serre de Wemmick, jusqu'à ce qu'il se tourne vers moi et me dise : « Remarquez l'homme à qui je vais serrer la main. » J'aurais dû le faire, sans préparation, car il n'avait encore serré la main de personne.

Presque aussitôt qu'il eut parlé, un homme corpulent et droit (que je vois maintenant, au moment où j'écris) dans une redingote bien usée de couleur olive, avec une pâleur particulière couvrant le rouge de son teint, et des yeux qui erraient partout quand il essayait de les fixer, s'approcha d'un coin des barreaux, et mit la main sur son chapeau - qui avait une surface grasse et grasse comme un bouillon froid - avec un air à demi sérieux et salut militaire à moitié jovial.

— Colonel, à vous ! dit Wemmick ; « Comment allez-vous, colonel ? »

— Très bien, monsieur Wemmick.

« Tout ce qui pouvait être fait a été fait, mais les preuves étaient trop fortes pour nous, colonel. »

- Oui, il était trop fort, monsieur, mais *je* m'en moque.

— Non, non, dit froidement Wemmick, *vous* m'en moquez. Puis, se tournant vers moi : « A servi Sa Majesté cet homme. Il était un soldat dans la ligne et a acheté sa démobilisation. »

J'ai dit : « Vraiment ? » et les yeux de l'homme m'ont regardé, puis ont regardé par-dessus ma tête, puis ont regardé tout autour de moi, puis il a passé sa main sur ses lèvres et a ri. »

« Je crois que je serai sorti de là lundi, monsieur, » dit-il à Wemmick.

— Peut-être, répondit mon ami, mais il n'y a rien à savoir.

— Je suis heureux d'avoir l'occasion de vous dire adieu, monsieur Wemmick, dit l'homme en étendant la main entre deux barreaux.

— Merci, dit Wemmick en lui serrant la main. « Pareil pour vous, Colonel. »

« Si ce que j'avais sur moi au moment de la prise avait été réel, monsieur Wemmick, dit l'homme, ne voulant pas lâcher sa main, j'aurais demandé la faveur de vous porter une autre bague, en reconnaissance de vos attentions. »

— J'accepterai le testament pour l'acte, dit Wemmick. — À propos ; Vous étiez un grand colombophile. L'homme leva les yeux vers le ciel. « On m'a dit que vous aviez une race remarquable de gobelets. *Pourriez-vous* charger l'un de vos amis de m'en apporter une paire, si vous n'en avez plus besoin ? »

- Ce sera fait, monsieur.

— Très bien, dit Wemmick, on s'occupera d'eux. Bonjour, colonel. Au revoir ! Ils se sont serré la main de nouveau, et comme nous nous éloignions,

271

Wemmick m'a dit : « Un monnayeur, un très bon ouvrier. Le rapport du recorder est fait aujourd'hui, et il est sûr d'être exécuté lundi. Pourtant, vous voyez, dans la mesure où cela va, un couple de pigeons est tout de même une propriété portable. Sur ce, il se retourna et hocha la tête vers cette plante morte, puis jeta les yeux autour de lui en sortant de la cour, comme s'il réfléchissait à quel autre pot irait le mieux à sa place. »

En sortant de la prison par la loge, je constatai que la grande importance de mon tuteur était appréciée par les porte-clefs, non moins que par ceux qu'ils avaient en charge. « Eh bien, monsieur Wemmick, dit le porte-clefs, qui nous gardait entre les deux portes de la loge cloutées et à pointes, et qui fermait soigneusement l'une à clé avant d'ouvrir l'autre, que va faire M. Jaggers de ce meurtre au bord de l'eau ? Va-t-il en faire un homicide involontaire, ou qu'est-ce qu'il va en faire ? »

— Pourquoi ne lui demandez-vous pas ? répondit Wemmick.

— Oh oui, j'ose le dire ! dit le porte-clefs.

- C'est comme ça qu'il en est ici, monsieur Pip, remarqua Wemmick en se tournant vers moi dont le bureau de poste était allongé. « Ils ne se soucient pas de ce qu'ils demandent à moi, le subordonné ; mais vous ne les surprendrez jamais en train de poser des questions à mon directeur. »

— Ce jeune monsieur est-il l'un des prentices ou stagiaires de votre bureau ? demanda le porte-clefs, avec un sourire à l'humour de M. Wemmick.

— Le voilà qui repart, voyez-vous, s'écria Wemmick, je vous l'avais bien dit ! Pose une autre question au subordonné avant que la première ne soit sèche ! Eh bien, supposons que M. Pip soit l'un d'eux ?

— Pourquoi donc, dit le porte-clefs en souriant de nouveau, il sait ce que c'est que M. Jaggers.

— Yah ! s'écria Wemmick en frappant soudain le porte-clefs d'une manière facétieuse, tu es bête comme l'une de tes propres clefs quand tu as affaire à mon directeur, tu sais que tu l'es. Laissez-nous sortir, vieux renard, ou je vais le faire intenter une action contre vous pour séquestration.

Le porte-clefs riait, nous souhaitait la bonne journée, et se tenait debout à rire de nous par-dessus les pointes du guichet lorsque nous descendions les marches de la rue.

— Remarquez, monsieur Pip, dit Wemmick gravement à mon oreille, en me prenant le bras pour être plus confidentiel ; « Je ne sais pas si M. Jaggers fait mieux que la façon dont il se maintient si haut. Il est toujours si haut. Sa taille constante est à la mesure de ses immenses capacités. Ce colonel n'a pas plus osé prendre congé de *lui*, que ce clef n'a osé lui demander ses intentions sur une affaire. Puis, entre sa taille et eux, il glisse son subordonné, vous ne voyez pas ? »

J'ai été très impressionné, et ce n'était pas la première fois, par la subtilité de mon tuteur. Pour avouer la vérité, je souhaitais de tout mon cœur, et ce n'était pas la première fois, d'avoir eu un autre gardien aux capacités mineures.

M. Wemmick et moi, nous nous séparâmes au bureau de la Petite-Bretagne, où les suppliants de M. Jaggers s'attardaient comme d'habitude, et je retournai à mon quart dans la rue de la remise, avec environ trois heures d'avance. Je consacrai tout mon temps à penser combien il était étrange que je sois enveloppé dans toute cette souillure de la prison et du crime ; que, dans mon enfance, sur nos marais solitaires un soir d'hiver, je l'aurais rencontré pour la première fois ; qu'elle aurait dû réapparaître à deux reprises, en commençant comme une tache qui s'est estompée mais n'a pas disparu ; qu'il imprégnerait de cette manière nouvelle ma fortune et mon avancement. Tandis que mon esprit était ainsi occupé, je pensais à la belle jeune Estelle, fière et raffinée, qui venait à moi, et je pensais avec une horreur absolue au contraste entre la prison et elle. J'aurais souhaité que Wemmick ne m'eût pas rencontré, ou que je ne me sois pas cédé à lui et que je ne sois pas parti avec lui, afin que, de tous les jours de l'année, ce jour-là, je n'aie pas eu Newgate dans mon haleine et sur mes vêtements. Je repoussai la poussière de la prison sur mes pieds en me promenant çà et là, et je la secouai hors de ma robe, et j'exhalai son air de mes poumons. Je me sentais si contaminé, en me rappelant qui venait, que la voiture arriva rapidement après tout, et je n'étais pas encore libéré de la conscience souillée de la véranda de M. Wemmick, quand je vis son visage à la fenêtre de la voiture et sa main qui me faisait signe.

Quelle *était* l'ombre sans nom qui, à cet instant encore, avait disparu ?

Chapitre XXXIII.

Dans sa robe de voyage fourrée, Estelle me paraissait plus délicatement belle qu'elle ne l'avait jamais été jusqu'alors, même à mes yeux. Ses manières étaient plus séduisantes qu'elle n'avait voulu me le laisser être auparavant, et je crus voir l'influence de miss Havisham dans ce changement.

Nous restâmes dans la cour de l'auberge pendant qu'elle me montrait ses bagages, et quand tout fut rassemblé, je me rappelai, ayant tout oublié sauf elle-même, que je ne savais rien de sa destination.

« Je vais à Richmond », m'a-t-elle dit. « Notre leçon est qu'il y a deux Richmond, l'un dans le Surrey et l'autre dans le Yorkshire, et que le mien est le Surrey Richmond. La distance est de dix milles. Je dois avoir une voiture, et vous devez me prendre. C'est ma bourse, et vous devez payer mes frais avec elle. Oh, il faut que tu prennes la bourse ! Nous n'avons pas d'autre choix, vous et moi, que d'obéir à nos instructions. Nous ne sommes pas libres de suivre nos propres moyens, vous et moi. »

Quand elle m'a regardé en me donnant le sac à main, j'ai espéré qu'il y avait un sens intérieur dans ses mots. Elle les a dites avec légèreté, mais non avec mécontentement.

— Il faudra envoyer une voiture, Estelle. Veux-tu te reposer un peu ici ?

— Oui, je dois me reposer un peu ici, et je dois boire du thé, et vous devez prendre soin de moi pendant ce temps.

Elle passa son bras dans le mien, comme s'il fallait le faire, et je demandai à un garçon qui regardait la voiture comme un homme qui n'a jamais vu une chose pareille de sa vie, de nous montrer un salon particulier. Là-dessus, il tira une serviette de table, comme si c'était un indice magique sans lequel il ne pouvait pas trouver le chemin de l'escalier, et nous conduisit au trou noir de l'établissement, garni d'un miroir décroissant (objet tout à fait superflu, vu les proportions du trou), d'une burette d'anchois et de pâtés de quelqu'un. Comme je m'opposais à cette retraite, il nous emmena dans une autre pièce avec une table pour trente personnes, et dans la grille une feuille brûlée d'un cahier sous un boisseau de poussière de charbon. Ayant regardé cet incendie éteint et secoué la tête, il prit mon ordre ; ce qui, s'avérant n'être que « du thé pour la dame », le fit sortir de la chambre dans un état d'esprit très bas.

J'étais, et je le suis, conscient que l'air de cette chambre, dans sa forte combinaison d'écurie et de bouillon de soupe, aurait pu amener à inférer que le département des diligences ne se portait pas bien et que le propriétaire entreprenant faisait bouillir les chevaux pour le service des rafraîchissements. Pourtant, la pièce était tout entière pour moi, Estella étant dedans. Je pensais qu'avec elle, j'aurais pu y être heureux pour la vie. (Je n'y étais pas du tout heureux à ce moment-là, remarquez, et je le savais bien.)

« Où allez-vous, à Richmond ? » J'ai demandé à Estella.

« Je vais vivre, dit-elle, à grands frais, avec une dame qui a là-bas le pouvoir, ou qui dit qu'elle l'a, de me faire circuler, de me présenter, de me montrer aux gens et de me montrer aux gens. »

— Je suppose que vous serez heureux de la variété et de l'admiration ?

— Oui, je le suppose.

Elle me répondit avec tant d'insouciance, que je lui dis : « Vous parlez de vous comme si vous étiez quelqu'un d'autre. »

« Où as-tu appris comment je parle des autres ? Allons, allons, dit Estelle en souriant délicieusement, il ne faut pas s'attendre à ce que j'aille à l'école pour *vous* ; Je dois parler à ma manière. Comment vous épanouissez-vous avec M. Pocket ? »

« J'y vis assez agréablement ; au moins... Il m'a semblé que je perdais une chance. »

— Au moins ? répéta Estelle.

« Aussi agréablement que je pourrais le faire n'importe où, loin de toi. »

— Sot garçon, dit Estelle avec sang-froid, comment peux-tu dire de telles bêtises ? Votre ami M. Matthew, je crois, est supérieur au reste de sa famille ?

« Très supérieur en effet. Il n'est l'ennemi de personne... »

— N'ajoutez que la sienne, interrompit Estelle, car je hais cette classe d'hommes. Mais il est vraiment désintéressé, et au-delà de la petite jalousie et de la rancune, j'ai entendu dire ?

— Je suis sûr d'avoir toutes les raisons de le dire.

— Vous n'avez pas toutes les raisons d'en dire autant du reste de ses gens, dit Estelle en me faisant un signe de tête avec une expression de visage à la fois grave et ralliante, car ils ont assailli miss Havisham de rapports et d'insinuations à votre désavantage. Ils vous surveillent, vous dénaturent, écrivent des lettres à votre sujet (parfois anonymes), et vous êtes le tourment et l'occupation de leur vie. Vous pouvez à peine vous rendre compte de la haine que ces gens éprouvent pour vous.

— Ils ne me font aucun mal, j'espère ?

Au lieu de répondre, Estelle éclata de rire. C'était très singulier pour moi, et je la regardai avec une grande perplexité. Quand elle s'arrêta, et elle n'avait pas ri languissant, mais avec un réel plaisir, je lui dis avec ma timidité :

— J'espère que je peux supposer que vous ne seriez pas amusé s'ils me faisaient du mal.

— Non, non, vous pouvez en être sûre, dit Estelle. « Vous pouvez être certain que je ris parce qu'ils échouent. Oh, ces gens-là avec miss Havisham, et les tortures qu'ils subissent ! Elle rit de nouveau, et même maintenant, quand elle m'avait dit pourquoi, son rire était très singulier pour moi, car je ne pouvais douter qu'il ne fût sincère, et pourtant il me semblait trop fort pour la circonstance. J'ai pensé qu'il devait y avoir quelque chose de plus ici que ce que je savais ; Elle a vu cette pensée dans mon esprit et y a répondu.

— Il n'est pas facile pour vous même, dit Estelle, de savoir quelle satisfaction cela me procure de voir ces gens-là contrariés, ni quel plaisir j'éprouve du ridicule que j'éprouve quand on les rend ridicules. Car tu n'as pas été élevé dans cette étrange maison à partir d'un simple bébé. J'étais. Vous n'aviez pas vos petits esprits aiguisés par leurs intrigues contre vous, réprimés et sans défense, sous le masque de la sympathie et de la pitié et que sais-je encore doux et apaisant. Je l'avais fait. Vous n'avez pas ouvert peu à peu vos yeux ronds d'enfant à la découverte de cet imposteur qu'est une femme qui calcule ses réserves de tranquillité d'esprit pour le moment où elle se réveille dans la nuit. Je l'ai fait.

Il n'y avait plus de mal à rire pour Estelle, et elle n'évoquait pas ces souvenirs d'un endroit superficiel. Je n'aurais pas été la cause de son regard, malgré toutes mes attentes.

— Deux choses que je peux vous dire, dit Estella. « D'abord, malgré le proverbe qui dit que les chutes constantes usent une pierre, vous pouvez vous assurer que ces gens-là n'empiéteront jamais sur votre position avec miss Havisham, dans aucun détail, grand ou petit. Deuxièmement, je vous suis redevable comme la cause de leur agitation et de leur vain succès, et j'ai la main dessus.

Comme elle me le donnait d'un air enjoué, car son humeur plus sombre n'avait été que momentanée, je le pris et le portai à mes lèvres. « Ridicule garçon, dit Estelle, ne prendras-tu jamais d'avertissement ? Ou bien me la main dans le même esprit que je vous laissais autrefois baiser sur ma joue ? »

« Quel était cet esprit ? » dis-je.

« Il faut que je réfléchisse un instant. Un esprit de mépris pour les flatteurs et les comploteurs.

« Si je dis oui, puis-je embrasser à nouveau la joue ? »

« Vous auriez dû demander avant de toucher la main. Mais, oui, si vous voulez. »

Je me penchai et son visage calme était comme celui d'une statue. — Maintenant, dit Estelle en se glissant à l'instant où je lui touchai la joue, vous devez veiller à ce que je prenne du thé, et vous devez me conduire à Richmond.

Le fait qu'elle revienne à ce ton, comme si notre association nous était imposée et que nous n'étions que de simples marionnettes, me faisait de la peine ; Mais tout dans nos rapports me faisait mal. Quel que fût le ton qu'elle avait avec moi, je ne pouvais lui accorder aucune confiance et n'y fonder aucun espoir ; et pourtant j'ai continué contre la confiance et contre l'espoir. Pourquoi le répéter mille fois ? Il en a toujours été ainsi.

Je sonnai pour prendre le thé, et le garçon, réapparaissant avec son indice magique, apporta peu à peu une cinquantaine d'accessoires à ce rafraîchissement, mais pas un aperçu du thé. Une planche à thé, des tasses et des soucoupes, des assiettes, des couteaux et des fourchettes (y compris les sculpteurs), des cuillères (diverses), des salières, un petit muffin moelleux confiné avec la plus grande précaution sous une solide couverture de fer, Moïse dans les joncs caractérisés par un peu de beurre mou dans une quantité de persil, un pain pâle avec une tête poudrée, deux empreintes d'épreuve des barres de la cheminée de la cuisine sur des morceaux de pain triangulaires, et finalement une grosse urne familiale ; avec lequel le garçon entra en titubant, exprimant sur son visage le fardeau et la souffrance. Après une

277

longue absence à ce stade du divertissement, il revint enfin avec un coffret d'apparence précieuse contenant des brindilles. Je les ai trempés dans de l'eau chaude, et ainsi de l'ensemble de ces appareils j'ai extrait une tasse de je ne sais quoi pour Estella.

L'addition payée, et le garçon se souvint, et l'aubergiste ne fut pas oublié, et la femme de chambre prise en considération, en un mot, toute la maison fut soudoyée dans un état de mépris et d'animosité, et la bourse d'Estelle s'allège beaucoup, nous montâmes dans notre voiture de poste et nous partîmes. Tournant à Cheapside et remontant Newgate Street, nous fûmes bientôt sous les murs dont j'avais tant honte.

« Quel endroit est-ce ? » Estella m'a demandé.

Je fis semblant de ne pas le reconnaître d'abord, puis je le lui dis. Tandis qu'elle le regardait et qu'elle reprenait sa tête en murmurant : « Misérables ! » Je n'aurais pas avoué ma visite pour rien au monde.

« M. Jaggers, dis-je, en guise de mise sur le dos d'un autre, a la réputation d'être plus dans les secrets de ce lieu lugubre qu'aucun homme de Londres.»

— Il est plus dans le secret de chaque lieu, je crois, dit Estelle à voix basse.

— Vous avez l'habitude de le voir souvent, je suppose ?

« J'ai été habitué à le voir à des intervalles incertains, d'aussi loin que je me souvienne. Mais je ne le connais pas mieux maintenant qu'avant de pouvoir parler clairement. Quelle est votre propre expérience de lui ? Avancez-vous avec lui ?

« Une fois habitué à ses manières méfiantes, dis-je, j'ai très bien fait. »

« Êtes-vous intimes ? »

« J'ai dîné avec lui dans sa maison privée. »

— Je suppose, dit Estelle en se rétractant, que ce doit être un endroit curieux.

« C'est un endroit curieux. »

J'aurais eu soin de parler trop librement de ma tutrice, même avec elle ; mais j'aurais continué jusqu'à décrire le dîner de Gerrard Street, si nous n'avions pas été soudain dans une blueur de gaz. Il semblait, tant qu'il durait, être tout allumé et vivant de ce sentiment inexplicable que j'avais eu auparavant ; et quand nous fûmes sortis, je fus aussi étourdi pendant quelques instants que si j'eusse été dans la foudre.

278

Nous en sommes donc tombés dans d'autres discussions, et il s'agissait principalement de la manière dont nous voyagions, et des parties de Londres qui se trouvaient de ce côté-ci et de ce qui se trouvait de là. La grande ville était presque nouvelle pour elle, me dit-elle, car elle n'avait jamais quitté le quartier de miss Havisham avant d'être allée en France, et elle n'avait fait que passer par Londres en allant et en revenant. Je lui demandai si mon tuteur avait la charge d'elle pendant qu'elle resterait ici. À cela, elle a répondu avec insistance : « Dieu nous en préserve ! » et rien de plus.

Il m'était impossible de ne pas voir qu'elle tenait à m'attirer ; qu'elle s'était faite gagnante, et qu'elle m'aurait gagné même si la tâche avait nécessité des peines. Cependant cela ne m'en rendit pas plus heureux, car, même si elle n'avait pas pris ce ton de nous disposer par les autres, j'aurais senti qu'elle tenait mon cœur dans sa main parce qu'elle l'avait volontairement voulu, et non parce qu'il aurait éprouvé en elle la moindre tendresse pour l'écraser et le jeter.

Quand nous passâmes par Hammersmith, je lui montrai où demeurait M. Matthew Pocket, et je lui dis que ce n'était pas très loin de Richmond, et que j'espérais la voir quelquefois.

« Oh oui, vous devez me voir ; tu dois venir quand tu le jugeras à propos ; vous devez être mentionné à la famille ; en effet, vous êtes déjà mentionné.

Je lui ai demandé si c'était une grande maison dont elle allait être membre.

— Non ; il n'y en a que deux ; mère et fille. La mère est une dame d'un certain rang, bien qu'elle ne répugne pas à augmenter ses revenus.

Je m'étonne que miss Havisham puisse se séparer de vous si tôt.

- C'est une partie des plans de miss Havisham pour moi, Pip, dit Estelle avec un soupir, comme si elle eût été fatiguée ; Je dois lui écrire constamment, la voir régulièrement et lui rendre compte de mon avenir, moi et les bijoux, car ils sont presque tous à moi maintenant.

C'était la première fois qu'elle m'appelait par mon nom. Bien sûr, elle l'a fait exprès, et elle savait que je devais le chérir.

Nous arrivâmes trop tôt à Richmond, et notre destination était une maison au coin de la verdure, une vieille maison guindée, où les cerceaux, la poudre, les rapiéçages, les manteaux brodés, les bas roulés, les volants et les épées, avaient eu leur cour bien des fois. Quelques arbres anciens devant la maison étaient encore coupés dans des modes aussi formelles et peu naturelles que les cerceaux, les perruques et les jupes raides ; Mais les places qui leur étaient assignées dans le grand cortège des morts n'étaient pas loin, et ils ne tardaient pas à s'y laisser tomber et à suivre le chemin silencieux des autres.

Une cloche à la vieille voix, qui, j'ose le dire, en son temps, avait souvent dit à la maison : Voici le farthingale vert, voici l'épée à poignée de diamants, voici les souliers à talons rouges et le solitaire bleu – sonna gravement au clair de lune, et deux servantes couleur de cerise sortirent en voltigeant pour recevoir Estelle. La porte absorba bientôt ses boîtes, et elle me tendit la main et un sourire, et me dit bonsoir, et fut absorbée de même. Et pourtant, je regardais la maison, pensant combien je serais heureux si j'y vivais avec elle, et sachant que je n'étais jamais heureux avec elle, mais toujours misérable.

Je suis monté dans la voiture pour être ramené à Hammersmith, et j'y suis monté avec un mauvais chagrin d'amour, et j'en suis sorti avec un mal de cœur plus grave. À notre porte, je trouvai la petite Jane Pocket qui rentrait d'une petite fête escortée par son petit amant ; et j'enviais son petit amant, bien qu'il fût sujet à Flopson.

M. Pocket était en train de donner des conférences ; Car c'était un professeur des plus délicieux sur l'économie domestique, et ses traités sur la gestion des enfants et des domestiques étaient considérés comme les meilleurs manuels sur ces thèmes. Mais Mrs. Pocket était à la maison et se trouvait dans une petite difficulté, parce que le bébé avait été logé avec un étui à aiguilles pour le tenir tranquille pendant l'absence inexplicable (avec un parent dans les Foot Guards) de Millers. Et il manquait plus d'aiguilles qu'il ne pouvait être considéré comme tout à fait sain pour un patient d'un si jeune âge, soit pour les appliquer à l'extérieur, soit pour les prendre comme tonique.

M. Pocket étant célébré à juste titre pour avoir donné d'excellents conseils pratiques, et pour avoir une perception claire et saine des choses et un esprit très judicieux, j'eus quelque idée dans mon chagrin de le prier d'accepter ma confiance. Mais en levant les yeux vers Mrs. Pocket, assise en train de lire son livre de dignités après avoir prescrit le lit comme remède souverain pour bébé, je pensai... Eh bien... non, je ne le ferais pas.

Chapitre XXXIV.

À mesure que je m'étais habitué à mes attentes, j'avais insensiblement commencé à remarquer leur effet sur moi-même et sur ceux qui m'entouraient. Leur influence sur mon propre caractère, je l'ai dissimulée autant que possible pour que je la reconnaisse, mais je savais très bien que ce n'était pas tout bon. Je vivais dans un état d'inquiétude chronique à l'égard de ma conduite envers Joe. Ma conscience n'était nullement tranquille au sujet de Biddy. Quand je me réveillais la nuit, comme Camilla, j'avais l'habitude de penser, avec une lassitude dans l'esprit, que j'aurais été plus heureuse et meilleure si je n'avais jamais vu le visage de miss Havisham, et si j'étais devenue adulte satisfaite d'être associée à Joe dans l'honnête vieille forge. Bien des fois au soir, quand j'étais assis seul à regarder le feu, je pensais qu'après tout, il n'y avait pas de feu comme le feu de la forge et le feu de la cuisine à la maison.

Cependant Estelle était si inséparable de toute mon inquiétude et de toute l'inquiétude de mon esprit, que je tombai réellement dans la confusion quant aux limites de ma propre part dans sa production. C'est-à-dire que, en supposant que je n'eusse eu aucune attente, et que j'eusse eu à penser à Estelle, je ne pouvais pas comprendre à ma satisfaction que j'aurais fait beaucoup mieux. Or, en ce qui concerne l'influence de ma position sur les autres, je n'étais pas dans cette difficulté, et je m'aperçus, quoique vaguement peut-être, que ce n'était bénéfique à personne, et surtout que ce n'était pas bénéfique à Harbert. Mes habitudes somptueuses entraînaient sa nature facile à des dépenses qu'il ne pouvait se permettre, corrompaient la simplicité de sa vie et troublaient sa paix par des inquiétudes et des regrets. Je n'avais pas du tout de remords d'avoir involontairement orienté ces autres branches de la famille Pocket vers les pauvres arts qu'elles pratiquaient ; parce que de telles petitesses étaient leur penchant naturel, et auraient été évoquées par n'importe qui d'autre, si je les avais laissés endormis. Mais le cas d'Herbert était bien différent, et cela me faisait souvent tressaillir en pensant que je lui avais rendu un mauvais service en encombrant ses appartements peu meublés de tapisseries incongrues et en mettant à sa disposition le Vengeur à poitrine canarienne.

Ainsi donc, comme un moyen infaillible de rendre la petite facilité grande, je commençai à contracter une quantité de dettes. Je pouvais à peine commencer, mais Herbert devait commencer aussi, aussi il ne tarda pas à me suivre. Sur la suggestion de Startop, nous nous inscrivîmes aux élections dans un club appelé les Finch of the Grove, dont je n'aurais jamais deviné l'objet, si ce n'était que les membres dînaient cher une fois tous les quinze jours, qu'ils se querellaient entre eux autant que possible après le dîner et qu'ils fassent ivre six garçons dans l'escalier. Je sais que ces fins sociales gratifiantes étaient si invariablement atteintes, qu'Harbert et moi ne comprenions rien d'autre à mentionner dans le premier toast debout de la société : « Messieurs, que la promotion actuelle des bons sentiments règne toujours prédominant parmi les pinsons du bosquet. »

Les Finch ont dépensé leur argent sottement (l'hôtel où nous avons dîné était à Covent Garden), et le premier Finch que j'ai vu quand j'ai eu l'honneur de rejoindre le Grove était Bentley Drummle, à cette époque pataugeant dans la ville dans un fiacre à lui, et faisant beaucoup de dégâts aux poteaux aux coins des rues. De temps en temps, il se jetait hors de son équipage, la tête la première, par-dessus le tablier ; et je l'ai vu une fois se livrer à la porte du bosquet de cette manière involontaire, comme des charbons. Mais ici, j'anticipe un peu, car je n'étais pas un Finch, et je ne pouvais pas l'être, selon les lois sacrées de la société, jusqu'à ce que j'aie atteint l'âge adulte.

Dans ma confiance en mes propres ressources, j'aurais volontiers pris sur moi les dépenses d'Harbert ; mais Herbert était fier, et je ne pouvais pas lui faire une telle proposition. Il se mit donc en difficulté dans toutes les directions, et continua à regarder autour de lui. Quand nous en sommes venus peu à peu à avoir des heures tardives et une compagnie tardive, j'ai remarqué qu'il regardait autour de lui d'un œil découragé à l'heure du déjeuner ; qu'il a commencé à regarder autour de lui avec plus d'espoir vers midi ; qu'il s'est affaissé en entrant dans le dîner ; qu'il semblait apercevoir le Capital au loin, assez clairement, après le dîner ; qu'il s'est presque rendu compte du Capital vers minuit ; et que vers deux heures du matin, il est redevenu si profondément découragé qu'il a parlé d'acheter un fusil et d'aller en Amérique, dans le but général de contraindre les buffles à faire fortune.

J'étais habituellement à Hammersmith environ la moitié de la semaine, et quand j'étais à Hammersmith, je hantais Richmond, dont je passais séparément de temps en temps. Herbert venait souvent à Hammersmith quand j'y étais, et je pense qu'à ces saisons-là, son père avait parfois l'impression que l'ouverture qu'il cherchait n'était pas encore apparue. Mais dans l'effondrement général de la famille, son dégringolement dans la vie quelque part, c'était une chose à traiter d'elle-même d'une manière ou d'une autre. Cependant M. Pocket grisonnait et essayait plus souvent de se tirer de ses perplexités par les cheveux. Tandis que Mrs. Pocket faisait trébucher la famille avec son tabouret, lisait son livre de dignités, perdait son mouchoir de poche, nous parlait de son grand-père et apprenait au jeune homme l'idée de tirer, en le lançant dans son lit chaque fois qu'il attirait son attention.

Comme je suis en train de généraliser une période de ma vie dans le but de me frayer un chemin devant moi, je ne puis guère mieux le faire qu'en achevant tout de suite la description de nos mœurs et de nos coutumes habituelles à Barnard's Inn.

Nous avons dépensé autant d'argent que nous le pouvions, et nous en avons obtenu le moins que les gens pouvaient se décider à nous donner. Nous étions toujours plus ou moins misérables, et la plupart de nos connaissances étaient dans le même état. Il y avait une fiction gay parmi nous que nous nous amusions constamment, et une vérité squelettique que nous n'avons jamais faite. Autant que je sache, notre cas était, sur ce dernier point, assez courant.

Tous les matins, l'air toujours nouveau, Harbert se rendait à la Cité pour regarder autour de lui. Je lui rendais souvent visite dans l'arrière-salle sombre où il fréquentait un encrier, une cheville à chapeau, une boîte à charbon, une boîte à cordes, un almanach, un bureau, un tabouret et une règle ; et je ne me souviens pas l'avoir jamais vu faire autre chose que regarder autour de lui. Si nous faisions tous ce que nous entreprenons de faire, aussi fidèlement qu'Herbert l'a fait, nous pourrions vivre dans une république des vertus. Il n'avait rien d'autre à faire, le pauvre garçon, qu'à une certaine heure de l'après-midi d'aller chez le Lloyd's, pour observer une cérémonie de visite à son directeur, je crois. Il n'a jamais rien fait d'autre en rapport avec le Lloyd's que j'ai pu découvrir, sauf revenir. Lorsqu'il sentait que son cas était exceptionnellement grave et qu'il devait absolument trouver une ouverture, il se rendait à Change à un moment chargé et entrait et sortait, dans une sorte de sombre figure de danse country, parmi les magnats assemblés. « Car, me dit Herbert en rentrant dîner à la maison dans une de ces occasions spéciales, je trouve que la vérité est, Haendel, qu'il n'y a pas d'ouverture à l'un, mais qu'il faut y aller, c'est ce que j'ai été. »

Si nous avions été moins attachés l'un à l'autre, je pense que nous aurions dû nous haïr régulièrement tous les matins. Je détestais les chambres au-delà de toute expression à cette époque de repentir, et je ne pouvais supporter la vue de la livrée du Vengeur ; qui avait alors un aspect plus coûteux et moins rémunérateur qu'à tout autre moment de ces vingt-quatre heures. À mesure que nous nous endettions de plus en plus, le déjeuner devint de plus en plus creux, et, étant menacé une fois à l'heure du déjeuner (par lettre) de poursuites judiciaires, « non sans rapport sans rapport », comme dirait mon journal local, « avec la bijouterie », je suis allé jusqu'à saisir le Vengeur par son col bleu et à le secouer de ses pieds. de sorte qu'il était réellement en l'air, comme un Cupidon botté, pour avoir supposé supposer que nous voulions un rouleau.

À certains moments, c'est-à-dire à des moments incertains, car ils dépendaient de notre humeur, je disais à Harbert, comme s'il s'agissait d'une découverte remarquable :

— Mon cher Herbert, nous nous entendons mal.

« Mon cher Haendel, me disait Harbert en toute sincérité, si vous voulez bien me croire, ces mêmes paroles étaient sur mes lèvres, par une étrange coïncidence. »

« Alors, Herbert, répondais-je, examinons nos affaires. »

Nous avons toujours tiré une profonde satisfaction à prendre rendez-vous à cet effet. J'ai toujours pensé que c'était le business, c'était le moyen d'affronter la chose, c'était le moyen de prendre l'ennemi à la gorge. Et je sais que Herbert le pensait aussi.

Nous avons commandé quelque chose d'assez spécial pour le dîner, avec une bouteille de quelque chose de même hors de la manière habituelle, afin que nos esprits puissent être fortifiés pour la circonstance, et que nous puissions être à la hauteur. Le dîner terminé, nous produisîmes un paquet de plumes, une abondante provision d'encre et un bon étalage de papier à lettres et de buvard. Car il y avait quelque chose de très confortable à avoir beaucoup de papeterie.

Ensuite, je prenais une feuille de papier et j'écrivais en haut, d'une main soignée, le titre : « Mémorandum des dettes de Pip » ; avec Barnard's Inn et la date très soigneusement ajoutée. Herbert prenait aussi une feuille de papier et y écrivait avec les mêmes formalités : « Mémorandum des dettes d'Herbert. »

Chacun de nous se référait alors à un tas confus de papiers à ses côtés, qui avaient été jetés dans des tiroirs, usés dans des trous de poches, à moitié brûlés dans des bougies allumées, coincés pendant des semaines dans le miroir et autrement endommagés. Le bruit de nos plumes qui partaient nous rafraîchissait excessivement, à tel point que j'avais parfois du mal à faire la distinction entre cette entreprise édifiante qui se déroulait et le paiement réel de l'argent. Au point de vue du caractère méritoire, les deux choses semblaient à peu près égales.

Quand nous avions écrit un peu de temps, je demandais à Herbert comment il s'en sortait. Herbert se serait probablement gratté la tête de la manière la plus triste à la vue de ses figures qui s'accumulaient.

« Ils s'accumulent, Haendel », disait Harbert ; « Sur ma vie, ils s'accumulent. »

« Sois ferme, Harbert », répliquais-je en maniant ma propre plume avec une grande assiduité. « Regardez la chose en face. Examinez vos affaires. Regardez-les de travers. »

— C'est ce que je ferais, Haendel, mais ils me regardent de face.

Cependant, ma détermination ferait son effet, et Herbert se remettrait au travail. Au bout d'un certain temps, il abandonnerait une fois de plus, sous prétexte qu'il n'avait pas reçu la facture de Cobbs, ni celle de Lobbs, ni celle de Nobbs, selon le cas.

— Alors, Herbert, estimez ; estimez-le en chiffres ronds, et notez-le.

« Quel homme de ressources vous êtes ! » répondait mon ami avec admiration. « Vraiment, vos pouvoirs commerciaux sont très remarquables. »

C'est ce que je pensais aussi. Je me suis forgé la réputation d'un homme d'affaires de premier ordre, prompt, décisif, énergique, clair, calme. Quand j'ai noté toutes mes responsabilités sur ma liste, j'ai comparé chacune d'entre elles avec l'addition et je l'ai cochée. Mon auto-approbation lorsque je cochais une entrée était une sensation assez luxueuse. Quand je n'avais plus de tiques à faire, je pliais tous mes becs uniformément, les rangeais chacun au dos et attachais le tout en un paquet symétrique. Puis j'ai fait de même pour Herbert (qui a modestement dit qu'il n'avait pas mon génie administratif), et j'ai senti que j'avais mis ses affaires au centre de ses préoccupations.

Mes habitudes d'affaires avaient une autre caractéristique brillante, que j'appelais « laisser une marge ». Par exemple; en supposant que les dettes d'Herbert soient de cent soixante-quatre livres quatre deniers et deux pence, je dirais : « Laissez une marge, et mettez-la à deux cents. » Ou bien, en supposant que les miennes soient quatre fois plus élevées, je laisserais une marge et je les mettrais à sept cents. J'avais la plus haute opinion de la sagesse de cette même marge, mais je suis obligé de reconnaître qu'en regardant en arrière, je considère qu'il s'agissait d'un appareil coûteux. Car nous nous endettions toujours immédiatement, dans toute la mesure de la marge, et parfois, dans le sentiment de liberté et de solvabilité que cela donnait, nous allions assez loin dans une autre marge.

Mais il y avait un calme, un repos, un silence vertueux, à la suite de ces examens de nos affaires qui me donnaient, pour le moment, une admirable opinion de moi-même. Apaisé par mes efforts, par ma méthode et par les compliments d'Harbert, je m'asseyais avec son paquet symétrique et le mien sur la table devant moi, parmi le papier à lettres, et je me sentais comme une sorte de banque, plutôt que comme un particulier.

Nous fermons notre porte extérieure dans ces occasions solennelles, afin de ne pas être interrompus. J'étais tombé dans mon état serein un soir, quand nous entendîmes une lettre tomber par la fente de ladite porte et tomber par terre. — C'est pour vous, Haendel, dit Harbert en sortant et en revenant avec, et j'espère qu'il n'y a rien de grave. C'était une allusion à son lourd sceau noir et à sa bordure.

La lettre était signée Trabb & Co., et son contenu était simplement que j'étais un monsieur honoré, et qu'ils me suppliaient de m'informer que Mme J. Gargery avait quitté cette vie lundi dernier à six heures vingt minutes du soir, et que ma présence était demandée à l'inhumation lundi prochain à trois heures de l'après-midi.

Chapitre XXXV.

C'était la première fois qu'une tombe s'ouvrait sur mon chemin de vie, et la brèche qu'elle faisait dans le sol lisse était merveilleuse. La silhouette de ma sœur dans son fauteuil près du feu de la cuisine me hantait nuit et jour. Que l'endroit pût exister sans elle, c'était quelque chose que mon esprit semblait incapable d'embrasser ; et tandis qu'elle avait rarement ou jamais été dans mes pensées ces derniers temps, j'avais maintenant l'idée la plus étrange qu'elle venait à moi dans la rue, ou qu'elle allait bientôt frapper à la porte. Dans mes appartements aussi, où elle n'avait jamais été du tout associée, il y avait à la fois le vide de la mort et une suggestion perpétuelle du son de sa voix, de la tournure de son visage ou de sa figure, comme si elle était encore vivante et qu'elle y eût été souvent.

Quelle qu'eût été ma fortune, j'aurais à peine pu me souvenir de ma sœur avec beaucoup de tendresse. Mais je suppose qu'il y a un choc de regret qui peut exister sans beaucoup de tendresse. Sous son influence (et peut-être pour suppléer à l'absence d'un sentiment plus doux), je fus pris d'une violente indignation contre l'assaillant dont elle avait tant souffert ; et je sentis que, sur une preuve suffisante, j'aurais pu poursuivre Orlick par vengeance, ou n'importe qui d'autre, jusqu'à la dernière extrémité.

Ayant écrit à Joe pour lui offrir des consolations et l'assurer que je viendrais à l'enterrement, je passai les jours intermédiaires dans le curieux état d'esprit que j'ai vu. Je descendis de bon matin, et je descendis à temps au Sanglier Bleu pour me rendre à pied à la forge.

C'était de nouveau un beau temps d'été, et, à mesure que je marchais, les moments où j'étais une petite créature sans défense, et où ma sœur ne m'épargnait pas, revenaient vivement. Mais ils revinrent avec un ton doux qui adoucit même le tranchant de Tickler. Pour l'instant, le souffle même des haricots et du trèfle murmurait à mon cœur que le jour devait venir où il serait bon pour ma mémoire que d'autres marchant au soleil s'adoucissent en pensant à moi.

Enfin, j'arrivai en vue de la maison, et je vis que Trabb et Cie avaient procédé à une exécution funèbre et en avaient pris possession. Deux

287

personnes lugubrement absurdes, exhibant chacune ostensiblement une béquille enveloppée d'un bandage noir, comme si cet instrument pouvait communiquer quelque réconfort à qui que ce soit, étaient postées à la porte d'entrée ; et dans l'une d'elles, je reconnus un postier renvoyé du Sanglier pour avoir transformé un jeune couple en fosse à scie le matin de leur mariage, à la suite de l'ivresse qui l'obligeait à monter son cheval serré autour du cou avec les deux bras. Tous les enfants du village, et la plupart des femmes, admiraient ces gardiens de sable et les fenêtres fermées de la maison et de la forge ; et comme je montais, l'un des deux gardiens (le facteur) frappa à la porte, ce qui signifiait que j'étais beaucoup trop épuisé par le chagrin pour avoir la force de frapper par moi-même.

Un autre gardien de sable (un charpentier, qui avait autrefois mangé deux oies pour un pari) ouvrit la porte et me fit entrer dans le meilleur salon. Là, M. Trabb avait pris la meilleure table, avait levé toutes les feuilles et tenait une sorte de bazar noir, à l'aide d'une quantité d'épingles noires. Au moment de mon arrivée, il venait de finir de mettre le chapeau de quelqu'un dans des vêtements longs noirs, comme un bébé africain ; alors il a tendu la main vers la mienne. Mais moi, trompé par l'action et confus par l'occasion, je lui serrai la main avec tous les témoignages d'une chaleureuse affection.

Le pauvre cher Joe, empêtré dans un petit manteau noir noué en un grand nœud sous son menton, était assis à l'extrémité supérieure de la pièce ; où, en tant que chef des pleureurs, il avait manifestement été posté par Trabb. Quand je me suis penché et que je lui ai dit : « Cher Joe, comment allez-vous ? » il a dit : « Pip, mon vieux, vous l'avez connue quand elle était une belle figure de... » et il m'a serré la main et n'en a pas dit davantage.

Biddy, qui avait l'air très soignée et modeste dans sa robe noire, allait tranquillement çà et là, et était très serviable. Quand j'eus parlé à Biddy, comme je pensais que ce n'était pas le moment de parler, j'allai m'asseoir près de Joe, et là je commençai à me demander dans quelle partie de la maison se trouvait elle, ma sœur. L'air du salon étant faible avec l'odeur du gâteau sucré, je cherchai autour de moi la table des rafraîchissements ; on le voyait à peine jusqu'à ce qu'on se soit habitué à l'obscurité, mais il y avait un gâteau aux prunes coupé dessus, et il y avait des oranges coupées, et des sandwichs, et des biscuits, et deux carafes que je connaissais très bien comme ornements, mais que je n'avais jamais vues utilisées de toute ma vie ; l'un plein de porto et l'autre de sherry. Debout à cette table, je m'aperçus du servile

Pumblechook, vêtu d'un manteau noir et de plusieurs mètres de bandeau de chapeau, qui se bourrait alternativement et faisait des mouvements obséquieux pour attirer mon attention. Au moment où il a réussi, il est venu vers moi (respirant du sherry et des miettes) et a dit d'une voix douce : « Puis-je, cher monsieur ? » et il l'a fait. Je décrivis alors M. et Mme Hubble ; le dernier nommé dans un paroxysme décent et muet dans un coin. Nous allions tous « suivre », et nous étions tous en train d'être attachés séparément (par Trabb) dans des paquets ridicules.

« Ce que je veux dire, Pip », me dit Joe à voix basse, tandis que nous étions ce que M. Trabb appelait « formé » dans le salon, deux par deux, et c'était terriblement comme une préparation pour une sorte de danse sinistre ; ce que je veux dire, monsieur, car j'aurais préféré l'avoir portée moi-même à l'église, avec trois ou quatre amis qui y viendraient avec des harts et des armes volontaires, mais on considérerait que les voisins les mépriseraient et seraient d'avis qu'ils manqueraient de respect.

« Sortez les mouchoirs de poche, tous ! » s'écria M. Trabb à ce moment-là, d'une voix déprimée et professionnelle. « Dehors les mouchoirs de poche ! Nous sommes prêts ! »

Alors nous mîmes tous nos mouchoirs de poche sur nos visages, comme si nous saignions le nez, et nous limaginâmes deux par deux ; Joe et moi ; Biddy et Pumblechook ; M. et Mme Hubble. Les restes de ma pauvre sœur avaient été apportés par la porte de la cuisine, et, comme c'était un point de cérémonie d'entreprendre que les six porteurs devaient être étouffés et aveuglés sous une horrible maison de velours noir avec une bordure blanche, le tout ressemblait à un monstre aveugle avec douze jambes humaines, traînant et gaffant. sous la conduite de deux gardiens, le facteur et son camarade.

Le voisinage, cependant, approuva hautement ces arrangements, et nous fûmes très admirés en traversant le village, la partie la plus jeune et la plus vigoureuse de la communauté se précipitant de temps en temps pour nous couper la route, et se tenant à l'affût pour nous intercepter aux points d'observation. Dans ces moments-là, les plus exubérants d'entre eux criaient d'une manière excitée à notre émergence dans un coin de l'attente : « Les voici ! » « Les voilà ! » et nous étions presque acclamés. Dans cette progression, je fus très contrarié par l'abject Pumblechook, qui, étant derrière moi, persista tout le long du chemin comme une attention délicate à arranger mon bandeau de chapeau et à lisser mon manteau. Mes pensées étaient encore distraites par l'orgueil excessif de M. et Mme Hubble, qui étaient excessivement vaniteux et vaniteux d'être membres d'un cortège si distingué.

Et maintenant, la chaîne de marais s'étendait devant nous, avec les voiles des navires sur le fleuve qui en sortaient ; et nous sommes allés dans le cimetière de l'église, près des tombes de mes parents inconnus, Philip Pirrip, feu de cette paroisse, et aussi Georgiana, épouse du précédent. Et là, ma sœur était tranquillement couchée dans la terre, tandis que les alouettes chantaient haut au-dessus d'elle, et que le vent léger la parsemait de belles ombres de nuages et d'arbres.

De la conduite de l'esprit mondain Pumblechook pendant ce temps, je ne veux pas dire plus que tout cela m'était adressé ; et que, même lorsqu'on lisait ces nobles passages qui rappellent à l'humanité combien elle n'a rien apporté au monde et ne peut rien en retirer, et comment elle s'enfuit comme une ombre et ne dure jamais longtemps en un seul séjour, je l'ai entendu tousser une réserve sur le cas d'un jeune gentilhomme qui est entré à l'improviste dans une grande propriété. Quand nous fûmes rentrés, il eut l'audace de me dire qu'il aurait voulu que ma sœur sût que je lui avais fait tant d'honneur, et de laisser entendre qu'elle l'aurait considéré comme raisonnablement acheté au prix de sa mort. Après cela, il but tout le reste du sherry, et M. Hubble but le porto, et les deux hommes parlèrent (ce que j'ai observé depuis comme étant habituel en pareil cas) comme s'ils étaient d'une race tout à fait différente de celle du défunt et qu'ils étaient notoirement immortels. Enfin, il s'en alla avec M. et Mme Hubble, pour y passer une soirée, j'en étais sûr, et pour dire aux joyeux mariniers qu'il était le fondateur de ma fortune et mon premier bienfaiteur.

Quand ils furent tous partis, et quand Trabb et ses hommes, mais pas son garçon ; Je l'ai cherché, j'avais entassé leur momie dans des sacs, et ils étaient partis aussi, la maison me semblait plus saine. Peu de temps après, Biddy, Joe et moi, nous dînâmes ensemble dans un froid ; mais nous dînâmes dans le meilleur salon, non dans l'ancienne cuisine, et Joe était si attentif à ce qu'il faisait de son couteau, de sa fourchette, de la salière et de tout le reste, qu'il y avait une grande retenue sur nous. Mais après le dîner, quand je lui fis prendre sa pipe, et quand j'eus flâné avec lui autour de la forge, et quand nous nous sommes assis ensemble sur le grand bloc de pierre qui était à l'extérieur, nous nous entendîmes mieux. J'ai remarqué qu'après l'enterrement, Joe a changé de vêtements au point de faire un compromis entre sa robe du dimanche et sa robe de travail ; où le cher garçon avait l'air naturel, et comme l'homme qu'il était.

Il fut très content quand je lui demandai si je pouvais dormir dans ma petite chambre, et je fus content aussi ; car je sentais que j'avais fait une assez grande chose en faisant cette demande. Quand les ombres du soir se refermèrent, je saisis l'occasion de me rendre dans le jardin avec Biddy pour causer un peu.

« Biddy, dis-je, je pense que vous auriez pu m'écrire sur ces tristes affaires.»

– Et vous, monsieur Pip ? dit Biddy. « J'aurais écrit si j'avais pensé cela. »

— Ne croyez pas que je veuille être méchante, Biddy, quand je dis que je pense que vous auriez dû penser cela.

— Et vous, monsieur Pip ?

Elle était si calme et avait avec elle une manière si ordonnée, si bonne et si jolie, que je n'aimais pas l'idée de la faire pleurer de nouveau. Après avoir regardé un peu ses yeux baissés alors qu'elle marchait à côté de moi, j'ai abandonné ce point.

— Je suppose qu'il vous sera difficile de rester ici maintenant, ma chère Biddy ?

« Ah ! Je ne peux pas le faire, monsieur Pip, dit Biddy d'un ton de regret mais de conviction tranquille. « J'ai parlé à mistress Hubble, et je vais chez elle demain. J'espère que nous pourrons prendre soin de M. Gargery, ensemble, jusqu'à ce qu'il se calme.

« Comment allez-vous vivre, Biddy ? Si tu veux n'importe lequel...

« Comment vais-je vivre ? » répéta Biddy en frappant avec une rougeur momentanée sur le visage. « Je vais vous le dire, monsieur Pip. Je vais essayer de faire en sorte que la place de maîtresse dans la nouvelle école soit presque terminée ici. Je peux être bien recommandé par tous les voisins, et j'espère que je pourrai être industrieux et patient, et m'instruire moi-même pendant que j'enseigne aux autres. Vous savez, monsieur Pip, poursuivit Biddy en souriant en levant les yeux sur mon visage, les nouvelles écoles ne sont pas comme les anciennes, mais j'ai beaucoup appris de vous après cette époque, et j'ai eu le temps depuis de m'améliorer.

— Je pense que tu t'améliorerais toujours, Biddy, en aucune circonstance.

— Ah ! Sauf dans mon mauvais côté de la nature humaine, murmura Biddy.

291

Ce n'était pas tant un reproche qu'une pensée irrésistible à haute voix. Puits! Je pensais que j'allais aussi renoncer à ce point. Je marchai donc un peu plus loin avec Biddy, regardant silencieusement ses yeux baissés.

— Je n'ai pas entendu parler de la mort de ma sœur, Biddy.

« Ils sont très légers, la pauvre chose. Elle était dans un de ses mauvais états, bien qu'ils se fussent améliorés ces derniers temps, plutôt qu'empirer, depuis quatre jours, lorsqu'elle en sortit le soir, juste à l'heure du thé, et dit très franchement : « Joe. » Comme elle n'avait pas dit un mot depuis longtemps, j'ai couru chercher M. Gargery à la forge. Elle m'a fait signe qu'elle voulait qu'il s'assoie près d'elle et que je mettais ses bras autour de son cou. Je les mis donc autour de son cou, et elle posa sa tête sur son épaule, toute contente et satisfaite. Et bientôt elle dit de nouveau « Joe », et une fois « Pardon », et une fois « Pip ». Et donc elle n'a plus levé la tête, et ce n'est qu'une heure plus tard que nous l'avons posée sur son propre lit, parce que nous avons constaté qu'elle était partie.

Biddy pleura ; Le jardin qui s'assombrissait, et la ruelle, et les étoiles qui sortaient, étaient flous à ma propre vue.

— On n'a jamais rien découvert, Biddy ?

« Rien. »

« Savez-vous ce qu'est devenu Orlick ? »

— D'après la couleur de ses vêtements, je croirais qu'il travaille dans les carrières.

— Bien sûr que vous l'avez vu alors ? — Pourquoi regardez-vous cet arbre sombre dans la ruelle ?

« Je l'ai vu là-bas, la nuit de sa mort. »

— Ce n'était pas la dernière fois non plus, Biddy ?

— Non ; Je l'ai vu là-bas depuis que nous nous promenons ici.—C'est inutile, dit Biddy en posant sa main sur mon bras, comme je l'étais pour m'enfuir, vous savez que je ne vous tromperais pas ; Il n'est pas resté là une minute, et il est parti.

Ma plus grande indignation fut ravivée de voir qu'elle était toujours poursuivie par cet homme, et je me sentis invétéré contre lui. Je le lui ai dit, et je lui ai dit que je dépenserais n'importe quel argent ou que je prendrais n'importe quelle peine pour le chasser de ce pays. Peu à peu, elle m'entraîna à des conversations plus modérées, et elle me dit combien Joe m'aimait, et comment Joe ne se plaignait jamais de rien, elle ne disait pas de moi ; elle n'en avait pas besoin ; Je savais ce qu'elle voulait dire, mais j'ai toujours fait son devoir dans sa manière de vivre, avec une main forte, une langue tranquille et un cœur doux.

« En vérité, il serait difficile d'en dire trop pour lui, dis-je ; et Biddy, il faut souvent parler de ces choses-là, car je serai souvent ici maintenant. Je ne vais pas laisser le pauvre Joe tranquille. »

Biddy ne dit pas un seul mot.

« Biddy, tu ne m'entends pas ? »

« Oui, M. Pip. »

— Sans parler du fait que vous m'appelez M. Pip, ce qui me semble de mauvais goût, Biddy, que voulez-vous dire ?

— Qu'est-ce que je veux dire ? demanda timidement Biddy.

- Biddy, dis-je d'un ton vertueux et affirmé, il faut que je vous demande ce que vous entendez par là ?

— Par cela ? dit Biddy.

« Maintenant, ne faites pas écho », répliquai-je. « Avant, vous ne faisiez pas écho, Biddy. »

— Pas utilisé ! dit Biddy. « Ô M. Pip ! Utilisé ! »

Puits! J'ai plutôt pensé que j'abandonnerais aussi ce point. Après un autre tour silencieux dans le jardin, je me suis rabattu sur la position principale.

« Biddy, dis-je, j'ai fait une remarque sur le fait que je venais souvent ici pour voir Joe, et vous l'avez reçue avec un silence marqué. Ayez la bonté, Biddy, de me dire pourquoi. »

— Êtes-vous donc bien sûre que vous viendrez le voir souvent ? demanda Biddy en s'arrêtant dans l'étroite allée du jardin et en me regardant sous les étoiles d'un œil clair et honnête.

« Ô mon Dieu ! » dis-je, comme si je me sentais forcé d'abandonner Biddy en désespoir de cause. « C'est vraiment un très mauvais côté de la nature humaine ! N'en dites pas davantage, s'il vous plaît, Biddy. Cela me choque beaucoup. »

C'est pour cette raison impérieuse que je tins Biddy à distance pendant le souper, et, quand je montai dans ma petite chambre, je pris congé d'elle aussi majestueusement que je pus, dans mon âme murmurante, juger conciliable avec le cimetière et l'événement de la journée. Chaque fois que j'étais agité dans la nuit, et c'était tous les quarts d'heure, je pensais à la méchanceté, à l'injure, à l'injustice que Biddy m'avait faite.

De bonne heure, je devais y aller. De bon matin, j'étais dehors, et je regardais à l'intérieur, sans être vu, l'une des fenêtres en bois de la forge. Je restai là pendant des minutes, à regarder Joe, déjà à l'œuvre, avec une lueur de santé et de force sur son visage qui donnait l'impression que le soleil éclatant de la vie qui lui était réservée brillait dessus.

— Adieu, mon cher Joe !... Non, ne l'essuie pas, pour l'amour de Dieu, donne-moi ta main noircie !... Je serai à terre tôt et souvent.

– Jamais trop tôt, monsieur, dit Joe, et jamais trop souvent, Pip !

Biddy m'attendait à la porte de la cuisine, avec une tasse de lait nouveau et une croûte de pain. « Biddy, lui dis-je en lui donnant la main au moment de me séparer, je ne suis pas fâché, mais je suis blessé. »

« Non, ne soyez pas blessé », supplia-t-elle d'un ton pathétique ; que je sois blessé seul, si j'ai manqué de générosité.

Une fois de plus, les brumes se levaient alors que je m'éloignais. S'ils m'ont révélé, comme je soupçonne qu'ils l'ont fait, que je ne reviendrais *pas*, et que Biddy avait tout à fait raison, tout ce que je peux dire, c'est qu'ils avaient tout à fait raison aussi.

Chapitre XXXVI.

Herbert et moi, nous allâmes de mal en pis, dans la manière d'augmenter nos dettes, d'examiner nos affaires, de laisser des marges, et d'autres transactions semblables ; et le temps s'écoulait, qu'il le fasse ou non, comme il a une manière de faire ; et j'ai atteint l'âge adulte, en accomplissement de la prédiction d'Harbert, que je le ferais avant de savoir où j'étais.

Herbert lui-même avait atteint l'âge adulte huit mois avant moi. Comme il n'avait rien d'autre que sa majorité à atteindre, l'événement ne fit pas une profonde sensation à Barnard's Inn. Mais nous avions attendu avec impatience mon vingt-dernier anniversaire, avec une foule de spéculations et d'anticipations, car nous avions tous deux considéré que mon tuteur ne pouvait guère s'empêcher de dire quelque chose de précis à cette occasion.

J'avais pris soin de bien le faire comprendre à Little Britain le jour de mon anniversaire. La veille, j'ai reçu une note officielle de Wemmick, m'informant que M. Jaggers serait heureux si je lui rendais visite à cinq heures de l'après-midi du jour propice. Cela nous convainquit que quelque chose de grand allait se produire, et me jeta dans un mouvement inhabituel lorsque je me rendis au bureau de mon tuteur, modèle de ponctualité.

Dans le bureau extérieur, Wemmick m'offrit ses félicitations et, incidemment, se frotta le côté du nez avec un morceau de papier de soie plié dont j'aimais l'aspect. Mais il ne dit rien à ce sujet, et me fit signe d'un signe de tête d'entrer dans la chambre de mon tuteur. C'était en novembre, et mon tuteur était debout devant son feu, le dos appuyé contre la cheminée, les mains sous ses queues de manteau.

« Eh bien, Pip, dit-il, il faut que je vous appelle M. Pip aujourd'hui. Félicitations, M. Pip. »

Nous nous serrâmes la main – il était toujours remarquablement court – et je le remerciai.

« Prenez une chaise, monsieur Pip », dit mon tuteur.

Quand je m'assis, et qu'il garda son attitude et baissa les sourcils à ses bottes, je me sentis désavantagé, qui me rappela le temps où j'avais été mis sur une pierre tombale. Les deux horribles plâtres sur l'étagère n'étaient pas loin de lui, et leur expression était comme s'ils faisaient une stupide tentative apoplectique pour assister à la conversation.

« Maintenant, mon jeune ami, commença mon tuteur, comme si j'étais un témoin dans le box, je vais vous dire un mot ou deux. »

– S'il vous plaît, monsieur.

« Que pensez-vous, dit M. Jaggers en se penchant en avant pour regarder le sol, puis en rejetant la tête en arrière pour regarder le plafond, de quoi pensez-vous vivre au rythme ? »

– À raison de, monsieur ?

– À, répéta M. Jaggers, regardant toujours le plafond, le... taux de ? Puis il regarda autour de lui et s'arrêta, son mouchoir de poche à la main, à mi-chemin de son nez.

J'avais si souvent examiné mes affaires, que j'avais complètement détruit toute idée que j'aurais pu avoir de leurs directions. À contrecœur, je me suis avoué tout à fait incapable de répondre à la question. Cette réponse parut agréable à M. Jaggers, qui dit : « Je le pensais ! » et se moucha d'un air satisfait.

– Maintenant, je vous ai posé une question, mon ami, dit M. Jaggers. « Avez-vous quelque chose à *me demander* ? »

« Bien sûr, ce serait un grand soulagement pour moi de vous poser plusieurs questions, monsieur ; mais je me souviens de votre interdiction.

« Demandez-en un », dit M. Jaggers.

— Mon bienfaiteur sera-t-il connu de moi aujourd'hui ?

« Non. Demandez à un autre.

« Cette confiance va-t-elle m'être donnée bientôt ? »

— Renoncez un instant, dit M. Jaggers, et demandez à un autre.

Je regardai autour de moi, mais il semblait qu'il n'y avait plus d'échappatoire à la question : « Ai-je... quelque chose à recevoir, monsieur ?» Là-dessus, M. Jaggers dit, triomphant : « Je pensais que nous y viendrions ! » et appela Wemmick pour lui donner ce morceau de papier. Wemmick apparut, le remit et disparut.

– Maintenant, monsieur Pip, dit M. Jaggers, assistez, s'il vous plaît. Vous avez dessiné assez librement ici ; votre nom apparaît assez souvent dans le livre de caisse de Wemmick ; mais vous êtes endetté, bien sûr ?

– J'ai bien peur de devoir dire oui, monsieur.

« Vous savez que vous devez dire oui ; n'est-ce pas ? » dit M. Jaggers.

– Oui, monsieur.

« Je ne vous demande pas ce que vous devez, parce que vous ne savez pas ; et si vous le saviez, vous ne me le diriez pas ; vous diriez moins. Oui, oui, mon ami, s'écria M. Jaggers en agitant l'index pour m'arrêter pendant que je faisais semblant de protester, il est assez probable que vous pensez que vous ne le feriez pas, mais vous le feriez. Vous m'excuserez, mais je le sais mieux que vous. Maintenant, prenez ce morceau de papier dans votre main. Vous l'avez ? Très bien. Maintenant, dépliez-le et dites-moi ce que c'est.

« C'est un billet de banque, dis-je, de cinq cents livres. »

— C'est un billet de banque, répéta M. Jaggers, de cinq cents livres sterling. Et une très belle somme d'argent aussi, je pense. Vous le considérez comme tel ?

« Comment pourrais-je faire autrement ! »

— Ah ! Mais répondez à la question », a déclaré M. Jaggers.

— Sans aucun doute.

— Vous considérez sans aucun doute que c'est une belle somme d'argent. Maintenant, cette belle somme d'argent, Pip, est à toi. C'est un cadeau qui vous est fait en ce jour, en réponse à vos attentes. Et au taux de cette belle somme d'argent par an, et à aucun taux supérieur, vous vivrez jusqu'à ce que le donateur de l'ensemble apparaisse. C'est-à-dire que vous prendrez maintenant entièrement vos affaires d'argent en main, et vous tirerez de Wemmick cent vingt-cinq livres sterling par trimestre, jusqu'à ce que vous soyez en communication avec la source et non plus avec le simple agent. Comme je vous l'ai déjà dit, je ne suis que l'agent. J'exécute mes instructions, et je suis payé pour cela. Je les trouve peu judicieuses, mais je ne suis pas payé pour donner un avis sur leurs mérites.

Je commençais à exprimer ma reconnaissance à mon bienfaiteur pour la grande libéralité avec laquelle j'ai été traité, lorsque M. Jaggers m'a arrêté. « Je ne suis pas payé, Pip, dit-il froidement, pour porter vos paroles à qui que ce soit ; » puis il ramassa les pans de son manteau, comme il avait recueilli le sujet, et il regarda ses bottes en fronçant les sourcils, comme s'il les soupçonnait d'avoir des desseins contre lui.

Après une pause, je laissai entendre :

— Il y avait une question tout à l'heure, monsieur Jaggers, à laquelle vous avez demandé que je réponde un instant. J'espère que je ne fais rien de mal en la posant à nouveau ?

« Qu'est-ce qu'il y a ? » dit-il.

J'aurais pu me douter qu'il ne m'aiderait jamais ; Mais il m'a fallu du temps pour que j'aie à reformuler la question, comme si elle était tout à fait nouvelle. « Est-il probable, dis-je après avoir hésité, que mon protecteur, la source dont vous avez parlé, monsieur Jaggers, ne tardera pas... » Je m'arrêtai délicatement.

– Bientôt quoi ? demanda M. Jaggers. « Ce n'est pas une question dans l'état actuel des choses, vous savez. »

« Viendrai-je bientôt à Londres, dis-je, après avoir cherché une forme précise de mots, ou me convoquerai ailleurs ? »

« Maintenant, ici, répondit M. Jaggers en me fixant pour la première fois de ses yeux sombres et enfoncés, nous devons revenir au soir où nous nous sommes rencontrés pour la première fois dans votre village. Qu'est-ce que je t'ai dit alors, Pip ? »

— Vous m'avez dit, monsieur Jaggers, que cette personne pourrait apparaître dans des années.

« Justement, » dit M. Jaggers, « c'est ma réponse. »

Alors que nous nous regardions l'un l'autre, j'ai senti ma respiration s'accélérer dans mon fort désir d'obtenir quelque chose de lui. Et comme je sentais que cela venait plus vite, et comme je sentais qu'il voyait que cela venait plus vite, je sentais que j'avais moins de chance que jamais d'obtenir quoi que ce soit de lui.

— Pensez-vous que ce sera encore dans des années, monsieur Jaggers ?

M. Jaggers secoua la tête, non pas pour nier la question, mais pour nier complètement l'idée qu'on pourrait de quelque manière qu'il pût y répondre, et les deux horribles moulages de ces visages crispés semblaient, quand mes yeux s'égarèrent vers eux, comme s'ils étaient arrivés à une crise dans leur attention suspendue et qu'ils allaient éternuer.

« Allons, dit M. Jaggers en réchauffant l'arrière de ses jambes avec le dos de ses mains réchauffées, je vais être franc avec vous, mon ami Pip. C'est une question qu'il ne faut pas me poser. Vous le comprendrez mieux, quand je vous dirai que c'est une question qui pourrait me compromettre. Venir! J'irai un peu plus loin avec vous ; Je vais dire quelque chose de plus. »

Il se baissa si bas qu'il fronça les sourcils en regardant ses bottes, qu'il put se frotter les mollets des jambes pendant la pause qu'il faisait.

« Quand cette personne vous révélera, dit M. Jaggers en se redressant, vous et cette personne réglerez vos propres affaires. Lorsque cette personne divulguera, ma part dans cette affaire cessera et déterminera. Lorsque cette personne divulguera, il ne sera pas nécessaire que je sache quoi que ce soit à ce sujet. Et c'est tout ce que j'ai à dire. »

Nous nous regardâmes jusqu'à ce que je détourne les yeux et regardai le sol d'un air pensif. De ce dernier discours, je tirai l'idée que miss Havisham, pour une raison ou une raison quelconque, ne l'avait pas pris dans sa confidence quant à sa conception pour Estelle ; qu'il en éprouvait du ressentiment et qu'il en éprouvait de la jalousie ; ou qu'il s'opposait réellement à ce projet et qu'il n'aurait rien à voir avec cela. Quand je levai de nouveau les yeux, je m'aperçus qu'il m'avait toujours regardé avec perspicacité, et qu'il le faisait encore.

« Si c'est tout ce que vous avez à dire, monsieur, remarquai-je, il ne me reste plus rien à dire. »

Il hocha la tête en signe d'assentiment, sortit sa montre redoutée par le voleur et me demanda où j'allais dîner. J'ai répondu dans mon cabinet, avec Herbert. Comme séquence, je lui ai demandé s'il voulait bien nous favoriser avec sa compagnie, et il a immédiatement accepté l'invitation. Mais il insista pour rentrer chez moi à pied, afin que je ne puisse pas faire de préparation supplémentaire pour lui, et d'abord il avait une lettre ou deux à écrire, et (bien sûr) il avait les mains à laver. Alors j'ai dit que j'irais dans le bureau extérieur et que je parlerais à Wemmick.

Le fait est que, lorsque les cinq cents livres étaient arrivées dans ma poche, une pensée m'était venue à l'esprit qui avait souvent été là auparavant ; et il m'a semblé que Wemmick était une bonne personne à qui donner des conseils au sujet d'une telle pensée.

Il avait déjà fermé son coffre-fort et fait ses préparatifs pour rentrer chez lui. Il avait quitté son bureau, sorti ses deux chandeliers graisseux et les avait placés en ligne avec les éteignoirs sur une dalle près de la porte, prêts à s'éteindre ; Il avait éteint son feu, préparé son chapeau et son grand manteau, et se frappait la poitrine avec sa clé de coffre-fort, comme un exercice athlétique après l'affaire.

« Monsieur Wemmick, dis-je, je veux vous demander votre avis. Je suis très désireux de servir un ami. »

Wemmick resserra son bureau de poste et secoua la tête, comme si son opinion était morte contre une faiblesse fatale de ce genre.

« Cet ami, poursuivis-je, essaie de s'établir dans la vie commerciale, mais il n'a pas d'argent, et il trouve difficile et décourageant de commencer. Maintenant, je veux l'aider d'une manière ou d'une autre à commencer. »

— Avec de l'argent ? dit Wemmick d'un ton plus sec que n'importe quelle sciure de bois.

« Avec *un peu d* 'argent », répondis-je, car un souvenir inquiet me traversa de cette liasse symétrique de papiers à la maison, « avec *un peu* d'argent et peut-être quelque anticipation de mes attentes. »

- Monsieur Pip, dit Wemmick, je voudrais bien passer en revue avec vous sur mes doigts, s'il vous plaît, les noms des divers ponts qui s'élèvent jusqu'à Chelsea Reach. Voyons; il y a Londres, un ; Southwark, deux ; Blackfriars, trois ; Waterloo, quatre ; Westminster, cinq ; Vauxhall, six. Il avait coché chaque pont à son tour, la poignée de son coffre-fort dans la paume de sa main. « Il y en a jusqu'à six, voyez-vous, parmi lesquels choisir. »

« Je ne vous comprends pas, » dis-je.

- Choisissez votre pont, monsieur Pip, répondit Wemmick, et promenez-vous sur votre pont, et jetez votre argent dans la Tamise par-dessus l'arche centrale de votre pont, et vous en savez la fin. Servez-en à un ami, et vous en connaîtrez peut-être aussi la fin, mais c'est une fin moins agréable et moins profitable.

J'aurais pu mettre un journal dans sa bouche, il l'a fait si large après avoir dit cela.

— C'est très décourageant, dis-je.

— C'était censé être ainsi, dit Wemmick.

— Alors, est-ce votre avis, demandai-je avec un peu d'indignation, qu'un homme ne devrait jamais...

« ... Investir dans une propriété portable chez un ami ? » dit Wemmick. « Certainement pas. À moins qu'il ne veuille se débarrasser de l'ami, et alors il s'agit de savoir combien de biens meubles il peut valoir la peine de se débarrasser de lui. »

– Et voilà, dis-je, votre opinion délibérée, monsieur Wemmick ?

« Voilà, reprit-il, mon opinion délibérée dans ce bureau. »

« Ah ! dis-je en le pressant, car je croyais le voir près d'une meurtrière ici ; mais serait-ce votre opinion à Walworth ? »

« Monsieur Pip, répondit-il avec gravité, Walworth est un endroit, et ce bureau en est un autre. Tout comme le Vieux est une personne, et M. Jaggers en est une autre. Il ne faut pas les confondre ensemble. Mes sentiments de Walworth doivent être pris à Walworth ; Il n'y a que mes sentiments officiels dans ce bureau. »

– Très bien, dis-je, très soulagé, alors je vous regarderai à Walworth, vous pouvez compter sur lui.

« Monsieur Pip, répondit-il, vous y serez le bienvenu, à titre privé et personnel. »

Nous avions eu cette conversation à voix basse, sachant bien que les oreilles de mon tuteur étaient les plus aiguës des plus fines. Comme il apparaissait maintenant dans l'embrasure de sa porte, s'essuyant les mains, Wemmick enfila son grand manteau et se tint là pour éteindre les bougies. Nous entrâmes tous les trois dans la rue, et, sur le seuil de la porte, Wemmick tourna son chemin, et M. Jaggers et moi nous tournâmes le nôtre.

Je ne pus m'empêcher de souhaiter plus d'une fois ce soir-là que M. Jaggers eût eu un Aged in Gerrard Street, ou un Stinger, ou un Something, ou un Somebody, pour déplier un peu ses sourcils. C'était une considération inconfortable pour un vingt-et-unième anniversaire, que le fait d'atteindre l'âge adulte ne semblait guère valoir la peine dans un monde aussi réservé et soupçonneux qu'il en avait fait. Il était mille fois mieux informé et plus intelligent que Wemmick, et pourtant j'aurais mille fois préféré avoir Wemmick à dîner. Et M. Jaggers ne me rendait pas le seul intensément mélancolique, parce qu'après son départ, Herbert disait de lui-même, les yeux fixés sur le feu, qu'il pensait qu'il avait dû commettre un crime et en oubliait les détails, tant il se sentait abattu et coupable.

Chapitre XXXVII.

Jugeant le dimanche le meilleur jour pour prendre les sentiments de M. Wemmick sur Walworth, je consacrai le dimanche après-midi suivant à un pèlerinage au château. En arrivant devant les remparts, je trouvai l'Union Jack flottant et le pont-levis levé ; mais, sans me laisser décourager par cette démonstration de défi et de résistance, je sonnai à la porte, et je fus admis de la manière la plus pacifique par les Vieillards.

« Mon fils, monsieur, dit le vieillard après avoir fermé le pont-levis, avait plutôt à l'esprit que vous pourriez passer chez vous, et il a laissé dire qu'il serait bientôt rentré de sa promenade de l'après-midi. Il est très régulier dans ses promenades, c'est mon fils. Très régulier en tout, c'est mon fils. »

Je fis un signe de tête au vieux gentleman comme Wemmick lui-même aurait pu hocher la tête, et nous entrâmes et nous nous assîmes au coin du feu.

— Vous avez fait la connaissance de mon fils, monsieur, dit le vieillard de sa manière gazouillante, tout en se réchauffant les mains près du brasier, dans son bureau, je suppose ? J'ai hoché la tête. « Ah ! J'ai remarqué que mon fils est un excellent maître dans ses affaires, monsieur ? J'ai hoché la tête avec force. — Oui ; C'est ce qu'ils me disent. Son affaire, c'est la Loi ? J'ai hoché la tête plus fort. — Ce qui est encore plus surprenant chez mon fils, dit le vieillard, car il n'a pas été élevé dans la loi, mais dans la tonnellerie. »

Curieux de savoir comment le vieux monsieur se tenait au courant de la réputation de M. Jaggers, je lui criai ce nom. Il me jeta dans la plus grande confusion en riant de bon cœur et en me répondant d'une manière très vive : « Non, bien sûr ; Vous avez raison. Et jusqu'à cette heure, je n'ai pas la moindre idée de ce qu'il voulait dire, ni de quelle plaisanterie il pensait que j'avais faite. »

Comme je ne pouvais pas rester là à lui faire un signe de tête perpétuel, sans faire quelque autre tentative pour l'intéresser, je criai à la question de savoir si sa propre vocation dans la vie avait été « la tonnellerie ». À force de m'extirper plusieurs fois de ce terme et de taper sur la poitrine du vieux monsieur pour l'associer à lui, j'ai enfin réussi à faire comprendre ce que je voulais dire.

— Non, dit le vieux monsieur. « L'entreposage, l'entreposage. D'abord, là-bas », il semblait vouloir dire par la cheminée, mais je crois qu'il avait l'intention de me renvoyer à Liverpool ; « Et puis dans la City de Londres, ici. Cependant, ayant une infirmité... car je suis malentendant, monsieur... »

J'exprimai dans une pantomime le plus grand étonnement.

— Oui, malentendant ; ayant cette infirmité qui m'est venue, mon fils est entré dans la Loi, et il s'est chargé de moi, et il a peu à peu découvert cette propriété élégante et belle. Mais pour en revenir à ce que vous avez dit, vous savez, poursuivit le vieillard en riant de bon cœur, ce que je dis, c'est que non, bien sûr ; Vous avez raison.

Je me demandais modestement si ma plus grande ingéniosité m'aurait permis de dire quoi que ce soit qui l'eût amusé à moitié autant que cette plaisanterie imaginaire, quand je fus surpris par un claquement soudain dans le mur d'un côté de la cheminée, et par la chute fantomatique d'un petit rabat de bois sur lequel était écrit le mot « John ». Le vieil homme, qui suivait mes yeux, s'écria avec un grand triomphe : « Mon fils est rentré à la maison ! » et nous sortîmes tous deux vers le pont-levis.

Cela valait la peine de voir Wemmick me saluer de l'autre côté du fossé, alors que nous aurions pu nous serrer la main de l'autre côté avec la plus grande facilité. Le vieillard était si ravi de manœuvrer le pont-levis, que je ne lui fis aucune offre de l'aider, mais je restai silencieux jusqu'à ce que Wemmick fût passé et m'eût présenté à miss Skiffins ; une dame qui l'accompagnait.

Mlle Skiffins avait l'air de bois et se trouvait, comme son escorte, dans la section du bureau de poste du service. Elle pouvait avoir deux ou trois ans de moins que Wemmick, et j'ai jugé qu'elle possédait des biens portables. La coupe de sa robe depuis la taille jusqu'en haut, à l'avant comme à l'arrière, faisait ressembler sa silhouette à un cerf-volant d'enfant ; et j'aurais pu trouver sa robe un peu trop nettement orange, et ses gants un peu trop intensément verts. Mais elle semblait être une bonne garçonne et montrait une grande estime pour les personnes âgées. Je ne tardai pas à découvrir qu'elle visitait souvent le château ; car, comme nous entrions, et que je complimentais Wemmick sur son ingénieux moyen de s'annoncer aux vieillards, il me pria de porter un instant mon attention sur l'autre côté de la cheminée, et il disparut. Bientôt un autre déclic se produisit, et une autre petite porte s'ouvrit avec « Miss Skiffins » dessus ; puis miss Skiffins se tut et John s'ouvrit en trombe ; puis Mlle Skiffins et John s'ouvrirent tous les deux ensemble, et finalement se refermèrent ensemble. Au retour de Wemmick de l'exploitation de ces appareils mécaniques, j'exprimai la grande admiration avec laquelle je les considérais, et il me dit : « Eh bien, vous savez, ils sont à la fois agréables et utiles aux personnes âgées. Et par Georges, monsieur, c'est une chose qui vaut la peine d'être mentionnée, que de toutes les personnes qui viennent à cette porte, le secret de ces tirs n'est connu que des vieillards, de miss Skiffins et de moi-même ! »

— Et M. Wemmick les a faits, ajouta Mlle Skiffins, de ses propres mains et de sa tête.

Tandis que Mlle Skiffins ôtait son bonnet (elle gardait ses gants verts pendant la soirée comme un signe extérieur et visible qu'il y avait de la compagnie), Wemmick m'invita à faire le tour de la propriété avec lui et à voir à quoi ressemblait l'île en hiver. Pensant qu'il avait fait cela pour me donner l'occasion de prendre ses sentiments sur Walworth, j'ai saisi l'occasion dès que nous avons été sortis du château.

Ayant réfléchi à la question avec soin, j'abordai mon sujet comme si je n'y avais jamais fait allusion auparavant. J'informai Wemmick que j'étais inquiet pour Herbert Pocket, et je lui dis comment nous nous étions rencontrés pour la première fois et comment nous nous étions battus. Je jetai un coup d'œil sur la maison d'Herbert, sur son caractère, et sur le fait qu'il n'avait d'autres moyens que ceux pour lesquels il dépendait de son père ; Ceux-ci, incertains et peu ponctuels. Je fis allusion aux avantages que j'avais retirés de sa société dans ma crudité et mon ignorance d'abord, et j'avouai que je craignais de ne les avoir mal remboursés, et qu'il aurait mieux fait sans moi et sans mes espérances. Gardant miss Havisham à l'arrière-plan, à une grande distance, je faisais encore allusion à la possibilité que j'avais rivalisé avec lui dans ses perspectives, et à la certitude qu'il possédait une âme généreuse et qu'il était bien au-dessus de toute méfiance, de toute vengeance ou de tout dessein. Pour toutes ces raisons (je l'ai dit à Wemmick), et parce qu'il était mon jeune compagnon et ami, et que j'avais une grande affection pour lui, je souhaitais que ma propre bonne fortune rayonnât sur lui, et c'est pourquoi je cherchais des conseils dans l'expérience de Wemmick et sa connaissance des hommes et des affaires, sur la meilleure façon d'essayer, avec mes ressources, d'aider Herbert à gagner un revenu actuel. disons de cent par an, pour le garder dans l'espoir et le cœur, et pour l'acheter peu à peu pour une petite société. Je priai Wemmick, en terminant, de comprendre que mon aide devait toujours être apportée à l'insu ou sans soupçon d'Harbert, et qu'il n'y avait personne d'autre au monde à qui je pusse donner des conseils. Je finis par poser ma main sur son épaule et lui dis : « Je ne puis m'empêcher de me confier à vous, bien que je sache que cela doit vous gêner ; mais c'est votre faute de m'avoir amené ici.

Wemmick garda le silence pendant un moment, puis dit avec une sorte de sursaut : « Eh bien, vous savez, monsieur Pip, je dois vous dire une chose. C'est un bien diabolique de votre part.

« Dis donc que tu m'aideras à être bon », dis-je.

— Ecod, répondit Wemmick en secouant la tête, ce n'est pas mon métier.

« Ce n'est pas non plus votre lieu de commerce, dis-je.

— Vous avez raison, répondit-il. « Vous avez mis le doigt sur le mille. Monsieur Pip, je vais mettre mon chapeau de considération, et je pense que tout ce que vous voulez faire peut se faire par degrés. Skiffins (c'est son frère) est comptable et agent. Je vais le chercher et aller travailler pour vous.

« Je vous remercie dix mille fois. »

« Au contraire, dit-il, je vous remercie, car, bien que nous soyons strictement dans notre capacité privée et personnelle, on peut cependant mentionner qu'il y a des toiles d'araignée de Newgate dans les environs, et cela les balaie. »

Après une petite conversation dans le même sens, nous retournâmes au château où nous trouvâmes Mlle Skiffins préparant le thé. La responsabilité de porter le toast a été déléguée aux vieillards, et cet excellent vieillard y était si occupé qu'il m'a semblé en danger de fondre les yeux. Ce n'était pas un repas symbolique que nous allions faire, mais une réalité vigoureuse. Le Vieux prépara une telle meule de foin de pain grillé beurré, que je pouvais à peine le voir par-dessus tandis qu'il mijotait sur un support en fer accroché à la barre supérieure ; tandis que Mlle Skiffins préparait un tel jus de thé, que le cochon de l'arrière devint fortement excité et exprima à plusieurs reprises son désir de participer au divertissement.

Le drapeau avait été frappé et le coup de canon avait été tiré au bon moment, et je me sentais aussi bien coupé du reste de Walworth que si le fossé avait trente pieds de large sur autant de profondeur. Rien ne troublait la tranquillité du château, si ce n'est l'ouverture occasionnelle de John et de miss

Skiffins, dont les petites portes étaient en proie à une infirmité spasmodique qui me rendait sympathiquement mal à l'aise jusqu'à ce que je m'y habitue. J'ai déduit de la nature méthodique des arrangements de Mlle Skiffins qu'elle y faisait le thé tous les dimanches soirs ; et je soupçonnais plutôt qu'une broche classique qu'elle portait, représentant le profil d'une femme indésirable avec un nez très droit et une lune très nouvelle, était une propriété portative qui lui avait été donnée par Wemmick.

Nous mangâmes tout le toast et bûmes du thé en proportion, et c'était délicieux de voir combien nous étions tous chauds et gras après cela. Les Vieux en particulier auraient pu passer pour un vieux chef propre d'une tribu sauvage, à peine huilé. Après une courte pause de repos, miss Skiffins, en l'absence de la petite servante qui, à ce qu'il semblait, se retirait au sein de sa famille le dimanche après-midi, lava le thé d'une manière d'amateur qui ne compromettait aucun de nous. Puis, elle a remis ses gants, et nous avons fait le tour du feu, et Wemmick a dit : « Maintenant, parent âgé, donnez-nous le papier. »

Wemmick m'expliqua, pendant que le Vieux sortait ses lunettes, que c'était selon l'usage, et que cela donnait au vieux gentleman une satisfaction infinie de lire les nouvelles à haute voix. — Je ne vais pas vous présenter d'excuses, dit Wemmick, car il n'est pas capable de beaucoup de plaisirs, n'est-ce pas, le vieux P. ?

— D'accord, John, d'accord, répondit le vieillard en se voyant parler.

— Faites-lui seulement un signe de tête de temps en temps quand il regarde son journal, dit Wemmick, et il sera aussi heureux qu'un roi. Nous sommes tous de l'attention, Âgé One.

— Très bien, John, très bien ! répondit le joyeux vieillard, si occupé et si content que c'était vraiment charmant.

La lecture du Vieux me rappela les cours chez la grand-tante de M. Wopsle, avec cette particularité plus agréable qu'elle semblait sortir par un trou de serrure. Comme il voulait que les bougies soient près de lui, et qu'il était toujours sur le point d'y mettre sa tête ou son journal, il avait besoin d'autant de surveillance qu'un moulin à poudre. Mais Wemmick était tout aussi infatigable et doux dans sa vigilance, et les Vieux continuèrent à lire, tout à fait inconscients de ses nombreux sauvetages. Chaque fois qu'il nous regardait, nous exprimions tous le plus grand intérêt et la plus grande stupéfaction, et nous hochions la tête jusqu'à ce qu'il reprenne.

Tandis que Wemmick et Mlle Skiffins étaient assis côte à côte, et que j'étais assis dans un coin sombre, j'observai un allongement lent et graduel de la bouche de M. Wemmick, qui suggérait avec force qu'il glissait lentement et progressivement son bras autour de la taille de Mlle Skiffins. Au bout d'un certain temps, je vis sa main apparaître de l'autre côté de Mlle Skiffins ; mais à ce moment-là, miss Skiffins l'arrêta net avec le gant vert, déroula de nouveau son bras comme s'il s'agissait d'un vêtement, et avec la plus grande délibération le posa sur la table devant elle. Le sang-froid de Mlle Skiffins pendant qu'elle faisait cela était l'un des spectacles les plus remarquables que j'aie jamais vus, et si j'avais pu penser que l'acte était conforme à l'abstraction de l'esprit, j'aurais jugé que Mlle Skiffins l'a exécuté mécaniquement.

Peu à peu, je remarquai que le bras de Wemmick commençait à disparaître de nouveau et disparaissait peu à peu. Peu de temps après, sa bouche a recommencé à s'élargir. Après un intervalle d'attente de ma part qui fut tout à fait passionnant et presque douloureux, je vis sa main apparaître de l'autre côté de Mlle Skiffins. Instantanément, Mlle Skiffins l'arrêta avec la netteté d'un boxeur placide, enleva cette ceinture ou cestus comme auparavant, et la posa sur la table. Si l'on prend le tableau pour représenter le chemin de la vertu, je suis en droit de dire que pendant tout le temps de la lecture de l'Ancien, le bras de Wemmick s'écartait du chemin de la vertu et y était rappelé par Mlle Skiffins.

Enfin, le Vieux se lut dans un léger sommeil. C'était le moment pour Wemmick de produire une petite bouilloire, un plateau de verres et une bouteille noire avec un bouchon en porcelaine, représentant quelque dignitaire ecclésiastique d'aspect rubicond et social. Avec l'aide de ces appareils, nous avions tous quelque chose de chaud à boire, y compris le vieillard, qui fut bientôt réveillé. Mlle Skiffins se mêla, et je remarquai qu'elle et Wemmick buvaient dans un verre. Bien sûr, je savais qu'il valait mieux ne pas offrir de voir Mlle Skiffins à la maison, et dans les circonstances actuelles, j'ai pensé que je ferais mieux d'y aller le premier ; ce que je fis, prenant un congé cordial des vieillards, et ayant passé une agréable soirée.

Avant qu'une semaine ne se soit écoulée, j'ai reçu une note de Wemmick, datée de Walworth, disant qu'il espérait avoir fait quelque progrès dans cette affaire concernant nos capacités privées et personnelles, et qu'il serait heureux si je pouvais revenir le voir à ce sujet. Je suis donc allé à Walworth de nouveau, et encore et encore, et encore une fois, et je l'ai vu sur rendez-vous à la City plusieurs fois, mais je n'ai jamais eu de communication avec lui à ce sujet dans ou près de Little Britain. Le résultat fut que nous trouvâmes un jeune marchand ou courtier maritime digne de ce nom, qui n'était pas établi depuis longtemps dans les affaires, qui avait besoin d'une aide intelligente, qui avait besoin de capitaux, et qui, avec le temps et la réception, aurait besoin d'un associé. Entre lui et moi, des articles secrets étaient signés, dont Harbert était le sujet, et je lui payai la moitié de mes cinq cents livres sterling, et m'engageai pour divers autres paiements, les uns devant être exigibles à certaines dates sur mes revenus, les autres, subordonnés à mon entrée dans ma propriété. Le frère de Mlle Skiffins a mené les négociations. Wemmick l'a omniprésent tout au long de l'histoire, mais n'y est jamais apparu.

Toute l'affaire était si habilement menée, qu'Harbert n'avait pas le moindre soupçon que j'y mettais la main. Je n'oublierai jamais le visage radieux avec lequel il rentra chez lui un après-midi et me raconta, comme une grande nouvelle, qu'il était tombé avec un certain Clarriker (le nom du jeune marchand), et que Clarriker avait montré une inclination extraordinaire pour lui, et qu'il croyait que l'ouverture était enfin venue. De jour en jour, à mesure que ses espérances s'affermissaient et que son visage s'éclaircissait, il devait me trouver un ami de plus en plus affectueux, car j'avais la plus grande peine à retenir mes larmes de triomphe en le voyant si heureux. Enfin, la chose étant faite, et lui étant entré ce jour-là dans la maison de Clarriker, et lui ayant parlé toute une soirée dans une bouffée de plaisir et de succès, j'ai vraiment pleuré de bonne mine en me couchant, en pensant que mes espérances avaient fait du bien à quelqu'un.

Un grand événement de ma vie, le tournant de ma vie, s'ouvre maintenant à ma vue. Mais, avant de le raconter, et avant de passer à tous les changements qu'il impliquait, je dois donner un chapitre à Estelle. Il n'y a pas grand-chose à donner au thème qui a si longtemps rempli mon cœur.

Chapitre XXXVIII.

Si cette vieille maison guindée près du Green à Richmond venait jamais à être hantée quand je serai mort, elle sera certainement hantée par mon fantôme. Ô les nombreuses nuits et les nombreux jours pendant lesquels l'esprit inquiet qui était en moi hantait cette maison quand Estelle y vivait ! Que mon corps soit là où il voulait, mon esprit errait toujours, vagabondant, errant autour de cette maison.

La dame chez qui Estella était placée, du nom de Mme Brandley, était veuve, avec une fille de plusieurs années plus âgée qu'Estella. La mère avait l'air jeune et la fille avait l'air vieille ; le teint de la mère était rose, et celui de la fille était jaune ; la mère pour la frivolité, et la fille pour la théologie. Ils étaient dans ce qu'on appelle une bonne position, et ont visité, et ont été visités, par un grand nombre de personnes. Il n'y avait guère de communauté de sentiments entre eux et Estelle, mais il était établi qu'ils lui étaient nécessaires et qu'elle leur était nécessaire. Mrs. Brandley avait été une amie de miss Havisham avant l'époque de sa réclusion.

Dans la maison de Mme Brandley et hors de la maison de Mme Brandley, j'ai subi toutes les sortes et tous les degrés de torture qu'Estella pouvait me causer. La nature de mes relations avec elle, qui me plaçait en termes de familiarité sans me placer en termes de faveur, me distrait. Elle se servait de moi pour taquiner d'autres admirateurs, et elle profitait de la familiarité même qui s'était faite entre elle et moi, et elle mettait constamment l'accent sur mon dévouement pour elle. Si j'avais été son secrétaire, son intendant, son demi-frère, son parent pauvre, si j'avais été le frère cadet de son mari désigné, je n'aurais pas pu me paraître plus éloigné de mes espérances quand j'ai été le plus près d'elle. Le privilège de l'appeler par son nom et de l'entendre m'appeler par le mien devint, dans les circonstances, une aggravation de mes épreuves ; et bien que je pense qu'il est probable que cela a failli rendre fous ses autres amants, je sais trop certainement que cela m'a presque rendu fou.

Elle avait des admirateurs sans fin. Sans doute ma jalousie faisait-elle l'admiration de tous ceux qui l'approchaient ; Mais il y en avait plus qu'assez sans cela.

Je l'ai souvent vue à Richmond, j'ai souvent entendu parler d'elle en ville, et j'avais l'habitude de l'emmener souvent avec les Brandley sur l'eau ; il y avait des pique-, des fêtes, des pièces de théâtre, des opéras, des concerts, des fêtes, toutes sortes de plaisirs à travers lesquels je la poursuivais, et c'étaient tous des misères pour moi. Je n'ai jamais eu une heure de bonheur dans sa société, et pourtant mon esprit pendant vingt-quatre heures a répété le bonheur de l'avoir avec moi jusqu'à la mort.

Pendant toute cette partie de nos relations, et elle dura, comme on le verra tout à l'heure, ce que je pensai alors être long, elle revint habituellement à ce ton qui exprimait que notre association nous était imposée. Il y avait d'autres moments où elle arrivait à un arrêt soudain dans ce ton et dans tous ses nombreux tons, et semblait avoir pitié de moi.

« Pip, Pip », dit-elle un soir, en arrivant à un tel contrôle, alors que nous étions assis à l'écart à une fenêtre sombre de la maison de Richmond ; « Ne prendrez-vous jamais d'avertissement ? »

« De quoi ? »

« De moi. »

« Avertissement de ne pas être attiré par toi, tu veux dire, Estelle ? »

« Je veux dire ! Si vous ne voyez pas ce que je veux dire, vous êtes aveugle. »

J'aurais dû répondre que l'Amour avait la réputation d'être aveugle, si ce n'était que j'étais toujours retenu, et ce n'était pas la moindre de mes misères, par le sentiment qu'il n'était pas généreux de me presser contre elle, alors qu'elle savait qu'elle ne pouvait choisir qu'obéir à Mlle Havisham. Ma crainte a toujours été que cette connaissance de sa part ne me mette dans un lourd désavantage par rapport à son orgueil, et ne me rende l'objet d'une lutte rebelle dans son sein.

« En tout cas, dis-je, je n'ai pas été prévenu tout à l'heure, car vous m'avez écrit de venir à vous, cette fois. »

— C'est vrai, dit Estelle avec un sourire froid et insouciant qui me glaçait toujours.

Après avoir regardé le crépuscule au dehors, pendant un moment, elle continua en disant :

Le moment est venu où miss Havisham désire m'avoir pour une journée à Satis. Tu m'y emmèneras et tu me ramèneras, si tu veux. Elle préférerait que je ne voyage pas seule, et elle répugne à recevoir ma femme de chambre, car elle a une horreur sensible d'être mentionnée par de telles personnes. Peux-tu m'emmener ?

« Puis-je t'emmener, Estelle ! »

« Tu peux alors ? Après-demain, s'il vous plaît. Vous devez payer tous les frais de mon porte-monnaie. Vous entendez l'état de votre départ ? »

« Et il faut obéir », dis-je.

C'est toute la préparation que j'ai reçue pour cette visite, ou pour d'autres comme celle-ci ; Miss Havisham ne m'a jamais écrit, et je n'ai jamais vu son écriture. Nous descendîmes l'avant-dernier jour, et nous la trouvâmes dans la chambre où je l'avais vue pour la première fois, et il est inutile d'ajouter qu'il n'y avait pas de changement à Satis-House.

Elle aimait encore plus terriblement Estelle qu'elle ne l'avait été la dernière fois que je les avais vues ensemble ; Je répète ce mot à dessein, car il y avait quelque chose de positivement terrible dans l'énergie de ses regards et de ses étreintes. Elle s'accrochait à la beauté d'Estelle, à ses paroles, à ses gestes, et restait assise en marmonnant ses doigts tremblants tout en la regardant, comme si elle dévorait la belle créature qu'elle avait élevée.

D'Estelle, elle me regarda d'un regard pénétrant qui sembla pénétrer mon cœur et sonder ses blessures. « Comment te traite-t-elle, Pip ; comment te sert-elle ? me demanda-t-elle de nouveau, avec son empressement de sorcière, même à l'oreille d'Estella. Mais, quand nous nous asseyions près de son feu vacillant la nuit, elle était des plus bizarres ; car alors, gardant la main d'Estelle serrée dans son bras et serrée dans sa propre main, elle lui extorquait, à force de se référer à ce qu'Estelle lui avait dit dans ses lettres régulières, les noms et les conditions des hommes qu'elle avait fascinés ; et tandis que miss Havisham s'attardait sur ce rouleau, avec l'intensité d'un esprit mortellement blessé et malade, elle s'assit avec son autre main sur sa béquille et son menton dessus, et ses yeux pâles et brillants me fixaient, comme un spectre.

J'y voyais, si misérable qu'il me rendît, et si amer que fût le sentiment de dépendance et même de dégradation qu'il éveillait, j'y voyais qu'Estelle était prête à prendre la revanche de miss Havisham sur les hommes, et qu'elle ne devait pas me être donnée avant de l'avoir satisfaite pour un terme. J'y voyais une raison pour qu'elle me soit préalablement assignée. L'envoyant pour attirer, tourmenter et faire du mal, Mlle Havisham l'envoya avec l'assurance malveillante qu'elle était hors de portée de tous les admirateurs, et que tous ceux qui misaient sur cette distribution étaient assurés de perdre. J'y voyais que j'étais moi aussi tourmenté par une perversion de l'ingéniosité, alors même que le prix me était réservé. J'y voyais la raison pour laquelle j'avais été retenu si longtemps et la raison pour laquelle mon défunt tuteur avait refusé de s'engager à la connaissance formelle d'un tel projet. En un mot, j'ai vu dans cette miss Havisham telle que je l'avais alors et là devant mes yeux, et que je l'avais toujours eue sous mes yeux ; et j'y voyais l'ombre distincte de la maison sombre et malsaine dans laquelle sa vie était cachée au soleil.

Les bougies qui éclairaient sa chambre étaient placées dans des appliques sur le mur. Ils étaient hauts au-dessus du sol, et ils brûlaient avec la grisaille constante de la lumière artificielle dans l'air qui se renouvelle rarement. Tandis que je regardais autour d'eux, et l'obscurité pâle qu'ils faisaient, et l'horloge arrêtée, et les articles de robe de mariée desséchés sur la table et le sol, et sa propre figure affreuse avec son reflet fantomatique projeté par le feu sur le plafond et le mur, je voyais dans tout la construction à laquelle mon esprit était parvenu, répété et renvoyé à moi. Mes pensées passèrent dans la grande salle de l'autre côté du palier où la table était dressée, et je le vis écrit, pour ainsi dire, dans les chutes des toiles d'araignées de la pièce centrale, dans les rampements des araignées sur le tissu, dans les traces des souris qui prenaient leurs petits cœurs vivifiés derrière les panneaux. et dans les tâtonnements et les pauses des scarabées sur le sol.

Il arriva à l'occasion de cette visite que quelques paroles acerbes s'élevèrent entre Estelle et miss Havisham. C'était la première fois que je les voyais opposés.

Nous étions assis près du feu, comme nous venons de le décrire, et miss Havisham avait toujours le bras d'Estelle tiré dans le sien, et serrait encore la main d'Estelle dans la sienne, quand Estelle commença à se détacher peu à peu. Elle avait montré plus d'une fois une impatience orgueilleuse, et avait plutôt supporté cette affection féroce que de l'accepter ou de la rendre.

« Quoi ! dit miss Havisham en jetant sur elle les yeux un clin d'œil, êtes-vous fatiguée de moi ? »

— Seulement un peu fatiguée de moi, répondit Estelle en dégageant son bras et en se dirigeant vers la grande cheminée où elle regardait le feu.

« Dis la vérité, ingrat ! » s'écria miss Havisham en frappant passionnément sa canne sur le sol ; « Tu en as marre de moi. »

Estelle la regarda avec un sang-froid parfait, et regarda de nouveau le feu. Sa taille gracieuse et son beau visage exprimaient une indifférence presque cruelle à la chaleur sauvage de l'autre.

« Espèce de stock et de pierre ! » s'écria miss Havisham. « Cœur froid, froid ! »

— Quoi ? dit Estelle en gardant son attitude d'indifférence, s'appuyant contre la grande cheminée et en remuant seulement les yeux. « Me reprochez-vous d'avoir froid ? Toi ?

« N'est-ce pas ? » fut la réplique féroce.

« Tu devrais le savoir », dit Estella. « Je suis ce que tu as fait de moi. Prenez tous les éloges, prenez tout le blâme ; prendre tout le succès, prendre tous les échecs ; bref, emmène-moi.

« Oh ! regardez-la, regardez-la ! » s'écria miss Havisham avec amertume. « Regardez-la si dure et si ingrate, sur le foyer où elle a été élevée ! Où je l'ai prise dans ce misérable sein quand il saignait pour la première fois de ses coups de couteau, et où je lui ai prodigué des années de tendresse !

— Au moins, je n'étais pas partie prenante du pacte, dit Estelle, car si je pouvais marcher et parler, quand il a été fait, c'était tout ce que je pouvais faire. Mais qu'auriez-vous ? Vous avez été très bon pour moi, et je vous dois tout. Qu'est-ce que tu aurais ?

— L'amour, répondit l'autre.

« Vous l'avez. »

- Je ne l'ai pas fait, dit miss Havisham.

— Mère d'adoption, répliqua Estelle, ne se démarquant jamais de la grâce facile de son attitude, n'élevant jamais la voix comme l'autre, ne cédant ni à la colère ni à la tendresse, mère d'adoption, j'ai dit que je vous devais tout. Tout ce que je possède est à toi librement. Tout ce que tu m'as donné est à ton ordre de le reprendre. Au-delà de cela, je n'ai rien. Et si vous me demandez de vous donner ce que vous ne m'avez jamais donné, ma reconnaissance et mon devoir ne peuvent pas faire d'impossibilités.

« Ne lui ai-je jamais donné de l'amour ? » s'écria miss Havisham en se tournant vers moi d'un air furieux. « Ne lui ai-je jamais donné un amour brûlant, inséparable de la jalousie en tout temps et de la douleur aiguë, pendant qu'elle me parle ainsi ! Qu'elle me traite de fou, qu'elle me traite de fou ! »

— Pourquoi vous traiterais-je de folle, répondit Estelle, moi, entre tous les gens ? Quelqu'un vit-il à moitié aussi bien que moi, qui sait quels sont vos desseins ? Y a-t-il quelqu'un qui vit, qui sait quelle mémoire stable vous avez, à moitié aussi bien que moi ? Moi qui me suis assis sur ce même foyer sur le petit tabouret qui est encore aujourd'hui à côté de vous, apprenant vos leçons et levant les yeux vers votre visage, quand votre visage était étrange et m'effrayait !

« Bientôt oublié ! » gémit miss Havisham. « Des temps vite oubliés ! »

— Non, pas oublié, répliqua Estelle, pas oublié, mais gardé précieusement dans ma mémoire. Quand m'avez-vous trouvé infidèle à votre enseignement ? Quand m'avez-vous trouvé inconscient de vos leçons ? Quand m'avez-vous trouvée en train d'admettre ici, dit-elle en se touchant la poitrine de la main, à quelque chose que vous excluiez ? Sois juste envers moi.

« Tant de fierté, tant de fierté ! » gémit miss Havisham en repoussant ses cheveux gris de ses deux mains.

— Qui m'a appris à être orgueilleuse ? répondit Estelle. « Qui m'a félicité quand j'ai appris ma leçon ? »

« Si dur, si dur ! » gémit miss Havisham, avec son action précédente.

« Qui m'a appris à être dure ? » répondit Estella. « Qui m'a félicité quand j'ai appris ma leçon ? »

« Mais pour être fier et dur avec *moi* ! » Miss Havisham poussa un cri tout bas en étendant les bras. « Estella, Estella, Estella, d'être fière et dure avec *moi* ! »

Estelle la regarda un instant avec une sorte d'étonnement calme, mais elle ne fut pas troublée par d'autre chose ; Quand le moment fut passé, elle baissa de nouveau les yeux vers le feu.

— Je ne vois pas, dit Estelle en levant les yeux après un silence, pourquoi vous seriez si déraisonnable quand je viens vous voir après une séparation. Je n'ai jamais oublié vos torts et leurs causes. Je n'ai jamais été infidèle à toi ni à ton éducation. Je n'ai jamais montré de faiblesse dont je puisse m'accuser.

« Serait-ce de la faiblesse que de me rendre mon amour ? » s'écria miss Havisham.

— Mais oui, oui, elle l'appellerait ainsi !

«Je commence à penser, dit Estelle d'un air rêveur, après un autre moment d'étonnement calme, que je comprends presque comment cela se fait. Si vous aviez élevé votre fille adoptive entièrement dans l'obscurité de ces chambres, et que vous ne lui aviez jamais fait savoir qu'il y avait une chose telle que la lumière du jour à laquelle elle n'avait jamais vu votre visage, si vous aviez fait cela, et qu'ensuite, dans un but précis, vous aviez voulu qu'elle comprenne la lumière du jour et sache tout à son sujet, Vous auriez été déçu et en colère ?

Mlle Havisham, la tête dans les mains, était assise en poussant un gémissement sourd et en se balançant sur sa chaise, mais elle ne répondait rien.

— Ou, dit Estelle, ce qui est un cas plus proche, si vous lui aviez appris, dès l'aube de son intelligence, avec toute votre énergie et toute votre force, qu'il y avait une chose telle que la lumière du jour, mais qu'elle était faite pour être son ennemi et son destructeur, et qu'elle devait toujours se retourner contre elle, car elle vous avait flétri et autrement la flétrirait ; et puis, dans un but précis, si vous aviez voulu qu'elle prenne naturellement la lumière du jour et qu'elle n'ait pas pu le faire, vous auriez été déçu et en colère ?

Mlle Havisham écoutait (ou du moins il me semblait que c'était le cas, car je ne pouvais pas voir son visage), mais elle ne répondait toujours pas.

— Ainsi, dit Estelle, il faut me prendre comme on m'a faite. Le succès n'est pas le mien, l'échec n'est pas le mien, mais les deux ensemble me font.

Miss Havisham s'était installée, je ne sais comment, sur le sol, parmi les reliques de mariée fanées dont il était jonché. Je profitai de l'instant – j'en avais cherché un dès le début - pour quitter la chambre, après avoir supplié d'un geste de la main l'attention d'Estella. Quand je sortis, Estelle était encore debout près de la grande cheminée, comme elle l'avait toujours été. Les cheveux gris de miss Havisham étaient tous à la dérive sur le sol, parmi les autres épaves nuptiales, et c'était un spectacle misérable à voir.

C'est le cœur abattu que je me promenai à la lueur des étoiles pendant une heure et plus, autour de la cour, de la brasserie et du jardin en ruines. Quand j'eus enfin pris mon courage à deux mains pour retourner dans la chambre, je trouvai Estelle assise aux genoux de miss Havisham, en train de faire quelques points de suture dans un de ces vieux vêtements qui tombaient en morceaux, et dont je me suis souvent souvenu depuis par les lambeaux fanés des vieilles bannières que j'ai vues suspendues dans les cathédrales. Ensuite, Estelle et moi nous jouâmes aux cartes, comme autrefois, seulement nous étions habiles maintenant, et nous jouions à des jeux français, et ainsi la soirée s'écoula, et je me couchai.

J'étais allongé dans ce bâtiment séparé de l'autre côté de la cour. C'était la première fois que je m'étendais pour me reposer dans la maison Satis, et le sommeil refusait de m'approcher. Un millier de miss Havisham me hantaient. Elle était de ce côté de mon oreiller, de là, à la tête du lit, au pied, derrière la porte entrouverte du cabinet de toilette, dans le cabinet de toilette, dans la chambre d'en haut, dans la chambre d'en dessous, partout. Enfin, quand la nuit tarda à s'avancer vers deux heures, je sentis que je ne pouvais absolument plus supporter cet endroit comme un endroit où me coucher, et que je devais me lever. Je me levai donc, m'habillai et sortis à travers la cour dans le long couloir de pierre, dans l'intention de gagner la cour extérieure et d'y marcher pour me soulager. Mais je n'étais pas plus tôt dans le couloir que j'éteignis ma bougie ; car je vis miss Havisham qui le longeait d'une manière fantomatique en poussant un cri sourd. Je la suivis de loin, et je la vis monter l'escalier. Elle portait à la main une bougie nue, qu'elle avait probablement prise dans l'une des appliques de sa chambre, et qui était un objet des plus surnaturels par sa lumière. Debout au bas de l'escalier, je sentis l'air moisi de la salle du festin, sans la voir ouvrir la porte, et je l'entendis marcher là-bas, et ainsi de suite dans sa propre chambre, et ainsi de suite de nouveau dans celle-ci, sans cesser de crier à voix basse. Au bout d'un certain temps, j'essayai dans l'obscurité de sortir et de revenir, mais je ne pus faire ni l'un ni l'autre jusqu'à ce que quelques traînées de jour s'égarent et me montrent où poser mes mains. Pendant tout l'intervalle, chaque fois que j'allais au bas de l'escalier, j'entendais ses pas, je voyais sa lumière passer au-dessus, et j'entendais son cri sourd et incessant.

Avant notre départ le lendemain, il n'y a pas eu de réveil de la différence entre elle et Estelle, et il n'a jamais été ravivé dans une occasion semblable ; et il y a eu quatre occasions semblables, autant que je m'en souvienne. Les manières de miss Havisham à l'égard d'Estelle ne changeaient pas non plus, si ce n'est que je croyais qu'il y avait quelque chose comme de la peur parmi ses premiers caractères.

Il est impossible de tourner cette page de ma vie sans y apposer le nom de Bentley Drummle ; ou je le ferais, très volontiers.

Dans une certaine occasion, alors que les Finch étaient assemblés en force, et que les bons sentiments étaient favorisés de la manière habituelle par personne ne s'entendant avec quelqu'un d'autre, le Finch qui présidait rappelait le bosquet à l'ordre, parce que M. Drummle n'avait pas encore porté de toast à une dame ; Ce que, selon la constitution solennelle de la société, c'était au tour de la brute de faire ce jour-là. Je crus le voir me regarder d'un air laid pendant que les carafes tournaient, mais comme il n'y avait pas d'amour perdu entre nous, c'était peut-être facile. Quelle ne fut pas ma surprise indignée lorsqu'il appela la compagnie pour le mettre en gage à « Estella ! »

« Estella qui ? » dis-je.

— Peu importe, répliqua Drummle.

— Estelle de où ? dis-je. — Vous êtes obligé de dire de où. Ce qu'il était, en tant que Finch.

— De Richmond, messieurs, dit Drummle en me mettant hors de question, et d'une beauté sans pareille.

Il savait beaucoup de choses sur les beautés sans pareilles, un idiot méchant et misérable ! murmurai-je Herbert.

— Je connais cette dame, dit Harbert de l'autre côté de la table, quand le toast eut été honoré.

— *Et* vous ? dit Drummle.

— Et moi aussi, ajoutai-je avec un visage écarlate.

« *Et* vous ? » dit Drummle. « *Ô* Seigneur ! »

C'était la seule cornue, à l'exception du verre ou de la vaisselle, que la lourde créature était capable de faire ; mais j'en fus aussi furieux que s'il eût été bourré d'esprit, et je me levai immédiatement à ma place et dis que je ne pouvais m'empêcher de considérer comme l'impudence de l'honorable Finch de descendre dans ce bosquet, nous parlions toujours de descendre dans ce bosquet, comme d'une belle tournure d'expression parlementaire... jusqu'à ce bosquet, proposant une dame dont il ne savait rien. M. Drummle, là-dessus, se levant, m'a demandé ce que je voulais dire par là. Sur quoi je lui fis la réponse extrême que je croyais qu'il savait où je me trouvais.

La question de savoir s'il était possible, dans un pays chrétien, de s'en sortir sans sang, était après cela une question sur laquelle les Pinsons étaient divisés. Le débat à ce sujet est devenu si vif, en fait, qu'au moins six autres honorables membres ont dit à six autres, au cours de la discussion, qu'ils croyaient savoir où *ils* se trouvaient. Cependant, il fut finalement décidé (le bosquet étant une cour d'honneur) que si M. Drummle voulait apporter un certificat jamais aussi léger de la dame, signifiant qu'il avait l'honneur de la connaître, M. Pip devait exprimer son regret, en tant que gentleman et en tant que Finch, d'avoir « été trahi dans une chaleur qui ». Le lendemain fut fixé pour la représentation (de peur que Notre Honneur ne se refroidisse à cause d'un retard), et le lendemain Drummle apparut avec un petit aveu poli de la main d'Estella, qu'elle avait eu l'honneur de danser avec lui plusieurs fois. Il ne me restait plus qu'à regretter d'avoir été « trahi dans une chaleur qui », et en somme à répudier, comme insoutenable, l'idée qu'on puisse me trouver quelque part. Drummle et moi restâmes alors assis à renifler l'un l'autre pendant une heure, tandis que le Grove se livrait à une contradiction indiscriminée, et finalement la promotion des bons sentiments fut déclarée avoir progressé à un rythme incroyable.

Je dis cela à la légère, mais ce n'était pas une chose légère pour moi. Car je ne peux pas exprimer assez la douleur que cela me faisait de penser qu'Estella pouvait rendre service à un fou méprisable, maladroit, boudeur, si bien au-dessous de la moyenne. Au moment présent, je crois qu'il s'agissait d'un pur feu de générosité et de désintéressement dans mon amour pour elle, que je ne pouvais supporter l'idée qu'elle se penche devant ce chien. Sans doute, j'aurais été malheureux quel qu'en soit le favori ; mais un objet plus digne m'aurait causé un autre genre et un autre degré de détresse.

Il m'a été facile de découvrir, et je l'ai vite découvert, que Drummle avait commencé à la suivre de près, et qu'elle lui avait permis de le faire. Un peu de temps, et il était toujours à sa poursuite, et lui et moi nous nous croisions tous les jours. Il s'accrochait, d'une manière sourde et persistante, et Estella le retenait ; tantôt avec des encouragements, tantôt avec du découragement, tantôt presque le flattant, tantôt le méprisant ouvertement, tantôt le connaissant très bien, tantôt se souvenant à peine de qui il était.

L'Araignée, comme l'avait appelé M. Jaggers, avait cependant l'habitude de rester à l'affût et avait la patience de sa tribu. De plus, il avait une confiance inébranlable dans son argent et dans la grandeur de sa famille, ce qui lui rendait parfois de bons services, prenant presque la place de la concentration et de la détermination. Ainsi, l'araignée, qui observait obstinément Estella, surveillait beaucoup d'insectes plus brillants, et se déroulait souvent et tombait au bon moment.

Lors d'un certain bal de l'Assemblée à Richmond (il y avait alors des bals de l'Assemblée dans la plupart des endroits), où Estelle avait éclipsé toutes les autres beautés, ce maladroit Drummle traînait tellement autour d'elle, et avec tant de tolérance de sa part, que je résolus de lui parler de lui. J'ai saisi l'occasion suivante ; c'était au moment où elle attendait que Mrs. Blandley la ramenât à la maison, et qu'elle était assise à l'écart, parmi des fleurs, prête à partir. J'étais avec elle, car je les accompagnais presque toujours dans de tels endroits.

« Es-tu fatiguée, Estelle ? »

« Plutôt, Pip. »

« Tu devrais l'être. »

« Dites plutôt que je ne serais pas ; car j'ai ma lettre à écrire à Satis House avant de m'endormir.

— Vous racontez le triomphe de ce soir ? dis-je.

— Sûrement bien pauvre, Estelle.

« Que voulez-vous dire ? Je ne savais pas qu'il y en avait eu. »

« Estelle, dis-je, regardez ce gars dans le coin là-bas, qui nous regarde ici. »

« Pourquoi le regarderais-je ? » répondit Estelle, les yeux fixés sur moi. « Qu'y a-t-il dans ce gars dans le coin là-bas, pour me servir de vos mots, que j'aie besoin de regarder ? »

— C'est précisément la question que je veux vous poser, dis-je, car il a rôdé autour de vous toute la nuit.

— Des papillons de nuit et toutes sortes de vilaines créatures, répondit Estelle en jetant un coup d'œil vers lui, planent autour d'une bougie allumée. La bougie peut-elle l'aider ?

« Non, répondis-je ; mais l'Estelle ne peut-elle pas s'en empêcher ? »

« Eh bien ! » dit-elle en riant, au bout d'un moment, peut-être. Oui. Tout ce que vous aimez.

— Mais, Estelle, écoutez-moi parler. Cela me rend malheureux que vous encouragez un homme aussi généralement méprisé que Drummle. Vous savez qu'il est méprisé.

« Eh bien ? » dit-elle.

Vous savez qu'il est aussi disgracieux à l'intérieur qu'à l'extérieur. Un garçon déficient, de mauvaise humeur, abaissé, stupide.

« Eh bien ? » dit-elle.

Vous savez qu'il n'a rien d'autre à lui recommander que de l'argent et une ridicule liste de prédécesseurs étourdis ; Maintenant, n'est-ce pas ?

« Eh bien ? » dit-elle encore ; et chaque fois qu'elle le disait, elle ouvrait plus grand ses beaux yeux.

Pour surmonter la difficulté de dépasser ce monosyllabe, je le lui pris et lui dis en le répétant avec emphase : « Eh bien ! Alors, c'est pourquoi cela me rend malheureux.

Or, si j'avais pu croire qu'elle favorisait Drummle dans l'idée de me rendre malheureux, j'aurais eu meilleur cœur à ce sujet ; mais, de sa manière habituelle, elle me mettait si complètement hors de question, que je ne pouvais rien croire de tel.

« Pip, dit Estelle en jetant un coup d'œil sur la pièce, ne sois pas bête de l'effet que cela produit sur toi. Il peut avoir son effet sur d'autres, et peut être destiné à l'avoir. Cela ne vaut pas la peine d'en discuter. »

— Oui, dis-je, parce que je ne puis souffrir qu'on dise : elle jette ses grâces et ses attraits sur un simple rustre, le plus bas de la foule.

— Je peux le supporter, dit Estella.

« Ah ! ne sois pas si orgueilleuse, Estelle, et si inflexible. »

— Il me dit orgueilleuse et inflexible dans ce souffle ! dit Estelle en ouvrant les mains. « Et dans son dernier souffle, il m'a reproché de m'être abaissé devant un rustre ! »

— Il n'y a pas de doute, dis-je quelque peu précipitamment, car je vous ai vu lui donner cette nuit même des regards et des sourires comme vous ne m'en donnez jamais.

— Voulez-vous donc, dit Estelle en se retournant brusquement d'un air fixe et sérieux, sinon fâché, pour vous tromper et vous piéger ?

— Le trompez-vous et le piégez-vous, Estelle ?

— Oui, et beaucoup d'autres, tous, sauf vous. Voici Mme Brandley. Je n'en dirai pas plus.

Et maintenant que j'ai donné le seul chapitre au thème qui remplissait tant mon cœur, et qui le faisait si souvent souffrir encore et encore, je passe sans entrave à l'événement qui m'avait frappé plus longtemps encore ; l'événement auquel on avait commencé à se préparer, avant que je sache que le monde retenait Estella, et dans les jours où son intelligence infantile recevait ses premières distorsions des mains défaillantes de miss Havisham.

Dans l'histoire orientale, la lourde dalle qui devait tomber sur le lit de l'État dans la chasse de la conquête a été lentement extraite de la carrière, le tunnel pour que la corde la maintienne à sa place a été lentement porté à travers les lieues de roche, la dalle a été lentement soulevée et ajustée dans le toit. La corde fut portée jusqu'à lui et lentement emportée à travers les kilomètres de creux jusqu'au grand anneau de fer. Tout étant préparé avec beaucoup de travail, et l'heure venue, le sultan fut réveillé au milieu de la nuit, et la hache aiguisée qui devait couper la corde du grand anneau de fer fut mise dans sa main, et il frappa avec, et la corde se sépara et s'enfuit, et le plafond tomba. Donc, dans mon cas ; toute l'œuvre, proche et lointaine, qui tendait à la fin, avait été accomplie ; et en un instant le coup fut porté, et le toit de ma forteresse tomba sur moi.

Chapitre XXXIX.

J'avais vingt-trois ans. Je n'avais pas entendu un mot de plus pour m'éclairer sur mes espérances, et j'avais vingt-trois ans depuis huit jours. Nous avions quitté Barnard's Inn depuis plus d'un an et vivions dans le Temple. Nos chambres étaient dans la cour du Jardin, au bord de la rivière.

M. Pocket et moi nous nous étions séparés depuis quelque temps au sujet de nos relations primitives, bien que nous continuions dans les meilleurs termes. Malgré mon incapacité à me fixer à quoi que ce soit, ce qui, je l'espère, provenait de la durée agitée et incomplète sur laquelle je tenais mes moyens, j'avais le goût de la lecture, et je lisais régulièrement tant d'heures par jour. L'affaire d'Herbert continuait de progresser, et tout ce qui me concernait était tel que je l'ai descendu jusqu'à la fin du dernier chapitre précédent.

Les affaires avaient amené Herbert à faire un voyage à Marseille. J'étais seul et j'avais un sentiment sourd d'être seul. Découragé et anxieux, espérant longtemps que demain ou la semaine prochaine me dégagerait la route, et longtemps déçu, je regrettai le visage joyeux et la réponse prompte de mon ami.

Le temps était misérable ; orageux et humide, orageux et humide ; et de la boue, de la boue, de la boue, au fond de toutes les rues. Jour après jour, un vaste voile lourd balayait Londres depuis l'est, et il roulait encore, comme s'il y avait à l'est une éternité de nuages et de vent. Les rafales avaient été si furieuses que les hauts bâtiments de la ville avaient été débarrassés du plomb de leurs toits ; et dans la campagne, des arbres avaient été arrachés, et des voiles de moulins à vent emportées ; et de sombres récits étaient arrivés de la côte, faisant naufrage et mourant. De violentes rafales de pluie avaient accompagné ces furieux vents, et la journée qui venait de s'achever alors que je m'asseyais pour lire avait été la pire de toutes.

Des modifications ont été apportées à cette partie du temple depuis cette époque, et elle n'a plus aujourd'hui un caractère aussi solitaire qu'alors, et elle n'est pas non plus aussi exposée à la rivière. Nous habitions au sommet de la dernière maison, et le vent qui soufflait sur la rivière secouait la maison cette nuit-là, comme des décharges de canon ou des déferlements de mer. Quand la pluie est arrivée avec elle et s'est précipitée contre les fenêtres, j'ai pensé, en levant les yeux sur elles pendant qu'elles se balançaient, que j'aurais pu me croire dans un phare battu par la tempête. De temps en temps, la fumée descendait par la cheminée comme si elle ne pouvait supporter de s'éteindre dans une telle nuit ; et quand j'ouvris les portes et regardai en bas de l'escalier, les lampes de l'escalier s'éteignirent ; et quand je me couvris le visage avec mes mains et regardai par les fenêtres noires (il n'était même pas question de les ouvrir sous les dents d'un tel vent et d'une telle pluie), je vis que les lampes de la cour étaient éteintes, et que les lampes des ponts et du rivage tremblaient, et que les feux de charbon dans les barges sur le fleuve étaient emportés au vent comme des éclaboussures rouges sous la pluie.

Je lisais avec ma montre sur la table, avec l'intention de fermer mon livre à onze heures. Au moment où je la refermais, Saint-Paul et toutes les nombreuses horloges d'église de la ville, les unes en tête, les autres en accompagnant, les autres en suivant, sonnèrent cette heure-là. Le son était curieusement favié par le vent ; et j'écoutais, et je pensais combien le vent l'assaillait et le déchirait, quand j'entendis un pas dans l'escalier.

Peu m'importe quelle folie nerveuse m'a fait tressaillir et l'associer terriblement au pas de ma sœur morte. C'était passé en un instant, et j'écoutai de nouveau, et j'entendis le bruit de pas trébucher qui arrivait. Me souvenant alors que les lumières de l'escalier étaient éteintes, je pris ma lampe de lecture et sortis vers la tête de l'escalier. Celui qui était en bas s'était arrêté en voyant ma lampe, car tout était calme.

« Il y a quelqu'un là-bas, n'est-ce pas ? » J'ai crié en baissant les yeux.

« Oui », dit une voix venant de l'obscurité en dessous.

« Quel étage voulez-vous ? »

« Le sommet. M. Pip. »

— C'est mon nom... Il n'y a rien ?

« Rien que ce soit », répondit la voix. Et l'homme s'avança.

Je me tenais debout, ma lampe tendue au-dessus de la rampe de l'escalier, et il s'approcha lentement de sa lumière. C'était une lampe à abat-jour, pour éclairer un livre, et son cercle de lumière était très contracté ; de sorte qu'il n'y resta qu'un instant, puis en sortit. À l'instant même, j'avais vu un visage qui m'était étranger, levant les yeux avec un air incompréhensible d'être touché et satisfait de ma vue.

En déplaçant la lampe pendant que l'homme se déplaçait, je remarquai qu'il était substantiellement vêtu, mais grossièrement, comme un voyageur en mer. Qu'il avait de longs cheveux gris fer. Qu'il avait environ soixante ans. Qu'il était un homme musclé, fort sur ses jambes, et qu'il était bruni et durci par l'exposition aux intempéries. Comme il montait la dernière ou les deux dernières marches, et que la lumière de ma lampe nous incluait tous les deux, je vis, avec une sorte de stupéfaction stupide, qu'il me tendait les deux mains.

« Je vous en prie, qu'est-ce que vous avez à faire ? » Je lui ai demandé.

« Mes affaires ? » répéta-t-il en s'arrêtant.

— Ah ! Oui. Je vais vous expliquer mon affaire, avec votre permission.

« Voulez-vous entrer ? »

« Oui, » répondit-il.

— Je veux entrer, maître.

Je lui avais posé la question assez inhospitalièrement, car je n'éprouvais pas l'espèce de reconnaissance brillante et satisfaite qui brillait encore sur son visage. Je m'en offusquais, parce que cela semblait impliquer qu'il s'attendait à ce que j'y réponde. Mais je l'emmenai dans la chambre que je venais de quitter, et, ayant posé la lampe sur la table, je lui demandai aussi poliment que possible de s'expliquer.

Il regarda autour de lui d'un air étrange, d'un air de plaisir étonné, comme s'il eût pris part aux choses qu'il admirait, et il ôta un habit grossier et son chapeau. Alors, je vis que sa tête était sillonnée et chauve, et que ses longs cheveux gris de fer ne poussaient que sur ses côtés. Mais je n'ai rien vu qui l'expliquait le moins du monde. Au contraire, je le vis l'instant d'après, me tendant de nouveau les deux mains.

« Que voulez-vous dire ? » dis-je, le soupçonnant à moitié d'être fou.

Il s'arrêta en me regardant et frotta lentement sa main droite sur sa tête. « C'est déplétant pour un homme, dit-il d'une voix grossière et brisée, d'avoir regardé si loin et d'être venu si furieux ; Mais vous n'êtes pas à blâmer pour cela, ni à nous non plus pour cela. Je vais parler dans une demi-minute. Donnez-moi une demi-minute, s'il vous plaît.

Il s'assit sur une chaise qui se trouvait devant le feu et se couvrit le front de ses grandes mains brunes veinées. Je le regardai alors attentivement, et je reculai un peu devant lui ; mais je ne le connaissais pas.

« Il n'y a personne à proximité, » dit-il en regardant par-dessus son épaule ; « Y a-t-il ? »

« Pourquoi vous, un étranger qui entrez dans mes appartements à cette heure de la nuit, posez-vous cette question ? » dis-je.

« Vous êtes un joueur », me répondit-il en secouant la tête vers moi avec une affection délibérée, à la fois la plus inintelligible et la plus exaspérante ; « Je suis content que tu aies grandi, un jeu ! Mais ne me rattrapez pas. Vous seriez désolé de l'avoir fait. »

J'ai renoncé à l'intention qu'il avait détectée, car je le connaissais ! Même si je ne me rappelais pas un seul trait, je le connaissais ! Si le vent et la pluie avaient chassé les années qui s'étaient écoulées, si ils avaient dispersé tous les objets intermédiaires, si ils nous avaient emportés jusqu'au cimetière où nous nous sommes trouvés pour la première fois face à face à des niveaux si différents, je n'aurais pas pu connaître mon forçat plus distinctement que je ne le connais maintenant lorsqu'il était assis dans le fauteuil devant le feu. Pas besoin de sortir un dossier de sa poche et de me le montrer ; pas besoin de prendre le mouchoir de son cou et de le tordre autour de sa tête ; Pas besoin de se serrer dans ses deux bras et de se tourner en frissonnant à travers la pièce, me regardant pour me reconnaître. Je le connaissais avant qu'il ne me donne l'un de ces aides, bien que, un instant auparavant, je n'eusse pas eu conscience de soupçonner son identité.

Il revint à l'endroit où j'étais et me tendit de nouveau les deux mains. Ne sachant que faire, car, dans mon étonnement, j'avais perdu le sang-froid, je lui donnai les mains à contrecœur. Il les saisit de tout son cœur, les porta à ses lèvres, les baisa et les tint toujours.

« Vous avez agi noblement, mon garçon, » dit-il. « Noble, Pip ! Et je ne l'ai jamais oublié ! »

À un changement dans ses manières, comme s'il allait même m'embrasser, je posai une main sur sa poitrine et le repoussai.

« Restez ! dis-je, restez à l'écart ! Si vous m'êtes reconnaissant pour ce que j'ai fait quand j'étais petit, j'espère que vous avez montré votre gratitude en modifiant votre mode de vie. Si vous êtes venus ici pour me remercier, ce n'était pas nécessaire. Cependant, quelle que soit la manière dont vous m'avez découvert, il doit y avoir quelque chose de bon dans le sentiment qui vous a amené ici, et je ne vous repousserai pas ; mais il faut bien que vous compreniez que... je...

Mon attention fut si attirée par la singularité de son regard fixe, que les mots s'éteignirent sur ma langue.

« Vous disiez, observa-t-il quand nous nous eûmes affrontés en silence, que je dois certainement comprendre. Quoi, il faut bien que je le comprenne ? »

— Que je ne puis vouloir renouer avec vous cette relation fortuite d'autrefois, dans ces circonstances différentes. Je suis heureux de croire que vous vous êtes repenti et que vous vous êtes rétabli. Je suis heureux de vous le dire. Je suis heureux que, pensant que je mérite d'être remercié, vous soyez venus me remercier. Mais nos voies sont néanmoins différentes. Vous êtes mouillé et vous avez l'air fatigué. Veux-tu boire quelque chose avant de partir ?

Il avait replacé son foulard sans serre, et s'était tenu debout, m'observant attentivement, en mordant un long bout. « Je pense, » répondit-il, toujours le bout à la bouche et toujours attentif, « que je boireai (je vous remercie) avant de partir. »

Il y avait un plateau prêt sur une table d'appoint. Je l'apportai sur la table près du feu et lui demandai ce qu'il aurait fait. Il a touché l'une des bouteilles sans la regarder ni parler, et je lui ai fait du rhum chaud et de l'eau. J'essayai de garder ma main stable pendant que je le faisais, mais le regard qu'il me jeta sur moi, tandis qu'il se penchait en arrière dans son fauteuil, le long bout traînant de son foulard entre ses dents – évidemment oublié – rendait ma main très difficile à maîtriser. Quand enfin je lui posai le verre, je vis avec stupéfaction que ses yeux étaient pleins de larmes.

Jusqu'à ce moment-là, j'étais resté debout, pour ne pas dissimuler que je souhaitais qu'il parte. Mais j'étais adouci par l'aspect adouci de l'homme, et j'éprouvais une pointe de reproche. « J'espère, dis-je en me précipitant en mettant quelque chose dans un verre et en approchant une chaise de la table, que vous ne penserez pas que je vous ai parlé durement tout à l'heure. Je n'avais pas l'intention de le faire, et je le regrette si je l'ai fait. Je vous souhaite du bien et du plaisir ! »

Comme je portais mon verre à mes lèvres, il jeta un coup d'œil surpris au bout de son foulard qui tombait de sa bouche quand il l'ouvrit, et me tendit la main. Je lui donnai le mien, puis il but et passa sa manche sur ses yeux et son front.

« Comment vivez-vous ? » Je lui ai demandé.

« J'ai été éleveur de moutons, éleveur d'animaux, d'autres métiers encore, dans le nouveau monde, dit-il ; « À plusieurs milliers de kilomètres d'eau tumultueuse d'ici. »

— J'espère que vous avez bien fait ?

« Je m'en suis merveilleusement bien sorti. Il y en a d'autres qui sont sortis après moi et qui ont bien fait aussi, mais aucun homme n'a fait aussi bien que moi. Je suis célèbre pour cela. »

« Je suis heureux de l'apprendre. »

— J'espère vous entendre le dire, mon cher enfant.

Sans m'arrêter pour essayer de comprendre ces mots ou le ton sur lequel ils étaient prononcés, je me suis détourné vers un point qui venait de me venir à l'esprit.

« Avez-vous jamais vu un messager que vous m'avez envoyé une fois, demandai-je, depuis qu'il a fait cette confiance ? »

« Ne le voyez jamais. Je vous préviens que ce n'est probablement pas le cas. »

« Il est venu fidèlement, et il m'a apporté les deux billets d'une livre. J'étais un pauvre garçon à l'époque, comme vous le savez, et pour un pauvre garçon, c'était une petite fortune. Mais, comme vous, j'ai bien fait depuis, et vous devez me laisser les rembourser. Tu peux les utiliser à l'usage d'un autre pauvre garçon. J'ai sorti mon sac à main. »

Il m'observa pendant que je posais ma bourse sur la table et l'ouvrais, et il me regardait pendant que je séparais deux billets d'une livre de son contenu. Ils étaient propres et neufs, et je les étendis et les lui donnai. Toujours en me regardant, il les posa l'un sur l'autre, les plia longuement, les tourna, y mit le feu à la lampe, et laissa tomber les cendres dans le plateau.

« Puis-je oser, dit-il alors, avec un sourire qui ressemblait à un froncement de sourcils, et avec un froncement de sourcils qui ressemblait à un sourire, vous demander *comment* vous avez bien fait, depuis que vous et moi étions dans ces marais solitaires et frissonnants ? »

« Comment ? »

« Ah ! »

Il vida son verre, se leva et se plaça à côté du feu, sa lourde main brune sur l'étagère de la cheminée. Il mit un pied sur les barreaux pour le sécher et le réchauffer, et la botte mouillée commença à fumer ; mais il ne l'a regardé ni le feu, ni le feu, mais m'a regardé fixement. Ce n'est qu'à ce moment-là que j'ai commencé à trembler.

Quand mes lèvres se furent entrouvertes et que j'eus formé quelques mots sans son, je me forçai à lui dire (quoique je ne pusse le faire distinctement) que j'avais été choisi pour succéder à quelque propriété.

« Un simple warmint pourrait-il demander de quel bien il s'agit ? » dit-il.

J'ai hésité : « Je ne sais pas. »

« Un simple warmint pourrait-il demander à qui appartient ? dit-il.

J'ai hésité à nouveau, « Je ne sais pas. »

« Puis-je deviner, je me le demande, dit le forçat, quel est votre revenu depuis que vous êtes majeur ! Quant au premier chiffre, maintenant. Cinq ? »

Le cœur battant comme un lourd marteau d'action désordonnée, je me levai de ma chaise et me tint debout, la main sur le dossier, le regardant sauvagement.

— À propos d'un tuteur, continua-t-il. Il aurait dû y avoir un tuteur, ou quelque chose de semblable, pendant que vous étiez mineur. Un avocat, peut-être. Quant à la première lettre du nom de cet avocat, maintenant. Serait-ce J ?

Toute la vérité de ma position m'est apparue en un éclair ; et ses déceptions, ses dangers, ses disgrâces, ses conséquences de toutes sortes, se précipitaient en une telle multitude que j'étais emporté par eux et que je devais lutter pour chaque respiration que je tirais.

« Dites-le, reprit-il, comme l'employeur de cet avocat dont le nom commençait par un J, et qui pourrait être Jaggers, comme il était venu par mer à Portsmouth, et y avait débarqué, et avait voulu venir chez vous. Cependant, c'est vous qui m'avez découvert, dites-vous tout à l'heure. Puits! Cependant, est-ce que je vous ai découvert ? Eh bien, j'ai écrit de Portsmouth à une personne de Londres, pour obtenir des détails sur votre adresse. Le nom de cette personne ? Pourquoi, Wemmick. »

Je n'aurais pas pu dire un mot, même si c'était pour sauver ma vie. Je restai debout, une main sur le dossier de la chaise et une main sur ma poitrine, où il me sembla suffoquer, et je restai ainsi, le regardant sauvagement, jusqu'à ce que je m'agrippe à la chaise, quand la pièce se mit à s'agiter et à se retourner. Il me saisit, m'attira sur le canapé, me plaça contre les coussins, et m'agenouilla devant moi, rapprochant tout près du mien le visage dont je me souvenais maintenant et dont je frissonnais.

— Oui, Pip, mon cher enfant, j'ai fait de toi un gentleman ! C'est moi qui l'ai fait ! J'ai juré cette fois-là, sûr comme jamais d'avoir gagné une guinée, que la guinée vous reviendrait. J'ai juré par l'avenir, sûr que jamais je me suis enrichi et que je suis devenu riche, vous devriez devenir riche. J'ai vécu à la dure, pour que tu vives tranquillement ; J'ai travaillé dur, pour que tu sois au-dessus du travail. Quelles chances, cher garçon ? Est-ce que je le dis, pour que vous vous sentiez obligé ? Pas du tout. Je vous le dis, pour que vous sachiez que ce chien de fumier chassé dans lequel vous avez la vie, a eu la tête si haute qu'il pourrait faire un gentleman, et, Pip, vous êtes lui !

L'aversion dans laquelle je tenais cet homme, la crainte que j'avais pour lui, la répugnance avec laquelle je le fuyais, n'auraient pas pu être surpassées s'il avait été une bête terrible.

« Regarde, Pip. Je suis ton deuxième père. Tu es mon fils, plus pour moi que pour n'importe quel fils. J'ai mis de l'argent de côté, uniquement pour que tu le dépenses. Quand j'étais un berger engagé dans une cabane solitaire, ne voyant pas d'autres visages que des visages de moutons jusqu'à ce que j'oublie à moitié les visages des hommes et des femmes qui se disent comme si je voyais les tiens. J'ai laissé tomber mon couteau bien des fois dans cette hutte, pendant que je dînais ou soupais, et je disais : « Voici encore le garçon qui me regarde pendant que je mange et bois ! » Je vous y vois bien des fois, aussi clair que jamais je vous vois dans ces marais brumeux. « Seigneur, frappe-moi à mort ! » Je dis chaque fois, et je sors dans les airs pour le dis-le sous le ciel : « Mais si j'obtiens la liberté et l'argent, je ferai de ce garçon un gentleman ! » Et je l'ai fait. Regardez-vous, cher garçon ! Voyez votre logement, digne d'un seigneur ! Un seigneur ? Ah! Tu montreras de l'argent à des seigneurs pour des paris, et tu les battras !

Dans sa chaleur et son triomphe, et parce qu'il savait que j'étais sur le point de m'évanouir, il ne fit aucune remarque sur la façon dont je répugnais à tout cela. C'était le seul grain de soulagement que j'avais.

329

« Regardez ! » continua-t-il en tirant ma montre de ma poche et en tournant vers lui une bague à mon doigt, tandis que je reculais devant son contact comme s'il eût été un serpent, « un d'or et une beauté : *c'est* celui d'un gentleman, j'espère ! Un diamant tout rond serti de rubis ; *c'est* celui d'un gentleman, j'espère ! Regardez votre linge ; fin et beau ! Regardez vos vêtements ; Il vaut mieux qu'il n'y en ait pas ! Et vos livres aussi, » tournant les yeux autour de la pièce, « qui s'accumulent par centaines sur leurs étagères ! Et vous les lisez ; Pas vous ? Je vois que vous les aviez lus quand j'arrive. Ha ha ha! Tu me les liras, cher garçon ! Et s'ils sont dans des langues étrangères que je ne comprends pas, je serai tout aussi fier que si je les connaissais. »

De nouveau, il me prit les deux mains et les porta à ses lèvres, tandis que mon sang se glaçait en moi.

« Ne vous dérangez pas de parler, Pip, dit-il, après avoir de nouveau repassé sa manche sur ses yeux et son front, comme le déclic qui venait dans sa gorge et dont je me souvenais bien, et il était d'autant plus horrible pour moi qu'il était si sérieux ; « Tu ne peux pas faire mieux ni te taire, mon cher enfant. Vous n'avez pas attendu cela lentement avec impatience comme je l'ai fait ; tu n'étais pas préparé à cela comme moi. Mais n'avez-vous jamais pensé que ce pourrait être moi ? »

« Oh non, non, non, » répondis-je, « Jamais, jamais ! »

— Eh bien, vous voyez que c'est *moi*, et tout seul. Il n'y a jamais eu âme qui vive que moi-même et M. Jaggers.

« N'y avait-il personne d'autre ? » J'ai demandé.

« Non, dit-il avec un regard de surprise, qui d'autre pourrait-il y avoir ? Et, cher enfant, comme tu as grandi ! Il y a des yeux brillants quelque part, hein ? N'y a-t-il pas des yeux brillants quelque part, qu'aimez-vous à penser ?

Ô Estelle, Estelle !

« Ils seront à toi, mon cher enfant, si l'argent peut les acheter. Ce n'est pas qu'un gentleman comme vous, aussi bien placé que vous, ne puisse les gagner à son propre jeu ; mais l'argent vous soutiendra ! Permettez-moi de terminer ce que j'étais en train de vous dire, cher enfant. De cette cabane et de cette location, j'ai reçu l'argent que m'avait laissé mon maître (qui est mort, et qui avait été le même que moi), et j'ai obtenu ma liberté et je suis allé pour moi-même. Dans chaque chose que j'ai faite, je suis allé pour toi. « Seigneur, que ce soit pour lui, dis-je, peu importe ce que j'ai cherché, si ce n'est pas pour lui

! » Tout a prospéré à merveille. Comme je vous le laisse comprendre tout à l'heure, je suis célèbre pour cela. C'est l'argent qui m'a été laissé et les gains de la première année que j'ai envoyés à M. Jaggers, tout pour vous, lorsqu'il est venu pour la première fois chez vous, conformément à ma lettre.

Oh qu'il n'était jamais venu ! Qu'il m'ait laissé à la forge, loin d'être content, et pourtant heureux en comparaison !

« Et puis, cher enfant, c'était une récompense pour moi, regardez ici, de savoir en secret que je faisais un gentleman. Les chevaux de sang de ces colons pouvaient jeter la poussière sur moi pendant que je marchais ; qu'est-ce que je dis ? Je me suis dit : « Je fais un meilleur gentleman et *tu* ne le seras jamais ! » Quand l'un d'eux dit à l'autre : « Il était un forçat, il y a quelques années, et c'est maintenant un vulgaire ignorant, malgré toute la chance qu'il a », qu'est-ce que je dis ? Je me dis en moi-même : « Si je ne suis pas un gentleman, ni si je n'ai pas encore de science, j'en suis le propriétaire. All on you possède des actions et des terres ; lequel de vous possède un gentleman londonien élevé ? De cette façon, je me donne envie d'y aller. Et c'est ainsi que je gardai fermement à l'esprit que je viendrais certainement un jour voir mon fils, et me faire connaître à lui, sur son propre terrain. »

Il posa sa main sur mon épaule. Je frissonnais à l'idée que, pour tout ce que je savais, sa main pouvait être tachée de sang.

« Il n'est pas facile, Pip, pour moi de laisser ces parties, ni encore il ne m'avertit qu'il n'est pas en sécurité. Mais je m'y tenais, et plus c'était dur, plus je tenais fort, car j'étais déterminé et mon esprit bien fait. Enfin, je l'ai fait. Cher garçon, je l'ai fait !

J'ai essayé de rassembler mes pensées, mais j'étais stupéfait. Pendant tout ce temps, il m'avait semblé m'occuper plus du vent et de la pluie que de lui ; même maintenant, je ne pouvais pas séparer sa voix de ces voix, bien que celles-ci soient fortes et que la sienne soit silencieuse.

« Où allez-vous me mettre ? demanda-t-il bientôt. Il faut qu'on me mette quelque part, mon cher enfant. »

« Pour dormir ? » dis-je.

« Oui. Et de dormir longtemps et profondément, répondit-il ; « car j'ai été ballotté et balayé par la mer, des mois et des mois. »

« Mon ami et compagnon, dis-je en me levant du canapé, est absent ; Vous devez avoir sa chambre.

« Il ne reviendra pas demain ; le fera-t-il ? »

« Non, dis-je en répondant presque machinalement, malgré tous mes efforts; — Pas demain. »

« Parce que, regardez, cher enfant, dit-il en baissant la voix et en posant un long doigt sur ma poitrine d'une manière impressionnante, la prudence est nécessaire. »

« Comment voulez-vous dire ? Attention ? »

« Par G——, c'est la Mort ! »

« Qu'est-ce que la mort ? »

« J'ai été envoyé pour la vie. C'est la mort de revenir. Il y a eu trop de retours ces dernières années, et je serais certainement pendu si on me prenait. »

Il n'y avait besoin que de cela ; le misérable, après m'avoir chargé de ses chaînes d'or et d'argent pendant des années, avait risqué sa vie pour venir à moi, et je l'ai gardée là ! Si je l'avais aimé au lieu de l'abhorrer ; si j'avais été attiré vers lui par l'admiration et l'affection les plus fortes, au lieu de me dérober à lui avec la plus forte répugnance ; Cela n'aurait pas pu être pire. Au contraire, il eût mieux valu, car sa conservation eût alors naturellement et tendrement adressé à mon cœur.

Mon premier soin fut de fermer les volets, afin qu'aucune lumière ne fût vue du dehors, puis de fermer et de fermer les portes. Pendant que je le faisais, il se tenait à la table en buvant du rhum et en mangeant du biscuit ; et quand je le vis ainsi engagé, je revis mon forçat dans les marais à son repas. Il me sembla presque qu'il devait se baisser tout de suite pour se limer la jambe.

Quand je fus entré dans la chambre d'Harbert, et que j'eus coupé toute autre communication entre celle-ci et l'escalier que par la chambre où s'était déroulée notre conversation, je lui demandai s'il voulait aller se coucher. Il a dit oui, mais m'a demandé un peu de mon « linge de gentleman » pour le mettre le matin. Je l'ai sorti et je l'ai préparé pour lui, et mon sang s'est de nouveau glacé quand il m'a de nouveau pris par les deux mains pour me souhaiter bonne nuit.

Je m'éloignai de lui, sans savoir comment j'avais fait, et je rallumai le feu dans la chambre où nous avions été ensemble, et je m'assis près de lui, craignant d'aller me coucher. Pendant une heure ou plus, je restai trop abasourdi pour réfléchir ; et ce ne fut que lorsque je commençai à réfléchir que je commençai à savoir combien j'avais fait naufrage et comment le navire sur lequel j'avais navigué avait été mis en pièces.

Les intentions de miss Havisham à mon égard, tout n'étaient qu'un rêve ; Estella n'est pas conçue pour moi ; Je n'ai souffert à Satis House que comme une commodité, un aiguillon pour les parents cupides, un modèle avec un cœur mécanique sur lequel s'exercer quand il n'y avait pas d'autre pratique à portée de main ; c'était la première intelligence que j'ai eue. Mais, douleur la plus vive et la plus profonde de toutes, c'était pour le forçat, coupable de je ne sais quels crimes, et susceptible d'être emmené hors de ces chambres où j'étais assis en pensant, et pendu à la porte de l'Old Bailey, que j'avais abandonné Joe.

Je ne serais pas retourné voir Joe maintenant, je ne serais pas retourné à Biddy maintenant, pour quelque considération que ce soit ; simplement, je suppose, parce que le sentiment que j'avais de ma propre conduite sans valeur à leur égard était plus grand que toute considération. Aucune sagesse sur la terre n'aurait pu me donner la consolation que j'aurais retirée de leur simplicité et de leur fidélité ; mais je ne pourrais jamais, jamais, défaire ce que j'avais fait.

Dans chaque fureur de vent et de pluie, j'entendais des poursuivants. Deux fois, j'aurais juré qu'on frappait et qu'on chuchotait à la porte extérieure. Avec ces craintes sur moi, je commençai à imaginer ou à me rappeler que j'avais reçu des avertissements mystérieux de l'approche de cet homme. Que, pendant des semaines auparavant, j'avais croisé dans la rue des visages que j'avais pensés comme les siens. Que ces ressemblances étaient devenues plus nombreuses, à mesure qu'il s'approchait de lui, traversant la mer. Que son esprit méchant avait d'une manière ou d'une autre envoyé ces messagers au mien, et que maintenant, en cette nuit d'orage, il était aussi bon que sa parole, et avec moi.

Se pressant à ces réflexions me vint la pensée que je l'avais vu avec mes yeux d'enfant comme un homme désespérément violent ; que j'avais entendu cet autre condamné répéter qu'il avait essayé de l'assassiner ; que je l'avais vu dans le fossé se déchirer et se battre comme une bête sauvage. De ces souvenirs, j'apportai à la lumière du feu une terreur à demi formée, à l'idée qu'il ne serait peut-être pas en sécurité d'être enfermé là avec lui au milieu de la nuit sauvage et solitaire. Celle-ci s'est dilatée jusqu'à ce qu'elle remplisse la pièce et m'a poussé à prendre une bougie et à entrer et à regarder mon affreux fardeau.

Il avait roulé un mouchoir autour de sa tête, et son visage était figé et baissé dans son sommeil. Mais il dormait, et tranquillement aussi, bien qu'il eût un pistolet sur l'oreiller. Assuré de cela, j'enlevai doucement la clef de l'extérieur de sa porte, et la tournai contre lui avant de m'asseoir de nouveau près du feu. Peu à peu, je glissai de ma chaise et m'étendis sur le sol. Quand je me réveillai sans m'être séparé dans mon sommeil de l'impression de ma misère, les horloges des églises de l'Est sonnaient cinq heures, les bougies s'éteignaient, le feu était éteint, et le vent et la pluie intensifiaient l'épaisse obscurité noire.

C'EST LA FIN DE LA DEUXIÈME ÉTAPE DES ATTENTES DE PIP.

Chapitre XL.

Heureusement pour moi, j'ai dû prendre des précautions pour assurer (autant que je le pouvais) la sécurité de mon redoutable visiteur ; car, cette pensée qui me pressait à mon réveil retenait d'autres pensées dans un concours confus à distance.

L'impossibilité de le garder caché dans les chambres était évidente. Cela ne pouvait pas être fait, et la tentative de le faire engendrerait inévitablement la suspicion. Il est vrai que je n'avais plus d'Avenger à mon service, mais j'étais pris en charge par une vieille femelle incendiaire, assistée d'un sac en haillons animé qu'elle appelait sa nièce, et leur cacher une chambre serait inviter à la curiosité et à l'exagération. Ils avaient tous les deux des yeux faibles, que j'avais longtemps attribués à leur regard chronique par les trous de serrure, et ils étaient toujours à portée de main quand on ne le voulait pas ; en effet, c'était leur seule qualité fiable en dehors du vol. Pour ne pas me mettre dans un pétrin avec ces gens-là, je résolus d'annoncer le matin que mon oncle était venu à l'improviste de la campagne.

Je me décidai à suivre cette ligne de conduite alors que je cherchais encore à tâtons dans l'obscurité les moyens d'obtenir une lumière. N'ayant pas trébuché sur les moyens, j'étais prêt à aller à la loge voisine et à y chercher le gardien pour qu'il vienne avec sa lanterne. Or, en descendant à tâtons l'escalier noir, je suis tombé par-dessus quelque chose, et ce quelque chose était un homme accroupi dans un coin.

Comme l'homme ne répondait pas quand je lui demandais ce qu'il faisait là, mais qu'il échappait à mon contact en silence, je courus à la loge et exhortai le gardien à venir rapidement ; lui racontant l'incident sur le chemin du retour. Le vent étant toujours aussi violent, nous ne nous souciâmes pas de mettre en danger la lumière de la lanterne en rallumant les lampes éteintes de l'escalier, mais nous examinâmes l'escalier de bas en haut et nous n'y trouvâmes personne. Il me vint alors à l'esprit que l'homme avait pu se glisser dans mes appartements ; aussi, allumant ma bougie chez le gardien et le laissant debout à la porte, je les examinai soigneusement, y compris la chambre où dormait mon invité redouté. Tout était calme, et assurément il n'y avait pas d'autre homme dans ces chambres.

Cela me troublait qu'il y eût eu un rôdeur dans l'escalier, cette nuit-là de toutes les nuits de l'année, et je demandai au gardien, dans l'espoir d'obtenir une explication pleine d'espoir en lui tendant un verre à la porte, s'il avait admis à sa porte un gentleman qui avait visiblement dîné au restaurant. Oui, a-t-il dit ; à différents moments de la nuit, trois. L'un vivait à Fountain Court, et les deux autres vivaient dans la ruelle, et il les avait tous vus rentrer chez eux. De plus, le seul autre homme qui habitât la maison dont mes appartements faisaient partie était à la campagne depuis quelques semaines, et il n'était certainement pas revenu de la nuit, parce que nous avions vu sa porte avec son sceau dessus en montant l'escalier.

« La nuit étant si mauvaise, monsieur, dit le gardien en me rendant mon verre, il y en a eu peu d'autres qui sont entrés à ma porte. Outre les trois messieurs que j'ai nommés, je n'en rappelle pas un autre depuis onze heures, vers onze heures, lorsqu'un inconnu vous a demandé. »

« Mon oncle », murmurai-je. « Oui. »

– Vous l'avez vu, monsieur ?

« Oui. Oh oui. »

« De même la personne qui l'accompagne ? »

« Personne avec lui ! » répétai-je.

— J'ai jugé que la personne qui était avec lui, répondit le gardien. « La personne s'est arrêtée quand elle s'est arrêtée pour m'interroger, et la personne a pris ce chemin quand elle a pris ce chemin. »

« Quel genre de personne ? »

Le gardien ne l'avait pas particulièrement remarqué ; il devrait dire un travailleur ; Autant qu'il le croit, il portait des vêtements couleur poussière, sous un manteau sombre. Le gardien a pris l'affaire plus à la légère que moi, et naturellement ; ne pas avoir ma raison d'y attacher du poids.

Quand je me fus débarrassé de lui, ce que je pensai qu'il était bon de faire sans prolonger les explications, mon esprit fut fort troublé par ces deux circonstances réunies. Tandis qu'ils étaient faciles à résoudre innocentement, comme, par exemple, un convive à l'extérieur ou à la maison, qui n'était pas allé près de la porte de ce gardien, aurait pu s'égarer jusqu'à mon escalier et s'y endormir, et mon visiteur anonyme aurait pu amener quelqu'un avec lui pour lui montrer le chemin, cependant, unis, ils avaient pour quelqu'un

336

d'aussi enclin à la méfiance et à la peur que les changements de quelques heures m'a fait.

J'allumai mon feu, qui brûlait d'une lueur pâle et crue à cette heure de la matinée, et je m'assoupis devant lui. Il me semblait que j'avais somnolé toute une nuit quand les horloges sonnèrent six heures. Comme il y avait une heure et demie entre moi et le jour, je m'assoupis de nouveau ; maintenant, je me réveille inquiet, avec des conversations prolixes sur rien dans mes oreilles ; tantôt, faisant le tonnerre du vent dans la cheminée ; Enfin, je tombai dans un profond sommeil dont la lumière du jour me réveilla en sursaut.

Pendant tout ce temps, je n'avais jamais été capable de considérer ma propre situation, et je ne pouvais pas encore le faire. Je n'avais pas le pouvoir de m'en occuper. J'étais très abattu et affligé, mais d'une manière incohérente. Quant à former un plan pour l'avenir, j'aurais tout aussi bien pu former un éléphant. Quand j'ouvris les volets et que je regardai le matin humide et sauvage, tout d'une teinte plombée ; quand je me promenais de pièce en pièce ; quand je me suis rassise, grelottant, devant le feu, attendant que ma blanchisseuse parût ; Je pensais à quel point j'étais misérable, mais je savais à peine pourquoi, ni depuis combien de temps je l'étais, ni quel jour de la semaine j'avais fait cette réflexion, ni même qui j'étais celui qui l'avait faite.

Enfin la vieille femme et la nièce entrèrent, cette dernière ayant une tête difficile à distinguer de son balai poussiéreux, et témoignèrent leur surprise en me voyant et en voyant le feu. À qui je racontai comment mon oncle était venu dans la nuit et qu'il dormait ensuite, et comment les préparatifs du déjeuner devaient être modifiés en conséquence. Puis je me lavais et m'habillais pendant qu'ils renversaient les meubles et faisaient la poussière ; et ainsi, dans une sorte de rêve ou de veille, je me retrouvai de nouveau assis près du feu, attendant qu'il vienne déjeuner.

Peu à peu, sa porte s'ouvrit et il sortit. Je ne pouvais me résoudre à le voir, et je pensais qu'il avait un aspect plus mauvais à la lumière du jour.

« Je ne sais même pas, dis-je en parlant bas en prenant place à la table, par quel nom je dois vous appeler. J'ai fait savoir que vous êtes mon oncle. »

« C'est ça, mon cher garçon ! Appelez-moi mon oncle. »

— Vous avez pris un nom, je suppose, à bord d'un navire ?

« Oui, mon cher. J'ai pris le nom de Provis. »

« Voulez-vous garder ce nom ? »

— Mais oui, mon cher, c'est aussi bon qu'un autre, à moins que tu n'en veuilles un autre.

« Quel est ton vrai nom ? » lui demandai-je à voix basse.

« Magwitch », répondit-il sur le même ton ; « chrisna Abel. »

« Qu'avez-vous été élevé pour être ? »

« Un chaleureux, cher garçon. »

Il a répondu très sérieusement et a utilisé le mot comme s'il désignait une profession.

— Quand vous êtes entré dans le Temple hier soir... dis-je, m'arrêtant pour me demander si ce n'était pas vraiment la nuit dernière, qui semblait si lointaine.

« Oui, mon cher garçon ? »

« Quand tu es entré à la porte et que tu as demandé au gardien le chemin pour venir, aviez-vous quelqu'un avec vous ? »

« Avec moi ? Non, mon cher. »

— Mais il y avait quelqu'un là-bas ?

« Je n'y ai pas fait particulièrement attention, dit-il d'un air dubitatif, ne connaissant pas les voies de l'endroit. Mais je pense qu'il y *avait* aussi quelqu'un qui est venu me survivre. »

« Êtes-vous connu à Londres ? »

— J'espère que non ! dit-il en donnant à son cou une secousse de son index qui me fit devenir chaud et malade.

« Avez-vous été connu à Londres, autrefois ? »

— Pas au-delà, cher enfant. J'étais surtout en province.

« Avez-vous été jugé à Londres ? »

« À quelle heure ? » dit-il avec un regard perçant.

« La dernière fois. »

Il hocha la tête. « J'ai d'abord connu M. Jaggers de cette façon. Jaggers était pour moi. »

J'étais sur le devant de la bouche de lui demander pourquoi il avait été essayé, mais il prit un couteau, lui donna une fioriture, et avec ces mots : « Et ce que j'ai fait est calculé et payé ! » lui tomba dessus lors de son déjeuner. »

Il mangeait d'une manière vorace qui était très désagréable, et toutes ses actions étaient grossières, bruyantes et gourmandes. Certaines de ses dents lui avaient manqué depuis que je l'avais vu manger dans les marais, et comme il tournait sa nourriture dans sa bouche et tournait la tête de côté pour y porter ses crocs les plus vigoureux, il ressemblait terriblement à un vieux chien affamé. Si j'avais commencé par avoir un peu d'appétit, il l'aurait enlevé, et je serais resté assis à peu près comme je l'ai fait, repoussé par une aversion insurmontable, et regardant sombrement le tissu.

« Je suis un gros gosse, mon cher, dit-il en guise d'excuse polie à la fin de son repas, mais je l'ai toujours été. S'il avait été dans ma constitution d'être un gommeur plus léger, j'aurais peut-être eu des ennuis plus légers. De même, je dois avoir ma cigarette. Quand j'ai été engagé pour la première fois comme berger à l'autre bout du monde, j'ai cru que je serais moi-même devenu un mouton fou de molloncolly, si je n'avais pas fumé. »

En disant cela, il se leva de table, et, mettant la main dans la poitrine du caban qu'il portait, il en tira une courte pipe noire et une poignée de tabac en vrac, de l'espèce qu'on appelle Negro-head. Ayant rempli sa pipe, il remit le surplus de tabac, comme si sa poche eût été un tiroir. Puis, il prit un charbon vif du feu avec les pinces, y alluma sa pipe, puis se retourna sur le tapis de l'âtre, le dos au feu, et fit son action favorite de tendre ses deux mains vers les miennes.

« Et ceci, dit-il en plongeant mes mains de haut en bas dans les siennes, tout en tirant sur sa pipe, c'est ce monsieur que j'ai fait ! Le vrai et authentique ! Cela me fait du bien de te regarder, Pip. Tout ce que je vous dis en retard, c'est de rester là et de vous regarder, cher garçon ! »

Je relâchai mes mains dès que je pus, et je m'aperçus que je commençais lentement à m'habituer à la contemplation de ma condition. Ce à quoi j'étais enchaîné, et avec quel poids, me devint intelligible, quand j'entendis sa voix rauque, et je m'assis en regardant sa tête chauve sillonnée avec ses cheveux gris de fer sur les côtés.

« Il ne faut pas que je voie mon gentleman mettre un pied dans la boue des rues ; Il ne doit pas y avoir de boue sur *ses* bottes. Il faut que mon gentilhomme ait des chevaux, Pip ! Des chevaux à monter, et des chevaux à conduire, et des chevaux pour son serviteur à monter et à conduire aussi. Les colons auront-ils leurs chevaux (et leur sang, s'il vous plaît, bon Dieu !) et non pas mon gentleman de Londres ? Non, non. Nous leur montrerons une autre paire de souliers que celle-là, Pip ; n'est-ce pas nous ? »

Il tira de sa poche un grand portefeuille épais et plein de papiers, et le jeta sur la table.

« Il y a quelque chose qui vaut la peine d'être dépensé dans ce livre, mon cher garçon. C'est à vous. Tout ce que j'ai n'est pas à moi ; c'est à vous. Ne vous inquiétez pas. Il y a plus d'où cela vient. Je suis venu à la vieille campagne pour voir mon monsieur dépenser son argent *comme* un gentleman. Ce sera *mon* plaisir. *Je* serai ravi de le voir le faire. Et faites-vous exploser tous ! » finit-il en regardant autour de la pièce et en claquant des doigts une fois d'un claquement bruyant, « faites exploser tout le monde, depuis le juge en perruque jusqu'au colon qui remue la poussière, je vous montrerai un meilleur gentleman que tout le kit sur vous réunis ! »

« Arrêtez ! » dis-je, presque dans une frénésie de peur et d'aversion, je veux vous parler. Je veux savoir ce qu'il faut faire. Je veux savoir comment vous allez être tenu à l'abri du danger, combien de temps vous allez rester, quels projets vous avez.

« Regardez, Pip, dit-il en posant sa main sur mon bras d'une manière soudain changée et contenue ; « Tout d'abord, regardez-le. Je me suis oublié il y a une demi-minute. Ce que j'ai dit était bas ; C'était bien de cela qu'il s'agissait ; bas. Regarde ici, Pip. Examinez-le. Je ne vais pas être bas. »

« D'abord, reprit-je en gémissant à moitié, quelles précautions peut-on prendre pour que vous ne soyez pas reconnu et saisi ? »

« Non, mon cher, dit-il sur le même ton qu'auparavant, ça ne va pas en premier. La bassesse passe en premier. Il ne m'a pas fallu tant d'années pour faire un gentleman, non sans savoir ce qui lui est dû. Regarde ici, Pip. J'étais déprimé ; c'est ce que j'étais ; bas. Regardez-le, mon cher enfant. »

Un certain sentiment de sinistrement ridicule me fit éclater d'un rire inquiet, lorsque je répondis : « J 'ai regardé par-dessus. Au nom du ciel, ne le rabâchez pas ! »

« Oui, mais regardez ici », insista-t-il. « Cher garçon, je ne suis pas venu si poilu, pas si bas que la fourrure. Maintenant, continuez, mon cher enfant. Vous disiez... »

« Comment allez-vous être protégé du danger que vous avez couru ? »

« Eh bien, mon cher, le danger n'est pas si grand. Sans que j'aie été informé, le danger n'est pas tant à signifier. Il y a Jaggers, et il y a Wemmick, et il y a vous. Qui d'autre est là pour informer ? »

« N'y a-t-il pas de chance qui puisse vous identifier dans la rue ? » dis-je.

« Eh bien, répondit-il, il n'y en a pas beaucoup. Je n'ai pas non plus l'intention de me faire de la publicité dans les journaux du nom de A.M., de retour de Botany Bay ; Et les années ont passé, et qui y gagnera ? Regarde quand même, Pip. Si le danger avait été cinquante fois plus grand, je serais venu vous voir, remarquez-le, tout de même. »

« Et combien de temps restez-vous ? »

« Combien de temps ? » dit-il en retirant sa pipe noire de sa bouche et en baissant la mâchoire en me regardant. « Je ne vais pas revenir en arrière. Je suis venu pour de bon. »

« Où devez-vous demeurer ? dis-je, que fera-t-on de vous ? Où serez-vous en sécurité ? »

« Cher enfant, répondit-il, il y a des perruques déguisées qu'on peut acheter pour de l'argent, et il y a de la poudre pour les cheveux, et des lunettes, et des vêtements noirs, des shorts et tout le reste. D'autres l'ont fait en toute sécurité auparavant, et ce que d'autres ont fait auparavant, d'autres peuvent le faire à l'âge. Quant à savoir où et comment vivre, cher enfant, donnez-moi votre propre opinion à ce sujet. »

— Vous le prenez tranquillement maintenant, dis-je, mais vous avez été très sérieux hier soir, quand vous avez juré que c'était la mort.

« Et donc je vous jure que c'est la Mort, dit-il en remettant sa pipe dans sa bouche, et la Mort par la corde, en pleine rue, pas la fourrure de celle-ci, et il est grave que vous compreniez bien qu'il en est ainsi. Que se passe-t-il alors, une fois que c'est fait ? Je suis là. Revenir en arrière maintenant serait aussi mauvais que de tenir bon, pire. D'ailleurs, Pip, je suis ici, parce que je l'ai pensé pour vous, des années et des années. Quant à ce que j'ose, je suis un vieil oiseau maintenant, qui a osé toutes sortes de pièges depuis qu'il a pris son envol, et je n'ai pas peur de me percher sur un épouvantail. S'il y a la Mort cachée à l'intérieur, il y en a, et qu'elle en sorte, et je lui ferai face, et alors je croirai en lui et pas avant. Et maintenant, permettez-moi de jeter un coup d'œil à mon gentleman agen. »

Une fois de plus, il me prit par les deux mains et me regarda d'un air de propriétaire admiratif, fumant avec une grande complaisance tout le temps.

Il me sembla que je ne pouvais mieux faire que de lui assurer un logement tranquille dans les environs, dont il pourrait s'emparer au retour d'Harbert, que j'attendais dans deux ou trois jours. Que le secret doive être confié à Harbert comme une nécessité inévitable, même si j'aurais pu mettre hors de question l'immense soulagement que j'éprouverais à le partager avec lui, c'était clair pour moi. Mais ce n'était pas du tout aussi évident pour M. Provis (je résolus de l'appeler par ce nom), qui réservait son consentement à la participation d'Harbert jusqu'à ce qu'il l'eût vu et qu'il se fût fait un jugement favorable sur sa physionomie. « Et même alors, mon cher enfant, dit-il en tirant de sa poche un petit Testament noir gras et serré, nous l'aurons sur son serment. »

Dire que mon terrible protecteur n'a fait le tour du monde ce petit livre noir que pour jurer les gens en cas d'urgence, ce serait dire ce que je n'ai jamais tout à fait établi ; mais ce que je peux dire, c'est que je ne l'ai jamais vu en faire un autre usage. Le livre lui-même avait l'apparence d'avoir été volé à une cour de justice, et peut-être sa connaissance de ses antécédents, combinée à sa propre expérience en la matière, lui donnait-il une confiance dans ses pouvoirs comme une sorte de charme ou de charme légal. La première fois qu'il l'avait produite, je me rappelai comment il m'avait fait jurer fidélité dans le cimetière de l'église, il y a longtemps, et comment il s'était dit la nuit dernière comme jurant toujours à ses résolutions dans sa solitude.

Comme il était en ce moment vêtu d'un costume de marin, dans lequel il avait l'air d'avoir des perroquets et des cigares à vendre, je discutai ensuite avec lui de l'habit qu'il devrait porter. Il nourrissait une croyance extraordinaire dans les vertus du « short » comme déguisement, et avait esquissé dans son esprit une robe pour lui-même qui aurait fait de lui quelque chose entre un doyen et un dentiste. Ce fut avec beaucoup de peine que je le gagnai à prendre un habit plus semblable à celui d'un fermier prospère ; et nous nous arrangeâmes pour qu'il se coupe les cheveux de près et qu'il porte un peu de poudre. Enfin, comme il n'avait pas encore été vu par la blanchisseuse ni par sa nièce, il devait se tenir hors de leur vue jusqu'à ce qu'il change de robe.

Il semblerait simple de décider de ces précautions ; mais dans mon état hébété, pour ne pas dire distrait, cela a pris tellement de temps que je ne suis sorti pour les poursuivre qu'à deux ou trois heures de l'après-midi. Il devait rester enfermé dans les chambres pendant mon absence, et ne devait en aucun cas ouvrir la porte.

Comme il y avait, à ma connaissance, une maison d'habitation respectable dans la rue Essex, dont l'arrière donnait sur le Temple et qui se trouvait presque à portée de mes fenêtres, je me rendis d'abord à cette maison, et j'eus la chance d'assurer le second étage à mon oncle, M. Provis. J'allai alors de boutique en boutique, faisant les achats nécessaires au changement de son apparence. Cette affaire traitée, je me tournai, pour mon propre compte, vers la Petite-Bretagne. M. Jaggers était à son bureau, mais, me voyant entrer, il se leva immédiatement et se tint debout devant son feu.

« Maintenant, Pip, dit-il, prends garde. »

– Je le ferai, monsieur, répondis-je. Car, en arrivant, j'avais bien réfléchi à ce que j'allais dire.

« Ne vous engagez pas, dit M. Jaggers, et n'engagez personne. Vous comprenez, n'importe qui. Ne me dites rien : je ne veux rien savoir ; Je ne suis pas curieux. »

Bien sûr, j'ai vu qu'il savait que l'homme était venu.

– Je veux seulement, monsieur Jaggers, dis-je, m'assurer que ce qu'on m'a dit est vrai. Je n'ai aucun espoir que ce soit faux, mais au moins je peux le vérifier.

M. Jaggers hocha la tête. « Mais avez-vous dit « dit » ou « informé » ? me demanda-t-il, la tête penchée de côté, sans me regarder, mais en regardant le sol d'un air attentif. « Told semblerait impliquer une communication verbale. Vous ne pouvez pas avoir de communication verbale avec un homme en Nouvelle-Galles du Sud, vous savez. »

— Je dirai, informé, monsieur Jaggers.

« Bien. »

« J'ai été informé par une personne nommée Abel Magwitch, qu'il est le bienfaiteur qui m'est si longtemps inconnu. »

« C'est l'homme, dit M. Jaggers, dans la Nouvelle-Galles du Sud. »

— Et lui seul ? dis-je.

— Et lui seul, dit M. Jaggers.

« Je ne suis pas assez déraisonnable, monsieur, pour vous croire responsable de mes erreurs et de mes fausses conclusions ; mais j'ai toujours supposé que c'était miss Havisham.

– Comme vous le dites, Pip, répondit M. Jaggers en tournant froidement les yeux sur moi et en se mordant l'index, je n'en suis pas du tout responsable.

« Et pourtant, cela y ressemblait tellement, monsieur », suppliai-je, le cœur abattu.

– Pas une particule de preuve, Pip, dit M. Jaggers en secouant la tête et en remontant ses jupes. « Ne prenez rien sur son apparence ; Prenez tout comme preuve. Il n'y a pas de meilleure règle. »

— Je n'ai plus rien à dire, dis-je en soupirant, après être resté silencieux un moment. « J'ai vérifié mes informations, et c'est fini. »

— Et Magwitch, dans la Nouvelle-Galles du Sud, s'étant enfin révélé, dit M. Jaggers, vous comprendrez, Pip, avec quelle rigidité, tout au long de ma communication avec vous, je me suis toujours tenu à la stricte ligne des faits. Il n'y a jamais eu le moindre écart par rapport à la stricte ligne de fait. Vous le savez bien ?

– Tout à fait, monsieur.

« J'ai fait part à Magwitch, dans la Nouvelle-Galles du Sud, lorsqu'il m'a écrit pour la première fois, de la Nouvelle-Galles du Sud, qu'il devait me mettre en garde contre le fait que je m'écarterais jamais de la stricte ligne de fait. Je lui ai également communiqué une autre mise en garde. Il m'a semblé avoir fait une allusion obscure dans sa lettre à une idée lointaine qu'il avait de vous voir ici en Angleterre. Je l'avertis que je ne devais plus entendre parler de cela ; qu'il n'était pas du tout susceptible d'obtenir une grâce ; qu'il a été expatrié pour la durée de sa vie naturelle ; et que le fait de se présenter dans ce pays serait un acte de félonie, le rendant passible de la peine extrême de la loi. J'ai donné cette mise en garde à Magwitch, dit M. Jaggers en me regardant fixement ; « Je l'ai écrit à la Nouvelle-Galles du Sud. Il s'en est guidé, sans doute. »

– Sans doute, dis-je.

— J'ai été informé par Wemmick, poursuivit M. Jaggers, me regardant toujours fixement, qu'il a reçu une lettre, datée de Portsmouth, d'un colon du nom de Purvis, ou...

« Ou Provis », ai-je suggéré.

— Ou Provis... merci, Pip. Peut-être est-ce Provis ? Peut-être savez-vous que c'est Provis ?

- Oui, dis-je.

« Vous savez, c'est Provis. Une lettre, datée de Portsmouth, d'un colon du nom de Provis, demandant les détails de votre adresse, au nom de Magwitch. Wemmick lui a envoyé les détails, si j'ai bien compris, par retour de courrier. C'est probablement par Provis que vous avez reçu l'explication de Magwitch, dans la Nouvelle-Galles du Sud ?

« C'est venu par Provis », ai-je répondu.

« Bonjour, Pip » dit M. Jaggers en lui tendant la main ; « Heureux de vous avoir vu. En écrivant par la poste à Magwitch—dans la Nouvelle-Galles du Sud—ou en communiquant avec lui par l'intermédiaire de Provis, ayez la bonté de mentionner que les détails et les pièces justificatives de notre compte à long terme vous seront envoyés, ainsi que le solde ; car il reste encore un équilibre. Bonjour, Pip !

Nous nous sommes serrés la main, et il m'a regardé fixement aussi longtemps qu'il a pu me voir. Je me retournai vers la porte, et il me regardait toujours fixement, tandis que les deux viles moulâtres sur l'étagère semblaient essayer d'ouvrir leurs paupières et de faire sortir de leur gorge gonflée : « Oh ! quel homme c'est ! »

Wemmick était sorti, et, bien qu'il eût été à son bureau, il n'aurait rien pu faire pour moi. Je retournai tout de suite au Temple, où je trouvai le terrible Provis buvant du rhum et de l'eau et fumant une tête de nègre, en sécurité.

Le lendemain, tous les vêtements que j'avais commandés sont rentrés à la maison, et il les a enfilés. Tout ce qu'il mettait lui convenait moins (il me semblait lamentable) que ce qu'il avait porté auparavant. À mon avis, il y avait quelque chose en lui qui rendait inutile toute tentative de le déguiser. Plus je l'habillais et mieux je l'habillais, plus il ressemblait au fugitif affalé dans les marais. Cet effet sur mon imagination anxieuse se rapportait en partie, sans doute, à son ancien visage et à ses manières qui me devenaient plus familiers ; mais je crois aussi qu'il traînait une de ses jambes comme s'il y avait encore un poids de fer dessus, et que de la tête aux pieds il y avait le Condamné dans le grain même de l'homme.

Les influences de sa vie solitaire de hutte étaient d'ailleurs sur lui et lui donnaient un air sauvage qu'aucune robe ne pouvait dompter ; À cela s'ajoutaient les influences de sa vie ultérieure marquée parmi les hommes et, couronnement de tout, sa conscience qu'il esquivait et se cachait maintenant. Dans toutes ses manières de s'asseoir et de se tenir debout, de manger et de boire, de ruminer à contrecœur les épaules hautes, de prendre son grand couteau à manche en corne, de l'essuyer sur ses jambes et de couper sa nourriture, de porter à ses lèvres des verres légers et des tasses, comme s'il s'agissait de maladroits pannikins, de couper un morceau de son pain, et s'en imprégnant les derniers fragments de sauce autour de son assiette, comme pour profiter au maximum d'une allocation, puis séchant le bout de ses doigts dessus, puis l'avalant, de ces manières et de mille autres petits cas sans nom survenant chaque minute de la journée, il y avait Prisonnier, Criminel, Esclave, aussi simple que possible.

C'était lui qui avait eu l'idée de porter cette touche de poudre, et j'avais concédé la poudre après avoir surmonté le short. Mais je ne peux comparer l'effet qu'il produisait, lorsqu'il était allumé, qu'à l'effet probable du rouge sur les morts ; Telle était affreuse la manière dont tout ce qu'il était désirable de réprimer en lui, commençait à travers cette mince couche de faux-semblants et semblait s'éteindre au sommet de sa tête. Il fut abandonné dès qu'on l'essaya, et il arbora ses cheveux grisonnants coupés courts.

Les mots ne peuvent pas dire quel sentiment j'avais, en même temps, de l'affreux mystère qu'il était pour moi. Quand il s'endormait un soir, ses mains noueuses serrant les côtés du fauteuil et sa tête chauve tatouée de rides profondes tombant en avant sur sa poitrine, je m'asseyais et le regardais, me demandant ce qu'il avait fait, et le chargeant de tous les crimes du calendrier, jusqu'à ce que l'impulsion soit puissante sur moi de me lever et de le fuir. Chaque heure augmentait tellement mon aversion pour lui, que je crois même que j'aurais pu céder à cette impulsion dans les premières agonies d'être ainsi hanté, malgré tout ce qu'il avait fait pour moi et le risque qu'il courait, sans la certitude qu'Harbert devait bientôt revenir. Une fois, je me suis levé du lit la nuit et j'ai commencé à m'habiller de mes plus beaux vêtements, avec l'intention précipitée de le laisser là avec tout ce que je possédais, et de m'enrôler pour l'Inde comme simple soldat.

Je doute qu'un fantôme eût pu être plus terrible pour moi, dans ces chambres solitaires pendant les longues soirées et les longues nuits, avec le vent et la pluie qui passaient toujours. Un fantôme n'aurait pas pu être pris et pendu à cause de moi, et la considération qu'il pouvait être, et la crainte qu'il serait, n'étaient pas peu de chose à mes horreurs. Quand il ne dormait pas, ou qu'il ne jouait pas une sorte de Patience compliquée avec un jeu de cartes en lambeaux, un jeu que je n'ai jamais vu avant ni depuis, et dans lequel il enregistrait ses gains en enfonçant son couteau dans la table, quand il n'était engagé dans aucune de ces activités, il me demandait de lui lire : « Langue étrangère, cher garçon ! » Tandis que j'obtempérais, lui, ne comprenant pas un seul mot, se tenait devant le feu et me regardait avec l'air d'un exposant, et je le voyais, entre les doigts de la main dont je me couvrais le visage, faisant semblant de faire semblant aux meubles de s'assurer de mon habileté. L'étudiant imaginaire poursuivi par la créature difforme qu'il avait impieusement faite, n'était pas plus misérable que moi, poursuivi par la créature qui m'avait fait, et reculant devant lui avec une répulsion plus forte, plus il m'admirait et plus il m'aimait.

On écrit cela, j'en ai conscience, comme si cela avait duré un an. Cela a duré environ cinq jours. Attendant Herbert tout le temps, je n'osais pas sortir, sauf quand je prenais Provis pour un aérage après la tombée de la nuit. Enfin, un soir que le dîner était terminé et que j'étais tombé dans un sommeil tout à fait épuisé, car mes nuits avaient été agitées et mon repos interrompu par des rêves effrayants, je fus réveillé par le pas bienvenu de l'escalier. Provis, qui dormait aussi, chancela au bruit que je faisais, et en un instant je vis son couteau briller dans sa main.

« Silence ! C'est Herbert ! J'ai dit; et Harbert entra en trombe, avec sur lui la fraîcheur aérienne de six cents milles de France. »

« Haendel, mon cher, comment allez-vous, et encore comment allez-vous, et encore comment allez-vous ? Il me semble que je suis parti depuis douze mois ! Eh bien, c'est ce que j'ai dû être, car tu es devenu tout à fait maigre et pâle ! Haendel, mon... Allôme ! Je vous demande pardon. »

Il fut arrêté dans sa course et dans ses mains tremblantes avec moi, en voyant Provis. Provis, qui le regardait avec une attention fixe, rangeait lentement son couteau et cherchait à tâtons dans une autre poche quelque chose d'autre.

« Herbert, mon cher ami, dis-je en fermant les doubles portes, tandis qu'Herbert restait debout, les yeux fixes, étonné, il s'est passé quelque chose de bien étrange. C'est un de mes visiteurs.

— C'est bien, mon cher garçon ! dit Provis en s'avançant, avec son petit livre noir fermé, puis en s'adressant à Harbert. « Prenez-le dans votre main droite. Seigneur vous frappe à mort sur le champ, si jamais vous vous séparez de quelque manière que ce soit ! Embrasse-le ! »

— Faites-le comme il le veut, dis-je à Harbert. Alors, Herbert, me regardant avec une inquiétude et un étonnement amicaux, s'exécuta, et Provis lui serra immédiatement la main, lui dit : « Maintenant, vous êtes sur votre serment, vous savez. Et ne me croyez jamais sur le mien, si Pip ne fait pas de vous un gentleman ! »

Chapitre XLI.

C'est en vain que j'essaierais de décrire l'étonnement et l'inquiétude d'Harbert, lorsqu'il s'assit devant le feu, et que je lui racontai tout le secret. Assez pour que je voie mes propres sentiments se refléter sur le visage d'Harbert, et surtout parmi eux, ma répugnance pour l'homme qui avait tant fait pour moi.

Ce qui seul aurait créé une division entre cet homme et nous, s'il n'y avait pas eu d'autre circonstance de division, c'est son triomphe dans mon histoire. Sauf son fâcheux sentiment d'avoir été « déprimé » à une occasion depuis son retour, sur ce point il commença à parler à Herbert, dès que ma révélation fut terminée, il ne percevait pas la possibilité que je trouvasse quelque faute à ma bonne fortune. Sa vantardise d'avoir fait de moi un gentleman, et d'être venu me voir soutenir le caractère avec ses vastes ressources, était faite pour moi tout autant que pour lui-même. Et que c'était une vantardise très agréable pour nous deux, et que nous devions tous deux en être très fiers, c'était une conclusion tout à fait établie dans son propre esprit.

« Regardez, camarade de Pip, dit-il à Harbert, après avoir discuté quelque temps, je sais bien qu'une fois depuis que je suis revenu, pendant une demi-minute, j'ai été déprimé. J'ai dit à Pip, je le savais car j'avais été déprimé. Mais ne vous inquiétez pas sur ce point. Je n'ai pas fait de Pip un gentleman, et Pip ne va pas faire de toi un gentleman, non pas que je ne sache pas ce qui vous est dû à tous les deux. Cher enfant, et camarade de Pip, vous pouvez compter sur moi pour avoir toujours un museau élégant. Muselé je l'ai été depuis cette demi-minute où j'ai été trahi dans l'humilité, muselé je suis à l'heure actuelle, muselé je le serai toujours. »

Herbert répondit : « Certainement », mais il parut n'y avoir aucune consolation particulière à cela, et resta perplexe et consterné. Nous attendions avec impatience le moment où il irait chez lui et nous laisserait ensemble, mais il était évidemment jaloux de nous laisser ensemble, et il s'est assis tard. Il était minuit quand je l'emmenai dans Essex Street, et je le vis entrer sain et sauf à sa porte sombre. Quand il se referma sur lui, j'éprouvai le premier moment de soulagement que j'avais connu depuis la nuit de son arrivée.

349

Jamais tout à fait libéré d'un souvenir inquiet de l'homme dans l'escalier, j'avais toujours regardé autour de moi en emmenant mon invité après la tombée de la nuit et en le ramenant ; et je regardais autour de moi maintenant. Aussi difficile qu'il soit dans une grande ville d'éviter le soupçon d'être surveillé, quand l'esprit est conscient du danger à cet égard, je ne pouvais pas me persuader qu'aucune des personnes en vue se souciait de mes mouvements. Les quelques personnes qui passaient passaient par là et la rue était vide quand je retournai dans le Temple. Personne n'était sorti à la porte avec nous, personne n'est entré à la porte avec moi. En passant près de la fontaine, je vis ses fenêtres arrière éclairées qui semblaient lumineuses et calmes, et, quand je restai quelques instants à la porte de l'immeuble où j'habitais, avant de monter l'escalier, Garden Court était aussi calme et sans vie que l'escalier l'était lorsque je l'ai monté.

Herbert m'a reçu à bras ouverts, et je n'avais jamais ressenti auparavant ce que c'est que d'avoir un ami. Lorsqu'il eut prononcé quelques paroles judicieuses de sympathie et d'encouragement, nous nous assîmes pour réfléchir à la question : Que faire ?

La chaise que Provis avait occupée restait toujours là où elle se trouvait, car il avait une façon de caserne de traîner à un endroit, d'une manière instable, et de faire une tournée de célébrations avec sa pipe, sa tête de nègre, son couteau et son jeu de cartes, et que sais-je encore, comme si tout était posé pour lui sur une ardoise... Je dis que sa chaise étant restée là où elle était debout, Herbert la prit inconsciemment, mais l'instant d'après, il en sortit, la repoussa et en prit une autre. Il n'eut plus l'occasion de dire après cela qu'il avait conçu une aversion pour mon protecteur, et je n'eus pas non plus l'occasion d'avouer la mienne. Nous avons échangé cette confiance sans façonner une syllabe.

« Quoi, dis-je à Harbert, quand il fut en sécurité dans un autre fauteuil, que faut-il faire ? »

« Mon pauvre cher Haendel, répondit-il en se tenant la tête, je suis trop stupéfait pour réfléchir. »

— Moi aussi, Herbert, quand le coup est tombé pour la première fois. Pourtant, il faut faire quelque chose. Il s'occupe de diverses nouvelles dépenses, de chevaux, de voitures et de somptueuses apparitions de toutes sortes. Il faut l'arrêter d'une manière ou d'une autre.

— Tu veux dire que tu ne peux pas accepter...

« Comment le pourrais-je ? » Je m'interposai, tandis qu'Herbert s'arrêtait. « Pensez à lui ! Regardez-le ! »

Un frisson involontaire nous parcourut tous les deux.

— Pourtant, je crains que l'affreuse vérité, Harbert, ne soit qu'il soit attaché à moi, fortement attaché à moi. Y a-t-il jamais eu un tel destin !

— Mon pauvre cher Haendel, répéta Harbert.

— Alors, dis-je, après tout, m'arrêtant ici net, sans jamais lui prendre un sou de plus, pensez à ce que je lui dois déjà ! Mais encore : je suis lourdement endetté, très lourdement pour moi, qui n'ai plus d'attentes, et j'ai été élevé pour aucune vocation, et je ne suis bon à rien.

« Eh bien, bien, bien ! » Herbert protesta. « Ne dites pas bon pour rien. »

« À quoi suis-je apte ? Je ne sais qu'une chose pour laquelle je suis apte, c'est d'aller chercher un soldat. Et j'aurais pu y aller, mon cher Herbert, si je n'avais pas eu la perspective de prendre conseil de votre amitié et de votre affection. »

Bien sûr, je m'effondrai là-bas, et bien sûr Harbert, outre qu'il saisit une chaude poignée de ma main, fit semblant de ne pas le savoir.

« Quoi qu'il en soit, mon cher Haendel, dit-il bientôt, le métier de soldat ne fera pas l'affaire. Si vous renonciez à ce patronage et à ces faveurs, je suppose que vous le feriez avec le faible espoir de rembourser un jour ce que vous avez déjà eu. Pas très fort, cet espoir, si vous alliez soldat ! De plus, c'est absurde. Vous seriez infiniment mieux dans la maison de Clarriker, si petite qu'elle soit. Je travaille à un partenariat, vous savez. »

Pauvre garçon ! Il ne se doutait guère avec l'argent de qui.

— Mais il y a une autre question, dit Harbert. « C'est un homme ignorant, déterminé, qui a depuis longtemps une idée fixe. Bien plus, il me semble (je peux me tromper) un homme d'un caractère désespéré et féroce.

— Je le sais, répondis-je. « Laissez-moi vous dire quelles preuves j'en ai vues.» Et je lui ai dit ce que je n'avais pas mentionné dans mon récit, de cette rencontre avec l'autre condamné.

— Voyez donc, dit Harbert. « Pensez à ceci ! Il vient ici au péril de sa vie, pour la réalisation de son idée fixe. Au moment de la réalisation, après tout son labeur et son attente, vous coupez l'herbe sous ses pieds, détruisez son idée et rendez ses gains sans valeur pour lui. Ne voyez-vous rien qu'il puisse faire, sous la déception ? »

— Je l'ai vu, Harbert, et j'en ai rêvé depuis la nuit fatale de son arrivée. Rien n'a été aussi distinctement dans mes pensées que de se mettre lui-même sur le chemin d'être pris.

— Alors vous pouvez compter, dit Harbert, qu'il y aurait un grand danger qu'il le fasse. C'est là son pouvoir sur vous tant qu'il restera en Angleterre, et ce serait sa ligne de conduite téméraire si vous l'abandonniez.

Je fus si frappé de l'horreur de cette idée, qui m'avait pesé dès le début, et dont l'exécution me ferait me considérer, en quelque sorte, comme son meurtrier, que je ne pus me reposer sur ma chaise, et je me mis à faire les cent pas. Cependant je dis à Harbert que, même si Provis était reconnu et pris, malgré lui, je serais misérable comme cause, quoique innocemment. Oui; même si j'étais si malheureuse de l'avoir en liberté et près de moi, et même si j'aurais préféré de loin travailler à la forge tous les jours de ma vie plutôt que d'en arriver là !

Mais il n'y avait pas moyen d'éluder la question : Que faire ?

« La première et la principale chose à faire, dit Harbert, c'est de le faire sortir d'Angleterre. Il faudra que vous l'accompagniez, et alors on l'incitera peut-être à y aller. »

« Mais l'amener où je veux, pourrais-je l'empêcher de revenir ? »

- Mon bon Haendel, n'est-il pas évident qu'avec Newgate dans la rue voisine, il doit y avoir beaucoup plus de danger à ce que vous lui brisiez l'esprit et que vous le rendiez téméraire, ici, qu'ailleurs ? Si l'on pouvait trouver un prétexte pour l'éloigner de cet autre condamné, ou de n'importe quoi d'autre dans sa vie, maintenant.

— Encore une fois ! dis-je en m'arrêtant devant Harbert, les mains ouvertes tendues, comme si elles eussent contenu le désespoir de l'affaire. « Je ne sais rien de sa vie. J'ai failli devenir folle de rester assise ici une nuit et de le voir devant moi, si lié à mes fortunes et à mes malheurs, et pourtant si inconnu de moi, si ce n'est comme le misérable misérable qui m'a épouvanté deux jours dans mon enfance ! »

Harbert se leva, passa son bras dans le mien, et nous marchâmes lentement ensemble, étudiant le tapis.

— Haendel, dit Harbert en s'arrêtant, vous êtes persuadé que vous ne pouvez plus tirer de lui aucun avantage ; Et vous ?

« Pleinement. Sûrement que vous le feriez aussi, si vous étiez à ma place? »

— Et vous êtes persuadé qu'il faut rompre avec lui ?

— Herbert, pouvez-vous me le demander ?

Et vous avez, et vous devez avoir, cette tendresse pour la vie qu'il a risquée à cause de vous, que vous devez le sauver, si possible, de la jeter. Ensuite, il faut que vous le fassiez sortir d'Angleterre avant de remuer le petit doigt pour vous dégager. Cela fait, dégagez-vous, au nom du ciel, et nous verrons cela ensemble, mon cher vieux.

C'était un réconfort de lui serrer la main et de marcher de long en large, sans que cela soit fait.

— Maintenant, Harbert, dis-je, pour ce qui est d'acquérir quelque connaissance de son histoire. Il n'y a qu'un seul moyen que je connaisse. Je dois lui demander à brûle-pourpoint.

« Oui. Demandez-lui, dit Harbert, quand nous déjeunerons le matin. Car il avait dit, en prenant congé d'Harbert, qu'il viendrait déjeuner avec nous. »

Avec ce projet formé, nous sommes allés nous coucher. J'ai fait les rêves les plus fous à son sujet, et je me suis réveillé sans repos ; Je me réveillai aussi pour retrouver la crainte que j'avais perdue dans la nuit, qu'il ne fût découvert comme un moyen de transport de retour. En me réveillant, je n'ai jamais perdu cette peur.

Il revint à l'heure dite, sortit son couteau et s'assit pour son repas. Il était plein de projets « pour que son gentleman en sorte fort et comme un gentleman », et il me pressa de me mettre rapidement au service du portefeuille qu'il avait laissé en ma possession. Il considérait les chambres et son propre logement comme des résidences temporaires, et me conseilla de chercher immédiatement un « berceau à la mode » près de Hyde Park, dans lequel il pourrait avoir « un tour ». Quand il eut fini de déjeuner et qu'il s'essuya la jambe avec son couteau, je lui dis sans un mot de préface :

« Après votre départ hier soir, j'ai raconté à mon ami la lutte que les soldats vous ont trouvée engagée dans les marais, lorsque nous sommes arrivés. Tu te souviens ? »

« Souvenez-vous ! » dit-il. « Je pense que oui ! »

Nous voulons savoir quelque chose sur cet homme et sur vous. Il est étrange de ne pas en savoir plus sur l'un ou l'autre, et particulièrement sur vous, que j'ai pu en dire hier soir. N'est-ce pas le bon moment pour en savoir plus ?

« Eh bien ! » dit-il après réflexion. — Vous avez prêté serment, vous savez, le camarade de Pip ?

— Certainement, répondit Harbert.

« Pour ce qui est de tout ce que je dis, vous savez », insista-t-il. « Le serment s'applique à tous. »

« Je le comprends. »

« Et regardez ici ! Tout ce que j'ai fait est calculé et payé », a-t-il de nouveau insisté.

« Qu'il en soit ainsi. »

Il tira sa pipe noire et allait la remplir de tête de nègre, quand, regardant l'enchevêtrement de tabac qu'il tenait à la main, il sembla penser que cela pourrait troubler le fil de son récit. Il la remit, enfonça sa pipe dans la boutonnière de son habit, étendit une main sur chaque genou, et, après avoir jeté quelques instants un œil furieux sur le feu, il nous regarda et nous dit ce qui suit.

354

Chapitre XLII.

« Cher garçon et camarade de Pip. Je ne vais pas vous raconter ma vie comme une chanson ou un livre d'histoires. Mais pour vous faire court et pratique, je vais le mettre tout de suite dans une bouchée d'anglais. En prison et hors de prison, en prison et hors de prison, en prison et hors de prison. Voilà, vous l'avez. C'est à peu près ma vie, jusqu'aux moments où j'ai été expédié, arter Pip était mon ami. »

On m'a fait tout, à peu près bien, sauf pendre. J'ai été enfermé autant qu'un chariot d'argent. J'ai été transporté ici et traîné là, et expulsé de cette ville, et mis hors de cette ville, et coincé dans les stocks, et fouetté, inquiet et conduit. Je n'ai pas plus la moindre idée de l'endroit où je suis né que vous, si tant est que ce soit. Je me suis rendu compte pour la première fois dans l'Essex, comme un voleur de navets pour gagner ma vie. Summun s'était enfui loin de moi, un homme, un bricoleur, et il avait emporté le feu avec lui et m'avait laissé très froid.

« Je savais que je m'appelais Magwitch, j'ai dit Abel. Comment l'ai-je su ? Tout comme je savais que les noms des oiseaux dans les haies étaient pinsons, parrer, grives. J'aurais pu penser que tout cela était ensemble, mais comme les noms des oiseaux sont vrais, je suppose que c'est le mien. »

« Autant de fourrure que j'ai pu trouver, il n'y a pas une âme qui ait vu le jeune Abel Magwitch, avec nous, peu sur lui comme en lui, qui n'ait pris peur de lui, et l'ait chassé ou l'ait emmené. J'ai été pris, pris, pris, à ce point que j'ai régulièrement grandi. »

« C'est ainsi que, lorsque j'étais un petit creetur en haillons, aussi à plaindre que je n'en vois jamais (non pas que je me sois regardé dans la glace, car il n'y a pas beaucoup d'intérieurs de maisons meublées que je connaisse), j'ai reçu le nom d'endurci. C'est un terrible endurci », disent-ils aux wisitors de la prison en me désignant. « On peut dire qu'il vit en prison, ce garçon. » Puis ils m'ont regardé, et je les ai regardés, et ils ont mesuré ma tête, certains sur eux, ils avaient mieux fait de mesurer mon estomac, et d'autres sur eux m'ont donné des tracts que je ne pouvais pas lire, et m'ont fait des discours que je ne pouvais pas comprendre. Ils me parlaient toujours du diable. Mais que diable étais-je faire ? Il faut que je me mette quelque chose dans l'estomac, n'est-ce pas ?... Quoi qu'il en soit, je suis en train de déprimer, et je sais ce qui m'est dû. Cher garçon et camarade de Pip, ne t'inquiète pas que je sois déprimé. »

« Fouler, mendier, voler, travailler quelquefois quand je le pouvais, bien que cela ne m'avertisse pas aussi souvent que vous le pensez, jusqu'à ce que vous me demandiez si vous auriez été trop disposés à me donner du travail vous-mêmes, un peu braconnier, un peu ouvrier, un peu charretier, un peu charretier, un peu charretier, un peu colporteur, un peu de la plupart des choses qui ne paient pas et qui mènent à des ennuis, je dois être un homme. Un soldat déserteur dans un Traveller's Rest, qui se cachait jusqu'au menton sous un tas de tatures, m'a appris à lire ; et un géant itinérant, qui signait son nom à un penny à la fois, m'apprenait à écrire. Je préviens que je ne suis plus enfermé aussi souvent qu'autrefois, mais j'ai encore usé ma bonne part de métal clé. »

« Aux courses d'Epsom, il y a un peu plus de vingt ans, j'ai fait la connaissance d'un homme dont j'aurais cassé le crâne avec ce tisonnier, comme la pince d'un homard, si je l'avais mis sur cette plaque de cuisson. Son vrai nom était Compeyson ; et c'est l'homme, cher enfant, ce que tu me vois marteler dans le fossé, d'après ce que tu as dit à ton camarade que j'étais parti hier soir. »

« Il s'était installé avec un gentleman, ce Compeyson, et il avait été dans un pensionnat public et avait fait des études. Il était doux à parler et était un peu trompé par les manières des gentilshommes. Il était beau aussi. C'était la nuit qui précéda la grande course, quand je le trouvai sur la lande, dans une cabine que je connaissais. Lui et d'autres étaient assis parmi les tables quand je suis entré, et l'aubergiste (qui me connaissait et qui était sportif) l'a appelé et a dit : « Je pense que c'est un homme qui pourrait vous convenir », c'est-à-dire que je l'étais.

« Compeyson, il me regarde très remarqué, et je le regarde. Il a une montre, une chaîne, une bague, une épingle à poitrine et un beau costume. »

« À en juger par les apparences, vous n'avez pas de chance », me dit Compeyson.

— Oui, maître, et je n'y ai jamais beaucoup participé. (Je suis sorti de la prison de Kingston en dernier pour vagabondage. Non pas ce qu'il aurait pu être pour autre chose ; mais il ne prévient pas.)

« La chance tourne, dit Compeyson ; peut-être que le tien va changer. »

J'ai dit : « J'espère qu'il en sera ainsi. Il y a de la place. »

« Que pouvez-vous faire ? » demande Compeyson.

« Mangez et buvez, » dis-je ; si vous trouvez les matériaux.

« Compeyson se mit à rire, me regarda de nouveau très remarqué, me donna cinq shillings et me fixa pour la nuit prochaine. Même endroit. »

« Je suis allé à Compeyson la nuit suivante, au même endroit, et Compeyson m'a pris pour être son homme et son partenaire. Et quelle était l'affaire de Compeyson dans laquelle nous devions devenir partenaires ? L'affaire de Compeyson était l'escroquerie, la falsification d'écritures, le passage de billets de banque volés, etc. Toutes sortes de pièges que Compeyson pouvait tendre avec sa tête, et garder ses propres jambes à l'écart, en tirer les profits et laisser un autre homme entrer, étaient l'affaire de Compeyson. Il n'avait pas plus de cœur qu'une lime de fer, il était froid comme la mort, et il avait la tête du diable dont il était question plus haut. »

Il y en avait un autre chez Compeyson, comme on l'appelait Arthur, non pas comme étant ainsi chrisnée, mais comme un nom de famille. Il était en déclin et n'était plus qu'une ombre à regarder. Lui et Compeyson avaient eu une mauvaise affaire avec une dame riche quelques années auparavant, et ils avaient gagné beaucoup d'argent grâce à cela ; mais Compeyson pariait et jouait, et il aurait épuisé les impôts du roi. Ainsi, Arthur était mourant, et un pauvre mourant et avec les horreurs qui pesaient sur lui, et la femme de Compeyson (à qui Compeyson donnait surtout des coups de pied) avait pitié de lui quand elle le pouvait, et Compeyson n'avait pitié de rien ni de personne.

« J'aurais pu prendre l'avertissement d'Arthur, mais je ne l'ai pas fait ; et je ne prétendrai pas que j'étais un copain, car où serait le bon là-dessus, cher garçon et camarade ? J'ai donc commencé avec Compeyson, et j'étais dans ses mains un pauvre outil. Arthur vivait au sommet de la maison de Compeyson (près de Brentford), et Compeyson tenait un compte minutieux pour lui pour le gîte et le bas, au cas où il s'arrangerait un jour. Mais Arthur régla bientôt le compte. La deuxième ou la troisième fois que je le vois, il fait irruption dans le salon de Compeyson, tard dans la nuit, vêtu seulement d'une robe de flanelle, les cheveux en sueur, et il dit à la femme de Compeyson : « Sally, elle est vraiment en haut à côté de moi, maintenant, et je ne peux pas me débarrasser d'elle. Elle est toute en blanc, dit-il, avec des fleurs blanches dans les cheveux, et elle est affreusement folle, et elle a un linceul suspendu sur son bras, et elle dit qu'elle me le mettra à cinq heures du matin. »

« Compeyson dit : « Pourquoi, imbécile, ne sais-tu pas qu'elle a un corps vivant ? Et comment serait-elle là-haut, sans passer par la porte, ou entrer par la fenêtre, et monter l'escalier ? »

« Je ne sais pas comment elle est là, dit Arthur, frissonnant d'horreur, mais elle est debout dans un coin au pied du lit, affreusement folle. Et là où son cœur s'est brisé, *vous* l'avez brisé ! il y a des gouttes de sang.

« Compeyson parlait dur, mais il a toujours été lâche. Monte un peu plus loin ce malade débraillé, dit-il à sa femme, et Magwitch, donne-lui un coup de main, veux-tu ? Mais il ne s'est jamais approché de lui-même.

« La femme de Compeyson et moi, nous l'avons emmené au lit, et il a déliré épouvantablement. Pourquoi la regarder !' s'écrie-t-il. « Elle me secoue le linceul ! Vous ne la voyez pas ? Regardez ses yeux ! N'est-ce pas affreux de la voir si folle ? Ensuite, il pleure : « Elle va me le mettre, et alors je suis fini ! Ôtez-le-lui, enlevez-le ! Et alors il nous saisit, et se mit à lui parler et à lui répondre, jusqu'à ce que je croyais la voir moi-même. »

« La femme de Compeyson, habituée à lui, lui donna de l'alcool pour se débarrasser des horreurs, et peu à peu il se tut. Oh, elle est partie ! Son gardien a-t-il été pour elle ? », dit-il. « Oui », dit la femme de Compeyson. « Lui avez-vous dit de l'enfermer et de l'empêcher d'entrer ? » « Oui. » « Et pour lui enlever cette vilaine chose ? » « Oui, oui, d'accord. » « Vous êtes un bon crétin », dit-il, « ne me quitte pas, quoi que tu fasses, et merci ! »

« Il s'est reposé assez tranquillement jusqu'à ce qu'il faille quelques minutes sur cinq heures, puis il a commencé à crier et a crié : « La voici ! Elle a de nouveau le linceul. Elle est en train de le déplier. Elle sort du coin. Elle vient au lit. Tenez-moi, tous les deux sur vous, un de chaque côté, ne la laissez pas me toucher avec. Hah! Je lui ai manqué cette fois-là. Ne la laissez pas le jeter par-dessus mes épaules. Ne la laissez pas me soulever pour l'entourer. Elle me relève. Gardez-moi à terre ! Puis il se releva avec force et fut mort. »

« Compeyson a pris les choses à la légère comme un bon débarras pour les deux équipes. Lui et moi fûmes bientôt occupés, et d'abord il me jura (toujours habile) sur mon propre livre, ce petit livre noir, mon cher enfant, sur lequel j'ai juré ton camarade. »

« Pour ne pas entrer dans les détails des choses que Compeyson a planifiées et que j'ai faites, qui pourraient prendre une semaine, je vous dirai simplement, cher garçon et camarade de Pip, que cet homme m'a fait tomber dans des filets qui ont fait de moi son esclave noir. J'étais toujours endettée envers lui, toujours sous sa coupe, toujours en train de travailler, toujours en danger. Il était plus jeune que moi, mais il avait de l'art, et il avait appris quelque chose, et il m'a surpassé cinq cents fois et sans pitié. Ma Mississi, comme j'ai eu la peine de m'en sortir... Arrêtez pourtant ! Je ne l'ai pas fait entrer... »

Il regarda autour de lui d'une manière confuse, comme s'il eût perdu sa place dans le livre de son souvenir ; Et il tourna son visage vers le feu, étendit ses mains plus largement sur ses genoux, les souleva et les remit en place.

« Il n'est pas nécessaire d'entrer dans les détails, dit-il en regardant de nouveau autour de lui. Le temps passé avec Compeyson a été le plus dur que j'aie jamais eu ; Cela dit, tout est dit. Vous l'ai-je dit pendant que j'étais jugé, seul, pour délit, alors que j'étais avec Compeyson ? »

J'ai répondu que non.

« Eh bien ! » dit-il, je l'étais, et j'ai été condamné. Pour ce qui est d'être soupçonné, c'était deux ou trois fois au cours des quatre ou cinq années qu'il a duré ; Mais les preuves manquaient. Finalement, Compeyson et moi avons été incarcérés tous les deux pour félonie, sous l'accusation d'avoir mis en circulation des billets volés, et il y avait d'autres accusations derrière. Compeyson m'a dit : « Défenses séparées, pas de communication », et c'est tout. Et j'étais si misérable, que j'ai vendu tous les vêtements que j'avais, sauf ceux qui pendaient à mon dos, avant de pouvoir avoir des Jaggers.

« Quand nous avons été mis sur le banc des accusés, j'ai remarqué tout d'abord quel gentleman Compeyson avait l'air, avec ses cheveux bouclés, ses vêtements noirs et son mouchoir de poche blanc, et quelle sorte de misérable j'avais l'air d'un misérable ordinaire. Quand l'accusation s'est ouverte et que les preuves ont été présentées de près, j'ai remarqué combien tout cela pesait sur moi et combien il était léger. Quand les preuves ont été données dans la boîte, j'ai remarqué que c'était toujours moi qui venais chercher et qu'on pouvait jurer, que c'était toujours à moi que l'argent avait été payé, que c'était toujours moi qui avais semblé exploiter la chose et en tirer profit. Mais quand la défense arrive, alors je vois le plan plus clair ; car, dit le conseiller de Compeyson, « milord et messieurs, vous avez ici devant vous, côte à côte, deux personnes que vos yeux peuvent séparer ; l'un, le plus jeune, bien élevé, à qui l'on parlera comme tel ; l'un, l'aîné, mal élevé, à qui l'on parlera comme tel ; l'un, le plus jeune, rarement vu dans ces transactions ici, et seulement soupçonné ; L'autre, l'aîné, était toujours vu en eux et avait toujours sa culpabilité à la maison. Pouvez-vous douter qu'il n'y en ait qu'un seul, qui soit celui-là, et s'il y en a deux, lequel est de beaucoup le pire ? Et ainsi de suite. Et quand il s'agit de caractère, n'avertissez-vous pas Compeyson comme il l'avait été à l'école, et n'avertissez-vous pas ses camarades d'école qui étaient dans cette position et dans celle-là, et ne l'avertissez-vous pas comme l'avaient été les témoins dans de tels clubs et sociétés, et non pas à son désavantage ? Et ne m'avertissez pas comme on l'avait essayé auparavant, et comme on l'avait su en haut et en bas de la vallée à Bridewells et Lock-Ups ! Et quand il s'agit de faire des discours, n'avertissez pas que ce soit Compeyson qui pourrait leur parler avec son visage qui se laisse tomber de temps en temps dans son mouchoir de poche blanc, ah ! et avec des vers dans son discours, et il ne m'avertit pas, moi qui ne pourrais que dire : « Messieurs, cet homme à mes côtés est un coquin des plus précieux » ? Et quand le verdict sera rendu, n'avertissez-le pas Compeyson, comme on l'a recommandé à la clémence à cause de sa bonne moralité et de sa mauvaise compagnie, et en renonçant à toutes les informations qu'il pouvait m'agener, et ne m'avertissez-vous pas que je n'ai jamais reçu un mot que coupable ? Et quand je dis à Compeyson : « Une fois sorti de ce tribunal, je te briserai la gueule ! » n'est-ce pas Compeyson qui prie le juge d'être protégé, et qui met deux clés en main entre nous ? Et quand nous serons condamnés, n'est-ce pas lui qui aura sept ans d'emprisonnement, et moi quatorze, et n'est-ce pas lui dont le juge est désolé, parce qu'il aurait pu si bien faire, et n'est-ce pas moi, comme le juge le perçoit, comme un vieux délinquant de passion volontaire, susceptible d'empirer ?

Il s'était mis dans un état de grande excitation, mais il l'arrêta, prit deux ou trois courtes respirations, déglutit aussi souvent, et, étendant la main vers moi, il me dit d'un ton rassurant : « Je ne vais pas être déprimé, mon cher garçon ! »

Il s'était tellement chauffé qu'il sortit son mouchoir et s'essuya le visage, la tête, le cou et les mains, avant de pouvoir continuer.

« J'avais dit à Compeyson que j'écraserais son visage, et j'ai juré que Dieu briserait le mien ! pour le faire. Nous étions dans le même vaisseau-prison, mais je n'ai pas pu l'atteindre longtemps, bien que j'aie essayé. Enfin, je suis venu derrière lui et je l'ai frappé sur la joue pour le retourner et lui en donner un coup de poing, quand j'ai été vu et saisi. Le trou noir de ce vaisseau n'avertissait pas un trou noir fort, à un juge de trous noirs qui pouvaient nager et plonger. Je me suis échappé jusqu'au rivage, et je me suis caché parmi les tombes là-bas, les enviant comme il y en avait et partout, quand j'ai vu mon garçon pour la première fois ! »

Il me regarda avec un regard d'affection qui le rendit presque odieux à mes yeux, bien que j'eusse éprouvé une grande pitié pour lui.

« Mon garçon m'a donné à comprendre que Compeyson était aussi dans ces marais. Sur mon âme, je crois à moitié qu'il s'est échappé dans sa terreur, pour me quitter, ne sachant pas que c'était moi qui étais descendu à terre. Je l'ai traqué. Je lui ai fracassé le visage. « Et maintenant, dis-je, comme la pire chose que je puisse faire, sans me soucier de moi-même, je vais vous ramener en arrière. » Et je serais parti à la nage, en le remorquant par les cheveux, s'il en était arrivé là, et je l'aurais fait monter à bord sans les soldats.

« Bien sûr, il en a tiré le meilleur jusqu'à la fin, son caractère était si bon. Il s'était échappé quand il fut rendu à demi sauvage par moi et mes intentions meurtrières ; et son châtiment fut léger. On m'a mis aux fers, on m'a de nouveau traduit en justice et on m'a envoyé à vie. Je n'ai pas arrêté pour la vie, cher garçon et camarade de Pip, d'être ici. »

Il s'essuya de nouveau, comme il l'avait fait auparavant, puis sortit lentement son enchevêtrement de tabac de sa poche, et tira sa pipe de sa boutonnière, la remplit lentement, et se mit à fumer.

« Est-il mort ? » demandai-je, après un silence.

« Qui est mort, cher garçon ? »

« Compeyson. »

« Il espère que *je* le suis, s'il est vivant, vous pouvez en être sûr », avec un regard féroce. « Je n'ai plus jamais fait attention à lui. »

Herbert écrivait avec son crayon sur la couverture d'un livre. Il poussa doucement le livre vers moi, tandis que Provis fumait, les yeux sur le feu, et je lus dans celui-ci :

« Le jeune Havisham s'appelait Arthur. Compeyson est l'homme qui prétendait être l'amant de miss Havisham. »

Je fermai le livre et fis un léger signe de tête à Herbert, et je mis le livre à côté ; mais ni l'un ni l'autre ne disions rien, et tous deux regardions Provis qui fumait près du feu.

Chapitre XLIII.

Pourquoi devrais-je m'arrêter pour demander dans quelle mesure ma réticence à l'égard de Provis pourrait être attribuée à Estella ? Pourquoi m'attarderais-je sur ma route, pour comparer l'état d'esprit dans lequel j'avais essayé de me débarrasser de la tache de la prison avant de la rencontrer à la diligence, avec l'état d'esprit où je réfléchissais maintenant sur l'abîme entre Estelle dans son orgueil et sa beauté, et le transport de retour que j'abritais ? La route n'en serait pas plus facile, la fin n'en serait pas meilleure, il ne serait pas aidé, ni moi atténué.

Une nouvelle crainte avait été engendrée dans mon esprit par son récit ; Ou plutôt, son récit avait donné forme et but à la peur qui était déjà là. Si Compeyson était vivant et découvrait son retour, je ne pourrais guère douter des conséquences. Que Compeyson ait une peur mortelle de lui, aucun des deux ne pouvait le savoir beaucoup mieux que moi ; et qu'un homme tel que cet homme ait été décrit hésitât à se libérer définitivement d'un ennemi redouté par les moyens sûrs de devenir un délateur, c'était à peine imaginable.

Jamais je n'avais soufflé, et jamais je ne respirerais, du moins c'est ce que je résolus, un mot d'Estella à Provis. Mais je dis à Herbert qu'avant de pouvoir aller à l'étranger, il fallait que je voie Estelle et miss Havisham. C'est à ce moment-là que nous nous sommes retrouvés seuls la nuit du jour où Provis nous a raconté son histoire. Je résolus d'aller à Richmond le lendemain, et j'y allai.

Lorsque je me présentai chez Mme Brandley, la femme de chambre d'Estelle fut appelée pour lui dire qu'Estelle était partie à la campagne. Où? À la Maison Satis, comme d'habitude. Pas comme d'habitude, dis-je, car elle n'y était jamais allée sans moi ; Quand revenait-elle ? Il y avait dans la réponse un air de réserve qui augmenta ma perplexité, et la réponse fut que sa femme de chambre croyait qu'elle ne reviendrait que pour un petit moment. Je ne pouvais rien y faire, si ce n'est que c'était pour que je n'en fasse rien, et je rentrai chez moi dans un désarroi complet.

Une autre consultation nocturne avec Herbert, après le départ de Provis (je l'emmenais toujours à la maison et j'avais toujours bonne mine sur moi), nous a amenés à la conclusion qu'il ne fallait rien dire sur le fait de partir à l'étranger jusqu'à ce que je revienne de chez Mlle Havisham. En attendant, Herbert et moi devions examiner séparément ce qu'il serait préférable de dire ; si nous devions faire semblant de craindre qu'il ne fût observé de manière suspecte ; ou si moi, qui n'avais jamais été à l'étranger, je proposerais une expédition. Nous savions tous les deux que je n'avais qu'à proposer n'importe quoi, et il y consentirait. Nous convînmes qu'il ne fallait pas songer à ce qu'il resterait plusieurs jours dans le danger qu'il courait.

Le lendemain, j'eus la bassesse de feindre que j'avais la promesse obligatoire d'aller chez Joe ; mais j'étais capable de presque toutes les méchancetés envers Joe ou son nom. Provis devait être très prudent pendant mon absence, et Herbert devait prendre la direction que j'avais prise. Je ne devais m'absenter qu'une nuit, et, à mon retour, la satisfaction de son impatience de voir mon entrée en tant que gentleman sur une plus grande échelle devait commencer. Il me vint alors à l'esprit, et comme je le découvris plus tard à Harbert, qu'il vaudrait mieux le faire traverser l'eau, sous ce prétexte, comme pour faire des achats, ou quelque chose de semblable.

Ayant ainsi dégagé la voie pour mon expédition chez miss Havisham, je partis par la diligence de bon matin avant qu'il ne fasse encore jour, et j'étais sur la route de campagne quand le jour arriva, s'arrêtant, gémissant et grelottant, et enveloppé de nuages et de lambeaux de brume, comme un mendiant. Quand nous nous rendîmes au Sanglier Bleu après une promenade sous la bruine, qui verrais-je sortir sous la porte, cure-dent à la main, pour regarder la voiture, sinon Bentley Drummle !

Comme il faisait semblant de ne pas me voir, j'ai fait semblant de ne pas le voir. C'était un prétexte très boiteux de part et d'autre ; parce que nous entrâmes tous les deux dans la salle de café, où il venait de finir son déjeuner, et où je commandai le mien. C'était un poison pour moi de le voir en ville, car je savais très bien pourquoi il était venu là.

Feignant de lire un journal barbouillé depuis longtemps démodé, qui n'avait rien d'aussi lisible dans ses nouvelles locales que la matière étrangère du café, des cornichons, des sauces de poisson, de la sauce, du beurre fondu et du vin dont il était saupoudré partout, comme s'il avait pris la rougeole sous une forme très irrégulière, je m'assis à ma table pendant qu'il se tenait debout devant le feu. Peu à peu, c'est devenu une énorme blessure pour moi qu'il se soit tenu devant le feu. Et je me suis levé, déterminé à en avoir ma part. J'ai dû mettre ma main derrière ses jambes pour le tisonnier quand je suis monté à la cheminée pour attiser le feu, mais j'ai toujours fait semblant de ne pas le reconnaître.

« Est-ce une coupure ? » demanda M. Drummle.

« Oh ! » dis-je, le tisonnier à la main ; « C'est toi, n'est-ce pas ? Comment vas-tu ? Je me demandais qui c'était, qui a empêché le feu d'entrer. »

Sur ce, je poussai énormément et, l'ayant fait, je me plantai côte à côte avec M. Drummle, les épaules carrées et le dos au feu.

« Vous venez de descendre ? » dit M. Drummle en m'écartant un peu de son épaule.

— Oui, dis-je en l'écartant un peu de *mon* épaule.

« Endroit bestial », dit Drummle. « Votre coin de pays, je crois ? »

« Oui », acquiesçai-je. « On m'a dit que c'était très semblable à votre Shropshire. »

— Pas du tout comme ça, dit Drummle.

Ici, M. Drummle a regardé ses bottes et j'ai regardé les miennes, puis M. Drummle a regardé mes bottes, et j'ai regardé les siennes.

« Êtes-vous ici depuis longtemps ? » demandai-je, déterminé à ne pas céder un pouce du feu.

— Assez longtemps pour en avoir marre, répondit Drummle en faisant semblant de bâiller, mais tout aussi déterminé.

« Restes-tu ici longtemps ? »

– Je ne peux pas le dire, répondit M. Drummle. « Et toi ? »

– Je ne peux pas le dire, dis-je.

Je sentis ici, à travers un picotement dans le sang, que si l'épaule de M. Drummle avait pris un peu plus de place, je l'aurais poussé contre la fenêtre ; de même, que si ma propre épaule avait poussé à une prétention semblable, M. Drummle m'aurait précipité dans la loge la plus proche. Il siffla un peu. Moi aussi.

— De grandes étendues de marais par ici, je crois ? dit Drummle.

« Oui. Qu'est-ce que cela ? » dis-je.

M. Drummle m'a regardé, puis mes bottes, puis a dit : « Oh ! » et a ri.

« Êtes-vous amusé, monsieur Drummle ? »

« Non, dit-il, pas particulièrement. Je vais faire un tour en selle. J'ai l'intention d'explorer ces marais pour m'amuser. Des villages isolés là-bas, me dit-on. De curieux petits pubs... et des forges... et tout ça. Serveur ! »

– Oui, monsieur.

« Mon cheval est-il prêt ? »

– Amené à la porte, monsieur.

« Je dis. Regardez ici, vous monsieur. La dame ne montera pas à cheval aujourd'hui ; le temps ne fera pas l'affaire. »

– Très bien, monsieur.

« Et je ne dîne pas, parce que je vais dîner chez la dame. »

– Très bien, monsieur.

Alors, Drummle me regarda, avec un triomphe insolent sur son grand visage qui me fendit au cœur, tout terne qu'il était, et m'exaspéra tellement, que je me sentis enclin à le prendre dans mes bras (comme le voleur du livre de contes aurait pris la vieille dame) et à le faire asseoir sur le feu.

Une chose était évidente pour nous deux, c'est que jusqu'à ce que les secours arrivent, aucun de nous ne pouvait abandonner le feu. Nous étions là, bien dressés devant lui, épaule contre épaule et pied contre pied, les mains derrière nous, sans bouger d'un pouce. Le cheval était visible dehors dans la bruine à la porte, mon déjeuner a été mis sur la table, celui de Drummle a été débarrassé, le serveur m'a invité à commencer, j'ai hoché la tête, nous avons tous les deux tenu bon.

« Êtes-vous allé au Bosquet depuis ? » demanda Drummle.

« Non, dis-je, j'en ai assez des pinsons la dernière fois que j'y suis allé. »

« C'est à ce moment-là que nous avons eu une divergence d'opinion ? »

« Oui », répondis-je très brièvement.

« Venez, venez ! Ils vous laissent partir assez facilement, ricana Drummle. « Tu n'aurais pas dû perdre ton sang-froid. »

« Monsieur Drummle, dis-je, vous n'êtes pas compétent pour donner des conseils sur ce sujet. Quand je perds mon sang-froid (non pas que j'avoue l'avoir fait à cette occasion), je ne jette pas de verres. »

« Oui », a déclaré Drummle.

Après l'avoir regardé une ou deux fois, dans un état accru de férocité fumante, je lui dis :

– Monsieur Drummle, je n'ai pas cherché cette conversation, et je ne la trouve pas agréable.

— Je suis sûr que non, dit-il d'un ton hautain par-dessus son épaule ; « Je n'y pense pas. »

— Et donc, continuai-je, avec votre permission, je vous propose de ne plus avoir de communication à l'avenir.

— C'est tout à fait mon opinion, dit Drummle, et ce que j'aurais suggéré moi-même, ou ce que j'aurais fait, c'est plus probable, sans le suggérer. Mais ne perdez pas votre sang-froid. N'as-tu pas assez perdu sans ça ?

« Que voulez-vous dire, monsieur ? »

« Garçon ! » dit Drummle en guise de réponse.

Le garçon reparut.

« Regardez ici, monsieur. Vous comprenez bien que la demoiselle ne monte pas à cheval aujourd'hui, et que je dîne chez elle ? »

– Tout à fait, monsieur !

Quand le garçon eut tâté de la paume de sa main ma théière qui refroidissait rapidement, qu'il m'eut regardé d'un air suppliant et qu'il fut sorti, Drummle, prenant soin de ne pas bouger l'épaule à côté de moi, tira un cigare de sa poche et en mordit l'extrémité, mais ne montra aucun signe de remuement. Tout suffoquant et bouillant que j'étais, je sentais que nous ne pouvions pas aller plus loin sans présenter le nom d'Estelle, que je ne pouvais supporter de l'entendre prononcer ; C'est pourquoi je regardai fixement le mur opposé, comme s'il n'y avait personne, et je me forçai à me taire. Il est impossible de dire combien de temps nous serions restés dans cette position ridicule, sans l'incursion de trois fermiers prospères, mis à contribution par le garçon, je crois, qui entrèrent dans la salle du café en déboutonnant leurs manteaux et en se frottant les mains, et devant lesquels, comme ils chargeaient sur le feu, nous fûmes obligés de céder.

Je l'ai vu par la fenêtre, saisissant la crinière de son cheval, et montant à sa manière brutale et maladroite, se faufilant et reculant. Je croyais qu'il était parti, quand il revint en demandant une lumière pour le cigare qu'il avait oublié dans sa bouche. Un homme en robe couleur de poussière apparut avec ce qu'il fallait, je n'aurais pas pu dire d'où, si c'était de la cour de l'auberge, ou de la rue, ou ailleurs, et comme Drummle se penchait de sa selle, allumait son cigare et riait d'un geste de la tête vers les fenêtres du café, les épaules voûtées et les cheveux en lambeaux de cet homme qui me tournait le dos me rappelèrent Orlick.

Trop mal en point pour me soucier beaucoup à ce moment-là de savoir s'il était lui ou non, ou après tout pour toucher au déjeuner, je lavais le temps et le voyage de mon visage et de mes mains, et je sortis pour la vieille maison mémorable où il aurait été préférable pour moi de ne jamais y entrer. pour ne jamais l'avoir vu.

Chapitre XLIV.

Dans la pièce où se trouvait la table de toilette et où brûlaient les bougies de cire sur le mur, je trouvai miss Havisham et Estelle ; Miss Havisham était assise sur un canapé près du feu, et Estelle sur un coussin à ses pieds. Estelle tricotait, et miss Havisham regardait. Ils levèrent tous les deux les yeux quand j'entrai, et tous deux virent en moi une altération. J'ai déduit cela du regard qu'ils ont échangé.

– Et quel vent, dit miss Havisham, vous pousse ici, Pip ?

Bien qu'elle me regardât fixement, je vis qu'elle était un peu confuse. Estelle, s'arrêtant un instant dans son tricot, les yeux fixés sur moi, puis continuant, je crus lire dans le mouvement de ses doigts, aussi clairement que si elle m'eût dit dans l'alphabet muet, qu'elle voyait que j'avais découvert mon véritable bienfaiteur.

« Miss Havisham, dis-je, je suis allé hier à Richmond pour parler à Estelle ; et voyant qu'un peu de vent l'avait poussée ici, je l'ai suivie.

Miss Havisham m'ayant fait signe pour la troisième ou la quatrième fois de m'asseoir, je pris la chaise près de la table de toilette, que je l'avais souvent vue occuper. Avec toutes ces ruines à mes pieds et autour de moi, cet endroit me semblait naturel, ce jour-là.

« Ce que j'avais à dire à Estelle, miss Havisham, je le dirai devant vous tout à l'heure, dans quelques instants. Cela ne vous surprendra pas, cela ne vous déplaira pas. Je suis aussi malheureuse que vous n'auriez jamais voulu que je le sois. »

Miss Havisham continua à me regarder fixement. Je pouvais voir dans le mouvement des doigts d'Estelle pendant qu'ils travaillaient qu'elle prêtait attention à ce que je disais ; Mais elle ne leva pas les yeux.

« J'ai découvert qui est mon patron. Ce n'est pas une découverte heureuse, et il est peu probable qu'elle m'enrichisse jamais en réputation, en position, en fortune, en quoi que ce soit. Il y a des raisons pour lesquelles je ne dois pas en dire plus. Ce n'est pas mon secret, mais celui d'un autre.

Comme je restais silencieux pendant un moment, regardant Estelle et réfléchissant à la manière de continuer, miss Havisham répéta : « Ce n'est pas votre secret, mais celui d'un autre. Eh bien ? »

— Quand vous m'avez fait amener ici, miss Havisham, quand j'appartenais au village d'en face, que j'aurais aimé ne jamais quitter, je suppose que je suis vraiment venue ici, comme n'importe quel autre garçon par hasard aurait pu venir, comme une sorte de domestique, pour satisfaire un besoin ou un caprice, et pour être payée pour cela ?

- Oui, Pip, répondit miss Havisham en hochant la tête d'un signe de tête ferme. « Tu l'as fait. »

— Et que M. Jaggers...

« M. Jaggers, dit miss Havisham en me prenant d'un ton ferme, n'avait rien à voir là-dedans, et n'en savait rien. Qu'il soit mon avocat, et qu'il soit l'avocat de votre patron, c'est une coïncidence. Il a le même rapport avec le nombre de personnes, et cela pourrait facilement se produire. Quoi qu'il en soit, il s'est produit et n'a été provoqué par personne.

N'importe qui aurait pu voir sur son visage hagard qu'il n'y avait pas eu de répression ou d'évasion jusqu'à présent.

— Mais quand je suis tombé dans l'erreur où je suis resté si longtemps, au moins vous m'avez entraîné ? dis-je.

« Oui, » répondit-elle en hochant de nouveau la tête régulièrement, « je vous laisse continuer. »

« C'était gentil ? »

« Qui suis-je, s'écria miss Havisham en frappant son bâton sur le sol et en se mettant si soudainement en colère qu'Estelle la regarda avec surprise, qui suis-je, pour l'amour de Dieu, pour être bonne ? »

C'était une plainte faible à faire, et je n'avais pas eu l'intention de la faire. Je le lui disais, tandis qu'elle restait assise à ruminer après cette explosion.

« Eh bien, bien, bien ! » dit-elle. « Quoi d'autre ? »

« J'ai été généreusement payé pour mon ancienne présence ici, dis-je pour l'apaiser, en étant apprenti, et je n'ai posé ces questions que pour ma propre information. Ce qui suit a un autre but (et j'espère plus désintéressé). En vous moquant de mon erreur, miss Havisham, vous avez puni, exercé sur... peut-être fournirez-vous le terme qui exprime votre intention, sans offenser, vos parents égoïstes ? »

« Je l'ai fait. Eh bien, ils voudraient qu'il en soit ainsi ! Vous aussi. Quelle a été mon histoire, pour que je sois en peine de les supplier ou de vous supplier de ne pas l'avoir ainsi ! Vous avez créé vos propres pièges. *Je* ne les ai jamais faits. »

Attendant qu'elle fût de nouveau tranquille, car cela aussi jaillissait d'elle d'une manière sauvage et soudaine, je continuai.

« J'ai été jetée dans une famille de vos parents, miss Havisham, et j'ai été constamment parmi eux depuis que je suis allée à Londres. Je sais qu'ils ont été aussi honnêtement sous mon illusion que moi-même. Et je serais faux et vil si je ne vous disais pas, que cela vous soit acceptable ou non, et que vous soyez enclin à y ajouter foi ou non, que vous faites profondément du tort à M. Matthew Pocket et à son fils Herbert, si vous supposez qu'ils sont autrement que généreux, droits, ouverts. et incapable de quoi que ce soit de conçu ou de méchant. »

— Ce sont vos amis, dit miss Havisham.

« Ils se sont faits mes amis, dis-je, quand ils ont cru que je les avais supplantés ; et quand Sarah Pocket, Mlle Georgiana et Maîtresse Camilla n'étaient pas mes amies, je pense. »

Ce contraste avec les autres semblait, j'étais heureux de le voir, leur faire du bien avec elle. Elle me regarda vivement pendant un moment, puis me dit tranquillement :

« Que voulez-vous pour eux ? »

— Seulement, dis-je, pour que vous ne les confondiez pas avec les autres. Ils sont peut-être du même sang, mais, croyez-moi, ils ne sont pas de la même nature.

Mlle Havisham me regarda toujours avec vivacité.

« Que voulez-vous pour eux ? »

— Je ne suis pas assez rusé, voyez-vous, répondis-je, conscient que je rougissais un peu, que je puisse vous cacher, même si je le voulais, que je veux quelque chose. Miss Havisham, si vous vouliez épargner l'argent pour rendre à mon ami Herbert un service durable dans la vie, mais qui, d'après la nature du cas, doit être fait à son insu, je pourrais vous montrer comment.

« Pourquoi faut-il le faire à son insu ? » demanda-t-elle en posant ses mains sur son bâton, afin de me considérer avec plus d'attention.

— Parce que, dis-je, j'ai commencé le service moi-même, il y a plus de deux ans, à son insu, et je ne veux pas être trahi. Pourquoi je n'ai pas réussi à le terminer, je ne peux pas l'expliquer. C'est une partie du secret qui appartient à une autre personne et non à moi.

Peu à peu, elle détourna ses yeux de moi et les tourna vers le feu. Après l'avoir regardé pendant ce qui semblait être un long moment dans le silence et à la lumière des bougies qui s'éteignaient lentement, elle fut réveillée par l'effondrement de quelques-uns des charbons ardents, et regarda de nouveau vers moi, d'abord dans un air vide, puis avec une attention qui se concentrait peu à peu. Pendant tout ce temps, Estella a tricoté. Quand miss Havisham eut fixé son attention sur moi, elle dit, parlant comme s'il n'y avait pas eu de pause dans notre dialogue :

« Quoi d'autre ? »

« Estelle, dis-je en me tournant vers elle et en essayant de commander ma voix tremblante, vous savez que je vous aime. Tu sais que je t'ai aimé longtemps et tendrement. »

Elle leva les yeux sur mon visage, lorsqu'on s'adressa ainsi à moi, et ses doigts s'affairèrent à l'ouvrage, et elle me regarda avec un visage impassible. Je vis que miss Havisham jetait un coup d'œil de moi à elle, et d'elle à moi.

« J'aurais dû le dire plus tôt, si je n'avais pas commis une longue erreur. Cela me fit espérer que miss Havisham nous voulait l'une pour l'autre. Alors que je pensais que vous ne pouviez pas vous en empêcher, pour ainsi dire, je me suis abstenu de le dire. Mais je dois le dis-le maintenant. »

Gardant son visage impassible, et les doigts toujours en mouvement, Estella secoua la tête.

— Je sais, dis-je en réponse à cette action, je sais. Je n'ai aucun espoir de vous appeler un jour la mienne, Estella. J'ignore ce que je peux devenir très bientôt, combien je peux être pauvre, ni où je peux aller. Pourtant, je t'aime. Je t'aime depuis que je t'ai vu pour la première fois dans cette maison.

Me regardant parfaitement impassible et les doigts occupés, elle secoua de nouveau la tête.

Il eût été cruel de la part de miss Havisham, horriblement cruel, de s'exercer sur la susceptibilité d'un pauvre garçon, et de me torturer pendant toutes ces années avec un vain espoir et une vaine poursuite, si elle avait réfléchi à la gravité de ce qu'elle faisait. Mais je pense que ce n'est pas le cas. Je crois que, dans l'endurance de son propre procès, elle a oublié la mienne, Estelle.

Je vis miss Havisham porter la main à son cœur et la tenir là, tandis qu'elle était assise, regardant tour à tour Estelle et moi.

— Il semble, dit Estelle avec beaucoup de calme, qu'il y a des sentiments, des fantaisies, je ne sais comment les appeler, que je ne puis comprendre. Quand tu dis que tu m'aimes, je sais ce que tu veux dire, comme une forme de mots ; mais rien de plus. Tu ne t'adresses à rien dans ma poitrine, tu n'y touches rien. Je ne me soucie pas du tout de ce que vous dites. J'ai essayé de vous en avertir ; maintenant, n'est-ce pas ?

J'ai dit d'une manière misérable : « Oui. »

« Oui. Mais vous n'avez pas voulu être prévenus, car vous pensiez que je ne le pensais pas. Maintenant, ne le pensiez-vous pas ? »

« J'ai pensé et espéré que vous ne pouviez pas le penser. Toi, si jeune, si inexpérimentée et si belle, Estella ! Ce n'est certainement pas dans la nature. »

— C'est dans *ma* nature, répliqua-t-elle. Et puis elle ajouta, en insistant sur les mots : « C'est dans la nature formée en moi. Je fais une grande différence entre vous et tous les autres quand je dis cela. Je ne peux pas faire plus. »

« N'est-il pas vrai, dis-je, que Bentley Drummle est en ville ici et qu'il vous poursuit ? »

— C'est tout à fait vrai, répondit-elle en se référant à lui avec l'indifférence du mépris le plus complet.

— Que vous l'encouragez, que vous partez avec lui, et qu'il dîne avec vous aujourd'hui même ?

Elle parut un peu surprise que je le sache, mais elle me répondit de nouveau : « C'est tout à fait vrai. »

« Tu ne peux pas l'aimer, Estelle ! »

Ses doigts s'arrêtèrent pour la première fois, alors qu'elle répliquait avec un peu de colère : « Qu'est-ce que je vous ai dit ? Pensez-vous encore, malgré cela, que je ne pense pas ce que je dis ? »

— Tu ne l'épouseras jamais, Estelle ?

Elle regarda vers miss Havisham et réfléchit un instant, son ouvrage à la main. Puis elle a dit : « Pourquoi ne pas vous dire la vérité ? Je vais me marier avec lui. »

J'ai laissé tomber mon visage dans mes mains, mais j'ai pu me contrôler mieux que je n'aurais pu l'espérer, compte tenu de l'angoisse que cela m'a donné de l'entendre prononcer ces mots. Quand je relevai mon visage, il y avait un regard si horrible sur celui de miss Havisham, qu'il m'impressionna, même dans ma hâte et mon chagrin passionnés.

« Estelle, ma très chère Estella, ne laissez pas miss Havisham vous entraîner dans cette démarche fatale. Mettez-moi de côté pour toujours, vous l'avez fait, je le sais bien, mais donnez-vous à une personne plus digne que Drummle. Miss Havisham vous donne à lui, comme le plus grand affront et le plus grand tort qui puisse être fait à beaucoup d'hommes bien meilleurs qui vous admirent, et à ceux qui vous aiment vraiment. Parmi ces quelques-uns, il y en a peut-être un qui vous aime aussi tendrement, bien qu'il ne vous aime pas aussi longtemps que moi. Prenez-le, et je le supporterai mieux, pour l'amour de vous ! »

Mon ardeur éveilla en elle un étonnement qui semblait avoir été touché de compassion, si elle avait pu me rendre intelligible à son propre esprit.

« Je vais, dit-elle encore d'une voix plus douce, pour l'épouser. Les préparatifs de mon mariage sont en cours, et je me marierai bientôt. Pourquoi introduisez-vous de manière préjudiciable le nom de ma mère par adoption? C'est mon propre acte. »

— Votre propre acte, Estelle, de vous jeter sur une brute ?

« Sur qui dois-je me jeter ? » répliqua-t-elle en souriant. Devrais-je me jeter sur l'homme qui sentirait le plus tôt (si les gens ressentent de telles choses) que je ne lui ai rien pris ? Là! C'est fait. Je m'en sortirai assez bien, et mon mari aussi. Pour ce qui est de me conduire dans ce que vous appelez cette fatale démarche, miss Havisham aurait voulu que j'attende et que je ne me marie pas encore ; mais je suis fatigué de la vie que j'ai menée, qui a bien peu de charmes pour moi, et je suis assez disposé à la changer. N'en dites pas plus. Nous ne nous comprendrons jamais.

« Une telle brute méchante, une brute si stupide ! » insistai-je, désespéré.

374

« N'aie pas peur que je sois une bénédiction pour lui, » dit Estelle. « Je ne serai pas cela. Venir! Voici ma main. Est-ce qu'on se sépare pour ça, garçon visionnaire - ou homme ? »

« Ô Estelle ! » Je lui répondis, comme mes larmes amères tombaient rapidement sur sa main, faites ce que je voulais pour les retenir ; même si je restais en Angleterre et que je pouvais garder la tête haute avec les autres, comment pourrais-je vous voir, la femme de Drummle ?

— Des bêtises, répondit-elle, des bêtises. Cela passera en un rien de temps.

« Jamais, Estelle ! »

« Vous me tirerez de vos pensées dans une semaine. »

« Hors de mes pensées ! Tu fais partie de mon existence, de moi-même. Vous avez été dans toutes les lignes que j'ai lues depuis que je suis arrivé ici, le rude garçon du peuple dont vous avez déjà blessé le pauvre cœur. Vous avez été dans toutes les perspectives que j'ai jamais vues depuis, sur le fleuve, sur les voiles des navires, sur les marais, dans les nuages, dans la lumière, dans les ténèbres, dans le vent, dans les bois, dans la mer, dans les rues. Vous avez été l'incarnation de toutes les fantaisies gracieuses que mon esprit a jamais connues. Les pierres dont sont faits les édifices les plus solides de Londres ne sont pas plus réelles, ni plus impossibles à déplacer par vos mains, que votre présence et votre influence ne l'ont été pour moi, là et partout, et qu'elles le seront. Estelle, jusqu'à la dernière heure de ma vie, tu ne peux pas choisir de rester une partie de mon caractère, une partie du peu de bien en moi, une partie du mal. Mais, dans cette séparation, je ne t'associe qu'au bien ; et je vous y tiendrai toujours fidèlement, car vous avez dû me faire beaucoup plus de bien que de mal, laissez-moi sentir maintenant quelle vive détresse je peux ressentir. Ô Dieu, que Dieu vous bénisse, Dieu vous pardonne ! »

Dans quelle extase de malheur j'ai tiré de moi-même ces paroles brisées, je ne sais pas. La rhapsodie jaillit en moi, comme le sang d'une blessure intérieure, et jaillit. Je portai sa main à mes lèvres quelques instants, et je la quittai. Mais par la suite, je me rappelai, et bientôt après avec plus de raison, que, tandis qu'Estelle me regardait simplement avec un étonnement incrédule, la figure spectrale de miss Havisham, sa main couvrant toujours son cœur, semblait tout résolue en un regard affreux de pitié et de remords.

C'est fait, c'est parti ! Tant de choses avaient été faites et perdues, que lorsque je sortis par la porte, la lumière du jour me parut d'une couleur plus sombre qu'à l'heure où j'y entrais. Pendant un moment, je me suis caché dans des ruelles et des chemins de traverse, puis je suis parti pour marcher jusqu'à Londres. Car j'étais alors revenu à moi-même au point de considérer que je ne pouvais pas retourner à l'auberge et y voir Drummle ; que je ne pouvais pas supporter de m'asseoir dans la voiture et qu'on me parlait ; que je ne pouvais rien faire d'aussi bon pour moi-même que de me fatiguer.

Il était plus de minuit quand j'ai traversé le pont de Londres. Poursuivant les étroites complexités des rues qui, à cette époque, tendaient vers l'ouest près de la rive de la rivière dans le Middlesex, mon accès le plus facile au temple était près du bord de la rivière, à travers Whitefriars. Je n'étais pas attendu avant demain ; mais j'avais mes clefs, et, si Harbert était couché, je pouvais me coucher moi-même sans le déranger.

Comme il arrivait rarement que j'entrais par la porte de Whitefriars après la fermeture du temple, et que j'étais très boueux et fatigué, je ne trouvai pas mal que le portier de nuit m'examinât avec beaucoup d'attention pendant qu'il tenait la porte un peu ouverte pour que je puisse y entrer. Pour aider sa mémoire, j'ai mentionné mon nom.

– Je n'en étais pas tout à fait sûr, monsieur, mais je le pensais. Voici une note, monsieur. Le messager qui l'a apporté m'a dit : « Voudriez-vous avoir la bonté de le lire à ma lanterne ? »

Très surpris par la demande, j'ai pris la note. Il était adressé à Philip Pip, écuyer, et au-dessus de l'inscription se trouvaient les mots : « S'IL VOUS PLAÎT, LISEZ CECI, ICI. » Je l'ouvris, le gardien tenant sa lampe levée, et je lus à l'intérieur, dans l'écriture de Wemmick :

« NE RENTRE PAS CHEZ TOI. »

Chapitre XLV.

Me détournant de la porte du Temple dès que j'eus lu l'avertissement, je me frayai un chemin de mon mieux jusqu'à Fleet Street, où je pris un fiacre en retard et me rendis aux Hummums de Covent Garden. Dans ce temps-là, il y avait toujours un lit à toute heure de la nuit, et le chambellan, me laissant entrer à son guichet, allumait la bougie dans l'ordre sur son étagère et me montrait directement dans la chambre à coucher suivante dans l'ordre de sa liste. C'était une sorte de voûte au rez-de-chaussée, à l'arrière, avec un monstre despotique d'un lit à quatre colonnes, chevauchant toute la pièce, mettant une de ses jambes arbitraires dans la cheminée et une autre dans l'embrasure de la porte, et serrant le misérable petit lavabo d'une manière tout à fait divinement juste.

Comme j'avais demandé une veilleuse, le chambellan m'avait apporté, avant de me quitter, la bonne vieille lampe constitutionnelle de ces jours vertueux, un objet comme le fantôme d'une canne à pied, qui se brisait instantanément le dos si on le touchait, sur lequel on ne pouvait jamais s'allumer, et qui était placé en isolement au pied d'une haute tour d'étain. perforé de trous ronds qui dessinaient un motif éveillé sur les murs. Quand je fus mis au lit et que j'y fus couché, les pieds endoloris, fatigué et misérable, je m'aperçus que je ne pouvais pas plus fermer mes yeux que je ne pouvais fermer les yeux de cet imbécile d'Argus. Et ainsi, dans l'obscurité et la mort de la nuit, nous nous regardions l'un l'autre.

Quelle triste nuit ! Comme c'est angoissant, comme c'est lugubre, comme c'est long ! Il y avait une odeur inhospitalière dans la pièce, de suie froide et de poussière chaude ; et, en levant les yeux dans les coins de l'essayeur au-dessus de ma tête, je pensais à quel nombre de mouches bleues des bouchers, de perce-oreilles du marché et de larves de la campagne devaient tenir là-haut, attendant l'été prochain. Cela m'a amené à me demander si l'un d'eux s'était jamais effondré, puis j'ai cru sentir la lumière tomber sur mon visage, une tournure de pensée désagréable, suggérant dans mon dos d'autres approches plus répréhensibles. Quand je fus resté éveillé un moment, ces voix extraordinaires avec lesquelles le silence fourmillait commençaient à se faire entendre. L'armoire chuchotait, la cheminée soupirait, le petit lavabo faisait tic-tac, et une corde de guitare jouait de temps en temps dans la commode. À peu près au même moment, les yeux sur le mur ont acquis une nouvelle expression, et dans chacun de ces regards fixes, j'ai vu écrire : NE RENTREZ PAS CHEZ VOUS.

Quelles que soient les fantaisies nocturnes et les bruits nocturnes qui se sont accumulés sur moi, ils n'ont jamais conjuré ce NE RENTREZ PAS CHEZ VOUS. Il s'est tressé dans tout ce que j'ai pensé, comme l'aurait fait une douleur corporelle. Peu de temps auparavant, j'avais lu dans les journaux qu'un inconnu était venu chez les Hummums pendant la nuit, qu'il s'était couché, qu'il s'était détruit et qu'on l'avait trouvé le matin baignant de sang. Il m'est venu à l'esprit qu'il devait occuper ce même caveau qui était le mien, et je suis sorti du lit pour m'assurer qu'il n'y avait pas de marques rouges autour de moi ; puis j'ouvris la porte pour regarder dans les couloirs, et je me réjouis de la compagnie d'une lumière lointaine, près de laquelle je reconnus le chambellan somnoler. Mais pendant tout ce temps, pourquoi je ne devais pas rentrer chez moi, et ce qui s'était passé chez moi, et quand je rentrerais chez moi, et si Provis était en sécurité chez lui, étaient des questions qui occupaient mon esprit si occupé, qu'on aurait pu supposer qu'il ne pouvait plus y avoir de place pour un autre thème. Même quand je pensais à Estelle, et à la façon dont nous nous étions séparés ce jour-là pour toujours, et quand je me rappelais toutes les circonstances de notre séparation, et tous ses regards, tous ses tons, et le mouvement de ses doigts pendant qu'elle tricotait, même alors, je poursuivais, ici et là et partout, l'avertissement : Ne rentrez pas chez vous. Quand enfin je me suis assoupi, dans l'épuisement de l'esprit et du corps, c'est devenu un vaste verbe ténébreux que j'ai dû conjuguer. Humeur impérative, présent : Ne rentre pas chez toi, qu'il ne rentre pas chez lui, qu'il ne rentre pas chez lui, ne nous rends pas chez nous, ne rentre pas chez toi ou tu rentres chez toi, ne les laisse pas rentrer chez eux. Puis, potentiellement : je ne peux pas et je ne peux pas rentrer chez moi ; et je ne pouvais pas, ne pouvais pas, ne voulais pas et ne devais pas rentrer chez moi ; jusqu'à ce que je sente que je me laissais distraire, et que je me roulai sur l'oreiller, et que je regardai de nouveau les ronds qui regardaient le mur.

J'avais laissé des instructions pour qu'on m'appelle à sept heures ; car il était évident que je devais voir Wemmick avant de voir quelqu'un d'autre, et tout aussi clair que c'était un cas où l'on ne pouvait prendre que ses sentiments de Walworth. C'était un soulagement de sortir de la chambre où la nuit avait été si misérable, et je n'avais pas besoin de frapper une seconde à la porte pour me tirer de mon lit inquiet.

Les remparts du château se dressèrent à ma vue à huit heures. La petite servante entrant dans la forteresse avec deux petits pains chauds, je passai par la poterne et traversai le pont-levis en sa compagnie, et je me trouvai ainsi sans préavis en présence de Wemmick qui préparait le thé pour lui-même et pour les vieillards. Une porte ouverte offrait une vue en perspective sur le vieillard au lit.

« Allô, monsieur Pip ! » dit Wemmick.

— Vous êtes donc rentré à la maison ?

« Oui, répondis-je ; « Mais je ne suis pas rentrée chez moi. »

« C'est très bien, dit-il en se frottant les mains. J'ai laissé un mot pour vous à chacune des portes du Temple, au cas où vous l'occasionnerez. À quelle porte êtes-vous arrivés ? »

Je lui ai dit.

— Je ferai le tour des autres dans le courant de la journée et je détruirai les billets, dit Wemmick. « C'est une bonne règle de ne jamais laisser de preuves documentaires si vous pouvez vous en empêcher, car vous ne savez pas quand elles peuvent être présentées. Je vais prendre une liberté avec vous. Pourriez-vous faire griller cette saucisse pour le Aged P. ? »

J'ai dit que je serais ravi de le faire.

« Alors tu peux te mettre à l'ouvrage, Marie-Anne, dit Wemmick à la petite servante ; « qui nous laisse à nous-mêmes, ne voyez-vous pas, monsieur Pip?» ajouta-t-il en clignant de l'œil, tandis qu'elle disparaissait.

Je le remerciai de son amitié et de sa prudence, et notre conversation se poursuivit à voix basse, tandis que je grillais le saucisson de l'Aged et qu'il beurrait la miette du petit pain de l'Aged.

— Maintenant, monsieur Pip, vous savez, dit Wemmick, vous et moi, nous nous comprenons. Nous sommes à titre privé et personnel, et nous avons déjà été engagés dans une transaction confidentielle avant aujourd'hui. Les sentiments officiels sont une chose. Nous sommes très officiels.

J'acquiesçai cordialement. J'étais si nerveux que j'avais déjà allumé le saucisson de l'Aged comme une torche, et j'avais été obligé de l'éteindre.

— J'ai appris par hasard, hier matin, dit Wemmick, que, se trouvant dans un certain endroit où je vous ai emmené autrefois, même entre vous et moi, il vaut mieux ne pas mentionner de noms quand c'est possible...

« Il vaut mieux que non, dis-je, je vous comprends. »

— J'y ai entendu dire par hasard, hier matin, dit Wemmick, qu'une certaine personne qui n'est pas tout à fait hors de la colonie, et qui n'est pas sans possession de biens meubles, je ne sais pas qui ce peut être réellement, nous ne nommerons pas cette personne...

- Pas nécessaire, dis-je.

— Avait fait un peu de bruit dans une certaine partie du monde où vont bon nombre de gens, pas toujours pour satisfaire leurs propres inclinations, et pas tout à fait indépendamment des dépenses du gouvernement...

En regardant son visage, je fis tout un feu d'artifice avec le saucisson du Vieillard, et je décomposai beaucoup mon attention et celle de Wemmick ; pour lequel je me suis excusé.

En disparaissant de cet endroit, et en n'étant plus entendu parler de là. D'où, dit Wemmick, des conjectures avaient été soulevées et des théories formées. J'ai aussi entendu dire que vous, dans vos appartements de Garden Court, Temple, aviez été surveillé et pourriez être surveillé à nouveau.

« Par qui ? » dis-je.

— Je n'entrerais pas là-dedans, dit Wemmick évasivement, cela pourrait entrer en conflit avec les responsabilités officielles. Je l'ai entendu, comme j'ai entendu en mon temps d'autres choses curieuses au même endroit. Je ne vous le dis pas sur la base des informations reçues. Je l'ai entendu.

Tout en parlant, il prit la fourchette à griller et le saucisson, et déposa soigneusement le déjeuner du vieillard sur un petit plateau. Avant de le placer devant lui, il entra dans la chambre du Vieux avec un linge blanc et propre, et l'attacha sous le menton du vieux monsieur, le soutint, mit son bonnet de nuit de côté et lui donna un air tout à fait rauque. Puis il posa son déjeuner devant lui avec beaucoup de soin et lui dit : « D'accord, n'est-ce pas, vieux P. ? » À quoi le joyeux Aged répondit : « D'accord, John, mon garçon, d'accord ! » Comme il semblait y avoir une entente tacite que le Vieux n'était pas dans un état présentable et devait donc être considéré comme invisible, je fis semblant d'être dans l'ignorance complète de ces procédures.

« Cette observation de moi dans mon cabinet (ce que j'ai eu une fois lieu de soupçonner), dis-je à Wemmick quand il revint, est inséparable de la personne à qui vous avez fait allusion ; n'est-ce pas ? »

Wemmick avait l'air très sérieux. « Je ne pourrais pas me permettre de dire cela, à ma connaissance. Je veux dire, je ne pouvais pas me permettre de dis-le que c'était le cas au début. Mais ou c'est, ou ça sera, ou c'est en grand danger d'être. »

Comme je voyais que sa fidélité à la Petite-Bretagne le retenait dans l'interdiction d'en dire autant qu'il le pouvait, et que je savais avec reconnaissance envers lui jusqu'où il était allé pour dire ce qu'il avait fait, je n'ai pas pu le presser. Mais je lui dis qu'après une petite méditation autour du feu, je voudrais lui poser une question, sous réserve qu'il réponde ou qu'il ne réponde pas, selon qu'il le jugerait juste, et sûr que sa conduite serait la bonne. Il s'arrêta dans son déjeuner, et, croisant les bras et pinçant les manches de sa chemise (son idée du confort à l'intérieur était de s'asseoir sans manteau), il me fit un signe de tête pour poser ma question.

— Vous avez entendu parler d'un homme de mauvaise moralité, dont le vrai nom est Compeyson ?

Il répondit par un autre hochement de tête.

« Est-ce qu'il vit ? »

Un autre hochement de tête.

— Est-il à Londres ?

Il me fit un autre signe de tête, compressa excessivement le bureau de poste, me fit un dernier signe de tête et continua son déjeuner.

« Maintenant, » dit Wemmick, « l'interrogation étant terminée », qu'il souligna et répéta pour me guider, « j'en viens à ce que j'ai fait, après avoir entendu ce que j'ai entendu. Je suis allé à Garden Court pour vous trouver ; ne vous trouvant pas, je suis allé chez Clarriker pour trouver M. Herbert. »

— Et celui que vous avez trouvé ? dis-je avec une grande anxiété.

« Et je l'ai trouvé. Sans mentionner de noms ni entrer dans les détails, je lui ai fait comprendre que s'il savait que quelqu'un, Tom, Jack ou Richard, se trouvait dans les chambres ou dans le voisinage immédiat, il ferait mieux de mettre Tom, Jack ou Richard à l'écart pendant que vous seriez à l'écart. »

— Il serait fort embarrassé de savoir quoi faire ?

« Il *ne* savait pas quoi faire ; d'autant plus que je lui donnais mon avis qu'il n'était pas prudent d'essayer d'éloigner trop Tom, Jack ou Richard à l'heure actuelle. Monsieur Pip, je vais vous dire quelque chose. Dans les circonstances actuelles, il n'y a pas d'endroit comme une grande ville une fois que vous y êtes une fois. Ne vous mettez pas à couvert trop tôt. Allongez-vous à proximité. Attendez que les choses se calment avant d'essayer l'air libre, même pour l'air étranger. »

Je le remerciai de ses précieux conseils, et lui demandai ce qu'avait fait Herbert.

« M. Herbert, dit Wemmick, après avoir été tout entier pendant une demi-heure, a élaboré un plan. Il m'a dit comme un secret qu'il courtisait une jeune femme qui a, comme vous le savez sans doute, un père alité. Ce papa, ayant été dans la ligne de la vie du commissaire de bord, est couché dans un bow-window d'où il peut voir les navires naviguer de haut en bas de la rivière. Vous connaissez la jeune dame, sans doute ? »

— Pas personnellement, dis-je.

La vérité était qu'elle m'avait fait de l'objection comme à un compagnon coûteux qui ne faisait aucun bien à Harbert, et que, lorsque Herbert avait proposé pour la première fois de me présenter à elle, elle avait reçu la proposition avec une chaleur si modérée, qu'Harbert s'était senti obligé de me confier l'état de l'affaire, en vue de l'écoulement d'un peu de temps avant que je fasse sa connaissance. Quand j'avais commencé à faire avancer furtivement les perspectives d'Harbert, j'avais pu le supporter avec une philosophie joyeuse : lui et ses fiancés, de leur côté, n'avaient naturellement pas été très désireux d'introduire une troisième personne dans leurs entretiens ; et ainsi, quoique j'eusse été assuré d'être élevé dans l'estime de Clara, et quoique la jeune dame et moi eussions longtemps échangé régulièrement des messages et des souvenirs d'Harbert, je ne l'avais jamais vue. Cependant, je n'ai pas importuné Wemmick avec ces détails.

« La maison avec le bow-window, dit Wemmick, étant au bord de la rivière, en bas de la piscine, là-bas entre Limehouse et Greenwich, et étant tenue, semble-t-il, par une veuve très respectable qui a un étage supérieur meublé à louer, M. Herbert me l'a demandé, qu'est-ce que j'ai pensé de cela comme d'un appartement temporaire pour Tom, Jack, ou Richard ? Maintenant, j'y ai bien pensé, pour trois raisons que je vais vous donner. C'est-à-dire : d'*abord*.

C'est tout à fait hors de tous vos rythmes, et c'est bien loin du tas habituel de rues, grandes et petites. *Deuxièmement.* Sans vous en approcher vous-même, vous pouviez toujours entendre parler de la sécurité de Tom, de Jack ou de Richard, par l'intermédiaire de M. Herbert. *Troisièmement.* Au bout d'un certain temps, et quand il sera peut-être prudent, si vous voulez faire glisser Tom, Jack ou Richard à bord d'un paquebot étranger, il est là, prêt.

Très réconforté par ces considérations, je remerciai Wemmick à plusieurs reprises, et le suppliai de continuer.

– Eh bien, monsieur ! M. Herbert s'est lancé dans l'entreprise avec un testament, et à neuf heures hier soir, il a logé Tom, Jack ou Richard, peu importe ce que c'est, vous et moi ne voulons pas le savoir, avec beaucoup de succès. Dans l'ancien logement, il était entendu qu'il avait été convoqué à Douvres, et, en fait, il a été emmené sur la route de Douvres et acculé hors de celle-ci. Or, un autre grand avantage de tout cela, c'est que cela s'est fait sans vous, et quand, si quelqu'un s'inquiétait de vos mouvements, il faut savoir que vous êtes à plusieurs milles de distance et tout à fait autrement occupé. Cela détourne les soupçons et les confond ; et pour la même raison, je vous recommandais, même si vous reveniez hier soir, de ne pas rentrer chez vous. Cela apporte plus de confusion, et vous voulez de la confusion.

Wemmick, ayant fini de déjeuner, regarda sa montre et commença à mettre son manteau.

« Et maintenant, monsieur Pip, dit-il, les mains toujours dans les manches, j'ai probablement fait tout ce que je pouvais faire ; mais si jamais je peux faire plus, du point de vue de Walworth, et dans une capacité strictement privée et personnelle, je serai heureux de le faire. Voici l'adresse. Il n'y a pas de mal à ce que vous alliez ici ce soir, et que vous voyiez par vous-même que tout va bien pour Tom, Jack ou Richard, avant de rentrer chez vous, ce qui est une autre raison pour laquelle vous n'êtes pas rentré chez vous hier soir. Mais, après être rentré chez vous, ne retournez pas ici. Vous êtes le bienvenu, j'en suis sûr, monsieur Pip » ; ses mains étaient maintenant sorties de ses manches, et je les secouais ; « Et permettez-moi enfin de vous faire comprendre un point important. » Il posa ses mains sur mes épaules et ajouta d'un ton solennel : « Profitez de cette soirée pour vous emparer de ses biens portatifs. Vous ne savez pas ce qui peut lui arriver. Ne laissez rien arriver à la propriété portable. »

Désespérant tout à fait d'éclaircir mon esprit à Wemmick sur ce point, je m'abstins d'essayer.

« Le temps est écoulé, dit Wemmick, et il faut que je m'en aille. Si vous n'aviez rien de plus pressant à faire que de rester ici jusqu'à la nuit, c'est ce que je vous conseillerais. Vous avez l'air très inquiet, et cela vous ferait du bien de passer une journée parfaitement tranquille avec le Vieillard, il sera debout tout à l'heure, et un peu de... vous vous souvenez du cochon ?

– Bien sûr, dis-je.

— Eh bien ; et un peu de *lui*. Le saucisson que vous avez grillé était le sien, et il était à tous égards un excellent employé. Essayez-le, ne serait-ce que pour une vieille connaissance. Au revoir, vieux parent ! » dans un cri joyeux.

— Très bien, John ; D'accord, mon garçon ! siffla le vieil homme de l'intérieur.

Je m'endormis bientôt devant le feu de Wemmick, et les vieillards et moi nous jouissions de la société l'un de l'autre en nous endormant devant lui plus ou moins toute la journée. Nous avons eu une longe de porc pour le dîner, et des légumes verts cultivés sur le domaine ; et je faisais un signe de tête aux Vieux avec une bonne intention chaque fois que je ne le faisais pas somnolent. Quand il fit tout à fait nuit, je laissai le vieillard préparer le feu pour les toasts ; et je déduisis du nombre de tasses de thé, aussi bien que de ses regards sur les deux petites portes du mur, que miss Skiffins était attendue.

Chapitre XLVI.

Huit heures avaient sonné quand je pris l'air, qui était parfumé, non sans méchanceté, par les éclats et les copeaux des constructeurs de bateaux de longue côte, et des fabricants de mâts, de rames et de poulies. Toute cette région du bord de l'eau de l'étang supérieur et inférieur au-dessous du pont m'était inconnue ; et quand j'ai frappé près de la rivière, j'ai trouvé que l'endroit que je voulais n'était pas là où je l'avais supposé être, et qu'il était tout sauf facile à trouver. On l'appelait Mill Pond Bank, Chinks's Bassin ; et je n'avais pas d'autre guide pour le bassin de Chinks que le Old Green Copper Rope-walk.

Peu importe les navires échoués en réparation dans les cales sèches où je me suis perdu, les vieilles coques de navires en train d'être mises en pièces, le limon, la boue et autres lies de la marée, les chantiers de constructeurs et de démolisseurs de navires, les ancres rouillées qui mordent aveuglément le sol, bien que pendant des années d'absence, le pays montagneux de tonneaux et de bois accumulés, combien de cordages qui n'étaient pas le vieux cuivre vert. Après avoir manqué plusieurs fois ma destination et l'avoir dépassée comme souvent, je suis arrivé à l'improviste au détour d'un virage, sur la rive de Mill Pond. C'était un endroit nouveau, toutes circonstances confondues, où le vent de la rivière avait de la place pour se retourner ; et il y avait deux ou trois arbres dedans, et il y avait la souche d'un moulin à vent en ruine, et il y avait le Vieux Chemin de Corde de Cuivre Vert, dont je pouvais tracer la longue et étroite vue au clair de lune, le long d'une série de cadres de bois plantés dans le sol, qui ressemblaient à des râteaux de fenaison vieillis qui avaient vieilli et perdu la plupart de leurs dents.

Choisissant parmi les quelques maisons bizarres de Mill Pond Bank une maison avec une façade en bois et trois étages de bow-window (pas de baie vitrée, ce qui est autre chose), j'ai regardé l'assiette sur la porte, et j'y ai lu : Mrs. Whimple. Comme c'était le nom que je voulais, j'ai frappé, et une femme âgée d'apparence agréable et prospère a répondu. Elle fut cependant immédiatement déposée par Herbert, qui me conduisit silencieusement dans le salon et ferma la porte. C'était une sensation étrange de voir son visage très familier établi tout à fait chez lui dans cette pièce et cette région très inconnues

; et je me surprenais à le regarder, comme je regardais l'armoire d'angle avec le verre et la porcelaine, les coquillages sur la cheminée et les gravures colorées sur le mur, représentant la mort du capitaine Cook, un chaloupe, et de Sa Majesté le roi George III, en perruque de cocher d'État, en culotte de cuir et en bottes haut-de-forme, sur la terrasse de Windsor.

— Tout va bien, Haendel, dit Harbert, et il est tout à fait satisfait, quoique impatient de vous voir. Ma chère fille est avec son père ; et si vous voulez attendre qu'elle descende, je vous ferai connaître à elle, puis nous monterons. *C'est* son père.

J'avais pris conscience d'un grognement alarmant au-dessus de ma tête, et j'avais probablement exprimé le fait sur mon visage.

— Je crains que ce ne soit un vieux coquin, dit Harbert en souriant, mais je ne l'ai jamais vu. Vous ne sentez pas le rhum ? Il est toujours là.

- Au rhum ? dis-je.

— Oui, répondit Harbert, et vous pouvez deviner combien sa goutte est douce. Il persiste aussi à garder toutes les provisions à l'étage dans sa chambre et à les servir à l'extérieur. Il les garde sur des étagères au-dessus de sa tête et les pèsera tous. Sa chambre doit être comme la boutique d'un marchand.

Tandis qu'il parlait ainsi, le bruit du grognement se transforma en un rugissement prolongé, puis s'éteignit.

— Quelle autre conséquence peut avoir, dit Harbert pour s'expliquer, s'il *veut* couper le fromage ? Un homme qui a la goutte à la main droite – et partout ailleurs – ne peut pas s'attendre à traverser un Double Gloucester sans se blesser.

Il semblait s'être fait beaucoup de mal, car il poussa un autre rugissement furieux.

— Avoir Provis pour loge supérieur est une aubaine pour mistress Whimple, dit Harbert, car, bien sûr, les gens en général ne supporteront pas ce bruit. Un endroit curieux, Haendel ; n'est-ce pas ?

C'était un endroit curieux, en effet ; mais remarquablement bien entretenu et propre.

« Mrs. Whimple, dit Harbert quand je le lui dis, est la meilleure des ménagères, et je ne sais vraiment pas ce que ma Clara ferait sans son aide maternelle. Car Clara n'a pas de mère à elle, Haendel, et n'a d'autre parent au monde que le vieux Gruffandgrim. »

— Ce n'est sûrement pas son nom, Herbert ?

— Non, non, dit Harbert, c'est mon nom pour lui. Il s'appelle M. Barley. Mais quelle bénédiction pour le fils de mon père et de ma mère d'aimer une fille qui n'a pas de parents et qui ne peut jamais s'occuper d'elle-même ou de personne d'autre de sa famille !

Herbert m'avait dit autrefois, et maintenant il me le rappelait, qu'il avait connu miss Clara Barley pour la première fois lorsqu'elle terminait ses études dans un établissement de Hammersmith, et que, lorsqu'elle avait été rappelée à la maison pour allaiter son père, lui et elle avaient confié leur affection à la mère Mrs. Whimple, qui l'avait nourrie et réglée avec autant de bonté que de discrétion. depuis. Il était entendu qu'il n'était possible de rien confier d'une nature tendre au vieux Barley, parce qu'il était totalement indigne de la considération d'un sujet plus psychologique que la goutte, le rhum et les provisions du commissaire de bord.

Tandis que nous causions ainsi à voix basse, tandis que le grognement soutenu de la vieille Barley vibrait dans la poutre qui traversait le plafond, la porte de la chambre s'ouvrit, et une très jolie jeune fille d'une vingtaine d'années, mince, aux yeux noirs, entra, avec un panier à la main, qu'Herbert soulagea tendrement de la corbeille et présenta, en rougissant, comme étant « Clara ». C'était vraiment une fille des plus charmantes, et elle aurait pu passer pour une fée captive que ce truculent ogre le vieux Barley avait poussée à son service.

« Regardez, dit Harbert en me montrant le panier avec un sourire compatissant et tendre, après que nous eûmes causé un peu ; voici le souper de la pauvre Clara, servi tous les soirs. Voici sa ration de pain, et voici sa tranche de fromage, et voici son rhum, que je bois. C'est le déjeuner de M. Barley pour demain, servi pour être cuit. Deux côtelettes de mouton, trois pommes de terre, des pois cassés, un peu de farine, deux onces de beurre, une pincée de sel et tout ce poivre noir. C'est cuit ensemble, et pris chaud, et c'est une bonne chose pour la goutte, je pense ! »

Il y avait quelque chose de si naturel et de si séduisant dans la manière résignée de Clara d'examiner ces magasins en détail, comme Herbert les indiquait ; et quelque chose de si confiant, de si affectueux et de si innocent dans sa manière modeste de se soumettre au bras d'Herbert ; et quelque chose de si doux en elle, qui avait tant besoin de protection sur la berge de Mill Pond, près du bassin de Chinks, et du chemin de corde de vieux cuivre vert, avec le vieux Barley qui grognait dans la poutre, que je n'aurais pas défait les fiançailles entre elle et Herbert pour tout l'argent du portefeuille que je n'avais jamais ouvert.

Je la regardais avec plaisir et admiration, quand soudain le grognement s'est de nouveau transformé en rugissement, et un bruit de choc effrayant s'est fait entendre au-dessus, comme si un géant avec une jambe de bois essayait de le percer à travers le plafond pour venir à nous. Là-dessus, Clara dit à Harbert : « Papa me veut, mon chéri ! » et elle s'enfuit.

« Il y a un vieux requin inconcevable pour vous ! » dit Harbert. — Que pensez-vous qu'il veuille maintenant, Haendel ? »

« Je ne sais pas, dis-je, quelque chose à boire ? »

— C'est cela ! s'écria Harbert, comme si j'eusse fait une supposition d'un mérite extraordinaire. « Il garde son grog prêt à être mélangé dans une petite baignoire sur la table. Attendez un instant, et vous entendrez Clara le soulever pour en prendre. Le voilà ! Un autre rugissement, avec une secousse prolongée à la fin. — Maintenant, dit Harbert, comme le silence lui succédait, il boit. Maintenant, dit Harbert, tandis que le grognement résonnait de nouveau dans le faisceau, il est de nouveau couché sur le dos ! »

Clara revint peu après, et Herbert m'accompagna en haut pour voir notre charge. Comme nous passions la porte de M. Barley, on l'entendit murmurer d'une voix rauque à l'intérieur, dans un effort qui montait et descendait comme le vent, le refrain suivant, dans lequel je substitue mes vœux à quelque chose de tout le contraire :

« Ohé ! Bénis soient vos yeux, voici le vieux Bill Barley. Voici le vieux Bill Barley, béni soit vos yeux. Voici le vieux Bill Barley sur le plat de son dos, par le Seigneur. Allongé sur le plat de son dos comme une vieille plie morte à la dérive, voici votre vieux Bill Barley, bénissez vos yeux. Ohé! Que Dieu vous bénisse. »

Dans cet élan de consolation, Herbert m'apprit que l'invisible Barley communierait avec lui-même le jour et la nuit ensemble ; Souvent, alors qu'il faisait jour, il avait en même temps un œil sur un télescope qui était installé sur son lit pour la commodité de balayer la rivière.

Dans ses deux cabines, en haut de la maison, qui étaient fraîches et aérées, et où M. Barley était moins audible qu'en bas, je trouvai Provis confortablement installé. Il n'exprimait aucune inquiétude et semblait n'en ressentir aucune qui vaille la peine d'être mentionnée ; mais ce qui me frappa, c'est qu'il s'attendrit, indéfiniment, car je n'aurais pas pu dire comment, et je ne pourrai jamais me rappeler comment quand j'essayai, mais certainement.

L'occasion que la journée de repos m'avait donnée de réfléchir m'avait amené à me résoudre pleinement à ne rien lui dire au sujet de Compeyson. Pour autant que je sache, son animosité envers l'homme pourrait autrement le conduire à le rechercher et à se précipiter vers sa propre destruction. C'est pourquoi, lorsque Herbert et moi nous nous sommes assis avec lui près de son feu, je lui ai demandé tout d'abord s'il se fiait au jugement et aux sources d'information de Wemmick.

« Oui, oui, mon cher garçon ! » répondit-il avec un signe de tête grave, « Jaggers sait. »

— Alors, j'ai causé avec Wemmick, dis-je, et je suis venu vous dire quelle prudence il m'a donnée et quel conseil.

C'est ce que j'ai fait avec exactitude, avec la réserve que je viens de mentionner ; et je lui dis comment Wemmick avait appris, dans la prison de Newgate (je ne saurais dire si c'était de la part d'officiers ou de prisonniers), qu'il était soupçonné et que mes appartements avaient été surveillés ; comment Wemmick lui avait recommandé de rester près de lui pendant un certain temps, et de me tenir à l'écart de lui ; et ce que Wemmick avait dit sur le fait de l'avoir fait venir à l'étranger. J'ajoutai que, bien entendu, le moment venu, j'irais avec lui, ou que je le suivrais de près, selon le jugement de Wemmick. Ce qui allait suivre que je n'ai pas abordé ; je n'étais pas non plus du tout clair ni rassuré à ce sujet dans mon esprit, maintenant que je le voyais dans cet état plus doux et en danger déclaré pour moi. Quant à changer ma manière de vivre en augmentant mes dépenses, je lui demandai si, dans nos circonstances actuelles instables et difficiles, ce ne serait pas tout simplement ridicule, si ce n'était pas pire.

Il ne pouvait pas le nier, et en effet il a été très raisonnable tout au long du processus. Son retour était une entreprise, a-t-il dit, et il avait toujours su que c'était une entreprise. Il ne ferait rien pour en faire une entreprise désespérée, et il avait très peu peur de sa sécurité avec une si bonne aide.

Herbert, qui avait regardé le feu et réfléchi, dit ici qu'il avait eu quelque chose dans la pensée à la suite de la suggestion de Wemmick, qu'il valait peut-être la peine de poursuivre. « Nous sommes tous les deux de bons marins, Haendel, et nous pourrions l'emmener nous-mêmes descendre la rivière le moment venu. Aucun bateau ne serait alors loué à cet effet, ni aucun batelier ; Cela sauverait au moins une chance de soupçon, et toute chance vaut la peine d'être conservée. Peu importe la saison ; Ne pensez-vous pas que ce serait une bonne chose si vous commenciez tout de suite à garder une barque à l'escalier du Temple, et que vous ayez l'habitude de ramer le long de la rivière ? Vous tombez dans cette habitude, et alors qui le remarque ou s'en soucie ? Faites-le vingt ou cinquante fois, et il n'y a rien de spécial à ce que vous le fassiez le vingt et unième ou le cinquante et unième fois.

J'ai aimé ce schéma, et Provis en était très ravi. Nous convînmes qu'il serait mis à exécution et que Provis ne nous reconnaîtrait jamais si nous arrivions au-dessous du pont et ramions au-delà de Mill Pond Bank. Mais nous convînmes encore qu'il baisserait le store de la partie de sa fenêtre qui donnait sur l'orient, chaque fois qu'il nous verrait et que tout serait en ordre.

Notre conférence étant maintenant terminée, et tout arrangé, je me levai pour partir ; faisant remarquer à Herbert que lui et moi ferions mieux de ne pas rentrer ensemble à la maison, et que je prendrais une demi-heure de devant lui. « Je n'aime pas à vous laisser ici, dis-je à Provis, bien que je ne puisse douter que vous ne soyez plus en sécurité ici que près de moi. Au revoir !

« Cher enfant, répondit-il en me serrant les mains, je ne sais pas quand nous nous reverrons, et je n'aime pas les adieux. Dites bonne nuit ! »

« Bonne nuit ! Herbert ira régulièrement entre nous, et quand le moment sera venu, vous serez sûr que je serai prêt. Bonne nuit, bonne nuit ! »

Nous avons pensé qu'il valait mieux qu'il restât dans sa propre chambre ; et nous le laissâmes sur le palier devant sa porte, tenant une lumière au-dessus de la rampe de l'escalier pour nous éclairer en bas. En le regardant, je pensai à la première nuit de son retour, quand nos positions se renversèrent, et où je ne pensais guère que mon cœur pourrait jamais être aussi lourd et anxieux de se séparer de lui qu'il l'était maintenant.

Le vieux Barley grognait et jurait quand nous passâmes de nouveau devant sa porte, sans avoir l'air d'avoir cessé ou d'avoir l'intention de cesser. Quand nous fûmes arrivés au pied de l'escalier, je demandai à Harbert s'il avait conservé le nom de Provis. Il répondit, certainement pas, et que le locataire était M. Campbell. Il expliqua également qu'il n'y avait que ce qu'il y avait de mieux connu sur M. Campbell, qu'il (Herbert) avait confié M. Campbell et qu'il éprouvait un vif intérêt personnel à ce qu'on s'occupe bien de lui et qu'il vive une vie retirée. Aussi, quand nous entrâmes dans le salon où Mrs. Whimple et Clara étaient assises au travail, je ne dis rien de mon intérêt pour M. Campbell, mais je le gardai pour moi.

Quand j'eus pris congé de la jolie et douce fille aux yeux noirs, et de la femme maternelle qui n'avait pas survécu à sa sympathie sincère avec une petite histoire d'amour véritable, il me sembla que le vieux chemin de corde de cuivre vert était devenu tout à fait différent. Le vieux Barley pouvait être aussi vieux que les collines et jurer comme tout un champ de soldats, mais il y avait dans le bassin de Chinks assez de jeunesse rédemptrice, de confiance et d'espoir pour le remplir jusqu'à déborder. Et puis je pensai à Estelle, et à notre séparation, et je rentrai chez moi très tristement.

Tout était aussi calme dans le Temple que je ne l'avais jamais vu. Les fenêtres des chambres de ce côté, occupées depuis peu par Provis, étaient sombres et calmes, et il n'y avait pas de transat dans la cour du jardin. Je passai deux ou trois fois devant la fontaine avant de descendre les marches qui se trouvaient entre moi et mes chambres, mais j'étais tout à fait seul. Harbert, venant à mon chevet quand il est entré, car je suis allé droit au lit, découragé et fatigué, a fait le même rapport. Ouvrant l'une des fenêtres, il regarda au clair de lune et me dit que le pavé était aussi solennellement vide que le pavé de n'importe quelle cathédrale à la même heure.

Le lendemain, je me mis en route pour aller chercher le bateau. Ce fut bientôt fait, et le bateau fut amené jusqu'à l'escalier du Temple, et se trouva là où je pus l'atteindre en une minute ou deux. Puis, j'ai commencé à sortir pour m'entraîner et m'entraîner : parfois seul, parfois avec Herbert. J'étais souvent dehors dans le froid, la pluie et le grésil, mais personne ne m'a vraiment remarqué après que je sois sorti quelques fois. Au début, je suis resté au-dessus du pont de Blackfriars ; mais comme les heures de la marée changeaient, je me dirigeai vers le pont de Londres. C'était le Old London Bridge à cette époque, et à certains moments de la marée, il y avait une course et une chute d'eau qui lui donnaient une mauvaise réputation. Mais je savais assez bien comment « tirer » sur le pont après l'avoir vu faire, et je commençai donc à ramer parmi les navires dans la mare, et jusqu'à Erith. La première fois que j'ai passé Mill Pond Bank, Herbert et moi tirions une paire de rames ; Et, à l'aller comme au retour, nous vîmes descendre l'aveugle vers l'orient. Harbert y était rarement moins de trois fois par semaine, et il ne m'apportait jamais un seul mot d'intelligence qui fût alarmant. Pourtant, je savais qu'il y avait lieu de m'alarmer, et je ne pouvais pas me débarrasser de l'idée d'être surveillé. Une fois reçue, c'est une idée obsédante ; combien de personnes insensées je soupçonnais de me regarder, il serait difficile de calculer.

Bref, j'étais toujours plein de craintes pour l'homme téméraire qui se cachait. Harbert m'avait dit quelquefois qu'il trouvait agréable de se tenir à l'une de nos fenêtres, à la nuit tombée, quand la marée descendait, et de penser qu'elle coulait, avec tout ce qu'elle portait, vers Clara. Mais je pensais avec effroi qu'il coulait vers Magwitch, et que toute marque noire à sa surface pouvait être ses poursuivants, allant rapidement, silencieusement et sûrement pour l'emporter.

Chapitre XLVII.

Quelques semaines s'écoulèrent sans apporter de changement. Nous attendîmes Wemmick, et il ne fit aucun signe. Si je ne l'avais jamais connu en dehors de la Petite-Bretagne, et si je n'avais jamais eu le privilège d'être sur un pied familier au château, j'aurais pu douter de lui ; il n'en fut pas ainsi un instant, le connaissant comme moi.

Mes affaires mondaines commençaient à prendre une apparence sombre, et je fus pressé d'argent par plus d'un créancier. Moi-même, je commençais à connaître le manque d'argent (je veux dire d'argent comptant dans ma propre poche), et à y remédier en convertissant en argent quelques bijoux facilement épargnés. Mais j'étais bien décidé que ce serait une fraude impitoyable que de prendre plus d'argent à mon patron dans l'état actuel de mes pensées et de mes plans incertains. Je lui avais donc envoyé le portefeuille non ouvert d'Herbert pour qu'il le garde lui-même, et j'éprouvais une sorte de satisfaction, fausse ou vraie, je ne sais pas, de n'avoir pas profité de sa générosité depuis qu'il s'était révélé.

À mesure que le temps passait, j'avais l'impression qu'Estella était mariée. Craignant de la voir confirmée, bien que ce ne fût qu'une conviction, j'évitai les journaux, et suppliai Harbert (à qui j'avais confié les circonstances de notre dernière entrevue) de ne jamais me parler d'elle. Comment puis-je savoir pourquoi j'ai amassé ce dernier misérable petit lambeau de la robe de l'espoir qui a été déchiré et donné aux vents ? Pourquoi vous, qui lisez ceci, avez-vous commis cette incohérence assez semblable à celle que vous avez commise l'année dernière, le mois dernier, la semaine dernière ?

C'était une vie malheureuse que j'ai vécue ; et son angoisse dominante, dominant toutes ses autres angoisses, comme une haute montagne au-dessus d'une chaîne de montagnes, ne disparaissait jamais de ma vue. Pourtant, aucune nouvelle raison de craindre n'est apparue. Permettez-moi de me lever de mon lit comme je le voudrais, avec la terreur fraîche qui m'envahit qu'il ait été découvert ; permettez-moi de m'asseoir, comme je le ferais avec effroi, pour attendre le pas d'Harbert qui revint la nuit, de peur qu'il ne fût plus fugace qu'à l'ordinaire et qu'il ne fût chargé de mauvaises nouvelles, car tout cela, et bien plus encore, la ronde des choses continua. Condamné à l'inaction et à un état d'agitation et d'attente constantes, je ramais dans ma barque, et j'attendais, attendais, attendais, tant que je pus.

Il y avait des états de marée où, ayant été en bas de la rivière, je ne pouvais pas revenir par les arches et les étourneaux usagés par les remous du vieux pont de Londres ; puis, je laissai mon bateau sur un quai près de la douane, pour être ensuite conduit à l'escalier du Temple. Je n'étais pas opposé à le faire, car cela servait à faire de moi et de mon bateau un incident plus commun parmi les gens du bord de l'eau là-bas. De cette légère occasion naquirent deux rencontres dont j'ai maintenant à parler.

Un après-midi, à la fin du mois de février, j'arrivai à terre sur le quai au crépuscule. J'étais descendu jusqu'à Greenwich avec la marée descendante, et j'avais tourné avec la marée. C'était une belle journée lumineuse, mais elle était devenue brumeuse à mesure que le soleil se couchait, et j'avais dû me frayer un chemin à tâtons parmi les navires, assez prudemment. Tant en allant qu'en revenant, j'avais vu le signal à sa fenêtre : Tout va bien.

Comme c'était une soirée rude et que j'avais froid, j'ai pensé que je me consolerais en dînant tout de suite ; et comme j'avais des heures d'abattement et de solitude devant moi si je rentrais chez moi au Temple, je pensais que j'irais ensuite à la pièce. Le théâtre où M. Wopsle avait obtenu son triomphe douteux se trouvait dans ce quartier au bord de l'eau (il n'y en a nulle part maintenant), et c'est là que je résolus d'aller. Je savais que M. Wopsle n'avait pas réussi à faire revivre le Drame, mais, au contraire, avait plutôt participé à son déclin. On avait entendu parler de lui, d'une manière inquiétante, à travers les affiches, comme d'un Noir fidèle, en relation avec une petite fille de noble naissance et un singe. Et Herbert l'avait vu comme un prédateur tartare aux penchants comiques, avec un visage comme une brique rouge et un chapeau scandaleux partout sur des clochettes.

J'ai dîné dans ce qu'Herbert et moi appelions une maison de coupe géographique, où il y avait des cartes du monde dans des jantes de pot de porte sur chaque demi-mètre de nappes, et des cartes de sauce sur chacun des couteaux, — jusqu'à ce jour, il n'y a guère de chop-house dans les domaines du lord-maire qui ne soit pas géographique... et ils perdaient le temps à somnoler sur des miettes, à regarder le gaz et à préparer une série de dîners chauds. Peu à peu, je me réveillai et j'allai à la pièce.

Là, j'ai trouvé un vertueux maître d'équipage au service de Sa Majesté, un homme des plus excellents, bien que j'eusse souhaité que ses pantalons ne soient pas tout à fait aussi serrés en certains endroits, et pas tout à fait aussi lâches en d'autres, qui renversait tous les chapeaux des petits hommes sur leurs yeux, bien qu'il fût très généreux et brave, et qui ne voulait pas entendre dire que personne payait des impôts. bien qu'il fût très patriote. Il avait un sac d'argent dans sa poche, comme un pudding dans le linge, et sur cette propriété il épousa une jeune personne en meubles de lit, avec de grandes réjouissances ; toute la population de Portsmouth (au nombre de neuf au dernier recensement) se rendait sur la plage pour se frotter les mains et serrer celles de tout le monde, et chanter « Fill, fill ! » Cependant, un certain Swab au teint foncé, qui ne voulait pas remplir ou faire tout ce qu'on lui proposait, et dont le cœur était ouvertement déclaré (par le maître d'équipage) être aussi noir que sa figure de proue, proposa à deux autres Swabs de mettre toute l'humanité dans des difficultés ; ce qui fut fait si efficacement (la famille Swab ayant une influence politique considérable) qu'il fallut la moitié de la soirée pour arranger les choses, et puis cela ne fut réalisé que par un honnête petit épicier avec un chapeau blanc, des guêtres noires et un nez rouge, montant dans une horloge, avec un gril, et écoutant, et sortant, et renversant par derrière avec le gril tous ceux qu'il ne pouvait pas réfuter avec ce qu'il avait entendu. Cela a conduit M. Wopsle (dont on n'avait jamais entendu parler auparavant) à venir avec une étoile et une jarretière, en tant que plénipotentiaire de grande puissance directement de l'Amirauté, pour dire que les Swabs allaient tous aller en prison sur-le-champ, et qu'il avait fait descendre le maître d'équipage sur l'Union Jack, en guise de légère reconnaissance de ses services publics. Le maître d'équipage, qui n'avait pas d'équipage pour la première fois, s'essuya respectueusement les yeux sur le Jack, puis, se rassurant et s'adressant à M. Wopsle en l'appelant Votre Honneur, il demanda la permission de le prendre par l'aileron. M. Wopsle, cédant sa nageoire avec une gracieuse dignité, fut immédiatement poussé dans un coin poussiéreux, tandis que tout le monde dansait une cornemuse ; et de ce coin, scrutant le public d'un œil mécontent, il m'aperçut.

La seconde pièce était la dernière grande pantomime comique de Noël, dans la première scène de laquelle, j'ai eu de la peine à soupçonner que j'avais aperçu M. Wopsle avec des jambes peignées rouges sous un visage phosphorique hautement magnifié et une touche de frange de rideau rouge pour ses cheveux, engagé dans la fabrication de foudres dans une mine, et faisant preuve d'une grande lâcheté lorsque son maître gigantesque rentrait à la maison (très enroué) pour dîner. Mais il se présenta bientôt dans des circonstances plus dignes ; car, le génie de l'amour juvénile ayant besoin d'aide, à cause de la brutalité parentale d'un fermier ignorant qui s'opposait au choix du cœur de sa fille, en tombant exprès sur l'objet, dans un sac de farine, par la fenêtre du premier étage, appela un enchanteur sentencieux ; et lui, remontant des antipodes d'un pas assez chancelant, après un voyage apparemment violent, se trouva être M. Wopsle avec un chapeau à haute couronne, avec un ouvrage nécromantique en un volume sous le bras. L'affaire de cet enchanteur sur la terre étant principalement de parler, de chanter, de frapper, de danser et d'étinceler avec des feux de diverses couleurs, il avait beaucoup de temps libre. Et je remarquai, avec une grande surprise, qu'il la consacrait à regarder dans ma direction, comme s'il était perdu dans l'étonnement.

Il y avait quelque chose de si remarquable dans l'éclat croissant de l'œil de M. Wopsle, et il semblait retourner tant de choses dans son esprit et devenir si confus que je ne pouvais pas le distinguer. Je restai assis à y penser longtemps après qu'il fut monté dans les nuages dans un grand boîtier de montre, et je ne pouvais toujours pas le distinguer. J'y pensais encore quand je sortis du théâtre une heure après, et je le trouvai qui m'attendait près de la porte.

« Comment allez-vous ? » lui dis-je en lui serrant la main pendant que nous tournions ensemble dans la rue. « J'ai vu que tu m'as vu. »

« Je vous ai vu, monsieur Pip ! » reprit-il. — Oui, bien sûr que je vous ai vu. Mais qui d'autre était là ?

« Qui d'autre ? »

« C'est la chose la plus étrange, dit M. Wopsle, reprenant son regard perdu ; et pourtant je pourrais le lui jurer. »

Alarmé, je suppliai M. Wopsle de m'expliquer ce qu'il voulait dire.

« Je ne peux pas être sûr que je l'aurais remarqué d'abord sans votre présence, dit M. Wopsle en continuant de la même manière perdue. pourtant je pense que je le devrais. »

Involontairement, je regardai autour de moi, comme j'avais l'habitude de regarder autour de moi quand je rentrais chez moi ; car ces paroles mystérieuses me donnaient le frisson.

« Ah ! Il ne peut pas être en vue, dit M. Wopsle. Il est sorti avant que je ne parte. Je l'ai vu partir. »

Ayant la raison que j'avais d'être méfiant, j'ai même soupçonné ce pauvre acteur. Je me méfiais d'un dessein qui me piégeait dans un aveu. C'est pourquoi je le regardai pendant que nous marchions ensemble, mais je ne dis rien.

—J'avais une idée ridicule qu'il devait être avec vous, monsieur Pip, jusqu'à ce que je me sois aperçu que vous ne le connaissiez pas, assis derrière vous comme un fantôme.

Mon premier frisson m'envahit de nouveau, mais j'étais résolu à ne pas parler encore, car il était tout à fait conforme à ses paroles qu'il pût être décidé à m'amener à rattacher ces allusions à Provis. Bien sûr, j'étais parfaitement sûr et en sécurité que Provis n'était pas là.

« J'ose dire que vous m'étonnez, monsieur Pip ; en effet, je vois que vous le faites. Mais c'est tellement étrange ! Vous aurez du mal à croire ce que je vais vous dire. J'aurais peine à le croire moi-même, si vous me le disiez. »

— Vraiment ? dis-je.

— Non, en effet. Monsieur Pip, vous vous souvenez autrefois d'un certain jour de Noël, quand vous étiez tout enfant, et que je dînais chez Gargery, et que des soldats venaient à la porte pour faire réparer une paire de menottes ?

« Je m'en souviens très bien. »

— Et vous vous souvenez qu'il y a eu une poursuite après deux forçats, et que nous nous y sommes joints, et que Gargery vous a pris sur son dos, et que j'ai pris les devants, et que vous m'avez suivi du mieux que vous avez pu ?

« Je me souviens très bien de tout cela. » Mieux qu'il ne le pensait, sauf la dernière clause.

— Et vous vous rappelez que nous sommes arrivés tous les deux dans un fossé, et qu'il y a eu une bagarre entre eux, et que l'un d'eux avait été sévèrement malmené et très malmené au visage par l'autre ?

« Je vois tout cela devant moi. »

— Et que les soldats ont allumé des torches, et les ont placées toutes deux au centre, et que nous sommes allés voir le dernier d'entre eux, au-dessus des marais noirs, avec la lueur des torches qui brillait sur leurs visages, — je suis attentif à cela, — avec la lueur des torches qui brillait sur leurs visages, alors qu'il y avait un anneau extérieur de nuit noire tout autour de nous ?

— Oui, dis-je, je me souviens de tout cela.

— Alors, monsieur Pip, l'un de ces deux prisonniers s'est assis derrière vous ce soir. Je l'ai vu par-dessus ton épaule.

« Stable ! » Je pensais. Je lui demandai alors : « Lequel des deux pensez-vous avoir vu ? »

— Celui qui a été mutilé, répondit-il vivement, et je vous jure que je l'ai vu ! Plus je pense à lui, plus je suis certaine de lui.

« C'est très curieux ! » dis-je, avec la meilleure supposition que je pus supposer que ce n'était rien de plus pour moi. « Très curieux en effet ! »

Je ne peux exagérer l'inquiétude accrue dans laquelle cette conversation m'a plongé, ni la terreur particulière et particulière que j'ai ressentie en voyant Compeyson être derrière moi « comme un fantôme ». Car s'il avait jamais échappé à mes pensées pendant quelques instants depuis que la cachette avait commencé, c'était dans ces moments précis où il était le plus proche de moi ; et penser que je serais si inconsciente et si sur mes gardes après tous mes soins, c'était comme si j'avais fermé une allée de cent portes pour l'empêcher d'entrer, et que je l'eusse trouvé à mon coude. Je ne pouvais douter non plus qu'il ne fût là, parce que j'y étais, et que, si légère qu'il pût y avoir de danger autour de nous, le danger était toujours proche et actif.

J'ai posé à M. Wopsle des questions telles que : Quand cet homme est-il entré ? Il ne pouvait pas me le dire ; Il m'a vu, et par-dessus mon épaule, il a vu l'homme. Ce ne fut que lorsqu'il l'eut vu pendant un certain temps qu'il commença à l'identifier ; Mais dès le début, il l'avait vaguement associé à moi, et le savait comme m'appartenant d'une certaine manière à l'époque du vieux village. Comment était-il habillé ? Prospèrement, mais pas sensiblement autrement ; pensa-t-il, en noir. Son visage était-il défiguré ? Non, il ne le croyait pas. Je n'y croyais pas trop, car, bien que, dans mon état de rumination, je n'eusse pas fait particulièrement attention aux gens qui se trouvaient derrière moi, je pensais qu'il était probable qu'un visage un tant soit peu défiguré aurait attiré mon attention.

Quand M. Wopsle m'eut communiqué tout ce qu'il pouvait se rappeler ou ce que j'extrais, et quand je lui eus offert un petit rafraîchissement convenable, après les fatigues de la soirée, nous nous séparâmes. Il était entre midi et une heure quand j'arrivai au Temple, et les portes étaient fermées. Il n'y avait personne près de moi quand je suis entré et rentré chez moi.

Herbert était entré, et nous avons tenu un conseil très sérieux près du feu. Mais il n'y avait rien à faire, si ce n'est de communiquer à Wemmick ce que j'avais découvert cette nuit-là, et de lui rappeler que nous attendions son indication. Comme je pensais que je pourrais le compromettre si j'allais trop souvent au château, je fis cette communication par lettre. Je l'ai écrit avant d'aller me coucher, et je suis sorti et je l'ai posté ; et de nouveau il n'y avait personne près de moi. Herbert et moi convînmes que nous ne pouvions rien faire d'autre que d'être très prudents. Et nous étions vraiment très prudents, plus prudents qu'auparavant, si c'était possible, et moi, pour ma part, je ne m'approchais jamais du bassin de Chinks, sauf quand je passais à la rame, et alors je ne regardais le banc de l'étang du Moulin que comme je regardais autre chose.

Chapitre XLVIII.

La deuxième des deux réunions dont il est question dans le chapitre précédent a eu lieu environ une semaine après la première. J'avais de nouveau laissé mon bateau sur le quai au-dessous du pont ; C'était une heure plus tôt dans l'après-midi ; et, indécis sur l'endroit où dîner, j'avais fait mes pas dans Cheapside, et je me promenais le long de celui-ci, sûrement la personne la plus incertaine de toute la salle animée, lorsqu'une grande main fut posée sur mon épaule par quelqu'un qui me dépassait. C'était la main de M. Jaggers, et il me la passa sous le bras.

« Comme nous allons dans la même direction, Pip, nous pouvons marcher ensemble. Où allez-vous ? »

« Pour le Temple, je pense », dis-je.

« Ne savez-vous pas ? » demanda M. Jaggers.

— Eh bien, répondis-je, heureux pour une fois de l'emporter sur lui en contre-interrogatoire, je ne sais pas, car je n'ai pas encore pris ma décision.

— Vous allez dîner ? dit M. Jaggers. — Cela ne vous dérange pas de l'admettre, je suppose ?

« Non, répondis-je, cela ne me dérange pas de l'admettre. »

— Et ne sont pas fiancés ?

« Cela ne me dérange pas d'admettre aussi que je ne suis pas fiancé. »

« Alors, dit M. Jaggers, venez dîner avec moi. »

J'allais m'excuser, quand il a ajouté : « Wemmick arrive. » Je changeai donc mon excuse en une acceptation, les quelques mots que j'avais prononcés servant au commencement de l'un ou l'autre, et nous longeâmes Cheapside et nous nous dirigeâmes vers la Petite-Bretagne, tandis que les lumières brillaient brillamment dans les vitrines des magasins et que les réverbères, trouvant à peine assez de terrain pour planter leurs échelles au milieu de l'agitation de l'après-midi, sautillaient de haut en bas et couraient dehors, ouvrant plus d'yeux rouges dans le brouillard qui s'accumulait que ma tour de lumière au Hummums n'avait ouvert d'yeux blancs dans le mur fantomatique.

Au bureau de la Petite-Bretagne, il y avait l'écriture habituelle des lettres, le lavage des mains, l'extinction des bougies et la fermeture à clé des coffres-forts, qui clôturaient l'affaire de la journée. Tandis que je restais oisif près du feu de M. Jaggers, sa flamme montante et descendante donnait l'impression aux deux moulages sur l'étagère de jouer un jeu diabolique avec moi ; tandis que les deux grosses bougies de bureau grossières et grasses qui éclairaient faiblement M. Jaggers pendant qu'il écrivait dans un coin étaient décorées de draps sales, comme en souvenir d'une foule de clients pendus.

Nous allâmes à Gerrard Street, tous les trois ensemble, dans un fiacre, et, dès que nous y fûmes arrivés, le dîner fut servi. Bien que je n'eusse pas songé à faire ici la référence la plus éloignée aux sentiments de Wemmick sur Walworth, je n'aurais cependant pas eu d'objection à attirer son attention de temps en temps d'une manière amicale. Mais ce n'était pas le cas. Il tournait les yeux vers M. Jaggers chaque fois qu'il les levait de table, et il était aussi sec et distant avec moi que s'il y avait des Wemmicks jumeaux, et que ce n'était pas le bon.

« Avez-vous envoyé ce billet de Mlle Havisham à M. Pip, Wemmick ? demanda M. Jaggers, peu après que nous eûmes commencé à dîner.

– Non, monsieur, répondit Wemmick ; c'était en allant par la poste, quand vous avez amené M. Pip dans le bureau. Le voici. Il l'a remis à son directeur au lieu de me l'avoir donné.

– C'est un billet de deux lignes, Pip, dit M. Jaggers en le remettant, qui m'a été envoyé par miss Havisham, parce qu'elle n'était pas sûre de votre adresse. Elle me dit qu'elle veut vous voir pour une petite affaire dont vous lui avez parlé. Tu vas descendre ?

— Oui, dis-je en jetant les yeux sur le billet, qui était exactement en ces termes.

« Quand pensez-vous descendre ? »

« J'ai un engagement imminent, dis-je en jetant un coup d'œil à Wemmick, qui mettait du poisson à la poste, qui me rend assez incertain de mon temps. Tout de suite, je pense. »

« Si M. Pip a l'intention de partir tout de suite, dit Wemmick à M. Jaggers, il n'a pas besoin d'écrire une réponse, vous savez. »

Recevant cela comme une indication qu'il valait mieux ne pas tarder, je décidai que j'irais demain, et je le dis. Wemmick but un verre de vin et regarda d'un air sombre et satisfait M. Jaggers, mais pas moi.

« Alors, Pip ! Notre ami l'Araignée, dit M. Jaggers, a joué ses cartes. Il a gagné la poule. »

C'était tout ce que je pouvais faire pour donner mon assentiment.

« Ah ! C'est un homme prometteur – à sa manière – mais il n'a peut-être pas tout à sa façon. Le plus fort gagnera à la fin, mais le plus fort doit être découvert en premier. S'il se retournait vers elle et la battait... »

— Certainement, interrompis-je, le visage et le cœur brûlants, vous ne pensez pas sérieusement qu'il est assez scélérat pour cela, monsieur Jaggers ?

— Je ne l'ai pas dit, Pip. Je plaide en justice. S'il se retourne vers elle et la bat, il peut peut-être avoir la force de son côté ; S'il s'agit d'une question d'intelligence, il ne le fera certainement pas. Ce serait un travail de hasard que de donner une opinion sur la façon dont un homme de ce genre se comportera dans de telles circonstances, car c'est un jeu entre deux résultats.

« Puis-je vous demander ce que c'est ? »

– Un gaillard comme notre ami l'Araignée, répondit M. Jaggers, bat ou grince des dents. Il peut grincer des dents et grogner, ou grincer des dents et ne pas grogner ; Mais soit il bat, soit il grince des dents. Demandez à Wemmick *son* avis.

« Soit des battements, soit des grincements de dents », a dit Wemmick, sans s'adresser à moi.

« Voici donc mistress Bentley Drummle, dit M. Jaggers en prenant une carafe de vin de choix dans son monte-plat et en la remplissant pour chacun de nous et pour lui-même, et que la question de la suprématie soit réglée à la satisfaction de la dame ! À la satisfaction de la dame *et du* monsieur, ce ne sera jamais le cas. Maintenant, Molly, Molly, Molly, Molly, comme vous êtes lente aujourd'hui ! »

Elle était à son coude quand il s'adressa à elle et posa un plat sur la table. En retirant ses mains, elle recula d'un pas ou deux, marmonnant nerveusement une excuse. Et un certain mouvement de ses doigts, pendant qu'elle parlait, attira mon attention.

« Qu'y a-t-il ? » demanda M. Jaggers.

« Rien. Seulement, dis-je, le sujet dont nous parlions m'était un peu pénible. »

L'action de ses doigts était comme l'action de tricoter. Elle regarda son maître, ne comprenant pas si elle était libre de partir, ou s'il avait encore quelque chose à lui dire et s'il la rappellerait si elle y allait. Son regard était très attentif. Assurément, j'avais vu exactement de tels yeux et de telles mains dans une occasion mémorable bien dernièrement !

Il la congédia, et elle se glissa hors de la pièce. Mais elle resta devant moi aussi clairement que si elle y était encore. J'ai regardé ces mains, j'ai regardé ces yeux, j'ai regardé ces cheveux flottants ; et je les comparais avec d'autres mains, d'autres yeux, d'autres cheveux que je connaissais, et avec ce qu'ils pouvaient être après vingt ans d'un mari brutal et d'une vie orageuse. Je regardai de nouveau les mains et les yeux de la gouvernante, et je pensai au sentiment inexplicable qui m'avait envahi la dernière fois que j'avais marché, non seul, dans le jardin en ruines et à travers la brasserie déserte. Je pensai que le même sentiment m'était revenu quand j'avais vu un visage qui me regardait et une main qui me faisait signe de la fenêtre d'une diligence ; et comment il était revenu et avait brillé autour de moi comme un éclair, quand j'étais passé en voiture, non seul, à travers un éclat soudain de lumière dans une rue sombre. Je pensais qu'un seul lien d'association avait aidé à cette identification au théâtre, et qu'un tel lien, qui manquait auparavant, s'était fixé pour moi maintenant, quand j'étais passé par hasard du nom d'Estelle aux doigts avec leur action de tricoter, et aux yeux attentifs. Et j'étais absolument certain que cette femme était la mère d'Estella.

M. Jaggers m'avait vu avec Estelle, et il n'était pas probable qu'il eût manqué les sentiments que je n'avais pas pris la peine de cacher. Il hocha la tête quand je lui dis que le sujet m'était pénible, me donna une tape dans le dos, remit le vin et continua son dîner.

La gouvernante ne reparut que deux fois, et alors son séjour dans la chambre fut très court, et M. Jaggers fut vif avec elle. Mais ses mains étaient les mains d'Estelle, et ses yeux étaient les yeux d'Estelle, et si elle était réapparue cent fois, je n'aurais pu être ni plus ni moins sûr que ma conviction était la vérité.

C'était une soirée ennuyeuse, car Wemmick tirait son vin, quand il arrivait, tout à fait pour une affaire, tout comme il aurait pu toucher son salaire quand il arrivait, et, les yeux fixés sur son chef, il était assis dans un état de préparation perpétuelle pour le contre-interrogatoire. Quant à la quantité de vin, son bureau de poste était aussi indifférent et prêt qu'aucun autre bureau de poste pour sa quantité de lettres. De mon point de vue, il était tout le temps le mauvais jumeau, et seulement extérieurement comme le Wemmick de Walworth.

Nous avons pris congé tôt et sommes partis ensemble. Même lorsque nous cherchions nos chapeaux dans le stock de bottes de M. Jaggers, je sentais que le jumeau droit était sur le chemin du retour ; et nous n'avions pas fait une demi-douzaine de mètres dans la rue Gerrard dans la direction de Walworth, que je m'aperçus que je marchais bras dessus bras dessous avec le jumeau droit, et que le mauvais jumeau s'était évaporé dans l'air du soir.

— Eh bien ! dit Wemmick, c'est fini ! C'est un homme merveilleux, sans sa ressemblance vivante ; mais je sens que je dois me en l'air quand je dîne avec lui, et je dîne plus confortablement dévissée.

J'ai pensé que c'était un bon exposé de l'affaire, et je le lui ai dit.

« Je ne le dis-le à personne d'autre qu'à vous-même », a-t-il répondu. — Je sais que ce qui se dit entre vous et moi ne va pas plus loin.

Je lui demandai s'il avait jamais vu la fille adoptive de Mlle Havisham, Mme Bentley Drummle. Il a dit non. Pour ne pas être trop brusque, je parlai alors des Vieillards et de Mlle Skiffins. Il avait l'air un peu sournois quand je parlai de miss Skiffins, et il s'arrêta dans la rue pour se moucher, avec un roulement de tête et une fioriture qui n'était pas tout à fait exempte de vantardise latente.

« Wemmick, dis-je, vous souvenez-vous de m'avoir dit, avant d'aller pour la première fois à la maison privée de M. Jaggers, que j'avais remarqué cette gouvernante ? »

« Moi ? » a-t-il répondu. — Ah, j'ose dire que je l'ai fait. Laissez-moi, ajouta-t-il soudain, je le sais. Je trouve que je ne suis pas encore tout à fait dévissé.

« Une bête sauvage apprivoisée, tu l'as appelée. »

« Et comment l'appelez-vous ? »

« Pareil. Comment M. Jaggers l'a-t-il apprivoisée, Wemmick ? »

« C'est son secret. Elle est avec lui depuis bien des années. »

« J'aimerais que vous me racontiez son histoire. Je ressens un intérêt particulier à le connaître. Vous savez que ce qui se dit entre vous et moi ne va pas plus loin. »

« Eh bien ! » Wemmick répondit : « Je ne connais pas son histoire, c'est-à-dire que je ne la connais pas toute. Mais ce que je sais, je vais vous le dire. Nous le sommes à titre privé et personnel, bien sûr. »

« Bien sûr. »

Il y a une vingtaine d'années, cette femme a été jugée pour meurtre à l'Old Bailey et a été acquittée. C'était une très belle jeune femme, et je crois qu'elle avait du sang de gitan en elle. Quoi qu'il en soit, il faisait assez chaud quand il était debout, comme vous pouvez le supposer.

« Mais elle a été acquittée. »

— M. Jaggers était pour elle, poursuivit Wemmick avec un regard plein de sens, et il a travaillé l'affaire d'une manière tout à fait étonnante. C'était un cas désespéré, et il n'en était qu'à ses débuts à l'époque, et il l'a travaillé à l'admiration générale ; en fait, on pourrait presque dire que c'est lui qui l'a fait. Il l'a fait lui-même au bureau de police, jour après jour pendant de nombreux jours, luttant même contre une incarcération ; et au procès où il ne pouvait pas le faire lui-même, il s'est assis sous l'avocat et, tout le monde le savait, a mis tout le sel et le poivre. La personne assassinée était une femme, une femme d'une bonne dizaine d'années de plus, beaucoup plus grande et beaucoup plus forte. C'était un cas de jalousie. Ils menaient tous les deux une vie de vagabonds, et cette femme de Gerrard Street avait été mariée très jeune, sur le manche à balai (comme on dit), à un vagabond, et était une véritable fureur en point de jalousie. La femme assassinée, qui était plutôt du genre à rivaliser avec l'homme, certainement en termes d'âge, fut trouvée morte dans une grange près de Hounslow Heath. Il y avait eu une lutte violente, peut-être une bagarre. Elle était contusionnée, égratignée et déchirée, et avait finalement été prise à la gorge et étouffée. Or, il n'y avait aucune preuve raisonnable pour impliquer quelqu'un d'autre que cette femme, et c'est sur les invraisemblances qu'elle ait pu le faire, M. Jaggers a principalement fondé son argumentation. Vous pouvez être sûr, dit Wemmick en me touchant la manche, qu'il ne s'est jamais arrêté alors à la force de ses mains, bien qu'il le fasse quelquefois maintenant.

J'avais raconté à Wemmick qu'il nous avait montré ses poignets, ce jour-là du dîner.

– Eh bien, monsieur ! Wemmick continua ; Il se trouva, c'est arrivé, ne voyez-vous pas, que cette femme était si habillement vêtue dès le moment de son arrestation, qu'elle paraissait beaucoup plus mince qu'elle ne l'était réellement ; En particulier, on se souvient toujours que ses manches étaient si habilement conçues que ses bras avaient un aspect assez délicat. Elle n'avait qu'une ou deux contusions sur elle, rien pour un vagabond, mais le dos de ses mains était lacéré, et la question était : Était-ce avec des ongles ? Maintenant, M. Jaggers montra qu'elle avait lutté contre un grand nombre de ronces qui n'étaient pas aussi hautes que son visage ; mais elle n'aurait pas pu la traverser et dont elle garda les mains ; Et des morceaux de ces ronces ont été trouvés dans sa peau et mis en preuve, ainsi que le fait que les ronces en question ont été trouvées à l'examen comme ayant été percées, et qu'elles avaient de petits lambeaux de sa robe et de petites taches de sang ici et là. Mais le point le plus audacieux qu'il souleva fut celui-ci : on essaya d'établir, pour prouver sa jalousie, qu'elle était fortement soupçonnée d'avoir, à peu près au moment du meurtre, détruit frénétiquement son enfant par cet homme d'environ trois ans pour se venger de lui. M. Jaggers a travaillé de cette façon : « Nous disons que ce ne sont pas des marques d'ongles, mais des marques de ronces, et nous vous montrons les ronces. Vous dites que ce sont des marques d'ongles, et vous émettez l'hypothèse qu'elle a détruit son enfant. Vous devez accepter toutes les conséquences de cette hypothèse. Pour autant que nous sachions, elle a peut-être détruit son enfant, et l'enfant, en s'accrochant à elle, s'est peut-être égratigné les mains. Et alors ? Vous ne la jugez pas pour le meurtre de son enfant ; Pourquoi pas vous ? Quant à ce cas, si vous *voulez* avoir des égratignures, nous disons que, pour tout ce que nous savons, vous les avez peut-être expliquées, en supposant pour les besoins de l'argumentation que vous ne les avez pas inventées ? — En résumé, monsieur, dit Wemmick, M. Jaggers était tout à fait trop nombreux pour le jury, et ils ont cédé. »

« A-t-elle été à son service depuis ? »

— Oui ; mais ce n'est pas tout, dit Wemmick, elle entra à son service immédiatement après son acquittement, domptée comme elle l'est maintenant. Depuis, on lui a appris une chose et une autre dans l'accomplissement de ses devoirs, mais elle a été apprivoisée dès le début.

« Vous souvenez-vous du sexe de l'enfant ? »

« On dit que c'était une fille. »

— Vous n'avez plus rien à me dire ce soir ?

« Rien. J'ai reçu votre lettre et je l'ai détruite. Rien. »

Nous échangâmes un cordial bonsoir, et je rentrai chez moi, avec de nouvelles choses à penser, mais sans aucun soulagement de l'ancienne.

Chapitre XLIX.

Mettant dans ma poche le billet de miss Havisham, afin qu'il me serve de créance pour reparaître si bientôt à Satis-House, au cas où son égarement l'amènerait à exprimer quelque surprise en me voyant, je redescendis par la voiture le lendemain. Mais je descendis à la maison de transition, j'y déjeunai et je fis le reste de la distance à pied ; car je cherchais à entrer tranquillement dans la ville par les chemins peu fréquentés, et à en sortir de la même manière.

La meilleure lumière du jour avait disparu lorsque je passai le long des cours silencieuses et résonnantes derrière la rue principale. Les coins de ruine où les anciens moines avaient autrefois leurs réfectoires et leurs jardins, et où les fortes murailles étaient maintenant pressées au service d'humbles hangars et d'écuries, étaient presque aussi silencieux que les vieux moines dans leurs tombes. Les carillons de la cathédrale eurent à la fois un son plus triste et plus lointain pour moi, tandis que je me hâtais d'éviter d'être observé, qu'ils n'en avaient jamais eu auparavant ; Ainsi, la houle du vieil orgue est parvenue à mes oreilles comme une musique funèbre ; et les corbeaux, tandis qu'ils planaient autour de la tour grise et se balançaient dans les grands arbres nus du jardin du prieuré, semblaient m'appeler que la place avait changé et qu'Estelle en avait disparu pour toujours.

Une femme âgée, que j'avais déjà vue auparavant comme l'une des servantes qui vivaient dans la maison supplémentaire de l'autre côté de la cour arrière, a ouvert la porte. La bougie allumée se trouvait dans le couloir sombre à l'intérieur, comme autrefois, et je la pris et montai l'escalier seul. Mlle Havisham n'était pas dans sa propre chambre, mais dans la plus grande pièce de l'autre côté du palier. En regardant à l'intérieur de la porte, après avoir frappé en vain, je la vis assise sur l'âtre dans un fauteuil en lambeaux, tout près devant, et perdue dans la contemplation du feu cendré.

Faisant comme je l'avais souvent fait, j'entrai et je me tins debout à toucher la vieille cheminée, d'où elle pouvait me voir quand elle levait les yeux. Il y avait sur elle un air de solitude absolue qui m'aurait ému de pitié, si elle m'avait volontairement fait un mal plus profond que je ne pouvais l'accuser. Tandis que je la compatissais et que je pensais à la façon dont, dans le cours du temps, j'en étais venu à faire partie des fortunes naufragées de cette maison, ses yeux se posèrent sur moi. Elle regarda fixement et dit à voix basse : « Est-ce réel ? »

« C'est moi, Pip. M. Jaggers m'a remis votre billet hier, et je n'ai pas perdu de temps. »

« Merci. Merci. »

Comme j'approchais une autre des chaises en lambeaux de l'âtre et que je m'asseyais, je remarquai une nouvelle expression sur son visage, comme si elle avait peur de moi.

« Je veux, dit-elle, approfondir le sujet dont vous m'avez parlé la dernière fois que vous êtes ici, et vous montrer que je ne suis pas toute pierre. Mais peut-être ne pouvez-vous jamais croire, maintenant, qu'il y a quelque chose d'humain dans mon cœur ? »

Quand je lui dis quelques paroles rassurantes, elle me tendit sa main droite tremblante, comme si elle allait me toucher ; mais elle s'en souvint de nouveau avant que je comprît l'action, ou que je sache comment la recevoir.

« Vous avez dit, au nom de votre ami, que vous pourriez me dire comment faire quelque chose d'utile et de bon. Quelque chose que vous aimeriez faire, n'est-ce pas ? »

« Quelque chose que j'aimerais vraiment faire. »

« Qu'est-ce qu'il y a ? »

J'ai commencé à lui expliquer l'histoire secrète du partenariat. Je n'étais pas allé bien loin, quand je jugeai à son regard qu'elle pensait de moi d'une manière discursive, plutôt que de ce que je disais. Il semblait qu'il en était ainsi ; car, quand j'arrêtai de parler, bien des instants s'écoulèrent avant qu'elle ne montrât qu'elle s'en rendait compte.

« Rompez-vous, demanda-t-elle alors, avec son air d'avoir peur de moi, parce que vous me haïssez trop pour supporter de me parler ? »

– Non, non, répondis-je, comment pouvez-vous le croire, miss Havisham ! J'ai arrêté parce que je pensais que tu ne suivais pas ce que j'ai dit.

— Peut-être que je ne l'étais pas, répondit-elle en mettant une main sur sa tête. « Recommencez, et laissez-moi regarder autre chose. Rester! Maintenant, dis-le-moi. »

Elle posa la main sur son bâton avec la résolution qui lui était parfois habituelle, et regarda le feu avec une forte expression de force à y assister. Je continuai mon explication et lui dis que j'avais espéré terminer la transaction avec mes moyens, mais que j'étais déçu en cela. Cette partie du sujet (je le lui rappelai) impliquait des questions qui ne pouvaient faire partie de mon explication, car c'étaient les lourds secrets d'une autre.

— Ainsi ! dit-elle en acquiesçant de la tête, mais sans me regarder. « Et combien d'argent faut-il pour finaliser l'achat ? »

J'avais un peu peur de le dire, car c'était une grosse somme. « Neuf cents livres. »

« Si je te donne l'argent dans ce but, garderas-tu mon secret comme tu as gardé le tien ? »

— Tout aussi fidèlement.

— Et ton esprit sera plus tranquille ?

« Beaucoup plus au repos. »

« Êtes-vous très malheureux maintenant ? »

Elle me posa cette question, toujours sans me regarder, mais sur un ton de sympathie inaccoutumé. Je ne pouvais pas répondre pour le moment, car ma voix me manquait. Elle passa son bras gauche sur la tête de son bâton et posa doucement son front dessus.

« Je suis loin d'être heureuse, miss Havisham ; mais j'ai d'autres sujets d'inquiétude que tous ceux que vous connaissez. Ce sont les secrets que j'ai mentionnés.

Au bout d'un moment, elle leva la tête et regarda de nouveau le feu.

Il est noble de votre part de me dire que vous avez d'autres causes de malheur. Est-ce vrai ?

« Trop vrai. »

« Puis-je seulement te servir, Pip, en servant ton ami ? Considérant cela comme fait, n'y a-t-il rien que je puisse faire pour toi toi-même ? »

« Rien. Je vous remercie de votre question. Je vous remercie encore plus pour le ton de la question. Mais il n'y a rien. »

Elle se leva bientôt de son siège et chercha dans la pièce délabrée les moyens d'écrire. Il n'y en avait pas, et elle tira de sa poche un ensemble de tablettes d'ivoire jaunes, montées dans de l'or terni, et écrivit dessus avec un crayon dans un étui d'or terni qui pendait à son cou.

— Vous êtes toujours en bons termes avec M. Jaggers ?

« Tout à fait. J'ai dîné avec lui hier. »

« C'est une autorité pour lui de vous payer cet argent, de le donner à votre discrétion irresponsable pour votre ami. Je ne garde pas d'argent ici ; mais si vous préférez que M. Jaggers n'en sache rien, je vous l'enverrai. »

« Merci, miss Havisham ; Je n'ai pas la moindre objection à le recevoir de sa part. »

Elle m'a lu ce qu'elle avait écrit ; et c'était direct et clair, et évidemment destiné à m'absoudre de tout soupçon de profiter de la réception de l'argent. Je pris les tablettes de sa main, et elle trembla de nouveau, et elle trembla encore plus quand elle enleva la chaîne à laquelle le crayon était attaché et la mit dans la mienne. Tout cela, elle le faisait sans me regarder.

« Mon nom est sur la première feuille. Si jamais vous pouvez écrire sous mon nom : « Je lui pardonne », même si longtemps après que mon cœur brisé est poussière, je vous en prie, faites-le ! »

« Ô miss Havisham, dis-je, je peux le faire maintenant. Il y a eu de graves erreurs ; et ma vie a été aveugle et ingrate ; et je veux beaucoup trop de pardon et de direction, pour être amer avec vous. »

Elle tourna son visage vers moi pour la première fois depuis qu'elle l'avait évité, et, à mon grand étonnement, je peux même ajouter à ma terreur, tombée à genoux à mes pieds ; avec ses mains jointes levées vers moi de la manière dont, lorsque son pauvre cœur était jeune, frais et entier, ils ont dû souvent être élevés au ciel du côté de sa mère.

La voir avec ses cheveux blancs et son visage usé agenouillé à mes pieds m'a fait un choc dans tout mon corps. Je la suppliai de se lever, et je l'entourai de mes bras pour l'aider à se relever ; mais elle se contenta de serrer ma main qui était la plus près de sa portée, et elle pencha la tête dessus en pleurant. Je ne l'avais jamais vue verser une larme, et, dans l'espoir que ce soulagement lui ferait du bien, je me penchai sur elle sans parler. Elle n'était pas à genoux maintenant, mais elle était à terre.

« Oh ! » s'écria-t-elle avec désespoir. « Qu'est-ce que j'ai fait ! Qu'est-ce que j'ai fait ! »

– Si vous voulez dire, miss Havisham, qu'avez-vous fait pour me blesser, permettez-moi de vous répondre. Très peu. Je l'aurais aimée en toute circonstance. Est-elle mariée ?

« Oui. »

C'était une question inutile, car une nouvelle désolation dans la maison désolée me l'avait dit.

« Qu'est-ce que j'ai fait ! Qu'est-ce que j'ai fait ! Elle se tordit les mains, écrasa ses cheveux blancs, et revint sans cesse à ce cri. Qu'est-ce que j'ai fait !»

Je ne savais ni quoi répondre, ni comment la consoler. Qu'elle ait fait une chose pénible en prenant un enfant impressionnable pour lui donner la forme dont son ressentiment sauvage, son affection rejetée et son orgueil blessé trouvaient leur vengeance, je le savais très bien. Mais qu'en fermant la lumière du jour, elle en avait fermé infiniment plus ; que, dans l'isolement, elle s'était isolée de mille influences naturelles et curatives ; que son esprit, ruminant solitaire, était devenu malade, comme le font tous les esprits, doivent et veulent renverser l'ordre fixé par leur Créateur, je le savais aussi bien. Et pouvais-je la regarder sans compassion, voyant son châtiment dans la ruine qu'elle était, dans sa profonde inaptitude à cette terre sur laquelle elle était placée, dans la vanité de la douleur qui était devenue une manie magistrale, comme la vanité de la pénitence, la vanité du remords, la vanité de l'indignité, et d'autres vanités monstrueuses qui ont été des malédictions en ce monde ?

Jusqu'à ce que vous lui parliez l'autre jour, et jusqu'à ce que je voie en vous un miroir qui me montrait ce que j'éprouvais moi-même, je ne savais pas ce que j'avais fait. Qu'ai-je fait! Qu'est-ce que j'ai fait ! Et ainsi encore, vingt, cinquante fois, qu'avait-elle fait !

Miss Havisham, dis-je, quand son cri se fut éteint, vous pouvez me chasser de votre esprit et de votre conscience. Mais Estelle est un cas différent, et si vous pouvez jamais défaire un morceau de ce que vous avez fait de mal en lui cachant une partie de sa bonne nature, il vaudra mieux le faire que de déplorer le passé de cent ans.

— Oui, oui, je le sais. Mais, Pip, ma chère ! Il y avait pour moi une sincère compassion féminine dans sa nouvelle affection. Ma chère ! Croyez-le : quand elle est venue à moi pour la première fois, j'avais l'intention de la sauver d'une misère comme la mienne. Au début, je ne voulais pas dire plus.

412

— Eh bien, eh bien ! dis-je, je l'espère.

Mais à mesure qu'elle grandissait et promettait d'être très belle, je me détériorai peu à peu, et avec mes louanges, et avec mes bijoux, et avec mes enseignements, et avec cette figure de moi-même toujours devant elle, un avertissement pour revenir en arrière et montrer mes leçons, je lui arrachai le cœur et mis de la glace à sa place.

« Mieux, ne pus-je m'empêcher de dire, c'est de lui avoir laissé un cœur naturel, même d'être meurtri ou brisé. »

Sur ce, miss Havisham me regarda distraitement pendant un moment, puis éclata de nouveau : Qu'avait-elle fait !

« Si vous connaissiez toute mon histoire, plaida-t-elle, vous auriez un peu de compassion pour moi et une meilleure compréhension de moi. »

- Miss Havisham, répondis-je aussi délicatement que possible, je crois pouvoir dire que je connais votre histoire, et que je la connais depuis que j'ai quitté ce quartier. Il m'a inspiré une grande commisération, et j'espère que je le comprends, lui et ses influences. Ce qui s'est passé entre nous me donne-t-il une excuse pour vous poser une question relative à Estelle ? Pas telle qu'elle est, mais telle qu'elle était quand elle est arrivée ici pour la première fois ?

Elle était assise sur le sol, les bras sur la chaise en lambeaux, la tête appuyée sur eux. Elle m'a regardé fixement quand j'ai dit cela, et m'a répondu : « Continuez. »

« À qui était l'enfant d'Estelle ? »

Elle secoua la tête.

« Tu ne sais pas ? »

Elle secoua de nouveau la tête.

— Mais M. Jaggers l'a amenée ici, ou l'a envoyée ici ?

« Je l'ai amenée ici. »

« Voulez-vous me dire comment cela s'est passé ? »

Elle répondit à voix basse et avec prudence : « J'étais enfermée dans ces chambres depuis longtemps (je ne sais combien de temps ; vous savez l'heure que les horloges donnent ici), quand je lui ai dit que je voulais une petite fille pour l'élever, l'aimer et la sauver de mon destin. Je l'avais vu pour la première fois quand je l'avais envoyé chercher pour me dévaster cet endroit ; après l'avoir lu dans les journaux, avant que moi et le monde ne nous séparions. Il

413

m'a dit qu'il chercherait autour de lui un enfant aussi orphelin. Une nuit, il l'a amenée ici endormie, et je l'ai appelée Estella.

« Puis-je lui demander son âge alors ? »

« Deux ou trois. Elle-même ne sait rien, si ce n'est qu'elle est restée orpheline et que je l'ai adoptée. »

J'étais si convaincu que cette femme était sa mère, que je ne voulais aucune preuve pour établir le fait dans mon propre esprit. Mais, pour n'importe quel esprit, pensais-je, le lien ici était clair et direct.

Que pouvais-je espérer de plus en prolongeant l'interview ? J'avais réussi en faveur d'Herbert, miss Havisham m'avait dit tout ce qu'elle savait d'Estelle, j'avais dit et fait ce que j'avais pu pour la rassurer. Peu importe les autres mots avec lesquels nous nous séparions ; Nous nous séparâmes.

Le crépuscule se rapprochait quand je descendis dans l'air naturel. J'appelai la femme qui avait ouvert la porte quand j'étais entré, pour lui dire que je ne la dérangerais pas tout de suite, mais que je ferais le tour de l'endroit avant de partir. Car j'avais le pressentiment que je n'y retournerais jamais, et je sentais que la lumière mourante convenait à ma dernière vue.

Par le désert de tonneaux sur lesquels j'avais marché il y a longtemps, et sur lesquels la pluie des années était tombée depuis, les pourrissant en beaucoup d'endroits, et laissant des marécages miniatures et des flaques d'eau sur ceux qui se trouvaient à l'extrémité, je me dirigeai vers le jardin en ruines. J'en ai fait le tour ; par le coin où Herbert et moi avions livré notre bataille ; par les sentiers où Estelle et moi nous nous étions promenés. Si froid, si solitaire, si morne !

En prenant la brasserie sur le chemin du retour, j'ai soulevé le loquet rouillé d'une petite porte au bout du jardin et j'ai traversé. Je sortais par la porte opposée, qui n'était pas facile à ouvrir maintenant, car le bois humide avait commencé et gonflé, et les gonds cédaient, et le seuil était encombré d'une excroissance de champignons, quand je tournai la tête pour regarder en arrière. Une association enfantine se ranima avec une force merveilleuse au moment de l'action légère, et je crus voir miss Havisham suspendue à la poutre. L'impression était si forte que je restai sous la poutre, frissonnant de la tête aux pieds avant de m'apercevoir que c'était une fantaisie, mais pour être sûr d'y être en un instant.

La tristesse du lieu et du temps, et la grande terreur de cette illusion, bien qu'elle ne fût que momentanée, me firent éprouver une crainte indescriptible en sortant entre les portes de bois ouvertes où j'avais autrefois tordu mes cheveux après qu'Estelle m'avait tordu le cœur. En passant dans la cour de devant, j'hésitai si j'appelais la femme pour qu'elle me laissât sortir à la porte fermée dont elle avait la clef, ou si je montais d'abord et m'assurais que miss Havisham était aussi saine et sauve que je l'avais laissée. J'ai pris ce dernier parti et j'ai monté.

Je regardai dans la chambre où je l'avais laissée, et je la vis assise dans la chaise en lambeaux sur l'âtre près du feu, le dos tourné vers moi. Au moment où je retirais la tête pour m'éloigner tranquillement, j'ai vu une grande lumière flamboyante jaillir. Au même instant, je la vis courir vers moi, hurlante, avec un tourbillon de feu qui flambait tout autour d'elle, et s'élevant au moins à autant de pieds au-dessus de sa tête qu'elle était haute.

J'avais un grand manteau à double casquette, et un autre manteau épais sur mon bras. Que je les ai enlevés, que je me suis rapproché d'elle, que je l'ai jetée par terre et que je les ai passés par-dessus elle ; que j'ai tiré le grand drap de la table dans le même but, et avec lui j'ai entraîné le tas de pourriture au milieu, et toutes les vilaines choses qui s'y abritaient ; que nous étions à terre luttant comme des ennemis désespérés, et que plus je la couvrais, plus elle poussait des cris sauvages et essayait de se libérer, que cela s'était produit, je le savais par le résultat, mais pas par rien de ce que je ressentais, pensais ou savais que je faisais. Je ne savais rien jusqu'à ce que je sache que nous étions par terre près de la grande table, et que des morceaux d'amadou encore allumés flottaient dans l'air enfumé, qui, un instant auparavant, avait été sa robe de mariée fanée.

Puis, je regardai autour de moi et je vis les coléoptères et les araignées dérangés qui s'enfuyaient sur le sol, et les domestiques qui entraient à la porte en poussant des cris haletants. Je la retenais toujours de force de toutes mes forces, comme un prisonnier qui peut s'échapper ; et je doute même si je savais qui elle était, ou pourquoi nous avions lutté, ou qu'elle avait été en flammes, ou que les flammes étaient éteintes, jusqu'à ce que je voie les plaques d'amadou qui avaient été ses vêtements ne plus se poser mais tomber en une pluie noire autour de nous.

Elle était insensible, et j'avais peur qu'on la bougeât, ni même qu'on la touchât. On m'a demandé de l'aide, et je l'ai tenue jusqu'à ce qu'elle vienne, comme si je m'imaginais déraisonnablement (je crois que c'était le cas) que, si je la laissais partir, le feu se rallumerait et la consumerait. Quand je me levai, le chirurgien venant à elle avec d'autres secours, je fus étonné de voir que mes deux mains étaient brûlées ; car je n'en avais aucune connaissance par le sentiment du sentiment.

À l'examen, il fut déclaré qu'elle avait reçu de graves blessures, mais qu'elles étaient loin d'être désespérées en elles-mêmes ; Le danger résidait principalement dans le choc nerveux. Sur l'ordre du chirurgien, son lit fut transporté dans cette pièce et déposé sur la grande table, qui se trouvait être bien adaptée pour panser ses blessures. Quand je l'ai revue, une heure après, elle était couchée, en effet, à l'endroit où je l'avais vue frapper son bâton et où je l'avais entendue dire qu'elle mentirait un jour.

Quoique tout ce qui restât de sa robe fût brûlé, comme on me l'a dit, elle avait encore quelque chose de son ancienne apparence de mariée épouvantable ; car ils l'avaient couverte jusqu'à la gorge d'un coton blanc, et tandis qu'elle était couchée avec un drap blanc qui le recouvrait lâchement, l'air fantôme de quelque chose qui avait été et avait été changé était toujours sur elle.

En interrogeant les domestiques, j'appris qu'Estelle était à Paris, et je reçus du chirurgien la promesse qu'il lui écrirait par la prochaine poste. avec l'intention de communiquer uniquement avec M. Matthew Pocket, et de le laisser faire ce qu'il voulait pour informer le reste. C'est ce que je fis le lendemain, par l'intermédiaire d'Herbert, dès mon retour en ville.

Il y avait un moment, ce soir-là, où elle parlait avec recueillement de ce qui s'était passé, mais avec une certaine vivacité terrible. Vers minuit, elle commença à errer dans son discours ; et après cela, elle dit d'innombrables fois d'une voix basse et solennelle : « Qu'ai-je fait ! » Et puis : « Quand elle est venue pour la première fois, j'avais l'intention de la sauver d'une misère comme la mienne. » Et puis : « Prenez le crayon et écrivez sous mon nom : « Je lui pardonne ! » Elle n'a jamais changé l'ordre de ces trois phrases, mais elle a parfois omis un mot dans l'une ou l'autre d'entre elles ; ne mettant jamais un autre mot, mais laissant toujours un blanc et passant au mot suivant.

Comme je ne pouvais pas y rendre de service, et que j'avais, plus près de chez moi, cette raison pressante d'anxiété et de peur que même ses pérégrinations ne pouvaient chasser de mon esprit, je décidai, dans le courant de la nuit, que je reviendrais par la diligence du matin, en marchant environ un mille, et que je serais emmené hors de la ville. Vers six heures du matin, je me penchai donc sur elle et touchai ses lèvres avec les miennes, comme ils disaient, sans m'arrêter pour être touché : « Prenez le crayon et écrivez sous mon nom : Je lui pardonne. »

Chapitre L.

J'avais passé deux ou trois fois mes mains au peigne fin de nuit, et de nouveau le matin. Mon bras gauche était très brûlé jusqu'au coude et, moins gravement, aussi haut que l'épaule ; c'était très douloureux, mais les flammes s'étaient installées dans cette direction, et je me sentais reconnaissant que ce n'était pas pire. Ma main droite n'était pas si brûlée que je pouvais bouger les doigts. Il était bandé, bien sûr, mais beaucoup moins gênant que ma main et mon bras gauches ; ceux que je portais en écharpe ; et je ne pouvais porter mon manteau que comme un manteau, ample sur mes épaules et attaché au cou. Mes cheveux avaient été pris par le feu, mais pas ma tête ni mon visage.

Quand Herbert fut descendu à Hammersmith et qu'il eut vu son père, il revint me voir dans nos appartements et consacra la journée à me soigner. Il était le plus aimable des infirmiers, et à des moments précis, il enlevait les bandages, les trempait dans le liquide rafraîchissant qu'on tenait prêt, et les remettait avec une tendresse patiente dont j'étais profondément reconnaissant.

D'abord, alors que j'étais tranquille sur le canapé, il m'était douloureusement difficile, je pourrais dire impossible, de me débarrasser de l'impression de l'éclat des flammes, de leur hâte et de leur bruit, et de l'odeur ardente et brûlée. Si je m'assoupissais une minute, j'étais réveillé par les cris de miss Havisham et par elle qui courait vers moi avec toute cette hauteur de feu au-dessus de sa tête. Cette douleur de l'esprit était beaucoup plus difficile à combattre que n'importe quelle douleur corporelle que j'ai subie ; et Harbert, voyant cela, fit tout son possible pour retenir mon attention.

Aucun de nous ne parlait du bateau, mais nous y pensions tous les deux. Cela fut mis en évidence par le fait que nous évitâmes le sujet et que nous convînmes, sans accord, de faire de ma récupération de l'usage de mes mains une question d'heures et non de tant de semaines.

Ma première question quand j'avais vu Herbert avait été, bien sûr, si tout allait bien en bas de la rivière ? Comme il répondait par l'affirmative, avec une confiance et une gaieté parfaites, nous ne reprîmes le sujet que lorsque le jour fut écoulé. Mais alors, comme Harbert changeait les bandages, plus à la lueur du feu qu'à la lumière extérieure, il y revint spontanément.

« J'ai passé deux bonnes heures avec Provis hier soir, Haendel. »

« Où était Clara ? »

— Chère petite créature ! dit Harbert. Elle a eu des hauts et des bas avec Gruffandgrim toute la soirée. Il était perpétuellement collé au sol au moment où elle quittait sa vue. Je doute qu'il puisse tenir longtemps, cependant. Avec le rhum et le poivre, le poivre et le rhum, je croirais qu'il doit être presque fini.

— Et alors vous vous marierez, Herbert ?

« Comment pourrais-je m'occuper autrement de cette chère enfant ? – Étends ton bras sur le dossier du canapé, mon cher enfant, et je m'assiérai ici, et j'enlèverai le bandage si progressivement que tu ne sauras pas quand il viendra. Je parlais de Provis. Savez-vous, Haendel, qu'il s'améliore ? »

« Je vous ai dit que je pensais qu'il était adouci la dernière fois que je l'ai vu. »

— C'est ce que vous avez fait. Et c'est ce qu'il est. Il a été très communicatif hier soir, et m'a raconté plus de sa vie. Vous vous souvenez qu'il s'est séparé ici à propos d'une femme avec laquelle il avait eu beaucoup de mal.

J'avais sursauté, mais pas sous son toucher. Ses paroles m'avaient fait sursauter.

— Je l'avais oublié, Herbert, mais je m'en souviens maintenant que vous en parlez.

— Eh bien ! Il est entré dans cette partie de sa vie, et c'est une partie sombre et sauvage. Dois-je vous le dire ? Ou est-ce que cela vous inquiéterait tout à l'heure ?

— Dites-le-moi, par tous les moyens. Chaque mot.

Herbert se pencha en avant pour me regarder de plus près, comme si ma réponse avait été un peu plus précipitée ou plus empressée qu'il ne pouvait l'expliquer. « Vous avez la tête froide ? » dit-il en la touchant.

— Tout à fait, dis-je, dites-moi ce que Provis m'a dit, mon cher Herbert.

— Il semble, dit Harbert, qu'il y a un pansement enlevé de la manière la plus charmante, et maintenant vient le bandage frais, vous fait reculer d'abord, mon pauvre cher, n'est-ce pas ? mais ce sera confortable tout à l'heure, il semble que la femme était une jeune femme, une femme jalouse et une femme vengeresse ; vengeur, Haendel, au dernier degré.

— À quel dernier degré ?

— Un meurtre... Est-ce qu'il fait trop froid sur cet endroit sensible ?

Je ne le sens pas. Comment a-t-elle assassiné ? Qui a-t-elle assassiné ?

— Il se peut que l'acte n'ait pas mérité un nom aussi terrible, dit Harbert, mais elle a été jugée pour cela, et M. Jaggers l'a défendue, et la réputation de cette défense a d'abord fait connaître son nom à Provis. C'était une autre femme, plus forte, qui était la victime, et il y avait eu une lutte, dans une grange. On peut douter de qui l'a commencée, ou de combien elle était juste, ou à quel point elle était injuste ; Mais la façon dont cela s'est terminé n'est certainement pas douteuse, car la victime a été retrouvée étranglée.

« La femme a-t-elle été amenée coupable ? »

— Non ; elle a été acquittée.—Mon pauvre Haendel, je vous ai fait mal !

— Il est impossible d'être plus doux, Herbert. Oui? Quoi d'autre ?

Cette jeune femme acquittée et Provis avaient un petit enfant ; un petit enfant que Provis aimait énormément. Le soir de la nuit même où l'objet de sa jalousie fut étranglé, comme je vous le dis, la jeune femme se présenta un instant devant Provis, et jura qu'elle ferait périr l'enfant (qui était en sa possession), et qu'il ne le reverrait jamais ; puis elle a disparu.

—Il y a de nouveau le plus mauvais bras confortablement dans l'écharpe, et maintenant il ne reste plus que la main droite, ce qui est un travail beaucoup plus facile. Je le fais mieux avec cette lumière qu'avec une plus forte, car ma main est plus ferme quand je ne vois pas trop distinctement les pauvres cloques.—Vous ne croyez pas que votre respiration soit affectée, mon cher enfant ? Vous semblez respirer rapidement.

— Peut-être, Herbert. La femme a-t-elle tenu son serment ?

« C'est là que vient la partie la plus sombre de la vie de Provis. Elle l'a fait. »

— C'est-à-dire qu'il dit qu'elle l'a fait.

- Bien sûr, mon cher enfant, répondit Harbert d'un ton de surprise, et se penchant de nouveau en avant pour me regarder de plus près. « Il dit tout. Je n'ai pas d'autres informations.

— Non, bien sûr.

— Or, si, poursuivit Harbert, il avait mal traité la mère de l'enfant, ou s'il avait bien traité la mère de l'enfant, Provis ne le dit pas ; mais elle avait partagé quatre ou cinq ans de la vie misérable qu'il nous a décrite au coin du feu, et il semble avoir éprouvé de la pitié pour elle et de la patience envers elle. C'est pourquoi, craignant d'être appelé à déposer au sujet de cet enfant détruit, et d'être ainsi la cause de sa mort, il se cacha (tout comme il pleurait pour l'enfant), se tint dans l'obscurité, comme il le dit, à l'écart et à l'écart du procès, et on ne parla que vaguement d'un certain homme appelé Abel, de là est née la jalousie. Après l'acquittement, elle a disparu, et c'est ainsi qu'il a perdu l'enfant et la mère de l'enfant.

— Je veux demander...

« Un instant, mon cher enfant, et c'est fini. Ce mauvais génie, Compeyson, le pire des scélérats parmi tant d'autres scélérats, sachant qu'il se tenait à l'écart à ce moment-là et quelles étaient les raisons pour lesquelles il le faisait, garda bien sûr cette connaissance au-dessus de sa tête par la suite comme un moyen de le maintenir plus pauvre et de le faire travailler plus dur. Il était clair hier soir que cela mettait en évidence l'animosité de Provis.

— Je veux savoir, dis-je, et surtout, Herbert, s'il vous a dit quand cela s'est passé.

« Particulièrement ? Permettez-moi donc de me rappeler ce qu'il a dit à ce sujet. Il s'exprimait comme suit : « Il y a un bout d'un an, et presque immédiatement après avoir pris mes fonctions avec Compeyson. » Quel âge aviez-vous quand vous l'avez rencontré dans le petit cimetière ?

« Je pense que c'est dans ma septième année. »

— Oui. Cela s'était passé il y a trois ou quatre ans, a-t-il dit, et vous lui avez rappelé la petite fille si tragiquement perdue, qui devait avoir à peu près votre âge.

« Harbert, dis-je après un court silence, d'une manière précipitée, me voyez-vous mieux à la lueur de la fenêtre ou à la lueur du feu ? »

— À la lueur du feu, répondit Harbert en s'approchant de nouveau.

« Regarde-moi. »

« Je te regarde, mon cher enfant. »

« Touche-moi. »

« Je te touche, mon cher enfant. »

— Vous ne craignez pas que j'aie de la fièvre, ou que j'aie la tête très désordonnée par l'accident d'hier soir ?

— Non, non, mon cher enfant, dit Harbert, après avoir pris le temps de m'examiner. « Vous êtes plutôt excité, mais vous êtes tout à fait vous-même.»

« Je sais que je suis tout à fait moi-même. » Et l'homme que nous avons caché en bas de la rivière, c'est le père d'Estella.

Chapitre LI.

Quel but j'avais en vue lorsque j'étais impatient de retracer et de prouver la filiation d'Estella, je ne peux pas le dire. On verra bientôt que la question n'était pas devant moi sous une forme distincte jusqu'à ce qu'elle me soit posée par une tête plus sage que la mienne.

Mais quand Herbert et moi eûmes eu notre conversation capitale, je fus pris d'une conviction fiévreuse que je devais traquer l'affaire, que je ne devais pas la laisser reposer, mais que je devais voir M. Jaggers et découvrir la vérité nue. Je ne sais vraiment si j'ai senti que j'avais fait cela pour l'amour d'Estelle, ou si j'étais heureux de transmettre à l'homme dont la conservation me préoccupait tant quelques rayons de l'intérêt romantique qui m'avait si longtemps entouré. Peut-être cette dernière possibilité est-elle la plus proche de la vérité.

Quoi qu'il en soit, on pouvait à peine m'empêcher de sortir ce soir-là dans Gerrard Street. Les représentations d'Harbert selon lesquelles, si je le faisais, je serais probablement mis au repos et frappé d'inutilité lorsque le salut de notre fugitif dépendrait de moi, seules contenaient mon impatience. Sur la condition, répétée à maintes reprises, que, quoi qu'il arrive, je devais aller chez M. Jaggers demain, je me suis finalement résolu à me taire, à faire soigner mes maux et à rester à la maison. Le lendemain matin, de bonne heure, nous sortîmes ensemble, et au coin de Giltspur Street, près de Smithfield, je laissai Herbert pour aller à la Cité, et je pris le chemin de la Petite-Bretagne.

Il y avait des occasions périodiques où M. Jaggers et Wemmick passaient en revue les comptes du bureau, vérifiaient les pièces justificatives et mettaient tout en ordre. À ces occasions, Wemmick emportait ses livres et ses papiers dans la chambre de M. Jaggers, et l'un des commis de l'étage descendait dans le bureau extérieur. En trouvant ce matin-là un tel employé au poste de Wemmick, je savais ce qui se passait ; mais je n'étais pas fâché d'avoir M. Jaggers et Wemmick ensemble, car Wemmick apprendrait alors par lui-même que je n'avais rien dit qui pût le compromettre.

Mon apparence, le bras bandé et mon manteau lâche sur les épaules, favorisait mon objet. Bien que j'aie envoyé à M. Jaggers un bref compte rendu de l'accident dès mon arrivée en ville, je devais lui donner tous les détails maintenant ; et la particularité de l'occasion rendit notre conversation moins sèche et moins dure, et moins strictement réglée par les règles de la preuve, qu'elle ne l'avait été auparavant. Pendant que je décrivais le désastre, M. Jaggers se tenait debout, selon son habitude, devant le feu. Wemmick se renversa dans son fauteuil, me regardant, les mains dans les poches de son pantalon, et sa plume plantée horizontalement dans le poteau. Les deux acteurs brutaux, toujours inséparables dans mon esprit des procédures officielles, semblaient se demander congestivement s'ils ne sentaient pas le feu à ce moment-là.

Mon récit terminé, et leurs questions épuisées, je produisis alors l'autorisation de Mlle Havisham de recevoir les neuf cents livres pour Herbert. Les yeux de M. Jaggers se retirèrent un peu plus profondément dans sa tête lorsque je lui tendis les tablettes, mais il les remit bientôt à Wemmick, avec l'ordre de tirer le chèque pour sa signature. Pendant que cela était en train d'être fait, je regardai Wemmick pendant qu'il écrivait, et M. Jaggers, se balançant et se balançant sur ses bottes bien cirées, me regarda. «Je suis fâché, Pip, dit-il comme je mettais le chèque dans ma poche quand il l'avait signé, que nous ne fassions rien pour *vous*. »

« Mlle Havisham a eu la bonté de me demander, répliquai-je, si elle ne pouvait rien faire pour moi, et je lui ai dit non. »

« Tout le monde devrait connaître ses propres affaires », a déclaré M. Jaggers. Et j'ai vu les lèvres de Wemmick former les mots « propriété portable.»

— Je *ne* lui aurais pas dit non, si j'avais été vous, dit M. Jaggers. « Mais tout homme devrait mieux connaître ses propres affaires. »

« L'affaire de tout homme, dit Wemmick d'un ton un peu de reproche à mon égard, est un bien portable. »

Comme je pensais que le moment était venu de poursuivre le thème que j'avais à cœur, je dis en me tournant vers M. Jaggers :

- J'ai cependant demandé quelque chose à Mlle Havisham, monsieur. Je lui ai demandé de me donner quelques informations sur sa fille adoptive, et elle m'a donné tout ce qu'elle possédait.

– L'a-t-elle fait ? dit M. Jaggers en se penchant en avant pour regarder ses bottes, puis en se redressant. « Ah ! Je ne pense pas que je l'aurais fait si j'avais été miss Havisham. Mais c'est elle qui devrait mieux connaître ses affaires. »

« Je connais mieux l'histoire de l'enfant adoptif de miss Havisham que miss Havisham elle-même, monsieur. Je connais sa mère. »

M. Jaggers me regarda d'un air interrogateur et répéta : « Mère ? »

« J'ai vu sa mère pendant ces trois jours. »

– Oui ? dit M. Jaggers.

– Et vous aussi, monsieur. Et vous l'avez vue encore plus récemment.

– Oui ? dit M. Jaggers.

— Peut-être en sais-je plus que vous l'histoire d'Estella, dis-je. Je connais aussi son père.

Un certain arrêt auquel M. Jaggers parvint dans ses manières – il était trop maître de lui-même pour changer de manière, mais il ne put s'empêcher de l'arrêter indéfiniment - m'assura qu'il ne savait pas qui était son père. C'est ce que j'avais fortement soupçonné d'après le récit de Provis (comme Herbert l'avait répété) qu'il s'était tenu dans l'ignorance ; ce que j'ai mis sur le compte du fait qu'il n'était lui-même le client de M. Jaggers que quatre ans plus tard, et qu'il ne pouvait avoir aucune raison de revendiquer son identité. Mais je ne pouvais pas être sûr de cette inconscience de la part de M. Jaggers auparavant, bien que j'en sois tout à fait sûr maintenant.

« Alors ! Vous connaissez le père de la jeune dame, Pip ? » dit M. Jaggers.

« Oui, répondis-je, et il s'appelle Provis, de la Nouvelle-Galles du Sud. »

Même M. Jaggers a sursauté quand j'ai dit ces mots. C'était le moindre sursaut qui pût échapper à un homme, le plus soigneusement réprimé et le plus tôt arrêté, mais il tressaillit, bien qu'il se mît en partie à l'action de sortir son mouchoir de poche. Comment Wemmick reçut l'annonce, je ne suis pas en mesure de le dire ; car j'avais peur de le regarder à ce moment-là, de peur que la finesse de M. Jaggers ne s'aperçût qu'il y avait eu entre nous quelque communication qui lui était inconnue.

— Et sur quelle preuve, Pip, demanda M. Jaggers très froidement, en s'arrêtant avec son mouchoir à mi-chemin sur son nez, Provis fait-il cette affirmation ?

« Il n'y arrive pas, dis-je, et il ne l'a jamais fait, et il ne sait ni ne croit que sa fille existe. »

Pour une fois, le puissant mouchoir de poche a échoué. Ma réponse fut si inattendue, que M. Jaggers remit le mouchoir dans sa poche sans avoir achevé la performance habituelle, croisa les bras et me regarda avec une attention sévère, mais avec un visage immobile.

Alors je lui dis tout ce que je savais, et comment je le savais ; avec la seule réserve que je lui laissai de déduire que je savais de miss Havisham ce que je savais en fait de Wemmick. J'ai été très prudent à cet égard. Je ne regardai pas non plus du côté de Wemmick avant d'avoir terminé tout ce que j'avais à dire, et d'avoir été pendant quelque temps en silence à rencontrer le regard de M. Jaggers. Quand je tournai enfin mes yeux dans la direction de Wemmick, je m'aperçus qu'il avait décollé sa plume et qu'il était concentré sur la table devant lui.

« Ah ! » dit enfin M. Jaggers, en se dirigeant vers les papiers sur la table. — À quel endroit vous trouviez-vous, Wemmick, quand M. Pip est entré ?

Mais je ne pouvais pas me résoudre à être ainsi déconcerté, et je lui lançai un appel passionné, presque indigné, pour qu'il fût plus franc et plus viril avec moi. Je lui rappelai les fausses espérances dans lesquelles j'étais tombé, le temps qu'elles avaient duré, et la découverte que j'avais faite, et je lui fis allusion au danger qui pesait sur mon esprit. Je me représentai comme étant certainement digne d'un peu de confiance de sa part, en retour de la confiance que je venais de lui donner. Je lui dis que je ne le blâmais pas, que je ne le soupçonnais pas, que je ne me méfiais pas de lui, mais que je voulais lui donner l'assurance de la vérité. Et s'il me demandait pourquoi je le voulais et pourquoi je croyais y avoir droit, je lui disais, si peu qu'il se souciât de si pauvres rêves, que j'avais aimé Estelle tendrement et longtemps, et que, bien que je l'aie perdue et que je doive vivre une vie de deuil, tout ce qui la concernait était encore plus proche et plus cher à moi que tout au monde. Et voyant que M. Jaggers restait tout à fait immobile et silencieux, et apparemment tout à fait obstiné, sous cet appel, je me tournai vers Wemmick et lui dis : « Wemmick, je sais que vous êtes un homme au cœur doux. J'ai vu votre agréable maison, et votre vieux père, et toutes les manières innocentes, gaies et enjouées avec lesquelles vous rafraîchissez votre vie d'affaires. Et je vous supplie de dire un mot pour moi à M. Jaggers, et de lui représenter que, toutes circonstances confondues, il devrait être plus franc avec moi ! »

Je n'ai jamais vu deux hommes se regarder plus bizarrement que ne l'ont fait M. Jaggers et Wemmick après cette apostrophe. Au début, j'ai craint que Wemmick ne soit immédiatement licencié de son emploi ; mais il fondit quand je vis M. Jaggers se détendre en quelque chose comme un sourire, et Wemmick devenir plus audacieux.

« Qu'est-ce que c'est que tout cela ? » demanda M. Jaggers. — Toi avec un vieux père, et toi avec des manières agréables et enjouées ?

— Eh bien ! répondit Wemmick. « Si je ne les amène pas ici, qu'est-ce que cela fait ? »

« Pip, dit M. Jaggers en posant sa main sur mon bras et en souriant ouvertement, cet homme doit être l'imposteur le plus rusé de tout Londres.»

— Pas du tout, répondit Wemmick, de plus en plus audacieux. «Je pense que tu en es un autre. »

De nouveau, ils échangèrent leurs regards bizarres d'autrefois, chacun semblant toujours se méfier que l'autre l'accueille.

« *Vous* avez une maison agréable ? » dit M. Jaggers.

— Puisqu'il ne se mêle pas des affaires, répondit Wemmick, qu'il en soit ainsi. Maintenant, je vous regarde, monsieur, je ne serais pas étonné *que vous* ne soyez pas en train de projeter et de vous arranger pour avoir une maison agréable à vous un de ces jours, quand vous serez fatigué de tout ce travail.

M. Jaggers hocha la tête rétrospectivement deux ou trois fois, et poussa un soupir. « Pip, dit-il, nous ne parlerons pas de « pauvres rêves », vous en savez plus que moi sur ces choses-là, ayant une expérience beaucoup plus récente de ce genre. Mais maintenant, à propos de cette autre question. Je vais vous présenter un cas. Esprit! Je n'admets rien. »

Il attendit que je lui dise que je comprenais bien, qu'il avait dit expressément qu'il n'admettait rien.

« Maintenant, Pip, dit M. Jaggers, mettez cette affaire. Supposons qu'une femme, dans les circonstances que vous avez mentionnées, ait tenu son enfant caché et ait été obligée de communiquer le fait à son avocat, après qu'il lui ait représenté qu'il devait savoir, compte tenu de la latitude de sa défense, comment le fait se situait au sujet de cet enfant. Supposons qu'en même temps, il avait la mission de trouver un enfant pour qu'une riche dame excentrique l'adopte et l'élève.

« Je vous suis, monsieur. »

Supposons qu'il vivait dans une atmosphère de mal, et que tout ce qu'il voyait des enfants, c'était qu'ils étaient engendrés en grand nombre pour une destruction certaine. Supposons qu'il ait souvent vu des enfants jugés solennellement dans un bar criminel, où ils étaient retenus pour être vus ; Affirmez qu'il savait habituellement qu'ils avaient été emprisonnés, fouettés, transportés, négligés, chassés, qualifiés de toutes les manières pour le bourreau, et qu'ils étaient en train d'être pendus. Supposons que presque tous les enfants qu'il a vus dans sa vie d'affaires quotidienne, il avait des raisons de les considérer comme autant de ponte, pour devenir les poissons qui devaient venir à son filet, pour être poursuivis, défendus, parjurés, rendus orphelins, tourmentés d'une manière ou d'une autre.

« Je vous suis, monsieur. »

« Fais-toi valoir, Pip, qu'il y avait là un joli petit enfant sorti du tas qui pouvait être sauvé ; que le père croyait mort, et n'osait pas faire de bruit ; quant à qui, sur la mère, le conseiller juridique avait ce pouvoir : « Je sais ce que tu as fait, et comment tu l'as fait. Vous êtes venus comme tel, vous avez fait telle ou telle chose pour détourner les soupçons. Je vous ai suivi à travers tout cela, et je vous dis tout. Séparez-vous de l'enfant, à moins qu'il ne soit nécessaire de le produire pour vous innocenter, et alors il sera produit. Remets-moi l'enfant entre les mains, et je ferai de mon mieux pour t'en sortir. Si vous êtes sauvé, votre enfant est sauvé aussi ; Si vous êtes perdu, votre enfant est toujours sauvé. Supposons que cela ait été fait et que la femme ait été innocentée. »

« Je vous comprends parfaitement. »

— Mais que je ne fais aucun aveu ?

« Que vous ne faites aucun aveu. » Et Wemmick a répété : « Pas d'admissions. »

— Supposons que la passion et la terreur de la mort aient un peu ébranlé l'intellect de la femme, et que, lorsqu'elle a été mise en liberté, elle a été effrayée et s'est retirée des voies du monde, et qu'elle est allée vers lui pour être à l'abri. Supposons qu'il l'ait recueillie et qu'il ait réprimé la vieille nature sauvage et violente chaque fois qu'il en voyait un soupçon éclater, en affirmant son pouvoir sur elle à l'ancienne. Comprenez-vous le cas imaginaire ?

« Tout à fait. »

« Supposons que l'enfant ait grandi et qu'il se soit marié pour de l'argent. Que la mère était encore en vie. Que le père était encore en vie. Que la mère et le père, inconnus l'un de l'autre, habitaient à tant de milles, de kilomètres, de verges si vous voulez, l'un de l'autre. Que le secret était toujours un secret, sauf que vous en aviez eu vent. Mettez-vous cette dernière affaire avec beaucoup de soin. »

« Oui. »

« Je demande à Wemmick de le mettre pour *lui-même très soigneusement.* »

Et Wemmick a dit : « Oui. »

« Pour qui révéleriez-vous le secret ? Pour celui du père ? Je pense qu'il ne serait pas beaucoup mieux pour la mère. Pour celui de la mère ? Je pense que si elle avait fait un tel acte, elle serait plus en sécurité là où elle était. Pour celle de la fille ? Je pense qu'il ne lui servirait guère d'établir sa filiation pour l'information de son mari, et de la ramener à la disgrâce, après une évasion de vingt ans, à peu près sûre de durer toute la vie. Mais ajoutez à cela le fait que vous l'aviez aimée, Pip, et que vous en aviez fait l'objet de ces « pauvres rêves » qui, à un moment ou à un autre, ont été dans la tête de plus d'hommes que vous ne le pensez probable, alors je vous dis que vous feriez mieux – et que vous feriez bien plus tôt quand vous y auriez bien pensé – de couper votre main gauche bandée avec votre main droite bandée. et puis passer l'hélicoptère à Wemmick là-bas, pour le couper aussi. »

Je regardai Wemmick, dont le visage était très grave. Il toucha gravement ses lèvres avec son index. J'ai fait la même chose. M. Jaggers a fait de même. — Maintenant, Wemmick, dit celui-ci en reprenant ses manières habituelles, à quel point étiez-vous quand M. Pip est entré ?

Debout un moment, pendant qu'ils travaillaient, je remarquai que les regards bizarres qu'ils s'étaient jetés l'un sur l'autre se répétaient plusieurs fois : avec cette différence maintenant, que chacun d'eux semblait soupçonneux, pour ne pas dire conscient, de s'être montré sous un jour faible et non professionnel à l'autre. Pour cette raison, je suppose, ils étaient maintenant inflexibles l'un envers l'autre ; M. Jaggers était très dictatorial, et Wemmick s'obstinait à se justifier chaque fois qu'il y avait le moindre point en suspens pour un moment. Je ne les avais jamais vus en si mauvais termes ; car en général ils s'entendaient très bien ensemble.

Mais ils étaient tous deux heureusement soulagés par l'apparition opportune de Mike, le client au bonnet de fourrure et à l'habitude de s'essuyer le nez sur sa manche, que j'avais vu dès le premier jour de mon apparition dans ces murs. Cet individu, qui, soit dans sa propre personne, soit dans celle d'un membre de sa famille, semblait toujours en difficulté (ce qui signifiait à l'époque Newgate), est venu annoncer que sa fille aînée avait été arrêtée pour suspicion de vol à l'étalage. Tandis qu'il annonçait cette triste circonstance à Wemmick, M. Jaggers se tenant magistralement devant le feu et ne prenant aucune part à la procédure, l'œil de Mike brilla d'une larme.

— Que faites-vous ? demanda Wemmick avec la plus grande indignation. « Pourquoi venez-vous pleurnicher ici ? »

« Je n'y suis pas allé, monsieur Wemmick. »

— Vous l'avez fait, dit Wemmick. « Comment oses-tu ? Vous n'êtes pas en état de venir ici, si vous ne pouvez pas venir ici sans cracher comme une mauvaise plume. Qu'entendez-vous par là ?

— Un homme ne peut s'empêcher d'éprouver ses sentiments, monsieur Wemmick, supplia Mike.

— Son quoi ? demanda Wemmick avec une sauvagerie tout à fait féroce. « Répétez cela ! »

« Regardez, mon homme, dit M. Jaggers en s'avançant d'un pas et en montrant la porte. Sortez de ce bureau. Je n'aurai aucun sentiment ici. Sortez. »

« Cela vous sert bien, » dit Wemmick, « Sortez. »

L'infortuné Mike se retira donc très humblement, et M. Jaggers et Wemmick semblaient avoir rétabli leur bonne entente et se mirent de nouveau au travail avec un air de rafraîchissement comme s'ils venaient de déjeuner.

Chapitre LII.

De la Petite-Bretagne, j'allai, avec mon chèque dans ma poche, chez le frère de Mlle Skiffins, le comptable ; et le frère de Mlle Skiffins, le comptable, allant directement chez Clarriker et m'amenant Clarriker, j'eus la grande satisfaction de conclure cet arrangement. C'était la seule bonne chose que j'eusse faite, et la seule chose achevée que j'aie faite, depuis que j'ai été mis au courant de mes grandes attentes.

Clarriker m'ayant informé à cette occasion que les affaires de la Chambre progressaient régulièrement, qu'il serait maintenant en mesure d'établir une petite succursale dans l'Est qui était très nécessaire pour l'extension de l'entreprise, et que Herbert, en sa nouvelle qualité d'associé, viendrait en prendre la direction, je découvris que je devais m'être préparé à une séparation d'avec mon ami. même si mes propres affaires avaient été plus réglées. Et maintenant, en effet, il me semblait que ma dernière ancre se desserrait et que je serais bientôt en train de naviguer avec les vents et les vagues.

Mais il y avait une récompense dans la joie avec laquelle Herbert rentrait à la maison un soir et m'informait de ces changements, sans se douter qu'il ne m'apprenait rien, et qu'il esquisserait des images aériennes de lui-même conduisant Clara Barley au pays des Mille et Une Nuits, et de moi sortant pour les rejoindre (avec une caravane de chameaux, je crois), et de notre remontée du Nil et de nos merveilles. Sans être optimiste quant à mon rôle dans ces brillants projets, je sentais que la voie d'Herbert s'éclaircissait rapidement, et que le vieux Bill Barley n'avait qu'à s'en tenir à son poivre et à son rhum, et que sa fille serait bientôt heureusement pourvue.

Nous étions maintenant entrés dans le mois de mars. Mon bras gauche, bien qu'il ne présentât aucun symptôme grave, mit si longtemps à guérir que je ne pouvais toujours pas mettre de manteau. Mon bras droit était passablement rétabli ; défiguré, mais assez utilisable.

Un lundi matin, comme Herbert et moi étions à déjeuner, je reçus par la poste la lettre suivante de Wemmick.

« Walworth. Brûlez-le dès qu'il est lu. Au début de la semaine, ou disons le mercredi, vous pourriez faire ce que vous savez, si vous vous sentiez disposé à l'essayer. Maintenant, brûlez. »

Quand je l'eus montré à Herbert et que je l'eus mis au feu, mais pas avant que nous l'eussions tous les deux par cœur, nous réfléchissâmes à ce qu'il fallait faire. Car, bien sûr, mon invalidité ne pouvait plus être tenue à l'abri des regards.

— J'y ai réfléchi maintes et maintes fois, dit Harbert, et je crois connaître un meilleur parti que de prendre un marin de la Tamise. Prenez Startop. C'était un brave garçon, une main habile, qui nous aimait, qui était enthousiaste et honorable.

J'avais pensé à lui plus d'une fois.

— Mais que lui diriez-vous, Herbert ?

« Il faut lui dire très peu. Qu'il suppose qu'il s'agit d'un simple caprice, mais d'un caprice, jusqu'à ce que le matin vienne ; alors faites-lui savoir qu'il y a une raison urgente pour que vous montiez à bord et partiez Provis. Tu vas avec lui ? »

« Sans doute. »

« Où ? »

Il m'avait semblé, dans les nombreuses considérations anxieuses que j'avais données sur ce point, presque indifférent au port vers lequel nous nous dirigeions : Hambourg, Rotterdam, Anvers, l'endroit signifiait peu de chose, de sorte qu'il était hors d'Angleterre. N'importe quel vapeur étranger qui se mettrait en travers de notre chemin et nous emmènerait ferait l'affaire. Je m'étais toujours proposé de le faire descendre la rivière dans le bateau ; certainement bien au-delà de Gravesend, qui était un lieu critique pour les recherches ou les enquêtes si des soupçons étaient en cours. Comme les vapeurs étrangers quitteraient Londres à peu près au moment de la marée haute, notre plan serait de descendre le fleuve à marée descendante et de rester dans un endroit tranquille jusqu'à ce que nous puissions nous arrêter à l'une d'elles. Le moment où l'on serait dû là où nous nous couchons, où que ce soit, pourrait être calculé à peu près, si nous nous renseignions à l'avance.

Harbert acquiesça à tout cela, et nous sortîmes immédiatement après le déjeuner pour poursuivre nos investigations. Nous trouvâmes qu'un bateau à vapeur pour Hambourg conviendrait probablement le mieux à notre dessein, et nous dirigeâmes nos pensées principalement vers ce navire. Mais nous notâmes quels autres vapeurs étrangers quitteraient Londres avec la même marée, et nous nous assurâmes de connaître la construction et la couleur de chacun. Nous nous séparâmes alors pendant quelques heures : moi, pour obtenir tout de suite les passeports nécessaires ; Herbert, pour voir Startop à son logement. Nous fîmes tous les deux ce que nous avions à faire sans aucun obstacle, et quand nous nous revînmes à une heure, nous déclarâmes que c'était fait. Pour ma part, j'étais préparé avec des passeports ; Herbert avait vu Startop, et il était plus que prêt à le rejoindre.

Ces deux-là tireraient une paire de rames, nous nous mettions d'accord, et je gouvernerais ; notre charge serait de s'asseoir et de se taire ; Comme la vitesse n'était pas notre but, nous devrions faire assez de place. Nous nous arrangeâmes pour qu'Herbert ne rentrerait pas dîner avant d'aller ce soir-là à Mill Pond Bank ; qu'il n'y irait pas du tout demain soir, mardi ; qu'il préparerait Provis à descendre à un escalier tout près de la maison, le mercredi, quand il nous verrait approcher, et pas plus tôt ; que tous les arrangements avec lui seraient conclus ce lundi soir ; et qu'on ne lui communiquerait plus rien jusqu'à ce que nous l'eussions pris à bord.

Ces précautions bien comprises par nous deux, je rentrai chez moi.

En ouvrant la porte extérieure de nos chambres avec ma clef, je trouvai dans la boîte une lettre qui m'était adressée ; Une lettre très sale, mais pas mal écrite. Il avait été remis en main propre (bien sûr, depuis que j'avais quitté la maison), et son contenu était le suivant :

Si vous n'avez pas peur de venir aux vieux marais ce soir ou demain soir à neuf heures, et de venir à la petite écluse près du four à chaux, vous feriez mieux de venir. Si vous voulez des renseignements sur *votre oncle Provis*, vous feriez mieux de venir et de ne rien dire à personne, et de ne pas perdre de temps. *Vous devez venir seul.* Apportez ceci avec vous.

J'avais eu assez de charge sur l'esprit avant de recevoir cette étrange lettre. Que faire maintenant, je ne pouvais pas le dire. Et le pire, c'était que je devais me décider rapidement, ou je manquerais la diligence de l'après-midi, qui me descendrait à temps pour ce soir. Demain soir, je ne pouvais pas songer à y aller, car l'heure du vol serait trop proche. Et encore une fois, pour autant que je sache, les informations proposées pourraient avoir une incidence importante sur le vol lui-même.

Si j'avais eu amplement le temps de réfléchir, je crois que j'y serais quand même allé. N'ayant guère le temps de réfléchir, ma montre m'indiquant que la voiture partait dans une demi-heure, je résolus de partir. Je n'y serais certainement pas allé, si je n'avais parlé de mon oncle Provis. Cela, venant de la lettre de Wemmick et de la préparation intense de la matinée, a fait pencher la balance.

Il est si difficile de s'emparer clairement du contenu de presque n'importe quelle lettre, dans une hâte violente, que j'ai dû relire deux fois cette mystérieuse épître, avant qu'elle ne me vienne machinalement à l'esprit qu'elle m'injonction de garder le secret. Cédant à la même mécanique manière, je laissai un mot au crayon pour Herbert, lui disant que, comme je devais partir si bientôt, je ne savais pas pour combien de temps, j'avais décidé de descendre et de revenir pour m'assurer par moi-même de l'état de miss Havisham. J'eus alors à peine le temps de prendre mon manteau, de fermer les chambres à clé et de me rendre au bureau des voitures par les chemins de traverse. Si j'avais pris un fiacre et que j'eusse couru dans les rues, j'aurais manqué mon but ; Comme je l'avais fait, j'attrapai la voiture au moment où elle sortait de la cour. J'étais le seul passager à l'intérieur, emporté dans la paille jusqu'aux genoux, quand je revins à moi.

Car je n'avais vraiment pas été moi-même depuis la réception de la lettre ; Cela m'avait tellement déconcerté, en s'enroulant dans la précipitation du matin. La hâte et le battement du matin avaient été grands ; car, si longtemps et si anxieusement que j'eusse attendu Wemmick, son allusion m'était enfin venue comme une surprise. Et maintenant, je commençais à m'étonner d'être dans la voiture, et à douter si j'avais une raison suffisante pour y être, et à me demander si je devais en sortir tout de suite et y retourner, et à m'opposer à toute écoute d'une communication anonyme, et, en un mot, à passer par toutes ces phases de contradiction et d'indécision auxquelles je suppose que très peu de gens pressés sont étrangers. Pourtant, la référence à Provis par son nom dominait tout. Je raisonnais comme j'avais déjà raisonné sans le savoir, si c'était un raisonnement, au cas où il lui arriverait quelque mal si je n'y allais pas, comment pourrais-je jamais me pardonner !

Il faisait nuit quand nous descendîmes, et le voyage me parut long et morne, à moi qui pouvais voir peu de choses à l'intérieur et qui ne pouvais pas sortir dans mon état d'infirmité. Évitant le Sanglier Bleu, je m'installai dans une auberge de petite réputation en bas de la ville, et commandai un dîner.

Pendant qu'il se préparait, je suis allé à Satis House et j'ai demandé des nouvelles de Mlle Havisham ; Elle était encore très malade, bien qu'elle considérait quelque chose de mieux.

Mon auberge avait autrefois fait partie d'une ancienne maison ecclésiastique, et je dînais dans une petite salle commune octogonale, comme un bénitier. Comme je n'étais pas en mesure de couper mon dîner, le vieux propriétaire au crâne chauve brillant l'a fait pour moi. Cela nous ayant amenés à converser, il eut la bonté de me divertir avec ma propre histoire, bien sûr avec la légende populaire que Pumblechook fut mon premier bienfaiteur et le fondateur de ma fortune.

« Connaissez-vous le jeune homme ? » dis-je.

— Connais-le ! répéta l'aubergiste. — Depuis qu'il n'est pas du tout de taille.

« Revient-il jamais dans ce quartier ? »

— Oui, il revient, dit l'aubergiste, vers ses grands amis, de temps en temps, et donne l'épaule froide à l'homme qui l'a fait.

« Quel homme est-ce ? »

— Celui dont je parle, dit l'aubergiste. « Monsieur Pumblechook. »

« N'est-il ingrat envers personne d'autre ? »

— Sans doute qu'il le serait, s'il le pouvait, répondit l'aubergiste, mais il ne le peut pas. Et pourquoi ? Parce que Pumblechook a tout fait pour lui.

« C'est Pumblechook qui le dit ? »

— Dites-le ! répondit l'aubergiste. — Il n'a pas besoin de le dire.

— Mais est-ce qu'il le dit ?

— Ce serait faire couler le sang d'un homme que de l'entendre en parler, monsieur, dit l'aubergiste.

Je me suis dit : « Pourtant, Joe, mon cher Joe, *tu* n'en parles jamais. Patient et aimant Joe, *vous* ne vous plaignez jamais. Ni vous, douce Biddy ! »

— Votre appétit a été touché comme par votre accident, dit l'aubergiste en jetant un coup d'œil sur le bras bandé sous mon manteau. « Essayez un morceau plus tendre. »

« Non, merci », répondis-je en me détournant de la table pour ruminer le feu. « Je ne peux plus manger. S'il vous plaît, emportez-le. »

Jamais je n'avais été frappé aussi vivement par mon ingratitude envers Joe, que par l'imposteur effronté Pumblechook. Plus il est faux, plus Joe est vrai ; plus il est méchant, plus Joe est noble.

Mon cœur était profondément et à juste titre humilié alors que je réfléchissais au feu pendant une heure ou plus. La sonnerie de l'horloge me réveilla, mais non de mon abattement ou de mon remords, et je me levai, j'eus mon manteau attaché à mon cou et je sortis. J'avais déjà cherché dans mes poches la lettre, afin de pouvoir m'y référer de nouveau ; mais je ne pus le trouver, et j'étais inquiet de penser qu'il avait dû être jeté dans la paille de la voiture. Je savais très bien, cependant, que l'endroit désigné était la petite écluse près du four à chaux sur les marais, et l'heure neuf. Je me dirigeai maintenant vers les marais, n'ayant pas de temps à perdre.

Chapitre LIII.

C'était une nuit sombre, bien que la pleine lune se levât au moment où je quittais les terres closes et que je m'évanouisse dans les marais. Au-delà de leur ligne sombre, il y avait un ruban de ciel clair, à peine assez large pour contenir la grande lune rouge. En quelques minutes, elle était sortie de ce champ clair, au milieu des montagnes de nuages.

Il y avait un vent mélancolique, et les marais étaient très lugubres. Un étranger les aurait trouvés insupportables, et même pour moi ils étaient si oppressants que j'hésitais, à demi enclin à y retourner. Mais je les connaissais bien, et j'aurais pu trouver mon chemin par une nuit beaucoup plus sombre, et je n'avais aucune excuse pour revenir, être là. Alors, étant venu là contre mon gré, j'ai continué contre elle.

La direction que j'ai prise n'était pas celle où se trouvait mon ancienne maison, ni celle dans laquelle nous avions poursuivi les condamnés. Tandis que je marchais, je tournais le dos tourné vers les Hulk lointains et, bien que je puisse voir les anciennes lumières au loin sur les flèches de sable, je les voyais par-dessus mon épaule. Je connaissais le four à chaux aussi bien que je connaissais l'ancienne batterie, mais ils étaient à des kilomètres l'un de l'autre ; de sorte que, si une lumière avait allumé en chaque point cette nuit-là, il y aurait eu une longue bande de l'horizon vide entre les deux points brillants.

D'abord, il me fallut fermer quelques portes derrière moi, et de temps en temps rester immobile pendant que le bétail qui gisait dans le sentier remblayé se levait et se baissait parmi l'herbe et les roseaux. Mais au bout d'un moment, il me semblait que j'avais tout le plat pour moi.

Il m'a fallu encore une demi-heure avant que je m'approche du four. La chaux brûlait avec une odeur étouffante, mais les feux étaient allumés et laissés, et aucun ouvrier n'était visible. Tout près se trouvait une petite carrière de pierre. Il se trouvait directement sur mon chemin, et avait été travaillé ce jour-là, comme je l'ai vu par les outils et les brouettes qui traînaient çà et là.

En remontant au niveau du marais en sortant de cette excavation, car le chemin grossier la traversait, j'aperçus une lumière dans la vieille écluse. J'accélérai le pas et frappai à la porte de la main. Dans l'attente d'une réponse, je regardai autour de moi, remarquant comment l'écluse était abandonnée et brisée, et comment la maison – en bois avec un toit de tuiles – ne serait plus à l'abri des intempéries, si elle l'était encore maintenant, et comment la boue et le limon étaient recouverts de chaux, et comment la vapeur étouffante du four se glissait d'une manière fantomatique vers moi. Il n'y avait toujours pas de réponse, et je frappai de nouveau. Pas encore de réponse, et j'ai essayé le loquet.

Il se souleva sous ma main, et la porte céda. En regardant à l'intérieur, j'ai vu une bougie allumée sur une table, un banc et un matelas sur un lit de camion. Comme il y avait un grenier au-dessus, j'ai appelé : « Y a-t-il quelqu'un ici ? » mais aucune voix n'a répondu. Puis je regardai ma montre, et, constatant qu'il était neuf heures passées, je demandai de nouveau : « Y a-t-il quelqu'un ici ? » Comme il n'y avait toujours pas de réponse, je sortis par la porte, indécis sur ce qu'il fallait faire.

Il commençait à pleuvoir rapidement. Ne voyant rien d'autre que ce que j'avais déjà vu, je retournai dans la maison et me tins juste à l'abri de la porte, regardant dans la nuit. Tandis que je réfléchissais que quelqu'un devait être là dernièrement et qu'il devait bientôt revenir, sinon la bougie ne brûlerait pas, il me vint à l'esprit de regarder si la mèche était longue. Je me retournai pour le faire, et j'avais pris la bougie dans ma main, lorsqu'elle s'éteignit par un violent choc ; et la prochaine chose que je compris fut que j'avais été pris dans un fort nœud coulant, jeté par-dessus ma tête par derrière.

« Maintenant, » dit une voix étouffée avec un juron, « je t'ai ! »

« Qu'est-ce que c'est ? » J'ai pleuré, luttant. « Qui est-ce ? À l'aide, à l'aide, à l'aide ! »

Non seulement mes bras étaient rapprochés de mes côtés, mais la pression sur mon bras malade me causait une douleur exquise. Tantôt la main d'un homme fort, tantôt la poitrine d'un homme fort, était posée contre ma bouche pour étouffer mes cris, et avec un souffle chaud toujours près de moi, je me débattais inutilement dans l'obscurité, tandis que j'étais solidement attaché au mur. « Et maintenant, » dit la voix étouffée avec un autre juron, « appelle encore, et je te fais une bouchée de toi ! »

Défaillant et malade de la douleur de mon bras blessé, déconcerté par la surprise, et cependant conscient de la facilité avec laquelle cette menace pouvait être mise à exécution, je m'arrêtai et tâchai de soulager mon bras, fût-ce un tant soit peu. Mais, il était trop serré pour cela. J'avais l'impression qu'après avoir été brûlé auparavant, il était maintenant bouilli.

L'exclusion soudaine de la nuit et la substitution de ténèbres noires à sa place, m'avertirent que l'homme avait fermé un volet. Après avoir tâtonné un peu, il trouva le silex et l'acier qu'il cherchait, et commença à allumer une lumière. Je fixai mes yeux sur les étincelles qui tombaient dans l'amadou et sur lesquelles il respirait et respirait, une allumette à la main, mais je ne pouvais voir que ses lèvres et la pointe bleue de l'allumette ; même ceux-là, mais par à-coups. L'amadou était humide, ce qui n'est pas étonnant, et l'une après l'autre les étincelles s'éteignirent.

L'homme n'était pas pressé et frappa de nouveau avec le silex et l'acier. Tandis que les étincelles tombaient épaisses et brillantes autour de lui, je pouvais voir ses mains et des effleurements de son visage, et je pouvais distinguer qu'il était assis et penché sur la table ; mais rien de plus. Bientôt je vis de nouveau ses lèvres bleues, respirant sur l'amadou, puis une lueur s'alluma et me montra Orlick.

Qui j'avais cherché, je ne sais pas. Je ne l'avais pas cherché. En le voyant, je sentis que j'étais dans une situation dangereuse, et je gardai les yeux sur lui.

Il alluma la bougie de l'allumette allumée avec beaucoup de délibération, laissa tomber l'allumette et l'éteignit. Puis il posa la bougie loin de lui sur la table, afin qu'il puisse me voir, et il s'assit, les bras croisés sur la table, et me regarda. Je reconnus que j'étais attaché à une solide échelle perpendiculaire à quelques pouces du mur, — un appareil là-bas, — le moyen de monter au grenier au-dessus.

« Maintenant, dit-il, quand nous nous eûmes regardés l'un l'autre pendant quelque temps, je vous ai. »

« Délie-moi. Laissez-moi partir ! »

« Ah ! reprit-il, *je* te laisse partir. Je vous laisserai aller sur la lune, je vous laisserai aller dans les étoiles. Tout cela en temps voulu. »

« Pourquoi m'as-tu attiré ici ? »

— Vous ne savez pas ? dit-il avec un regard mortel.

« Pourquoi t'es-tu jeté sur moi dans l'obscurité ? »

— Parce que j'ai l'intention de tout faire moi-même. Un seul garde un secret mieux que deux. Ô ennemi, ennemi !

439

La jouissance qu'il jouissait du spectacle que je lui donnais, assis les bras croisés sur la table, secouant la tête vers moi et se serrant dans ses bras, avait en elle une malignité qui me faisait trembler. Comme je le regardais en silence, il mit la main dans le coin qu'il avait à son côté et prit un fusil avec une crosse de cuivre.

« Savez-vous cela ? dit-il en faisant semblant de me viser. Savez-vous où vous l'avez vu auparavant ? Parle, loup !

« Oui », ai-je répondu.

« Vous m'avez coûté cette place. Vraiment. Parle ! »

« Que pouvais-je faire d'autre ? »

« Vous l'avez fait, et cela suffirait, sans plus. Comment as-tu osé venir entre moi et une jeune femme que j'aimais ? »

« Quand est-ce que je l'ai fait ? »

« Quand ne l'avez-vous pas fait ? C'est vous, comme toujours, qui lui avez donné une mauvaise réputation au vieux Orlick. »

« Vous vous l'êtes donné à vous-même ; Vous l'avez gagné pour vous-même. Je ne vous aurais fait aucun mal, si vous ne vous en étiez pas fait à vous-même. »

« Vous êtes un menteur. Et vous vous donnerez la peine et dépenserez de l'argent pour me chasser de ce pays, n'est-ce pas ? dit-il en répétant mes paroles à Biddy dans la dernière entrevue que j'ai eue avec elle. « Maintenant, je vais vous donner une information. Il n'a jamais été aussi utile que vous de me faire sortir de ce pays qu'aujourd'hui. Ah! Si c'était tout ton argent vingt fois dit, jusqu'au dernier farden d'airain ! Tandis qu'il me serrait sa main lourde, la bouche grondante comme celle d'un tigre, je sentis que c'était vrai. »

« Qu'est-ce que tu vas me faire ? »

« J'y vais, dit-il en frappant lourdement son poing sur la table, et en se levant à mesure que le coup tombait pour lui donner plus de force, je vais avoir ta vie ! »

Il s'est penché en avant en me fixant, a lentement desserré sa main et l'a passée sur sa bouche comme si elle avait l'eau à la bouche pour moi, et s'est rassis.

« Tu as toujours été sur le chemin du vieux Orlick depuis que tu es enfant. Tu te mets en travers de son chemin cette nuit. Il n'en aura plus sur vous. Tu es mort. »

J'ai senti que j'étais au bord de la tombe. Pendant un moment, je regardai furieusement autour de mon piège pour voir s'il y avait une chance de m'échapper ; mais il n'y en avait pas.

« Bien plus, dit-il en croisant de nouveau les bras sur la table, je n'aurai pas un chiffon de toi, je n'aurai pas un os de toi qui reste sur la terre. Je mettrai votre corps dans le four, j'en porterai deux sur mes épaules, et, qu'on suppose ce qu'il faut de vous, on ne saura jamais rien. »

Mon esprit, avec une rapidité inconcevable, a suivi toutes les conséquences d'une telle mort. Le père d'Estelle croirait que je l'ai abandonné, qu'il serait pris, qu'il mourrait en m'accusant ; Herbert lui-même doutait de moi, quand il comparait la lettre que je lui avais laissée avec le fait que je n'avais frappé à la porte de miss Havisham qu'un instant ; Joe et Biddy ne sauraient jamais à quel point j'avais été désolé cette nuit-là, personne ne saurait jamais ce que j'avais souffert, à quel point j'avais voulu être vrai, quelle agonie j'avais traversée. La mort qui m'approchait était terrible, mais bien plus terrible que la mort était la crainte d'être mal rappelé après la mort. Et mes pensées étaient si vives que je me voyais méprisé par les générations à naître, les enfants d'Estelle et leurs enfants, tandis que les paroles du misérable étaient encore sur ses lèvres.

« Maintenant, loup, dit-il, avant de te tuer comme n'importe quelle autre bête, ce que j'ai l'intention de faire et pour quoi je t'ai attaché, je te regarderai bien et je te donnerai un bon aiguillon. Ô ennemi ! »

J'avais eu l'idée d'appeler de nouveau au secours ; bien que peu de gens puissent connaître mieux que moi, la nature solitaire de l'endroit et l'impuissance de l'aide. Mais comme il était assis à jubiler sur moi, j'étais soutenu par une détestation méprisante pour lui qui scellait mes lèvres. Par-dessus tout, je résolus de ne pas le supplier et de mourir en lui opposant une dernière pauvre résistance. Adoucie comme mes pensées pour tout le reste des hommes étaient dans cette extrémité désespérée ; implorant humblement, comme je l'ai fait, le pardon du Ciel ; J'étais ému au fond de la pensée que je n'avais pas fait mes adieux et que je ne pourrais plus jamais faire mes adieux à ceux qui m'étaient chers, ni m'expliquer à eux, ni demander leur

441

compassion pour mes misérables erreurs, cependant, si j'avais pu le tuer, même en mourant, je l'aurais fait.

Il avait bu et ses yeux étaient rouges et injectés de sang. Autour de son cou était suspendue une bouteille d'étain, comme j'avais souvent vu sa viande et sa boisson en bandoulière autour de lui en d'autres jours. Il porta la bouteille à ses lèvres et en tira une gorgée ardente ; et je sentis l'esprit fort que je voyais briller sur son visage.

« Loup ! dit-il en croisant de nouveau les bras, le vieux Orphan va vous dire quelque chose. C'était toi, comme pour ta sœur musaraigne. »

De nouveau, mon esprit, avec sa rapidité inconcevable d'autrefois, avait épuisé tout le sujet de l'attaque contre ma sœur, de sa maladie et de sa mort, avant que son discours lent et hésitant eût formé ces mots.

– C'était vous, scélérat, dis-je.

— Je vous dis que c'est votre faute, je vous dis que c'est par vous, répliqua-t-il en saisissant le fusil et en donnant un coup de crosse dans l'air vide qui nous séparait. Je la surprends par derrière, comme je vous tombe dessus ce soir. *Je* le lui donne ! Je l'ai laissée pour morte, et s'il y avait eu un four à chaux aussi près d'elle qu'il y en a maintenant près de vous, elle ne serait pas revenue à la vie. Mais il n'avertit pas le vieux Orlick comme il l'a fait ; C'était toi. Vous avez été favorisé, et il a été intimidé et battu. Le vieux Orlick a malmené et battu, hein ? Maintenant, c'est vous qui payez. Vous l'avez fait ; Maintenant, c'est vous qui le payez.

Il but de nouveau et devint plus féroce. Je vis à l'inclinaison de la bouteille qu'il n'en restait pas une grande quantité. Je compris distinctement qu'il s'employait à son contenu pour me tuer. Je savais que chaque goutte qu'il contenait était une goutte de ma vie. Je savais que, lorsque je serais transformé en une partie de la vapeur qui s'était glissée vers moi peu de temps auparavant, comme mon propre fantôme d'avertissement, il ferait comme il l'avait fait dans le cas de ma sœur : se hâter de partir à la ville et être vu en train de s'y allonger en train de boire dans les tavernes. Mon esprit vif le poursuivit jusqu'à la ville, fit un tableau de la rue où il était là, et contrasta ses lumières et sa vie avec le marais solitaire et la vapeur blanche qui s'y glissait, dans laquelle j'aurais dû me dissoudre.

Ce n'est pas seulement que j'aurais pu résumer des années et des années pendant qu'il disait une douzaine de mots, mais que ce qu'il disait me présentait des images, et non de simples mots. Dans l'état d'excitation et d'exaltation de mon cerveau, je ne pouvais penser à un endroit sans le voir, ni à des personnes sans les voir. Il est impossible d'exagérer la vivacité de ces images, et pourtant j'étais si concentré, tout le temps, sur lui lui-même, — qui ne voulait pas que le tigre s'accroupisse pour bondir ! — que je connaissais la moindre action de ses doigts.

Quand il eut bu une seconde fois, il se leva du banc sur lequel il était assis et poussa la table de côté. Puis, il prit la bougie, et, l'ombrageant de sa main meurtrière de manière à jeter sa lumière sur moi, il se tint devant moi, me regardant et jouissant de ce spectacle.

« Loup, je vais te dire quelque chose de plus. C'était le vieux Orlick quand tu as culbuté dans tes escaliers cette nuit-là. »

J'ai vu l'escalier avec ses lampes éteintes. Je vis les ombres des lourdes rampes d'escalier, projetées par la lanterne du gardien sur le mur. J'ai vu les pièces que je ne devais jamais revoir ; ici, une porte entrouverte ; là, une porte se referma ; tous les meubles autour.

« Et pourquoi le vieux Orlick était-il là ? Je vais te dire quelque chose de plus, loup. Vous et elle *m'avez* bien chassé de ce pays, pour ce qui est d'y gagner facilement ma vie, et j'ai pris de nouveaux compagnons et de nouveaux maîtres. Quelques-uns d'entre eux écrivent mes lettres quand je veux qu'elles soient écrites, ça vous dérange ?... ils écrivent mes lettres, loup ! Ils écrivent à cinquante mains ; Ils ne sont pas comme si on vous faufilait, comme l'écrit mais un. J'ai l'esprit ferme et la ferme volonté d'avoir ta vie, depuis que tu étais ici-bas à l'enterrement de ta sœur. Je n'ai pas vu le moyen de vous mettre en sécurité, et je vous ai regardé pour connaître vos tenants et aboutissants. Car, se dit le vieux Orlick, « d'une manière ou d'une autre, je l'aurai ! » Quoi! Quand je te cherche, je trouve ton oncle Provis, hein ? »

Mill Pond Bank, et Chinks's Basin, et le Old Green Copper Rope-walk, tout cela est si clair et si simple ! Provis dans ses appartements, le signal dont l'usage était fini, la jolie Clara, la bonne femme maternelle, le vieux Bill Barley sur le dos, tout à la dérive, comme sur le courant rapide de ma vie qui s'élance rapidement vers la mer !

« *Toi* avec un oncle aussi ! Eh bien, je t'ai connu chez Gargery quand tu étais un si petit loup que j'aurais pu prendre ton petit doigt entre ce doigt et ce pouce et te jeter mort (comme j'aurais pensé à le faire, de temps en temps, quand je te vois flâner parmi les têtards un dimanche), et tu n'avais pas trouvé d'oncles à ce moment-là. Non, pas vous ! Mais quand le vieux Orlick est venu apprendre que votre oncle Provis avait presque porté la jambe de fer que le vieux Orlick avait ramassée, limée sur ces mailles il y a tant d'années, et qu'il l'a laissée tomber avec votre sœur, comme un bœuf, comme il a l'intention de vous laisser tomber... hé ?... quand il est venu pour entendre cela... hé ? »

Dans ses railleries sauvages, il alluma la bougie si près de moi que je détournai mon visage pour la sauver de la flamme.

« Ah ! s'écria-t-il en riant, après l'avoir refait, l'enfant brûlé redoute le feu ! Le vieux Orlick savait que tu étais brûlé, le vieux Orlick savait que tu faisais passer en contrebande ton oncle Provis, le vieux Orlick est à ta hauteur et il savait que tu viendrais ce soir ! Maintenant, je vais vous dire quelque chose de plus, loup, et ceci se termine. Il y en a qui sont aussi bien assortis à votre oncle Provis que le vieux Orlick l'a été à vous. Qu'il les garde, quand il aura perdu son nevvy ! Qu'il les conserve, quand aucun homme ne peut trouver un chiffon des vêtements de son cher parent, ni encore un os de son corps. Il y en a qui ne peuvent pas et qui ne veulent pas avoir Magwitch, oui, *je* connais le nom !... vivant dans le même pays qu'eux, et qui a eu des informations si sûres sur lui quand il était vivant dans un autre pays, qu'il ne pouvait et ne devait pas le laisser à l'insu et les mettre en danger. P'raps c'est eux qui écrivent à cinquante mains, et ce n'est pas comme vous faufiler comme si c'était écrit qu'une seule. « Ware Compeyson, Magwitch et la potence ! »

Il alluma de nouveau la bougie vers moi, fumant mon visage et mes cheveux, et pendant un instant m'aveuglant, et tourna son puissant dos en replaçant la lumière sur la table. J'avais pensé à une prière, et j'avais été avec Joe, Biddy et Herbert, avant qu'il ne se retournât de nouveau vers moi.

Il y avait un espace libre de quelques pieds entre la table et le mur opposé. Dans cet espace, il se balançait maintenant d'avant en arrière. Sa grande force semblait reposer sur lui plus fort que jamais, tandis qu'il le faisait, les mains pendantes et lourdes à ses côtés, et les yeux renfrognés sur moi. Je n'avais plus une once d'espoir. Si folle que fût ma hâte intérieure, et si merveilleuse que fût la force des images qui se précipitaient devant moi au lieu de pensées, je pouvais cependant clairement comprendre que, à moins qu'il n'eût résolu que j'étais à quelques instants de périr sûrement hors de toute connaissance humaine, il ne m'aurait jamais dit ce qu'il m'avait dit.

Soudain, il s'arrêta, sortit le bouchon de sa bouteille et la jeta. Aussi léger qu'il fût, je l'entendis tomber comme une chute. Il déglutit lentement, inclinant la bouteille petit à petit, et maintenant il ne me regardait plus. Il versa les dernières gouttes de liqueur dans la paume de sa main et les lécha. Puis, avec une soudaine précipitation de violence et jurant horriblement, il jeta la bouteille loin de lui et se baissa ; et je vis dans sa main un marteau de pierre avec un long et lourd manche.

La résolution que j'avais prise ne m'abandonna pas, car, sans lui adresser un vaine parole, je poussai des cris de toutes mes forces et luttai de toutes mes forces. Il n'y avait que ma tête et mes jambes que je pouvais bouger, mais à ce point je luttais avec toute la force, jusque-là inconnue, qui était en moi. Au même instant, j'entendis des cris de réponse, je vis des silhouettes et une lueur de lumière se précipiter à la porte, j'entendis des voix et du tumulte, et je vis Orlick sortir d'une lutte d'hommes, comme s'il s'agissait d'une eau tumultueuse, dégager la table d'un bond et s'envoler dans la nuit.

Après un blanc, je m'aperçus que j'étais étendu sans liaison, sur le sol, à la même place, la tête sur le genou de quelqu'un. Mes yeux étaient fixés sur l'échelle contre le mur, quand je revins à moi, — je m'étais ouvert dessus avant que mon esprit ne la voie, — et ainsi, en reprenant connaissance, je sus que j'étais à l'endroit où je l'avais perdue.

Trop indifférent d'abord, même pour regarder autour de moi et s'assurer qui me soutenait, j'étais couché et regardais l'échelle, quand un visage s'est interposé entre moi et elle. Le visage du garçon de Trabb !

« Je pense qu'il va bien ! » dit le garçon de Trabb d'une voix sobre ; « Mais n'est-il pas juste pâle ! »

À ces mots, le visage de celui qui me soutenait regarda dans le mien, et je vis que mon partisan était...

— Herbert ! Grand ciel !

— Doucement, dit Herbert. « Doucement, Haendel. Ne soyez pas trop impatient. »

« Et notre vieux camarade, Startop ! » m'écriai-je, tandis qu'il se penchait lui aussi sur moi.

— Rappelez-vous en quoi il va nous aider, dit Harbert, et restez calme.

Cette allusion me fit surgir ; mais je tombai de nouveau à cause de la douleur dans mon bras. — Le temps n'est pas passé, Herbert, n'est-ce pas ? Quelle nuit est ce soir ? Depuis combien de temps suis-je ici ? Car j'avais un étrange et fort pressentiment d'être resté là longtemps, un jour et une nuit, deux jours et deux nuits, plus encore.

« Le temps n'est pas passé. C'est encore lundi soir. »

« Dieu merci ! »

— Et vous avez tous demain, mardi, pour vous reposer, dit Harbert. « Mais vous ne pouvez pas vous empêcher de gémir, mon cher Haendel. Quelle blessure avez-vous eue ? Peux-tu te tenir debout ? »

« Oui, oui, dis-je, je peux marcher. Je n'ai de mal que dans ce bras palpitant. »

Ils l'ont mis à nu et ont fait ce qu'ils ont pu. Il était violemment enflé et enflammé, et je pouvais à peine supporter qu'on le touche. Mais ils déchirèrent leurs mouchoirs pour en faire de nouveaux bandages, et les replaçèrent soigneusement dans la fronde, jusqu'à ce que nous puissions arriver à la ville et obtenir une lotion rafraîchissante à y mettre. Au bout de peu de temps, nous avions fermé la porte de l'écluse sombre et vide, et nous traversions la carrière sur le chemin du retour. Le fils de Trabb, le jeune homme de Trabb, maintenant trop grand pour Trabb, nous précéda avec une lanterne, qui était la lumière que j'avais vue entrer à la porte. Mais la lune était plus haute de deux bonnes heures que la dernière fois que j'avais vu le ciel, et la nuit, bien que pluvieuse, était beaucoup plus claire. La vapeur blanche du four s'échappait de nous à mesure que nous passions, et comme j'avais pensé à une prière auparavant, je pensais maintenant à une action de grâces.

En suppliant Harbert de me raconter comment il était venu à mon secours, ce qu'il avait d'abord refusé catégoriquement, mais avait insisté pour que je reste tranquille, j'appris que dans ma hâte j'avais déposé la lettre ouverte dans nos appartements, où lui, revenant chez lui pour amener avec lui Startop qu'il avait rencontré dans la rue en allant vers moi, je l'ai trouvé, très peu de temps après mon départ. Son ton le mettait mal à l'aise, d'autant plus qu'il y avait de l'incohérence entre celle-ci et la lettre précipitée que je lui avais laissée. Son inquiétude augmentant au lieu de s'apaiser, après un quart d'heure de réflexion, il se rendit au bureau des voitures avec Startop, qui lui offrit sa compagnie pour s'enquérir de la prochaine voiture qui tomberait. Voyant que

446

la diligence de l'après-midi avait disparu, et voyant que son inquiétude se transformait en une alarme positive, à mesure que des obstacles se dressaient sur son chemin, il résolut de le suivre dans une chaise de poste. Lui et Startop arrivèrent donc au Sanglier Bleu, s'attendant pleinement à ce qu'on me trouvât, ou à avoir de mes nouvelles. mais, ne trouvant ni l'un ni l'autre, ils allèrent chez miss Havisham, où ils me perdirent. Là-dessus, ils retournèrent à l'hôtel (sans doute à peu près à l'époque où j'entendais la version locale populaire de ma propre histoire) pour se rafraîchir et chercher quelqu'un pour les guider dans les marais. Parmi les transats sous l'arcade du sanglier se trouvait le garçon de Trabb, fidèle à son ancienne habitude de se trouver partout où il n'avait rien à faire, et le garçon de Trabb m'avait vu passer de chez miss Havisham dans la direction de ma salle à manger. C'est ainsi que le fils de Trabb devint leur guide, et avec lui ils se rendirent à l'écluse, bien que par le chemin de la ville vers les marais, que j'avais évités. Tandis qu'ils avançaient, Harbert songea qu'après tout, j'aurais pu être amené là pour une mission véritable et utile qui devait contribuer à la sécurité de Provis, et, pensant lui-même que dans ce cas l'interruption devait être malicieuse, il laissa son guide et Startop sur le bord de la carrière, et continua tout seul, et fit deux ou trois fois le tour de la maison. s'efforçant de s'assurer si tout allait bien à l'intérieur. Comme il n'entendait que les sons indistincts d'une voix profonde et rude (c'était pendant que mon esprit était si occupé), il commença même à douter que j'étais là, quand tout à coup je poussai un grand cri, et il répondit aux cris et se précipita à l'intérieur, suivi de près par les deux autres.

Quand j'eus raconté à Harbert ce qui s'était passé dans la maison, il était d'avis que nous allions immédiatement comparaître devant un magistrat de la ville, tard dans la nuit, et que nous obtenions un mandat. Mais j'avais déjà pensé qu'une telle conduite, en nous y retenant ou en nous obligeant à revenir, pourrait être fatale à Provis. Il n'y avait pas à nier cette difficulté, et nous renonçâmes à toute pensée de poursuivre Orlick à ce moment-là. Pour le moment, dans les circonstances, nous avons jugé prudent de prendre l'affaire à la légère pour le garçon de Trabb ; qui, j'en suis convaincu, aurait été bien touché de déception, s'il avait su que son intervention m'avait sauvé du four à chaux. Ce n'est pas que le garçon de Trabb fût d'une nature maligne, mais il avait trop de vivacité, et il était dans sa constitution de vouloir de la variété et de l'excitation aux dépens de quiconque. Quand nous nous séparâmes, je lui présentai deux guinées (ce qui semblait correspondre à ses vues), et je lui dis que j'étais désolé d'avoir jamais eu une mauvaise opinion de lui (ce qui ne lui fit aucune impression).

Le mercredi étant si proche de nous, nous résolus de retourner à Londres ce soir-là, trois dans la chaise de poste ; d'autant plus que nous serions alors partis avant que l'aventure de la nuit ne commence à être évoquée. Herbert a pris une grande bouteille de truc pour mon bras ; et à force de me faire jeter dessus toute la nuit, j'ai pu supporter sa douleur pendant le voyage. Il faisait jour quand nous arrivâmes au Temple, et je me mis immédiatement au lit, et je restai au lit toute la journée.

Ma terreur, pendant que j'étais étendu là, de tomber malade et d'être inapte pour le lendemain, était si troublante, que je m'étonne qu'elle ne m'ait pas mis hors de moi d'elle-même. Il l'aurait fait, à coup sûr, en conjonction avec l'usure mentale que j'avais subie, n'eût été la tension anormale que j'éprouvais demain. Si attendu avec tant d'impatience, chargé de telles conséquences, ses résultats si impénétrablement cachés, bien que si proches.

Aucune précaution n'aurait pu être plus évidente que de nous abstenir de communiquer avec lui ce jour-là ; Pourtant, cela augmenta encore mon agitation. Je tressaillis à chaque pas et à chaque bruit, croyant qu'il avait été découvert et pris, et c'était le messager qui me le disait. Je me persuadai que je savais qu'il était pris ; qu'il y avait quelque chose de plus dans mon esprit qu'une peur ou un pressentiment ; que le fait s'était produit, et que j'en avais une connaissance mystérieuse. À mesure que les jours s'écoulaient et qu'aucune mauvaise nouvelle n'arrivait, que le jour se rapprochait et que l'obscurité tombait, ma crainte d'être handicapé par la maladie avant le lendemain matin me dominait complètement. Mon bras brûlant palpitait, ma tête brûlante palpitait, et je crus que je commençais à errer. J'ai compté jusqu'à de grands nombres, pour être sûr de moi, et j'ai répété des passages que je connaissais en prose et en vers. Il arrivait quelquefois que, dans la simple fuite d'un esprit fatigué, je m'assoupissais quelques instants ou que j'oubliais ; alors je me disais en sursaut : « Maintenant, c'est arrivé, et je deviens délirant ! »

Ils me gardaient très tranquille toute la journée, et gardaient constamment mon bras habillé, et me donnaient des boissons rafraîchissantes. Chaque fois que je m'endormais, je me réveillais avec l'idée que j'avais eue dans l'écluse, qu'un long moment s'était écoulé et que l'occasion de le sauver avait disparu. Vers minuit, je me levai et j'allai chez Harbert, avec la conviction que j'avais dormi pendant vingt-quatre heures et que ce mercredi était passé. Ce fut le dernier effort épuisant de mon agitation, car après cela je dormis profondément.

Le mercredi matin se levait quand j'ai regardé par la fenêtre. Les lumières clignotantes sur les ponts étaient déjà pâles, le soleil qui venait était comme un marais de feu à l'horizon. Le fleuve, encore sombre et mystérieux, était enjambé par des ponts qui devenaient froidement gris, avec çà et là au sommet une touche chaude de la brûlure dans le ciel. Tandis que je regardais le long des toits groupés, avec des clochers et des flèches d'église s'élançant dans l'air exceptionnellement clair, le soleil se leva, et un voile sembla se détacher de la rivière, et des millions d'étincelles éclatèrent sur ses eaux. De moi aussi, un voile semblait se tirer, et je me sentais fort et bien.

Herbert dormait dans son lit, et notre vieux camarade de classe dormait sur le canapé. Je ne pouvais pas m'habiller sans aide ; mais j'allumai le feu, qui brûlait toujours, et je préparai du café pour eux. À temps, ils se mirent aussi en marche en force et en bonne santé, et nous laissâmes entrer l'air vif du matin aux fenêtres, et nous regardâmes la marée qui coulait toujours vers nous.

— Quand il sera neuf heures, dit gaiement Harbert, guettez-nous et tenez-vous prêts, vous, là-bas, à Mill Pond Bank !

Chapitre LIV.

C'était l'un de ces jours de mars où le soleil brille chaud et le vent souffle froid : quand c'est l'été dans la lumière, et l'hiver à l'ombre. Nous avions nos cabans avec nous, et j'ai pris un sac. De tous mes biens terrestres, je n'ai pris que les quelques nécessités qui remplissaient le sac. Où je pouvais aller, ce que je pouvais faire, ou quand je pourrais revenir, étaient des questions qui m'étaient totalement inconnues ; et je ne me tourmentai pas non plus contre eux, car il était tout entier fixé sur la sécurité de Provis. Je me demandai seulement, pendant un instant, en m'arrêtant à la porte et en regardant en arrière, dans quelles circonstances différentes je verrais ces pièces, si jamais je verrais.

Nous flânâmes jusqu'aux escaliers du Temple, et nous restâmes là, comme si nous n'étions pas tout à fait décidés à aller sur l'eau. Bien sûr, j'avais veillé à ce que le bateau soit prêt et que tout soit en ordre. Après une petite manifestation d'indécision, qu'il n'y avait personne à voir que les deux ou trois créatures amphibies appartenant à l'escalier de notre Temple, nous montâmes à bord et larguâmes les amarres ; Herbert à l'avant, je gouverne. Il était alors environ huit heures et demie.

Notre plan était le suivant. La marée, qui commençait à descendre à neuf heures, et qui était avec nous jusqu'à trois heures, nous avions l'intention de continuer à ramper après qu'elle aurait tourné et de ramer contre elle jusqu'à la nuit. Nous serions alors en bonne santé dans ces longues étendues au-dessous de Gravesend, entre le Kent et l'Essex, où la rivière est large et solitaire, où les habitants du bord de l'eau sont très peu nombreux, et où des pubs isolés sont éparpillés çà et là, dont nous pourrions choisir un pour se reposer. Là, nous avions l'intention de rester couchés toute la nuit. Le vapeur pour Hambourg et le vapeur pour Rotterdam partiraient de Londres vers neuf heures du matin. Nous saurions à quelle heure les attendre, selon l'endroit où nous serions, et nous saluerions les premiers ; de sorte que, si par hasard nous n'étions pas emmenés à l'étranger, nous aurions une autre chance. Nous connaissions les marques distinctives de chaque navire.

Le soulagement d'être enfin engagé dans l'exécution du dessein était si grand pour moi que j'éprouvais du mal à me rendre compte de l'état dans lequel j'avais été quelques heures auparavant. L'air vif, la lumière du soleil, le mouvement de la rivière et la rivière mouvante elle-même, la route qui courait avec nous, semblant sympathiser avec nous, nous animer et nous encourager, me rafraîchirent d'un nouvel espoir. Je me sentais mortifié d'être si peu utile dans le bateau ; Mais il y avait peu de meilleurs rameurs que mes deux amis, et ils ramaient d'un coup régulier qui devait durer toute la journée.

À cette époque, le trafic à vapeur sur la Tamise était bien au-dessous de son étendue actuelle, et les bateaux des bateliers étaient beaucoup plus nombreux. Il y avait peut-être autant de péniches, de charbonniers à voiles et de caboteurs qu'aujourd'hui ; mais des bateaux à vapeur, grands et petits, pas une dîme ou une vingtième partie de tant de choses. Quelque tôt qu'il fût, il y avait beaucoup de rameurs qui allaient çà et là ce matin-là, et beaucoup de péniches qui descendaient avec la marée ; La navigation de la rivière entre les ponts, dans une barque ouverte, était beaucoup plus facile et plus commune à cette époque qu'elle ne l'est aujourd'hui ; et nous avancions vivement au milieu de nombreux esquifs et wherrys.

Nous passâmes bientôt le vieux pont de Londres, et le vieux marché de Billingsgate avec ses huîtres et ses Hollandais, et la Tour Blanche et la porte du Traître, et nous nous trouvâmes parmi les rangées de la navigation. C'étaient là les vapeurs de Leith, d'Aberdeen et de Glasgow, qui chargeaient et déchargeaient des marchandises, et regardaient immensément haut hors de l'eau lorsque nous passions à côté ; Il y avait là des charbonniers par dizaines et par vingt, avec les fouets à charbon plongeant des échafauds sur le pont, comme des contrepoids aux mesures de charbon qui se balançaient vers le haut, qui étaient ensuite secouées sur le côté en barges ; ici, à ses amarres, se trouvait le vapeur de demain pour Rotterdam, dont nous avons pris bonne note ; et ici demain c'est pour Hambourg, sous le beaupré duquel nous avons traversé. Et maintenant, assis à l'arrière, je pouvais voir, avec un battement de cœur plus rapide, Mill Pond Bank et Mill Pond stairs.

— Est-il là ? demanda Harbert.

« Pas encore. »

« D'accord ! Il ne devait pas descendre avant de nous avoir vus. Pouvez-vous voir son signal ? »

« Pas bien d'ici ; mais je crois que je le vois... Maintenant je le vois ! Tirez les deux. Facile, Herbert. Rames ! »

451

Nous touchâmes légèrement l'escalier pendant un instant, et il fut à bord, et nous repartîmes. Il avait avec lui un manteau de bateau et un sac de toile noire ; et il avait l'air d'un pilote de rivière autant que mon cœur aurait pu le souhaiter.

« Cher garçon ! » dit-il en posant son bras sur mon épaule en prenant place. « Fidèle cher enfant, bravo. Merci, merci ! »

De nouveau parmi les rangées de la navigation, entrant et sortant, évitant les câbles de chaîne rouillés, les aussières de chanvre effilochées et les bouées flottantes, coulant pour le moment des paniers brisés flottants, dispersant des copeaux de bois flottants et des copeaux, fendant l'écume flottante de charbon, dedans et dehors, sous la figure de proue du *John of Sunderland* faisant un discours aux vents (comme le font beaucoup de Johns), et la *Betsy de Yarmouth* avec une solide formalité de poitrine et ses yeux noueux partant à deux pouces de sa tête ; dedans et dehors, des marteaux allant dans les chantiers navals, des scies allant vers le bois, des machines qui s'entrechoquent vers des choses inconnues, des pompes qui s'enfoncent dans des navires qui prennent l'eau, des cabestans qui partent, des navires qui partent en mer, et des créatures marines inintelligibles qui hurlent des malédictions sur les pavois aux briquets intimés, à l'intérieur et à l'extérieur, enfin sur la rivière plus claire, où les matelots pouvaient rentrer leurs défenses, ne pêchant plus dans les eaux agitées avec eux sur le côté, et où les voiles festonnées pouvaient s'envoler au vent.

C'est à l'escalier que nous l'avions emmené à l'étranger, et depuis lors, j'avais cherché avec méfiance le moindre signe que nous étions soupçonnés. Je n'en avais vu aucun. Nous n'y étions certainement pas, et à ce moment-là comme certainement, nous n'avons été ni assistés ni suivis par aucun bateau. Si nous avions été attendus par un bateau, j'aurais couru à terre et je l'aurais obligé à continuer, ou à faire connaître son dessein. Mais nous avons tenu bon sans aucune apparence de molestation.

Il avait sur lui son manteau de bateau et avait l'air, comme je l'ai dit, de faire naturellement partie de la scène. Il était remarquable (mais peut-être la vie misérable qu'il avait menée l'expliquait-elle) qu'il était le moins anxieux de tous les nôtres. Il n'était pas indifférent, car il me dit qu'il espérait vivre assez longtemps pour voir son gentilhomme l'un des meilleurs gentilshommes d'un pays étranger ; il n'était pas disposé à être passif ou résigné, comme je le comprenais ; Mais il n'avait pas l'idée d'affronter le danger à mi-chemin.

Quand il l'a frappé, il l'a affronté, mais il devait le faire avant qu'il ne se préoccupe.

« Si vous saviez, mon cher enfant, me dit-il, ce que c'est que de rester assis ici plus longtemps, mon cher enfant, et de fumer, après avoir été jour après jour entre quatre murs, vous m'envieriez. Mais vous ne savez pas ce que c'est. »

« Je crois connaître les délices de la liberté », répondis-je.

— Ah ! dit-il en secouant gravement la tête. « Mais vous ne le savez pas égal à moi. Il faut que tu sois sous les verrous, mon cher, pour le savoir égal à moi, mais je ne vais pas être abattu. »

Il m'est apparu incohérent que, pour une idée de maîtrise, il aurait dû mettre en danger sa liberté, et même sa vie. Mais je réfléchis que peut-être la liberté sans danger était trop éloignée de toute habitude de son existence pour être pour lui ce qu'elle serait pour un autre homme. Je n'étais pas loin, puisqu'il m'a dit, après avoir fumé un peu :

« Voyez-vous, mon cher enfant, quand j'étais là-bas, de l'autre côté du monde, je regardais toujours de ce côté-ci ; et c'était tout à fait plat d'être là, malgré tout j'étais un riche en grandissant. Tout le monde savait que Magwitch pouvait venir, et Magwitch pouvait partir, et personne ne s'inquiéterait de lui. Ils ne sont pas si faciles à mon égard, mon cher enfant, ils ne le seraient pas, du moins, s'ils savaient où j'étais. »

« Si tout va bien, dis-je, vous serez parfaitement libre et en sûreté dans quelques heures. »

« Eh bien, » répondit-il en prenant une longue inspiration, « je l'espère. »

— Et c'est ce qu'il faut ?

Il trempa la main dans l'eau sur le plat-bord de la chaloupe, et dit, en souriant avec cet air adouci qui n'était pas nouveau pour moi :

- Oui, je le pense, mon cher enfant. Nous serions perplexes d'être plus calmes et plus faciles à vivre que nous ne le sommes actuellement. Mais... c'est un écoulement si doux et si agréable dans l'eau, p't-il, que cela me fait penser—Je pensais à ce moment-là, à travers ma fumée, que nous ne pouvons pas plus voir au fond des prochaines heures que nous ne pouvons voir au fond de cette rivière ce que je saisis. Et pourtant, nous ne pouvons pas plus retenir leur marée que je ne peux retenir celle-ci. Et il a coulé entre mes doigts et a disparu, vous voyez !

— Sans votre visage, je vous croirais un peu découragé, dis-je.

« Pas du tout, mon cher garçon ! C'est parce que ça coule si tranquillement, et c'est de là que l'on ondule à la tête du bateau en faisant une sorte d'air du dimanche. Peut-être suis-je un peu vieux d'ailleurs.

Il remit sa pipe dans sa bouche avec une expression de visage imperturbable, et s'assit aussi calme et satisfait que si nous étions déjà sortis d'Angleterre. Cependant il était aussi soumis à un conseil que s'il eût été dans une terreur continuelle ; car, quand nous avons couru à terre pour prendre des bouteilles de bière dans le bateau, et qu'il en sortait, j'ai laissé entendre que je pensais qu'il serait plus en sécurité là où il était, et il a dit. « Et toi, mon cher garçon ? » et il se rassit tranquillement.

L'air était froid sur la rivière, mais c'était une journée brillante et le soleil était très encourageant. La marée était forte, j'ai pris soin de n'en perdre rien, et notre course régulière nous a bien portés. Par degrés imperceptibles, à mesure que la marée se retirait, nous perdions de plus en plus de bois et de collines plus proches, et nous descendions de plus en plus bas entre les bancs boueux, mais la marée était encore avec nous lorsque nous fûmes au large de Gravesend. Comme notre charge était enveloppée dans son manteau, je passai exprès à l'intérieur d'un bateau ou deux de la douane flottante, et ainsi de suite pour attraper le courant, à côté de deux navires d'émigrants, et sous la proue d'un grand transport avec des troupes sur le gaillard d'avant qui nous regardaient. Et bientôt la marée commença à se ralentir, et les embarcations qui étaient à l'ancre pour se balancer, et bientôt elles avaient toutes fait demi-tour, et les navires qui profitaient de la nouvelle marée pour monter jusqu'à l'étang commencèrent à se presser sur nous en flotte, et nous restâmes sous le rivage, autant que nous le pouvions à l'abri de la force de la marée. se tenant soigneusement à l'écart des bas-fonds bas et des bancs de boue.

Nos rameurs étaient si frais, à force de l'avoir laissé rouler de temps en temps avec la marée pendant une minute ou deux, qu'un quart d'heure de repos leur suffisait autant qu'ils le voulaient. Nous descendîmes à terre au milieu de pierres glissantes, tandis que nous mangions et buvions ce que nous avions avec nous, et regardions autour de nous. C'était comme mon propre pays de marais, plat et monotone, et avec un horizon sombre ; tandis que la rivière sinueuse tournait et tournait, et que les grandes bouées flottantes qui s'y trouvaient tournaient et tournaient et tournaient, et que tout le reste semblait échoué et immobile. Car maintenant, le dernier de la flotte de navires était autour du dernier point bas que nous avions traversé ; et la dernière barque verte, chargée de paille, avec une voile brune, avait suivi ; et quelques briquets de ballast, en forme de première imitation grossière d'un bateau par un enfant, gisaient bas dans la vase ; et un petit phare trapu sur des pilotis découverts se dressait estropié dans la boue sur des pilotis et des béquilles ; et des pieux visqueux sortaient de la boue, et des pierres visqueuses sortaient de la boue, et des points de repère rouges et des marques de marée sortaient de la boue, et un vieux débarcadère et un vieux bâtiment sans toit glissaient dans la boue, et tout autour de nous était stagnation et boue.

Nous poussâmes de nouveau, et nous fîmes le chemin que nous pûmes. C'était beaucoup plus difficile maintenant, mais Herbert et Startop persévérèrent, et ramèrent et ramèrent et ramèrent jusqu'au coucher du soleil. À ce moment-là, la rivière nous avait un peu soulevés, de sorte que nous pouvions voir au-dessus de la berge. Il y avait le soleil rouge, sur le niveau bas du rivage, dans une brume violette, qui s'épaississait rapidement dans le noir ; et il y avait le marais plat et solitaire ; et au loin, il y avait les hauteurs, entre lesquelles et nous il semblait n'y avoir aucune vie, sauf çà et là au premier plan un mouette mélancolique.

Comme la nuit tombait rapidement, et que la lune, ayant dépassé le plein, ne voulait pas se lever de bonne heure, nous tinmes un petit conseil ; Une courte route, car il était clair que notre route devait rester à la première taverne solitaire que nous pourrions trouver. Alors, ils ont manié leurs rames une fois de plus, et j'ai cherché quelque chose qui ressemblait à une maison. Nous restâmes ainsi, sans parler grand-chose, pendant quatre ou cinq milles ennuyeux. Il faisait très froid, et un charbonnier qui passait près de nous, avec son feu de cuisine fumant et flamboyant, avait l'air d'une maison confortable. La nuit était aussi sombre à cette heure qu'elle le serait jusqu'au matin ; et la lumière que nous avions semblait venir plus de la rivière que du ciel, tandis que les rames, dans leur plongeon, frappaient quelques étoiles réfléchies.

À cette époque lugubre, nous étions évidemment tous possédés par l'idée que nous étions suivis. À mesure que la marée montait, il battait lourdement à intervalles irréguliers contre le rivage ; et chaque fois qu'un tel bruit se produisait, l'un ou l'autre de nous était sûr de se mettre en marche et de regarder dans cette direction. Çà et là, le courant avait usé la berge jusqu'à une petite crique, et nous nous méfiions tous de ces endroits, et nous les regardions nerveusement. Parfois, « Quelle était cette ondulation ? » demandait l'un d'entre nous à voix basse. Ou un autre : « Est-ce un bateau là-bas ? » Et après cela, nous tombions dans un silence de mort, et je m'asseyais avec impatience en pensant avec quel bruit inhabituel les rames travaillaient dans les touilles.

À la fin, nous aperçûmes une lumière et un toit, et bientôt après nous courûmes le long d'une petite chaussée faite de pierres qu'on avait ramassées à proximité. Laissant le reste dans la chaloupe, je mis pied à terre, et je trouvai la lumière à la fenêtre d'un cabaret. C'était un endroit assez sale, et j'ose dire qu'il n'était pas inconnu des aventuriers de la contrebande ; Mais il y avait un bon feu dans la cuisine, et il y avait des œufs et du lard à manger, et diverses liqueurs à boire. Il y avait aussi deux chambres à deux lits, « telles qu'elles étaient », a dit l'aubergiste. Il n'y avait pas d'autre personne dans la maison que le propriétaire, sa femme et une créature mâle grisonnante, le « Jack » de la petite chaussée, qui était aussi visqueux et aussi maussade que s'il avait été aussi à la laisse de basse mer.

Avec cet assistant, je suis redescendu à la chaloupe, et nous sommes tous descendus à terre, et nous avons sorti les rames, le gouvernail, la gaffe, et tout le reste, et nous l'avons hissé pour la nuit. Nous fîmes un très bon repas près du feu de la cuisine, puis nous répartîmes les chambres : Herbert et Startop devaient en occuper une ; Moi et notre chargeons l'autre. Nous avons trouvé l'air aussi soigneusement exclu de l'un et de l'autre, que si l'air était fatal à la vie ; et il y avait plus de vêtements sales et de boîtes à musique sous les lits que je n'aurais cru que la famille en possédait. Mais nous nous considérions néanmoins comme bien lotis pour un endroit plus solitaire que nous n'aurions pas pu trouver.

Tandis que nous nous réconfortions près du feu après notre repas, le valet, qui était assis dans un coin et qui portait une paire de souliers bouffis qu'il avait exhibés pendant que nous mangions nos œufs et notre lard, comme des reliques intéressantes qu'il avait prises il y a quelques jours aux pieds d'un marin noyé échoué à terre, me demanda si nous avions vu une galère à quatre rames remonter avec la marée. Quand je lui ai dit que non, il a dit qu'elle avait dû descendre à ce moment-là, et pourtant elle « a repris aussi » quand elle est partie de là.

« Ils ont dû réfléchir mieux pour une raison ou une autre, » dit le Jack, « et ils sont descendus. »

« Une galère à quatre rames, avez-vous dit ? » dis-je.

« Un quatre, » dit le valet, « et deux gardiens. »

« Sont-ils venus à terre ici ? »

« Ils ont mis un pot en pierre de deux gallons pour de la bière. J'aurais été heureux de boire la bière moi-même, dit le Jack, ou d'y mettre un peu de physique qui claque. »

« Pourquoi ? »

— *Je* sais pourquoi, dit le Jack. Il parlait d'une voix molle, comme si beaucoup de boue lui avait coulé dans la gorge.

— Il pense, dit l'aubergiste, un homme faiblement méditatif à l'œil pâle, qui semblait se fier beaucoup à son Jack, qu'il pense qu'ils étaient, ce qu'ils n'étaient pas.

— *Je* sais ce que je pense, observa le Jack.

« *Vous* pensez que c'est la coutume pour nous, Jack ? » dit l'aubergiste.

— Oui, dit le Jack.

— Alors, vous avez tort, Jack.

« MOI ! »

Dans le sens infini de sa réponse et dans sa confiance sans bornes dans ses vues, le Jack ôta un de ses souliers bouffis, regarda dedans, en fit tomber quelques pierres sur le sol de la cuisine et le remetta. Il le faisait avec l'air d'un Jack qui avait si raison qu'il pouvait se permettre de faire n'importe quoi.

— Commentez-vous qu'ils aient fait de leurs boutons alors, Jack ? demanda l'aubergiste en hésitant faiblement.

— Fini leurs boutons ? répondit le Jack. « Je les ai jetés par-dessus bord. Je les ai emmerdés. Semer, pour en venir une petite salade. Fini leurs boutons! »

— Ne sois pas effronté, Jack, répliqua l'aubergiste d'un ton mélancolique et pathétique.

« Un officier de la douane sait ce qu'il faut faire de ses boutons, dit le valet, répétant le mot odieux avec le plus grand mépris, quand ils viennent entre lui et sa propre lumière. Un quatre et deux assis ne vont pas pendre et planer, en haut avec une marée et en bas avec une autre, et à la fois avec et contre

457

une autre, sans qu'il y ait la Coutume Us au fond de celle-ci. En disant cela, il sortit avec dédain ; et l'aubergiste, n'ayant personne à qui répondre, trouva qu'il était impraticable de poursuivre le sujet. »

Ce dialogue nous a tous mis mal à l'aise, et moi très mal à l'aise. Le vent maussade murmurait autour de la maison, la marée battait sur le rivage, et j'avais le sentiment que nous étions en cage et menacés. Une galère à quatre rames qui planait d'une manière si inhabituelle qu'elle attirait l'attention était une vilaine circonstance dont je ne pouvais me débarrasser. Quand j'eus persuadé Provis de monter se coucher, je sortis avec mes deux compagnons (Startop connaissait alors l'état de l'affaire) et tins un autre conseil. Était-ce que nous devions rester à la maison jusqu'à l'heure du steamer, qui devait être vers une heure de l'après-midi, ou si nous devions partir de bonne heure le matin, telle était la question que nous discutions. Dans l'ensemble, nous avons jugé qu'il était préférable de rester où nous étions, jusqu'à environ une heure après l'heure du passage du steamer, puis de nous mettre sur sa trajectoire et de dériver facilement avec la marée. Ayant décidé de le faire, nous rentrâmes dans la maison et nous nous couchâmes.

Je me couchai avec la plus grande partie de mes vêtements, et je dormis bien pendant quelques heures. Quand je me réveillai, le vent s'était levé, et l'enseigne de la maison (le navire) grinçait et cognait, avec des bruits qui me firent sursauter. Me levant doucement, car mon protégé dormait profondément, je regardai par la fenêtre. Il dominait la chaussée où nous avions hissé notre bateau, et, comme mes yeux s'adaptaient à la lumière de la lune nuageuse, je vis deux hommes qui la regardaient. Ils passèrent sous la fenêtre, sans regarder d'autre, et ils ne descendirent pas jusqu'au palier que je pus distinguer vide, mais ils traversèrent le marais dans la direction de la Nore.

Mon premier mouvement fut d'appeler Herbert et de lui montrer les deux hommes qui s'en allaient. Mais, réfléchissant, avant d'entrer dans sa chambre, qui était à l'arrière de la maison et contiguë à la mienne, que lui et Startop avaient eu une journée plus dure que moi et étaient fatigués, je m'abstins. En revenant à ma fenêtre, je pouvais voir les deux hommes se déplacer au-dessus du marais. Dans cette lumière, cependant, je les perdis bientôt, et, me sentant très froid, je me couchai pour réfléchir à la chose, et je me rendormis.

Nous nous sommes levés tôt. Tandis que nous allions et venions, tous les quatre ensemble, avant le déjeuner, j'ai jugé bon de raconter ce que j'avais vu.

458

De nouveau, notre charge fut la moins anxieuse de la bande. Il était très probable que les hommes appartenaient à la douane, dit-il doucement, et qu'ils ne pensaient pas à nous. J'essayai de me persuader qu'il en était ainsi, comme il pouvait facilement l'être. Cependant, je proposai que lui et moi nous nous éloignerions ensemble vers un point éloigné que nous pourrions voir, et que le bateau nous y emmènerait, ou aussi près que possible, vers midi. Cette précaution étant considérée comme une bonne précaution, peu après le déjeuner, lui et moi, nous nous mîmes en route, sans rien dire à la taverne.

Il fumait sa pipe tout au long de notre chemin, et s'arrêtait parfois pour me taper sur l'épaule. On aurait pu croire que c'était moi qui courais le danger, pas lui, et qu'il me rassurait. Nous avons très peu parlé. Comme nous approchions de la pointe, je le priai de rester dans un endroit abrité, pendant que j'allais en reconnaissance ; car c'était vers elle que les hommes étaient passés dans la nuit. Il s'exécuta, et je continuai seul. Il n'y avait pas de bateau au large de la pointe, ni aucun bateau amarré à proximité, et il n'y avait aucun signe que les hommes y aient embarqué. Mais, pour être sûr, la marée était haute, et il aurait pu y avoir quelques empreintes de pas sous l'eau.

Quand il regarda au loin de son abri et vit que je lui faisais signe de monter mon chapeau, il me rejoignit, et là nous attendîmes ; tantôt couchés sur la berge, enveloppés dans nos manteaux, tantôt se déplaçant pour nous réchauffer, jusqu'à ce que nous voyions notre bateau faire demi-tour. Nous montâmes à bord sans encombre et ramâmes dans la voie du steamer. À ce moment-là, il n'était plus que dix minutes moins une heure, et nous commençâmes à guetter sa fumée.

Mais, il était une heure et demie quand nous avons vu sa fumée, et peu de temps après nous avons vu derrière elle la fumée d'un autre steamer. Comme ils arrivaient à toute vitesse, nous préparâmes les deux sacs et profitâmes de l'occasion pour dire adieu à Herbert et à Startop. Nous nous étions tous serrés cordialement la main, et ni les yeux d'Harbert ni les miens n'étaient tout à fait secs, lorsque je vis une galère à quatre rames s'élancer de dessous le talus, mais un peu en avant de nous, et ramer dans la même route.

Une partie du rivage s'était encore trouvée entre nous et la fumée du steamer, à cause du coude et du vent de la rivière ; Mais maintenant, elle était visible, venant de face. J'appelai Herbert et Startop pour qu'ils se tiennent à l'avant-marée, afin qu'elle puisse nous voir couchés pour elle, et j'adjurai

459

Provis de rester tout à fait immobile, enveloppé dans son manteau. Il répondit gaiement : « Fais-moi confiance, cher garçon », et il s'assit comme une statue. Cependant la galère, qui était très habilement manœuvrée, nous avait croisés, nous avait laissés monter avec elle et était tombée à côté. Laissant juste assez de place pour le jeu des rames, il restait à côté, dérivant quand nous dérivions, et tirant un coup ou deux quand nous tirions. Des deux modèles, l'un tenait les amarres de gouvernail et nous regardait attentivement, comme le faisaient tous les rameurs ; l'autre modèle était emmitouflé comme Provis, et semblait se rétracter et chuchoter quelques instructions au timonier en nous regardant. Pas un mot n'a été prononcé dans les deux bateaux.

Startop put distinguer, au bout de quelques minutes, quel vapeur était le premier, et me donna le mot « Hambourg » à voix basse, tandis que nous étions assis face à face. Elle s'approchait de nous très vite, et les coups de ses pédales devenaient de plus en plus forts. J'avais l'impression que son ombre était absolument sur nous, lorsque la galère nous a hélés. J'ai répondu.

« Vous avez un transport de retour là-bas », dit l'homme qui tenait les lignes. « C'est l'homme, enveloppé dans le manteau. Il s'appelle Abel Magwitch, autrement dit Provis. J'appréhende cet homme, et je l'appelle à se rendre, et vous à aider. »

Au même instant, sans donner aucune direction audible à son équipage, il fit courir la galère à l'extérieur de nous. Ils avaient tiré un coup soudain en avant, avaient mis leurs rames dans l'eau, nous avaient dépassés et s'étaient accrochés à notre plat-bord avant que nous sachions ce qu'ils faisaient. Cela causa une grande confusion à bord du steamer, et je les entendis nous appeler, et j'entendis l'ordre donné d'arrêter les rames, et je les entendis s'arrêter, mais je le sentis foncer sur nous irrésistiblement. Au même instant, je vis le timonier de la galère poser la main sur l'épaule de son prisonnier, et je vis que les deux bateaux se balançaient avec la force de la marée, et je vis que tout le monde à bord du vapeur courait en avant tout à fait frénétiquement. Cependant, au même instant, je vis le prisonnier se lever, se pencher sur son ravisseur et retirer le manteau du cou du modèle qui rétrécissait dans la cuisine. Toujours au même moment, j'ai vu que le visage révélé était le visage de l'autre forçat d'autrefois. Cependant, au même instant, j'ai vu le visage s'incliner en arrière avec une terreur blanche que je n'oublierai jamais, et j'ai entendu un grand cri à bord du steamer, et une forte éclaboussure dans l'eau, et j'ai senti le bateau couler sous moi.

Ce ne fut qu'un instant qu'il me sembla lutter contre un millier de barrages de moulin et mille éclairs de lumière ; cet instant passé, on m'a pris à bord de la cuisine. Herbert était là, et Startop était là ; Mais notre bateau avait disparu et les deux forçats étaient partis.

Avec les cris à bord du steamer, et le souffle furieux de sa vapeur, et sa route, et notre conduite, je ne pus d'abord distinguer le ciel de l'eau ou le rivage du rivage ; mais l'équipage de la galère le redressa avec une grande vitesse, et, tirant quelques coups rapides et vigoureux en avant, se coucha sur ses rames, chacun regardant silencieusement et avidement l'eau à l'arrière. Bientôt on y vit un objet sombre, qui se dirigeait vers nous sur la marée. Personne ne parlait, mais le timonier leva la main, et tout le monde retira doucement l'eau, et maintint la barque droite et droite devant elle. Comme il s'approchait, j'ai vu que c'était Magwitch, qui nageait, mais ne nageait pas librement. Il fut embarqué et instantanément menotté aux poignets et aux chevilles.

La cuisine resta immobile, et l'on reprit le regard silencieux et avide sur l'eau. Mais le vapeur de Rotterdam arriva et, ne comprenant apparemment pas ce qui s'était passé, il arriva à toute vitesse. Au moment où il avait été hélé et arrêté, les deux vapeurs s'éloignaient de nous, et nous montions et descendions dans un sillage d'eau agité. La vigie fut maintenue, longtemps après que tout fut de nouveau calme et que les deux vapeurs eurent disparu ; Mais tout le monde savait que c'était sans espoir maintenant.

À la fin, nous l'abandonnâmes et nous nous dirigeâmes sous le rivage vers la taverne que nous venions de quitter, où nous fûmes reçus sans peu de surprise. Là, j'ai pu trouver quelques réconforts pour Magwitch, — Provis n'est plus, — qui avait reçu une blessure très grave à la poitrine et une profonde coupure à la tête.

Il me dit qu'il croyait être passé sous la quille du vapeur et avoir été frappé à la tête en montant. La blessure à la poitrine (qui lui rendait la respiration extrêmement douloureuse), il croyait l'avoir reçue contre le côté de la cuisine. Il ajouta qu'il n'avait pas prétendu dire ce qu'il aurait pu ou n'aurait pas pu faire à Compeyson, mais qu'au moment où il avait mis la main sur son manteau pour l'identifier, ce scélérat avait titubé et reculé, et ils étaient tous deux passés par-dessus bord ensemble, quand il (Magwitch) a soudainement été arraché de notre bateau, et l'effort de son ravisseur pour le retenir à l'intérieur nous avait fait chavirer. Il me raconta à voix basse qu'ils étaient tombés férocement enfermés dans les bras l'un de l'autre, qu'il y avait eu une lutte sous l'eau, qu'il s'était dégagé, qu'il s'était échappé et qu'il s'était enfui à la nage.

Je n'ai jamais eu aucune raison de douter de l'exacte vérité de ce qu'il m'a ainsi dit. L'officier qui dirigeait la galère a fait le même récit de leur passage par-dessus bord.

Quand je demandai à cet officier la permission de changer les vêtements mouillés du prisonnier en achetant tous les vêtements de rechange que je pourrais trouver au cabaret, il me la donna volontiers, observant simplement qu'il devait prendre en charge tout ce que son prisonnier avait sur lui. C'est ainsi que le portefeuille qui avait été entre mes mains passa dans celui de l'officier. Il me donna en outre la permission d'accompagner le prisonnier à Londres ; mais il refusa d'accorder cette grâce à mes deux amis.

Le Jack du navire reçut l'ordre de l'endroit où le noyé était descendu et entreprit de rechercher le corps aux endroits où il était le plus probable de tomber à terre. Son intérêt pour sa guérison m'a semblé être beaucoup plus grand quand il a appris qu'il portait des bas. Il a probablement fallu une douzaine d'hommes noyés pour l'équiper complètement ; et c'est peut-être la raison pour laquelle les différents articles de son vêtement étaient à divers stades de délabrement.

Nous restâmes à la taverne jusqu'à ce que le vent tourne, puis Magwitch fut descendu à la cuisine et mis à bord. Herbert et Startop devaient arriver à Londres par terre, dès qu'ils le pourraient. Nous eûmes une triste séparation, et quand je pris place à côté de Magwitch, je sentis que c'était désormais ma place tant qu'il vivrait.

Pour l'instant, toute ma répugnance pour lui s'était évanouie ; et dans la créature pourchassée, blessée, enchaînée qui tenait ma main dans la sienne, je ne voyais qu'un homme qui avait voulu être mon bienfaiteur, et qui avait ressenti pour moi avec affection, reconnaissance et générosité avec une grande constance pendant une série d'années. Je voyais seulement en lui un homme bien meilleur que je ne l'avais été pour Joe.

Sa respiration devenait plus difficile et plus douloureuse à mesure que la nuit avançait, et souvent il ne pouvait pas réprimer un gémissement. J'ai essayé de le reposer sur le bras que je pouvais utiliser, dans n'importe quelle position facile ; mais c'était affreux de penser que je ne pouvais pas être désolé au fond de mon cœur qu'il fût gravement blessé, car il valait sans contredit mieux qu'il meure. Qu'il y eût des gens encore vivants qui étaient capables et désireux de l'identifier, je ne pouvais en douter. Qu'il soit traité avec indulgence, je ne pouvais pas l'espérer. Lui qui avait été présenté sous le pire jour lors de son procès, qui avait depuis évadé la prison et avait été jugé de nouveau, qui était revenu de déportation condamné à perpétuité et qui avait causé la mort de l'homme qui avait été la cause de son arrestation.

Comme nous retournions vers le soleil couchant que nous avions laissé hier derrière nous, et que le flot de nos espoirs semblait s'épuiser, je lui dis combien j'étais peiné de penser qu'il était rentré à la maison pour moi.

« Cher garçon, répondit-il, je suis tout à fait content de tenter ma chance. J'ai vu mon fils, et il peut être un gentleman sans moi. »

Non. J'y avais pensé, pendant que nous étions là côte à côte. Non. En dehors de mes propres inclinations, je comprenais maintenant l'allusion de Wemmick. J'ai prévu que, s'il était reconnu coupable, ses biens seraient confisqués au profit de la Couronne.

« Regardez, mon cher enfant, dit-il, il vaut mieux qu'on ne sache pas qu'un gentleman m'appartient maintenant. Venez seulement me voir comme si vous veniez par hasard à Wemmick. Asseyez-vous là où je pourrai vous voir quand on me le fera, pour la dernière fois, et je n'en demanderai pas davantage. »

« Je ne bougerai jamais de votre côté, dis-je, quand on me laissera être près de vous. S'il plaît à Dieu, je serai aussi fidèle à toi que tu l'as été à moi ! »

Je sentis sa main trembler en tenant la mienne, et il détourna le visage en se couchant au fond de la barque, et j'entendis ce vieux son dans sa gorge, adoucie maintenant, comme tout le reste. C'était une bonne chose qu'il eût touché à ce point, car cela m'avait fait penser à ce que je n'aurais peut-être pensé autrement que trop tard, à savoir qu'il n'avait jamais besoin de savoir comment ses espoirs de m'enrichir avaient péri.

Chapitre LV.

Il fut conduit le lendemain au tribunal de police, et aurait été immédiatement renvoyé en jugement, s'il n'avait fallu faire venir un vieil officier du navire-prison dont il s'était échappé pour parler de son identité. Personne n'en doutait ; mais Compeyson, qui avait eu l'intention de déposer, était en train de dégringoler sur les marées, mort, et il se trouva qu'il n'y avait pas à ce moment-là un gardien de prison à Londres qui pût donner le témoignage requis. J'étais allé directement chez M. Jaggers, dans sa maison privée, à mon arrivée pour la nuit, pour retenir son aide, et M. Jaggers, au nom du prisonnier, n'a rien admis. C'était la seule ressource ; car il m'a dit que l'affaire devait être terminée dans cinq minutes lorsque le témoin serait là, et qu'aucune puissance sur la terre ne pouvait l'empêcher de se retourner contre nous.

Je fis part à M. Jaggers de mon dessein de le tenir dans l'ignorance du sort de sa richesse. M. Jaggers était irrité et fâché contre moi de l'avoir « laissé glisser entre mes doigts », et il me dit que nous devions nous souvenir de temps à autre et essayer en tout cas d'en obtenir une partie. Mais il ne m'a pas caché que, bien qu'il puisse y avoir de nombreux cas où la confiscation ne serait pas exigée, il n'y avait aucune circonstance dans ce cas pour en faire l'une d'elles. Je l'ai très bien compris. Je n'étais pas apparenté au hors-la-loi, ni lié à lui par un lien reconnaissable ; Il n'avait mis la main à aucun écrit ni règlement en ma faveur avant son appréhension, et le faire maintenant serait vain. Je n'avais aucun droit, et j'ai finalement résolu, et je m'y suis toujours conformé par la suite, que mon cœur ne serait jamais malade de la tâche désespérée d'essayer d'en établir un.

Il semblait y avoir des raisons de supposer que l'informateur noyé avait espéré une récompense de cette confiscation et qu'il avait obtenu une connaissance exacte des affaires de Magwitch. Lorsque son corps fut retrouvé, à plusieurs kilomètres du lieu de sa mort, et si horriblement défiguré qu'il n'était reconnaissable qu'au contenu de ses poches, des notes étaient encore lisibles, pliées dans un étui qu'il portait. Parmi ceux-ci se trouvaient le nom d'une maison de banque de la Nouvelle-Galles du Sud, où se trouvait une somme d'argent, et la désignation de certaines terres d'une valeur considérable. Ces deux chefs d'information figuraient dans une liste que Magwitch, pendant qu'il était en prison, a donnée à M. Jaggers des biens dont il supposait que j'allais hériter. Son ignorance, le pauvre garçon, lui servit enfin ; il ne s'est jamais méfié du fait que mon héritage était tout à fait en sûreté, avec l'aide de M. Jaggers.

Après trois jours de retard, pendant lesquels le procureur de la couronne s'est tenu en attente pour la production du témoin du navire-prison, le témoin est venu et a terminé la preuve facile. Il s'était engagé à subir son procès lors des prochaines sessions, qui auraient lieu dans un mois.

Ce fut à cette sombre époque de ma vie qu'Herbert rentra un soir chez lui, fort abattu, et me dit :

— Mon cher Haendel, je crains de devoir bientôt vous quitter.

Son partenaire m'ayant préparé à cela, j'ai été moins surpris qu'il ne le pensait.

— Nous perdrons une belle occasion si je retarde mon départ pour le Caire, et j'ai bien peur de devoir y aller, Haendel, au moment où vous aurez le plus besoin de moi.

« Herbert, j'aurai toujours besoin de toi, parce que je t'aimerai toujours ; mais mon besoin n'est pas plus grand maintenant qu'à une autre époque. »

« Tu seras si seul. »

— Je n'ai pas le loisir d'y penser, dis-je, vous savez que je suis toujours avec lui dans toute la mesure du temps qui m'est permis, et que je serais avec lui toute la journée, si je le pouvais. Et quand je m'éloigne de lui, vous savez que mes pensées sont avec lui.

L'affreux état dans lequel il était amené était si épouvantable pour nous deux, que nous ne pouvions pas nous y référer en termes plus clairs.

— Mon cher, dit Harbert, que la perspective prochaine de notre séparation, car elle est très proche, soit ma raison pour vous inquiéter à votre sujet. Avez-vous pensé à votre avenir ?

— Non, car j'ai eu peur de penser à l'avenir.

« Mais le vôtre ne peut pas être écarté ; en effet, mon cher cher Haendel, il ne faut pas le rejeter. Je voudrais que vous y entriez maintenant, en ce qui concerne quelques mots amicaux, avec moi. »

— Je le ferai, dis-je.

« Dans notre succursale, Haendel, nous devons avoir un... »

J'ai vu que sa délicatesse évitait le mot juste, alors j'ai dit : « Un greffier. »

« Un employé. Et j'espère qu'il n'est pas du tout improbable qu'il puisse s'étendre (comme l'a fait un employé de votre connaissance) pour devenir un associé. Maintenant, Haendel, enfin, mon cher enfant, viendrez-vous à moi ? »

Il y avait quelque chose de charmant de cordial et d'attachant dans la manière dont, après avoir dit « Maintenant, Haendel », comme si c'était le début grave d'un exorde d'affaires prodigieux, il avait soudain abandonné ce ton, tendu sa main honnête et parlé comme un écolier.

— Clara et moi, nous en avons parlé maintes et maintes fois, poursuivit Harbert, et la chère petite créature m'a supplié ce soir, les larmes aux yeux, de vous dire que, si vous voulez vivre avec nous quand nous serons réunis, elle fera de son mieux pour vous rendre heureux et pour convaincre l'ami de son mari qu'il est aussi son ami. Nous devrions si bien nous entendre, Haendel !

Je la remerciai de tout mon cœur, et je le remerciai de tout mon cœur, mais je lui dis que je ne pouvais pas encore être sûr de le rejoindre comme il l'avait si aimablement offert. Tout d'abord, mon esprit était trop préoccupé pour pouvoir saisir clairement le sujet. Deuxièmement, oui ! Deuxièmement, il y avait quelque chose de vague qui persistait dans mes pensées et qui ressortira très près de la fin de ce léger récit.

— Mais si vous pensiez, Herbert, que vous pourriez, sans nuire à vos affaires, laisser la question ouverte pour un moment...

— Pour un moment, s'écria Harbert. « Six mois, un an ! »

— Pas si longtemps que cela, dis-je, deux ou trois mois tout au plus.

Herbert fut très ravi lorsque nous nous serrâmes la main pour cet arrangement, et dit qu'il pouvait maintenant prendre le courage de me dire qu'il croyait qu'il devait partir à la fin de la semaine.

— Et Clara ? dis-je.

— La chère petite créature, répondit Harbert, s'attache consciencieusement à son père tant qu'il dure ; Mais il ne durera pas longtemps. Mrs. Whimple me confie qu'il y va certainement.

« Pour ne pas dire une chose insensible, dis-je, il ne peut pas faire mieux que de partir. »

— Je crains qu'il ne faille l'admettre, dit Harbert. et puis je reviendrai chercher la chère petite chose, et la chère petite chose et moi nous rendrons tranquillement à l'église la plus proche. Se souvenir! Ma chère Haendel n'a pas de famille, mon cher Haendel, elle n'a jamais consulté le livre rouge et n'a pas la moindre idée de son grand-père. Quelle fortune pour le fils de ma mère !

Le samedi de la même semaine, je pris congé d'Harbert, plein d'espoir, mais triste et désolé de me quitter, alors qu'il était assis dans l'une des malles-postes du port de mer. Je suis allé dans un café pour écrire un petit mot à Clara, lui disant qu'il était parti, lui envoyant son amour encore et encore, puis je suis allé dans ma maison solitaire, si elle méritait ce nom ; car ce n'était plus ma maison, et je n'avais de maison nulle part.

Dans l'escalier, je rencontrai Wemmick, qui descendait, après une application infructueuse de ses jointures sur ma porte. Je ne l'avais pas vu seul depuis l'issue désastreuse de la tentative de fuite ; et il était venu, à titre privé et personnel, dire quelques mots d'explication sur cet échec.

« Feu Compeyson, dit Wemmick, avait peu à peu atteint le fond de la moitié des affaires courantes qui se traitaient maintenant ; et c'est par les conversations de certains de ses gens en difficulté (certains de ses gens étant toujours en difficulté) que j'ai entendu ce que j'ai fait. J'ai gardé mes oreilles ouvertes, semblant les avoir fermées, jusqu'à ce que j'apprenne qu'il était absent, et j'ai pensé que ce serait le meilleur moment pour faire cette tentative. Je ne peux que supposer maintenant que c'était une partie de sa politique, en tant qu'homme très intelligent, de tromper habituellement ses propres instruments. Vous ne m'en voulez pas, j'espère, monsieur Pip ? Je suis sûr d'avoir essayé de vous servir de tout mon cœur.

— J'en suis aussi sûr que vous pouvez l'être, Wemmick, et je vous remercie très sincèrement de tout votre intérêt et de toute votre amitié. »

« Merci, merci beaucoup. C'est un mauvais travail, dit Wemmick en se grattant la tête, et je vous assure que je n'ai pas été aussi découpé depuis longtemps. Ce que je regarde, c'est le sacrifice de tant de biens portables. Mon Dieu ! »

« Ce à quoi *je* pense, Wemmick, c'est au pauvre propriétaire de la propriété. »

— Oui, c'est sûr, dit Wemmick. Bien sûr, il n'y a pas d'objection à ce que vous le plaigniez, et je prendrais moi-même un billet de cinq livres pour le tirer de là. Mais ce que je regarde, c'est ceci. Feu Compeyson ayant été avant lui pour l'informer de son retour, et étant si déterminé à le traduire en justice, je ne pense pas qu'il aurait pu être sauvé. Alors que la propriété portable aurait certainement pu être sauvée. C'est la différence entre la propriété et le propriétaire, vous ne voyez pas ?

J'invitai Wemmick à monter et à se rafraîchir avec un verre de grog avant de se rendre à Walworth. Il a accepté l'invitation. Tandis qu'il buvait sa modeste ration, il dit, sans rien pour y arriver, et après avoir paru un peu agité :

— Que pensez-vous de mon intention de prendre un congé lundi, monsieur Pip ?

— Eh bien, je suppose que vous n'avez pas fait une chose pareille depuis douze mois.

— Ces douze années, c'est plus probable, dit Wemmick. Oui. Je vais prendre des vacances. Plus que cela ; Je vais faire une promenade. Plus que cela ; Je vais vous demander de faire une promenade avec moi. »

J'allais m'excuser d'être un mauvais compagnon, quand Wemmick me devança.

« Je connais vos engagements, dit-il, et je sais que vous n'êtes pas en forme, monsieur Pip. Mais si vous *pouviez* m'obliger, je le prendrais comme une bonté. Ce n'est pas une longue marche, et c'est une marche matinale. Dis-le qu'il pourrait vous occuper (y compris le petit-déjeuner sur le trajet) de huit à douze. Ne pourriez-vous pas étirer un point et y parvenir ? »

Il avait tant fait pour moi à diverses reprises, que c'était très peu à faire pour lui. Je lui dis que je pouvais m'en occuper, que j'y arriverais, et il fut si content de mon acquiescement que j'étais content aussi. À sa demande particulière, je lui ai donné rendez-vous pour venir au château à huit heures et demie du matin, et nous nous sommes donc séparés pour le moment.

Ponctuel à mon rendez-vous, je sonnai à la porte du château le lundi matin, et je fus reçu par Wemmick lui-même, qui me parut plus serré que d'habitude et portait un chapeau plus élégant. À l'intérieur, il y avait deux verres de rhum et de lait préparés, et deux biscuits. Le vieillard devait s'agiter avec l'alouette, car, jetant un coup d'œil dans la perspective de sa chambre, je remarquai que son lit était vide.

Quand nous nous eûmes fortifiés avec le rhum, le lait et les biscuits, et que nous fûmes sortis pour la promenade avec cette préparation d'entraînement sur nous, je fus très surpris de voir Wemmick prendre une canne à pêche et la mettre sur son épaule. — Mais nous n'allons pas à la pêche, dis-je. — Non, répondit Wemmick, mais j'aime me promener avec un.

J'ai trouvé cela étrange ; cependant, je n'ai rien dit et nous sommes partis. Nous nous dirigeâmes vers Camberwell Green, et quand nous y fûmes, Wemmick dit tout à coup :

« Salut ! Voici une église ! »

Il n'y avait rien de très surprenant à cela ; mais de nouveau, je fus un peu surpris, quand il dit, comme s'il était animé d'une idée brillante :

« Allons-y ! »

Nous entrâmes, Wemmick laissant sa canne à pêche sous le porche, et regardâmes tout autour. Pendant ce temps, Wemmick plongeait dans les poches de son habit et y tirait quelque chose de papier.

« Allô ! » dit-il. « Voici une paire de gants ! On les met ! »

Comme les gants étaient des gants de chevreau blancs, et que le bureau de poste était élargi au maximum, je commençais à avoir de forts soupçons. Ils furent renforcés dans la certitude quand je vis les Vieux entrer par une porte latérale, escortant une dame.

« Allô ! » dit Wemmick. « Voici Mlle Skiffins ! Faisons un mariage. »

Cette discrète demoiselle était vêtue comme d'habitude, sauf qu'elle était maintenant occupée à substituer à ses gants de chevreau verts une paire de gants blancs. Le Vieux était également occupé à préparer un sacrifice semblable pour l'autel de l'Hymen. Cependant le vieux monsieur éprouvait tant de peine à mettre ses gants, que Wemmick crut devoir le mettre le dos contre un pilier, puis de se placer lui-même derrière le pilier et de les tirer, tandis que moi, de mon côté, je tenais le vieux monsieur par la taille, afin qu'il pût présenter une résistance égale et sûre. À force de cet ingénieux stratagème, ses gants étaient chaussés à la perfection.

Le clerc et l'ecclésiastique apparaissant alors, nous fûmes rangés en ordre à ces rails fatals. Fidèle à son idée de paraître faire tout cela sans préparation, j'entendis Wemmick se dire, en sortant quelque chose de la poche de son gilet avant le commencement du service : « Allô ! Voici une bague ! »

J'ai agi en qualité de soutien ou de témoin pour le marié, tandis qu'un petit ouvreur de banc, mou et coiffé d'un bonnet moelleux comme celui d'un enfant, feignait d'être l'ami intime de miss Skiffins. La responsabilité de donner la dame incombait aux personnes âgées, ce qui a conduit à scandaliser involontairement l'ecclésiastique, et c'est ainsi qu'il s'est passé. Quand il dit : « Qui donne cette femme pour être mariée à cet homme ? », le vieux monsieur, ne sachant pas le moins du monde à quel moment de la cérémonie nous étions arrivés, se tint debout, rayonnant de la manière la plus aimable, devant les dix commandements. Sur quoi, l'ecclésiastique dit encore : « Qui donne cette femme à épouser cet homme ? » Le vieux monsieur étant encore dans un état d'inconscience des plus estimables, le marié s'écria de sa voix accoutumée : « Maintenant, vieux P., vous savez ; Qui donne ? » Ce à quoi le Vieux répondit avec beaucoup de vivacité, avant de dire qu'*il* avait donné : « D'accord, John, d'accord, mon garçon ! » Et l'ecclésiastique s'arrêta si sombrement, que je doutai pour le moment que nous nous marierions complètement ce jour-là.

C'était tout à fait fait, cependant, et quand nous sortîmes de l'église, Wemmick enleva le couvercle des fonts baptismaux, y mit ses gants blancs et remit le couvercle. Mme Wemmick, plus préoccupée de l'avenir, mit ses gants blancs dans sa poche et prit son vert. « *Maintenant*, monsieur Pip, dit Wemmick en portant triomphalement la canne à pêche sur l'épaule lorsque nous sortîmes, permettez-moi de vous demander si quelqu'un supposerait que c'est une noce ! »

Le déjeuner avait été commandé dans une agréable petite taverne, à un mille ou deux de là, sur le terrain ascendant au-delà du vert ; et il y avait une planche de bagatelle dans la chambre, au cas où nous voudrions nous défaire après la solennité. Il était agréable de voir que mistress Wemmick ne déroulait plus le bras de Wemmick lorsqu'il s'adaptait à sa taille, mais qu'elle s'asseyait sur une chaise à haut dossier contre le mur, comme un violoncelle dans son étui, et se laissait embrasser comme l'aurait fait cet instrument mélodieux.

Nous fîmes un excellent déjeuner, et quand quelqu'un refusait quelque chose sur la table, Wemmick disait : « Fourni par contrat, vous savez ; N'en aie pas peur ! Je buvais pour le nouveau couple, je buvais pour les vieillards, je buvais pour le château, je saluai la mariée au moment de me séparer, et je me rendis aussi agréable que possible. »

Wemmick descendit avec moi à la porte, et je lui serrai de nouveau la main et lui souhaitai de la joie.

— Merci ! dit Wemmick en se frottant les mains. « C'est une telle gestionnaire de volailles, vous n'avez aucune idée. Vous aurez des œufs, et jugez par vous-même. Je dis, monsieur Pip ! me rappelant et parlant bas. C'est tout à fait un sentiment de Walworth, s'il vous plaît. »

« Je comprends. Ne pas être mentionné dans la Petite-Bretagne, dis-je. »

Wemmick hocha la tête. « Après ce que vous avez laissé échapper l'autre jour, M. Jaggers pourrait aussi bien ne pas le savoir. Il pourrait penser que mon cerveau se ramollit, ou quelque chose du genre. »

Chapitre LVI.

Il resta en prison très malade pendant tout l'intervalle qui s'écoula entre son renvoi en jugement et la prochaine session des sessions. Il s'était cassé deux côtes, elles avaient blessé un de ses poumons, et il respirait avec une grande douleur et une grande difficulté, qui augmentaient de jour en jour. C'était une conséquence de sa blessure qu'il parlait si bas qu'on l'entendait à peine ; C'est pourquoi il parlait très peu. Mais il était toujours prêt à m'écouter ; et c'était devenu le premier devoir de ma vie de lui dire et de lui lire ce que je savais qu'il devait entendre.

Étant beaucoup trop malade pour rester dans la prison commune, il fut transféré, après le premier jour environ, à l'infirmerie. Cela m'a donné des occasions d'être avec lui que je n'aurais pas pu avoir autrement. Et sans sa maladie, il aurait été mis aux fers, car il était considéré comme un évaseur de prison déterminé, et je ne sais quoi d'autre.

Bien que je l'aie vu tous les jours, ce n'était que pour une courte période ; Ainsi, les espaces qui se reproduisaient régulièrement de notre séparation étaient assez longs pour enregistrer sur son visage les légers changements qui se produisaient dans son état physique. Je ne me souviens pas d'y avoir vu une seule fois un changement positif ; Il dépérissait et devenait lentement plus faible et plus mauvais, de jour en jour, depuis le jour où la porte de la prison s'est refermée sur lui.

Le genre de soumission ou de résignation qu'il a montré était celui d'un homme fatigué. J'avais parfois l'impression, d'après ses manières ou d'un mot ou deux chuchotés qui lui échappaient, qu'il se demandait s'il aurait pu être un meilleur homme dans de meilleures circonstances. Mais il ne s'est jamais justifié par une allusion allant dans ce sens, ni essayé de déformer le passé de sa forme éternelle.

Il arriva à deux ou trois reprises en ma présence que l'une ou l'autre des personnes qui le servaient faisait allusion à sa réputation désespérée. Un sourire traversa alors son visage, et il tourna les yeux vers moi avec un regard confiant, comme s'il était sûr que j'avais vu en lui une petite touche rédemptrice, il y a aussi longtemps que lorsque j'étais un petit enfant. Quant à tout le reste, il était humble et contrit, et je ne l'ai jamais vu se plaindre.

472

Lorsque les sessions furent terminées, M. Jaggers fit demander l'ajournement de son procès jusqu'aux sessions suivantes. Elle a évidemment été faite avec l'assurance qu'il ne pourrait pas vivre si longtemps, et elle a été refusée. Le procès eut lieu aussitôt, et, lorsqu'il fut mis à la barre, il était assis sur une chaise. Il n'y avait aucune objection à ce que je m'approche du quai, à l'extérieur de celui-ci, et que je tienne la main qu'il me tendait.

Le procès a été très court et très clair. On disait tout ce qu'on pouvait dire pour lui, comment il avait pris des habitudes laborieuses et comment il avait prospéré légalement et honorablement. Mais rien ne pouvait ignorer le fait qu'il était revenu et qu'il était là en présence du juge et du jury. Il était impossible de le juger pour cela, et de faire autrement que de le déclarer coupable.

À cette époque, c'était la coutume (comme je l'ai appris de ma terrible expérience de ces sessions) de consacrer une journée finale au prononcé des sentences, et de faire un effet final avec la sentence de mort. Sans l'image indélébile que mon souvenir me réserve maintenant, j'aurais peine à croire, même au moment où j'écris ces mots, que j'ai vu trente-deux hommes et deux femmes présentés ensemble devant le juge pour recevoir cette sentence. Le premier parmi les trente-deux était lui ; assis, afin qu'il pût avoir assez de souffle pour garder la vie en lui.

Toute la scène recommence dans les couleurs vives du moment, jusqu'aux gouttes de pluie d'avril sur les fenêtres de la cour, scintillant dans les rayons du soleil d'avril. Parqués sur le banc des accusés, tandis que je me tenais de nouveau à l'extérieur, dans un coin, la main dans la mienne, se trouvaient les trente-deux hommes et les femmes ; certains défiants, d'autres frappés de terreur, d'autres sanglotant et pleurant, certains se couvrant le visage, d'autres regardant sombrement autour d'eux. Il y avait eu des cris parmi les femmes condamnées ; mais ils s'étaient tus, et un silence s'était installé. Les shérifs avec leurs grandes chaînes et leurs nez, d'autres gewgaws et monstres civiques, des crieurs, des huissiers, une grande galerie pleine de monde, un grand public de théâtre, regardaient les trente-deux et le juge se trouver solennellement en face. Puis le juge s'adressa à eux. Parmi les misérables créatures qu'il avait devant lui et qu'il devait choisir, il y en avait une qui, presque dès son enfance, avait enfreint les lois ; qui, après des emprisonnements et des punitions répétés, avait finalement été condamné à l'exil pour un certain nombre d'années ; et qui, dans des circonstances de grande violence et d'audace, s'était évadé et avait été condamné de nouveau à l'exil à vie. Ce misérable homme semblerait avoir été convaincu pendant un certain temps de ses erreurs, lorsqu'il était loin des lieux de ses anciennes offenses, et avoir vécu une vie paisible et honnête. Mais, dans un moment fatal, cédant à ces penchants et à ces passions dont l'indulgence avait si longtemps fait de lui un fléau pour le monde, il avait quitté son havre de repos et de repentance, et était revenu dans le pays où il était proscrit. Bientôt dénoncé, il avait réussi quelque temps à échapper aux officiers de justice, mais enfin saisi en train de s'enfuir, il leur avait résisté, et avait, il le savait mieux si c'était à dessein ou dans l'aveuglement de sa hardiesse, causé la mort de son dénonciateur, à qui toute sa carrière était connue. Le châtiment fixé pour son retour dans le pays qui l'avait chassé, étant la mort, et son cas étant ce cas aggravé, il doit se préparer à mourir.

Le soleil brillait par les grandes fenêtres de la cour, à travers les gouttes scintillantes de la pluie sur les vitres, et il formait un large rayon de lumière entre les trente-deux et le juge, les reliant tous les deux, et rappelant peut-être à quelques-uns parmi l'auditoire comment tous deux passaient, avec une égalité absolue, au plus grand jugement qui connaît tout. et ne peut pas se tromper. Se levant un instant, une tache distincte de visage dans cette voie de lumière, le prisonnier dit : « Mon Seigneur, j'ai reçu ma sentence de mort du Tout-Puissant, mais je m'incline devant la vôtre », et il s'assit de nouveau. Il y eut un certain silence, et le juge continua ce qu'il avait à dire aux autres. Alors ils furent tous formellement condamnés, et certains d'entre eux furent soutenus, et certains d'entre eux sortirent avec un regard hagard de bravoure, et quelques-uns firent un signe de tête à la galerie, et deux ou trois se serraient la main, et d'autres sortaient en mâchant les fragments d'herbe qu'ils avaient pris dans les herbes douces qui traînaient çà et là. Il partit le dernier, parce qu'il avait besoin d'être aidé à se lever de sa chaise, et d'aller très lentement ; Et il me tint la main pendant que tous les autres étaient enlevés, et pendant que le public se levait (remettant ses vêtements en ordre, comme ils le feraient à l'église ou ailleurs), et montrait du doigt tel ou tel criminel, et surtout lui et moi.

J'espérais sincèrement et priais pour qu'il puisse mourir avant que le rapport du recorder ne soit fait ; mais, dans la crainte qu'il ne s'attarde, je commençai cette nuit-là à écrire une pétition au secrétaire d'État à l'intérieur, exposant ce que je savais de lui, et comment il se faisait qu'il était revenu pour moi. Je l'ai écrit avec autant de ferveur et de pathétique que possible ; et quand je l'eus terminé et que je l'eus envoyé, j'écrivis d'autres pétitions aux hommes d'autorité que j'espérais être les plus miséricordieux, et j'en rédigeai une pour la Couronne elle-même. Pendant plusieurs jours et plusieurs nuits après sa condamnation, je n'ai pris de repos que lorsque je me suis endormi dans mon fauteuil, mais j'étais entièrement absorbé par ces appels. Et après les avoir envoyés, je ne pouvais pas me tenir à l'écart des endroits où ils se trouvaient, mais j'avais l'impression qu'ils étaient plus optimistes et moins désespérés quand j'étais près d'eux. Dans cette agitation déraisonnable et cette douleur d'esprit, j'errais dans les rues le soir, errant près des bureaux et des maisons où j'avais laissé les pétitions. Jusqu'à l'heure actuelle, les rues fatiguées de l'ouest de Londres, par une nuit de printemps froide et poussiéreuse, avec leurs rangées de demeures sévères et fermées, et leurs longues rangées de lampes, me sont mélancoliques de cette association.

Les visites quotidiennes que je pouvais lui faire étaient maintenant abrégées, et il était plus strictement gardé. Voyant ou croyant qu'on me soupçonnait d'avoir l'intention de lui apporter du poison, je demandai à être fouillé avant de m'asseoir à son chevet, et je dis à l'officier qui était toujours là que j'étais prêt à faire tout ce qui pouvait l'assurer de l'authenticité de mes desseins. Personne n'était dur avec lui ou avec moi. Il y avait un devoir à faire, et il a été fait, mais pas durement. L'officier me donnait toujours l'assurance qu'il était plus mal, et d'autres prisonniers malades dans la chambre, et quelques autres prisonniers qui les soignaient comme infirmiers malades (malfaiteurs, mais non incapables de bonté, Dieu soit loué !) se réunissaient toujours dans le même rapport.

À mesure que les jours passaient, je remarquais de plus en plus qu'il restait couché placidement à regarder le plafond blanc, sans aucune lumière sur son visage, jusqu'à ce qu'un mot de moi l'éclaire un instant, puis il s'apaisait de nouveau. Parfois, il était presque ou tout à fait incapable de parler, puis il me répondait en me pressant légèrement la main, et j'ai appris à très bien comprendre ce qu'il voulait dire.

Le nombre des jours était monté à dix, lorsque je vis en lui un plus grand changement que je n'en avais vu jusqu'alors. Ses yeux étaient tournés vers la porte et s'illuminèrent quand j'entrai.

« Cher enfant, dit-il comme je m'asseyais près de son lit, je croyais que tu étais en retard. Mais je savais que tu ne pouvais pas être ça.

— C'est justement le moment, dis-je, je l'ai attendu à la porte.

— Vous attendez toujours à la porte ; n'est-ce pas, mon cher garçon ?

— Oui. Pour ne pas perdre un instant du temps.

— Merci mon garçon, merci. Dieu vous bénisse! Tu ne m'as jamais abandonné, mon cher. »

Je lui serrai la main en silence, car je ne pouvais oublier que j'avais eu l'intention de l'abandonner.

« Et ce qu'il y a de mieux, dit-il, c'est que vous avez été plus à l'aise avec moi, depuis que j'étais sous un nuage noir, que lorsque le soleil brillait. C'est le mieux de tous. »

Il était allongé sur le dos, respirant avec beaucoup de difficulté. Il avait beau faire ce qu'il voulait, et bien qu'il m'aimât, la lumière quittait son visage encore et encore, et une pellicule passait sur le regard placide du plafond blanc.

« Avez-vous beaucoup de mal aujourd'hui ? »

« Je ne me plains d'aucun, mon cher enfant. »

« On ne se plaint jamais. »

Il avait prononcé ses dernières paroles. Il sourit, et je compris que son contact signifiait qu'il voulait lever ma main et la poser sur sa poitrine. Je l'ai posé là, et il a souri de nouveau, et a mis ses deux mains dessus.

Le temps imparti s'écoula pendant que nous étions ainsi ; mais, regardant autour de moi, je trouvai le directeur de la prison debout près de moi, et il me dit tout bas : « Vous n'avez pas besoin d'y aller tout de suite. » Je le remerciai avec reconnaissance et lui demandai : « Puis-je lui parler, s'il peut m'entendre ? »

Le gouverneur s'écarta et fit signe à l'officier de s'éloigner. Le changement, bien qu'il se fît sans bruit, détourna la pellicule de l'aspect placide du plafond blanc, et il me regarda avec beaucoup d'affection.

« Cher Magwitch, il faut que je te le dise maintenant, enfin. Vous comprenez ce que je dis ? »

Une légère pression sur ma main.

« Vous avez eu un enfant autrefois, que vous avez aimé et que vous avez perdu. »

Une pression plus forte sur ma main.

« Elle a vécu et s'est fait des amis puissants. Elle vit maintenant. C'est une dame et très belle. Et je l'adore ! »

Avec un dernier effort faible, qui aurait été impuissant si je n'y avais pas cédé et si je ne l'avais pas aidé, il porta ma main à ses lèvres. Puis, il le laissa doucement retomber sur sa poitrine, avec ses propres mains posées dessus. Le regard placide sur le plafond blanc lui revint et s'évanouit, et sa tête tomba tranquillement sur sa poitrine.

Me souvenant donc de ce que nous avions lu ensemble, j'ai pensé aux deux hommes qui sont montés dans le Temple pour prier, et j'ai su qu'il n'y avait pas de meilleures paroles que je puisse prononcer à côté de son lit que « Ô Seigneur, aie pitié de celui qui est pécheur ! »

Chapitre LVII.

Maintenant que j'étais entièrement livré à moi-même, je fis part de mon intention de quitter les chambres du Temple dès que mon bail pourrait légalement le déterminer, et en attendant de les sous-louer. Aussitôt, j'ai mis des billets aux fenêtres ; car j'étais endetté, et j'avais à peine de l'argent, et je commençais à être sérieusement alarmé de l'état de mes affaires. Je devrais plutôt écrire que j'aurais été alarmé si j'avais eu assez d'énergie et de concentration pour m'aider à percevoir clairement toute vérité au-delà du fait que je tombais très malade. Le stress tardif qui m'avait frappé m'avait permis de repousser la maladie, mais non de l'éradiquer ; Je savais que cela m'arrivait maintenant, et je savais très peu d'autres choses, et j'étais même insouciant à cet égard.

Pendant un jour ou deux, je restai étendu sur le canapé ou sur le sol, n'importe où, selon que je m'enfonçais, la tête lourde et les membres endoloris, sans but ni force. Puis vint une nuit qui parut d'une grande durée, et qui fourmillait d'anxiété et d'horreur ; et quand, le matin, j'essayai de m'asseoir dans mon lit et d'y penser, je m'aperçus que je n'y arrivais pas.

Si j'avais vraiment été dans Garden Court au milieu de la nuit, à tâtonner pour trouver le bateau que je supposais être là ; si j'étais revenu deux ou trois fois à moi-même dans l'escalier avec une grande terreur, ne sachant pas comment j'étais sorti du lit ; si je m'étais trouvée à allumer la lampe, possédée par l'idée qu'il montait l'escalier et que les lumières s'éteignaient ; si j'avais été inexprimablement harcelé par les paroles, les rires et les gémissements distraits de quelqu'un, et si j'avais à moitié soupçonné que ces bruits étaient de ma propre fabrication ; s'il y avait eu une fournaise de fer fermée dans un coin sombre de la chambre, et si une voix avait crié, encore et encore, que miss Havisham dévorait à l'intérieur, voilà des choses que j'essayai de régler avec moi-même et de mettre un peu d'ordre, tandis que j'étais couché ce matin-là sur mon lit. Mais la vapeur d'un four à chaux s'interposait entre moi et eux, les désorganisant tous, et ce fut enfin à travers la vapeur que je vis deux hommes qui me regardaient.

« Que veux-tu ? » demandai-je en tressaillant ; « Je ne te connais pas. »

— Eh bien, monsieur, répondit l'un d'eux en se baissant et en me touchant l'épaule, c'est une affaire que vous allez bientôt arranger, j'ose le dire, mais vous êtes arrêté.

« Quelle est la dette ? »

« Cent vingt-trois livres, quinze, six. Le compte du bijoutier, je pense.

« Que faire ? »

« Vous feriez mieux de venir chez moi, dit l'homme, j'ai une très belle maison. »

J'essayai de me lever et de m'habiller. Quand je me suis occupé d'eux la prochaine fois, ils se tenaient un peu à l'écart du lit et me regardaient. Je suis toujours allongé là.

« Vous voyez mon état, dis-je, je viendrais avec vous si je le pouvais ; mais en vérité je suis tout à fait incapable. Si vous m'emmenez d'ici, je pense que je mourrai en chemin. »

Peut-être ont-ils répondu, ou argumenté ce point, ou essayé de m'encourager à croire que j'étais meilleur que je ne le pensais. Comme ils ne tiennent dans ma mémoire que par ce mince fil, je ne sais pas ce qu'ils ont fait, sinon qu'ils se sont abstenus de m'enlever.

Que j'avais la fièvre et que j'étais évité, que je souffrais beaucoup, que je perdais souvent la raison, que le temps me semblait interminable, que je confondais des existences impossibles avec ma propre identité ; que j'étais une brique dans le mur de ma maison, et que je suppliais cependant d'être délivré de l'endroit vertigineux où les maçons m'avaient placé ; que j'étais la poutre d'acier d'une énorme machine, s'entrechoquant et tourbillonnant au-dessus d'un gouffre, et pourtant que j'implorais en ma propre personne de faire arrêter la machine et de marteler ma part ; que j'ai traversé ces phases de la maladie, je le sais de mon propre souvenir, et je le savais d'une certaine manière à l'époque. Que j'aie parfois lutté avec des gens réels, en croyant qu'ils étaient des meurtriers, et que je comprenais tout à coup qu'ils voulaient me faire du bien, et que je tombais épuisé dans leurs bras et qu'ils les laissaient me coucher, je le savais aussi à l'époque. Mais, par-dessus tout, je savais qu'il y avait une tendance constante chez tous ces gens-là, qui, quand j'étais très malade, présentaient toutes sortes de transformations extraordinaires du visage humain, et étaient très dilatés en taille, — par-dessus tout, dis-je, je savais qu'il y avait une tendance extraordinaire chez tous ces gens, tôt ou tard, pour s'installer à l'image de Joe.

Après avoir atteint le pire point de ma maladie, j'ai commencé à remarquer que si toutes ses autres caractéristiques avaient changé, cette caractéristique constante n'avait pas changé. Quiconque venait autour de moi s'installait toujours dans Joe. J'ouvris les yeux dans la nuit, et je vis, dans le grand fauteuil à côté du lit, Joe. J'ouvris les yeux dans la journée, et, assis sur le siège de la fenêtre, fumant sa pipe dans la fenêtre ombragée, je voyais toujours Joe. J'ai demandé une boisson rafraîchissante, et la chère main qui me l'a donnée était celle de Joe. Je me laissai retomber sur mon oreiller après avoir bu, et le visage qui me regardait avec tant d'espoir et de tendresse était le visage de Joe.

Enfin, un jour, j'ai pris courage et j'ai dit : « *Est-ce* Joe ? »

Et la chère vieille voix de la maison répondit : « C'est ce qu'il semble, mon vieux. »

« Ô Joe, tu me brises le cœur ! Regarde-moi avec colère, Joe. Frappe-moi, Joe. Parle-moi de mon ingratitude. Ne sois pas si gentille avec moi ! »

Car Joe avait effectivement posé sa tête sur l'oreiller à côté de moi, et avait passé son bras autour de mon cou, dans sa joie que je le reconnaissais.

– Ce cher vieux Pip, mon vieux, dit Joe, vous et moi, nous avons toujours été amis. Et quand vous serez assez bien pour faire un tour, quelles alouettes !

Après quoi, Joe se retira vers la fenêtre et me tourna le dos, s'essuyant les yeux. Et comme mon extrême faiblesse m'empêchait de me lever et d'aller vers lui, je restai là, murmurant pénitentement : « Ô Dieu, bénis-le ! Ô Dieu, bénis ce doux chrétien ! »

Les yeux de Joe étaient rouges quand je le trouvai à côté de moi ; mais je lui tenais la main, et nous nous sentions tous les deux heureux.

« Combien de temps, cher Joe ? »

— Ce que vous voulez dire, Pip, depuis combien de temps votre maladie dure-t-elle, mon cher vieux ?

« Oui, Joe. »

« C'est la fin du mois de mai, Pip. Demain, c'est le premier juin.

— Et tu es ici depuis tout ce temps, cher Joe ?

— Presque proche, mon vieux. Car, comme je l'ai dit à Biddy, lorsque la nouvelle de votre maladie a été apportée par lettre, qui a été apportée par la poste, et qu'étant autrefois célibataire, il est maintenant marié, bien qu'il ait été sous-payé pour une somme de marche et de cuir de soulier, mais la richesse n'était pas un objet de sa part, et le mariage était le grand souhait de son cœur... »

« C'est si délicieux de vous entendre, Joe ! Mais je vous interromps dans ce que vous avez dit à Biddy.

— C'est-à-dire, dit Joe, que vous pourriez être parmi des étrangers, et que vous et moi, ayant toujours été amis, une plaisanterie dans un tel moment ne se révélerait pas inacceptable. Et Biddy, sa parole fut : « Va à lui, sans perdre de temps. » Voilà, dit Joe, résumant avec son air judiciaire, la parole de Biddy. Allez le voir, dit Biddy, sans perdre de temps. Bref, je ne vous tromperais pas beaucoup, ajouta Joe après un peu de réflexion grave, si je vous représentais que la parole de cette jeune femme était : « sans une minute de perte de temps. »

Là, Joe s'interrompit et m'apprit qu'il fallait me parler avec beaucoup de modération, et que je devais prendre un peu de nourriture à des heures précises, que j'en eusse envie ou non, et que je devais me soumettre à tous ses ordres. Je lui baisai donc la main et restai silencieux, tandis qu'il se mettait à écrire un billet pour Biddy, avec mon amour dedans.

De toute évidence, Biddy avait appris à Joe à écrire. Comme j'étais couché dans mon lit à le regarder, je fus de nouveau, dans mon état de faiblesse, pleurer de plaisir en voyant l'orgueil avec lequel il s'occupait de sa lettre. Mon lit, dépouillé de ses rideaux, avait été enlevé, avec moi dessus, dans le salon, comme le plus aéré et le plus grand, et le tapis avait été enlevé, et la chambre était toujours fraîche et saine nuit et jour. À ma propre table à écrire, enfoncé dans un coin et encombré de petites bouteilles, Joe s'assit maintenant à son grand ouvrage, choisissant d'abord une plume dans le porte-plume comme s'il s'agissait d'un coffre de gros outils, et retroussant ses manches comme s'il allait manier un pied-de-biche ou un marteau. Il fallut que Joe se cramponnât lourdement à la table avec son coude gauche, et qu'il mette sa jambe droite bien en avant de pouvoir commencer ; et quand il commençait, il faisait chaque coup descendant si lentement qu'il pouvait avoir six pieds de long, tandis qu'à chaque coup ascendant je pouvais entendre sa plume bafouiller abondamment. Il avait l'idée curieuse que l'encrier était du côté de lui là où il n'était pas, et il plongeait constamment sa plume dans l'espace et semblait tout à fait satisfait du résultat. De temps en temps, il était trébuché par quelque embûche orthographique ; mais, dans l'ensemble, il s'entendait très bien ; et quand il eut signé son nom et qu'il eut enlevé une dernière tache du papier au sommet de sa tête avec ses deux index, il se leva et tourna autour de la table, essayant l'effet de sa performance à divers points de vue, tandis qu'elle était là, avec une satisfaction sans bornes.

Pour ne pas mettre Joe mal à l'aise en parlant trop, même si j'avais pu parler beaucoup, j'ai remis au lendemain l'interrogation sur miss Havisham. Il a secoué la tête quand je lui ai demandé si elle s'était rétablie.

— Est-elle morte, Joe ?

— Voyez-vous, mon vieux, dit Joe d'un ton de remontrance, et pour y arriver peu à peu, je n'irais pas jusqu'à dire cela, car c'est une bonne affaire à dire ; mais elle n'est pas...

« Vivant, Joe ? »

« C'est à peu près là où c'est, dit Joe ; « Elle ne vit pas. »

— Est-ce qu'elle s'est attardée longtemps, Joe ?

— Quand vous êtes tombé malade, à peu près ce que vous appelleriez (si on vous y mettait) une semaine, dit Joe. toujours résolu, à cause de moi, à tout faire par degrés.

« Cher Joe, avez-vous entendu ce qu'il advient de ses biens ? »

- Eh bien, mon vieux, dit Joe, il paraît qu'elle en a confié la plus grande partie, ce qui, je veux dire, l'a lié, à miss Estella. Mais elle avait écrit de sa propre main un petit coddle de sa propre main un jour ou deux avant l'accident, laissant quatre mille dollars à M. Matthew Pocket. Et pourquoi, croyez-vous qu'avant tout, Pip, elle lui ait laissé ces quatre mille dollars ? « À cause du récit de Pip à son sujet, ledit Matthieu. » Biddy me dit que l'écrit, dit Joe, répétant le tour légal comme si cela lui faisait un bien infini, « compte de lui ledit Matthieu. » Et quatre mille, Pip !

Je n'ai jamais découvert de qui Joe tenait la température conventionnelle de quatre mille livres sterling ; mais cela semblait lui rapporter plus d'argent, et il avait un goût manifeste à insister pour qu'il soit frais.

Ce récit m'a procuré une grande joie, car il a perfectionné la seule bonne chose que j'avais faite. J'ai demandé à Joe s'il avait entendu dire si l'une des autres relations avait eu un héritage.

- Miss Sarah, dit Joe, elle a vingt-cinq livres de fourrure de perannium pour acheter des pilules, parce qu'elle est bilieuse. Mlle Georgiana, elle a vingt livres de moins. Madame... comment s'appellent ces bêtes sauvages à bosses, mon vieux ?

« Des chameaux ? » dis-je, me demandant pourquoi il pouvait vouloir savoir.

Joe hocha la tête. « Mrs. Camels », c'est ainsi que je compris tout de suite qu'il voulait dire Camilla, « elle a une fourrure de cinq livres pour acheter des lampes de jonc pour se mettre de bonne humeur quand elle se réveille la nuit.»

L'exactitude de ces considérants m'était suffisamment évidente pour me donner une grande confiance dans les renseignements de Joe. — Et maintenant, dit Joe, tu n'es pas encore assez fort, mon vieux, pour pouvoir prendre plus d'une pelletée aujourd'hui. Le vieux Orlick a ouvert une maison.

« Qui ? » dis-je.

— Non, je vous l'accorde, mais ce que ses manières sont faites pour fanfaronner, dit Joe en s'excusant. cependant, l'ouse d'un Anglais est son château, et les châteaux ne doivent pas être détruits, sauf en temps de guerre. Et malgré les défauts de sa part, il était un marchand de blé et de graines dans son cœur.

— C'est la maison de Pumblechook qui a été cambriolée, alors ?

— C'est cela, Pip, dit Joe. « Et ils ont pris sa caisse, et ils ont pris sa caisse, et ils ont bu son vin, et ils ont mangé de ses esprits, et ils lui ont giflé le visage, et ils lui ont tiré le nez, et ils l'ont attaché à son pust, et ils lui en ont donné une douzaine, et ils lui ont rempli la bouche d'annuelles en fleurs pour éviter qu'il ne pleure. Mais il connaissait Orlick, et Orlick est dans la prison du comté.

Par ces approches, nous sommes arrivés à une conversation sans restriction. J'ai mis du temps à reprendre des forces, mais je suis devenu lentement et sûrement moins faible, et Joe est resté avec moi, et j'ai cru que j'étais redevenu le petit Pip.

483

Car la tendresse de Joe était si bien proportionnée à mes besoins, que j'étais comme un enfant dans ses mains. Il s'asseyait et me parlait avec l'ancienne confiance, et avec l'ancienne simplicité, et à l'ancienne manière protectrice sans assurance, de sorte que je croyais à moitié que toute ma vie, depuis l'époque de l'ancienne cuisine, était l'une des maladies mentales de la fièvre qui avait disparu. Il faisait tout pour moi, sauf les travaux ménagers, pour lesquels il avait engagé une femme très décente, après avoir payé la blanchisseuse à son arrivée. « Ce que je vous assure, Pip », disait-il souvent, pour expliquer cette liberté ; «Je l'ai trouvée en train de tapoter le lit d'appoint, comme un tonneau de bière, et d'en retirer les plumes dans un seau, pour les vendre. Et elle aurait ensuite tapé sur le vôtre, et l'aurait retiré avec vous pour l'étendre, et ensuite elle aurait emporté les charbons de la basse-fenêtre et des plats de table, et le vin et l'eau-de-vie de vos bottes Wellington.

Nous attendions avec impatience le jour où je sortirais faire un tour, comme nous avions autrefois attendu avec impatience le jour de mon apprentissage. Et quand le jour fut venu, et qu'une voiture découverte fut entrée dans la ruelle, Joe m'enveloppa, me prit dans ses bras, me porta jusqu'à elle et me fit entrer, comme si j'étais encore la petite créature sans défense à laquelle il avait si abondamment donné de la richesse de sa grande nature.

Et Joe monta à côté de moi, et nous partîmes ensemble à la campagne, où la riche croissance estivale était déjà sur les arbres et sur l'herbe, et où les doux parfums d'été remplissaient tout l'air. Il se trouvait que c'était un dimanche, et quand je regardais la beauté autour de moi, et que je pensais à ce qu'elle avait grandi et changé, et comment les petites fleurs sauvages s'étaient formées, et les voix des oiseaux s'étaient fortifiées, de jour comme de nuit, sous le soleil et sous les étoiles, tandis que pauvre je brûlais et me retournais sur mon lit, Le simple souvenir d'y avoir brûlé et jeté vint comme un frein à ma paix. Mais quand j'entendis les cloches du dimanche, et que je regardai un peu plus autour de moi la beauté étalée, je sentis que je n'étais pas assez reconnaissant, que j'étais encore trop faible pour l'être, et je posai ma tête sur l'épaule de Joe, comme je l'avais posée il y a longtemps quand il m'avait emmené à la foire ou ailleurs. Et c'en était trop pour mes jeunes sens.

Au bout d'un moment, je retrouvai mon sang-froid, et nous parlâmes comme nous parlions, allongés sur l'herbe de l'ancienne batterie. Il n'y avait aucun changement chez Joe. Exactement ce qu'il avait été à mes yeux alors, il était encore à mes yeux ; tout aussi simplement fidèle, et tout simplement juste.

Quand nous sommes revenus, et qu'il m'a soulevé et m'a porté – si facilement ! – à travers la cour et dans l'escalier, j'ai pensé à ce jour de Noël mouvementé où il m'avait porté à travers les marais. Nous n'avions pas encore fait allusion à mon changement de fortune, et je ne savais pas non plus ce qu'il connaissait de mon histoire récente. J'avais maintenant tant de doute sur moi-même, et j'avais tellement confiance en lui, que je ne pouvais pas me convaincre si je devais m'y référer quand il ne le faisait pas.

« Avez-vous entendu, Joe, lui demandai-je ce soir-là, après mûre réflexion, tandis qu'il fumait sa pipe à la fenêtre, qui était mon patron ? »

– J'ai fait attention, répondit Joe, comme si ce n'était pas miss Havisham, mon vieux.

— Avez-vous entendu qui c'était, Joe ?

— Eh bien ! J'ai cru comme si c'était une personne qui avait envoyé à la personne qui vous a donné les billets de banque à la joyeuse marinière, Pip.

« C'était ainsi. »

— Étonnant ! dit Joe de la manière la plus placide.

— Avez-vous entendu dire qu'il était mort, Joe ? demandai-je bientôt, avec une méfiance croissante.

« Lequel ? C'est lui qui a envoyé les billets de banque, Pip ? »

« Oui. »

— Je pense, dit Joe, après avoir médité longtemps et jeté un coup d'œil évasif sur le siège de la fenêtre, que j'ai entendu dire qu'il était quelque chose ou un autre d'une manière générale dans cette direction.

— Avez-vous entendu parler de sa situation, Joe ?

— Pas un chatouilleur, Pip.

« Si vous voulez l'entendre, Joe... » commençais-je, quand Joe se leva et vint à mon canapé.

« Regardez, mon vieux, dit Joe en se penchant sur moi. Toujours le meilleur des amis ; n'est-ce pas nous, Pip ? »

J'avais honte de lui répondre.

— C'est bien, alors, dit Joe, comme si j'*eusse* répondu. — C'est très bien ; C'est convenu. Alors, pourquoi entrer dans des sujets qui, entre deux, doivent être à jamais nécessaires ? Il y a assez de sujets entre deux, sans qu'il soit nécessaire. Seigneur! Penser à ta pauvre sœur et à ses Rampages ! Et tu ne te souviens pas de Tickler ?

— En effet, Joe.

- Regardez, mon vieux, dit Joe, j'ai fait ce que j'ai pu pour vous séparer, vous et Tickler, mais ma puissance n'était pas toujours tout à fait égale à mes inclinations. Car quand votre pauvre sœur a eu l'envie de se jeter en vous, ce n'est pas tant, dit Joe de sa manière argumentative habituelle, qu'elle est tombée en moi aussi, si je me mets en opposition avec elle, mais qu'elle est tombée en vous toujours plus lourdement pour cela. Je l'ai remarqué. Ce n'est pas une prise dans la moustache d'un homme, pas encore une poignée ou deux d'un homme (à laquelle votre sœur était tout à fait la bienvenue), qui a dissuadé un homme de sortir un petit enfant de la punition. Mais quand ce petit enfant est plongé dans un poids plus lourd pour être saisi d'une moustache ou secoué, alors cet homme se relève naturellement et se dit : « Où est le bien que tu fais ? Je vous accorde que je vois le « bras », dit l'homme, « mais je ne vois pas le bien. Je vous demande donc, monsieur, de pincer le bon. »

« L'homme dit ? » observai-je, tandis que Joe attendait que je parle.

— C'est l'homme qui dit, acquiesça Joe. « A-t-il raison, cet homme ? »

« Cher Joe, il a toujours raison. »

- Eh bien, mon vieux, dit Joe, respectez donc vos paroles. S'il a toujours raison (ce qu'il a probablement tort en général), il a raison quand il dit ceci : Supposons que vous ayez jamais eu la moindre petite affaire pour vous-même, quand vous étiez un petit enfant, vous l'avez surtout parce que vous saviez que le pouvoir de J. Gargery de vous séparer et Tickler dans les ruptures n'étaient pas tout à fait à la hauteur de ses inclinations. C'est pourquoi, n'y pensez plus comme à deux sech, et ne faisons pas de remarques sur des sujets nécessaires. Biddy s'est donné beaucoup d'ennuis avec moi avant que je parte (car je suis presque affreusement ennuyeuse), car je le verrais sous cet angle, et, en le voyant sous cet angle, comme je le dirais ainsi. L'un et l'autre, dit Joe, tout charmé de son arrangement logique, étant faits, maintenant ceci à vous, un véritable ami, disons. Nommément. Il ne faut pas

486

en faire trop, mais il faut que tu aies ton souper, ton vin et ton eau, et qu'on te mette entre les draps.

La délicatesse avec laquelle Joe écarta ce sujet, et le tact doux et la bonté avec lesquels Biddy, qui, avec son esprit de femme, m'avait découvert si tôt, l'avait préparé à cela, firent une profonde impression sur mon esprit. Mais je ne pouvais comprendre si Joe savait combien j'étais pauvre et comment mes grandes espérances s'étaient toutes dissipées comme nos propres brouillards de marais devant le soleil.

Une autre chose chez Joe que je ne pouvais pas comprendre quand il a commencé à se développer, mais que j'ai rapidement comprise avec tristesse, c'est celle-ci : à mesure que je devenais plus fort et meilleur, Joe devenait un peu moins facile avec moi. Dans ma faiblesse et dans mon entière dépendance à son égard, le cher garçon était tombé dans l'ancien ton et m'appelait par les vieux noms, le cher « vieux Pip, mon vieux », qui étaient maintenant de la musique à mes oreilles. Moi aussi, j'étais retombé dans les anciennes habitudes, seulement heureux et reconnaissant qu'il me l'ait laissé. Mais, imperceptiblement, bien que je me maintenais fermement à eux, l'étreinte de Joe sur eux commençait à se relâcher ; et tandis que je m'étonnais de cela, d'abord, je commençai bientôt à comprendre que la cause en était en moi, et que la faute en était toute à moi.

Ah! N'avais-je donné à Joe aucune raison de douter de ma constance et de penser que, dans la prospérité, je deviendrais froid à son égard et que je le rejetterais ? N'avais-je pas donné au cœur innocent de Joe une raison de sentir instinctivement qu'à mesure que je deviendrais plus fort, son emprise sur moi s'affaiblirait, et qu'il ferait mieux de la relâcher à temps et de me laisser partir, avant que je me retire ?

Ce fut la troisième ou la quatrième fois que je me promenais dans les jardins du Temple, appuyé sur le bras de Joe, que je vis très clairement ce changement en lui. Nous étions assis sous le soleil ardent et chaud, regardant la rivière, et j'ai eu l'occasion de dire en nous levant :

« Vois, Joe ! Je peux marcher assez fort. Maintenant, vous me verrez revenir toute seule. »

— Qui n'en faites pas trop, Pip, dit Joe. mais je serai heureux de vous voir capable, monsieur.

Le dernier mot me grinça ; mais comment pourrais-je faire des remontrances ! Je n'allai pas plus loin que la porte des jardins, puis je fis semblant d'être plus faible que je ne l'étais, et je demandai à Joe son bras. Joe me l'a donné, mais il était pensif.

Moi, pour ma part, j'étais aussi prévenant ; car la meilleure façon d'arrêter ce changement croissant chez Joe était une grande perplexité pour mes pensées pleines de remords. Que j'aie eu honte de lui dire exactement comment j'étais placé et à quoi j'en étais arrivé, je ne cherche pas à le dissimuler ; mais j'espère que ma répugnance n'était pas tout à fait indigne. Il voudrait m'aider avec ses petites économies, je le savais, et je savais qu'il ne devait pas m'aider, et que je ne devais pas souffrir qu'il le fasse.

Ce fut une soirée bien remplie avec nous deux. Mais, avant d'aller nous coucher, j'avais résolu d'attendre demain, – demain étant dimanche – et de commencer ma nouvelle course avec la nouvelle semaine. Le lundi matin, je parlerais à Joe de ce changement, je mettrais de côté ce dernier vestige de réserve, je lui dirais ce que j'avais dans mes pensées (qui n'est pas encore arrivée), et pourquoi je n'avais pas décidé d'aller vers Herbert, et alors le changement serait vaincu pour toujours. Quand je me dégageai, Joe me dégagea, et il me sembla qu'il était également parvenu à une résolution avec sympathie.

Nous avons eu une journée tranquille le dimanche, et nous avons chevauché dans la campagne, puis nous nous sommes promenés dans les champs.

« Je suis reconnaissant d'avoir été malade, Joe , » dis-je.

– Cher vieux Pip, mon vieux, vous êtes presque revenu, monsieur.

« Ce fut un moment mémorable pour moi, Joe. »

– De même pour moi, monsieur, répondit Joe.

« Nous avons passé un moment ensemble, Joe, que je n'oublierai jamais. Il y a eu des jours autrefois, je le sais, que j'ai oubliés pendant un moment ; mais je n'oublierai jamais ceux-là. »

« Pip, dit Joe, paraissant un peu pressé et troublé, il y a eu des alouettes. Et, cher monsieur, ce qui a été entre nous, ce qui a été. »

488

Le soir, quand je fus allé me coucher, Joe entra dans ma chambre, comme il l'avait fait tout au long de ma convalescence. Il me demanda si j'étais sûr d'être aussi bien que le matin.

— Oui, mon cher Joe, tout à fait.

« Et est-ce qu'ils deviennent toujours plus forts, mon vieux ? »

— Oui, mon cher Joe, d'un ton ferme.

Joe tapota la couverture sur mon épaule de sa grande main et dit, de ce que je crus être une voix rauque : « Bonne nuit ! »

Quand je me levai le matin, rafraîchi et plus fort encore, j'étais plein de ma résolution de tout dire à Joe, sans délai. Je lui dirais avant le petit-déjeuner. Je m'habillais tout de suite et j'allais dans sa chambre et je le surprenais ; car c'était le premier jour que je m'étais levé de bonne heure. Je suis allé dans sa chambre, et il n'y était pas. Non seulement il n'était pas là, mais sa boîte avait disparu.

Je me précipitai alors vers la table du déjeuner, et j'y trouvai une lettre. En voici le bref contenu :

> Pas de vouloir m'immiscer, j'ai quitté la fourrure, tu es bien de nouveau cher Pip et tu feras mieux sans
>
> JO.

« P.S. Toujours le meilleur des amis. »

La lettre était accompagnée d'un reçu pour la dette et les frais pour lesquels j'avais été arrêté. Jusqu'à ce moment, j'avais vainement supposé que mon créancier s'était retiré ou avait suspendu les procédures jusqu'à ce que je sois tout à fait rétabli. Je n'avais jamais rêvé que Joe aurait payé l'argent ; mais Joe l'avait payé, et le reçu était à son nom.

Que me restait-il maintenant, si ce n'est de le suivre jusqu'à la chère vieille forge, et d'y faire connaître ma révélation à lui, et de lui faire des remontrances pénitentes, et d'y soulager mon esprit et mon cœur de cette seconde réserve, qui avait commencé comme quelque chose de vague qui s'attardait dans mes pensées, et qui s'était transformée en un dessein arrêté ?

Le but était d'aller trouver Biddy, de lui montrer combien je revenais humble et repentant, de lui dire comment j'avais perdu tout ce que j'espérais autrefois, de lui rappeler nos anciennes confidences dans ma première malheureuse fois. Alors je lui disais : « Biddy, je pense que vous m'aimiez beaucoup autrefois, quand mon cœur errant, même lorsqu'il s'éloignait de vous, était plus calme et meilleur avec vous qu'il ne l'a jamais été depuis. Si vous pouvez m'aimer à moitié mieux une fois de plus, si vous pouvez me prendre avec tous mes défauts et mes déceptions sur la tête, si vous pouvez me recevoir comme un enfant pardonné (et en vérité je suis aussi désolé, Biddy, et j'ai autant besoin d'une voix étouffante et d'une main apaisante), j'espère que je suis un peu plus digne de vous que je ne l'étais... Pas beaucoup, mais un peu. Et, Biddy, c'est à vous de dire si je travaillerai à la forge avec Joe, ou si j'essaierai d'exercer une autre occupation dans ce pays, ou si nous partirons dans un endroit éloigné où une occasion m'attend et que j'ai laissée de côté, quand elle m'a été offerte, jusqu'à ce que je connaisse votre réponse. Et maintenant, chère Biddy, si vous pouvez me dire que vous traverserez le monde avec moi, vous en ferez certainement un monde meilleur, et moi un homme meilleur pour cela, et je m'efforcerai de rendre ce monde meilleur pour vous. »

Tel était mon but. Après trois jours de convalescence, je suis descendu à l'ancien endroit pour le mettre en exécution. Et comment j'ai accéléré, c'est tout ce qu'il me reste à raconter.

Chapitre LVIII.

La nouvelle de ma grande fortune avait fait une lourde chute dans ma patrie et dans ses environs avant que j'y arrive. J'ai trouvé le Sanglier Bleu en possession de l'intelligence, et j'ai trouvé que cela faisait un grand changement dans l'attitude du Sanglier. Tandis que le Sanglier avait cultivé ma bonne opinion avec une assiduité chaleureuse quand j'entrais dans la propriété, le Sanglier était excessivement calme sur ce sujet maintenant que je sortais de la propriété.

C'était le soir quand j'arrivai, très fatigué par le voyage que j'avais si souvent fait si facilement. Le sanglier ne put me mettre dans ma chambre habituelle, qui était occupée (probablement par quelqu'un qui avait de l'espoir), et ne put me donner qu'une chambre très indifférente parmi les pigeons et les chaises de poste dans la cour. Mais j'ai dormi aussi bien dans ce logement que dans le logement le plus supérieur que le sanglier aurait pu me donner, et la qualité de mes rêves était à peu près la même que dans la meilleure chambre.

De bonne heure, pendant que mon déjeuner se préparait, je me promenai près de la maison Satis. Il y avait des billets imprimés sur la porte et sur des morceaux de tapis suspendus aux fenêtres, annonçant une vente aux enchères des meubles et effets ménagers, la semaine prochaine. La maison elle-même devait être vendue comme de vieux matériaux de construction et démolie. Le LOT 1 était marqué en lettres de genou cagneuses blanchies à la chaux sur la salle de brassage ; LOT 2 sur la partie du bâtiment principal qui avait été si longtemps fermée. D'autres lots étaient délimités sur d'autres parties de la structure, et le lierre avait été arraché pour faire place aux inscriptions, et une grande partie traînait dans la poussière et était déjà flétrie. S'approchant un instant de la porte ouverte, et regardant autour de moi avec l'air inconfortable d'un étranger qui n'a rien à faire là, je vis le commis du commissaire-priseur marcher sur les tonneaux et les réprimander pour obtenir des renseignements auprès d'un compilateur de catalogues, la plume à la main, qui avait fait un bureau temporaire de la chaise à roulettes que j'avais si souvent poussée sur l'air du vieux Clem.

Quand je revins déjeuner dans la salle du Sanglier, je trouvai M. Pumblechook qui causait avec l'hôte. M. Pumblechook (dont l'apparence n'avait pas été améliorée par son aventure nocturne tardive) m'attendait et s'adressa à moi en ces termes :

« Jeune homme, je suis désolé de vous voir abattu. Mais à quoi d'autre pouvait-on s'attendre ! à quoi d'autre pourrait-on s'attendre ! »

Comme il me tendait la main d'un air magnifiquement indulgent, et que j'étais brisé par la maladie et inapte à la querelle, je la pris.

William, dit M. Pumblechook au serveur, mets un muffin sur la table. Et en est-on arrivé là ! En est-on arrivé là !

Je me suis assis en fronçant les sourcils pour mon petit-déjeuner. M. Pumblechook se plaça au-dessus de moi et versa mon thé - avant que j'aie pu toucher la théière - avec l'air d'un bienfaiteur résolu à rester fidèle jusqu'au bout.

William, dit M. Pumblechook d'un ton triste, mettez le sel. Dans des temps plus heureux, je crois que vous avez pris du sucre ? Et avez-vous pris du lait ? Vraiment. Sucre et lait. William, apporte un cresson.

— Merci, dis-je brièvement, mais je ne mange pas de cresson.

- Vous ne les mangez pas, répondit M. Pumblechook en soupirant et en hochant la tête à plusieurs reprises, comme s'il eût pu s'y attendre, et comme si l'abstinence du cresson était compatible avec ma chute. — C'est vrai. Les fruits simples de la terre. Non. Vous n'avez pas besoin d'en apporter, William.

Je continuai mon déjeuner, et M. Pumblechook continua à se tenir au-dessus de moi, me regardant d'un air de poisson et respirant bruyamment, comme il le faisait toujours.

« Un peu plus que la peau et les os ! » songea M. Pumblechook à haute voix. « Et pourtant, quand il est parti d'ici (je puis dire avec ma bénédiction), et que j'ai étalé devant lui mon humble réserve, comme l'abeille, il était aussi dodu qu'une pêche ! »

Cela me rappela la différence merveilleuse entre la manière servile dont il avait offert sa main dans ma nouvelle prospérité, en disant : « Puis-je ? » et la clémence ostentatoire avec laquelle il venait de montrer les mêmes cinq gros doigts.

« Ah ! » continua-t-il en me tendant le pain et le beurre. « Et vous allez vers Joseph ? »

« Au nom du ciel, dis-je en tirant malgré moi, qu'est-ce que cela vous fait d'où je vais ? Laisse cette théière tranquille. »

C'était la pire voie que j'aurais pu prendre, parce qu'elle a donné à Pumblechook l'opportunité qu'il voulait.

« Oui, jeune homme, dit-il en relâchant la poignée de l'objet en question, en se retirant d'un pas ou deux de ma table et en parlant au nom de l'aubergiste et du garçon à la porte, je *laisserai* cette théière tranquille. Vous avez raison, jeune homme. Pour une fois, vous avez raison. Je me pardonne quand je prends tant d'intérêt à votre déjeuner, que je souhaite que votre corps, épuisé par les effets débilitants de la prodigygalité, soit imité par la nourriture oléonnaire de vos aïeux. Et pourtant, dit Pumblechook en se tournant vers l'aubergiste et le garçon, et en me montrant du doigt à bout de bras, c'est lui avec lequel j'ai jamais joué dans ses jours d'enfance heureuse ! Ne me dites pas que cela ne peut pas être ; Je vous dis que c'est lui ! »

Un murmure sourd répondit entre les deux. Le serveur semblait particulièrement touché.

« C'est lui, dit Pumblechook, tel que je suis monté dans ma charrette. C'est lui, comme je l'ai vu, élevé à la main. C'est lui jusqu'à la sœur dont j'étais l'oncle par alliance, car elle s'appelait Georgiana M'ria d'après sa propre mère, qu'il le nie s'il le peut ! »

Le garçon semblait persuadé que je ne pouvais pas le nier, et que cela donnait à l'affaire un aspect noir.

« Jeune homme, dit Pumblechook en me regardant la tête à l'ancienne mode, vous avez l'air d'aller vers Joseph. Qu'est-ce que cela m'importe, me demandez-vous, où vous allez à l'air ? Je vous le dis, Seigneur, vous allez vers Joseph. »

Le serveur toussa, comme s'il m'invitait modestement à m'en remettre.

« Maintenant, » dit Pumblechook, et tout cela avec l'air le plus exaspérant de dire dans la cause de la vertu ce qui était parfaitement convaincant et concluant, « je vais vous dire ce que vous devez dire à Joseph. Voici les écuyers du sanglier, connus et respectés dans cette ville, et voici Guillaume, dont le père s'appelait Potkins, si je ne me trompe pas. »

– Vous ne le savez pas, monsieur, dit William.

— En leur présence, poursuivit Pumblechook, je vais vous dire, jeune homme, ce que vous devez dire à Joseph. Tu dis : « Joseph, j'ai vu aujourd'hui mon premier bienfaiteur et le fondateur de mes fortunés. Je ne citerai pas de noms, Joseph, mais ils sont donc heureux de l'appeler en ville, et j'ai vu cet homme. »

— Je vous jure que je ne le vois pas ici, dis-je.

— Dis cela de même, répliqua Pumblechook. « Dites que vous avez dit cela, et même Joseph trahira probablement la surprise. »

— Là, vous vous trompez tout à fait, dis-je, je sais mieux.

« C'est toi qui dites, continua Pumblechook, Joseph, j'ai vu cet homme, et cet homme ne te porte aucune rancune et ne me porte aucune malice. Il connaît ton caractère, Joseph, et connaît bien ton obstination et ton ignorance ; et il connaît mon caractère, Joseph, et il connaît mon manque de gratitude. Oui, Joseph, vous dites, ici Pumblechook secoua la tête et la main vers moi, il sait que je manque totalement de gratitude humaine commune. *Il* le sait, Joseph, comme personne ne le peut. *Ce* n'est pas toi qui le sais, Joseph, qui n'as pas d'appel à le savoir, mais cet homme-là qui le sait. »

Tout âne venteux qu'il était, je m'étonnais vraiment qu'il puisse avoir le visage pour parler ainsi au mien.

Tu dis : « Joseph, il m'a donné un petit message, que je vais maintenant répéter. C'est que, dans mon abaissement, il a vu le doigt de la Providence. Il a reconnu ce doigt quand il a vu Joseph, et il l'a vu clairement. C'est ce qui a épinglé cette écriture, Joseph. *Récompense d'ingratitoode à son premier bienfaiteur, et fondateur de Fortun's.* Mais cet homme a dit qu'il ne s'était pas repenti de ce qu'il avait fait, Joseph. Pas du tout. C'était juste de le faire, c'était gentil de le faire, c'était bienveillant de le faire, et il le ferait à nouveau. »

« C'est dommage, dis-je avec dédain, en achevant mon déjeuner interrompu, que cet homme n'ait pas dit ce qu'il avait fait et ce qu'il ferait encore. »

« Écuyers du sanglier ! » Pumblechook s'adressait maintenant à l'aubergiste : « Et William ! Je n'ai pas d'objection à ce que vous disiez, ni en ville, ni en bas, si tel est votre désir, qu'il était juste de le faire, aimable de le faire, bienveillant de le faire, et que je le referais. »

À ces mots, l'imposteur les serra tous les deux la main d'un air et sortit de la maison ; me laissant beaucoup plus étonné que ravi par les vertus de ce même « ça » indéfini. Je ne tardai pas à le suivre en sortant de la maison, et quand je descendis la grande rue, je le vis tendre (sans doute dans le même sens) à la porte de sa boutique à un groupe choisi, qui m'honora de regards très défavorables lorsque je passai de l'autre côté du chemin.

Mais ce n'était que plus agréable de se tourner vers Biddy et vers Joe, dont la grande patience brillait plus vivement qu'auparavant, si l'on pouvait le faire, contrastait avec cet effronté prétendant. Je m'avançai lentement vers eux, car mes membres étaient faibles, mais avec un sentiment de soulagement croissant à mesure que je m'approchais d'eux, et un sentiment de laisser de plus en plus loin derrière moi l'arrogance et le mensonge.

Le temps de juin était délicieux. Le ciel était bleu, les alouettes planaient haut au-dessus du maïs vert, je pensais que toute cette campagne était de loin plus belle et paisible que je ne l'avais jamais connue. Beaucoup d'images agréables de la vie que j'y mènerais et du changement pour le mieux qui s'opérerait dans mon caractère lorsque j'aurais à mes côtés un esprit directeur dont la foi simple et la sagesse claire que j'avais prouvées séduisaient mon chemin. Ils éveillèrent en moi une tendre émotion ; car mon cœur était attendri par mon retour, et un tel changement s'était opéré, que je me sentais comme quelqu'un qui rentrait chez lui pieds nus après un voyage lointain, et dont les pérégrinations avaient duré de nombreuses années.

Je n'avais jamais vu l'école où Biddy était la maîtresse ; mais, par le petit chemin détourné par lequel j'entrai dans le village, par souci de tranquillité, me fit passer par là. J'ai été déçu de constater que c'était un jour férié ; il n'y avait pas d'enfants, et la maison de Biddy était fermée. L'idée pleine d'espoir de la voir, occupée à ses devoirs quotidiens, avant qu'elle ne me voie, avait traversé mon esprit et avait été vaincue.

Mais la forge n'était qu'à une très courte distance, et je m'avançai vers elle sous les doux citrons verts, en écoutant le tintement du marteau de Joe. Longtemps après que j'aurais dû l'entendre, et longtemps après que j'aurais cru l'entendre et que je ne l'avais trouvé qu'une fantaisie, tout était calme. Les tilleuls étaient là, et les épines blanches étaient là, et les châtaigniers étaient là, et leurs feuilles bruissaient harmonieusement quand je m'arrêtais pour écouter ; mais le tintement du marteau de Joe n'était pas dans le vent du milieu de l'été.

Craignant presque, sans savoir pourquoi, d'arriver en vue de la forge, je l'aperçus enfin, et je vis qu'elle était fermée. Pas de lueur de feu, pas de pluie scintillante d'étincelles, pas de rugissement de soufflets ; tout se tait, et pourtant.

Mais la maison n'était pas déserte, et le meilleur salon semblait être utilisé, car il y avait des rideaux blancs qui flottaient à sa fenêtre, et la fenêtre était ouverte et gaie de fleurs. Je m'avançai doucement vers lui, avec l'intention de jeter un coup d'œil par-dessus les fleurs, lorsque Joe et Biddy se tinrent devant moi, bras dessus, bras dessous.

D'abord, Biddy poussa un cri, comme si elle eût cru que c'était mon apparition, mais un instant plus tard, elle fut dans mes bras. J'ai pleuré de la voir, et elle a pleuré de me voir ; Moi, parce qu'elle avait l'air si fraîche et si agréable ; elle, parce que j'avais l'air si usé et blanc.

« Mais, chère Biddy, comme vous êtes intelligente ! »

« Oui, cher Pip. »

« Et Joe, comme *tu* es intelligent ! »

— Oui, cher vieux Pip, mon vieux.

Je les regardai tous les deux, de l'un à l'autre, et puis...

« C'est le jour de mon mariage ! s'écria Biddy dans un élan de bonheur, et je suis mariée à Joe ! »

Ils m'avaient emmené dans la cuisine, et j'avais posé ma tête sur la vieille table. Biddy porta une de mes mains à ses lèvres, et le toucher réparateur de Joe était sur mon épaule. — Ce qu'il n'a pas dit assez fort, ma chère, pour être surpris, dit Joe. Et Biddy dit : « J'aurais dû y penser, cher Joe, mais j'étais trop heureuse. » Ils étaient tous les deux si heureux de me voir, si fiers de me voir, si touchés de ma venue à eux, si ravis que je sois venu par hasard compléter leur journée ! »

Ma première pensée fut une grande reconnaissance de n'avoir jamais soufflé ce dernier espoir déconcerté à Joe. Combien de fois, pendant qu'il était avec moi dans ma maladie, elle m'était montée aux lèvres ! Comme il eût été irrévocable qu'il en eût connaissance, s'il était resté avec moi ne serait-ce qu'une heure de plus !

« Chère Biddy, dis-je, vous avez le meilleur mari du monde, et si vous aviez pu le voir près de mon lit, vous auriez... Mais non, vous ne pourriez pas l'aimer mieux que vous ne le faites. »

— Non, je ne le pourrais pas, dit Biddy.

« Et, cher Joe, vous avez la meilleure femme du monde entier, et elle vous rendra aussi heureux que vous méritez de l'être, cher, bon, noble Joe ! »

Joe me regarda avec une lèvre tremblante, et mit sa manche devant ses yeux.

Et Joe et Biddy, tous deux comme vous êtes allés à l'église aujourd'hui, et que vous êtes dans la charité et l'amour de toute l'humanité, recevez mes humbles remerciements pour tout ce que vous avez fait pour moi, et tout ce que j'ai si mal remboursé ! Et quand je dis que je m'en vais dans l'heure, car je vais bientôt partir à l'étranger, et que je ne me reposerai jamais avant d'avoir travaillé pour l'argent avec lequel vous m'avez sauvé de prison et que vous ne vous l'avez envoyé, ne pensez pas, chers Joe et Biddy, que si je pouvais le rembourser mille fois, Je suppose que je pourrais annuler un sou de la dette que je vous dois, ou que je le ferais si je le pouvais !

Tous deux furent émus de ces paroles, et tous deux me supplièrent de ne pas en dire davantage.

Mais je dois en dire plus. Cher Joe, j'espère que vous aurez des enfants à aimer, et qu'un petit garçon s'assiéra dans ce coin de cheminée par une nuit d'hiver, qui vous rappellera peut-être un autre petit garçon disparu pour toujours. Ne lui dites pas, Joe, que j'étais ingrat ; ne lui dites pas, Biddy, que j'ai été peu généreux et injuste ; dites-lui seulement que je vous ai honorés tous les deux, parce que vous étiez tous deux si bons et si fidèles, et que, comme votre enfant, je lui ai dit qu'il lui serait naturel de grandir un homme bien meilleur que moi.

— Je ne vais pas, dit Joe de derrière sa manche, lui dire qu'il n'a rien à voir avec cette nature, Pip. Ni Biddy. Et pourtant, personne ne l'est.

Et maintenant, bien que je sache que vous l'avez déjà fait dans vos bons cœurs, je vous prie de me dire à tous les deux que vous me pardonnez ! Je vous en prie, faites-moi entendre ces paroles, afin que j'en emporte le son avec moi, et alors je pourrai croire que vous pouvez me faire confiance et avoir une meilleure opinion de moi dans le temps à venir.

– Ô cher vieux Pip, mon vieux, dit Joe, Dieu sait que je vous pardonne, si j'ai quelque pensée à pardonner !

« Amen ! Et Dieu sait que je le sais ! » répéta Biddy.

« Maintenant, permettez-moi de monter et de regarder ma vieille petite chambre, et de m'y reposer quelques minutes tout seul. Et puis, quand j'aurai mangé et bu avec vous, allez avec moi jusqu'au poteau, chers Joe et Biddy, avant que nous nous disions adieu ! »

Je vendis tout ce que j'avais, et mis de côté autant que je pus, pour un arrangement avec mes créanciers, qui me donnèrent tout le temps de les payer entièrement, et je sortis et rejoignis Harbert. En moins d'un mois, j'avais quitté l'Angleterre, et en deux mois j'étais commis chez Clarriker et Cie, et en quatre mois j'ai assumé ma première responsabilité indivisible. Car la poutre du plafond du salon de Mill Pond Bank avait alors cessé de trembler sous les grognements du vieux Bill Barley et était en paix, et Herbert était parti pour épouser Clara, et je restai seul responsable de la branche de l'Est jusqu'à ce qu'il la ramenât.

Bien des années se sont écoulées avant que je sois associé à la Chambre ; mais je vivais heureux avec Herbert et sa femme, et je vivais frugalement, je payais mes dettes et j'entretenais une correspondance constante avec Biddy et Joe. Ce ne fut que lorsque je fus troisième dans la Firme que Clarriker me trahit au profit d'Herbert ; mais il déclara alors que le secret de l'association d'Herbert avait été assez longtemps sur sa conscience, et qu'il devait le dire. C'est ce qu'il raconta, et Harbert fut aussi ému qu'étonné, et le cher garçon et moi, nous n'étions pas les plus mauvais amis de cette longue dissimulation. Je ne dois pas laisser supposer que nous avons jamais été une grande maison, ou que nous avons fait des pièces d'argent. Nous n'étions pas dans une grande voie commerciale, mais nous avions une bonne réputation, et nous travaillions pour nos profits, et nous nous en sortions très bien. Nous devions tant à l'industrie et à la promptitude toujours joyeuses d'Harbert, que je me demandais souvent comment j'avais conçu cette vieille idée de son inaptitude, jusqu'à ce que je fusse un jour éclairé par la réflexion que peut-être l'inaptitude n'avait jamais été en lui du tout, mais avait été en moi.

Chapitre LIX.

Depuis onze ans, je n'avais pas vu Joe ni Biddy de mes yeux, bien qu'ils eussent souvent été devant mon imagination en Orient, quand, un soir de décembre, une heure ou deux après la tombée de la nuit, je posai doucement ma main sur le loquet de la vieille porte de la cuisine. Je l'ai touché si doucement que je n'ai pas été entendu, et j'ai regardé à l'intérieur sans être vu. Là, fumant sa pipe dans la vieille maison près de la lueur du feu de la cuisine, aussi grêle et aussi fort que jamais, bien qu'un peu gris, était assis Joe ; et là, clôturé dans un coin avec la jambe de Joe, et assis sur mon propre petit tabouret à regarder le feu, il y avait... moi encore !

« Nous lui donnons le nom de Pip pour vous, mon cher vieux, » dit Joe, ravi, quand je pris un autre tabouret à côté de l'enfant (mais je ne lui fis *pas* froisser les cheveux), « et nous espérions qu'il pourrait grandir un peu comme vous, et nous pensons qu'il le fait. »

C'est ce que je pensais aussi, et je l'ai emmené faire une promenade le lendemain matin, et nous avons énormément parlé, nous comprenant l'un l'autre à la perfection. Et je l'ai emmené au cimetière, et je l'ai placé sur une certaine pierre tombale là-bas, et il m'a montré de cette élévation quelle pierre était sacrée à la mémoire de Philip Pirrip, ancien de cette paroisse, et aussi de Georgiana, épouse du précédent.

« Biddy, lui dis-je, quand je lui parlai après le dîner, tandis que sa petite fille dormait sur ses genoux, il faut que tu me donnes Pip un de ces jours ; ou lui prêter, en tout cas.

— Non, non, dit Biddy avec douceur. « Tu dois te marier. »

— C'est ce que disent Herbert et Clara, mais je ne crois pas que je le ferai, Biddy. Je me suis tellement installé chez eux, c'est peu probable. Je suis déjà un vieux célibataire.

Biddy baissa les yeux sur son enfant, porta sa petite main à ses lèvres, puis posa dans la mienne la bonne main de matrone dont elle l'avait touchée. Il y avait quelque chose dans l'action et dans la légère pression de l'anneau de mariage de Biddy qui avait une très jolie éloquence.

« Chère Pip, dit Biddy, vous êtes sûre de ne pas vous inquiéter pour elle ?

499

– Oh non, je ne crois pas, Biddy.

Dites-le moi en tant que vieux, vieil ami. L'avez-vous tout à fait oubliée ?

« Ma chère Biddy, je n'ai rien oublié de ma vie qui ait jamais eu une place de choix là-bas, et peu de choses qui y aient jamais eu leur place. Mais ce pauvre rêve, comme je l'appelais autrefois, est passé, Biddy, tout est passé ! »

Néanmoins, je savais, en prononçant ces mots, que j'avais secrètement l'intention de revenir ce soir-là sur le site de la vieille maison, seul, pour elle. Oui, même ainsi. Pour l'amour d'Estella.

J'avais entendu dire qu'elle menait une vie des plus malheureuses et qu'elle était séparée de son mari, qui l'avait traitée avec une grande cruauté et qui était devenu tout à fait célèbre comme un mélange d'orgueil, d'avarice, de brutalité et de bassesse. Et j'avais appris la mort de son mari, à la suite d'un accident consécutif aux mauvais traitements infligés à un cheval. Cette libération lui était arrivée environ deux ans auparavant ; pour autant que je sache, elle s'est remariée.

L'heure matinale du dîner chez Joe me laissait tout le temps, sans presser ma conversation avec Biddy, de me rendre à l'ancien endroit avant la nuit. Mais, à force de flâner sur le chemin pour regarder de vieux objets et penser au bon vieux temps, le jour avait tout à fait décliné quand j'arrivai à cet endroit.

Il n'y avait plus de maison, plus de brasserie, plus de bâtiment que le mur de l'ancien jardin. L'espace dégagé avait été entouré d'une clôture grossière, et en regardant par-dessus, je vis qu'une partie du vieux lierre avait repris racine et poussait verte sur des monticules bas et tranquilles de ruines. Une porte dans la clôture était entrouverte, je l'ai poussée et je suis entré.

Une brume froide et argentée avait voilé l'après-midi, et la lune n'était pas encore levée pour la disperser. Mais les étoiles brillaient au-delà de la brume, et la lune arrivait, et le soir n'était pas sombre. Je pouvais retracer où se trouvaient toutes les parties de la vieille maison, où se trouvait la brasserie, où se trouvaient les portes et où se trouvaient les tonneaux. Je l'avais fait, et je regardais le long de l'allée désolée du jardin, quand j'y vis une figure solitaire.

La figure se montra consciente de moi, à mesure que j'avançais. Il s'était déplacé vers moi, mais il s'était arrêté. En m'approchant, j'ai vu que c'était la silhouette d'une femme. Comme je m'approchais encore, il allait faire demi-tour, quand il s'arrêta et me laissa remonter. Puis, il chancela, comme s'il eût été très surpris, et prononça mon nom, et je m'écriai :

500

« Estelle ! »

« Je suis bien changé. Je m'étonne que vous me connaissiez. »

La fraîcheur de sa beauté avait bien disparu, mais sa majesté indescriptible et son charme indescriptible restaient. Ces attractions, je les avais déjà vues auparavant ; ce que je n'avais jamais vu auparavant, c'était la lumière attristée et adoucie de mes yeux autrefois fiers ; ce que je n'avais jamais ressenti auparavant, c'était le contact amical de la main autrefois insensible.

Nous nous sommes assis sur un banc qui était tout près, et j'ai dit : « Après tant d'années, il est étrange que nous nous retrouvions ainsi, Estella, ici où notre première rencontre a eu lieu ! Revenez-vous souvent ? »

« Je n'y suis jamais retourné depuis. »

« Ni moi non plus. »

La lune commençait à se lever, et je pensai au regard placide du plafond blanc qui avait disparu. La lune commençait à se lever, et je pensai à la pression exercée sur ma main lorsque j'avais prononcé les dernières paroles qu'il avait entendues sur la terre.

Estella fut la suivante à rompre le silence qui s'ensuivit entre nous.

« J'ai très souvent espéré et eu l'intention de revenir, mais j'en ai été empêché par de nombreuses circonstances. Pauvre, pauvre vieux endroit ! »

La brume argentée fut touchée par les premiers rayons du clair de lune, et les mêmes rayons touchèrent les larmes qui coulaient de ses yeux. Ne sachant pas que je les voyais, et se mettant en tête de l'emporter sur eux, elle me dit tranquillement :

« Vous demandiez-vous, en marchant, comment il se faisait qu'il se retrouve dans cet état ? »

« Oui, Estella. »

« Le sol m'appartient. C'est le seul bien que je n'ai pas abandonné. Tout le reste m'a quitté, petit à petit, mais j'ai gardé cela. Ce fut l'objet de la seule résistance résolue que j'ai faite pendant toutes ces misérables années.

« Est-ce qu'il faut le construire ? »

« Enfin, c'est le cas. Je suis venu ici pour prendre congé avant qu'il ne change. Et vous, dit-elle d'une voix d'un intérêt touchant pour un vagabond, vous vivez encore à l'étranger ? »

« Encore. »

— Et bien faire, j'en suis sûr ?

« Je travaille assez dur pour gagner ma vie, et donc... oui, je m'en sors bien.»

— J'ai souvent pensé à vous, dit Estelle.

« Et vous ? »

« Ces derniers temps, très souvent. Il y a eu une longue et dure période où j'ai gardé loin de moi le souvenir de ce que j'avais jeté alors que j'ignorais tout à fait sa valeur. Mais comme mon devoir n'a pas été incompatible avec l'admission de ce souvenir, je lui ai donné une place dans mon cœur.

« Vous avez toujours tenu votre place dans mon cœur », ai-je répondu.

Et nous restâmes de nouveau silencieux jusqu'à ce qu'elle parle.

« Je ne pensais pas, dit Estelle, que je prendrais congé de vous en prenant congé d'ici. Je suis très heureux de le faire. »

« Heureuse de vous reséparer, Estelle ? Pour moi, la séparation est une chose douloureuse. Pour moi, le souvenir de notre dernière séparation a toujours été triste et douloureux. »

— Mais vous m'avez dit, répondit Estelle très sérieusement, que Dieu vous bénisse, que Dieu vous pardonne ! Et si vous pouviez me dire cela à l'époque, vous n'hésiterez pas à me le dire maintenant, maintenant, alors que la souffrance a été plus forte que tous les autres enseignements, et qu'elle m'a appris à comprendre ce qu'était votre cœur. J'ai été courbé et brisé, mais, je l'espère, en meilleure forme. Sois aussi prévenant et aussi bon pour moi que tu l'étais, et dis-moi que nous sommes amis.

« Nous sommes amis, dis-je en me levant et en me penchant sur elle, tandis qu'elle se levait du banc. »

— Et je continuerai à être amis séparés, dit Estella.

Je pris sa main dans la mienne, et nous sortîmes de l'endroit en ruines ; et, de même que les brumes matinales s'étaient levées depuis longtemps lorsque j'avais quitté la forge, de même les brumes du soir se levaient maintenant, et dans toute la vaste étendue de lumière tranquille qu'elles me montraient, je ne voyais pas l'ombre d'une autre séparation d'elle.

Milton Keynes UK
Ingram Content Group UK Ltd.
UKHW040440031224
452051UK00005B/61

9 798330 582860